U0483611

普通高等教育“十一五”国家级规划教材
体育院校通用教材

运动生理学

王瑞元 苏全生 主编

全国体育院校教材委员会审定

人民体育出版社

图书在版编目（CIP）数据

运动生理学 / 王瑞元, 苏全生主编. -- 北京 : 人民体育出版社, 2012 (2023.2重印)
体育院校通用教材
ISBN 978-7-5009-4044-9

Ⅰ. ①运… Ⅱ. ①王… ②苏… Ⅲ. ①运动生理学－高等学校－教材 Ⅳ. ①G804.2

中国版本图书馆CIP数据核字(2022)第037719号

*
人民体育出版社出版发行
国铁印务有限公司印刷
新　华　书　店　经　销
*
787×1092　16开本　38.5印张　700千字
2012年2月第1版　　2023年2月第21次印刷
印数：423,001—443,000册
*
ISBN 978-7-5009-4044-9
定价：75.00元

社址：北京市东城区体育馆路8号（天坛公园东门）
电话：67151482（发行部）　　邮编：100061
传真：67151483　　邮购：67118491
网址：www.psphpress.com
（购买本社图书，如遇有缺损页可与邮购部联系）

编写组成员

主　编：王瑞元　教　授　北京体育大学

　　　　苏全生　教　授　成都体育学院

副主编：孙学川　教　授　中国人民解放军军事体育进修学院

　　　　张　勇　教　授　天津体育学院

　　　　熊开宇　教　授　北京体育大学

　　　　郝选明　教　授　华南师范大学

　　　　孙　飙　教　授　南京体育学院

　　　　周　越　副教授　北京体育大学

编写组成员（按姓氏笔画为序）

王瑞元　教　授　北京体育大学

任建生　教　授　武汉体育学院

刘洪珍　教　授　曲阜师范大学

孙学川　教　授　中国人民解放军军事体育进修学院

孙　飙　教　授　南京体育学院

许寿生　副教授　北京体育大学

张日辉　教　授　沈阳体育学院

张　勇　教　授　天津体育学院

苏全生　教　授　成都体育学院

李良鸣　教　授　广州体育学院

李俊平　博　士　北京体育大学

李骁君　副教授　山东体育学院

汪　军　博　士　北京体育大学

陆耀飞　教　授　上海体育学院

周　越　副教授　北京体育大学

郑　陆　教　授　首都体育学院

郝选明　教　授　华南师范大学

高新友　教　授　西安体育学院

廖　鹏　博　士　天津体育学院

熊开宇　教　授　北京体育大学

序

新版的体育院校通用教材《运动生理学》是国家教育部普通高等教育“十一五”国家级规划教材，由中国生理学会运动生理学专业委员会组织全国运动生理学专家编写完成，其科学性、权威性不言而喻。我谨代表中国生理学会对新版《运动生理学》的出版表示热烈的祝贺。

第29届北京奥运会和第16届广州亚运会的成功举办，预示着中国向着世界体育强国的目标大踏步地前进，体育科技工作在“十一五”期间也有了突飞猛进的发展。而这一切都与我国运动生理学的进步息息相关。不仅如此，在竞技体育之外的大众健身领域，运动生理学也起到了重要的科技保障作用。

新版《运动生理学》的作者们，进一步完善了生理学及运动生理学中经典的教学内容，系统介绍了运动对各个器官的影响，并且就运动对不同性别、年龄人群的生理影响做了专门的论述。在骨骼肌疲劳性损伤机制、内分泌、脑功能、特殊环境与运动等方面还引入了国内学者和国际同行的最新研究成果。为了指导运动员科学训练和群众体育的科学开展，在“体能”“运动处方”等应用性很强的方面也扩充了内容。

新版《运动生理学》的出版是运动科学发展的需要，也是运动科学发展的必然。相信本教材的问世，不仅对于运动生理教学发挥不可替代的作用，而且将会在竞技体育和大众健身的应用方面产生积极的影响。

教材的编写是一项认真、严肃、细致且艰苦的工作，对于编写一本高质量的教科书更是如此。在本书编写过程中，主编与各位作者付出了艰辛的劳动。“谁言寸草心，报得三春晖”。在“十二五”期间，本书撒下的科学种子必将生根、开花，在我国竞技体育和大众健身的前进中结出丰硕的成果。

中国生理学会理事长　范　明

2010年10月1日

前 言

在全国体育院校教材委员会的指导及要求下，全国体育院校通用教材《运动生理学》教材组根据国家“十一五”教材规划要求，在中国生理学会运动生理学专业委员会的大力支持下，组织全国运动生理学专家编写了新版的体育院校通用教材《运动生理学》，以及配套辅助教材《运动生理学习题集》和《运动生理学实验》。本教材已通过运动生理学专业委员会的审定，由人民体育出版社出版。

新版《运动生理学》与上一版《运动生理学》相比，保留了生理学及运动生理学中经典的教学内容，更加注重基本知识、基本概念、基本理论的完善，充实了当今运动生理学一些新的研究成果与内容，并突出了运动生理学应用性特征。本教材具有如下特点：

1. 继承了传统的运动生理学教材体系

新版《运动生理学》仍分为“基础篇”和“应用篇”两部分。在“基础篇”中，以人体的器官、系统为章节，系统地介绍了人体生理学基本内容，以及与运动训练和体育健身有关的机体反应与适应特点。在“应用篇”部分，仍按运动生理学专题划分章节，突出了运动生理学的理论与方法在运动实践中的应用，为运动训练和运动健身提供理论依据和方法指导。

2. 完善了运动生理学基础理论内容

在本教材基础篇骨骼肌机能一章增加了的“运动对骨骼肌形态和机能的影响”一节，深入系统地介绍了近年来对运动导致的骨骼肌超微结构改变机理的认识。血液一章增加了“血型与输血原则”和“血液中重要指标参考值及意义”两节，使读者对血液的基本功能有更清晰的认识。内分泌功能与运动一章增加了“功能器官的内分泌及激素”和“运动与内分泌功能”两节，并着重介绍了运动对内分泌功能的影响。神经系统机能一章增加了“睡眠”和“脑电图在运动实践中的应用”两节，神经系统一章的内容更加丰富。

3. 丰富了“应用运动生理学”内容

新版《运动生理学》教材在“应用篇”中特殊环境与运动能力一章增加了“微重力与运动”和“水下环境与运动”两节。在运动健身与运动处方一章中增加了应用的实例。在身体素质一章中增加了“平衡、灵敏、柔韧和协调”等内容。在本篇还增加了“运动项目的生理学特点”和“体能”两章内容，以适应当今运动训练过程中日益增长的对运动生理学理论和方法的迫切需要。

4. 更加注重应用性，面向全民健身和运动训练

新版的《运动生理学》教材在介绍基础理论知识的同时，加强了“应用运动生理学”内容的介绍，突出了运动生理学的理论与方法的应用。

新版《运动生理学》教材在“运动生理学基础”的部分章节中，丰富了一些运动健身生理学的内容；在运动健身与运动处方中，更是以一些事例着重强调了运动生理学在全民健身指导中的作用。书中系统阐述了体能的基本概念、构成要素，并对体能考核测评的有关运动生理学原则进行了描述。另外，通过运动项目的生理学特点和体能的介绍，包括运动项目的各分项组成与技战术特点、运动员的身体形态特征、专项的能量代谢特点、常用训练法的生理学分析等方面内容，使其更具运动训练的指导意义。

新版《运动生理学》的“基础篇”由第一至第十章组成，“应用篇”由第十一至第二十三章组成。第一章、第二章由王瑞元编写，第三章由任建生编写，第四章由苏全生编写，第五章由孙飙编写，第六章由郑陆编写，第七章由孙飙编写，第八章由郝选明编写，第九章、第十章由张日辉编写，第十一章由周越、熊开宇编写，第十二章由廖鹏、张勇编写，第十三章由李良鸣、刘洪珍编写，第十四章由高新友编写，第十五章由刘洪珍编写，第十六章由陆耀飞编写，第十七章由汪军、熊开宇编写，第十八章由许寿生、熊开宇编写，第十九章由郑陆编写，第二十章由郝选明编写，第二十一章由任建生编写，第二十二章由周越、许寿生、李俊平、汪军、张日辉、李骁君编写，第二十三章由孙学川编写。

北京体育大学王瑞元教授对全书进行了最后统稿、审校。北京体育大学运动生理学教研室的老师们协助主编开展教材编写的组织工作，付出了艰辛的劳动。在教材的审校过程中，张学林、史冀鹏、罗丽娜、刘阳、刘晓然、于亮等人做了大量的工作。本教材在编写过程中还得到了北京体育大学、成都体育学院等各参编单位的专家教授及有关人员的大力支持，在此也表示衷心的感谢。

本教材由北京体育大学主持编写，既是全国体育院校本科生的通用教材，也可作为高等院校体育教育专业学生的教材。同时，本教材也可作为运动人体科学专业本科、研究生等学制学生的参考教材和体育工作者的参考用书。

对教材中出现的不当及错误之处，还请广大同仁及读者予以批评指正。

《运动生理学》教材编写组
2010年10月于北京

目 录

基础篇

应 用 篇

基础篇

第一章

绪　论

【提要】

本章介绍了生命活动的基本特征，人体生理机能的维持与调节，人体生理机能调节的控制等生理学基本内容；同时也对运动生理学的概念、研究对象和任务进行了论述，介绍了运动生理学的历史与研究现状。

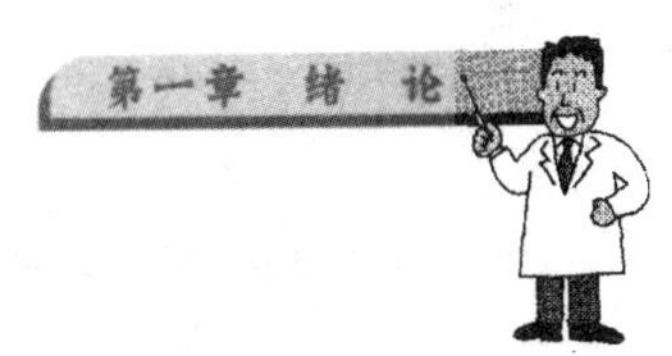

第一节 运动生理学概述

一、运动生理学的概念、研究对象和任务

生理学（physiology）是生命科学（life science）的一个分支，是研究生物体的各种生命现象，特别是机体各组成部分的功能及实现其功能的内在机制的科学。依据研究对象，可将生理学分为细胞生理学、植物生理学、人体生理学等。

人体生理学（human physiology）是一门研究人体生命活动现象和规律的科学。它主要研究正常状态下，人体内各细胞、器官和系统的功能，以及在整体情况下，各器官、系统和身体部分之间的相互协调，以达到人体适应外界环境变化的过程、规律和机理。

运动生理学（exercise physiology）是人体生理学的一个分支，是研究人体的运动能力和对运动的反应与适应过程的科学，主要研究在运动过程中，人体各细胞、器官、系统的机能变化和它们的协同工作的能力和机理，进而观察其对人体运动能力的影响；同时，还要观察运动对人体的形态和机能产生适应性变化的影响。运动生理学是体育科学中一门重要的应用基础理论学科。

运动生理学的任务是：在对人体生命活动规律有了基本认识的基础之上，揭示体育运动对人体机能影响的规律及机理，阐明运动训练、体育教学和运动健身过程中的生理学原理，指导不同年龄、性别和训练程度的人群进行科学的运动锻炼，以达到提高竞技运动水平、增强体质、延缓衰老、提高工作效率和生活质量的目的。

二、运动生理学研究的基本方法与水平

实验研究法是运动生理学研究的基本方法。通过实验观察和分析人体在运动过程中机能活动的变化过程及其因果关系。

（一）运动生理学研究的基本方法

1. 动物实验法

根据生物进化观点，人同动物特别是哺乳动物，有许多结构和功能相似之处。因此，可用动物实验的研究结果间接地探讨人体的生理功能变化及其机制。

动物实验一般分为慢性实验和急性实验两类。慢性动物实验是指在完整、清醒、健康的动物体上进行各种生理实验研究的方法，如摘除或破坏动物的某个器官，以观察其生理功能及活动规律。急性动物实验又可分为在体实验和离体实验两种。所谓在体实验

是指在麻醉或破坏神经中枢高级部位的条件下，解剖动物并对某个器官的功能进行观察。离体实验是指从活的或刚被处死的动物体内摘取器官、组织或细胞，置于人工控制的实验环境中，测试其组成成分，观察其生理功能。

应当指出，相当多的生理学和运动生理学的知识是从动物实验中获得的。动物实验是研究生理学和运动生理学不可缺少的手段。但是应用动物实验所得到结论时，应充分考虑人和动物之间的差异，不可简单地生搬硬套。

2. 人体实验法

在运动生理学研究中，人体实验是常用的研究方法。运动生理学中的人体实验法分为实验室测试法和运动现场测试法。

实验室测试法是指让受试者在实验室进行按照一定的研究目的而设计的运动方案运动（如在跑台、功率自行车和各种力量练习器上进行运动），利用各种仪器设备测试运动员在运动过程中的各种生理指标变化，以了解不同强度和形式的运动对人体某些生理机能的影响。

运动现场测试法是指在运动现场直接监测运动员运动前、运动中和运动后的恢复过程中，某些生理机能变化，借以了解不同运动项目的生理特点，或不同人群在完成同一运动项目时的生理反应。例如，用心率遥测仪测定运动时运动员的心率变化，就是典型的运动现场测试法。这种方法的特点是符合运动的实际情况。但在运动实践中往往难度较大、测试条件不易控制。因此，运动现场测试法在运动生理学研究中往往受到实验条件的限制。

（二）运动生理学的研究水平

运动生理学研究根据研究任务和实验对象不同可分为：整体水平、器官和系统水平、细胞和分子水平。整体、器官和系统水平的研究属于宏观研究，细胞、分子水平的研究属于微观研究。

1. 整体水平研究

整体水平研究是指在整体水平上研究人体在一定的环境条件下运动时人体的机能变化，人体各器官、系统之间的相互关系，以及人体各器官、系统对运动的适应过程。例如，研究人体运动时心血管系统的机能、呼吸系统的机能、内分泌机能、物质和能量代谢、肌肉组织利用氧能力等的变化，以及它们对运动的适应等都属于整体水平的研究。整体水平的研究是运动生理学研究的一个重要方面。

2. 器官、系统水平研究

人体运动时的整体机能表现，是建立在各器官、系统机能水平和机能活动的密切协调配合基础之上的。探讨人体运动时的机能变化，必须对各器官系统的机能进行研究。器官、系统水平研究是指研究每个器官、系统在运动中的机能有何变化，这种变化是怎

样发生、发展的，变化的条件是什么，受哪些因素制约，以及这种变化对运动中的整体机能变化将产生什么影响等。例如，在运动中心血管系统的机能会发生较大的变化，表现为心率、血压、心输出量升高。探讨引起这些指标升高的因素及变化特点的研究就是器官、系统水平研究。

3. 细胞、分子水平研究

器官是由一些具有特殊功能的细胞群所组成。各器官、系统的生理机能取决于这些具有特殊功能的细胞群。而每个细胞的生理功能又依赖于构成细胞的生物分子。细胞、分子水平的研究主要是研究运动时细胞内各亚微结构的机能，以及各生物分子的特殊理化变化过程。目前，研究大负荷后骨骼肌超微结构变化，收缩蛋白和骨架蛋白的组成变化，以及线粒体、生物膜、酶系统等功能变化，均属于细胞、分子水平的研究。

（三）宏观研究和微观研究的关系

1．从宏观水平研究深入到微观水平研究

从宏观水平研究深入到微观水平研究，是运动生理学发展的要求和必然趋势。只停留在宏观水平的研究无法了解运动导致的人体机能和形态学适应的机制。因此，运动生理学研究必须从宏观研究深入到微观研究，以探讨运动训练和健身的生理学机制。

2．宏观研究指导微观研究

进行细胞、分子水平研究的优点是可直接、客观研究分析某一局部生理现象的机制。但是，在微观水平上采用某个或某几个指标，只能解释一些孤立的微观生理现象，或揭示一些相互独立的生理机能的成因。这样就难免存在一定程度上的片面性或不完整性。因此，在运动生理学研究中，只重视微观水平的研究是不够的，必须在宏观研究的指导下，开展深入的微观研究，然后再将微观研究的结果进行综合分析，在整体水平上分析人体的机能。例如对运动性疲劳的研究，当人们发现在整体水平上不能对运动性疲劳的产生原因提出令人满意的解析时，就把研究深入到细胞、分子水平。对细胞的物质能量代谢、酶活性、肌纤维类型组成、生物膜功能、细胞内亚细胞结构的功能、细胞内功能蛋白质分子的结构变化以及胞浆内离子动力学等进行研究，从不同角度探讨运动性疲劳的产生原因，为在整体水平上阐明运动性疲劳的成因提供依据。

在运动生理学研究中，一方面宏观研究对微观研究具有指导作用，另一方面微观研究的结果可为宏观研究提供理论依据，二者相辅相成，不能偏废。

第二节 生命活动的基本特征

生物体的生命现象主要表现为以下五个方面的基本特征,即：新陈代谢、兴奋性、

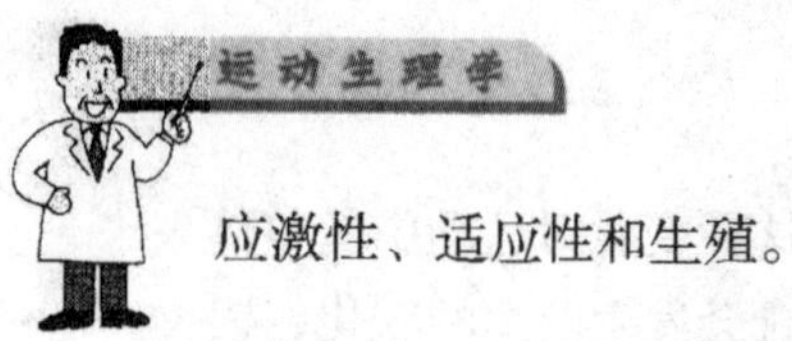

应激性、适应性和生殖。

一、新陈代谢

新陈代谢（metabolism）是生物体自我更新的最基本的生命活动过程。新陈代谢包括同化和异化两个过程。生物体不断地从体外环境中摄取有用的物质，使其合成、转化为机体自身物质的过程称为同化过程（assimilation），也称合成代谢（synthesis）；生物体不断地将体内的自身物质进行分解，并把所分解的产物排出体外，同时释放出能量供应机体生命活动需要的过程称为异化过程（dissimilation），也称为分解代谢（catabolism）。在新陈代谢过程中，物质合成时，即在同化过程中需要吸收能量；而在物质分解时，即在异化过程中将释放出能量。因此，在新陈代谢过程中，物质代谢（material metabolism）和能量代谢（energy metabolism）是同时进行的，是同一过程的两个方面。任何物质都蕴藏着一定的能量，同样，物质代谢也必然伴随着能量的产生、转移和利用，任何能量的转移也必然伴有物质的合成和分解。同化过程和异化过程是同时进行和相互依存的两个生理过程。由此可见，生物体通过同化和异化过程可以不断地自我更新。生物体内的同化和异化过程是一系列十分复杂的生物化学反应过程，这些复杂的生物化学反应过程有赖于酶的存在和作用。新陈代谢是生命活动的最基本特征，新陈代谢一旦停止，生物体的生命活动也就结束。

二、兴奋性

机体所处的环境是经常变化的，在正常情况下，机体可感受外界环境变化的刺激并做出适当的反应。

在生物体内可兴奋组织具有感受刺激、产生兴奋的特性称为兴奋性（excitability）。能引起可兴奋组织产生兴奋的各种环境变化称为刺激（stimulus）。神经、肌肉和腺体等组织受刺激后，能迅速地产生可传布的动作电位，即发生兴奋，这些组织被称为可兴奋组织。在生理学中将这些可兴奋组织接受刺激后所产生的生物电反应过程及表现称之为兴奋（excitation）。因此，可兴奋组织感受刺激产生兴奋能力的高低反映了该组织兴奋性的高低。

可兴奋组织有两种基本的生理活动过程。一种是由相对静止状态转变为活动状态，或是兴奋性由弱变强，这种活动是兴奋活动；另一种是由活动状态转变为相对静止状态，或是兴奋性由强变弱，这种活动是抑制（inhibition）活动。人体的各种生理功能活动，既有兴奋性活动也有抑制性活动，两者既对抗又协调，并可相互转化。兴奋和抑制是对立统一的生理活动过程。

三、应激性

人体内各种组织对外界环境变化（刺激）具有不同的反应，可兴奋组织受到刺激后可产生兴奋，如肌肉表现为收缩，腺体表现为分泌，神经的反应则表现为产生并传导神经冲动。而其他组织，如上皮、骨骼等，它们不属于可兴奋组织，受到刺激后不能产生兴奋，但可引起细胞代谢发生改变等变化。这种细胞代谢等方面的变化也是一种反应。机体或一切活体组织对周围环境变化具有发生反应的能力或特性称为应激性（irritability）。活组织应激性的表现形式是多方面的，既可以是生物电活动，也可以是细胞的代谢变化。而兴奋性则只是指可兴奋组织受到刺激后发生生物电变化的过程。因此，具有兴奋性的组织必然具有应激性，而非可兴奋组织只有应激性没有兴奋性。

四、适应性

生物体长期生存在某一特定的生活环境中，在客观环境的影响下可以逐渐形成一种与环境相适应的、适合自身生存的反应模式。生物体所具有的这种适应环境的能力称之为适应性（adaptability）。例如，长期居住在高原地区的居民，其血液中的红细胞数量远远超过平原地区的居民。这种适应性反应对高原居民是十分必要的，因为血中红细胞数量的增多大大提高了血液运输氧的能力，从而有效地克服了高原缺氧给人体带来的不良影响，创造了适应客观环境而生存的条件。再如，运动员经过长期的力量训练可使肌肉的力量和体积增加；长期耐力训练可使肌肉耐力、心肺功能得到改善等，这些都是人体对环境变化产生适应的结果。

五、生　殖

生物的生命是有限的，必须通过生殖（reproduction）过程进行自我复制和繁殖，使生命过程得到延续。人体发育到一定阶段时，男性和女性发育成熟的生殖细胞在适宜的环境中结合时，可孕育出与他们相似的子代个体，这一生理过程称为生殖。因此，生殖是生命的基本活动。但是，近几年由于生物技术的发展，可以通过克隆技术使生命得到复制，传统的生殖理论和观念受到挑战。

第三节　人体生理机能的维持与调节

一、内环境及其稳态

人体由各种细胞、组织和器官所组成。它们的生理活动在空间和时间上紧密配合，相互协调成为一个统一的整体。人体的细胞、组织与外界环境不发生直接接触，而是生存于细胞外液之中。细胞新陈代谢所需的养料由细胞外液提供。细胞的代谢产物也排到细胞外液中，通过细胞外液再与外环境发生物质交换。因此，细胞外液被称为机体的内环境（internal environment），以别于整个机体所生存的外环境。

细胞生存要求内环境各项理化因素相对稳定。然而，内环境理化性质不是绝对静止不变的，而是各种物质在不断交换、转变中达到相对平衡状态，即动态平衡状态。这种平衡状态称为稳态（homeostasis）。由于细胞不断进行着新陈代谢，新陈代谢本身不断扰乱内环境的稳态。特别在运动过程中，人体的内环境可由某些代谢产物的陡增而发生急剧变化，外环境的强烈变化也可影响内环境的稳态，为此，机体的血液循环、呼吸、消化和排泄等生理功能必须不断地进行调节，使内环境处于相对稳定状态。

稳态是一种复杂的动态平衡过程，一方面是代谢过程使稳态不断地受到破坏，而另一方面机体又通过各种调节机制使其不断地恢复平衡。总之，整个机体的生命活动正是在稳态不断受到影响，而又不断得到维持的过程中得以顺利进行的。

二、生理机能的调节

机体与外界环境之间保持相互联系和彼此影响，人体对内、外环境变化能产生适应性反应，正是因为人体具有十分完善的调控机制对各种生理功能进行相应调节的结果。人体内环境相对稳定及生物节律的维持和存在，显然也是通过体内调控机制实现的。

人体各种生理机能的调节是通过神经调节、体液调节、自身调节和生物节律四种途径实现的。

（一）神经调节

神经调节（neuroregulation）是指在神经活动的直接参与下所实现的生理机能调节过程，是人体最重要的调节方式。神经活动的基本过程是反射（reflex）。反射活动的结构基础是反射弧（reflex arc）。反射弧包括感受器（receptor）、传入神经纤维（afferent nerve fiber）、反射中枢（reflex center）、传出神经纤维（efferent nerve fiber）和效应器（effector）五个环节（图 1-1）。感受器能接受刺激并产生神经冲动；传入神经将感受器所产生的神经冲动传入中枢；中枢在脑和脊髓能对各种刺激进行分析判断，产生反应信息；传出神经则将中枢对刺激所做出的反应信息传递至效应器；效应器对刺激产生相应的生理反应。例如，当血液中氧分压下降时，颈动脉体等化学感受器感受到血氧浓度下降的信息而发生兴奋，通过传入神经将信息传至呼吸中枢并使之兴奋，再通过传出神经使呼吸肌运动加强，吸入更多的氧气使血液中氧分压回升，维持内环境的稳态。反射弧的任何一个部分的结构或功能受到损坏，反射活动都不能完成。

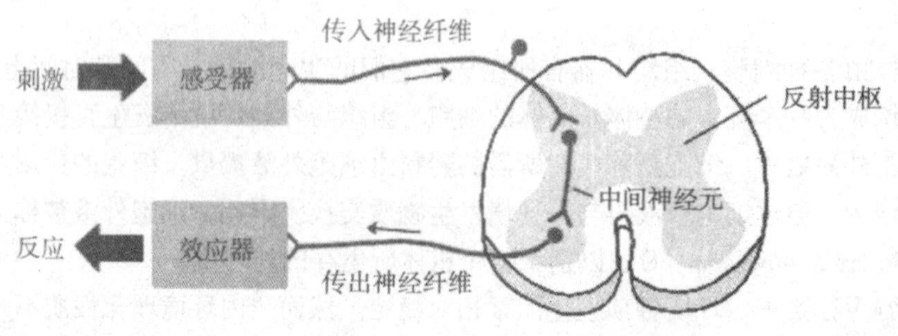

图 1-1　反射弧示意图

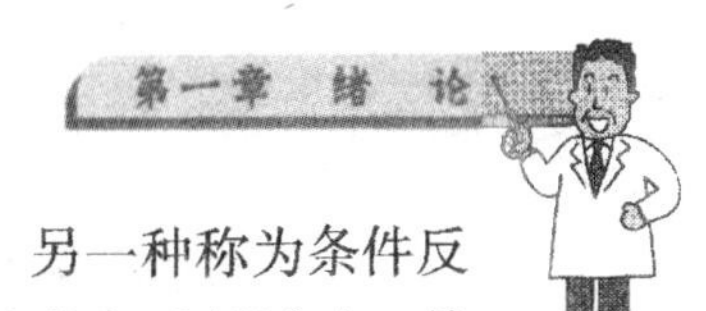

反射活动分为两种，一种是非条件反射（unconditional reflex），另一种称为条件反射（conditional reflex）。非条件反射是人体先天就具有的维持生命的基本反射活动，其反射弧和反应都是固定的。条件反射是后天通过学习获得的，是个体在生活过程中逐渐建立起来的反射活动。

神经调节具有反应快、准确、作用时间短的特点。

（二）体液调节

人体血液和其他体液中的某些化学物质，包括：①内分泌腺分泌的激素(hormone)，如胰岛素、肾上腺素等；②某些组织细胞产生的某些化学物质，如组胺、5-羟色胺、细胞因子等；③细胞的代谢产物，如 CO_2、乳酸等，可借助于血液循环的运输，到达全身或某些器官、组织，从而引起某些特殊的生理反应。这种调节过程是通过体液的运输来实现的，因而称为体液调节（humoral regulation）。被调节的细胞或组织称为靶细胞（target cell）或靶组织（target organ）。许多内分泌细胞所分泌的各种激素，就是借体液循环的通路对机体的功能进行调节的。例如，胰岛的 β-细胞分泌的胰岛素能调节组织、细胞的糖与脂肪代谢，有降低血糖的作用。当血糖浓度升高时，胰岛的 β-细胞分泌活动加强，胰岛素分泌增多，机体对血糖的吸收和利用加强，最终使血糖浓度保持相对稳定。

除激素外，某些组织、细胞产生的一些化学物质或代谢产物，虽不能随血液到身体其他部位起调节作用，但可在局部组织液内扩散，改变邻近组织细胞的活动。这种调节可看做是局部性体液调节，或称为旁分泌（paracrine）调节。

在人体内很多内分泌腺本身直接或间接地受到神经系统的调节。在这种情况下，体液调节是神经调节的一个传出环节，是反射传出通路的延伸。这种情况可称为神经—体液调节。例如，肾上腺髓质接受交感神经的支配，当交感神经系统兴奋时，肾上腺髓质分泌的肾上腺素和去甲肾上腺素增加，共同参与机体的调节（图 1-2）。

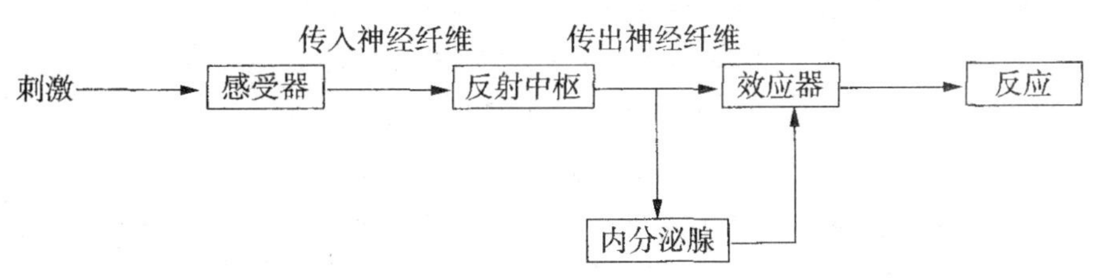

图 1-2 神经—体液调节示意图

神经调节的特点是比较迅速而精确，体液调节的特点是比较缓慢、持久而弥散，两者相互配合使生理功能调节更趋于完善。

（三）自身调节

自身调节（autoregulation）是指组织、细胞在不依赖于外来的神经或体液调节情况下，自身对刺激发生的适应性反应过程。例如，骨骼肌或心肌收缩前的长度对其收缩力量有调节作用。在一定范围内肌肉的初长度增加时，收缩力量会相应增加，而肌肉的初长度缩短时收缩力量就减小。一般来说，自身调节的幅度较小，也不十分灵敏，但对于生理功能的调节仍有一定意义。

有时一个器官在不依赖于器官外来的神经或体液调节的情况下，器官自身对刺激发生的适应性反应过程也属于自身调节。

（四）生物节律

生物体在维持生命活动过程中，除了需要进行神经调节、体液调节和自身调节外，各种生理功能活动会按一定的时间顺序发生周期性变化，这种生理机能活动的周期性变化，称为生物的时间结构，或称为生物节律（biorhythm）。生物节律可按其发生的频率高低分为近似昼夜节律、亚日节律和超日节律三大类。

由于生物体内生理活动的节律性变化，使生物体对内、外环境的程序性变化具有生物"预见性"，产生了更完善的适应过程。

第四节 人体生理机能调节的控制

运用控制论（cybernetics）原理分析人体的调节活动时，人体的各种功能调节可分为三种控制系统。

一、非自动控制系统

在控制系统中，控制部分不受受控部分的影响，即受控部分不能通过反馈活动改变控制部分的活动，这种控制系统称为非自动控制系统（non-automatic control system）。例如，在应激反应中，当应激性刺激特别强大时，可能由于下丘脑神经元和垂体对血中糖皮质激素的敏感性减退，导致血液中糖皮质激素浓度升高时不能反馈抑制它们的活动，使应激性刺激引起的促肾上腺皮质激素与糖皮质激素的持续分泌。这时，肾上腺皮质能不断地根据应激性刺激的强度做出相应的反应。在这种情况下，刺激决定着反应，而反应不能改变控制部分的活动。这种控制系统无自动控制的能力。非自动控制系统是一个开环系统（open loop system），在体内非自动控制系统的活动较少。

二、反馈控制系统

在控制系统中，控制部分不断受受控部分的影响，即受控部分不断有反馈信息返回输入给控制部分，并改变它的活动，这种控制系统称为反馈控制系统（feedback control system）。反馈控制系统是一个闭环系统（closed loop system），具有自动控制能力。

反馈控制系统分为比较器、控制部分、受控部分和感受装置四个主要环节（图 1-3）。输出变量的部分信息经感受装置检测后转变为反馈信息，回输到比较器，由此构成闭合回路。在不同的反馈控制系统中，传递信息的方式是多种多样的，可以是电信号（神经冲动）、化学信号（某些化学成分的浓度）或机械信号（压力、张力等）。但最重要的是这些信号的数量和强度变化中所包含的准确和足够的信息。

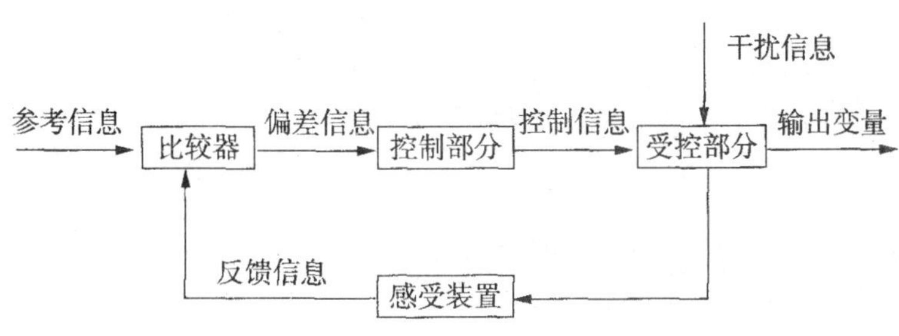

图 1-3 反馈控制系统示意图

在人体生理功能调节的自动控制系统中，如果受控部分的反馈信息能减弱控制部分活动，这样的反馈称为负反馈（negative feedback）。负反馈是可逆的，是维持人体生理机能活动经常处于稳态的重要调节机制。如在人体正常体温、血压、心率和某些激素水平等指标的维持过程中，负反馈调节发挥着重要作用。

与负反馈相反，如果反馈信息能促进或加强控制部分活动，这种反馈称为正反馈（positive feedback）。正反馈往往是不可逆的，是不断增强的调控过程，直到整个生理过程结束为止。如排尿反射、分娩过程、血液凝固等均属于正反馈调控过程。

三、前馈控制系统

负反馈调节是维持稳态的重要途径。但这种调节方式只有在外界干扰使受控变量出现偏差以后才会发挥作用，所以负反馈调节总是要滞后一段时间才会发挥作用，纠正偏差，且在纠正偏差时容易产生波动。人体中各种功能都能在外界各种干扰因素的不断作用下较好地保持稳态。这显然还有另外的控制系统在发挥作用。

在调控系统中，有时干扰信息在作用于受控部分引起输出效应发生变化的同时，还可以直接通过感受装置直接作用于控制部分。这种干扰信息对控制部分的直接作用称为前馈（feedforward），如图 1-4 所示。在前馈调控过程中，机体的控制部分可在其输出效应尚未发生偏差而引起反馈之前，就可对受控部分发出纠正信息，使机体的控制过程不出现较大的波动和反应滞后的现象，从而能更有效地保持生理功能活动的稳态。因此，前馈控制系统所起的作用是预先监测干扰，防止干扰的扰乱；或是超前洞察动因，及时做出适应性反应。条件反射活动是一种前馈控制系统活动。例如，动物见到食物就引致唾液分泌，这种分泌比食物进入口中后引致唾液分泌来得快，而且富有预见性，更具有适应性意义。

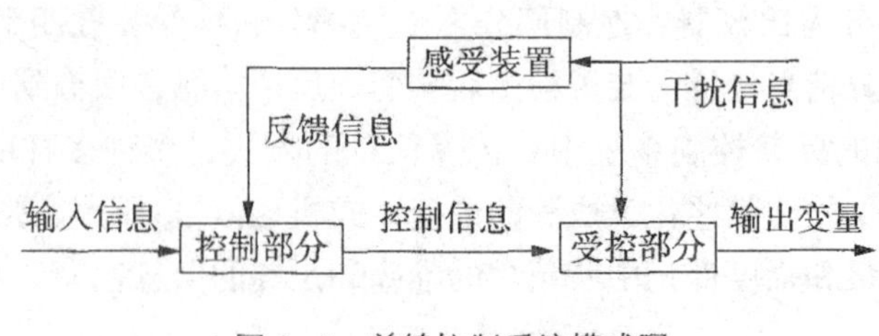

图 1-4 前馈控制系统模式图

第五节 运动生理学的发展历史与研究现状

一、运动生理学的发展历史

（一）运动生理学萌芽

运动生理学是在医学和生理学的基础上发展起来的较年轻的一门学科。运动生理学的萌芽出现在 19 世纪末 20 世纪初的欧洲。1889 年，法国的拉格朗日（Fernand. La-Grange）出版了《人体运动生理学》（Physiology of Bodily Exercise），这是运动生理学第一本教科书。1907 年，W.Fletcher 等人研究了肌肉活动与乳酸生成之间存在着密切关系。这一研究成果使人们认识到肌肉活动的能量源自于肌糖原分解为乳酸。在这一时期，德国的赞兹（N. Zuntz，1906）研究了登山与高地对人体影响的生理学；意大利学者莫索（A. Mosso，1890）研制出了肌肉功能描记器，并利用此仪器对肌肉疲劳进行了研究，描记出肌肉疲劳曲线；英国的班布里奇（F. A. Bainbridge，1919）出版了《肌肉运动生理学》一书，该书奠定了肌肉运动生理学理论基础。

对运动生理学有突出贡献的首推英国伦敦大学的希尔（Archibald Vivian Hill，1886—1977）、德国基尔大学的梅耶霍夫（Otto Fritz Meyerhof，1884—1951）和丹麦哥本哈根大学的柯劳格（Schack August Steenberg Krogh，1874—1949）三位科学家。希尔研究了肌肉收缩与舒张过程中热量的产生。梅耶霍夫则研究了肌肉工作时耗氧量和乳酸产生之间的关系，他们因此分享了 1922 年的诺贝尔生理学或医学奖。柯劳格因发现了毛细血管的活动调节机理，而获得了1920 年诺贝尔生理学或医学奖。他们的研究为运动生理学的形成与发展奠定了基础。

在这一时期，希尔出版了他的三部运动生理学名著：《肌肉活动》（Muscular Activity，1926）、《人类的肌肉运动》（Muscular Movement in Man，1927）、《有生命的机械》（Living Machinery，1927）。这些书中的有关论点，特别是有关肌肉工作的论点至今仍为生理学工作者所引用。为此，希尔被誉为“运动生理学之父”。

（二）哈佛疲劳实验室对运动生理学发展的贡献

在运动生理学发展历史上，哈佛疲劳实验室（Harvard Fatigue Laboratory）的建立具有里程碑的意义。该实验室于 1927 年建立，1947 年关闭。在这 20 年的时间里，哈佛疲劳实验主要在以下两个方面为运动生理学的发展作出了突出贡献：第一，该实验室是培养国际运动生理学杰出人才的摇篮，培养了一批年轻的运动生理学精英。20 年间先后有 15 个国家的运动生理学学者在该实验室工作过，他们是运动生理学的种子，从哈佛疲劳实验室撒向世界各地，并开花结果，在世界范围内为运动生理学的发展作出了重要贡献。第二，该实验室的研究广泛、深入，其研究内容构成了现代运动生理学的框架和基础，有些研究领域仍然是当今的热点问题。

哈佛疲劳实验室重要研究领域包括：研究了运动员最大摄氧量、氧债和长时间运动中的碳水化合物和脂肪代谢；探讨了高原、干燥、湿热以及寒冷对运动能力的影响；观察了运动员运动时血液的酸碱平衡、血氧饱和度、氧分压、二氧化碳和一氧化碳等指标的变化及其生理学作用；制定了各种营养素的评价方法，并阐明了各种营养素的生理作用；发明了著名的用于间接测量最大摄氧量的哈佛台阶试验等。

（三）北欧及其他地区运动生理学的发展对运动生理学的影响

20 世纪 30 年代，三位年轻的北欧生理学家克里斯汀森（Erik Hohwu Christensen）、阿斯姆森（E. Asmussen）以及尼尔森（Marius Nielson）来到美国哈佛疲劳实验室工作。三位年轻人学成回国后继续从事运动生理学研究并培养了一批运动生理学工作者。奥斯特兰德（Per-Olof Åstrand）在 20 世纪 50—60 年代，进行了大量的有关耐力运动及身体素质方面的研究，制定了间接测定最大摄氧量的标准和方法；萨尔庭（Bengt Saltin）在研究运动时骨骼肌能量代谢方面颇有建树。奥斯特兰德和罗达尔（K. Rodahl）所著的《运动生理学》（Textbook of Work Physiology）于 1970 年出版，该书是近代运动生理学的代表作。

继哈佛疲劳试验室之后，北欧引领了运动生理学的发展。与此同时，在北美、苏联、亚洲等地也有一些学者为运动生理学的发展作出了贡献。苏联学者在著名生理学家巴甫洛夫（I Petrovich Pavlov， 1849—1936）的条件反射理论的影响下，在运动条件反射建立和运动技能形成等方面作出了杰出的工作。克列斯托夫尼柯甫（Krestovnikoff）出版了《运动生理学论文集》。该论文集汇集了大量的实验资料，阐述了各项运动的生理学特点，对运动员科学训练起到了重要的促进作用。日本的猪饲斯道夫、吉田章信等人在运动生理学研究领域也作出了较大的贡献。

（四）中国运动生理学的发展历程

我国最早的《运动生理学》教科书是程瀚章 1924 年所著，1929 年由上海商务印书馆出版。书中从运动对血液系统，呼吸系统，循环系统，骨、关节和肌肉系统，泌尿系统，中枢神经系统以及运动对皮肤散热和体温调节的影响等方面一一作了阐述；提出了各系统的科学运动方式以及运动中的注意事项；对某些简单动作（比如跳跃）还从生物力学的角度作了分析；并且对于不同肌肉、肌群的锻炼方式或方法，以及如何预防不良

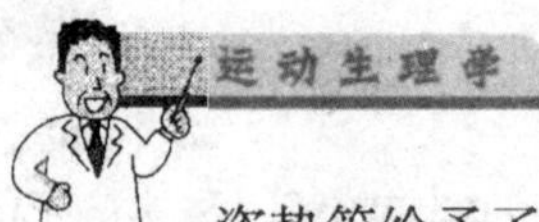

姿势等给予了科学的指导；还特别阐述了儿童心血管系统生理特点以及在运动中的注意事项，其涉及面极广，内容极详尽，令人叹服。

继程翰章之后，我国著名的生理学家蔡翘于1940年出版了侧重劳动生理学的《运动生理学》一书，以及和赵敏学1951年编著的《实用运动生理学》都是主要的运动生理学教学参考书。

直到20世纪50年代初期，在中国有关运动生理学的教学与研究工作却进行得甚少。在50年代末，运动生理学才在我国有了第一次飞跃性的发展。1957年，北京体育学院为我国首次培养出第一批运动生理学研究生。他们在我国运动生理学发展过程中作出了重要贡献。70年代末至80年代，是我国运动生理学第二次飞跃发展时期，全国体育院系相继开展了运动生理学研究生培养工作，使我国的运动生理学教学、科研和人才培养工作得到了蓬勃发展。

新千年伊始，运动生理学的发展又遇到了新的契机。在中国生理学会关怀下，中国生理学会运动生理学专业委员会于2001年成立，为运动生理学的发展开辟了新天地，这是中国运动生理学发展史上的一个重要的里程碑。

经过半个多世纪的发展，我国的运动生理学研究在探讨人体生命活动规律、运动健身的理论与方法、运动训练提高运动员运动能力的理论与方法等方面取得了飞跃性的进展，形成了一支人员素质较高的研究队伍，知名专家在国际学术界享有一定声望。在某些研究领域，接近、达到甚至超过了世界先进水平。这一切为未来我国运动生理学继续发展奠定了良好的基础。

二、运动生理学研究现状

（一）微观研究不断深入

随着研究的不断深入和研究手段的不断提高，运动生理学研究从宏观水平研究深入到细胞和分子的微观水平。例如，在对骨骼肌的研究中，已经深入到通过观察骨骼肌纤维在大负荷运动后超微结构、蛋白代谢、细胞内离子浓度等变化以及骨骼肌蛋白代谢的信号转导等。

（二）宏观研究备受重视

虽然进行细胞、分子水平研究的优点是可直接、客观地研究分析某一生理现象的机制，但是只能得到一些零散的生理生化指标，解释一些孤立的微观生理现象，或揭示一些相互独立的生理机能的成因。然而，揭示在运动中人体的整体机能变化和运动对整个人体的影响是运动生理学研究的最终任务。因此，在运动生理学研究中，必须在宏观研究的指导下，开展深入的微观研究，然后再将微观研究的结果进行综合分析，在整体水平上分析人体的机能变化及其规律，已成为运动生理学研究的必经之路。

（三）研究方法日益创新

随着科学技术的发展，许多新仪器、新技术和新的研究方法应用到运动生理学的研究中。如核磁共振（NMR）、阳离子放射（PET）、质谱分析、放射免疫、高效液相色谱、超声诊断、膜片钳等先进研究技术，将在体育科研中发挥重要作用。

计算机技术在运动生理学研究中的应用对运动生理学的发展起到了巨大的推动作用。计算机图像分析处理技术的应用，使生物学图像的处理更加精确和方便，计算机模拟技术等也为运动生理学研究提供了新方法、开辟了新领域。而互联网技术的发展，为运动生理学工作者获取信息、进行学术交流提供了极大的方便。

（四）应用研究规模扩大

运动生理学应用研究的规模和范围不断扩大。运动生理学研究属于应用基础研究。运动生理学在基础理论研究不断深入的同时，必须把基础理论的研究成果应用于运动训练的实践中去，为运动训练实践服务。运动生理学在为运动实践服务的同时，也在积极地加强运动健身的基础理论和应用的研究。

（五）学科交叉广泛深入

近代自然科学的发展趋势是：一方面学科的划分有越来越细的趋向；另一方面各学科的相互渗透和交错在学科发展上相互促进。运动生理学这门年轻的学科从一诞生起就与医学、生物化学、解剖学、遗传学、生物学以及其他自然学科有着密切联系，而且这种联系正在日益加强。

研究运动对人体生理机能的影响以及人体对运动的适应是运动生理学的任务。而寻求其变化机理时，总是要从分子水平、离子水平、基因水平着手找原因，这就时常进入了生物化学、细胞生物学、分子生物学、遗传学等研究领域。现代运动生理学研究在许多情况下，学科之间界限特别模糊，学科互相交叉、互相渗透、互相补充现象非常普遍，新的边缘学科不断出现。可见，学科之间相互交叉与覆盖，是现代运动生理学研究的显著特征。

三、运动生理学研究的重点课题

（一）运动时物质与能量代谢

虽然研究运动时的能量代谢是早期运动生理学的主要研究领域，目前研究不同项目运动员在运动训练中的能量代谢仍然是运动生理学研究的重要课题。研究表明，最大摄氧量（$\dot{V}O_{2max}$）是评价耐力运动员身体机能的重要指标，两者有着极大的正相关。在运动生理学发展早期，直接测量运动员运动过程中的摄氧量是十分困难的。20 世纪 50 年代，瑞典著名运动生理学家奥斯特兰德（Åstrand）首创了间接测定最大摄氧量的列线图法，使得这一指标的应用具有简易、经济、快速等特点。自动气体分析仪的出现，使得在运动实践中用直接法测定最大摄氧量成为现实，也使得最大摄氧量这一指标在运动科研和实践中的应用更加广泛和深入。随着研究的逐步深入，发现运动员在运动中乳酸阈能更好地反应其有氧代谢能力，在运动训练中采用乳酸阈能更好地指导运动训练。

目前，运动员最大摄氧能力研究，运动时的乳酸动力学研究，运动员在运动过程中个体乳酸阈的研究，以及如何利用乳酸阈指导运动训练的研究已成为运动生理学的重要研究课题。

（二）运动性疲劳产生机理及其消除方法

在运动生理学发展的早期，运动性疲劳就是运动生理学研究的核心课题。从有关运动性疲劳的定义（详见第十四章）中可以看出，疲劳是一种机体的整体机能水平或工作效率降低的生理现象，应同疾病和运动训练中的过度训练相区别。运动性疲劳是一个特别复杂的生理过程。它是由运动引起的，全身多器官、系统机能变化的综合结果。因此，必须从整个机体的角度来考虑这一问题。

运动性疲劳可分为中枢疲劳和外周疲劳。从中枢到骨骼肌细胞再到细胞内的物质代谢过程，中间任何一个环节或这些过程综合变化，都可造成疲劳。近年来提出的疲劳控制链或运动性疲劳突变理论，都力图从多方面说明运动性疲劳的发生原因，使运动性疲劳的理论更完善，以便更科学地掌握消除疲劳的方法。

目前，对运动性疲劳产生机制的认识从单纯的能量消耗或代谢产物的堆积，向多因素综合作用的认识发展。研究水平已由细胞、亚细胞的结构与功能变化深入到生物分子或离子水平。

运用高新技术探讨运动性疲劳产生的机制，仍然是运动生理学的重点研究领域。继续从整体、器官、细胞和分子水平探讨不同运动项目运动员在运动训练中产生疲劳的特征和机制，仍然是运动生理学的重要课题，特别是对运动导致的中枢神经系统的疲劳的研究目前受到广泛重视。同时，根据不同运动项目产生运动性疲劳的机理，寻找消除运动性疲劳方法的研究越来越广泛。

（三）运动与氧化应激

1956 年，哈曼（Harman）在分子生物学的基础上提出了自由基学说，认为在生物体内进行的新陈代谢过程中会产生一些副产品，这些副产品称为自由基。自由基又称为游离基，系指外层轨道上含有一个或一个以上未配对电子的分子、原子、离子或基团。

随着自由基理论在运动生理学领域受到关注，运动与自由的研究已经成为运动生理学研究领域一个备受关注的研究课题。研究证实，急性剧烈运动可使体内自由基的浓度增加，引起体内氧自由基代谢失衡而产生氧化应激。自由基增加可能同下列几个因素有关：一是剧烈运动时体内的代谢过程加强，氧自由基的生成增加；二是剧烈运动时，乳酸等代谢产物的堆积抑制了清除自由基酶的活性，使自由基清除率下降；三是由于运动时体内有些物质可自动氧化而生成自由基，如儿茶酚胺类、还原型细胞色素C、血红蛋白、肌红蛋白等物质在剧烈运动时均可自动氧化而生成自由基。

运动引起的氧化应激，会导致脂质过氧化反应加强，而对组织和细胞造成损伤。这些损伤主要包括以下几个方面：①破坏核酸和染色体,引起碱基修饰，DNA链断裂,碱基缺失和染色体变异等；②破坏蛋白质和酶，使蛋白质变性，酶活性改变；③使粘多糖解聚，引起结缔组织的炎性变化；④破坏脂类分子和生物膜，自由基可使生物膜脂质双层结构中的不饱和脂肪酸产生过氧化反应，进一步又可以引起分子间的连锁聚合，使聚合部位的生物膜失去正常机能。

生物体内的抗氧化机制包括两大方面,抗氧化酶机制和非酶防御机制。研究表明，有氧运动可提高体内的抗氧化酶的活性，可有效地清除运动过程中产生的过量自由基。另外可以补充外源性的抗氧化剂，如维生素E、维生素C及一些中药，也可有效地提高人体的抗氧化能力。

（四）运动对骨骼肌形态和机能的影响

超过习惯负荷的运动训练或体力劳动能引起骨骼肌延迟性酸痛（Delayed-Onset Muscular Soreness，DOMS）、肌肉僵硬、收缩和伸展功能下降及运动成绩降低，因而受到生理学家和运动生理学研究人员的高度重视。他们对运动后骨骼肌延迟性酸痛产生机制进行了深入的研究，并提出了许多假说（详见第二章）。目前的研究表明，运动后产生肌肉酸痛与肌肉损伤或肌纤维的结构改变有关。

卢鼎厚等人还针对大负荷运动后骨骼肌超微结构改变，尝试用针刺和静力牵张促进超微结构变化的恢复和缓解肌肉酸痛。为了探讨大负荷运动后骨骼肌超微结构变化的机理，运动生理学家还对大负荷运动后骨骼肌收缩蛋白、骨架蛋白代谢以及蛋白代谢的信号转导等进行了较广泛的研究。同时也研究了肌肉损伤的变化阶段和损伤后的肌肉修复与再生等问题。

目前，利用各种先进的实验仪器和技术，通过观察大负荷运动后肌细胞内Ca^{2+}等离子浓度、自由基水平、酶活性、生物膜的机能、亚细胞结构和功能、收缩蛋白的代谢和基因表达等指标的变化，分析研究大负荷运动后骨骼肌机能变化，以及促进骨骼肌的机能恢复的生理机制，将运动对骨骼肌机能影响的研究提高到一个崭新的阶段。

（五）运动与骨骼肌纤维类型

让威尔（Ranvier，1883）用电刺激法证明红肌、白肌的收缩机能不同。之后人们用组织学、生理学、组织化学及生物化学等方法，对动物骨骼肌纤维的结构、机能和代谢特征等进行了较为全面的研究。在组织化学、超微结构观察与分析技术广泛应用于体育科研的基础上，伯格斯特龙（Bergstrom，1962）将组织活检技术应用于运动生理学研究

中，使得对运动员骨骼肌的肌纤维类型的研究有了长足进展，对运动员骨骼肌快肌和慢肌纤维的分布、机能及代谢特点等进行了较为广泛的研究，而且这些研究的结果被广泛地应用到运动实践中。例如，结合运动项目特点，根据不同类型肌纤维在运动中的募集程度指导运动训练；开创了无损伤测定肌纤维类型的方法；在了解各种运动项目运动员的肌纤维组成特点的基础上，为运动员选材服务等。

目前，在肌纤维类型研究方面的主要任务是继续深入地研究快肌与慢肌纤维的机能和代谢特征，运动对运动员肌纤维类型组成的影响，不同类型肌纤维在运动中的参与程度以及肌纤维类型这一指标在运动选材中的应用等。

（六）运动对心脏形态和机能的影响

1975 年，德国学者罗斯特（Rost）首先把超声心动图应用于运动人体科学的研究中，使对运动员心脏功能的研究提高到一个新的阶段。用超声心动图研究运动员心脏功能具有操作简单、安全、无损伤、重复性好等优点。因此，国内外许多运动生理学学者都采用此法对各类运动员的心脏功能进行了研究。特别是对超声心动图图形分析的计算机系统的出现，使得对运动员心脏形态结构的研究、心脏泵血功能的研究以及心脏运动过程中心肌血液供应的研究更加依靠超声心动图。

1984 年，心钠素（atrial natriuretic polypeptide）的发现，从分子水平内分泌方面改变了人们对心脏的传统认识，证明心脏不仅是一个循环器官，而且还是人体内一个重要的内分泌器官，心脏所分泌的心钠素，具有利钠、利尿、舒张血管等作用。近年来发现，心脏不仅是心钠素的分泌器官，同时也是心钠素作用的靶器官之一，长时间耐力性训练所导致的心率减慢、血压降低都与心钠素的作用有关。

（七）运动健身的理论与方法

随着社会经济的高速发展，人们的生活水平有了明显改善，注重生活质量，促进健康成为人们共同追求的目标，因而体育锻炼成为提高大众健康水平不可或缺的重要手段。运动对人体免疫机能的影响，运动的抗衰老作用，运动改善身体成分的作用，运动防止某些慢性疾病，如与心血管疾病、糖尿病等方面的基础理论研究日益增多。在研究运动健身基础理论的同时，运动处方等运动健身方法的研究也备受关注。可以预见，运动健身的理论与方法的研究将是运动生理学的重要任务。

（八）运动与控制体重

目前，肥胖已经成为影响人类健康的世界性问题。有关运动与控制体重的研究越来越受到运动生理工作者的重视。有关运动控制体重的研究主要集中于引起肥胖的机理、肥胖的评价方法、运动减肥方法和运动减肥机理等方面。

近年来，运动生理学界对肥胖机制以及运动减肥机理的研究较多，研究内容也日益

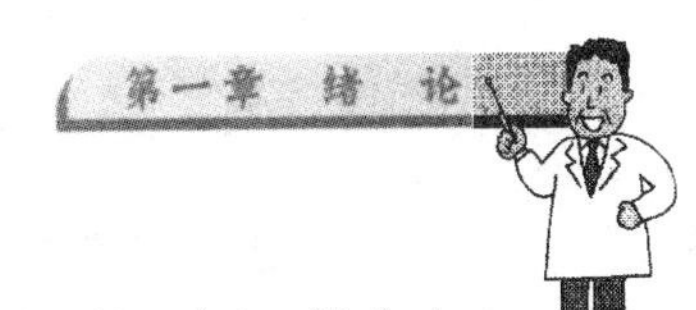

加深，主要集中在肥胖的中枢调定点机制和神经内分泌机制方面。

研究表明，单纯运动或单纯节食的减肥效果不如运动加节食。限制能量摄入结合有氧运动是最佳减肥方案。有大肌肉群参加的长时间、中等强度运动能量消耗多，且不会引起运动性损伤，因此能有效地达到减肥目的。一般运动后即刻心率达到自身最高心率的70%～80%，运动时间20分钟或更长，每周运动3～4天。常用的运动减肥方式有慢跑、越野跑、自行车、健美操和游泳等。

（九）运动与免疫机能

运动对人体免疫机能的影响是近年来运动生理学十分关注的课题之一。虽然人们习惯地认为运动员抗病能力高于一般人，但科学研究却显示，运动员和非运动员安静状态下的免疫机能没有显著差异。大量的研究表明，适当的运动对免疫机能有良好的影响。中等强度运动能提高人体的免疫机能，增强抗病能力。

尽管适当的中等强度运动可以提高人体的免疫机能，但越来越多的研究表明，大负荷运动后，人体的免疫机能却下降。而且，运动强度越大，持续时间越长，对机体免疫学机能下降越明显。大负荷运动后，由于人体的免疫机能下降，病毒和细菌易侵入人体而发病。因此有学者提出了运动后免疫机能变化的“开窗(open windows)”理论。

由于运动形式的多种多样，而且影响人体免疫机能的因素很多，造成运动对人体免疫机能影响的多样性。可以预言，在相当长的时间内，运动对人体免疫机能的影响仍然是运动生理学要研究的重要课题。

对免疫系统的研究主要涉及运动训练对免疫机能的影响、有氧健身运动对免疫机能的影响、神经-内分泌-免疫调节网络、运动时神经内分泌变化对免疫机能的影响、免疫机能变化对神经内分泌系统的反作用、运动性免疫机能低下及其机理等。

（十）运动时神经系统的支配与调控

对神经系统的研究主要涉及到运动时的神经调节作用、运动条件反射与运动技能学习、运动时神经递质与调质的变化与作用、运动与恢复时交感与副交感神经的相互影响与整合作用等。

我国运动生理学工作者应立足本职，面向世界，面向体育运动实践这个主战场，把握机遇，迎接挑战，努力创新，不断开拓，进一步提高研究水平，相信我国的运动生理学研究在不远的将来一定能跻身于世界的前列，为促进体育事业的发展作出更大的贡献。

【小结】

1. 运动生理学是体育科学中一门重要的应用基础理论学科。实验研究法是运动生理学研究的基本方法。动物试验和人体实验是运动生理学主要的研究手段。运动生理学的研究水平可分为整体水平、器官和系统水平、细胞和分子水平。

2. 新陈代谢、兴奋性、应激性、适应性和生殖是生命活动的基本特征。在运动过

程中人体的新陈代谢加强，通过分解体内的能源物质而产生能量供机体运动之需要；在运动过程中，为了适应内、外环境的变化机体某些组织、器官会发生适应性改变。如运动员经过长期的力量训练可使肌肉的力量和体积增加，长期耐力训练可使肌肉耐力、心肺功能得到改善等。这些都是人体对内、外环境变化产生适应的结果。

3. 内环境是细胞、组织发生生理活动环境。内环境相对稳定是生命的基本条件。机体与外界环境之间保持相互联系和彼此影响以及人体对内、外环境变化产生适应性反应是通过机体十分完善的调控机制对各种生理功能进行相应调节实现的。人体各种生理功能的调节是通过神经调节、体液调节、自身调节和生物节律四种途径实现的。神经调节一般特点是比较迅速而精确，体液调节的一般特点是比较缓慢、持久而弥散，两者相互配合使生理功能调节更趋于完善。

4. 人体生理机能调节受多个控制系统所调控。这些调控系统包括：非自动控制系统、反馈控制系统、前馈控制系统。各调控系统相互配合、协调，完成生理学机能的调控。

5. 运动生理学是在医学和生理学的基础上发展起来的较年轻的一门学科。运动生理学的萌芽出现在19世纪末20世纪初的欧洲。哈佛疲劳实验室对运动生理学发展作出了重要贡献。20世纪50年代，中国运动生理学的教学与研究工作开始快速发展。

6. 目前，运动生理学研究的领域和内容非常广泛。这些研究领域包括：运动时物质与能量代谢、运动性疲劳产生机理及其消除方法、运动与氧化应激、运动对骨骼肌形态和机能的影响、运动与骨骼肌纤维类型、运动对心脏形态和机能的影响、运动健身的理论与方法、运动与控制体重、运动与免疫机能和运动时神经系统的支配与调控等。运动生理学研究表现为：微观研究不断深入、宏观研究备受重视、研究方法日益创新、应用研究规模扩大、学科交叉广泛深入。

【思考题】

1. 运动生理学的研究任务是什么？
2. 运动生理学的研究方法有哪些？
3. 目前运动生理学研究的主要热点有哪些？
4. 生命活动的基本特征是什么？
5. 人体生理机能是如何调节的？
6. 人体生理机能调节的控制是如何实现的？

第二章

骨骼肌机能

【提要】

本章将首先介绍骨骼肌的超微结构，生物电的产生及神经冲动的传导、传递机制，阐明骨骼肌的收缩原理。在此基础上介绍骨骼肌的特性、骨骼肌的不同收缩形式的生理特点和力学表现。在这一章里还将介绍不同类型肌纤维的形态、生理学和生物化学特点，以及运动训练对肌纤维类型组成的影响。最后简单介绍肌电图在体育科研中的应用，以及运动对骨骼肌形态和机能的影响。

肌肉收缩是完整机体的主要活动形式之一，许多生理功能都借此得以实现。人体内的肌肉组织包括骨骼肌、心肌和平滑肌三种。骨骼肌是体内最多的组织，约占体重的40%。在运动过程中，骨骼肌收缩是人体运动的动力，人体各种形式的运动，主要是靠骨骼肌收缩活动来完成的。

第一节 肌纤维的结构

肌细胞（muscle cell）又称肌纤维（muscle fiber），是肌肉的基本结构和功能单位。成人肌纤维直径约60微米（μm），长度为数毫米到数十厘米。每条肌纤维外面包有一层薄的结缔组织膜，称为肌内膜。许多肌纤维排列成束（即肌束），表面被肌束膜包绕。许多肌束聚集在一起构成一块肌肉，外面包以结缔组织膜，称为肌外膜（图2-1）。

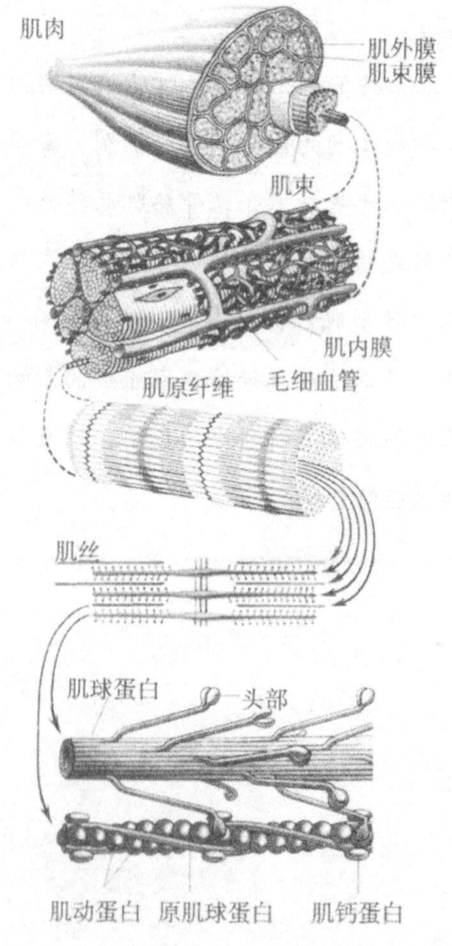

图2-1 骨骼肌超微结构示意图

每一块肌肉的中间部分一般膨大而称为肌腹，两端为没有收缩功能的肌腱。肌腱直接附着在骨骼上。骨骼肌收缩时通过肌腱牵动骨骼而产生运动。

一、肌原纤维和肌小节

每个肌细胞含有数百至数千条与肌纤维长轴平行排列的肌原纤维（myofibril）。肌原纤维的直径约 1~2 微米，纵贯肌细胞全长。每条肌原纤维的全长都由暗带（A 带）和明带（I 带）呈交替规则排列，在显微镜下呈现有规律的横纹排列，故骨骼肌也称横纹肌（见图 2-1，图 2-2）。

肌原纤维由粗、细两种肌丝按一定规律排列而成。实际上由于粗肌丝的存在而形成了 A 带。细肌丝 (thin filament) 连接于 Z 线，纵贯 I 带全长，并伸入 A 带部位，与粗肌丝交错对插。在一个肌小节中，来自两侧 Z 线的细肌丝在 A 带中段未相遇而隔有一段距离，即为 H 区，此时 H 区的肌丝成分只有粗肌丝，而H 区以外的 A 带中，粗、细肌丝并存，当肌肉被动拉长时，肌小节长度增大，此时细肌丝从暗带重叠区拉出，使 I 带长度增大，H 区也相应增宽（图 2-2）。

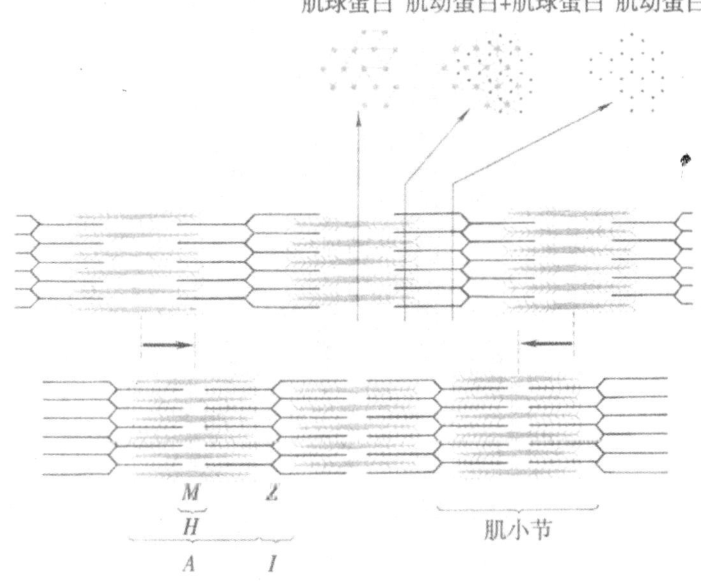

图 2-2　肌原纤维的结构示意图

A 表示 A 带，A 带由粗肌丝和细肌丝组成；I 表示 I 带，I 带只有细肌丝而没有粗肌丝；H 表示 H 区，H 区只有粗肌丝而没有细肌丝；M 表示 M 线；Z 表示 Z 线。

两条 Z 线之间的结构是肌纤维最基本的结构和功能单位，称为肌小节（sarcomere）。肌小节的长度变化范围为 1.5~3.3 微米，肌肉收缩时较短，舒张时较长，肌肉安静时肌小节的长度约为 2.0~2.2 微米（见图 2-2）。

粗、细肌丝相互重叠时，在空间上呈现严格的规则排列，每一根粗肌丝被六根细肌丝所包围。粗、细肌丝间这种密切的空间关系，为肌细胞收缩时粗、细肌丝的相互作用创造了条件。

二、肌管系统

肌原纤维间有两种不同的小管系统，即横小管系统（transverse tabular system，又称 T–system）和纵小管系统（longitudinal tubular system）。这些肌管系统是骨骼肌兴奋引起收缩耦联过程的形态学基础。横小管系统是肌细胞膜从表面横向伸入肌纤维内部的膜小管系统。纵小管系统，即肌质网（sarcop1asmic reticulum，SR）系统。细胞内肌质网常围绕每条肌原纤维，形成花边样的网，其行走方向和肌纤维纵轴平行。肌质网在接近横小管处形成特殊的膨大，称为终末池（terminal cistern）。每一个横小管和来自两侧的终末池构成复合体，称为三联管（triad）结构。横小管与纵小管的膜在三联管结构处并不接触，中间有约 12 纳米（nm）的间隙，故这两种小管的内腔并不相通（图 2–3）。

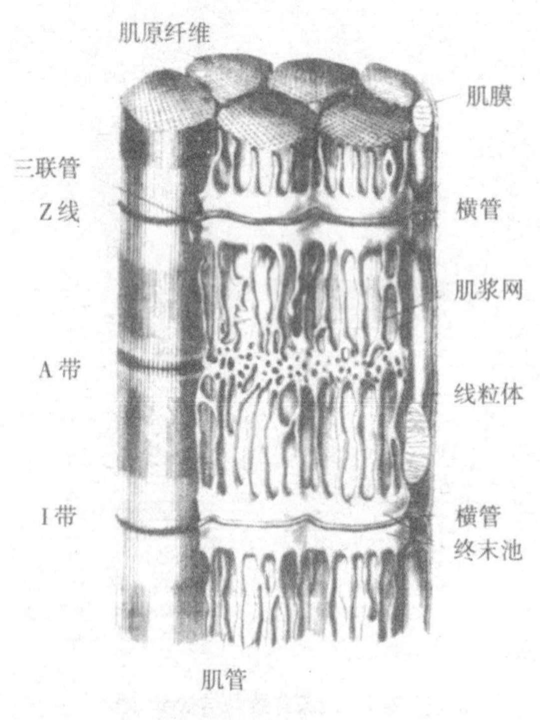

图 2–3　肌管系统结构示意图

三、肌丝的分子组成

蛋白质占肌肉干重的 75%～80%，与收缩机制有关的蛋白质占肌肉蛋白质的 50%～60%。肌细胞收缩的物质基础是粗、细蛋白质肌丝。

(一) 粗肌丝

粗肌丝主要由肌球蛋白(myosin,又称肌凝蛋白)组成。一条粗肌丝中约有200个肌球蛋白分子。每个肌球蛋白分子呈双头长杆状,由一对重链和两对轻链组成。重链构成了肌球蛋白的杆状尾部,而轻链则构成了肌球蛋白的头部。许多肌球蛋白的杆状部分集束构成粗肌丝的主干,其头部向外突出,形成横桥(cross-bridge)如图 2-4 所示。横桥部具有 ATP(三磷酸腺苷)酶活性,可分解ATP 而获得能量,用于横桥的运动。在一定条件下,头部可与细肌丝上的肌动蛋白呈可逆结合,并产生粗细肌丝的相对滑行,而致肌肉收缩。

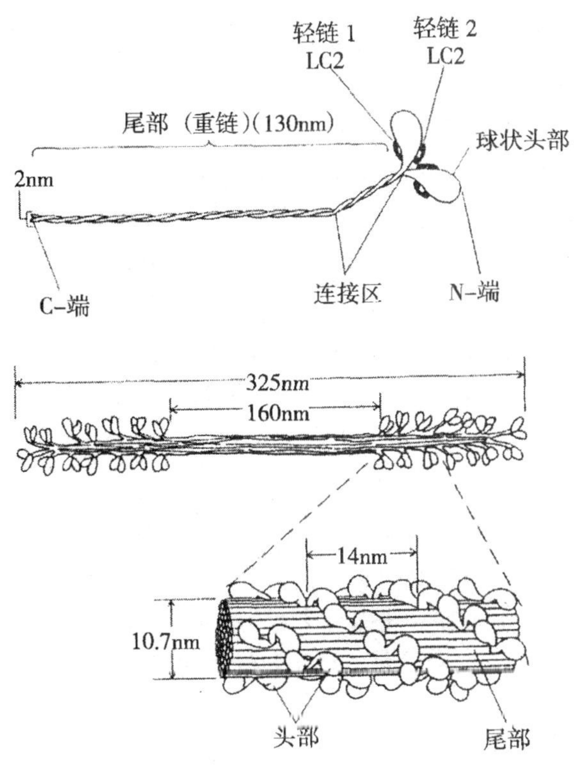

图 2-4 细肌丝与粗肌丝结构示意图

(二) 细肌丝

细肌丝主要由肌动蛋白(actin,又称肌纤蛋白)、原肌球蛋白(tropomyosin,又称原肌凝蛋白)和肌钙蛋白(troponin,又称原宁蛋白)组成(图 2-5)。

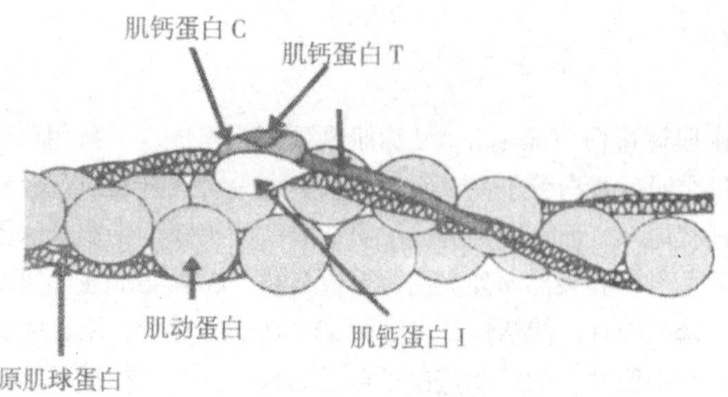

图 2-5 细丝结构示意图

1. **肌动蛋白**

肌动蛋白单体呈球状，称 G-肌动蛋白。许多 G-肌动蛋白单体以双螺旋聚合成纤维状肌动蛋白（F-肌动蛋白），构成细肌丝的主干（见图 2-5）。

2. **原肌球蛋白**

原肌球蛋白也呈双螺旋状，位于 F-肌动蛋白的双螺旋沟中并与其松散结合。在安静状态下，原肌球蛋白分子位于肌动蛋白的活性位点之上，阻碍横桥与肌动蛋白结合。每个原肌球蛋白分子大约掩盖 7 个活性位点（见图 2-5）。

3. **肌钙蛋白**

肌钙蛋白是含有三个亚单位的复合体。亚单位 I、亚单位 T 和亚单位 C 分别对肌动蛋白、原肌球蛋白和 Ca^{2+}具有高亲和力。肌钙蛋白的作用之一是把原肌球蛋白附着于肌动蛋白上。当细胞内 Ca^{2+} 浓度增高时，肌钙蛋白亚单位 C 与 Ca^{2+} 结合，引起整个肌钙蛋白分子构型改变，进而引起原肌球蛋白分子变构，暴露肌动蛋白分子上的活性位点使肌动蛋白与横桥得以结合（图 2-6），最终导致肌纤维收缩。

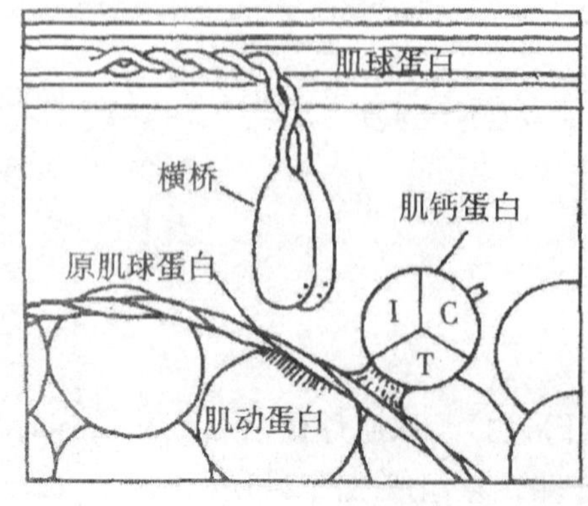

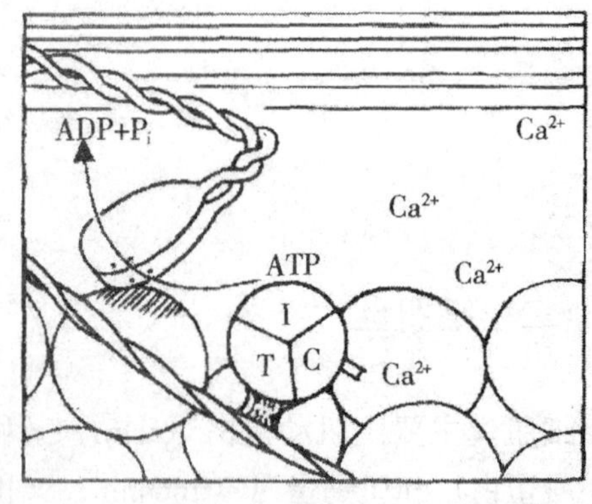

图 2-6 Ca^{2+} 通过和肌钙蛋白结合，诱发横桥和肌动蛋白之间的相互作用

第二节 骨骼肌细胞的生物电现象

一切活组织的细胞都存在电活动，这种电活动称为生物电（bioelectricity）。生物电现象是一种普遍存在又十分重要的生命现象。可兴奋组织细胞在受到刺激发生兴奋时，出现一种称为动作电位（action potential）的电变化。动作电位对组织细胞产生生理反应起着先导和触发作用。因此，将动作电位的出现作为可兴奋组织细胞兴奋的标志，并且将组织细胞产生动作电位的能力称为兴奋性。利用适当的仪器设备，可以将动作电位记录下来。临床上和运动人体科学研究中广泛应用的心电图（ECG）、脑电图（EEG）和肌电图（EMG）就是所记录的各相应组织细胞动作电位的综合电位变化。生物电在运动人体科学研究中的应用也非常广泛。如应用心电图评定运动员的心脏功能；利用脑电图评定运动员的大脑机能变化；利用肌电图评定骨骼肌的机能和进行运动技术分析等。本节将对静息电位、动作电位的产生及动作电位的传导进行叙述。

一、静息电位

（一）静息电位的概念

细胞处于安静状态，细胞膜内外所存在的电位差称为静息电位（resting potential）。这种电位差存在于细胞膜两侧，所以又称跨膜电位，或简称膜电位（membrane potential）。静息电位相对恒定，据测定哺乳类动物神经细胞的静息电位绝对值约为 70 ~ 90mV（毫伏）。若以细胞膜外电位为零，细胞膜内电位则为-70 ~ -90mV（图 2-7）。

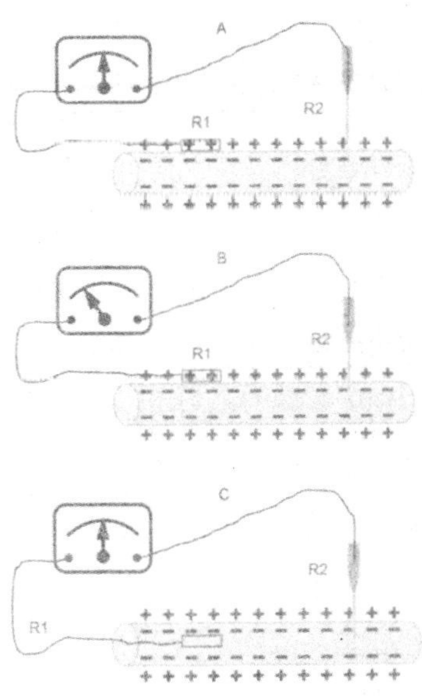

图 2-7 静息电位测试示意图

A：电极 R_1 与 R_2 置于细胞膜外，由于两个电极之间没有电位差，电流计指针不发生偏转。B：电极 R_1 置于细胞膜外，电极 R_2 置于细胞膜内 ，由于两个电极之间存在电位差，当 R_2 插入神经细胞的瞬间，电流计指针发生偏转。C：电极 R_1 与 R_2 置于细胞膜内，此时两个电极之间同样没有电位差，电流计指针也不发生偏转。

（二）静息电位产生原理

静息电位产生原理可以用“离子学说”来解释。离子学说认为：①细胞内外各种离子的浓度分布是不均匀的。②细胞膜对各种离子通透具有选择性。由于神经细胞和骨骼肌细胞静息电位与动作电位的产生原理相似，下面就以神经细胞为例叙述静息电位与动作电位的产生原理。哺乳类动物神经细胞内的 K^+浓度高于细胞外 28 倍（表 2–1），而 Na^+、Cl^-细胞外浓度分别高于细胞内 13 和 30 倍。另外，细胞内的负离子主要是大分子有机负离子，如蛋白质等（以 A^- 表示）。因此，如果细胞膜允许离子自由通过的话，它们将以扩散的方式顺浓度梯度产生K^+和 A^- 的外流（由细胞内向细胞外流动）以及 Na^+ 和 Cl^- 的内流（由细胞外向细胞内流动）。但是细胞膜对离子的通透是有选择的。当细胞处于静息状态时，细胞膜对 K^+ 的通透性大，而对 Na^+ 的通透性较小，仅为 K^+通透性的 1/100～1/50。而对 A^- 则几乎没有通透性，所以就形成在静息时 K^+向细胞外流动。离子的流动必然伴随着电荷的转移，结果使细胞内因丧失带正电荷的 K^+而电位下降，同时使细胞外因增加带正电荷的 K^+而电位上升，这就必然造成细胞外电位高而细胞内电位低的电位差。所以，K^+ 的外流是静息电位形成的基础。随着 K^+ 外流，细胞膜两侧形成的外正内负的电场力会阻止细胞内 K^+ 的继续外流，当促使 K^+ 外流的由浓度差形成的向外扩散力与阻止 K^+ 外流的电场力相等时，K^+ 的净移动量就会等于零。这时细胞内外的电位差值就稳定在一定水平上，这就是静息电位。由于静息电位主要是 K^+ 由细胞内向外流动达到平衡时的电位值，所以又把静息电位称为 K^+ 平衡电位。

表 2–1　哺乳动物神经轴突膜内外的离子浓度（mmol/L）

	K^+	Na^+	Cl^-
细胞膜内	140	10	4
细胞膜外	5	130	120
膜内外浓度比	28:1	1:13	1:30
离子流动方向	膜内流向膜外	膜外流向膜内	膜外流向膜内

二、动作电位

（一）动作电位的概念

可兴奋细胞兴奋时，细胞内产生的可扩布的电位变化称为动作电位（action

potential）。动作电位是一个连续的电位变化过程。另外，它在细胞的某一部位一旦产生，就会迅速向四周扩布。动作电位是在静息电位的基础上产生的电位变化。

（二）动作电位的变化过程

以神经轴突为例，把用细胞内记录法所得到的动作电位变化过程简述如下（图 2-8）。

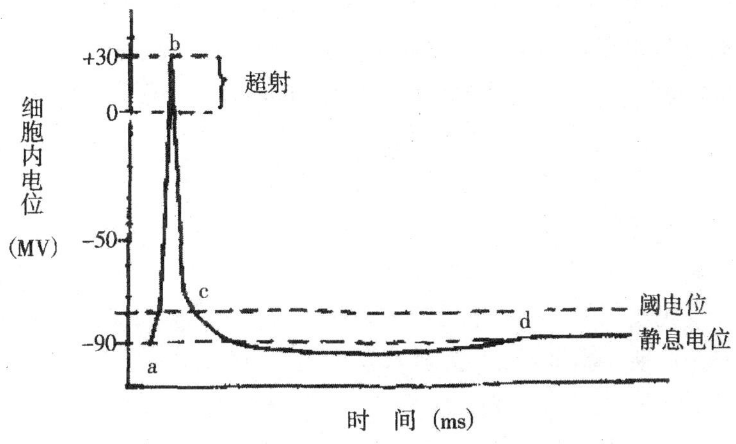

图 2-8 动作电位示意图（细胞内记录）

ab：动作电位的上升支 bc：动作电位的下降支

abc：动作电位的锋电位 cd：动作电位的后电位

1. 静息相

在静息时细胞处于极化状态。所谓极化状态是指细胞膜内外存在外正内负的电位差，即静息电位的状态。这是动作电位的初始状态。

2. 去极相

神经细胞感受刺激后，在静息电位基础上受刺激处的细胞膜会立刻爆发一次快速而连续的电位变化。首先静息电位的绝对值很快减小到零，进而膜电位发生反转，由原来的外正内负转变为外负内正，由原来-90mV 反转到约+30mV，电位变化的幅度为120mV，形成动作电位曲线的上升支（见图 2-8 ab）。上升支进行的时间很短，大约在0.5 毫秒（ms）内完结。细胞膜的静息电位由-90mV 减小到 0mV 的过程被称为去极化（depolarization phase），去极化是膜电位消失的过程；细胞膜电位由 0mV 转变为外负内正的过程称为反极化。反极化的电位幅度称为超射（over shoot）。

3. 复极相

动作电位的上升支很快从顶点（+30mV）快速下降，膜内电位由正变负，直到接近

静息电位的水平，形成曲线的下降支（见图 2-8 bc），称为复极化时相（repolarization phase）。所谓复极化是指在去极化的前提下膜极化状态的恢复。

动作电位的上升支和下降支持续时间都很短，历时不超过 2.0 毫秒。所记录下来的图形很尖锐，因此称为锋电位（spike potential），如图 2-8 abc 所示。锋电位之后还有一个缓慢的电位波动，这种时间较长波动较小的电位变化过程称为后电位（after potential），如图 2-8 cd 所示。它是膜电位恢复到静息电位前的微小波动。后电位完结后细胞膜电位才完全恢复到静息电位水平。

动作电位是在静息电位基础上爆发的一次电位快速上升又快速下降以及随后的缓慢波动过程。它包括锋电位和后电位两种电位变化，或者说包括去极化和复极化两个时相。其中锋电位特别是它的上升支是动作电位的主要成分。一般所说的动作电位就是指锋电位而言。

（三）兴奋性的变化过程

在动作电位变化过程中，神经细胞的兴奋性也发生相应的变化。兴奋性变化分为绝对不应期、相对不应期、超常期、低常期和恢复期（图 2-9）。

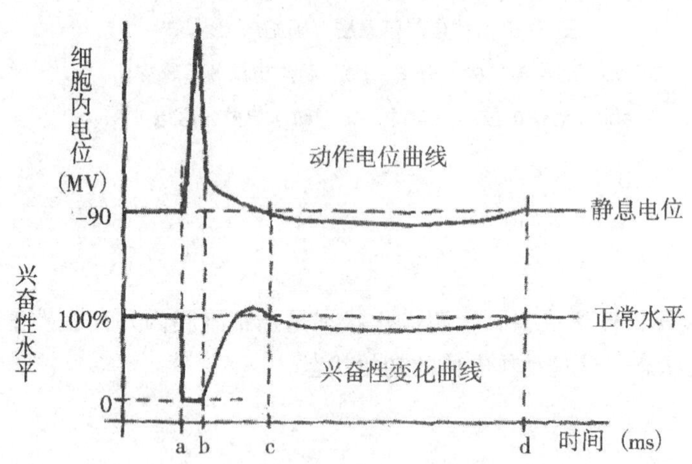

图 2-9 动作电位变化与兴奋性变化之间的关系

ab：锋电位——绝对不应期；bc：后电位前部——相对不应期、超常期；

cd：后电位后部——低常期

1. 绝对不应期

紧接兴奋之后，出现一个非常短暂的绝对不应期，兴奋性水平降低到零。此时无论给予刺激的强度多大，都不能引起第二次兴奋。从时间关系来说，锋电位相当于细胞的绝对不应期。绝对不应期历时短，神经细胞和骨骼肌细胞为 0.3 ~ 2.0 毫秒，心肌细胞可达 200 ~ 400 毫秒。

2. 相对不应期

绝对不应期之后，兴奋性逐渐恢复，兴奋性恢复到正常的85%~90%，此时必须给予大于正常阈强度的刺激才能引起神经的第二次兴奋，这一时期称为相对不应期。相对不应期持续时间大约3毫秒。后电位的前段相当于相对不应期和超常期。

3. 超常期

相对不应期之后神经的兴奋性恢复到正常的90%~110%，此时用比正常阈值低的弱刺激，就可以引起神经冲动。

4. 低常期

继超常期后，神经兴奋性下降到低于正常水平，此期为低常期，兴奋性由110%降到95%。低常期历时70 毫秒。后电位的后段相当于低常期。

5. 恢复期

低常期之后，神经的兴奋性逐渐恢复到正常水平，这一时期称为恢复期。

动作电位有以下特点：①“全或无”现象。任何刺激一旦引起膜去极化达到阈值，动作电位就会立刻产生，它一旦产生就达到最大值，动作电位的幅度也不会因刺激加强而增大。②不衰减性传导。动作电位一旦在细胞膜的某一部位产生，它就会向整个细胞膜传播，而且它的幅度不会因为传播距离增加而减弱。③脉冲式。由于不应期的存在使连续的多个动作电位不可能融合，两个动作电位之间总有一定间隔。

（四）动作电位的产生原理

动作电位的产生原理也可以用离子学说来解释。离子学说认为，由于Na^+在细胞外的浓度比细胞内高得多，它有由细胞外向细胞内扩散的趋势。而离子进出细胞是由细胞膜上的离子通道来控制的。在安静时膜上Na^+通道关闭。当作用细胞膜上的刺激达到一定强度时（阈刺激），膜上的Na^+通道被激活而开放，Na^+顺浓度梯度瞬间大量内流，细胞内正电荷增加，导致电位急剧上升，负电位从静息电位水平减小到消失，进而出现膜内为正膜外为负的电位变化，形成锋电位的上升支，即去极化和反极化时相。当膜内正电位所形成的电场力增大到足以对抗Na^+内流时，膜电位达到一个新的平衡点，即Na^+平衡电位。与此同时，Na^+通道逐渐失活而关闭，K^+通道逐渐被激活而重新开放，导致Na^+内流停止，产生K^+快速外流，细胞内电位迅速下降，恢复到兴奋前的负电位状态，形成动作电位的下降支，亦即复极化时相。

三、动作电位的传导

动作电位一旦在细胞膜的某一点产生，就沿着细胞膜向各个方向传播，直到整个细胞膜都产生动作电位为止。这种在单一细胞上动作电位的传播叫做传导(conduction)。如果发生在神经纤维上，动作电位的传导是双向的。

在无髓神经纤维上动作电位是以局部电流的形式进行传导的。如图 2-10A 所示，当 e 点发生动作电位时，膜出现反极化，即膜外负电位膜内正电位状态，而与之相邻的没有兴奋的部位仍然处在膜外为正膜内为负的状态。由于细胞外液和细胞内液都具有良好的导电性，而 e 点附近又有电位差存在，所以必然产生局部的电流流动，其流动的方向在膜外是由未兴奋点流向兴奋点 e，在膜内是由兴奋点 e 流向未兴奋点。这种局部流动的电流称为局部电流。局部电流流动的结果使与 e 点相邻的未兴奋点的膜内电位上升，而膜外电位下降，即产生膜去极化，从而触发邻近部位的膜产生动作电位。就这样兴奋部位的膜与相邻未兴奋部位的膜之间产生的局部电流不断地流动下去，就会使产生在 e 点的动作电位迅速地进行传播，一直到整个细胞膜都发生动作电位为止（见图 2-10B、C)。因此，动作电位的传导实质上是局部电流流动的结果。

有髓神经纤维外面包裹着一层电阻很高的髓鞘，动作电位只能在没有髓鞘的朗飞氏结处产生局部电流。因此动作电位是越过每一段带髓鞘的神经纤维呈跳跃式传导的（见图 2-10D)。因为，有髓神经纤维较粗大、电阻较小，而且动作电位的传导是跳跃式的，所以，动作电位在有髓神经纤维上的传导速度要比在无髓神经纤维上快得多。如人的粗大有髓神经纤维的传导速度超过每秒 100 米，而一些纤细无髓神经纤维的传导速度还不到每秒 1 米。

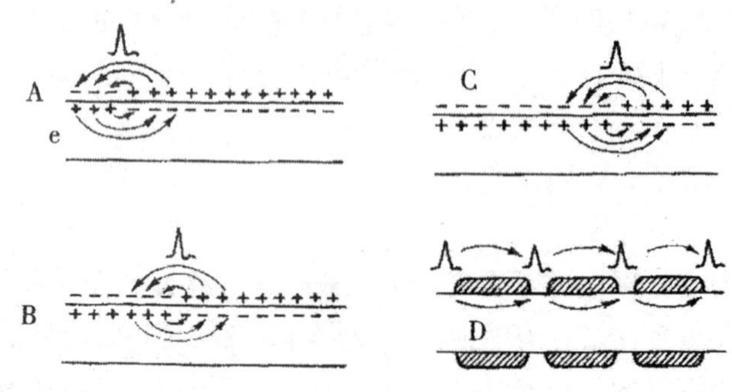

图 2-10　动作电位传导示意图

A、B、C：动作电位在无髓神经纤维上的传导过程，在无髓神经纤维上动作电位以局部电流的方式进行传导。D：动作电位在有髓神经纤维上的传导过程，在有髓神经纤维上动作电位呈跳跃式传导。

四、细胞间的兴奋传递

细胞间的兴奋传递有两种情况：一种是神经细胞之间的兴奋传递；另一种是神经细胞与肌细胞之间的兴奋传递。这两种传递过程有相似之处，在此仅对神经细胞与肌细胞之间的兴奋传递进行叙述。

（一）神经—肌肉接头的结构

神经—肌肉接头的结构又称为运动终板（motor end plate）。运动神经的末梢发出许多细小分支，并且在终末部分膨大。此处的细胞膜较正常部位要厚些，被称为突触前膜（presynaptic membrane），或称为终板前膜、接头前膜，与之相对应的骨骼肌细胞膜称为突触后膜（postsynaptic membrane），或称为终板后膜、接头后膜，突触前膜与突触后膜之间的间隙称为突触间隙（synaptic space），或称为终板间隙、接头间隙，如图 2–11 所示。

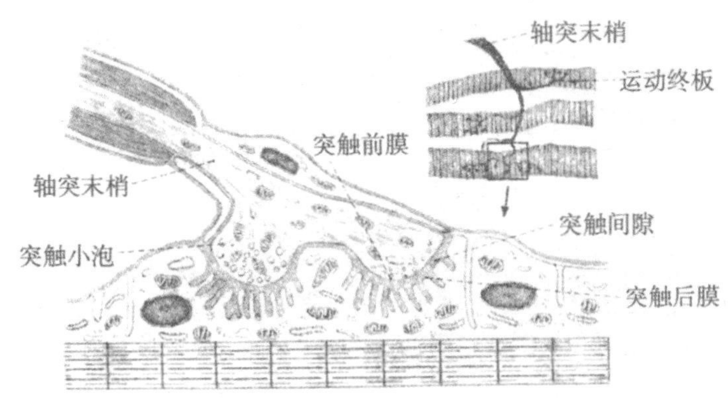

图 2–11　神经—肌肉接头示意图

（二）神经—肌肉接头的兴奋传递

如图 2–11 所示，当动作电位沿神经纤维传到轴突末梢时，引起轴突末梢处的接头前膜上的 Ca^{2+}（钙离子）通道开放，Ca^{2+} 从细胞外液进入轴突末梢，促使轴浆中含有乙酰胆碱的突触小泡向接头前膜移动。当突触小泡到达接头前膜后，突触小泡膜与接头前膜融合进而破裂，并将乙酰胆碱释放到接头间隙。乙酰胆碱通过接头间隙到达接头后膜后和接头后膜上的特异性的乙酰胆碱受体结合，引起接头后膜上的 Na^+、K^+ 通道开放，使 Na^+ 内流，K^+ 外流，结果使接头后膜处的膜电位幅度减小，即去极化。这一电位变化称为终板电位（end-plate potential）。当终板电位达到一定幅度（肌细胞的阈电位）时，可引发肌细胞膜产生动作电位，从而使骨骼肌细胞产生兴奋。

第三节　肌纤维的收缩过程

一、肌丝滑行学说

赫胥黎（Huxley）等人发现，肌肉缩短时 A 带的长度不变，而 I 带和 H 区变窄。在肌肉被拉长时，A 带的长度仍然不变，I 带和 H 区变宽。同时发现，无论肌小节缩短或被拉长时，粗肌丝和细肌丝的长度都不变，但两种肌丝的重叠程度发生了变化。根据以上发现，Huxley 等人提出了骨骼肌收缩的滑行学说（sliding-filament theory）。滑行学说认为：肌肉的缩短是由于肌小节中细肌丝在粗肌丝之间滑行造成的。即当肌肉收缩时，由 Z 线发出的细肌丝在某种力量的作用下向 A 带中央滑动，结果相邻的各 Z 线互相靠近，肌小节的长度变短，从而导致肌原纤维以至整条肌纤维和整块肌肉的缩短（图 2-12）。

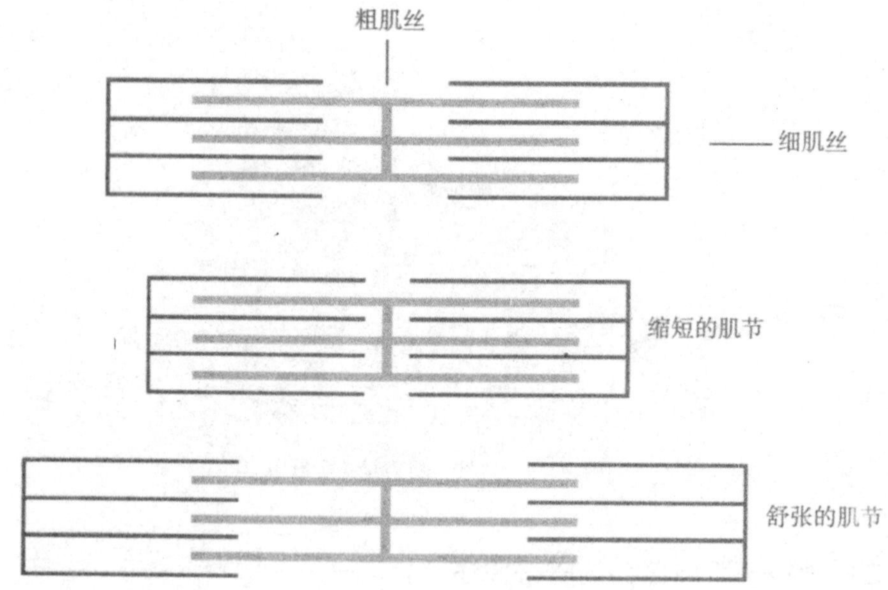

图 2-12　骨骼肌收缩示意图

二、肌纤维收缩的分子机制

当运动神经上的神经冲动（动作电位）到达神经末梢时，通过神经—肌肉接头处的兴奋传递，使肌细胞膜产生兴奋。之后，肌质网向肌浆中释放 Ca^{2+}（肌质网中的 Ca^{2+} 浓度远远大于肌浆中的 Ca^{2+} 浓度），使肌浆中的 Ca^{2+} 浓度瞬时升高。Ca^{2+} 浓度升高后，肌钙蛋白亚单位 C 与 Ca^{2+} 结合，引起肌钙蛋白的分子结构改变，进而导致原肌球蛋白的分子结构改变，原肌球蛋白滑入 F-肌动蛋白双螺旋沟的深部，肌动蛋白分子上的活性位点暴露。一旦肌动蛋白分子上的活性位点暴露，粗肌丝上的横桥即与之结合。横桥与肌动蛋白结合后会产生两种作用：①激活了横桥上的 ATP 酶，使 ATP 迅速分解并产生能量供横桥摆动之用；②激发横桥的摆动，拉动细肌丝向 A 带中央移动。然后，横桥自动与肌动蛋白上的活性位点分离，并与新的活性位点结合，横桥再次摆动，拖动细肌丝又向 A 带中央前进一步。如此，横桥头部前后往复地运动，一步一步地在细肌丝上

“行走”，拖动细肌丝向 A 带中央滑行。肌肉收缩时形成的横桥数目越多，肌肉的收缩力量也就越大（图 2-13）。

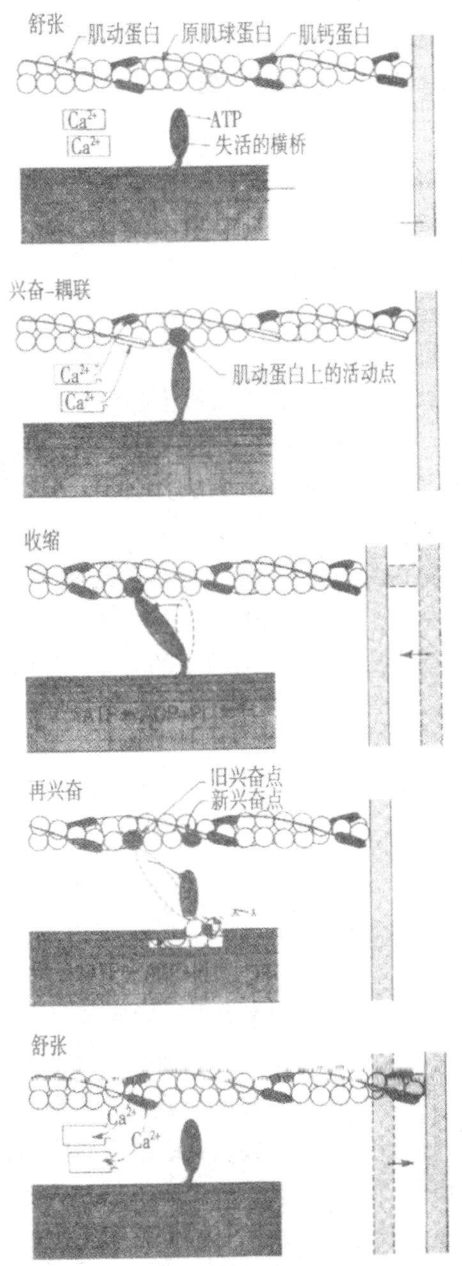

图 2-13 肌丝滑行原理示意图

肌肉舒张时原肌球蛋白掩盖了肌动蛋白上的结合位点，横桥不能与之结合；当 Ca^{2+} 与肌钙蛋白亚单位 C 结合时，肌钙蛋白和原肌球蛋白的构型发生改变，使肌动蛋白上被原肌球蛋白掩盖的结合位点暴露出来，横桥与之结合，并拉动细肌丝滑行，肌肉表现为收缩。

（引自：Donald K. Mathews and Edward L. Fox）

当肌浆中的 Ca^{2+} 浓度升高时，肌浆网膜上的钙泵被激活。在钙泵的作用下，肌质网把 Ca^{2+} 泵入肌质网内，使肌浆中 Ca^{2+} 浓度降低，Ca^{2+} 与肌钙蛋白亚单位 C 分离，肌钙蛋白和原肌球蛋白恢复原先的构型，原肌球蛋白再次掩盖肌动蛋白上的活性位点，阻止横桥与肌动蛋白的相互作用，细肌丝回至肌肉收缩前的位置，肌肉舒张。

三、肌纤维的兴奋—收缩耦联

通常把以肌细胞膜电变化为特征的兴奋过程和以肌丝滑行为基础的收缩过程之间的中介过程称为兴奋—收缩耦联（excitation-contraction coupling）。兴奋—收缩耦联过程包括以下三个主要步骤。

(1) 兴奋（动作电位）通过横小管系统传导到肌细胞内部。横小管是肌细胞膜的延续，动作电位可沿着肌细胞膜传导到横小管，并深入到三联管结构。

(2) 三联管结构处的信息传递。横小管膜上的动作电位可引起与其邻近的终末池膜及肌质网膜上的大量 Ca^{2+} 通道开放，Ca^{2+} 顺着浓度梯度从肌质网内进入胞浆，肌浆中 Ca^{2+} 浓度升高后，Ca^{2+} 与肌钙蛋白亚单位 C 结合时，导致一系列蛋白质的构型发生改变，最终导致肌丝滑行。

(3) 肌质网对 Ca^{2+} 再回收。肌质网膜上存在的钙泵（Ca^{2+}-Mg^{2+} 依赖式ATP 酶），当肌浆中的 Ca^{2+} 浓度升高时，钙泵将肌浆中的 Ca^{2+} 逆浓度梯度转运到肌质网中贮存，从而使肌浆中 Ca^{2+} 浓度保持较低水平，由于肌浆中的 Ca^{2+} 浓度降低，Ca^{2+} 与肌钙蛋白亚单位 C 分离，肌肉舒张。

第四节　骨骼肌特性

一、骨骼肌的物理特性

骨骼肌在受到外力牵拉或负重时可被拉长，这种特性称为伸展性。而当外力或负重取消后，肌肉的长度又可恢复，这种特性称为弹性。虽然骨骼肌具有伸展性和弹性，但肌肉的伸展程度和所受外力或负荷并不呈线性关系，而是当外力和负荷逐渐增大时，其长度增加幅度逐渐降低。而且，当外力或负荷取消后肌肉的长度也不是立即恢复。这种现象是由于骨骼肌在被拉长或回缩时肌浆内各分子间的摩擦力造成的。因此，除上述两种物理特性外，骨骼肌还具有黏滞性。黏滞性是由于肌浆内各分子之间的相互摩擦作用所产生的。可见骨骼肌不是一个完整的弹性体，而是一个黏弹性体。骨骼肌的物理特性受温度影响。当温度下降时，肌浆内各分子间的摩擦力加大，肌肉的黏滞性增加，伸展性和弹性下降；当温度升高时，肌肉黏滞性下降，伸展性和弹性增加。在运动实践中，做好充分准备活动，使肌肉温度升高，降低黏滞性，提高肌肉伸展性和弹性，有利于运动员提高运动成绩。

二、骨骼肌的生理特性

骨骼肌是可兴奋组织，受到刺激后可产生兴奋（即产生动作电位），这种特性称为兴奋性。肌肉受到刺激产生兴奋后，立即产生收缩反应，这种特性称为收缩性。肌肉的兴奋性和收缩性是紧密联系而又不同的两种基本生理过程。

（一）骨骼肌的兴奋性

要引起骨骼肌兴奋必须给予适当的刺激。刺激应满足以下条件。

(1) 刺激强度。要使肌肉产生兴奋，刺激必须达到一定强度。引起肌肉兴奋的最小刺激强度称为阈刺激。大于阈刺激强度的刺激称为阈上刺激；低于阈刺激强度的刺激称为阈下刺激。阈刺激可以作为评定组织兴奋性高低的指标。阈刺激小表示组织的兴奋性高，阈刺激大则表示兴奋性低。

用阈下刺激刺激单个肌纤维，不能引起肌纤维收缩。而用阈刺激或阈上刺激刺激肌纤维可以引起肌纤维收缩。由于一块肌肉是由许多肌纤维组成的，而且每条肌纤维的兴奋性是不同的，因此，给予肌肉较小的刺激强度，只能引起那些兴奋性较高的肌纤维兴奋。这时参加收缩的肌纤维数量较少，肌肉收缩力量也较小。如果逐渐加大刺激强度，兴奋并参加收缩的肌纤维逐渐增多，肌肉产生的力量也越来越大。当刺激强度适宜时，整块肌肉中兴奋并参与收缩的肌纤维数目达到最大（一般情况下，不能使整块肌肉中所有的肌纤维都发生收缩），肌肉将产生最大的收缩力量。

(2) 刺激的作用时间。无论刺激强度多大，要使可兴奋组织兴奋，刺激必须持续足够时间。在一定范围内，刺激强度越小，需要刺激的作用时间就越长。相反，刺激强度越大，需要刺激的作用时间就越短。

(3) 刺激强度变化率。要使可兴奋组织兴奋，刺激必须有足够的变化率。如果用恒定的电流刺激组织，只有通电和断电的瞬间可以引起组织兴奋。而在继续通电的过程中，由于电流强度没有发生变化，组织不产生兴奋。所谓刺激强度变化率是指刺激电流由无到有或由小到大的变化速率。同样电流强度，变化速率越大越容易引起组织兴奋。

（二）骨骼肌的收缩性

整块骨骼肌或单个肌细胞受到一次刺激时，先产生一次动作电位，紧接着出现一次机械收缩，称为单收缩（single twitch）。

在一次单收缩过程中，从施加刺激开始到肌肉开始收缩需要一定的时间。在这段时间内，肌肉无明显的缩短，这一段时间称为潜伏期。从肌肉收缩产生张力到张力最大所经历时间为收缩期。从张力最大到张力恢复到最低水平所经历时间为舒张期（图 2-14）。

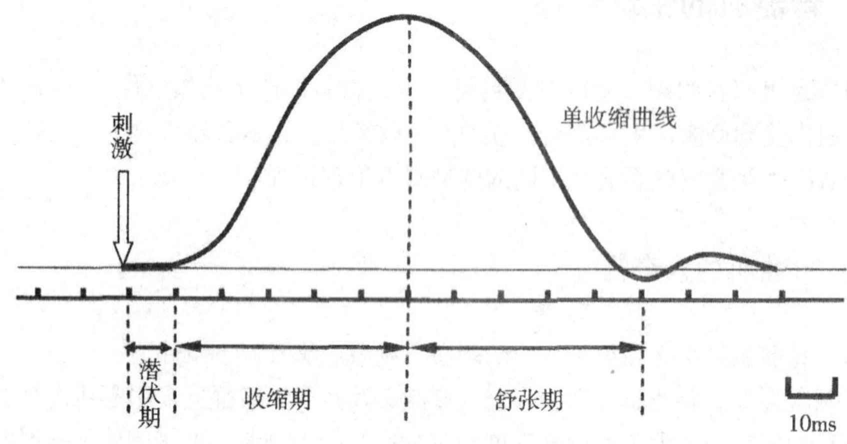

图 2-14　骨骼肌单收缩示意图

如果给肌肉以连续电脉冲刺激，则肌肉的收缩情况将随刺激的频率而有所不同。如图 2-15 所示，若刺激的频率过低，每一新的刺激到来时，由前一个刺激引起的收缩和舒张过程已结束，于是产生一连串各自分开的单收缩。如果增加刺激频率，则各刺激所引起的单收缩可以相互融合，若后一刺激均在前次收缩的舒张期结束之前刺激肌肉时，则形成不完全强直收缩（incomplete tetanus)。如果刺激频率继续增加，后一次刺激就会落在前次收缩的收缩期内，形成新的收缩，于是各次收缩的张力变化或长度缩短完全融合或叠加，肌肉处于更强的持续收缩状态，称为完全强直收缩（complete tetanus)。

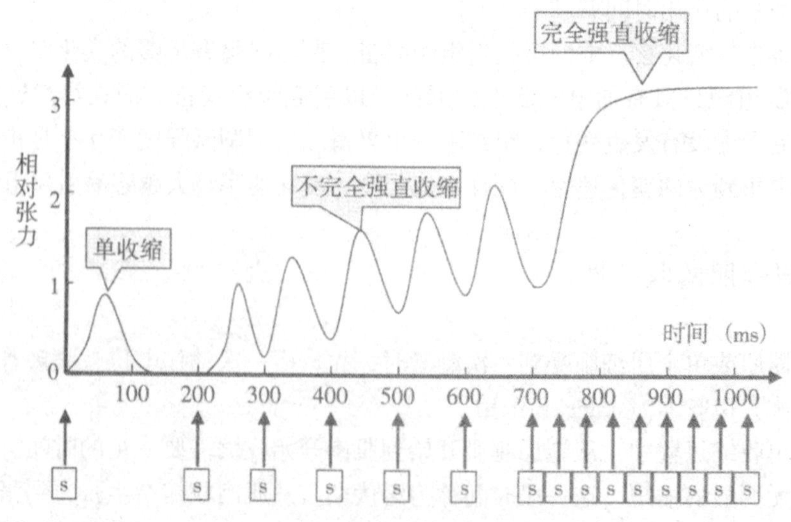

图 2-15　骨骼肌强直收缩示意图

第五节 骨骼肌的收缩形式

一、骨骼肌的收缩形式

当肌肉收缩时，肌原纤维内的肌动蛋白丝和肌球蛋白丝相对滑动。其滑动幅度，可根据肌肉工作需要而定。肌肉收缩可表现为整块肌肉的长度发生变化，也可不发生变化。根据肌肉收缩时的长度变化，把肌肉收缩分为以下几种收缩形式。

（一）向心收缩

肌肉收缩时，长度缩短的收缩称为向心收缩（concentric contraction），又称缩短收缩。向心收缩时肌肉长度缩短、起止点相互靠近，因而引起身体运动。而且，肌肉张力增加出现在前，长度缩短发生在后。向心收缩是骨骼肌主动用力的收缩形式。肌肉向心收缩时，是做功的，其数值为负荷重量与负荷移动距离的乘积。

向心收缩时可以是等张收缩也可以是等动收缩。

1. 等张收缩

肌肉张力在肌肉开始缩短后即不再增加，直到收缩结束。这种收缩形式称为等张收缩。有时也称为动力性或时相性收缩。

在向心收缩过程中，所谓的等张收缩是相对的，尤其是在在体情况下，更是如此。由于在肌肉收缩过程中，往往是通过骨的杠杆作用克服阻力做功。在负荷不变的情况下，要使肌肉在整个关节活动范围内以同样的力量收缩是不可能的。如当肌肉收缩克服重力垂直举起杠铃时，随着关节角度变化，肌肉做功的力矩也会发生变化，因此，需要肌肉用力的程度也不同。在整个运动范围内，肌肉用力最大的一点称为“顶点”。出现“顶点”主要是因为在此关节角度下杠杆效率最差，加上肌肉缩短损失一部分力量，而促成了“顶点”的产生。因此，在整个关节的运动范围内，只有在“顶点”肌肉才有可能达到最大力量收缩。这是等张训练的不足之处。

2. 等动收缩

在整个关节运动范围内肌肉以恒定的速度，且外界的阻力与肌肉收缩时肌肉产生的力量始终相等的肌肉收缩称为等动收缩（isotonic contraction）。由于在整个收缩过程中收缩速度是恒定的，等动收缩有时也称为等速收缩。在运动实践中，自由泳的划水动作就具有等动收缩的特点。

等动收缩和等张收缩具有本质的不同。肌肉进行等动收缩时在整个运动范围内都能产生最大的肌张力，等张收缩则不能。此外，等动收缩的速度可以根据需要进行调节。因此，理论和实践证明，等动练习是提高肌肉力量的有效手段。

通常要让肌肉做等动收缩必须有专门的仪器设备（即等动练习器）才能实现。等动练习器的主要部件是一个速度控制器。速度控制器可以保证无论参与工作的肌肉在收缩时产生多大的张力，其收缩速度不变，同时速度可调。在练习中可根据不同的目的和要求选择适当的速度。另外还有力量的测试和记录装置，用来评定运动时的肌肉力量。

（二）等长收缩

肌肉在收缩时其长度不变，这种收缩称为等长收缩（isometric contraction），又称为静力收缩。肌肉等长收缩时由于长度不变，因而不能克服阻力做机械功。

等长收缩有两种情况：其一，肌肉收缩时对抗不能克服的负荷，如试图拉起根本不可能拉起的杠铃时，肱二头肌所进行的收缩就是等长收缩。其二，当其他关节由于肌肉离心收缩或向心收缩发生运动时，等长收缩可使某些关节保持一定的位置，为其他关节的运动创造适宜的条件。要保持一定的体位，某些肌肉就必须做等长收缩。如做蹲起动作时，肩带和躯干的某些肌肉发生等长收缩以保证躯干的垂直姿势，同时腿部和臀部的某些肌肉做向心收缩。当蹲下时，肩带和躯干的某些肌肉同样发生等长收缩以保证躯干的垂直姿势，但腿部和臀部的某些肌肉做离心收缩，在更复杂的运动中，身体姿势不断发生变化，因此肌肉的收缩形式也不断发生变化。在体育运动中，如体操中的“十字支撑”“直角支撑”和武术中的站桩，参加工作的肌肉就是进行等长收缩。

（三）离心收缩

肌肉在收缩产生张力的同时被拉长的收缩称为离心收缩（eccentric contraction）。如下蹲时，股四头肌在收缩的同时被拉长，以控制重力对人体的作用，使身体缓慢下蹲，起缓冲作用。因此，肌肉做离心工作也称为退让工作。再如搬运重物时，将重物放下，以及下坡跑和下楼梯等也需要肌肉进行离心收缩。肌肉离心收缩可防止运动损伤。如从高处跳下时，脚先着地，通过反射活动使股四头肌和臀大肌产生离心收缩。由于肌肉离心收缩的制动作用，减缓了身体的下落速度，不致于使身体造成损伤。离心收缩时肌肉做负功。

（四）超等长收缩

超等长收缩（plyometric contraction）是指骨骼肌工作时先做离心式拉长，继而做向心式收缩的一种复合式收缩形式。

超等长收缩的优点在于，在做离心收缩工作时，肌肉先被迅速拉长，在肌肉被拉长过程中，肌肉中的牵张感受器受到刺激并产生兴奋，导致肌肉产生牵张反射性收缩。当肌肉被拉长后所产生的弹性势能，拉长后产生的牵张反射性收缩，以及主动向心收缩所产生的力量形成合力时，肌肉将产生较大收缩力。跳深练习时股四头肌进行的就是一种典型的超等长收缩。

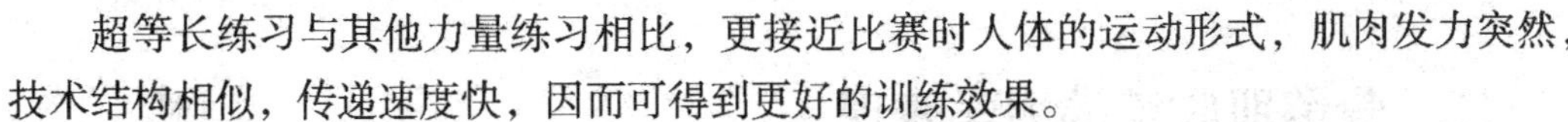

超等长练习与其他力量练习相比，更接近比赛时人体的运动形式，肌肉发力突然，技术结构相似，传递速度快，因而可得到更好的训练效果。

完成超等长练习时，肌肉最终收缩力量的大小是由肌肉在离心收缩中被拉长的速度和被拉长的长度所决定的，而且肌肉被拉长的速度比被拉长的长度更为重要。

（五）向心收缩、等长收缩和离心收缩三种不同骨骼肌收缩形式的比较

1. 力量

肌肉最大收缩时产生张力的大小取决于肌肉收缩的类型和收缩速度。同一块肌肉，在收缩速度相同的情况下，离心收缩可产生最大的张力。离心收缩产生的力量比向心收缩大50%左右，比等长收缩大25%左右。

关于肌肉离心收缩为何能产生较大的张力，一般认为有如下两个方面的原因：首先是牵张反射，肌肉受到外力的牵张时会反射性地引起收缩。在离心收缩时肌肉受到强烈的牵张，因此会反射性地引起肌肉强烈收缩。其次是离心收缩时肌肉中的弹性成分被拉长而产生阻力，同时肌肉中的可收缩成分也产生最大阻力。而向心收缩时，只有可收缩成分肌纤维在收缩时产生克服阻力的肌肉张力。肌肉在向心收缩时，一部分张力在作用于负荷之前，先要拉长肌肉中的弹性成分。一旦肌肉中的弹性成分被充分拉长，肌肉收缩产生的张力才会作用于外界负荷上。因此肌肉收缩产生的张力，有一部分是用来克服弹性阻力的，这就使实际表现出来的张力小于实际肌肉收缩产生的张力。

2. 肌电

在等速向心收缩和离心收缩时，肌电与肌张力在一定范围内呈直线关系。积分肌电(IEMG)值与肌肉张力成正比。在负荷相同的情况下，离心收缩的积分肌电较向心收缩低。

3. 代谢

在输出功率相同的情况下，肌肉离心收缩时所消耗的能量低于向心收缩，其耗氧量也低于向心收缩。肌肉离心收缩时其他与代谢有关的生理指标的反应(如心率、心输出量、肺通气量、肺换气效率、肌肉的血流量和肌肉温度等) 均低于向心收缩。

4. 肌肉酸疼

很早就发现，肌肉做退让工作时容易引起肌肉酸疼和损伤。近来研究表明，肌肉大负荷离心收缩引起肌肉酸疼和肌纤维超微结构改变以及收缩蛋白代谢的变化最显著，等长收缩次之，向心收缩最低。

二、骨骼肌收缩的力学表现

人体所有的运动都是在对抗阻力的情况下产生的， 因此， 肌肉力量在运动中具有至关重要的作用。运动员在其他条件相同的情况下，肌肉力量的大小是决定运动成绩的主要因素。

（一）绝对力量与相对力量

某一块肌肉做最大收缩时所产生的张力为该肌肉的绝对肌力。肌肉的绝对肌力和肌肉的横断面大小有关，肌肉的横断面越大，其绝对肌力越大。而肌肉横断面的大小又取决于组成该肌肉的肌纤维数量和每条肌纤维的粗细。

绝对肌力只能反应肌肉力量的大小，而不能反应肌肉每条肌纤维力量的大小。因此，引入了相对肌力的概念。相对肌力是指肌肉单位横断面积（一般为 1 平方厘米肌肉横断面积）所具有的肌力。如果某一块肌肉的绝对肌力为 60 公斤，肌肉横断面积为 20 平方厘米，则相对肌力为 60 / 20 = 3（公斤/平方厘米）。

在整体情况下，一个人所能举起的最大重量称为该人的绝对力量。绝对力量的大小和体重有关，在一般情况下，体重越大绝对力量越大。如果将某人的绝对力量除以体重，可得到此人的相对力量。即每公斤体重的肌肉力量。如有甲乙两名受试者的绝对力量都是 150 公斤，甲的体重为 75 公斤，乙的体重为 60 公斤。则甲的相对力量为每公斤体重 2 公斤（150 / 75 = 2）。乙的相对力量为每公斤体重2.5 公斤（150 / 60 = 2.5）。因此，相对力量可更好地评价运动员的力量素质。

（二）肌肉力量与运动

1．力量—速度曲线

肌肉收缩的快慢和所克服的外部阻力相关。当负荷较小时，肌肉收缩速度加快；当负荷较大时，肌肉收缩速度减慢。实验证明，逐渐增加负荷量时，肌肉收缩力量也逐渐增加，而收缩速度则逐渐降低。当负荷量刚好超过极限负荷时，肌肉张力达到最大值，但此时的收缩速度为零，肌肉所做的外功为零。如果逐渐减小负荷量，肌肉的收缩速度逐渐加快。当负荷量为零时，肌肉的收缩速度达到最大值，此时肌肉所做的功从理论上讲也是零（图 2-16）。肌肉收缩时产生的张力大小，取决于活化的横桥数目；收缩速度则取决于能量释放速率和肌球蛋白ATP 酶活性，而与活化的横桥数目无关。

图 2-17 表示的是在运动中产生最大力量与运动速度之间的关系。当受试者在等动练习器上，以每秒从 0°~180°的速度伸膝时，记录下最大力量。当收缩速度为每秒 0°时，此时产生的张力最大，这就是所谓的等长收缩。当运动速度增加时，肌肉产生的张力下降。

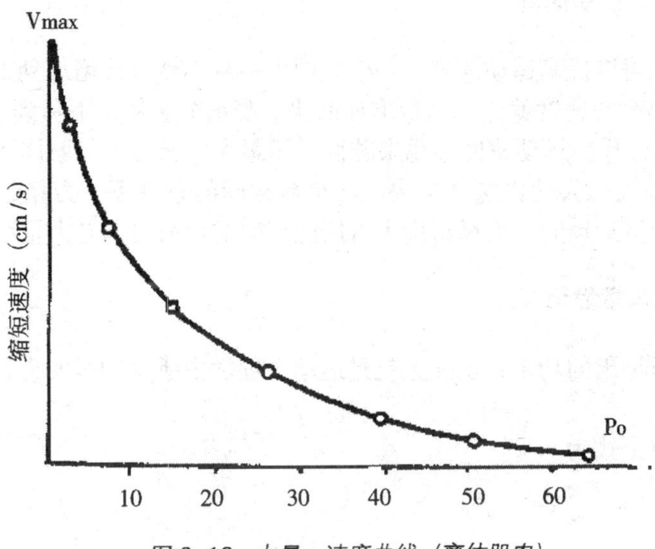

图 2-16　力量—速度曲线（离体肌肉）

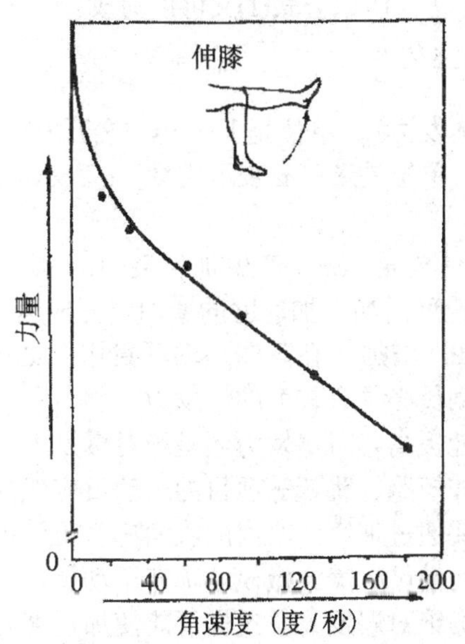

图 2-17　力量—速度曲线（在体肌肉）

（引自：Edward L. Fox）

从力量—速度曲线上可以看出，在其他因素相同的情况下，要想得到较快的收缩速度，就必须降低负荷量。如果要克服更大的负荷阻力，肌肉的收缩速度就要减慢。通过不同负荷量的训练，可得到不同的训练效果。小负荷训练可使肌肉的收缩速度得到提高。用大负荷进行训练，虽然可使肌肉力量得到较好的发展，但无助于收缩速度的提高。如果要达到最大的输出功率，得到最佳的训练效果，就必须采用最适的负荷和速度。

2. 肌肉力量与运动速度

肌肉力量增加可以提高运动速度。一个人的力量从100公斤增加到120公斤，那么他克服100公斤负荷的速度就会比力量增加前快。当负荷量依次下降到90公斤、80公斤、70公斤或60公斤，运动速度会越来越快。用最大等长力量与肢体运动速度相关的研究显示，力量越大的人动作速度越快。在负荷相同的条件下，力量越大动作速度越快。当以同样的速度运动时，力量特别大者所能克服的负荷可以是力量小者的两倍。

3. 肌肉力量与爆发力

人体运动时所输出的功率，实际上就是运动生理学中所说的爆发力，是指人体单位时间内所做的功。

爆发力的计算公式为：

$$P=\frac{F\times D}{t} \tag{1}$$

由于

$$F=m\times a \tag{2}$$

所以公式(1)又可以写成：

$$P=\frac{m\times a\times D}{t} \tag{3}$$

式中：P表示功率（爆发力），单位是kg·m/s（公斤·米／秒）；F表示力，单位是公斤；D表示位移的距离，单位是米；m表示质量；a表示加速度；t表示做功时间，单位是秒。

在运动中使器械或人体体重（m）产生加速度（a）所需要的力（F）来自肌肉收缩。肌肉收缩使力量和加速度增加。加速度的增加，完成运动所需要的时间（t）减少，从而使运动的输出功率（P）增加。在某些运动项目中，如投掷、短跑、跳跃、举重、拳击和橄榄球等项目，运动员必须有较大的爆发力。

在训练中是极大限度地提高相对爆发力还是绝对爆发力，取决于在所从事的运动项目中哪种素质更为重要。如短跑、跳跃等项目的运动员应保持较轻的体重，使肌肉的相对力量得到提高。同时又要通过训练使肌肉的收缩速度得到提高。对需要提高绝对爆发力的运动员，如投掷项目运动员、美式橄榄球防守运动员及日本相扑运动员等，应增加肌肉的体积，提高运动员的绝对爆发力。这样可能使加速度有所下降，但不应下降到引起绝对爆发力下降的水平。问题在于找到使绝对爆发力与加速度两者结合能达到最佳运动能力的那一点。

在机体中，爆发力的产生还与神经中枢的骨骼肌总体控制有关，如运动单位的募集、主动肌、拮抗肌、固定肌之间的协调配合等。

三、运动单位的动员

（一）运动单位

一个α-运动神经元和受其支配的肌纤维所组成的最基本的肌肉收缩单位称为运动

单位（motor unit，简称 MU）。

根据生理功能的不同，可将运动单位分为两类，即运动性运动单位（kinetic motor unit）和紧张性运动单位（tonic motor unit）。运动性运动单位的肌纤维兴奋时发放的冲动频率较高，收缩力量大，但容易疲劳，氧化酶的含量较低，属于快肌运动单位。紧张性运动单位的肌纤维兴奋时冲动频率较低，但发放可持续较长的时间，氧化酶的含量较高，属于慢肌运动单位。

运动单位的大小是不同的。一个运动单位中的肌纤维数目因肌肉不同而有所差别。眼外直肌每个运动单位只有 5~7 条肌纤维，而腓肠肌有 200 多条肌纤维。一般说来，一个运动单位中的肌纤维数目越少就越灵活，但产生的力量小，而越多则产生的张力越大，但灵活性差。每个运动单位又可分成许多亚单位。每个亚单位由 10~30 条肌纤维组成。

在同一运动单位中的肌纤维的兴奋与运动是同步的，而同一肌肉中不同运动单位的肌纤维的活动则不一定是同步的。

（二）运动单位动员

肌肉收缩时产生张力的大小与兴奋的肌纤维数目有关。肌肉收缩时参与的肌纤维数目越多，产生的张力就越大。由于肌肉中所有的肌纤维都属于不同的运动单位，因此同时兴奋的运动单位数目决定了张力的大小。张力不但与兴奋的运动单位数目有关，而且也与运动神经元传到肌纤维的冲动频率有关。参与活动的运动单位数目与兴奋频率的结合，称为运动单位动员（motor unit involvement，简称 MUI）。运动单位动员也可称为运动单位募集（motor unit recruitment）。

当肌肉做持续最大收缩时，运动单位动员可以达到最大水平，肌肉力量会随收缩时间的延长而下降，但运动单位动员基本保持不变（图 2-18A）。这说明在最大力量收缩

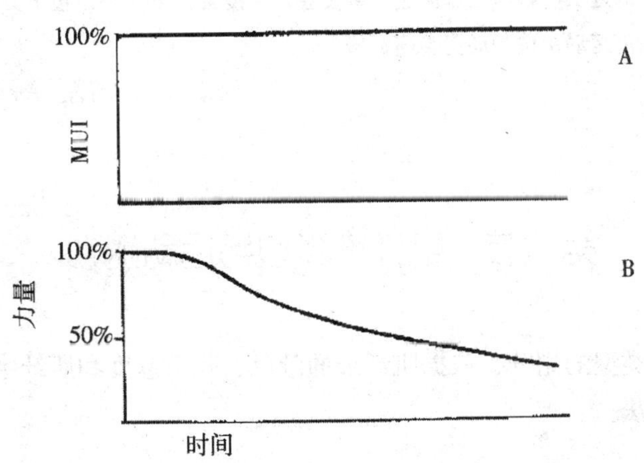

图 2-18 肌肉用最大力量收缩时肌力与运动单位动员的关系

当肌肉做持续最大收缩时，运动单位的动员达到最大水平，肌肉力量会随时间延长而下降，运动单位的动员基本保持不变。

（引自：Richard A. Berger）

时，肌肉运动单位动员已经达到了最大值，随着疲劳程度的增加不会有新的运动单位再参与工作。由于肌纤维动作电位的产生和传导是相对不疲劳的，因此，在整个肌肉收缩过程中，运动单位动员始终保持最大水平。但由于肌肉疲劳时每个运动单位的收缩力量相对下降，因此在持续最大用力收缩过程中，肌肉张力逐渐下降（图 2-18B）。但是，如果让肌肉保持次最大力量（50%最大力量）收缩至疲劳，可以发现，在持续的收缩过程中，肌肉的张力可以基本保持不变（见图 2-19B），但运动单位动员却逐渐升高（图 2-19A）。这是因为在次最大用力的收缩中，在开始阶段只需要动员较少数量的运动单位就可以产生足够的力量，随着疲劳程度增加，参与工作的每个运动单位的收缩力量会有所下降。为了维持肌肉力量，就必须动员较多的运动单位参与工作，因此在一定范围内，肌肉力量可以得到维持，但运动单位动员却随着疲劳程度的增加而增加。

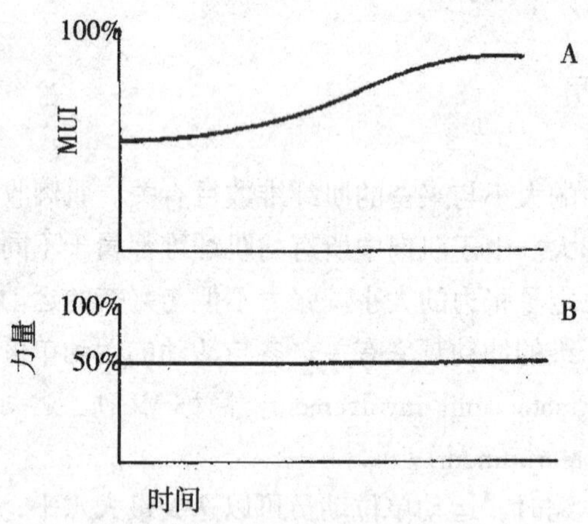

图 2-19　肌肉用 50%最大力量持续收缩时肌力与运动单位动员的关系

随着收缩时间的延长，参与工作的运动单位会发生疲劳，要保持力量不变，就需要动员更多的运动单位，因而运动单位的动员会逐渐增加。

（引自：Richard A. Berger）

第六节　肌纤维类型与运动能力

对骨骼肌纤维类型的划分，依据肌纤维的颜色、收缩速度和肌纤维机能、代谢特点等有不同的分类方法。

一、肌纤维类型的划分

划分肌纤维类型有许多种方法，根据不同分类方法，可将肌纤维划分为不同的类型。有如下几种划分肌纤维类型的方法。

（一）根据肌纤维的收缩速度划分

根据肌纤维的收缩速度可将肌纤维划分为快肌纤维（fast - twitch，FT）和慢肌纤维（slow - twitch，ST）。

（二）根据肌肉的色泽划分

根据肌肉的色泽可将肌纤维划分为红肌和白肌两种肌纤维。如果再结合肌肉的收缩速度，可将肌纤维划分为快缩白、快缩红和慢缩红三种类型。

（三）根据肌纤维的收缩速度及代谢特征划分

皮特（Peter，1997）利用肌原纤维 ATP 酶、琥珀酸脱氢酶或 α - 磷酸甘油脱氢酶染色的方法，根据肌纤维的收缩速度及代谢特征可将肌纤维划分为快缩—糖酵解型（Fast Glycolytic，FG），快缩—氧化—糖酵解型（Fast Oxidative Glycolytic，FOG）和慢缩—氧化型（Slow Oxidative，SO）。

（四）根据肌球蛋白重链同功型划分

肌球蛋白（myosin）由两条分子量约为 220KD 的重链（myosin heavy chain，MHC）和两对分子量为 16 - 27KD 的轻链（myosin light chain，MLC）组成。肌球蛋白重链决定着肌球蛋白性状。成年哺乳动物骨骼肌中有四种不同的 MHC 异形体，它们是 MHC - I、MHC - IIa、MHC - IIx（或 MHC-IId）和 MHC - IIb 异形体。一般认为 MHC - IIx（或 MHC - IId）是一种过渡型。肌纤维表现型的变化和肌纤维组成的变化，形成了肌肉功能对环境适应性的基础。现在已经很明确肌球蛋白重链（MHC）同功型是反映肌纤维类型的标志性蛋白。某些因素或者特殊环境如运动、衰老、电刺激、微重力环境、模拟失重、肌肉激素水平的变化等因素均可引起 MHC 表型的变化。各肌纤维分类对应关系见表 2-2。

表 2-2 肌纤维分类对应表

速度	颜色	肌球蛋白重链亚型		颜色和速度	速度和代谢特征
快肌	白肌	MHC-II	MHC-IIb	快缩白	FG
			MHC-IIa	快缩红	FOG
慢肌	红肌	MHC-I		慢缩红	SO

二、不同类型肌纤维的形态、机能及代谢特征

（一）不同肌纤维的形态特征

不同的肌纤维其形态学特征也不同。快肌纤维的直径较慢肌纤维大，含有较多收缩蛋白。快肌纤维的肌浆网也较慢肌纤维的发达。慢肌纤维周围的毛细血管网较快肌纤维丰富。并且，慢肌纤维含有较多的肌红蛋白，因而导致慢肌纤维通常呈红色。与快肌纤维相比，慢肌纤维含有较多的线粒体，并且线粒体的体积较大。在神经支配上，慢肌纤维由较小的运动神经元支配，运动神经纤维较细，传导速度较慢，一般为 2～8m/s；而快肌纤维由较大的运动神经元支配，神经纤维较粗，其传导速度较快，可达 8～40m/s。

（二）生理学特征

1. 肌纤维类型与收缩速度

快肌纤维收缩速度快，慢肌纤维收缩速度慢。

在人体的骨骼肌中，快肌运动单位与慢肌运动单位是相互混杂的，一般不存在单纯的快肌与慢肌。但每块肌肉中快肌与慢肌运动单位的分布比例是不同的。通过肌肉收缩时所表现出的力量—速度曲线（图 1-20A）可以看出，肌肉中如果快肌纤维的百分比较高，肌肉的收缩速度较快，力量—速度曲线向右上方转移。

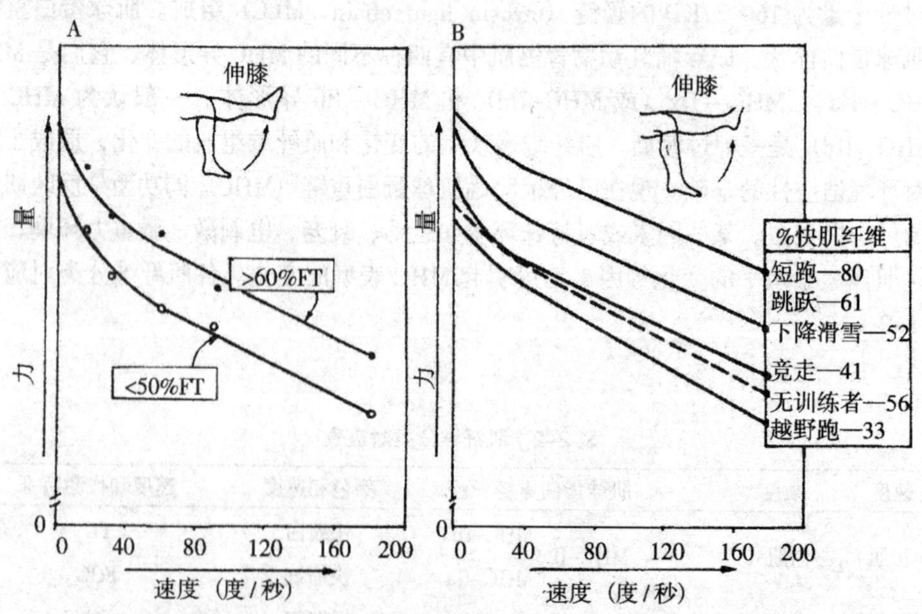

图 2-20 无训练者（A）和快肌纤维百分比不同的运动员（B）的力量—速度曲线

快肌纤维百分比高者，力量—速度曲线向右上方转移。

（引自：Edward L. Fox）

2. 肌纤维类型与肌肉力量

肌肉收缩的力量与单个肌纤维的直径和运动单位中所包含的肌纤维数量有关。由于快肌纤维的直径大于慢肌纤维，而且快肌运动单位中所包含的肌纤维数量多于慢肌运动单位。因此，快肌运动单位的收缩力量明显地大于慢肌运动单位。

在人体中快肌纤维百分比较高的肌肉收缩时产生的张力较大。让受试者进行最大力量伸膝时发现，股外肌快肌纤维百分比较高的人，最大伸膝力量也较大；最大伸膝力量与快肌纤维百分比成正比关系。

由于收缩力量和速度均与肌肉中快肌纤维百分比有关。快肌纤维百分比较高的肌肉的收缩速度和力量均大于慢肌纤维百分比较高的肌肉。故快肌纤维百分比较高的肌肉的力量—速度曲线向右上方转移（见图 2–20A）。因此，运动员在完成某一动作时，如果参与工作的肌肉中快肌纤维百分比较高，则在同样的运动速度下能发挥较大的力量，当肌肉力量相同时能产生较大的收缩速度。

图 2–20B 表示的是不同项目运动员的力量—速度曲线。可以看到，快肌纤维百分比越高的运动员，其力量—速度曲线在图中的位置越靠近右上方。那些从事需要发挥较大爆发力的运动项目（如短跑、跳跃及投掷等项目）的运动员，比其他运动员能在更高的运动速度下发挥更大的力量。也可以看到，快肌纤维百分比最低的耐力项目运动员（如越野跑），其曲线甚至低于无训练者。

从图 2–20B 中也可看出，尽管无训练者的快肌纤维百分比仅稍低于短跑和跳跃项目的运动员（56%对 61%），但是由于缺乏训练，其肌肉的收缩力量及速度均较低，甚至低于快肌纤维百分比分别为 52%和 41%的下降滑雪和竞走项目的运动员。说明运动训练可以对肌肉的收缩力量和速度均有明显的影响。运动员通过运动训练可以使力量—速度曲线向右上方转移。

3. 肌纤维类型与疲劳

不同类型的肌纤维抗疲劳能力不同。图 2–21 比较了人的快肌纤维和慢肌纤维的抗疲劳特性。当以每秒 180°的角速度重复完成最大用力伸膝运动时，在开始阶段股外肌中快肌纤维百分比为 61%的受试者，其伸膝时股外肌的肌肉力量远远大于快肌纤维百分比为 38%的受试者。而当继续进行重复收缩时，快肌纤维百分比为 38%的受试者的力量下降速度较慢，而快肌纤维占 61%的受试者的力量下降速度较快，并且很快低于快肌纤维百分比较低的受试者。由此可以认为，和慢肌纤维相比，快肌纤维在收缩时能产生较大的力量，但容易疲劳。

慢肌纤维抵抗疲劳的能力比快肌纤维强得多。这是因为慢肌纤维中的线粒体体积大而且数目多，线粒体中有氧代谢酶活性较高，肌红蛋白的含量也比较丰富，毛细血管网较为发达，因而慢肌纤维的有氧代谢潜力较大。快肌纤维比较容易疲劳，这与快肌纤维的有氧代谢能力较低有关。快肌纤维含有较丰富的葡萄糖酵解酶，有氧代谢能力低，而无氧酵解能力较高。所以在收缩时所需的能量大都来自糖的无氧代谢，从而引起乳酸大量积累，最终导致肌肉疲劳。

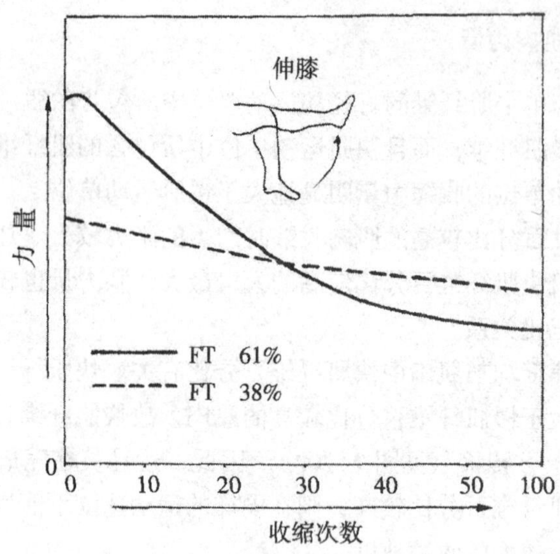

图 2–21 快肌纤维和慢肌纤维与疲劳的关系

（三）代谢特征

慢肌纤维中氧化酶系统如细胞色素氧化酶（CYTOX）、苹果酸脱氢酶（MDH）和琥珀酸氢酶（SDH）等的活性都明显高于快肌纤维。慢肌纤维中作为氧化反应场所的线粒体大而多，线粒体蛋白（线粒体蛋白主要是各种氧化酶）的含量也较快肌纤维多；快肌纤维中线粒体的体积小，而且数量少，线粒体蛋白含量也少。实验证明，慢肌纤维氧化脂肪的能力为快肌纤维的 4 倍。

快肌纤维中一些重要的与无氧代谢有关酶的活性明显高于慢肌纤维。如镁–三磷酸腺苷酶（Mg－ATPase）活性为慢肌纤维的 3 倍；肌激酶（MK）活性为慢肌纤维的 1.8 倍；磷酸肌酸激酶（CPK）活性为慢肌纤维的 1.3 倍；乳酸脱氢酶(LDH）的活性为慢肌纤维的 2～2.5 倍。可见快肌纤维的无氧代谢能力较慢肌纤维高。快肌纤维和慢肌纤维的一些不同的特性见表 2－3。

表 2–3 快肌和慢肌运动单位的比较

特性	快肌（FT）	慢肌（ST）
有氧能力	低	高
无氧能力	高	低
毛细血管密度	低	高
收缩时间	快	慢
收缩力量	大	小
动员模式	速度类活动	耐力类活动
在运动员中的分布	高（非耐力运动员）	高（耐力运动员）
疲劳性	快	慢

三、运动时不同类型运动单位的动员

在运动中不同类型的肌纤维参与工作的程度依运动强度而定。高耐克(Gollnick)等人让受试者以64%$\dot{V}O_{2max}$（最大摄氧量）强度运动，发现慢肌纤维中的糖原首先被消耗，继而转向快肌纤维。甚至当慢肌纤维中的糖原完全耗竭时，快肌纤维中还有糖原剩余。而以150%$\dot{V}O_{2max}$强度运动时，快肌纤维中的糖原首先被消耗。说明，在以较低的强度运动时，慢肌纤维首先被动员，运动强度较大时，快肌纤维首先被动员。

在运动训练时，采用不同强度的练习，可以发展不同类型的肌纤维。为了增强快肌纤维的代谢能力，训练计划必须包括大强度的练习；如果要提高慢肌纤维的代谢能力，训练计划就要由低强度、持续时间较长的练习组成。

四、肌纤维类型与运动项目

研究发现一般人上下肢肌肉的慢肌纤维百分比平均为40%～60%。但从每个受试者来看，慢肌纤维百分比最低的为24%，最高的为74.2%，相差范围很大。这说明在一般人中肌纤维的百分比分布范围很大。

研究发现，运动员的肌纤维组成具有项目特点。参加时间短、强度大的项目的运动员，其骨骼肌中快肌纤维百分比较从事耐力项目运动员和一般人高；而从事耐力项目运动员的慢肌纤维百分比却高于非耐力项目运动员和一般人；既需要耐力又需要速度项目的运动员（如中跑、自行车等），其肌肉中快肌纤维和慢肌纤维百分比相当（图2-22、图2-23）。

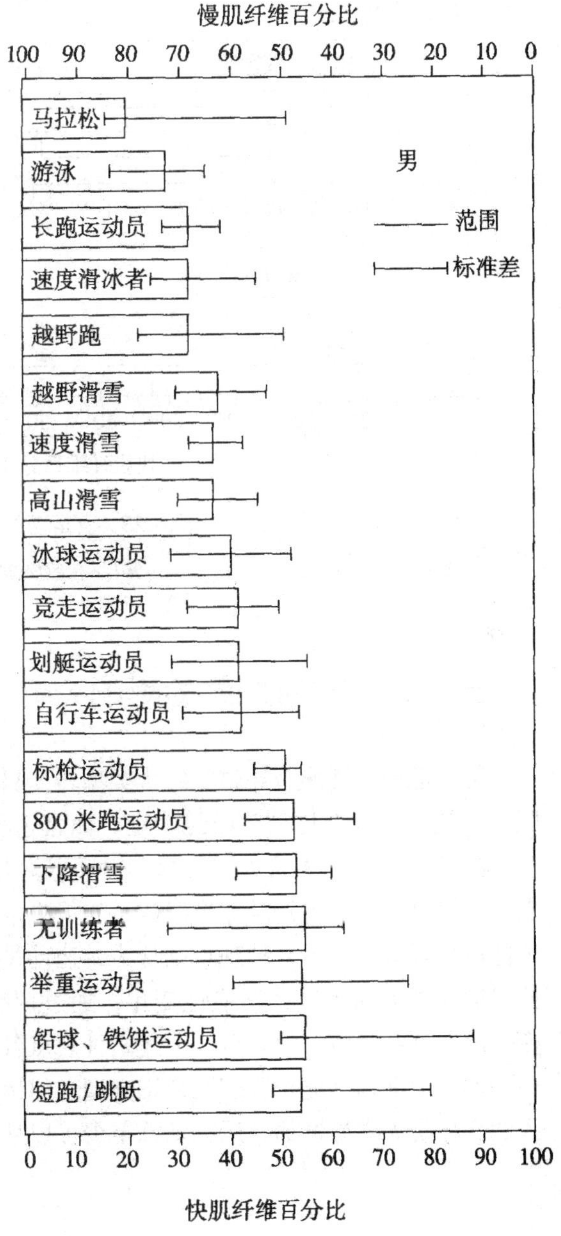

图2-22 男运动员肌纤维类型分布

（引自：Edward L. Fox）

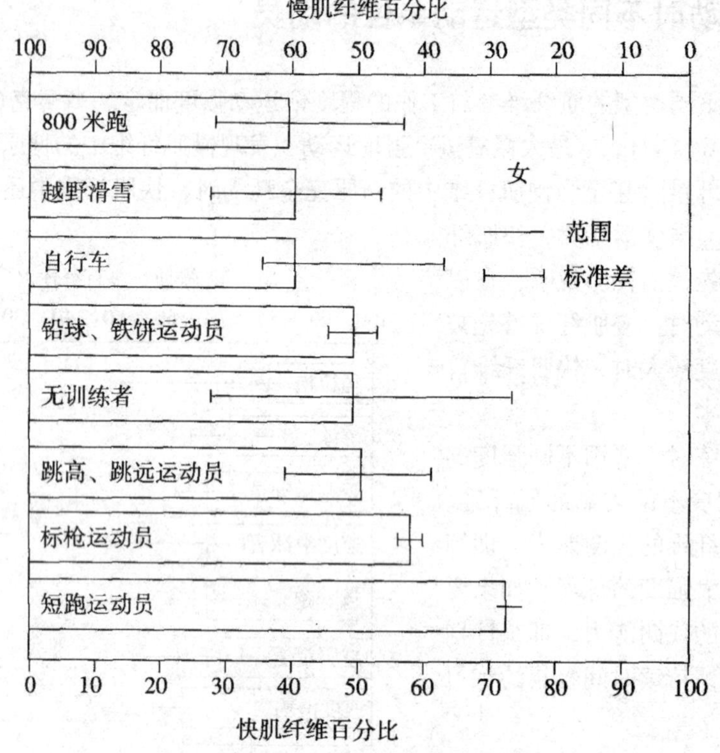

图 2-23　女运动员肌纤维类型分布

(引自：Edward L. Fox)

五、训练对肌纤维的影响

关于运动训练能否导致肌纤维类型转变目前还有争论。一种观点认为，每个人生来肌纤维类型的分布比例就已经确定，而且这种比例是不能通过训练和其他方法得到改变。持这种观点的人认为，优秀运动员某种肌纤维占优势的现象是“自然选择”的结果。也就是说人的肌纤维类型组成是先天决定的。只有那些肌纤维组成占优势的运动员才能取得好成绩。另一种观点则认为，运动员长时间系统地从事某一专项运动训练，可使肌肉结构和机能产生适应性变化，通过训练可导致运动员肌纤维组成发生适应性改变。即“训练适应”的观点。上述两种观点各有一些实验支持，但都缺乏足够的证据。

不论运动训练能否改变肌纤维类型，但运动训练能使肌纤维形态和代谢特征发生较大的变化是无庸质疑的。运动训练至少可以从以下两个方面对肌纤维类型发生较大的影响。

（一）肌纤维选择性肥大

萨尔庭（Saltin）发现耐力训练可引起慢肌纤维选择性肥大，速度、爆发力训练可引起快肌纤维选择性肥大。通过 10 周的举重训练，快肌纤维面积由5473 平方微米增加到 7140 平方微米（$P<0.05$）。考斯特尔（Costil）发现长跑运动员慢肌纤维的相对面积（STarea%）要比快肌纤维的相对面积大 22%（$P<0.05$）。不同项目的赛跑运动员慢肌纤维相对面积见表 2-4。

表 2-4 赛跑运动员慢肌纤维相对面积

项目	性别	例数	STarea%
短跑	男	2	22.7
	女	2	28.6
中跑	男	18	62.1
	女	7	60.4
长跑	男	14	82.9

（引自：Costil，1976）

萨尔庭对 6 名成年男受试者进行了 5 个月的长跑训练。在训练前后测定了受试者的最大摄氧量、慢肌纤维百分比、慢肌纤维面积、琥珀酸脱氢酶活性和磷酸丙糖激酶等指标后发现，受试者的最大摄氧量、慢肌纤维面积、琥珀酸脱氢酶活性和磷酸丙糖激酶在训练后都显著提高了，但慢肌纤维百分比却没有明显提高，见表 2-5。

表 2-5 长跑训练对肌纤维的影响

指 标	训练前	训练后	P
最大摄氧量（L/min）	3.9	4.5	<0.01
慢肌纤维百分比（ST%）	32	36	>0.05
慢肌纤维面积（STarea%）	27.9	38.1	<0.001
琥珀酸脱氢酶（SDH）活性 m mol/(g·min)	4.7	9.1	<0.001
磷酸丙糖激酶（μmol /(g·min)	27.1	58.8	<0.01

（二）酶活性改变

肌纤维对训练的适应还表现为肌肉中有关酶活性的有选择性增强（表 2-5、2-6）。考斯特尔研究了不同项目赛跑运动员和无训练者腿肌中琥珀酸脱氢酶(SDH)、乳酸脱氢酶（LDH）及磷酸化酶（PHOSP）的活性，发现在长跑运动员的肌肉中，与氧化供能有密切关系的琥珀酸脱氢酶活性较高，而与糖酵解及磷酸化供能有关的乳酸脱氢酶及磷酸化酶则活性最低。短跑运动员则相反，乳酸脱氢酶和磷酸化酶活性较高，而琥珀酸脱氢酶活性较低。中跑运动员居短跑和长跑运动员之间。

表 2–6　短、中、长跑运动员肌肉中酶活性的差异

项目	性别	例数	SDH	LDH	PHOSP
短跑	男	2	12.9	1287	15.3
中跑	男	7	14.8	868	8.4
长跑	男	5	16.6	767	8.1
无训练者	男	11	7.4	822	7.6

（引自：Costil，1976）

第七节　运动对骨骼肌形态和机能的影响

运动生理学起源于对骨骼肌收缩能力和代谢特征的研究。之后，从宏观水平深入到微观水平，对运动导致骨骼肌的形态和机能的改变进行了广泛而深入的研究。

一、运动导致的延迟性肌肉酸痛

无论是普通人还是优秀运动员，从事不适应的运动负荷或大负荷运动，运动停止后24～72小时，运动肌会产生不同程度的酸痛，并伴随僵硬、肿胀和肌力下降等症状。肌肉酸痛不发生在运动期间或运动后即刻，而是在运动后24小时逐渐加剧，因而称之为延迟性肌肉酸痛（delayed onset muscle soreness，DOMS）。延迟性肌肉酸痛一般持续1～4天，5～7后消失。现普遍认为：延迟性肌肉酸痛是不适应的运动方式尤其是离心运动诱发的一种亚临床疼痛症状，一般不用经过临床治疗，可自行治愈。在运动后如果给予参与工作的肌肉针刺、按摩、理疗等手段进行处理，延迟性肌肉酸痛的症状会减轻，持续时间会缩短。

肌肉酸痛可直接影响运动员的运动成绩，还可能引发运动损伤。

二、运动导致的骨骼肌超微结构改变

骨骼肌在发生延迟性肌肉酸痛的同时，会伴随着骨骼肌纤维超微结构发生变化，这种变化在离心运动后更明显。研究表明，运动导致的骨骼肌纤维超微结构改变主要表现为肌节缩短，Z带扭曲、增宽、部分或全部消失，M线模糊、扭曲或消失，肌丝排列改变，粗细肌丝相互位置紊乱，部分肌丝断裂或消失等（图2－24，图2－25）。

和延迟性肌肉酸痛一样，运动性骨骼肌纤维超微结构变化也具有延迟性特点，因此也称为延迟性骨骼肌纤维超微结构改变（delayed onset muscle ultrastrcture change，DOMUC）。延迟性骨骼肌超微结构改变的特点是：运动后即刻结构变化程度较小，运动后24～72小时变化程度逐渐加剧，5～7天恢复正常。在运动后骨骼肌出现的延迟性肌肉酸痛、超微结构改变的同时，还会伴随着肌肉僵硬、肿胀和收缩力量下降等症状。

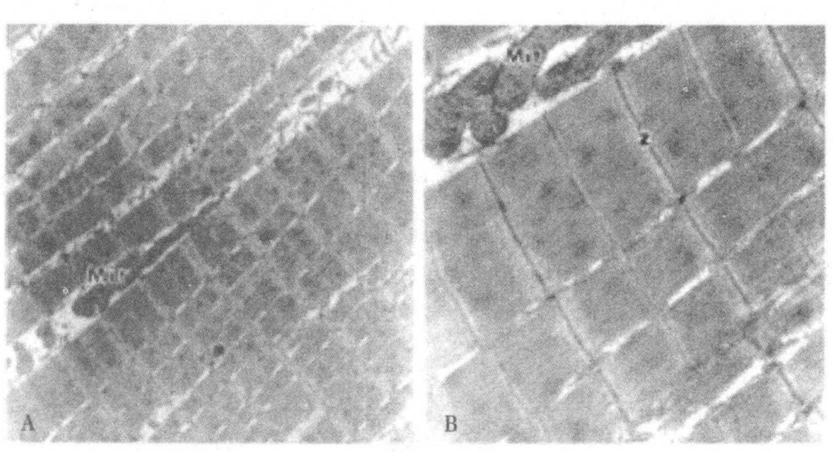

图 2–24 正常骨骼肌的超微结构的电镜图片

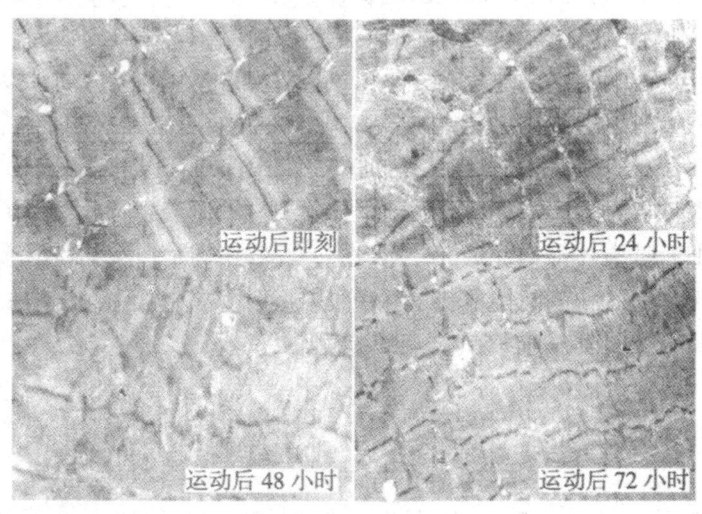

图 2–25 运动导致的延迟性骨骼肌超微结构改变

运动后即刻骨骼肌的超微结构基本正常；运动后 24 小时骨骼肌的超微结构发生改变，肌丝排列开始出现紊乱，肌节的长短不一；运动后 48 后，骨骼肌的超微结构发生严重改变，肌丝排列紊乱，肌节机构消失；运动后 72 小时，骨骼肌超微结构改变开始恢复。

三、延迟性肌肉酸痛和运动性骨骼肌超微结构改变的机理

研究证明，延迟性肌肉酸痛和超微结构改变是一个事物的两个方面。当骨骼肌承受了不适应的运动负荷或大负荷后，必然会在功能上出现收缩能力下降，在主观感觉上受试者感觉到肌肉酸痛，在形态学方面，从宏观上肌肉表现出僵硬，而在微观上则会发生某种程度的肌纤维超微结构改变。当骨骼肌产生延迟性超微结构改变时，必然伴有延迟性肌肉酸痛发生，而当骨骼肌有延迟性酸痛症状时，也或多或少有超微结构改变。一般说来，能解释延迟性肌肉酸痛的学说也能解释延迟性肌肉超微结构改变的产生机理。

（一）肌肉痉挛学说

肌肉痉挛学说（muscle spasm theory）首先由 De Vries（1961）根据骨骼肌大负荷运动后，肌肉激活程度仍在加强，因而推测运动导致运动肌局部发生痉挛，肌纤维中的微血管因肌纤维痉挛而受到挤压以至局部肌肉缺血，导致P物质等酸痛物质积累，这又反过来进一步刺激疼痛神经末梢，反射性地加剧了肌肉痉挛和局部缺血状态，进而形成恶性循环，最后导致延迟性肌肉酸痛。

（二）损伤学说

肌肉损伤学说（muscle damage theory）首先由 Hough（1902）提出。该学说认为，延迟性肌肉酸痛是由于骨骼肌纤维损伤造成的。支持损伤学说的证据是大负荷运动后骨骼肌纤维会发生超微结构改变。把骨骼肌的结构改变看做是一种损伤，有的学者称之为运动性肌肉损伤（exercise-induced muscle damage，EIMD），也有人将运动导致的骨骼肌纤维超微结构改变定义为骨骼肌微损伤。

根据损伤学说，骨骼肌中某些酶，如肌酸激酶（CK）和乳酸脱氢酶（LDH）等，可因运动导致骨骼肌细胞膜的通透性增大而由细胞内进入血液。因此，除了把骨骼肌超微结构变化作为骨骼肌直接损伤证据外，血液中的某些肌肉蛋白酶如肌酸激酶、乳酸脱氢酶等也通常作为肌肉损伤的间接指标。这些肌肉蛋白酶在血液中浓度增加意味着骨骼肌细胞膜损伤或通透性增加，肌肉存在某种程度的损伤。

（三）急性炎症学说

急性炎症学说（acute inflammation theory）是由 Smith 和 Cheung 等在系统地分析了延迟性肌肉酸痛与肌肉炎症反应，如肿胀、炎症因子浸润之间的关系之后提出的。该学说的主要论点是：骨骼肌中含多种蛋白水解酶，肌肉损伤后，这些蛋白水解酶降解损伤的脂质和蛋白结构，导致除了缓激肽、组胺、前列腺素在损伤区域堆积外，也诱发单核细胞和中性细胞浸润到肌肉损伤部位。同时，骨骼肌小血管通透性增加，导致蛋白含量丰富的体液扩散至肌肉内部造成水肿。最终炎症因子、升高的渗透压激活Ⅳ类神经感受器受体，引起肌肉酸痛。

（四）骨骼肌蛋白降解学说

该学说是由王瑞元等人提出，认为运动导致的延迟性肌肉酸痛和超微结构改变，是由于运动导致骨骼肌收缩蛋白和骨架蛋白降解，使骨骼肌骨架解体，最终导致骨骼肌超微结构改变。研究表明，大负荷运动会导致骨骼肌的收缩蛋白，如肌球蛋白（myosin）、肌动蛋白（actin），以及骨骼肌骨架蛋白，如结蛋白(desmin)、肌联蛋白（titin）、伴肌动蛋白（nebulin）等降解或解聚过程加强而合成过程降低。由于收缩蛋白和骨架蛋白的降解或解聚，使维持骨骼肌正常收缩功能的骨骼肌细胞骨架受到破坏，从而在形态上表现出骨骼肌超微结构改变，在功能上表现出收缩能力下降。骨骼肌蛋白的降解导致骨骼肌的炎症过程发生，因而也会诱发延迟性肌肉酸痛。

根据蛋白降解学说，运动导致的骨骼肌纤维超微结构改变是生理性的、一过性的，是骨骼肌中蛋白代谢、重组的生理过程，而不是肌肉损伤，在正常情况下可自行恢复。但如果当骨骼肌纤维的超微结构发生了改变，在没有得到恢复就进行下一次大负荷运动，久而久之就会使骨骼肌的超微结构改变发生积累，当这种积累达到一定程度就会发生运动损伤。

（五）钙离子损伤学说

该学说认为，大负荷运动产生的高张力使细胞膜受牵拉，激活 Ca^{2+} 通道，Ca^{2+} 顺浓度差进入细胞内。另外，细胞膜的损害也可造成 Ca^{2+} 内流，其次运动后肌浆网功能下降，摄钙能力下降也可导致胞浆内高钙。肌细胞内异常高钙可通过以下途径对肌纤维造成损伤：①高 Ca^{2+} 水平激活了钙依赖性蛋白酶，使肌纤维内结构蛋白质降解；②线粒体为了缓冲肌浆内高钙而摄取了超量的 Ca^{2+}，抑制了细胞内呼吸和 ATP 生成，使 ATP 的再合成能力降低；③由于 Ca^{2+} 是肌肉收缩的起动因子，肌细胞内 Ca^{2+} 增高，使肌纤维收缩丧失控制，处于痉挛状态。

四、运动导致的延迟性肌肉酸痛和超微结构改变的防治

（一）热疗

研究表明，热休克蛋白（Hsp72）对运动所造成的损伤有一定的保护作用。在运动前（一般为 24 小时）对受试者进行高温预处理（受试者被置于 43℃的高温环境约 30 分钟，使直肠温度达到 42℃），可导致肌肉中的热休克蛋白浓度增加，热休克蛋白的保护作用可减轻骨骼肌延迟性酸痛和超微结构改变。

运动后对肌肉进行热敷可减轻延迟性肌肉酸痛和超微结构改变，其原因是：①肌组织温度增加,改善了结缔组织伸展性和关节活动范围,导致肌组织抗损伤能力加强;②热疗加快了血液流动速度,进而加快了肌组织性炎性介质的清除速率。

（二）静力牵张

在大负荷运动后，对参加工作的肌肉进行静力牵张，可有效地减轻肌肉的延迟性酸痛和超微结构改变。关于静力牵张促进运动导致的延迟性肌肉酸痛和超微结构改变的恢复作用的机理还有待于进一步研究。

（三）按摩

与静力牵张一样，在大负荷运动后对参加工作的肌肉进行按摩，可有效地促进肌肉酸痛和超微结构改变的恢复。按摩治疗延迟性肌肉酸痛的机理可能是由于按摩产生的机械压力导致血流加快、肌肉张力减少和神经兴奋性改变。

（四）针刺

卢鼎厚用斜刺针法治疗肌肉损伤获得很好的疗效。随后研究发现针刺和静力牵张能显著地促进离心运动导致的骨骼肌超微结构变化的恢复。在对大负荷运动后的骨骼肌进行针刺后发现，和对照组相比，针刺 3 小时后骨骼肌只有少数肌节可见超微结构改变；针刺 24 小时后骨骼肌的超微结构恢复正常（图 2–26）。针刺治疗和预防骨骼肌延迟性酸痛和超微结构改变的机理还需要进一步研究。

图 2–26　针刺对运动导致的延迟性骨骼肌超微结构改变的影响

A、B 为针刺 3 小时后骨骼肌超微结构变化，只有少数肌节可见超微结构改变；C、D 为针刺 24 小时后骨骼肌超微结构，骨骼肌的超微结构恢复正常。

第八节　肌电的测试原理与应用

骨骼肌在兴奋时，会由于肌纤维动作电位的传导和扩布，而发生电位变化，这种电位变化称为肌电。用适当的方法将骨骼肌兴奋时发生的电位变化引导、记录所得到的图

形，称为肌电图（electromyogram，EMG）。

骨骼肌收缩时的肌电活动通过电极引导、生物电放大器放大、显示器显示、计算机数据采集等过程，转变成为可通过计算机进行计算、处理的数据，然后用适当的计算机软件进行分析处理，为医学诊断和科学研究提供可靠的依据。利用肌电研究骨骼肌的机能是运动生理学、运动医学常用的方法之一。

一、肌电的引导

用适当的方法将肌肉的电活动引导出来是肌电测量的第一步。引导肌电的电极可分为两大类，一类是针电极，另一类是表面电极。

（一）针电极

由于记录肌电的目的不同，针电极又分为许多种，即同心针电极、双心针电极、单针电极、多道针电极。

用针电极可以引导肌肉运动单位甚至单个肌纤维的电位变化，见图 2-27。且由于测试的区域较小，只能研究肌肉内深部某一束肌纤维的功能，不能反应整块肌肉的机能状态。另外，应用针电极会造成一定程度的损伤，并会产生疼痛，因而不适合测量运动时的肌电变化。针电极一般应用于医学领域。在体育科研中表面电极的应用更为广泛。

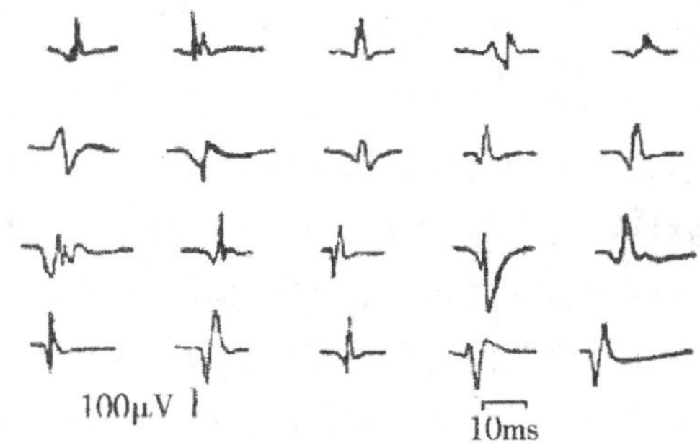

图 2-27 轻度用力时用同心针电极从 20 个不同部位记录到的正常人肱二头肌运动单位电位

（二）表面电极

一般的表面电极是由两片 Ag－AgCl 金属片组成的。测试时一般将电极置于肌腹处，沿肌纤维走行方向平行放置，两电极间隔 2～3 厘米，进行双极引导。

用表面电极引导肌电虽然不能像针电极那样引导记录肌肉深部的电活动，但可以引导记录较大范围乃至整块肌肉的电活动，而且不会造成肌肉损伤，因而较广泛地应用于体育科研中（见图 2-28）。

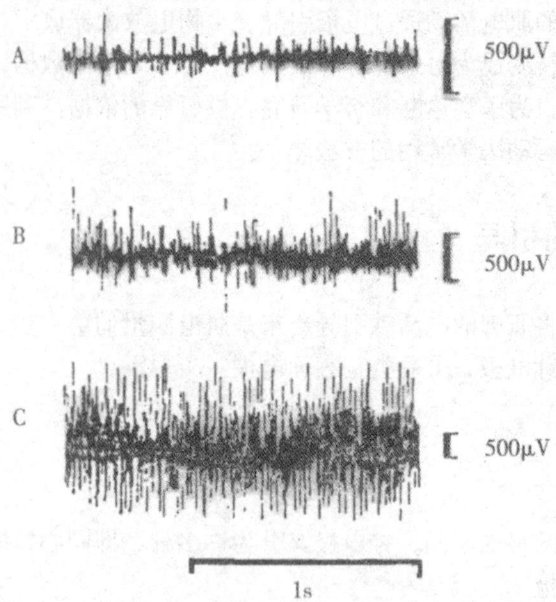

图 2-28 用表面电极记录的不同程度收缩时骨骼肌运动单位电位
a：轻度用力收缩（单纯相），b：中等用力收缩（混合相），c：重度用力收缩（干扰相）

二、肌电信号的分析

通常用表面电极引导记录的肌电信号被称为表面肌电信号，是由许多不同频率和幅度的正弦波按一定时序组合而成的组合波，是在时间和幅度上均连续的电信号。表面肌电信号的幅值为 100～5000μV，其峰-峰值约为 0～6000μV，有效的信号频率成分在 500Hz 范围内，主频介于 50～150Hz 之间。信号的振幅和频率特征取决于被测肌肉的肌纤维类型组成、肌肉的机能状态、肌肉的用力程度和运动单位同步化等生理学因素以及探测电极的位置、方向、大小等测量性因素的共同作用。表面肌电信号不能选择性地反映单个运动单位的活动，也不能引导记录到深部肌肉活动时的电位变化，而是表面电极所触及的多个运动单位活动时所产生的生物电变化在时间和空间上的总和。

肌电信号分析可分为“时域分析”和“频域分析”两种方法。时域分析指标包括积分肌电（integral electromyographic，IEMG）、均方根振幅（root mean square，RMS）等指标。频域分析常用的指标有平均功率频率（mean power frequency，MPF）和中心频率（median frequency，MF）。

积分肌电是指在一定时间内肌肉中参与活动的运动单位放电总量，即在时间不变的前提下，其值的大小在一定程度上反映参加工作的运动单位的数量多少和每个运动单位的放电大小。

均方根振幅是指肌肉放电的有效值，其大小决定于肌电幅值变化，一般认为与运动单位募集和兴奋节律的同步化有关。均方根振幅往往用来描述数据静态特性，反应的是

在一定时间内的肌肉放电的平均水平。

平均功率频率表示的是通过功率谱曲线重心的频率。

中心频率表示的是在能量谱中将能量谱的总能量一分为二的频率为中心频率。

三、肌电在体育科研中的应用

在体育科学研究中肌电图也被广泛地应用，其应用主要在以下几个方面。

（一）利用肌电图测定神经的传导速度

如果在神经通路的两个或两个以上的点给予电流刺激，从该神经所支配的肌肉上记录诱发电位，然后根据下列公式计算出神经的传导速度。

$$V=S/t$$

式中：V 为神经传导速度，单位为米/秒；t 为两刺激点从刺激开始到肌肉开始收缩的时间差，单位为秒；S 为两刺激点之间的距离，单位为米。

（二）利用肌电评定神经和肌肉的机能状态

肌肉疲劳时其肌电活动也会发生变化，因此可以用肌电评定骨骼肌的机能状态。

1. 肌肉工作过程中肌电幅值的变化

肌电幅值是指肌电的信号的振幅大小。在肌电研究过程中，反应肌电幅值的指标有积分肌电和均方根振幅。

在肌肉等长收缩至疲劳的研究过程中发现，在一定的范围内，肌电幅值随着肌肉疲劳程度的加深而增加。帕特甫斯基（Petrofsky）让受试者的抓握肌以 20%~70%最大肌力（MVC）的五种不同力量做等长收缩至疲劳的过程中，发现 RMS 呈线性增加。70% MVC 以上的等长收缩至疲劳时，虽然 RMS 在整个收缩过程中也随疲劳的加深而增大，但增大的幅度逐渐减小。

以最大强度以下的肌力进行等长收缩时，肌电的幅值随着时间的延长而增加；而用最大肌力进行等长收缩时，随着肌力的下降肌电的幅值也逐渐下降。伴随疲劳而出现的肌电幅值变化，是由于运动时运动单位的募集数量和运动单位兴奋的频率发生变化而引起的。

疲劳时肌电幅度升高可能是由于肌肉在持续的工作过程中，先参与工作的运动单位发生疲劳。为了维持工作，必须动员其他的新的运动单位参与工作，这就是所谓的运动单位的募集。由于运动单位的数量的增加，而使肌电的 IEMG 增加。

2. 肌肉工作过程中肌电频谱变化

研究表明，在肌肉工作过程中，肌电的频率特性可随着肌肉的机能状态的改变而发生变化。反应肌电的频率特性的指标有平均功率频率（MPF）和中心频率（MF）。

在研究肌肉持续工作至疲劳过程中发现，随着疲劳程度的加深，肌电的频谱左移，即平均功率频率降低。肌肉工作的负荷强度越大，疲劳的程度越大，平均功率频率和中心频率的减小越明显。

（三）利用肌电评价肌力

当肌肉以不同的负荷进行收缩时，其积分肌电同肌力成正比关系，即肌肉产生的张力越大积分肌电越大。柯米（Komi）让受试者以 4.5 厘米 / 秒的速度做匀速的屈肘运动。肌肉的收缩形式分别为向心收缩和离心收缩。不论是疲劳前还是疲劳后，肱桡肌在工作中的积分肌电都随着肌张力的加大而增高，并存在线性关系。

（四）利用肌电进行动作分析

在运动过程中可用多导肌电记录仪将肌电记录下来,然后,根据运动中每块肌肉的放电顺序和肌电幅度,结合高速摄像等技术,对运动员的动作进行分析诊断。

目前，肌电分析技术在运动技术分析和评价中的应用越来越广泛。如利用肌电技术对田径、体操、举重、摔跤、足球、排球、篮球、乒乓球、网球、滑冰等诸多项目中的一些基本动作和技术进行分析和评价，有效而及时地纠正运动员的错误动作，促进运动员的运动技能的形成及运动成绩的提高。

【小结】

1. 肌细胞（又称肌纤维）是肌肉的基本结构和功能单位。每个肌细胞含有数百至数千条与肌纤维长轴平行排列的肌原纤维。肌原纤维由粗肌丝（主要由肌球蛋白组成）和细肌丝（主要由肌动蛋白组成）所组成，全长都由暗带（A 带）和明带（I 带）呈交替规则排列，在显微镜下呈现有规律的横纹排列。

2. 一切活组织的细胞都存在生物电，细胞处于安静状态，细胞膜内外存在静息电位。生物电现象是一种普遍存在又十分重要的生命现象。可兴奋组织细胞在受到刺激发生兴奋时，出现一种称为动作电位的电变化。利用适当的仪器设备，可以将动作电位记录下来。临床上和运动人体科学研究中广泛应用的心电图（ECG）、脑电图（EEG）和肌电图（EMG）就是所记录的各相应组织细胞动作电位的综合电位变化。

膜电位的产生原理可以用“离子学说”来解释。离子学说认为：①细胞内外各种离子的浓度分布是不均匀的；②细胞膜对各种离子通透具有选择性。在静息状态，哺乳类动物神经细胞内的 K^+ 浓度高于细胞外 28 倍，而 Na^+、Cl^- 细胞外浓度分别高于细胞内 13 和 30 倍。而且细胞膜对离子的通透是有选择的。当细胞处于静息状态时，细胞膜对 K^+ 的通透性大，而对 Na^+ 的通透性较小，所以就形成在静息时 K^+ 的向细胞外流动，使细胞外因增加带正电荷的 K^+ 而电位上升。当促使 K^+ 的外流的由浓度差形成的向外扩散力与阻止 K^+ 的外流的电场力相等时，细胞内外的电位差值就稳定在一定水平上，这就是静息电位。

当细胞受到刺激时，膜上的 Na^+ 的通道被激活而开放，Na^+ 的顺浓度梯度瞬间大量内流，细胞内正电荷增加，导致电位急剧上升，负电位从静息电位水平减小到消失进而出现膜内为正膜外为负的电位变化，当膜内正电位所形成的电场力增大到足以对抗 Na^+ 的内流时，膜电位达到一个新的平衡点，即动作电位。

3. 动作电位一旦在细胞膜的某一点产生，就沿着细胞膜向各个方向传播，直到整个细胞膜都产生动作电位为止。在无髓神经纤维上动作电位是以局部电流的形式进行传导的。在有髓神经纤维上动作电位是越过每一段带髓鞘的神经纤维呈跳跃式传导的。

4. 神经细胞与肌细胞之间的兴奋传递是通过运动终板实现的。当动作电位沿神经纤维传到轴突末梢时，在 Ca^{2+} 的作用下，突触小泡将乙酰胆碱释放到接头间隙。乙酰胆碱通过接头间隙到达接头后膜，并和接头后膜上的特异性的乙酰胆碱受体结合，最后导致接点后膜产生终板电位。当终板电位达到一定幅度，可引发肌细胞膜产生动作电位。

5. 骨骼肌肌纤维的收缩可以用“肌丝滑行学说”来解释。“滑行学说”认为，当动作电位到达肌纤维后可沿着肌细胞膜传导到横小管，并深入到三联管结构。横小管膜上的动作电位可引起与其邻近的终末池膜及肌质网膜上的大量 Ca^{2+} 通道开放，Ca^{2+} 顺着浓度梯度从肌质网内流入胞浆，肌浆中 Ca^{2+} 浓度升高后，Ca^{2+} 与肌钙蛋白亚单位 C 结合时，导致一系列蛋白质的构型发生改变，最终导致粗肌丝和细肌丝相对滑行，肌纤维缩短。当肌浆中的 Ca^{2+} 浓度降低时，Ca^{2+} 与肌钙蛋白亚单位 C 分离，最终引起肌肉舒张。

6. 骨骼肌可表现出物理特性和生理特性。骨骼肌的物理特性有伸展性、弹性和黏滞性。骨骼肌的生理特性包括兴奋性和收缩性。

7. 根据肌肉收缩时的长度变化，把肌肉收缩分向心收缩、等长收缩、离心收缩和等动收缩。向心收缩时肌肉长度缩短、起止点相互靠近，因而引起身体运动。等长收缩时肌肉的长度不变。等长收缩有两种情况：其一，肌肉收缩时对抗不能克服的负荷；其二，当其他关节由于肌肉离心收缩或向心收缩发生运动时，等长收缩可使某些关节保持一定的位置，为其他关节的运动创造适宜的条件。肌肉在收缩产生张力的同时被拉长的收缩称为离心收缩。在整个关节运动范围内肌肉以恒定的速度，且外界的阻力与肌肉收缩时产生的力量始终相等的肌肉收缩称为等动收缩。等动收缩和等张收缩具有本质的不同，肌肉进行等动收缩时在整个运动范围内都能产生最大的肌张力。

8. 根据不同分类方法，可将肌纤维划分为不同的类型。根据收缩速度，可将肌纤维划分为快肌纤维和慢肌纤维；根据收缩及代谢特征，可将肌纤维划分为快缩、糖酵解型，快缩、氧化、糖酵解型和慢缩、氧化型；根据收缩特性及色泽，也可将肌纤维划分为快缩白、快缩红和慢缩红三种类型；根据肌球蛋白(MHC) 异形体分类可将骨骼肌纤维分为 MHC－I 型、MHC－IIa 型、 MHC－IIx 型（或 MHC－IId 型）和 MHC－IIb 形肌纤维，MHC－IIx 型（或 MHC-IId 型）肌纤维是一种过渡型的肌纤维。

不同的肌纤维其形态学特征、生理学特征和代谢特征不同，在运动时的动员程度也不同。在以较低的强度运动时，慢肌纤维首先被动员，运动强度较大时，快肌纤维首先被动员。

运动员的肌纤维组成具有项目特点。参加时间短、强度大项目的运动员，骨骼肌中快肌纤维百分比较从事耐力项目运动员和一般人高。相反，从事耐力项目运动员的慢肌纤维百分比却高于非耐力项目运动员和一般人。

运动训练至少可以从以下两个方面对肌纤维类型发生较大的影响，即肌纤维选择性肥大和酶活性选择性改变。

9. 在体育科学研究中，利用肌电图法可以测定神经的传导速度，评定骨骼肌的机能状态、评价肌力、进行动作分析和技术诊断。

10. 从事不适应的运动负荷或大负荷运动后24～72小时，运动肌会产生不同程度的酸痛，并伴随僵硬、肿胀和肌力下降等症状，称为延迟性肌肉酸痛。骨骼肌在发生延迟性肌肉酸疼的同时，会伴随着骨骼肌纤维超微结构发生变化，这种变化也具有延迟性特点，因此也称为延迟性骨骼肌纤维超微结构改变。有肌肉痉挛、损伤、急性炎症、骨骼肌蛋白降解和钙离子损伤等学说解释这一现象。

【思考题】

1. 试述骨骼肌肌纤维的收缩原理。
2. 试述静息电位和动作电位的产生原理。
3. 试述在神经纤维上动作电位是如何进行传导的。
4. 试述在神经–肌肉接头处动作电位是如何进行传递的。
5. 骨骼肌有几种收缩形式？它们各有什么生理学特点？
6. 为什么在最大用力收缩时离心收缩产生的张力比向心收缩大？
7. 试述绝对力量、相对力量、绝对爆发力和相对爆发力在运动实践中的应用及其意义。
8. 骨骼肌肌纤维类型是如何划分的？不同类型肌纤维的形态学、生理学和生物化学特征是什么？
9. 从事不同项目运动员的肌纤维类型的组成有什么特点？
10. 运动时不同类型肌纤维是如何被动员的？
11. 运动训练对肌纤维类型组成有什么影响？
12. 试述肌电图在体育科研中有何意义。

第三章

血 液

【提要】

血液在机体物质运输、机能调节、免疫和体温维持等方面发挥着重要作用。本章介绍了内环境的概念、血液的组成成分、血液的生理功能、理化特性以及血型与输血原则等生理知识。在此基础上，对血液的运动生理学作了较系统的阐述。该部分分别从一次性运动对血量、血细胞的影响，长期运动对红细胞形态、数量、功能的影响，血红蛋白在运动训练中的应用，以及对血液流变学、血液凝固与纤溶能力的影响等方面作了介绍。并就运动员血液的特点、生理意义进行了介绍。

第一节　血液的组成和理化特性

一、血液的组成

（一）血细胞与血浆

血液是一种由血浆和血细胞组成的液态组织，在心血管系统内循环流动。血细胞为血液的有形成分，包括红细胞、白细胞和血小板。血浆是血细胞以外的液体部分。血浆除含有大量的水分外，还含有多种化学物质、抗体和激素等。血细胞内的物质不断地透过细胞膜而与血浆中的物质进行交换。

从血管中取出的血液，一般称全血。如将全血中加入适量抗凝剂，血液不凝固，保持液态。经离心沉淀后，血液可分为两层，上层呈淡黄色的透明液体称为血浆，约占全血中的50%～60%，下层呈暗红色的不透明固体部分称红细胞。在红细胞的上方，有一薄层的白色物质，是血小板和白细胞。血细胞约占全血的40%～50%。在血细胞中主要是红细胞，它在全血中所占的容积百分比称为红细胞比容（hematocrit value）或红细胞压积　（hematocrit，Hct）。健康成人的红细胞比容，男子约为40%~50%，女子约为37%～48%。血小板和白细胞约占全血的1%。

在流出体外的血液中如不加抗凝剂和进行其他处理，几分钟后就会凝固成胶冻血块。在室温内搁置1小时以上，血块缩小，并在血块周围出现少量黄色澄清液，称为血清。血清与血浆虽是血液的液体成分，但内容不完全相同。主要区别在于血浆含有纤维蛋白原，而血清不含有纤维蛋白原。这是因为血液凝固时，血浆中的液体纤维蛋白原转为固体的纤维蛋白，网罗血细胞成为血块。

（二）血液与体液

人体内含有大量的液体，即人体内的水分和溶解于水中的各种物质，统称为体液，约占体重的60%～70%。体液的大部分存在于细胞内部，称为细胞内液，是构成细胞质的基本成分，约占体重的30%～40%。小部分存在于细胞外部的液体，称为细胞外液，约占体重的15%～20%。细胞外液主要包括存在于血管中的血浆和存在于各种组织细胞间隙的液体（也称组织液）。血浆约占体重的5%，组织液约占体重的15%。

二、内环境相对稳定的生理学意义

血浆和组织液都是细胞外液。它们的化学成分和理化特性，如酸碱度、渗透压以及温度等的变化，都将不同程度地影响细胞的生命活动。因此，为了区别人体生存的外界环境，把细胞外液称为机体的内环境。

人体绝大部分细胞与外界隔绝而生活在细胞外液中，只有通过细胞外液，人体的细胞才能与外界环境之间进行物质交换。人体摄入的各种营养物质、水分等，必须先通过细胞外液才能进入细胞内，而细胞的代谢产物也是先进入细胞外液，最后再排出体外，这样才能维持人体正常机能。

人体的外界环境经常变化，而内环境变化甚小。这是由于人体内有多种调节机制，使内环境中理化因素的变动不超出正常生理范围，以保持动态平衡，这一生理现象就称为内环境稳态。内环境稳态是相对的，是一种动态平衡（见第一章）。

内环境相对稳定，细胞新陈代谢才能正常进行，才有可能保持细胞的正常兴奋性和各器官的正常机能活动。所以，内环境的相对稳定是机体正常生命活动的必需条件。

在运动时，人体的机能活动会发生一系列的显著变化，如体温升高、排汗增加、代谢产物增多等，使血液的酸碱度、渗透压等发生明显变化，内环境的平衡遭到破坏。当运动停止后，机能活动又逐渐使机体内环境的平衡得到恢复，达到新的平衡状态。可见，机体内环境总是在一定范围内变动的，没有绝对的稳态。当机能活动显著变化，使内环境的稳态遭到破坏时，机体总是通过各种机能变化使内环境恢复稳态。但当内环境变动持续超过一定生理限度后，就会导致整个机体的功能发生障碍。例如，持续的过度大运动量训练所导致的过度疲劳等。

三、血液的功能

（一）维持内环境的相对稳定

血液能维持水、渗透压、酸碱度和体温等的相对稳定。这些因素的相对稳定会使人体的内环境相对稳定。只有在内环境相对稳定时，人体组织细胞才有正常的兴奋性和生理活动。

（二）运输

血液不断地将从呼吸器官吸入的氧和消化系统吸收的营养物质，运送到身体各处，供给组织细胞进行代谢；同时，又将全身各组织细胞的代谢产物（二氧化碳、水、尿素等）运输到肺、肾、皮肤等器官排出体外。

（三）调节

血液将内分泌器官分泌的激素运输到周身，作用于相应的器官（称靶器官）改变其活动，起着体液调节作用。所以，血液是神经—体液调节的媒介。

通过皮肤的血管舒缩活动，血液在调节体温过程中发挥重要作用。温度升高时，皮肤的血管舒张，血液将体内深部产热器官产生的热运送到体表散发；温度降低时，皮肤血管则收缩，减少皮肤的血流量，以维持体温。

（四）防御和保护

血液中的白细胞对于侵入人体的微生物和体内的坏死组织都有吞噬分解作用，称为细胞防御。血浆中含有多种免疫物质，如抗毒素、溶菌素等（总称为抗体），能对抗或消灭外来的细菌和毒素（总称为抗原），从而免于传染性疾病的发生。血小板有加速凝血和止血作用，机体损伤出血时，血液能够在伤口发生凝固，防止继续出血，对人体具有保护作用。

四、血液的理化特性

血浆和血细胞含有大量的水和化学物质，因此，使血液表现出下列理化特性。

（一）颜色和比重

血液的颜色决定于红细胞内的血红蛋白的含量。动脉血含氧多，呈鲜红色；静脉血含氧少，呈暗红色；皮肤毛细血管的血液近似鲜红色。血浆和血清因含胆红质，故呈淡黄色。正常人全血的比重在 1.050 ~ 1.060 之间，全血的比重主要取决于红细胞的数量和血浆蛋白的含量。

（二）黏滞性

血液在血管内运行时，由于液体内部各种物质的分子或颗粒之间的摩擦，而产生阻力，使血液具有一定的黏滞性。液体的流动性一般是通过黏度来反映和度量的，因此，反映血液流动性和黏滞性的最重要标志就是血液的黏度。液体的黏滞性和流动性互成反比关系，即黏性越大流动性越小。正常人血液的黏滞性约为蒸馏水的 4 ~ 5 倍，血浆约为蒸馏水的 1.6 ~ 2.4 倍。

血液黏滞性主要取决于红细胞的数量和血浆蛋白的含量，另外，还有血细胞形状及在血流中的分布特点，表面结构和内部状态，易变形性以及它们之间的相互作用等。例如：登山运动，由于空气稀薄，氧分压低，红细胞增多，血液黏滞性升高；长跑运动，由于大量出汗，其结果引起血液浓缩，红细胞比例相对增大，血流阻力加大，血流速度缓慢，导致血压升高。所以，血液黏滞性对血流速度和血压都有一定影响。

（三）渗透压

渗透压是一切溶液所固有的一种特性，它是由溶液中溶质分子运动所造成的。水分子通过半透膜向溶液扩散的现象称为渗透现象，简称渗透。

溶液促使膜外水分子向内渗透的力量即为渗透压或渗透吸水力，也就是溶液增大的

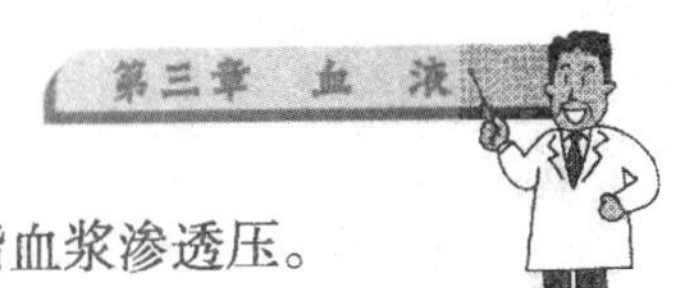

压强，其数值相当于阻止水向膜内扩散的压强。血液的渗透压一般指血浆渗透压。

血浆渗透压由两部分组成，绝大部分来自血浆中的晶体物质，包括各种电解质的离子，其中，最主要的是氯化钠，其次是碳酸氢钠和非电解质的小分子化合物，如葡萄糖、尿素等。由晶体物质所产生的渗透压称为晶体渗透压。血浆渗透压主要为晶体渗透压。另一部分来自血浆中的胶体物质，包括各种蛋白，其中最主要的是白蛋白，其次为球蛋白。由胶体物质所产生的渗透压称为胶体渗透压。胶体渗透压较小，大约为25～30mmHg，胶体渗透压虽小，但可防止过多水分渗透出毛细血管外，对水分出入毛细血管起着调节作用。所以，胶体渗透压对水在体内各部体液中的分布具有重要作用。

正常人在体温37℃时，血浆渗透压约为5800mmHg，以血浆的正常渗透压为标准，与血浆正常渗透压近似的溶液称为等渗溶液（isotonic solution），如0.9%NaCl（称为生理盐水）、5%葡萄糖溶液等。高于血浆正常渗透压的溶液称为高渗溶液，而低于血浆正常渗透压的溶液则称为低渗溶液。

血浆渗透压相对稳定，这是维持细胞正常机能活动所必需的条件。通常血细胞和组织细胞的渗透压都与血浆渗透压相等，从而使细胞保持正常形态和功能。红细胞在高渗NaCl溶液中，由于高渗溶液吸水力强，红细胞失水发生皱缩，丧失功能。在低渗NaCl溶液中，由于水分进入红细胞内过多，引起膨胀，最终破裂，红细胞解体，血红蛋白被释放，这一现象总称为红细胞溶解（haemolysis），简称溶血。红细胞对低渗溶液具有不同的抵抗力，表示红细胞具有不同的脆性。对低渗溶液抵抗力小，则表示脆性大，反之，则表示脆性小。

血浆渗透压在正常生理情况下有一定的变动。在进行剧烈肌肉运动时，由于大量排汗和代谢产物（乳酸等）进入血液，渗透压暂时升高，大量饮水后，可以降低渗透压。但是这些变化可以很快通过肾脏排泄和皮肤泌汗进行调节，从而维持相对恒定的状态。

（四）酸碱度

正常人血浆的pH值约为7.35～7.45，平均值为7.4。人体生命活动所能耐受的最大pH值变化范围为6.9～7.8。血浆pH值经常维持相对恒定，是由于血浆是个缓冲溶液。血液中含有数对具有抗酸和抗碱作用的物质（称为缓冲对），统称为缓冲体系。缓冲体系中每一个缓冲对是由一种弱酸与该种弱酸的盐组成的。血液中的缓冲对如下：

血浆中主要缓冲对有：$NaHCO_3$（碳酸氢钠）/ H_2CO_3（碳酸）；蛋白质钠盐/蛋白质；Na_2HPO_4（磷酸氢二钠）/ NaH_2PO_4（磷酸二氢钠）。

红细胞中的主要缓冲对有：$KHCO_3$（碳酸氢钾）/ H_2CO_3（碳酸）；血红蛋白钾盐 / 血红蛋白；氧合血红蛋白钾盐 / 氧合血红蛋白；K_2HPO_4（磷酸氢二钾）/ KH_2PO_4（磷酸二氢钾）。

血液中的缓冲对以血浆H_2CO_3与$NaHCO_3$这一对缓冲对最为重要。在正常情况下，$NaHCO_3$ / H_2CO_3比值为20:1。若要保持这一正常比值，需要通过呼吸功能调节血浆中H_2CO_3浓度和通过肾脏调节血浆中的$NaHCO_3$浓度，以及代谢等方面的配合作用。

例如，组织代谢所产生的酸性物质进入血浆，与血浆中的$NaHCO_3$发生作用，形成

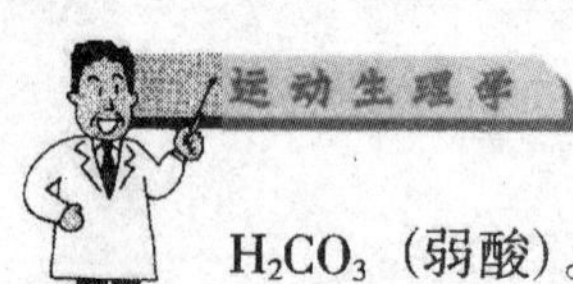

H_2CO_3（弱酸）。在碳酸酐酶（CA）作用下 H_2CO_3 又解离为 CO_2 由呼吸器官排出，从而减低酸度，保持血液的酸碱度。又如，肌肉运动时的代谢产物——乳酸（HL）等进入血液后，部分被肝脏重新合成为肝糖原，另一部分在血浆中与碳酸盐类结合形成碳酸，缓冲血液的酸度，其反应如下：

$$HL+NaHCO_3 \longrightarrow NaL+H_2CO_3 \xrightarrow{CA} CO_2+H_2O$$

当碱性物质（主要来自食物）进入血浆后与弱酸发生作用，形成弱酸盐，降低碱度。经过这两方面的调节，血液的酸碱度就能维持相对恒定。体内产生酸性物质大大胜于碱性物质，所以，血液中的缓冲物质抗酸的能力远远大于抗碱的能力。

血液酸碱度的相对恒定，对生命活动有重要意义。如果血液 pH 值的变动超过正常范围，就会影响各种酶的活性，从而引起组织细胞的新陈代谢、兴奋性及各种生理机能的紊乱，甚至会出现酸或碱中毒现象。

碱贮备：血液中缓冲酸性物质的主要成分是碳酸氢钠，通常以每 100 毫升血浆的碳酸氢钠含量来表示碱贮备量。常采用 HL 和 $NaHCO_3$ 结合生成 H_2CO_3，H_2CO_3 再解离出 CO_2，通过 CO_2 含量来推算出 $NaHCO_3$ 的含量。碱贮备的单位是以每 100 毫升血浆中 H_2CO_3 能解离出的 CO_2 的毫升数来间接表示，正常约为50%～70%。

碱贮备是一个很重要的生理生化指标，它能反映身体在运动时的缓冲能力，从而了解体内的代谢情况。有人测定运动员的碱贮备量比未受过训练的人高 10%。经常锻炼的人可使血液的缓冲能力提高，碳酸酐酶的活性增强。

第二节　运动对血液的影响

一、运动对血量的影响

正常成年人的血量占体重的 7%～8%。人体在安静状态下，大部分的血量都在心血管中迅速流动，这部分血量称为循环血量。还有一部分血量潴留在肝、脾等处，流动缓慢，血浆较少，红细胞较多，这部分血量称为贮存血量。

运动时由于贮存的血液被动员，使循环血量增加。运动员循环血量增加比无训练者大得多，而且尤以耐力性项目运动员增加更显著。一般人约增加 10%左右，运动员可增加 25%～30%以上。同时，由于各部位血管口径发生了变化，使血液大部分可能流向工作肌。运动时骨骼肌血流量比安静时可增加 4～20 倍，心肌可增加 3～5 倍，而内脏、皮肤等部位的血流量却比安静时减少 2～5 倍。

血容量即人体循环血量的总量。包括血浆容量和血细胞容量。一次性运动对血容量的影响，取决于运动的强度、持续时间、项目特点、环境温度、湿度、热适应和训练水平等。

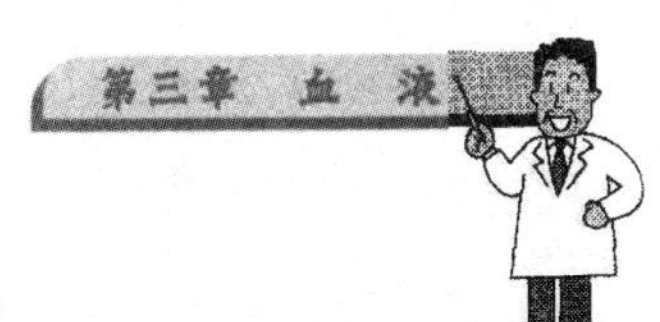

表 3-1 耐力训练运动员和无训练男子的循环血量及其成分

指标	运动员	非运动员
循环血量 (L)	6.4	5.5
循环血量 (ml / kg)	95.4	76.3
循环血浆量 (L)	3.6	3.1
循环血浆量 (mg / kg)	55.2	43.0
循环红细胞量 (L)	2.8	2.4
循环红细胞量 (mg / kg)	40.4	33.6
血细胞压积 (%)	42.8	44.6

(引自：廖克尔，1977)

从事短时间大强度运动时，血浆容量和血细胞容量都明显增加，而血细胞容量增加较明显。短时间运动时总血容量增加，主要是由于储血库里的血被动员入循环，使循环血量增加；而短时间运动出现的血液相对浓缩，其原因可能由于储血库的血中血浆量相对较少，血细胞容量较大，进入循环血中使血细胞浓度相对增高。

在长时间耐力性运动时，血容量的改变，主要是由血浆水分转移情况决定。如果血浆中的水分从毛细血管中渗出到组织间液或排出体外，将引起血浆容量减少，产生血液浓缩现象。反之，如果组织间液的水分渗入到毛细血管，血浆容量增加，血液稀释。虽然由于种种原因引起红细胞的溶血，肾脏和消化道也常常排出少量红细胞，但一般数量极少，对循环血中红细胞总数影响不大，红细胞不会发生显著变化。

进行长时间的耐力运动时，体内产热明显增加，通常以出汗的方式散热。汗液中水分占 99%以上。环境温度在 35℃时每蒸发 1 克汗，散放 0.58 千卡的热量。温度越高，运动强度越大，或运动时间越长，血浆的水分损失也越多。一次性长时间运动可使血浆容量减少 10%左右。资料报道，高温环境运动脱水时若体重下降 3%~8%，血浆容量可减少 6%~25%。脱水将使人体心输出量及有氧能力下降，代谢产物堆积增多，疲劳加剧，运动能力下降。

二、红细胞与运动

(一) 红细胞的生理特性

正常成熟的红细胞 (erythrocyte ， red blood cell， RBC) 没有细胞核，形状圆而扁，边缘较厚 (约 2 微米)，中央薄 (约 1 微米)，直径约 6~9 微米。红细胞在血管中流动时可因血流速度和血管口径不同而暂时改变形态，这种变形能力是影响血液的流变性的重要因素。红细胞的寿命平均为 120 天。衰老的红细胞被巨噬细胞吞噬。正常成年男子每立方毫米 (mm^3) 血液中含有红细胞约 450 万~550 万个，平均为 500 万个；成年女子每立方毫米 (mm^3) 血液中含有红细胞约 380 万~460 万个，平均为 420 万个。红细胞的作用是运输氧和二氧化碳、缓冲血液的酸碱度。

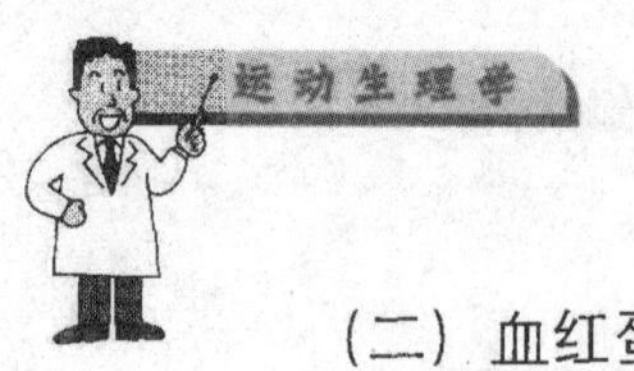

（二）血红蛋白的功能

血红蛋白（Hemoglobin，Hb）是红细胞内的主要成分，是一种结合蛋白质。每一血红蛋白分子由一分子的珠蛋白和四分子亚铁血红素组成，珠蛋白约占96%，血红素占4%。红细胞携带 O_2 和 CO_2 这一机能是靠红细胞内的血红蛋白来完成的。血红蛋白中的亚铁（Fe^{2+}）在氧分压高时（肺内），易与氧结合，生成氧合血红蛋白（HbO_2），这种现象称氧合作用。在氧分压低时（组织内），与氧容易分离，把氧释放出来，供细胞代谢之需要，这种现象称为氧离作用。

血红蛋白也能与 CO_2 结合成氨基甲酸血红蛋白，又称碳酸血红蛋白，在组织内（CO_2 分压高）与 CO_2 结合，到肺内（CO_2 分压低）放出 CO_2。血红蛋白如此不断地运输 O_2 和 CO_2，进行吐故纳新。血红蛋白不仅有运输 O_2 和 CO_2 的作用，还有缓冲血液酸碱度的作用。

由于血红蛋白指标相对稳定，又能较敏感地反映身体机能状态，所以运动训练中经常利用这一指标评定运动员机能状态、训练水平，预测运动能力。

运动员经过系统的运动训练，血液的有形成分会发生一些变化。正常情况下，血红蛋白的变化与红细胞的变化是一致的，运动中凡能影响红细胞的因素都能影响血红蛋白。

（三）运动对红细胞数量的影响

红细胞数目因运动而发生变化，其数量变化与运动的种类、运动强度和持续时间有关。有报道在 100%$\dot{V}O_{2max}$ 强度运动后即刻，红细胞数目比运动前增加10%左右，运动后30分钟也还有5%的增加。

1. 一次性运动对红细胞数量的影响

一般认为，进行短时间大强度快速运动比进行长时间耐力运动红细胞增加得更明显。在同样时间的运动中，运动量越大，红细胞增加越多。不过这种增多在很大程度上是与血浆的相对和绝对减少有关，不能以单位容积血中红细胞的绝对数值作为评定红细胞数量变化的依据。

运动后即刻观察到的红细胞数增多，主要是由于血液重新分布的变化所引起。长时间运动时，排汗和不感蒸发的亢进引起血液浓缩。运动中肌细胞中代谢产物如乳酸、无机磷酸盐等浓度升高，使细胞内渗透压增高，与毛细血管中血浆渗透压梯度增大，K^+ 进入细胞外液使肌肉毛细血管舒张，这些因素均造成血浆水分向肌细胞和组织液移动，也使血液浓缩增加。而对于短时间运动后即刻的红细胞增多，有人认为，这主要是贮血库释放的较浓缩的血液进入循环血，相对提高了红细胞的浓度。在短时间的静力性或动力性运动中，肌肉持续紧张收缩使静脉受到压迫，血液流向毛细血管增多，并贮留在那儿使毛细血管内压升高，血浆中的水分渗出，也使血液出现浓缩。

运动中红细胞数量的暂时性增加，在运动停止后便开始恢复，1~2小时后可恢复到正常水平。

2. 长期运动训练对红细胞数量的影响

经过长时间、系统的运动训练，尤其是耐力性训练的运动员在安静时，其红细胞数并不比一般人高，有的甚至低于正常值，被诊断为运动性贫血。这种现象在耐力性项目运动员中较为常见。值得注意的是，区别真贫血和假性贫血的问题，须具体加以分析才能判定。目前国内运动员所采用的检测贫血的指标是按照临床医学的方法和标准，即以单位容积中血红蛋白的含量（g/dl）和以单位体积中红细胞的数量进行评定。这样，无法从整体上（如红细胞总量或单位体重中红细胞数和血红蛋白含量）加以评定。实际上，很多资料表明，运动员红细胞总量较一般人有明显增加。Åstrand等人报道，耐力训练可使人体血容量增加8%，其中血浆容量增加较多，红细胞容量增加相对较少。Elite等报道，耐力项目运动员红细胞容量增加15%，但血浆容量增加得更多。

由于运动员血容量增加与红细胞量增加相比在很大程度上是以增加血浆量为前提，所以血细胞容量的相应指标如红细胞数、红细胞压积、血红蛋白含量等比一般人有降低的趋势。虽然单位体积的红细胞数、血红蛋白量不高，但红细胞总数和血红蛋白总量较高。

安静时运动员红细胞和血红蛋白总量增加，与进行紧张训练和比赛时（特别是跑时），红细胞的工作性溶解作用刺激加强了红细胞和血红蛋白的生成机制有关。

由于红细胞和血红蛋白生成，仅保证所增加的循环血量中红细胞和血红蛋白维持“正常”浓度，维持运动员的红细胞和血红蛋白生成之间的正常比值，所以，单位容积内红细胞中血红蛋白的含量同正常值无明显差别甚至偏低。这种现象应视为运动员血液系统对训练的一种适应性反应。

安静时运动员的红细胞浓度下降和红细胞压积下降具有一定的意义，因为它降低了血黏度，减少血循环的阻力，减轻了心脏负荷。而在肌肉运动时，血浆的水分丧失使血液比安静时相对浓缩，保证血红蛋白含量的相应提高，但又不致于明显影响血液的流变性，所以优秀的运动员运动中血黏度、红细胞压积等没有明显变化。这表明，他们能承受血液中较大幅度的工作性变化而使血液能维持在正常状态，并且对于提高氧的运输能力上仍有较大的机能潜力。

由上述原因造成的红细胞数量偏低或血红蛋白含量下降而诊断为运动性贫血者，我们称之为假性贫血，是红细胞机能性稀释的反映，是一种适应及健康的表现，不能误认为“贫血”。但另外也不能忽视还有一些运动员是由于真正的运动性贫血而造成的红细胞数和血红蛋白含量的下降，虽然血液某些指标的测定结果相似，但发生机制和机能反应是与假性贫血有区别的。

（四）运动对红细胞压积的影响

运动时红细胞数量的变化直接影响到红细胞压积的变化。其红细胞压积值的变化基

本与红细胞数的变化相一致。

在一定的温度和切变率条件下，正常人红细胞压积是影响血液黏度的主要因素。在正常黏度范围内增加红细胞数和血红蛋白浓度将有利于更好地运输氧，增加带氧能力。当压积超过50%以上时，血黏度将随细胞压积变化呈指数关系上升。此时，单位体积血液中的红细胞数目越多，则红细胞压积越高，血液黏度也越高，使血循环阻力增加，对运动产生不利的影响。与此相反，红细胞比容降低时，虽红细胞数量减少，但却能降低血黏度，增加血液流动性，因而在全身或局部血压降低时，可改善微循环血流，增加氧气供应。

运动中红细胞数量和红细胞压积的变化与训练水平有关。运动员与一般人之间有差别。优秀运动员与训练水平较低的运动员之间也有差别。另外，从事不同类型的项目和运动也会有差别。对我国自行车运动员定量负荷前后红细胞压积的测定表明，优秀运动员运动前后红细胞压积没有明显变化。而训练水平较低的运动员红细胞压积在运动后即刻明显增加。这提示：训练水平较低的运动员，运动时由于红细胞压积增加（血液浓缩），使血黏度增加，致使循环阻力增加和心脏负担加重，从而限制或降低了运动能力。当然，血黏度增加的同时还引起一系列的连锁反应，如清除代谢产物、调节体温和运送营养物质的能力降低等。这些因素都会加速运动性疲劳的发生。因此，红细胞压积的变化和血黏度可作为评定耐力运动员机能的参考指标。

（五）运动对红细胞流变性的影响

1. 红细胞流变性

正常情况下红细胞各自呈分散状态存在于流动的血液中，并在切应力作用下很容易变形，即被动地适应于血流状况而发生相应的改变，以减少血流的阻力。红细胞的这一特性称为细胞的流变性。红细胞的高度变形能力，使它能顺利通过小于自身直径的微血管和狭窄部位。因此，红细胞的流变性是影响血液流动的重要因素，也是影响体内红细胞寿命和微循环有效灌注的重要因素。此外，红细胞膜的不断变形运动，还有助于促进细胞内成分的充分扩散转运，大大增加氧气的转运效率。

在某些情况下，如果红细胞的流变性下降，红细胞可发生聚集及变形性低下的改变，这将增加血黏度，影响血液的流速和氧气的交换。

红细胞流变性可通过测定红细胞渗透脆性、红细胞悬液黏度、红细胞滤过率、红细胞压积和红细胞电泳率等指标反映出来。

2. 运动时红细胞流变性的变化

运动时红细胞流变性依运动强度不同、运动持续时间不同和训练水平不同而有所差别。一次性极限强度运动也会使红细胞滤过率下降、悬浮黏度增加、红细胞变形性降低。并且这种变化可持续1小时以上。对马拉松跑等超长距离项目运动员血液流变学研究结果发现，男、女马拉松运动员跑后红细胞滤过能力降低（10%~20%），血浆渗透压

升高。血浆渗透压升高是造成红细胞变形能力降低的主要原因。

红细胞变形性降低可使血液流变性降低，并影响组织供氧和使心脏负荷加重，使运动成绩下降，对运动后恢复也有不良影响。运动后心血管意外的发生可能与此有关。因此，无训练者不宜进行一次性高强度的极限运动。

经过系统训练的运动员安静时红细胞变形能力增加。有人认为，这是因为运动加快了对衰老红细胞的淘汰，代替以年轻的红细胞，降低了红细胞膜的刚性，增加了红细胞膜的弹性。

（六）血红蛋白与运动

1. 运动员血红蛋白正常值的评定

我国成年男性血红蛋白浓度为120～160g/L，成年女性为110～150g/L。血红蛋白过低或过高都会影响运动员的运动能力。血红蛋白低于正常值，即出现贫血，氧和营养物质供给不足，必然导致工作能力下降。血红蛋白值过高时，血液中红细胞数量和压积也必然增多。这样，血流的黏滞性增大，造成血流阻力增加和心脏负担加重，使血液动力学改变，也会引起身体一系列的不适应和紊乱。当血红蛋白为140g/L时，血黏度为4单位；血红蛋白为200g/L时，血黏度为6单位。正常生理活动应保持血黏度在4～5单位。因此，保持血红蛋白值在最适程度范围，可使运动员达到最佳机能状态，这也是科学地进行训练的有效途径之一。

由于运动员血红蛋白值存在个体差异，不能用一个统一的正常值标准来评定运动员血红蛋白含量。应针对每一个体情况进行测定和分析。通过观察和分析运动员血红蛋白含量的变动，掌握运动员机能状态情况，有的放矢地调整运动员身体机能达最佳状态。

在应用血红蛋白指标时应注意以下几个问题：

(1) 冬训期间评价标准应略低，女运动员月经期间亦稍低，这是正常的生理波动。

(2) 运动员血红蛋白含量存在个体差异。每个运动员存在季节、生物周期等的周期性差异。

(3) 虽然血红蛋白含量存在个体差异，但一般男运动员血红蛋白值不得超过170g/L，女运动员不得超过160g/L。最低值不得低于本人全年平均的80%。同一次检测中，如果个别运动员血红蛋白值与同队平均值相差过大时，应引起注意。

(4) 运动员在大运动量后的调整期，血红蛋白由低向高恢复时，运动员的自我感觉与运动成绩也最好，可能这一时期是运动员身体机能状态“最佳期”。这个“最佳期”并不是出现在人们想象的“超量恢复期”。

(5) 血红蛋白指标主要用于评定某个训练周期或阶段，如根据1～2周时间内运动员对运动量和运动强度的反应来评定运动员的机能状态等，而不能用于评定每次训练课的情况。在观察分析血红蛋白指标变化时，应结合其他指标（如无氧阈、尿蛋白、心率等），以及运动员的自我感觉和运动能力进行综合分析。

(6) 血红蛋白指标的应用主要针对有氧工作为主的项目，其他项目只能以此作为参

考指标。

2. 血红蛋白指标与运动员选材

实践证明，按每个运动员的血红蛋白平均值，可将血红蛋白值的个体差异分为三个类型：偏高型、正常型和偏低型。每一个基本类型中又可分为二个亚型，即按标准差（SD）大于 10g/L 为波动大者，小于 10g/L 为波动小者。因此，理论上可以把运动员的血红蛋白分为六个类型。但在实际工作中经常遇到的只有四个类型：即偏高波动小者、正常波动大者、正常波动小者和偏低波动小者。运动训练实践证明，以血红蛋白值高、波动小者为最佳。这种类型运动员能耐受大负荷运动训练，从事耐力性项目运动较好。而以血红蛋白值偏低波动小者为较差。

在运动员训练期间，每周或每隔一周测定一次血红蛋白，1~2 个月左右就可以基本判定运动员属哪种类型。但也要注意，分析时应根据运动训练的实际情况综合分析，并和同队的其他队员进行横向比较才较为客观。这个指标在耐力性项目或速度耐力性项目运动员选材时可做参考。

三、白细胞与运动

（一）白细胞生理特性

白细胞（leukocyte， white blood cell，WBC）无色，有核，体积比红细胞大。根据形态、功能和来源可分为粒细胞、单核细胞和淋巴细胞。粒细胞又分为中性粒细胞、嗜酸性粒细胞和嗜碱性粒细胞。各种白细胞在白细胞总数中所占的百分比叫白细胞分类计数，简称白细胞分类。白细胞是机体实施免疫功能的最重要成分，白细胞数量的变化，直接影响机体的免疫功能。

正常人安静时血液中白细胞数为每立方毫米 4000~10000 个，白细胞的生理变动范围较大，一日之内，下午比早晨多；运动时比安静时多；进食后、炎症、月经期和分娩期都增多。训练程度、季节气候对白细胞也有影响。

（二）运动时白细胞变化的三个时相

早在 30 年代就有人报道运动后外周血中白细胞增多的现象，之后又有众多的研究观察到这一现象。苏联叶果罗夫（A.B.Etopob）和兰道斯把运动引起的白细胞增多称为运动白细胞增多症，并将其分为三个时相，即淋巴增多时相、中性粒细胞时相和中毒时相（表 3-2）。

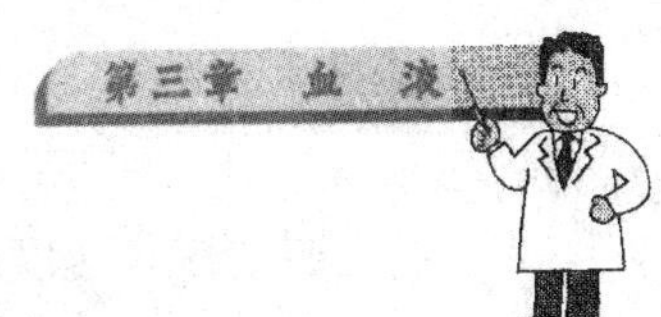

表 3-2 运动过程中白细胞三个时相的变化

时相	中性粒细胞（%）			嗜碱性粒细胞(%)	嗜酸性粒细胞（%）	淋巴细胞(%)	单核细胞（%）	白细胞总数（个/mm³）
	幼稚	杆状	分叶					
安静时	1~2	2~5	55~65	0.5 ~ 1	2 ~ 5	25 ~ 30	3.8	5000 ~ 8000
淋巴细胞时相	1~2	2~5	44~55	0.5 ~ 1	2 ~ 5	40 ~ 50	3.8	10000 ~ 12000
中性粒细胞时相	1~2	26	65~75	0.5 ~ 1	1	12	3.8	10000 ~ 18000
中毒再生阶段	1~2	10~12	60	0.5 ~ 1	0	5~10	3.8	30000 ~ 50000
中毒变质阶段	1~2	26	60	0.5 ~ 1	0	5~10	3.8	20000 ~ 50000

（引自：克列托甫尼科夫）

淋巴细胞增多时相的主要特点是白细胞总数略有增加，可达每立方毫米 1 万 ~ 1.2 万个；淋巴细胞数增加到 40% ~ 50%，中性粒细胞相对减少了 10% ~15%，这些时相在肌肉始动工作时，短时间轻微体力活动后及赛前状态都可出现。此时淋巴细胞增多的原因，主要是由于肌肉活动使贮血库释放贮存进入血循环、淋巴结也释放大量淋巴细胞入血循环所致。

中性粒细胞增多时相的主要特点是白细胞数明显增加，可达每立方毫米 1.6 万 ~ 1.8 万个。其中，中性粒细胞明显增加，淋巴细胞减少到 10% ~ 12%，嗜酸性粒细胞减少到 1% ~ 2%。此时相是有训练的运动员在进行长时间中等强度运动或大强度运动后出现的。

中毒时相可分为两个阶段，再生阶段和变质阶段。再生阶段的特点是白细胞总数大大增加，可达每立方毫米 3 万 ~ 5 万个，嗜酸性粒细胞消失。变质阶段的血液中白细胞被破坏，白细胞总数开始减少。出现中毒时相是没有训练的人在进行长时间的、大强度的力竭性运动时，引起造血器官机能下降的不良反应。

（三）运动时白细胞的变化

研究表明，白细胞总数和淋巴细胞增加的最大幅度出现在最大负荷运动停止后即刻。其增加的幅度随最大负荷运动的持续时间延长而增加。以较低的强度运动时，无论是短时间（5 分钟）还是持续长时间（30 分钟），运动停止后即刻白细胞总数和淋巴细胞数的增加幅度都显著低于最大负荷运动后即刻。随着运动时间的延长，白细胞总数和淋巴细胞数的增加幅度反而减少。检测结果还表明，不同持续时间的运动后淋巴细胞数量的增加幅度总是大于白细胞总数的增加幅度。这些结果说明，运动后即刻白细胞总数和淋巴细胞数的增加幅度主要与运动负荷有关，而与运动负荷的持续时间关系较小。在 30 分钟以内的一次性运动后，无论运动的强度如何，白细胞增多的主要成分是淋巴细胞。

（四）运动后白细胞的恢复

运动后白细胞的恢复与运动强度和持续时间有关。运动强度越大，持续时间越长，

白细胞的恢复速度越慢。

运动引起的白细胞数量变化对机体的免疫功能有何影响，许多学者在这方面进行了探讨。Edward 等发现，运动后外周血中白细胞数增加的同时伴有淋巴 T 细胞百分比的下降，TH / TS 细胞比例下降（即辅助性 T 细胞与抑制性 T 细胞之比下降），这是细胞免疫功能下降的重要标志。运动后所发生的白细胞数量变化能否影响机体免疫功能，主要取决于白细胞数变化的幅度和持续的时间。如果变化幅度小且变化持续时间短，不会影响免疫功能。但如果变化幅度大，持续时间长（恢复慢），将对机体免疫功能发生深刻影响。

四、血小板与运动

（一）血小板生理特性

血小板（platelets，thrombocyte）是从骨髓中成熟的巨核细胞裂解下来的小块胞质。血小板在止血、凝血及纤溶过程中起着重要作用，还与毛细血管的完整性的保持有关。其发挥作用与本身所具有的黏附、聚集、释放等生理功能是分不开的。正常成人血小板的含量为每立方毫米 10 万 ~ 30 万个，平均寿命约为 7 ~ 14 天。在运动后、饭后、组织损伤、大量失血及传染病后恢复期，血小板增加；月经开始时，血小板减少。血小板减少到五分之一（每立方毫米 2 万 ~ 5 万个）时，就会引起皮肤和黏膜下出现血瘀点。

血小板的功能和生理特性主要表现有黏着、聚集、释放、收缩和吸附。这些特性与血小板的止血和凝血功能密切相关，一旦这些特性失常，血小板的功能也就发生紊乱。

1. 血小板的黏着

当血管损伤暴露其内膜下的胶原物质时，血小板就会黏附于胶原组织上。这是血小板发挥生理作用第一步。血小板与胶原的黏着有赖于双方的结构状态和功能正常，如果抑制血小板外衣上的葡萄糖基转移酶，或封闭胶原纤维上的自由氨基，则血小板几乎完全丧失黏着胶原组织的作用。

2. 血小板的聚集

聚集是血小板与血小板之间的相互黏着能力。在血管的损伤部位，血小板黏附出现后，损伤的组织或红细胞释放出 ADP（二磷酸腺苷）等诱聚物质使血小板发生第一相聚集。在此基础上促使血小板释放出内源性诱聚剂，如 ADP 等，激发第二相聚集反应。如果第一相聚集后，血小板没有发生自身释放反应，则聚集后的血小板又可自行解聚，从而不能形成血栓，这被视为血小板聚集的功能障碍。某些出血性疾病患者或正常人服用某些药物（如阿司匹林）后，血小板聚集功能可能发生障碍，可能会导致某些出血时间延长。血小板聚集功能障碍或亢进都会导致机体疾病。

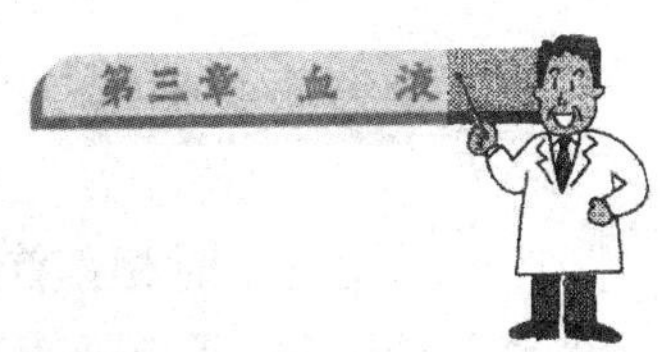

3. 血小板的释放

继黏附和聚集后，血小板将所含生物活性物质分泌到血小板周围环境中，如ADP、5-羟色胺（5-HT）、儿茶酚胺等，可以使小动脉收缩，有助于止血。血小板的这一生理过程称为血小板的释放反应。

4. 血小板的收缩

血小板的收缩是指血小板依赖其固有的收缩蛋白所产生的收缩作用。血小板收缩可使血凝块回缩硬化，使止血过程更加牢固。

5. 血小板的吸附

悬浮于血浆中的血小板能吸附许多凝血因子于其表面。一旦血管破损，随着血小板的黏着与聚集的发生，破损的血管局部的凝血因子增多，促进并加速凝血过程的发生和进行。

（二）运动对血小板数量和功能的影响

训练水平较高的运动员以及一般不常参加体育活动的健康大学生，一次性剧烈运动后即刻血小板数量、血小板平均容积增加，血小板活性增强，循环血中血小板聚集趋势也增加。这些变化可能与运动时肾上腺素分泌增多有关，也可能与ADP、血小板激活因子和花生四烯酸等因素有关。

研究表明，血小板数的增加只在大强度运动下发生，其增加的幅度与负荷强度呈高度正相关（$r=0.94$），增加幅度最大达18%。这些血小板多是以脾脏中贮存的那部分“中老年”血小板。

运动后，血小板黏附率和最大聚集率有明显增加。血小板由血流轴心向外周移动的过程中，受到血流的冲击可受到损伤，加之剧烈运动使体内循环血流加快和管壁出现不易察觉的损伤，促使红细胞释放ADP，这两种因素中短时间引起血小板活化，使血小板黏附率与聚集率增加。另外，运动所导致的应激状态也是导致运动后血小板黏附性和聚集性增强的一个重要原因。血小板的这些变化可能对运动中血管微细损伤的修复和通透性的调节等过程具有十分重要的作用。

第三节 运动对血液凝固和纤溶能力的影响

一、血液凝固和纤维蛋白溶解

正常情况下，人体具有极为完善的止血机能。这一止血机能主要是通过血管壁、血小板和血浆等三方面因素的协同作用来实现。当小血管受损伤时，止血的全过程大致可

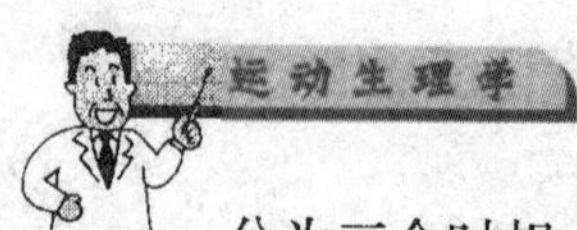

分为三个时相：首先出现血管收缩，阻碍血流，从而产生暂时的止血效应。其次，血小板黏着在受损伤暴露出来的胶原上，聚集起来，形成血栓，以堵塞血管的破口。最后在血小板黏着胶原的同时，凝血过程也开始启动，受损血管所暴露出的胶原组织或其他组织，可激活血浆内的凝血因子，使血浆内的纤维蛋白原转变为纤维蛋白，形成止血凝块。这三个时相虽然有先后次序，但是又互相重叠和密切地联系着。

在血管无明显破损的情况下，心血管内也经常有少量的纤维蛋白形成，并覆盖在毛细血管内膜的表面上，这是维持毛细血管正常通透性的一个重要因素。但是纤维蛋白不断地生成，又不断地溶解。人体内，血液凝固和纤维蛋白溶解这两个过程是处于动态平衡的状态，所以机体的血管既不会由于通透性失常而发生出血或渗血现象，也不会由于出现血凝块而产生血栓以堵塞血流。一旦这两个对立过程出现明显的不平衡，就可能出现病理变化。

（一）血液凝固

当血管受伤出血时，立即形成凝血止血。止血由血管的损伤部位收缩，血小板黏附、聚集、变态，从而形成白色血栓，然后由血液凝固系统形成纤维蛋白(胶冻状血块)完成止血过程。血液凝固的过程简称凝血（blood coagulation）或血凝。

血液凝固最终是血浆中纤维蛋白原转变为纤维蛋白，成为很细小的网状构造，并网罗许多血细胞而成为血凝块。血凝过程大致可分为三个主要步骤：第一步为凝血酶原激活物的形成；第二步为凝血酶原激活催化凝血酶原转变为凝血酶；第三步为凝血酶催化纤维蛋白原转变为纤维蛋白，从而形成冻胶状的血块。

凝血是十分复杂的生物化学过程，参与这一过程的许多物质统称为凝血因子(blood coagulation factor)，通过国际学术会议的推荐，按这些因子被发现的先后次序以罗马数字命名，作为国际上通用的名称。分别命名为因子Ⅰ、Ⅱ直到ⅩⅢ，其中因子Ⅵ被取消，现已确定的共有12个因子。在这些因子中，除因子Ⅳ外，其余的因子均为蛋白质。

当血液被泄露到血管外，其凝固过程很快。相比在血管内就像装在具有不亲水的内表面的容器里那样，血液很难凝固。这样，血凝的形成过程就被考虑为内源性凝固系统和外源性凝固系统。前者是指参与血凝过程的全部物质都是存在于血液之中，后者则是血凝过程中有其他组织的凝血物质参加。

在凝血过程中，每一个凝血因子都是以无活性的形式存在于血浆中，它们一经活化，就变成有催化活性的酶，进而活化下一相应的凝血因子。这样，一个因子既受上一个因子的激活，又可激活相应的下一个因子，再加上有的凝血因子具有加速凝血的作用，使凝血过程越来越快，直至凝血过程完结。

（二）纤维蛋白溶解

在正常生理条件下，凝血过程中生成的纤维蛋白可在一系列水解酶的作用下，变成

可溶性的纤维蛋白降解产物。这种血液凝固后出现的血凝块重新液化的现象称为纤维蛋白溶解，简称纤溶。纤维蛋白溶解的基本过程可分为两个阶段，即纤溶酶原的激活和纤维蛋白的降解。

1. 纤溶酶的激活

正常血管内血液有时会轻度凝血，除了有抗凝血物质外，还有相应的纤维蛋白溶解系统，简称纤溶系统。纤溶酶通常以纤溶酶原形式存在于血中。

纤溶酶的主要作用是分解纤维蛋白。另外，它还可分解其他凝血因子如纤维蛋白原、因子Ⅴ、Ⅶ、Ⅱ和Ⅻ。纤溶酶原的激活物有三类：

血管激活物　由小血管的内皮细胞合成和释放。当血管内出现纤维蛋白或血小板释放5-羟色胺，以及交感—肾上腺髓质系统活动加强时，这类激活物的合成和释放都可增加。

组织激活物　这类激活物存在于很多组织中，在组织修复、伤口愈合时释放较多。如肾脏合成和释放的尿激酶就属于这一类激活物。

血浆激活物　血浆中的因子Ⅻa可以将前激肽释放酶激活成激肽释放酶，而激肽释放酶可将纤溶酶原激活。由于因子Ⅻa既是内源性凝血途径的启动因子，又可以导致纤溶酶原的激活，这一类激活物可能使血凝与纤溶两个系统互相配合并保持平衡。

当血凝块形成时，大量的纤溶酶原被吸附于其中。但这并不能马上引起纤溶，因为此时纤溶酶原并没有被大量激活。随后，受损的组织和血管内皮细胞缓慢地释放出纤溶酶原激活物，特别是强有力的组织纤溶酶原激活物，激活纤溶酶原，最终导致血凝块的溶解。许多被血凝块堵塞的小血管即可通过此机制而被疏通，重新开放。

2. 纤维蛋白的降解

纤溶酶是一种内切酶，可逐步将整个纤维蛋白或纤维蛋白原分子分割成可溶性的小肽，总称为纤维蛋白降解产物。这些降解产物一般不会再凝固，且其中一部分具有抗凝作用。

3. 纤溶抑制

阻碍纤维蛋白溶解的物质统称为纤溶抑制物。它们存在于血浆、组织以及各种体液如尿液中。根据其作用可把抑制物分为两大类：一类抑制纤溶酶原的激活，这类抑制物叫做抗活化素；另一类抑制纤溶酶原的活性，叫做抗纤溶酶。据测定，血浆中抗纤溶酶的浓度很高，为纤溶酶浓度的20～30倍。因此在正常情况下，血液中的纤溶酶不易发挥其活性。在凝血块中由于纤维蛋白能吸附溶酶原和激活物而不吸附抑制物，因此血凝块中有大量纤溶酶形成并发挥其作用，从而使纤维蛋白溶解。这样，纤溶和抗纤溶这两个相互对立的过程，就在不同的条件下表现其最后效应。

二、运动对血凝和纤溶能力的影响

（一）一次性运动对血凝和纤溶能力的影响

一次性运动引起血凝系统和纤溶系统机能亢进。在血凝系统中，激烈运动时可以观察到内源系统凝固因子，特别是以因子Ⅷ为中心的活性亢进。这种因子Ⅷ活性亢进可以延续到运动后 8 小时以上。当给予 β 阻断剂后进行运动，因子Ⅷ活性不变；给予肾上腺素后进行运动，因子Ⅷ活性亢进；而在运动后给予肾上腺素，因子Ⅷ活性在短时间内也不亢进。这表明，由运动引起的血中肾上腺素的增加，是伴随着因子Ⅶ从血管壁等体内贮备中释放。此外，也可以观察到因子的活性亢进和纤维蛋白原的增加。

另外，在步行这样的轻微运动中，也能观察到在纤溶系统中活性亢进。此外，纤溶系统的活性亢进与运动强度呈正比，即使在 70%$\dot{V}O_{2max}$的运动中延长运动时间时，纤溶系统的活性亢进也能达到相当于在 100%$\dot{V}O_{2max}$强度的运动时一样，所以纤溶系统的活性亢进与运动强度和运动时间有关。这种活性亢进的机理，一般认为和凝血系统一样，是由于运动使血中儿茶酚胺增加，引起血管壁释放纤溶酶原激酶。纤溶酶原激酶从作为体内贮备的血管壁中释放出来。

关于纤溶系统的影响，人们已知道长时间低强度运动后的恢复期中，激活酶的抑制因子会有增加。

（二）长期运动对血凝和纤溶能力的影响

研究表明，血凝能力及凝血酶原时间，部分凝血活素及时间等指标在运动者与非运动者之间没有差别，而纤溶能力则运动者比非运动者亢进。此外，对纤溶能力异常值的出现率进行比较时，运动者比非运动者的出现率为低。这表明，长时间坚持体育锻炼对血凝系统不产生明显影响，但可提高血液的纤溶能力。

对训练年限与纤溶能力的关系进行观察时发现，由于非运动者纤溶能力随年龄增长而下降，所以纤溶能力的值分布范围很大（10～40 小时）。与此相比，运动者纤溶能力与年龄没有明显的关系，而是随着运动锻炼的年限增加，进入正常值范围的越多（6～8 小时）。并且表现出随着训练年限的延长，纤溶能力的异常值出现率越趋下降。通过系统长期的运动锻炼，能使血液纤溶能力保持在正常范围，并且不致因年龄的增长而下降。

第四节　运动员血液

由于运动训练可以使运动员的血液系统产生某些适应性变化，且这些变化有别于一般人（非运动员）。因此，有些学者提出了“运动员血液”的概念。

一、“运动员血液”概念

“运动员血液” 是指经过良好训练的运动员，由于运动训练使血液的性状发生了一系列适应性变化，如纤维蛋白溶解作用增加、血容量增加、红细胞变形能力增加、血黏度下降等。这种变化在运动训练停止后是可以恢复的。具有这种特征的血液称为运动员血液。

Berry 等（1949）首先报道了经过良好训练的耐力运动员血红蛋白浓度及红细胞压积低于一般人，它与过去传统认为的运动员血液指标的概念完全相反。过去的很多报道包括教科书上都认为，运动员经过训练后血液的红细胞数增多，血红蛋白含量增高，红细胞压积也增高。并认为这些变化将有利于运动中携带更多的氧。之后，有很多资料也报道了与 Berry 相似的结果，但这种结果却被解释为是由于运动引起的“贫血”。随着对运动员血液研究的逐步广泛深入和越来越多的资料证实，运动员的血液具有与一般人不同的特征，包括红细胞压积较低、血红蛋白浓度较低等，而且这种特征在有良好训练的耐力运动员血液中较为普遍。1979 年，日本 Yoshimura 等首先提出了“运动员血液”的观点。直到 1988 年，Eichner 等对运动员血液特点进行了研究分析，才明确提出了“运动员血液”的概念，并认为运动员血液系统的改变是对运动良好适应的反应。

二、运动员血液特征

运动员血液应具备以下几方面的特征：

（一）纤维蛋白溶解作用增加

大约 40 年前已经知道运动或以刺激组织释放纤维蛋白溶酶，能激活纤维性蛋白的溶解作用。近年来更进一步研究认为运动具有抗血栓形成作用，适度地参加运动训练能中等程度地增加纤维蛋白溶解作用。无论是休息状态或静脉血栓形成闭塞性的刺激后，进行 5 分钟的功率自行车运动到参加马拉松跑，都可以增加纤维蛋白溶解作用。5 分钟激烈运动后的纤维蛋白溶解作用的增强可以保持 90 分钟。关于运动对纤溶能力的影响已在前面作了介绍。“运动员血液”的纤溶能力增加与一般人进行一次性运动所出现的纤溶作用暂时性增加是不同的。首先，“运动员血液”纤溶能力增加是由于长时间系统的运动训练所引起的适应性改变，纤溶能力与训练年限成正比。其次，“运动员血液”纤溶能力增加不是一时性的，只要保持有规律的经常性运动，就可使纤溶能力的增加持续性的存在。另外，“运动员血液”的纤溶能力增加并不完全表现为“亢进”，而是具有双向性调整作用，即对纤溶能力不足的可通过运动训练调整变为增加，而对于过分“亢进”的，通过运动作用又可调整为正常。虽然也有文献指出马拉松运动员偶有深部静脉血栓形成，但发病率极少，可能是运动时损伤所造成的。大量研究证明，经常性运动训练有助于抗血栓形成。运动员血液的纤溶能力增加是训练的

良好反应。

（二）血容量增加

运动员血液的第二个特征表现为血容量增加，这种血容量增加包括血浆容量和红细胞容量都增加，但是由于血浆容量增加相对于红细胞容量增加更显著，所以形成红细胞压积减少和单位容积中的红细胞数和血红蛋白含量减少，血液相对稀释变薄。Sanny 等认为，运动训练使人体血浆容量相对增加更多的机制是因为血浆蛋白总量增多，尤其是白蛋白总量增多，使胶体渗透压升高，促使更多的水分贮留在血液循环之中。白蛋白分子量小于球蛋白，占蛋白质胶体渗透压65%。耐力训练的运动员血浆总蛋白量比一般人增加 28 克，其中 86%为白蛋白。1 克血浆蛋白可以贮留水分 14～15 毫升，28 克蛋白质共可增加血浆量约 390~420 毫升。由于血浆蛋白增加也伴随着水分的相应增加，所以虽然总血浆容量增加，但单位体积中的血浆蛋白浓度仍与一般人相似。至于红细胞增多的机制至今仍不太明了，有人认为是紧张训练和比赛时红细胞的工作性溶解作用增加，红细胞减少而刺激加强了红细胞的生成机制有关；还有人认为因运动时肾血流量降低，使肾小管近旁细胞促使红细胞生成素分泌增多。总之，如果对运动训练所引起的血容量、血浆容量、红细胞容量变化的绝对及相对关系不能正确地了解，就会对运动员血液的特点作出错误的判断和结论。

（三）红细胞变形能力增加

红细胞变形能力增加是运动员血液的又一特点。经过系统训练的运动员安静时红细胞变形能力增加。有人认为，这是因为运动加快了对衰老红细胞的淘汰，代替以更年轻的红细胞，降低了红细胞膜的刚性，增加了膜的弹性。红细胞变形能力增加和血液稀释使红细胞压积减少，这两个因素都可使血液的黏度下降，从而改善血液流变性。

（四）血黏度下降

耐力训练引起血黏度下降的最主要原因是血液相对稀释，除了红细胞压积增加较少之外，更重要的是大多数血浆非对称蛋白质（结构不对称、对血浆黏度影响较大的蛋白），如纤维蛋白原也得到了稀释。因为对血黏度影响最大的是血液中不对称蛋白质的浓度，在这些蛋白质得到了稀释后血黏度较容易出现下降，红细胞变形能力增加是促使血黏度下降的第三个原因。此外血浆本身黏度下降也起一定的作用。运动员血黏度下降的生理意义在于改善了血液的流变特性，使静脉血栓的发生率明显减少，有利于血液对各器官及工作肌灌注，改善微循环，增强血液的携氧能力和运输营养物质的能力，也加快对代谢废物的排出率。

三、“运动员血液”的生理意义

运动员血液对人体的生理意义在于：

1. 血容量增加更有利于增大运动时的心输出量，对于提高总体的运动能力尤其是有氧耐力意义重大。在运动竞赛中，有人采用自身血液回输的办法来改善心输出量、最大有氧能力和提高血液的运氧能力，并取得较好的效果即说明增加血容量的意义。但血液回输法已被作为“血液兴奋剂”禁用。

2. 运动员血液黏滞性下降，血容量增多，这些因素有利于减少血流阻力，加快血流速度，使营养物质、激素等运输以及代谢物排除更迅速，也有利于体温调节和大强度运动时散热，使有足够多的血量流到皮肤。

3. 减低因运动时血浆水分转移、丢失而造成的血液过分浓缩的程度。从血液流变学的角度来认识是有利于维持正常的血黏度和血流速度，满足机体运动中代谢、运输的需要从而维持运动能力。在运动时间较长的情况下，大量的流汗易使血浆水分丧失过多而出现高渗状态，这将危及红细胞的变形能力，产生血液流变学的异常，影响血液对组织灌注，也降低运动能力。近年对马拉松等超长距离项目的运动员血液流变学进行研究的结果发现，男性和女性马拉松运动员跑后红细胞滤过能力明显降低（降低20%），血浆渗透压明显升高，两种变量之间呈高度负相关，血浆纤维蛋白原黏度无明显变化。马拉松跑后红细胞滤过能力下降的机制目前还不太清楚。一般认为影响红细胞变形能力的因素主要有三种：①红细胞表面积与容积的比值；②红细胞内部黏度；③红细胞膜的弹性。

高渗血浆可以影响上述三种因素，因此可以认为是运动时影响红细胞滤过能力的最常见原因。此外，血浆中乙醇、葡萄糖和尿素浓度增高也能降低红细胞的滤过能力，据推测在运动时可能没有血浆渗透压影响大。实际上，观察红细胞形态学的变化也表明，血浆渗透压升高是使红细胞滤过能力降低的主要原因。马拉松运动员跑后血液中呈皱缩、黏附状态的红细胞增多，表明由于血浆渗透压升高使红细胞内部水分丢失。还有资料报道，引起血浆渗透压升高原因是血浆容量降低及血浆中电解质浓度升高。运动训练的作用在于增加了血浆容量，血液相对稀释，这可以解释为是机体对运动时血浆水分丧失过多、血液相对浓缩的一种代偿性适应。运动时血浆渗透压升高，在运动后的恢复期不仅使血浆渗透压能降低恢复到正常水平，还能降低到超过正常水平，使血液相对稀释（当然此处所指的渗透压降低到超过正常水平并非指出现低渗状态）。这样在一定程度上能减轻机体下一次运动时血液浓缩，经常从事运动的人血液的机能适应便出现血容量增加，并且血浆容量相对增加更多。这种变化反过来又有利于运动时机体的机能需要，促进了运动能力，所以说运动员血液的黏度下降、血液相对稀释是对运动的一种适应性反应。训练水平高的人安静状态血浆黏度及纤维蛋白原的浓度在正常的低限范围，定量运动时血浆浓度和纤维蛋白原虽然也升高，但其幅度低于一般人。

另外也有资料报道，高水平运动员运动时血浆容量没有明显减少。原因是由于运动时淋巴液的回流加速，而高水平运动员淋巴回流速度比一般人快。淋巴液中含有较高浓度的蛋白质，进入血液后有利于贮留血浆水分，减轻血浆渗透压的升高。

4. 血浆清蛋白浓度升高，有利于运载脂肪酸供能。根据Coyle（1985）报道，耐力训练引起血容量的适应性变化是可逆的，停训一个月左右运动员血容量减少9%。

第五节 血型与输血原则

一、血型与红细胞凝集

血型（blood group）是指红细胞膜上特异抗原的类型。若将血型不相容的两个人的血滴在玻片上混合，其中的红细胞即凝集成簇，这种现象称红细胞凝集。在补体的作用下，红细胞的凝集伴有溶血。当人体输入血型不相容的血液时，在血管内可发生同样的情况，此凝集成簇的红细胞可以堵塞毛细血管，溶血将损害肾小管，同时常伴过敏反应，其结果可危及生命。

红细胞凝集的本质是抗原—抗体反应。凝集原的特异性取决于镶嵌于红细胞膜上的一些特异蛋白质、糖蛋白或糖脂，它们在凝集反应中起抗原的作用，因而可称为凝集原。能与红细胞膜上的凝集原起反应的特异抗体则称为凝集素。凝集素是由γ-球蛋白构成的，它们溶解在血浆中。发生抗原—抗体反应时，由于每个抗体上具有2~10个与抗原结合的部位，抗体在若干个带有相应抗原的红细胞之间形成桥梁，因而使它们聚集成簇。

二、ABO血型

红细胞表面的抗原种类为数众多，目前所知至少有数十种以上，如与特异的抗体相遇均会发生抗原—抗体反应。在输血时最为多见的产生输血反应的抗原主要是AB抗原。根据红细胞表面所具有的抗原特点可以将血液划分为不同类型。

在不同个体的红细胞表面存在有两种不同的抗原，即抗原A和抗原B，在一个红细胞上可以仅有其中任何一种或同时具有两种或两种皆无，血型便是根据其所具有的抗原种类来区分与命名的。仅有A抗原者为A型；仅有B抗原者为B型；两者均有者为AB型；两者均无者为O型。

与此相似，在血清中还存在与红细胞表面各种抗原特异结合的抗体。在正常情况下，同一个体能发生特异结合的抗原抗体并不能同时存在。在A型血清中仅有与B抗原特殊结合的抗体，称为抗B，在B型血清中仅有抗A；在AB型血清中无抗体；在O型血清中抗A、抗B均有（表3-3）。

表 3-3 人的 ABO 血型分类血型

血型	红细胞凝集原（抗原）	血清凝集素（抗体）
O 型	无	抗 A、抗 B
A 型	A	抗 B（β）
B 型	B	抗 A（α）
AB 型	A、B	无

三、ABO 血型与输血

在输血时必须严格遵循输血的基本原则，以避免输血反应。首先要保障供血者红细胞不被受血者血清中的凝集素凝集，即无抗供血者红细胞的抗体，只有同型血相输才能满足这一条件。其次是考虑将无 A 抗原、B 抗原的 O 型血输给 A、B 与 AB 型，虽然受血者的血清不能凝集供血者红细胞，但 O 型血具有抗 A、抗B 两种抗体，就必须还要考虑到凝集受血者红细胞的可能性，因此这种输血量不宜多。AB 型血因为没有抗 A、抗 B，不凝集任何其他血型供血者的红细胞，故可接受 ABO 系统的各种血型的供血。除同型外，量不宜过多。

第六节 血液中重要指标参考值及意义

血液中蕴含着人体生命迹象的大量信息，血液中从全血、血清和血浆中测得的某些生化指标、酶、激素等指标的变化，是评价身体代谢水平、机能状态以及诊断疾病的重要依据。但是许多指标只是反映机体某一阶段的代谢情况，因此，血液指标的监测应该是一个连续、动态的过程，不能简单地以某一次的检测指标作为唯一的依据。除了以上各节介绍的血液及血细胞指标，其他血液中可检测的指标列于表 3-4。

表 3-4 血液中重要指标的参考值及意义

标样	血液指标	英文名称及缩写	参考值	指标应用范围
蛋白质类				
血清	血清白蛋白	Albumin（A）	35～50g/L	肝功能、肾功能等
血清	血清球蛋白	Globulin（G）	25～35g/L	肝功能、肾功能等
血清	血清总蛋白	Serum total protein（STP）	60～80g/L	肝功能、肾功能等
血清	血清白蛋白与球蛋白比例	(A/G)	1.5 ～ 2.5:1	肝功能、肾功能等
血清	免疫球蛋白	Immunoglobulin（Ig）	212～360mg/dl	机体免疫功能
血清	铁蛋白	Ferritin	男 80～130ng/ml 女 35～55ng/ml	铁代谢

（续表）

标样	血液指标	英文名称及缩写	参考值	指标应用范围
血清	肌红蛋白	Myogloblin（Mb）	10～80μg/L	运氧和储氧
血清、血浆	血清(浆)总胆固醇	(Tc)	2.8～6.0mmol/L	肝功能、甲状腺机能等
血清	胆固醇	Cholesterol（GHO）	3.36～5.78mmol/L	与高胆固醇血症密切相关
含氮化合物				
全血、血浆	氨（胺离子）	Ammonia	5.9~35.2 mmol/L	肝功能
血清、血浆	肌酐	Creatinine（Cr）	44~133umol/L	肾功能
血清、全血	血尿素氮	Blood urea nitrogen	3.2~7.1mmol/L (BUN)	肾功能、血尿素氮常被作为反映运动负荷量的指标
血清	尿酸	Uric acid	7mg/dl	机体代谢
酶				
血清	乳酸脱氢酶	Lactic dehydrogenase (LDH)	15~220IU/L	骨骼肌能量代谢
血清	磷酸肌酸激酶	Creatine kinase (CK)	男 5.5~75U/L 女 14.5~45U/L	骨骼肌能量代谢
血清	肌酸激酶同功酶	(CK-MB)	0~24U/L	心肌
脂类				
血清	血清磷脂	(PL)	0.3~0.9mmol/l	甲状腺功能
血清	血清(浆)甘油三酯	(TG)	0.23～1.24mmol/L	肾上腺皮质机能、甲状腺机能等
激素				
血清、血浆	睾酮	Testosterone（T）	0.26～13.2nmol/L	性激素，力量型运动员选材、疲劳评定等
血清、血浆	生长激素	Growth hormone（GH）	男 0.34～1.90kU/L 女 0.45～2.2kU/L	生长发育
血清	皮质醇总量	Total cortisol		促进肝糖原异生，增加糖原储存，促进蛋白分解
血浆	儿茶酚胺	Catecholamines		运动强度等
血浆	去甲肾上腺素	Norepinephrine		收缩动脉和静脉,升高血压
血浆	肾上腺素	Epinephrine		加速糖原动员利用,增加骨骼肌血流,增加心率,加大氧耗
糖类及其他				
血清	血糖	Glucose（GLU）	3.89～6.11mmol/L	肝功能、胰岛功能
血清	血乳酸	Lactic acid（LAT）	5～15mg/dl	运动强度大小的敏感指标
血清	血清钠	(Na)	135～145mmol/L	体内电解质及酸碱平衡情况
血清	血清钙	(Ca)	2.25～2.75mmol/L	甲状旁腺机能等
血清	血清氯化物	(Cl)	98～106mmol/L	体内电解质及酸碱平衡情况
全血	红细胞沉降率	(ESR)	男 0～15mm/h 女 0～20mm/h	炎症性疾病、组织损伤、恶性肿瘤

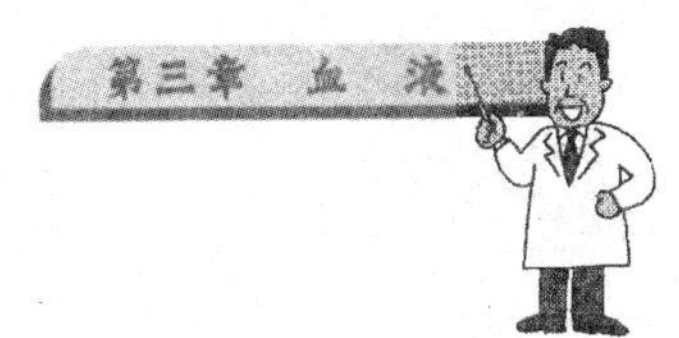

【小结】

1. 细胞外液是细胞直接生活的环境，它的化学成分和理化特性，如酸碱度、渗透压以及温度等的变化，都将不同程度地影响细胞的生命活动。为了区别人体生存的外界环境，又把细胞外液称为机体的内环境。

2. 机体处于相对安静状态下，其内环境总是在一定范围内变动的，没有绝对的稳态；当机能活动显著变化，使内环境的稳态遭到破坏时，机体总是通过各种机能变化使内环境恢复稳态，非稳态是暂时的。

3. 以血浆的正常渗透压为标准，与血浆正常渗透压很相似的溶液称为等渗溶液，如0.9%NaCl（称为生理盐水）、5%葡萄糖溶液等。高于血浆正常渗透压的溶液称为高渗溶液，而低于血浆正常渗透压的溶液则称为低渗溶液。

4. 由于运动员血容量增加与红细胞量增加相比在很大程度上是以增加血浆量为前提，所以血细胞容量的相应指标如红细胞数、红细胞压积、血红蛋白含量等比一般人有降低的趋势。

5. 经过系统训练的运动员安静时红细胞变形能力增加，这是因为运动加快了对衰老红细胞的淘汰，代替以年轻的红细胞，降低了红细胞膜的刚性，增加了膜的弹性。

6. 在血管无明显破损的情况下，心血管内经常有少量的纤维蛋白形成，并覆盖在毛细血管内膜的表面上，这是维持毛细血管正常通透性的一个重要因素。纤维蛋白不断地生成，又不断地溶解。人体内，血液凝固和纤维蛋白溶解这两个过程是处于动态平衡的状态。

7. 运动锻炼能改善血液的纤溶能力，使纤溶能力亢进者减弱，不足者增强，正常者仍保持正常，并可消除由于年龄的增长而使纤溶能力下降的影响。

【思考题】

1. 试述血液的组成与功能。
2. 何谓内环境？试述血液对维持内环境相对稳定的作用及意义。
3. 试述血液在维持酸碱平衡中的作用。
4. 何谓红细胞流变性？影响因素有哪些？试述运动对红细胞流变性的影响。
5. 试述长期运动对红细胞的影响。
6. 如何应用血红蛋白指标指导科学训练？

第四章

循环机能

【提要】

本章首先介绍了血液循环系统的概念，然后介绍了心肌的自动节律性、传导性、兴奋性和收缩性等生理特性；在此基础上阐述了心动周期及心脏收缩舒张过程，心脏泵血功能评定指标和心脏的内分泌功能，动脉血压产生机制及其影响因素，心血管活动的神经调节、体液调节及局部调节过程，以及运动时心血管功能的变化及运动心脏的结构功能特点等内容。

第一节　循环系统概述

循环系统包括血液循环系统和淋巴循环系统两部分。心脏和血管构成了机体的血液循环系统，又叫心血管系统。通过心脏的收缩，使血液在血液循环系统内周而复始流动的过程称为血液循环。血液循环的主要目的是保证体内 O_2、CO_2、各种营养物质、代谢产物及各种体液调节物质的运输，维持组织细胞的新陈代谢和内环境稳定，从而保证生命活动的正常进行。传统的死亡是以呼吸和血液循环的不可逆停止为判定标准。可见血液循环机能在生命活动中的重要性，而心脏的活动对维持机体血液循环过程起着最关键的作用。

一、心脏的一般结构与血液循环途径

心脏是一个由心肌组织和瓣膜结构构成的中空器官，其主要功能是通过心肌的收缩推动血液到身体各组织细胞，经由血液完成细胞与外界的物质交换过程。人类的心脏通过室间隔将其分隔为完全独立的左心和右心，通过二尖瓣和三尖瓣将左右心分别分隔为左、右心房和左、右心室。心室肌收缩时血液从左心室射入主动脉，经各级动脉分枝后到毛细血管，在毛细血管处血液中物质与组织细胞物质完成交换后，由动脉血转为静脉血，经各级静脉汇集后，分别由上下腔静脉流入右心房，由右心房到右心室，完成体循环（大循环）过程。在左心室血液射入主动脉同时，右心室亦收缩将血液射入肺动脉，血液流经肺毛细血管时完成气体交换，由静脉血转为动脉血，此后经肺静脉流回左心房、左心室，完成肺循环（小循环）过程。在血液循环过程中，心肌的收缩舒张引起心脏血管各部位压力差，加上房室瓣、动脉瓣、静脉瓣等结构类似单向“阀门”的作用，保证了血液的单向流动。

二、各类血管结构功能特点

血管可按解剖结构和功能进行不同分类，按解剖结构分类可分为动脉、静脉和毛细血管，按血管功能分类可分为弹性贮器血管、分配血管、毛细血管前阻力血管、交换血管和容量血管。

动脉是将血液从心脏送至毛细血管的血管，静脉是将毛细血管内血液送回心脏的血管，毛细血管则是连接动、静脉血管之间的血管。由于各类血管所处的部位不同、管径和管壁厚度不同及构成管壁的内皮、弹力纤维、平滑肌和胶原纤维成分差异，故具有不同的功能。

主动脉和大动脉称为弹性贮器血管，其管壁较厚，含有丰富的弹力纤维，在左心室射血时，主动脉和大动脉壁能被动扩张，将一部分血液暂时贮存起来并缓冲血压波动，当心室舒张且主动脉瓣关闭后，被扩张的动脉管壁发生弹性回缩，把射血期贮存的那部分血液继续推向外周。大动脉一再分支，直到小动脉，这区间的各级动脉称为分配血管，其管径逐渐变细，管壁逐渐变薄，管壁中的弹力纤维逐渐减少，而平滑肌的成分逐渐增多。到毛细血管前的小动脉和微动脉部位，内径只有20~30微米，对血流阻力很大，血液在血管系统中流动时所受到的阻力主要来自此处，故称为毛细血管前阻力血管。在微动脉和毛细血管交接处的血管壁有平滑肌环绕，构成毛细血管前括约肌，主要是控制毛细血管的启闭，起着控制毛细血管血流量的阀门样作用。与微动脉相连的毛细血管管径很细，毛细血管壁仅由一层扁平内皮细胞构成，其外只有一薄层基膜，故通透性很大，因数量多而总的截面积非常大，血液在毛细血管内的流速十分缓慢，使此部位成为血管内血液与血管外组织液进行物质交换的场所，因此毛细血管又称交换血管。毛细血管汇合成为微静脉，较大的微静脉的壁中又逐渐出现平滑肌，至小静脉，管壁已有完整的平滑肌层。静脉和相应的动脉比较，其数量较多，口径较大而管壁较薄，故容量大。此外，静脉血管的可扩张性也大，较小的压力变化可使容量发生较大的变化。在安静状况下，循环血量的60%~70%容纳在静脉中。静脉的口径发生较小的变化时，静脉的血量就可发生较大的变化，而压力的变化并不大。静脉的这种特性使它在血管系统中起着血液贮存库的作用，故功能上把静脉血管称为容量血管。

第二节　心脏生理

心脏是血液循环的动力装置，是实现泵血功能的肌肉器官。生命过程中，心脏不断做收缩和舒张的交替活动，舒张时容纳静脉血返回心脏，收缩时把血液射入动脉，为血液流动提供能量。若按每分钟跳动70次计算，心脏一天跳动可达10万次，一生按70岁计，总搏动次数超过25亿次！通过心脏的这种节律性活动以及由此而引起的瓣膜的节律性开启和关闭，推动血液沿单一的方向循环流动。由于左心室需要克服比右心室大得多的阻力，将血液推向身体各部位，右心室只需将血液推向肺部完成气体交换，因此左心室壁的肌肉厚度约为右心室的3倍，收缩力明显比右心室强。

一、心肌的生理特性

根据组织学和生理学特点，可以将心肌细胞分为普通心肌细胞和特殊心肌细胞。普通心肌细胞包括心房肌和心室肌，具备肌细胞的基本结构和功能特征，含有大量的肌原纤维，主要执行收缩功能，故又称其为工作细胞。普通心肌细胞具有兴奋性、传导性和收缩性,但不具有自律性。特殊心肌细胞,主要包括窦房结细胞(sinoatrial node cell)和浦肯野细胞(purkinje cell)。这类细胞从结构和功能方面都发生了特化,能自动有节律地产生兴奋并传向普通心肌细胞，因此又称为自律细胞，特殊心肌细胞具有自动节律性、兴奋性、传导性，但不具备收缩功能。

（一）自动节律性

当切断支配心脏的神经或将其取出，保存于适宜的生理环境中，心脏在一定时间内仍能自动有节律地收缩和舒张，这是由于心肌的自动节律性所致。在普通心肌组织中分布着一类特殊心肌组织，它们主要由位于上腔静脉与右心房结合处的窦房结细胞和房室交界处的浦肯野细胞组成。这类细胞具备能够自动地、有节律地产生兴奋的特性，称为自动节律性。自律细胞相互联系组成特殊传导系统，自身产生的兴奋通过特殊传导系统传向普通心肌，引起普通心肌的兴奋及收缩。特殊心肌细胞中以窦房结的自律细胞自律性最高，通过它产生的兴奋节律决定着心脏跳动的快慢，所以窦房结被称为心脏活动的正常起搏点。以窦房结为起搏点的心脏节律活动称为窦性心律。窦房结自身每分钟兴奋约 100 次，但在整体状态下由于受到心迷走神经的制约，所产生的兴奋要明显低于 100 次 / 分，通常在 70 次/分左右。个体差异不同，使得正常心跳次数波动在 60 ~ 100 次 / 分。正常情况下浦肯野细胞的自律性被窦房结的自律性所掩盖，所以被称为潜在起搏点。在窦房结异常不能完成起搏功能情况下，浦肯野细胞自律性可能显现出来，主导心脏搏动，此时的心跳次数会明显减慢，称为异位心律。

（二）传导性

骨骼肌、心肌的收缩必须是以生物电兴奋为前提的。心肌细胞具有传导兴奋的能力称为心肌的传导性。窦房结自律细胞产生的兴奋通过自律细胞构成的特殊传导系统传递到普通心肌，引起普通心肌兴奋从而产生收缩。心脏的特殊传导系统主要由窦房结细胞和浦肯野细胞组成。包括窦房结、结间束、房室交界、房室束和与普通心肌细胞相连的浦肯野纤维（图 4–1）。兴奋由特殊传导系统传至普通心肌并引起兴奋，其传导途径见图 4–1。兴奋传导至房室交界处时，传导速度较慢，称为房室延搁，之后才传向心室，这就使得心房和心室肌的兴奋和收缩不同步，心房较心室稍先兴奋收缩。

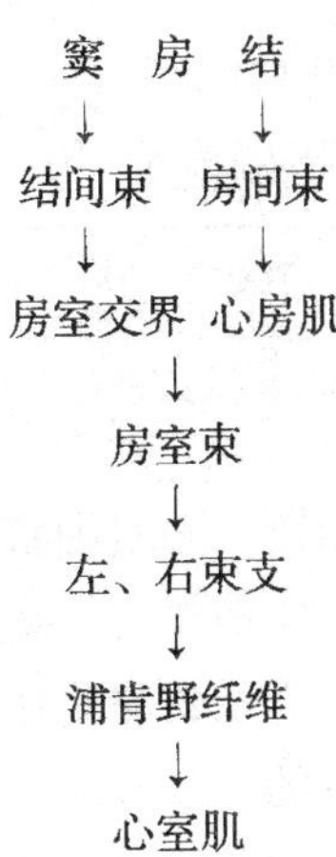

图 4–1 心肌特殊传导系统兴奋传导过程

由于心肌细胞之间存在一种被称为闰盘的特别连接方式，这种连接方式属细胞间缝隙连接，细胞膜之间距离很近（<3nm），且出现相互连通的亲水性小孔，形成一个电阻很低的区域，心肌产生的兴奋可以迅速通过闰盘相互传递。所以虽然心房和心室兴奋收缩不同步，但由于闰盘的原因，使心房肌各细胞的兴奋和收缩几近同步，心室肌各细胞的兴奋和收缩亦几近同步。

（三）兴奋性

心肌细胞与神经元和骨骼肌细胞一样具有对刺激产生反应的能力，即具有兴奋性。通常情况下心肌接受由窦房结产生的经特殊传导系统传递来的动作电位而兴奋，其兴奋性受心交感神经和心迷走神经影响，前者可提高其兴奋性，引起心跳加快加强，后者可降低其兴奋性，引起心跳减慢减弱。心肌细胞每产生一次扩布性兴奋之后，兴奋性也要经历有效不应期、相对不应期和超常期，然后才恢复到正常这样一段周期性变化。

心肌细胞产生兴奋后，在一段短暂时间内，即使接受再强的刺激也不能再次产生第二次兴奋，这段时间称为心肌的有效不应期。随着时间的推移，心肌的兴奋性逐渐恢复，此时给予心肌细胞高于兴奋阈值的刺激，则可能引起心肌再次兴奋，但产生动作电位的幅度较小，动作电位的传导速度也比较慢，这段时期称为相对不应期。此后在一短暂时期，心肌兴奋性会稍高于正常水平，在受到低于阈值的刺激时亦会产生兴奋，此期称为超常期，之后兴奋性恢复到正常水平（图 4–2）。

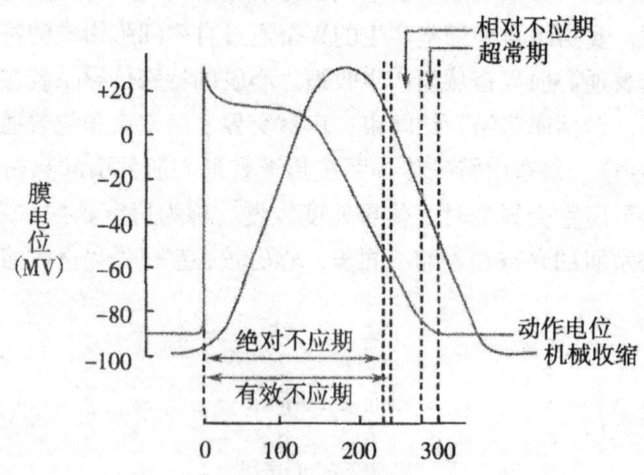

图 4–2　心室肌动作电位期间兴奋性变化及其与机械收缩的关系

需要强调的是，和骨骼肌细胞相比，心肌细胞兴奋性变化的特点是有效不应期特别长，可达 200 毫秒，而骨骼肌有效不应期仅约 2 毫秒。正是这种特点使心肌兴奋收缩一次后有足够长的时间舒张静息，而不会像骨骼肌那样出现强直收缩，保证了心脏有节律的收缩舒张，不发生会导致严重后果的持续收缩现象。

通常情况下，心脏都是按窦房结的节律进行活动，窦房结发出的兴奋都是在前一次兴奋的不应期过后才传到心房和心室。因此，心房和心室都能按窦房结的节律，进行收缩和舒张的交替活动。但在某些异常情况下，心室在有效不应期之后受到一次窦房结之外的异常刺激时，也可能引起心室兴奋和收缩活动，而这次心室兴奋和收缩活动发生于下次窦房结兴奋所产生的正常兴奋收缩之前，故称为期前兴奋和期前收缩。在临床，期前收缩通常被称为早搏。由于期前兴奋也有自己的有效不应期，所以紧接着期前收缩之后的一次窦房结的兴奋传到心室时，常常正好落在期前兴奋的有效不应期中，因此不能引起心室兴奋，要等到再一次窦房结的兴奋传到时才发生收缩。所以在一次期前收缩之后，往往出现一段较长的心舒张期，称为代偿性间歇（图 4–3），随之才恢复窦性节律。

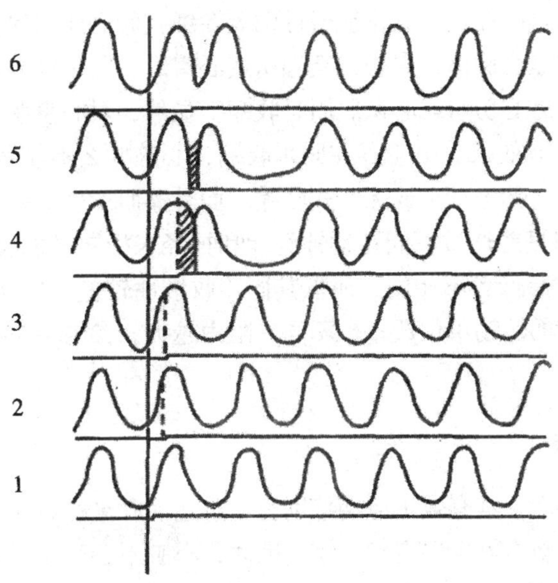

图 4–3 期前收缩和代偿间歇

虚线指示给予电刺激的时间；曲线 1～3，刺激落在有效不应期内，不引起反应；曲线 4～6，刺激落在相对不应期内，引起期前收缩和代偿性间歇。

（四）收缩性

心肌细胞和骨骼肌细胞一样，在接受刺激发生兴奋后，诱发肌质网释放 Ca^{2+}，分解 ATP，消耗能量，粗肌丝横桥扭动引起细肌丝滑入，致使肌细胞缩短。但与骨骼肌收缩过程相比较，心肌收缩有其自身的特点，主要表现如下：

1. 自动节律性收缩

引起心肌收缩的兴奋源是心脏自身的窦房结，窦房结有节律地产生兴奋而引起心肌收缩。而骨骼肌收缩的兴奋源是运动神经中枢。

2. 对细胞外液的 Ca^{2+} 浓度有明显依赖性

心肌细胞的肌质网终池不发达，容积很小，贮存 Ca^{2+} 量比骨骼肌少。因此，心肌兴奋—收缩耦联所需的 Ca^{2+} 除终池释放外，约有 10%～20%需要依赖于细胞外液中的 Ca^{2+} 通过钙离子通道内流来补充。兴奋过后，肌浆中的 Ca^{2+} 一部分返回终池贮存，另一部分则转运出细胞。当血液等细胞外液 Ca^{2+} 浓度下降时，可导致心肌收缩力减弱。细胞外 Ca^{2+} 浓度很低甚至在实验条件下无 Ca^{2+} 时，心肌细胞虽然可能产生兴奋，但却不能引起收缩，这一现象称为兴奋—收缩解耦联。骨骼肌则由于肌质网贮备有大量的 Ca^{2+}，因此受细胞外 Ca^{2+} 浓度改变影响较小。

3. "全或无"同步收缩

心肌由于低电阻闰盘的存在，兴奋能通过闰盘在细胞间迅速传递，可以将整个心房肌或心室肌看成一个功能合胞体，兴奋传至心房或心室时，几乎同时遍及整个心房或心室肌细胞，从而引起所有心房肌或心室肌同时收缩。显然，对心室肌来说，这种同步收缩可大大提高心室的泵血效果。由于存在同步收缩，心脏要么不收缩，如果发生收缩，其收缩就达到一定强度，称为"全或无"式收缩。而骨骼肌产生的兴奋不能在细胞之间直接传递，其同步收缩只能通过不同运动神经元和神经末梢同时发放神经冲动来引发，由于各神经元的兴奋性高低各不相同，所以其同步收缩性较差。另外，克服阻力不同，骨骼肌参与兴奋和收缩的运动单位数量也不同，阻力越大，参与兴奋和收缩的运动单位数量就越多。

4. 不发生强直收缩

心肌发生一次兴奋后，其有效不应期特别长，可达 200 毫秒，在有效不应期内，任何刺激都不能使心肌细胞再发生兴奋和收缩，因此，心脏不会产生强直收缩，始终保持收缩和舒张交替的节律活动，从而保证了心脏的充盈与射血。而骨骼肌有效不应期仅为 2 毫秒左右，上次兴奋产生的收缩尚在进行中，下次兴奋引起的收缩又发生了，前后收缩的叠加使骨骼肌出现持续的强直收缩活动。

二、心肌的供血与能量代谢特点

心脏向全身器官系统供血，心肌组织自身血液供应由冠状动脉提供。一般人心脏重量不及体重的 1%，但安静状态下冠状动脉向心肌供血量为 200～300ml / min，占心脏每分射血量的 4%～5%，超过一般组织平均供血量近 10 倍。此外，心肌组织安静时的血氧利用率高达 65%～75%，而一般组织安静时的血氧利用率仅为 25%左右。心肌组织的高氧利用率使得代谢水平提高时，要想通过提高血氧利用率来增加摄氧量的空间较小，随着代谢水平的提高，骨骼肌组织可通过提高血流量和组织对血液氧利用率来满足对氧的需要，而心肌则主要靠增加冠状动脉的供血量来满足对氧的需要，在剧烈运动情况下，每 100 克心肌供血量可增至 300～400ml / min。

心肌的毛细血管极为丰富，毛细血管数与心肌纤维数的比例达 1:1，密度达每平方毫米面积 2500～3000 根。在所有组织中，心肌细胞所含线粒体数量最多，密度最大。这些结构特点保证了心肌与血液间的物质交换速度，能迅速补充氧气。

心肌有氧代谢酶系较发达而无氧代谢酶系很弱，高度依赖有氧供能系统活动，其代谢的能量来源几乎完全靠有氧代谢提供，对缺氧缺血十分敏感，较长时间的缺血将导致心肌的严重损伤甚至坏死。心率是心脏能量代谢水平的敏感标志，心率增高则心脏能量消耗增加。

可供心肌细胞利用的能源物质主要有脂肪、葡萄糖和乳酸。在安静状态下，脂肪是心肌组织最重要的能源，其次是葡萄糖。在剧烈运动下，心肌耗能则主要由糖代谢所产生的乳酸来提供，来自血液循环中乳酸提供的能量几乎是糖原和脂肪酸供能的 3 倍，可见心脏是清除血液乳酸的重要器官。对长时间的低强度运动，脂肪分解供能仍为心肌代谢的主要能源。

三、心脏的泵血功能

（一）心动周期与心率

心脏收缩和舒张一次这一机械活动周期，称为心动周期（cardiac cycle）。心脏每分钟搏动的次数称为心率（heart rate）。心率即指一分钟的心动周期数，二者的关系可表示为：

$$心率 = 60 秒 / 心动周期$$

每一心动周期可分为收缩期和舒张期，其长短与心率的快慢有关。例如，以心率 75 次 / 分计算，则一个心动周期为 0.8 秒，其中心房收缩约为 0.1 秒，舒张期约为 0.7 秒；心室收缩期约为 0.3 秒，舒张期约为 0.5 秒（图 4-4）。如果心率加快，心动周期也相应地缩短，但以舒张期缩短更为显著。可见，心率过分增快时，由于舒张期的显著缩短而使心室充盈不足，从而影响心脏的泵血功能。另外，心肌耗能量明显增加，亦容易导致心肌疲劳。

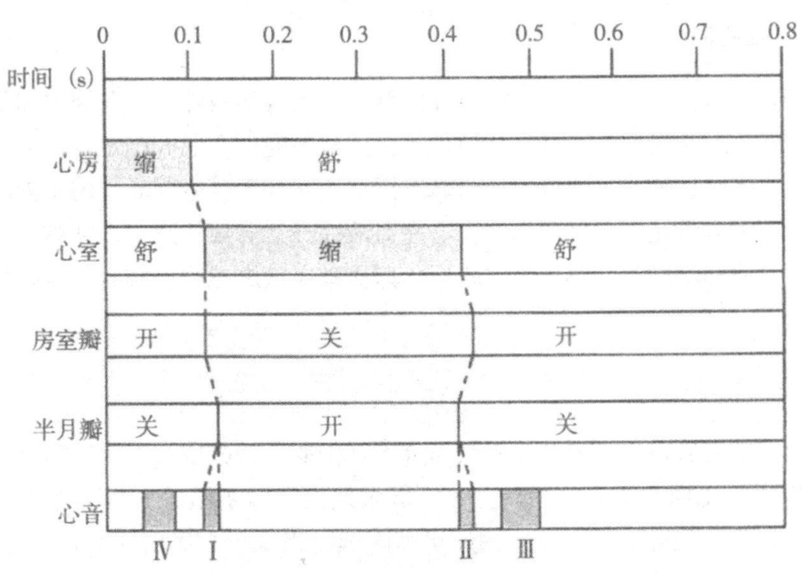

图 4-4　心动周期中心房和心室活动顺序和时间关系

心率是了解循环系统机能的简单易行指标，亦是反映身体整体代谢水平的重要指标。心率有明显的个体差异，不同年龄、性别和不同的代谢状况，心率都不相同。成人正常安静心率约在60~100次/分之间，若超过100次/分称为窦性心动过速，低于60次/分则称为窦性心动过缓。新生儿的心率可达130次/分以上，随着年龄增长，心率逐渐减缓，到15~16岁时，已接近成年人水平。在成年人中，女性的心率较男性快3~4次。训练良好的耐力运动员，安静时心率较慢。同一人在不同的生理条件下，心率也有很大差别，熟睡时心率最慢，卧位比站立时慢；体力活动、进食后、体温升高时及情绪激动和精神紧张时心率都可以加快。

每个人的心率增加都有一定的限度，这个限度叫最大心率（又称极限心率，HRmax）。最大心率与年龄密切相关，随着年龄的增加而有所下降，平均每年减少0.7~0.8次/分，因此可以粗略地用下列公式表示最大心率：

最大心率（次/分）= 220 − 年龄

最大心率（次/分）= 210 − 0.8 × 年龄

需要说明的是，由于心率个体差异很大，且受机能水平、性别等因素的影响，上述公式推测值仅为粗略值，不适用于科研工作中确定具体研究对象的最大心率，和不同个体的横向比较研究。事实上，机体运动中所表现的最大心率只能代表当时身体机能状态下的最大心率，反映身体对高心率刺激的耐受程度，随着机体对高心率刺激的适应和运动能力的提高，最大心率亦会有波动。研究表明，运动训练对最大心率无影响或略有降低。

（二）心脏的泵血过程

虽然一个心动周期中心房和心室都收缩舒张一次，但由于心室的活动最为重要，所以主要以心室的收缩舒张为例介绍心脏的泵血过程。

1. 心室收缩期

心动周期以心室的收缩开始。心室收缩期可分为等容收缩期、快速射血期和减慢射血期。等容收缩期是指房室瓣和动脉瓣处于关闭状态时的心肌收缩过程，此时室内压尚低于动脉压，不足以使心室血液射入动脉，因此心室处于等容状态，但室内压力随着时间而增大。当室内压超过动脉压力后，心室血液冲开动脉瓣快速射入动脉，进入快速射血期。随着心室和动脉之间的压力差减小，射血量也随之减少，称为减慢射血期，直到收缩结束。

2. 心室舒张期

心室收缩结束后心肌随即开始舒张而进入舒张期。舒张期可分为等容舒张期、快速充盈期、减慢充盈期和心房收缩期。等容舒张期指动脉瓣已关，房室瓣尚未开启的时段，此时心室容积虽未变化，但室内压迅速降低，当低于心房内压力时，房室瓣开启，心房血液大量流入心室，进入快速充盈期和减慢充盈期。在减慢充盈期结束时，通过心房肌收缩进一步将血液挤压入心室，称为心房收缩期，心房收缩期可使心室血液充盈量增加10%~30%。心房收缩后心室又开始再次收缩，进入下一个心动周期。心动周期各时相的心室内压力、容积改变、瓣膜开闭及心音等情况见图4-4。

（三）心脏泵血功能指标

心脏泵血功能的评定是日常生活和运动实践中经常遇到的问题，心率（HR）、每搏输出量（SV）、射血分数（EF）、心输出量（CO）、心力贮备（CR）和心脏舒张功能是表现和评定心脏功能的重要指标。

1. 心率

心率是反映心脏功能的时相指标，其快慢直接表现心脏收缩的情况。可以通过安静心率、运动时心率增加情况，以及运动后心率恢复速率来反映心脏收缩功能、运动强度以及整体机能状态。

2. 每搏输出量与射血分数

（1）每搏输出量

每搏输出量（stroke volume，SV）指一侧心室每次收缩射入动脉的血量，简称每搏量。左右心室每搏量基本相等。每搏输出量是心室舒张末期容积与收缩末期容积之差，正常成年人安静时每搏输出量约60～80毫升，随着代谢水平的提高而增加，达到最大值后，如果代谢水平进一步提高，每搏量将下降。每搏量是反映心脏收缩功能的重要指标，受静脉回心血量和心肌收缩力的影响，一定范围内每搏量随着静脉回心血液增加（如身体从立位改为卧位）而增大，是因为回心血量的充盈增加了心肌纤维收缩的初长度，反射性地提高心肌收缩力，这是通过增加心室舒张末期容积来提高每搏量。另外，当心交感神经兴奋、肾上腺素和去甲肾上腺素分泌增加时，心肌纤维收缩性也会明显增强，通过加强收缩，减小心室收缩末期容积（余血量）亦可提高每搏量。

（2）射血分数

心室的每次收缩并不能将心室内血流全部射出，即使尽力收缩，仍然有部分血液留在心室内，称为余血量。也就是说，每搏输出量只占心室舒张末期容积的一定比例。每搏输出量占心室舒张末期的容积百分比，称为射血分数（ejection fraction，EF）。

射血分数（%）= 每搏量/左心室舒张末容积 × 100%

射血分数是反映心脏泵血功能的重要指标，正常成年人安静时的射血分数约为55%～65%，在代谢水平增高如剧烈运动时，心肌收缩力增强使每搏量增加，余血量减少，射血分数会明显增加。射血分数下降表明心脏泵血功能的降低。在评定心脏泵血功能时，若单纯以每搏输出量作为指标而不考虑心室舒张末期容积是不全面的。心脏功能正常时，每搏输出量与舒张末期容积是相适应的。就是说心室舒张末期容积增大时，每搏输出量相应增加，其射血分数不变。但若心室病理性扩大时，心室功能减退，每搏输出量可能与正常人无异，但其射血分数明显下降。

3. 心输出量与心指数

(1) 心输出量

心输出量（cardiac output，CO）是指每分钟一侧心室射入到动脉的血量，又称为每分输出量，通常以左心室每分射血量来表示。心输出量等于每搏输出量与心率的乘积。心输出量除与机体代谢水平相适应外，还因性别、年龄和生理状况不同而异。正常成年人安静状态下的心输出量约为3~6L/min，在剧烈运动时可较安静值提高5~7倍。女性比同体重男性的心输出量约低10%，青年时期的心输出量高于老年。心输出量反映机体单位时间的血液循环量，是评定心泵功能最重要的指标之一。

(2) 心指数

对于不同身高体重的个体而言，相同的心输出量并不能保证单位身体体积获得相同的供血量。因此，为了保证不同个体间心脏泵血功能具有可比较性，需考虑其身高和体重对机体相对供血量的影响。实验表明，人体的心输出量与身体体表面积呈正相关，因此用心输出量（L/min）除以身体体表面积（m^2）后得到的数值作为心输出量的相对值[L/(min·m^2)]，称为心指数（cardiac index，CI）。体表面积与身高、体重高度相关，中国人身体体表面积可用以下公式测算：

体表面积（m^2）= 0.0061 × 身高（cm） + 0.0128 × 体重（kg）- 0.1529

中等身材的成年人安静状态下心指数约为3.0~3.5L/(min·m^2)。心指数是分析比较不同个体心脏功能的常用评定指标。心指数随不同生理条件而不同，年龄在10岁左右时，静息心指数最大，可达4L/(min·m^2)以上，以后随着年龄的增长而逐渐下降，到80岁时，静息心指数接近2L/(min·m^2)。肌肉运动时心指数随运动强度的增加而增高。妊娠、情绪激动和进食时心指数亦见增高。

(3) 影响心输出量的因素

影响心输出量的直接因素是每搏输出量和心率。

每搏输出量是心室舒张末期容积和收缩末期容积之差，舒张末期容积增加或收缩末期容积减少都会引起每搏量增加。而舒张末期心室容积受到心舒张期静脉回心血量的影响，只要有助于静脉回流的因素都可导致每搏量的增加。如由立位改为卧位，由于重力的原因，有利于静脉血的回流，心脏舒张期延长也有助于静脉回流，都会导致每搏量明显增大。另一方面，如果运动引起交感神经兴奋、儿茶酚胺分泌增加，可引起心肌收缩力增强，使得心室收缩末期余血量减少，更多的血液射入动脉，每搏量也会明显增加。可见，静脉回心血量和心肌收缩力直接影响到每搏输出量，从而间接影响到心输出量。

心率是影响心输出量的另一个重要因素。在一定的范围内，心输出量随着心率的加快而增加，但超过一定心率范围，心输出量将不再随心率的加快而增加，心率过快时甚至还会随之而减少。究其原因，是因为每搏量随心率而发生改变。在一定范围内，每搏量随着心率的加快而增加，此时心输出量因心率和每搏量的共同增加而明显增高，随着心率的继续加快，每搏量的增加减慢甚至停止，此时达到最大每搏量，一般人心率通常在120~130次/分每搏量达到最大。当心率进一步加快至140~150次/分时，由于心动周期缩短，特别是心脏舒张期大幅缩短，使得静脉回心血量减少，每搏量开始降低，降低的程度随心率的加快而增大。当心率超过 180 次 / 分后，由于心率加快对心输出量的增高幅度已经低于每搏量减少对心输出量的降低幅度，使得心输出量呈下降趋势。可见，并不是心率越快，心输出量越大。同样的，如果心率过缓（低于 40 次/分），虽然舒张期延长，心脏能获得足够的血液充盈，使每搏输出量有所增加，但因心率过低，每分输出量同样会减少。

4. 心力贮备

心脏的泵血功能能够广泛适应机体不同生理条件下的代谢需要，表现为心输出量可随机体代谢率的增长而增加。健康成年人静息状态下的心输出量为 3 ~ 6 L / min 左右。剧烈体育运动时，心率高达 200 次 / 分以上，心输出量可达 25 ~ 30 L / min，为安静值的 5 ~ 6 倍，表明心脏泵血功能有较大的可变性。心脏每分钟能够射出的最大血量，称为最大心输出量。在静息状态下，心输出量并不是最大，但能够在需要时成倍增加。心输出量随机体代谢需要而增长的能力，称为心泵功能贮备，或称为心力贮备（cardiac reserve），可以用最大心输出量与安静心输出量之差来表示。同样，亦可用最大心率与安静心率之差来表示心率贮备，用最大每搏量与安静每搏量之差表示每搏量贮备。

心力贮备的大小反映心脏泵血功能对代谢需要的适应能力，也反映心脏的训练水平。有良好耐力训练的人，心力贮备明显高于一般人，其最大心输出量可达静息输出量的 6 ~ 7 倍。个别优秀的耐力运动员甚至可达到静息输出量的 8 倍（40L / min 以上）。有些研究资料认为，坚持体育锻炼的人，心肌纤维较粗，心肌收缩能力增强，因此收缩期贮备增加；同时，由于静息心率因训练而减慢，故心率贮备也增大。例如，优秀耐力运动员的静息心率可低到 50 次以下，而运动时的最高心率达 190 ~ 200 次时，搏出量仍不减少，故最大心输出量大幅度增加。

5. 心室舒张功能

研究发现，心室舒张功能较收缩功能更加敏感的反映心肌泵血功能状态。当心肌出现疲劳或早期损伤时，心肌收缩功能通过代偿调节作用并不表现出下降，此时心脏射血量并无明显降低，这种射血量的维持是通过加强心肌收缩功能完成的，但心肌舒张功能则可出现明显减弱，主要表现出心室血液快速充盈速率和快速充盈量下降，心室血液充盈量减少，最终会导致心脏泵血功能的降低。

四、心　音

在一个心动周期中，心肌的收缩、瓣膜的启闭、血液流动冲击瓣膜和血管壁的机械震动，都可通过周围组织而传递到胸壁，将听诊器的听头放置在胸前壁左下部，就可以听到这种振动产生的声音，这种声音称为心音（heart sound）。若用换能器将这些机械震动转换成电信号记录下来，便可得到心音图。

在每一个心动周期中，一般可以听到两个心音，分别称第一心音和第二心音。第一心音发生在心室收缩期，音调较低长，主要是由于房室瓣关闭和心室肌收缩造成的，标志着心室收缩的开始。第二心音发生在心室舒张期，音调较高短，主要是由于舒张时动脉血液回流使主动脉瓣和肺动脉瓣关闭造成的，标志着心室舒张的开始。在某些健康儿童或青年人，有时可听到第三心音，主要由于快速充盈期末室壁肌和乳头肌振动所致。当循环系统特别是心脏瓣膜有病变时，心音可能发生变化，产生心杂音。临床医学将心杂音从轻到重分为7级，分别用Ⅰ-Ⅶ表示，超过Ⅱ级以上的心杂音将引起医学关注，听取心音是诊断心血管疾病的重要方法之一。

五、心电图

心脏窦房结自动、有节律产生的兴奋，通过特殊传导系统按一定的途径和时程，依次传向心房肌和心室肌，引起整个心脏的兴奋，整个心房肌、心室肌形成的动作电位可经心脏周围的导电组织和体液传导到体表。通过引导电极置于肢体或躯体的一定部位记录出来的心脏电变化曲线称为心电图（electrocardiogram，ECG）。心电图反映心脏兴奋的产生、传导和恢复过程中的生物电变化，它是心脏机械收缩活动的先决条件。分析研究心电图对了解心脏活动情况和诊断心脏疾病有重要的价值。

（一）正常心电图的波形及间期的意义

常规心电图的记录通过在上下肢和胸前安置的电极可以从不同角度记录到十二导联心电变化情况。包括三个标准肢体导联Ⅰ、Ⅱ、Ⅲ，三个加压单极肢体导联aVR（加压右上肢导联）、aVL（加压左上肢导联）、aVF（加压左下肢导联）和六个单极胸导联V1-6。其中以标准Ⅱ导联所记录的心电图最为典型，通常进行单导联心电监护时都记录此导联。以标准Ⅱ导联心电图（图4-5）为例，介绍心电图各波及间期意义。

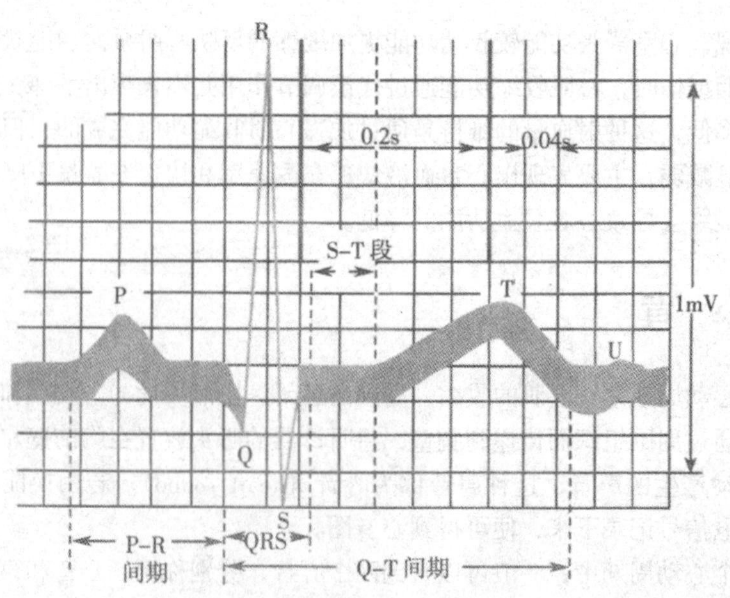

图4-5 正常人心电模式图

1. P 波：反映左右心房去极化过程的电变化。历时 0.08～0.11s，波幅不超过 0.25mV。

2. QRS 波群：反映左右心室兴奋去极化过程。历时 0.06～0.10s。

3. T 波：反映左右心室复极化过程。历时 0.05～0.25s，波幅为 0.1～0.8mV。

4. U 波：T 波之后还可能出现的低而宽的小波。历时 0.1～0.3s，波幅小于 0.05mV。意义和成因尚不完全清楚。

5. P－R（或 P－Q）间期：反映兴奋从窦房结传向心室肌并引起心室肌兴奋所需的时间，故称为房室传导时间。一般为 0.12～0.20s，发生房室传导阻滞时会延长。

6. Q－T 间期：代表心室从去极化到完全复极化的时间。受心率影响较明显，心率越快，历时越短。

7. S－T 段：代表心室各部分心肌均处于去极化状态。正常时 S－T 段应与基线平齐，出现压低或抬高常表示心肌缺血或损伤。

（二）动态心电图

动态心电图或称 Holter 心电监测，系 Holter 提出并于 1961 年应用于临床。动态心电图检查仪器包括监示记录器和分析系统两部分组成，监示记录器可记录24 小时或更长时间的持续心电信息，经分析后，可发现常规心电图难以显示的一过性心电异常变化。因此在临床医学中，动态心电图可提高心律失常的检出率，在判断某些症状与心率失常的关系和冠心病的诊断等方面有重要价值。在运动训练过程中，常发生运动员心电异常现象，尤其在持续大强度运动训练时更为常见。通过动态心电图能更加可靠地检测心脏电活动情况，有助于评定运动员机能状态及科学安排训练和比赛。

（三）心电图运动负荷试验

通过运动以诱发心肌缺血，导致心电图异常，借以诊断冠心病或判断受试者心脏功能的方法，称为心电图运动负荷试验。目前，临床常用的运动负荷试验方法有跑台运动试验、二阶梯双倍运动试验和功率自行车运动试验。跑台运动试验时受试者在有一定坡度和速度的跑台上行走，运动负荷根据跑台的坡度和速度每3 分钟增加一次，一般从 10°的坡度和 1.7km/h 的速度至 22°的坡度和 6.0km/h 的速度，共分 7 级。试验前进行常规 12 导联心电图描记，以便与监护导联心电图对照。试验过程中随时观察示波器上显示的心电图变化，如有异常应随时进行描记。在每次递增运动负荷前要先描记一次监护心电图，运动后即刻及 2、4、6、10 分钟各描记一次心电图。当达到预期心率（可按 195－年龄计算）或当受试者出现典型心绞痛、严重心率失常、头晕、面色苍白、步态不稳或下肢无力不能坚持运动、运动中心电图出现 ST 段下降或下垂性下降大于 1 毫米时终止试验。跑台运动试验主要用于可疑冠心病患者的诊断，亦可用于判断受试者心脏功能。二阶梯双倍运动试验运动负荷是在每级 23 厘米高的两级阶梯上往返运动，其敏感性和阳性率较低。功率自行车运动试验的运动负荷是在功率自行车上完成的。上述试验

有明确的注意事项、禁忌症、预期心率及终止运动指标，通常情况下较为少用，对于冠心病运动诱发试验，只能在有急救设施的医院运动实验室中进行。

第三节 血管生理

随着心脏的节律性收缩和舒张过程，血管的容积、管内压力也随之发生周期性改变，主要表现为血液压力的变化和动脉管壁的搏动。

一、动脉血压

血压（blood pressure，BP）是指血液在血管内流动时对单位面积血管壁的侧压力。血压的单位是国际标准压强计量单位 kPa（千帕），但人们通常用传统的mmHg （毫米汞柱）来表示血压的高低（1mmHg = 0.133kPa，1kPa = 7.5mmHg），目前两种表示方法并用，为阅读和学习方便，本书仍以 mmHg 表示。血压形成的最基本条件是心血管系统内有血液充盈。血管各段的血压都不相同，从动脉、毛细血管到静脉依次降低，平常所说的血压是指动脉血压。

（一）动脉血压的形成

动脉血压（arterial blood pressure）指血液对单位面积动脉管壁所产生的侧压力。心脏每次射出的血液在血管中流动时，由于血液质点的相互摩擦，以及血液与血管壁的摩擦而产生血流阻力，特别是外周小动脉和微动脉由于数量庞大，血管口径变化较大，对血流形成较大的阻力。这种由小动脉和微动脉对血流产生的阻力称为外周阻力（peripheral resistance）。

在一个心动周期中，心缩期和心舒期动脉血压会发生周期性改变，是由于血流阻力特别是外周阻力阻止了心缩期血液顺畅地从主动脉流向外周。每次射出的血量在心缩期只有约 1/3 的血液流向外周，其余的 2/3 血液潴留在主动脉内，对管壁施加侧压力，拉长了管壁的弹性纤维，使动脉管壁被动扩张。这不但缓冲了动脉管壁突然增大的压力，而且更主要的是通过这种方式，将一部分能量以势能的形式贮存于被拉长的弹性纤维中。心室舒张时，在心缩期被扩张的主动脉，由于管壁弹性纤维的回缩，压迫血液继续向外周流动，保证了血流的连续，并保持一定的血压。因此，主动脉管壁的弹性对血液循环起着两种作用，一是把心室收缩时释放的一部分能量以势能的形式贮存起来，于心舒期推动血液继续流动；二是缓冲动脉血压的变化，使心室收缩时动脉血压不致过高，舒张时动脉内血压不致过低。心室收缩将血液射入主动脉后，如果没有外周阻力，左心室收缩释放的能量将全部表现为动能，推动射出的全部血液迅速流向外周，因而不能对动脉壁产生侧压力；反之，如果只有外周阻力而没有心室的收缩射血，缺乏能量的来源，当然也不能形成动脉血压。由此可见，血液充盈、心脏射血和外周阻力，以及大

动脉的弹性储器作用是形成动脉血压的基本条件。

（二）动脉血压的正常值

在一个心动周期中，动脉血压随着心室的收缩和舒张而发生规律性的波动。心室收缩时，血液对动脉管壁的最大压强值称为收缩压（systolic pressure），心室舒张时血液对动脉管壁的最小压强值称为舒张压（diastolic pressure）。收缩压在一定程度上反映心脏收缩力和大动脉的弹性贮器能力，舒张压一定程度反映出外周阻力高低，即小动脉、微动脉的弹性状况。收缩压和舒张压之差称为脉搏压（pulse pressure）或脉压。整个心动周期内各瞬间动脉血压的总平均值称为平均动脉压（mean arterial pressure），由于心脏的收缩期比舒张期短，所以平均动脉压的数值较接近舒张压，约等于舒张压与1/3脉压之和。

一般所说动脉血压是指主动脉压，因为大动脉压降落很小，所以通常测上臂肱动脉血压来代表主动脉压。正常成年人安静时的动脉血压收缩压为90~140mmHg，舒张压为60~90mmHg，脉压为30~40mmHg，平均动脉压接近100mmHg。我国健康青年人安静状态收缩压为100~120mmHg，舒张压为60~80mmHg，动脉血压习惯表示为"收缩压/舒张压"。正常人的血压随年龄、性别及生理情况而变化。随着年龄的增高，动脉血压也逐渐升高，但收缩压的升高比舒张压的升高更加显著。男性动脉血压一般比女性略高。体力劳动、运动或情绪激动时血压可暂时性升高。临床医学确定，安静时收缩压超过140mmHg或者舒张压持续超过90mmHg，即可认为是高血压；如舒张压低于60mmHg或收缩压低于90mmHg，则认为是低血压。

表4–1 我国人动脉血压平均正常值（mmHg）

（上海112419人调查结果）

年龄	收缩压（男）	舒张压（男）	收缩压（女）	舒张压（女）
11~15	114	72	109	70
16~20	115	73	110	70
21~25	115	73	110	71
26~30	115	75	112	73
31~35	117	76	114	74
36~40	120	80	116	77
41~45	124	81	122	78
46~50	128	82	128	79
51~55	134	84	134	80
56~60	137	84	139	82
61~65	148	86	145	83

（三）动脉血压的影响因素

凡是能影响心输出量、外周阻力和循环系统的血液充盈程度的因素都能影响动脉血压（表4-2）。现将影响动脉血压的各种因素分别叙述如下。

表4-2 影响动脉血压变化的因素

因素	收缩压（SBP）	舒张压（DBP）	脉压差
每搏输出量（SV）↑	↑↑	↑	↑
心率（HR）↑	↑	↑↑	↓
外周阻力↑	↑	↑↑	↓
主动脉和大动脉的顺应性↓	↑↑	↓	↑
循环血量与血管容积比↓	↓	↓	–

注：↑为上升，↓为下降，↑↑为显著上升，–为变化不明显

1. 心脏每搏输出量

在正常情况下，动脉因有足够的血液充盈而饱满，管壁有一定的张力，由于外周阻力的存在，当心室收缩时，射入主动脉的血液只有一部分流至外周血管，另一部分贮存于主动脉和大动脉中，所以主动脉和大动脉管壁的张力增大。每搏输出量越多，则贮存在主动脉和大动脉中的血量也越多，管壁所受的张力也越大，收缩期血压的升高也就越明显。由于收缩压明显升高，血液流速加快，假如这时外周阻力和心率的变化不大，则大动脉内增加的血量大部分仍可在心舒期流至外周。所以舒张期末，大动脉内存留的血液即使比每搏输出量未增加以前略有增多，但也不会增加得太多。因此，当每搏输出量增加而外周阻力和心率变化不大时，动脉血压的变化主要表现在收缩压明显升高，而舒张压升高幅度低于收缩压升高幅度，故脉压增大。在一般情况下，收缩压主要反映每搏输出量的多少。运动中，每搏输出量增加，故收缩压也升高。

2. 心率

如果心率加快，而每搏输出量和外周阻力都没有变化时，由于心舒期缩短，在心舒期内流至外周的血液也就减少，所以心舒期末，贮存于大动脉中的血液就多，舒张期血压也就升高，脉压减小；反之，心率减慢时，则舒张压减低，脉压增大。

3. 外周阻力

如果搏出量不变而外周阻力加大时，心舒期中血液向外周流动的速度减慢，心舒期末存留在动脉中的血量增多，舒张压升高。外周阻力增加时，收缩期血压也升高，收缩压升高使血流速度加快，由于收缩压的升高不如舒张压的升高明显，所以脉压变小。反之，当外周阻力减小时，舒张压的降低比收缩压的降低更为明显，故脉压加大。可见，

在一般情况下，舒张压的高低主要反映外周阻力的大小。

4. 主动脉和大动脉的弹性贮器作用

主动脉和大动脉管壁的可扩张性和弹性具有缓冲动脉血压变化的作用，也就是有减小脉压的作用。主动脉和大动脉管壁的可扩张性和弹性在短时间内不会有明显的变化，但老年时，由于动脉管壁中的弹力纤维变性，主动脉和大动脉口径变大，容量也增大，而可扩张性和弹性变小，作为弹性贮器的作用减弱，因此老年人动脉血压的波动（即脉压）较青年人大。

5. 循环血量与血管容量的关系

循环血量与血管容量相适应才能使血管足够地充盈，产生一定的体循环平均充盈压。体循环平均充盈压（正常时约为7mmHg）是形成动脉血压的前提。在正常机体内，循环血量与血管容量相适应，血管系统的充盈情况变化不大。但在失血时，循环血量减少，此时如果血管容量改变不大，则体循环平均压必将降低，使回心血量减少，心输出量随之减少，动脉血压显著降低。如果循环血量不变，而血管容量大大增加，也会造成回心血量减少，导致心输出量减少，动脉血压降低。

在以上对影响动脉血压各种因素的讨论中，为了便于分析，都是在假设其他因素不变的前提下，讨论某一因素变化对动脉血压发生的影响 实际上，在完整机体中这样的情况是几乎不存在的。也就是说，在各种不同的生理情况下，上述各种影响动脉血压的因素都可能发生改变。因此，在某种生理情况下动脉血压的变化，往往是各种因素相互作用的综合结果。

二、动脉脉搏

在每个心动周期中，动脉内的压力发生周期性的波动，引起动脉血管发生搏动。这种由于心脏的收缩舒张所引起的动脉管壁扩张回缩现象称为动脉脉搏（arterial pulse）。动脉脉搏产生后沿着血管壁向外周传递出去，因此在浅表的动脉上可用手触摸到这种搏动。祖国医学的切脉就是以手指的触觉和压觉，分析桡动脉脉搏的频率、强弱以及其他特征，作为诊断疾病的重要指标之一。正常情况下脉搏的次数和心率是一致的，运动实践中，常用测定脉搏来代替心率，从而了解运动强度、运动恢复状况和运动员身体机能水平。

三、静脉血压和静脉回心血量

（一）静脉血压

当体循环血液经过微动脉到毛细血管动脉端时，其血压值约为40~50 mmHg，经毛细血管到达微静脉时，血压下降至约15~20mmHg。随着血液回流，静脉血压越来越低，右心房作为体循环的终点，血压最低，接近于零。通常将右心房和胸腔内大静脉的血压称为中心静脉压，而各器官静脉的血压称为外周静脉压。中心静脉压高低取决于心脏射血能力和静脉回心血量之间的相互关系。如果心脏射血能力较强，能及时地将回流入心脏的血液射入动脉，中心静脉压就较低。反之，心脏射血能力减弱时，中心静脉压就升高。另一方面，如果静脉回流速度加快，中心静脉压也会升高。因此，在血量增加，全身静脉收缩，或因微动脉舒张而使外周静脉压升高等情况下，中心静脉压都可能升高。可见，中心静脉压是反映心血管功能的又一指标。

（二）静脉回心血量及其影响因素

静脉回心血量大小决定了心脏舒张末期心室血量，直接影响到心脏每搏射血量。单位时间内的静脉回心血量取决于外周静脉压和中心静脉压的差，以及静脉对血流的阻力。故凡能影响外周静脉压、中心静脉压以及静脉阻力的因素，都能影响静脉回心血量。

1. 体循环平均充盈压

血管系统内血液充盈程度越高，静脉回心血量也就越多。当血流量增加或容量血管收缩时，体循环平均充盈压升高，静脉回心血量也就增多。反之，血量减少或容量血管舒张时，体循环平均充盈压降低，静脉回心血量减少。

2. 心脏收缩力量

心脏收缩时将血液射入动脉，舒张时则可从大静脉抽吸血液。心脏收缩射血越充分，舒张时心室内压就越低，对心房和大静脉内血液的抽吸力量也就较大，静脉回心血量也就较高。

3. 体位、温度改变

当人体从卧位转变为立位时，身体低垂部分静脉扩张，容量增大，故回心血量减少。长久站立不动，下肢静脉容纳血量增加，导致回心血量减少，心输出量减少，动脉血压降低，引起脑部缺氧而发生头晕甚至昏厥，称为重力性休克。在高温环境中，皮肤血管舒张，皮肤血管中容纳的血量增多，如果人在高温环境中长时间站立不动，更易引起头晕和休克。长期卧床的病人，静脉管壁的紧张性较低，可扩张性较高，加之腹壁和下肢肌肉的收缩力量减弱，对静脉的挤压作用减小，故由平卧位突然站起来时，亦可能发生上述反应。

4. 骨骼肌的挤压作用

当下肢进行肌肉运动，回心血量会明显大于安静状态。一方面，肌肉收缩时可对肌肉内和肌肉间的静脉发生挤压，使静脉血流加快；另一方面，因静脉内有瓣膜存在，使静脉内的血液只能向心脏方向流动而不能倒流。这样，骨骼肌和静脉瓣膜一起，对静脉回流起着“泵”的作用，称为“静脉泵”或“肌肉泵”。

5. 呼吸运动

呼吸运动也能影响静脉回流。由于胸膜腔内压为负压，胸腔内大静脉的跨壁压较大，故经常处于充盈扩张状态。在吸气时胸腔加大，胸膜腔负压值进一步增高，使胸腔内的大静脉和右心房更加扩张，压力也进一步降低，因此有利于外周静脉内的血液回流至右心房。由于回心血量增加，心输出量也相应增加。呼气时，胸膜腔负压值减小，由静脉回流入右心房的血量也相应在减少。可见，呼吸运动对静脉回流也起着“泵”的作用。

四、微循环

微循环（microcirculation， MC）是指微动脉和微静脉之间的血液循环。血液循环最根本的功能是进行血液和组织之间的物质交换，这一功能就是在微循环部分实现的。

典型的微循环由微动脉、后微动脉、毛细血管前括约肌、真毛细血管、微静脉、通血毛细血管和动一静脉吻合支组成（图 4-6）。另外，微动脉和微静脉之间还可通过直捷通路和动-静脉短路发生沟通。直捷通路是指血液从微动脉经后微动脉和通血毛细血管进入微静脉的通路。通血毛细血管是后微动脉的直接延伸，其管壁平滑肌逐渐稀少以至消失。直捷通路经常处于开放状态，血流速度较快，其主要功能并不是物质交换，而是使一部分血液能迅速通过微循环而进入静脉。直捷通路在骨骼肌组织的微循环中较为多见。动一静脉短路是吻合微动脉和微静脉的通道，其管壁结构类似微动脉。在人体某些部分的皮肤和皮下组织，特别是手指、足趾、耳廓等处，这类通路较多。动一静脉吻合支在功能上不是进行物质交换，而是在体温调节中发挥作用。

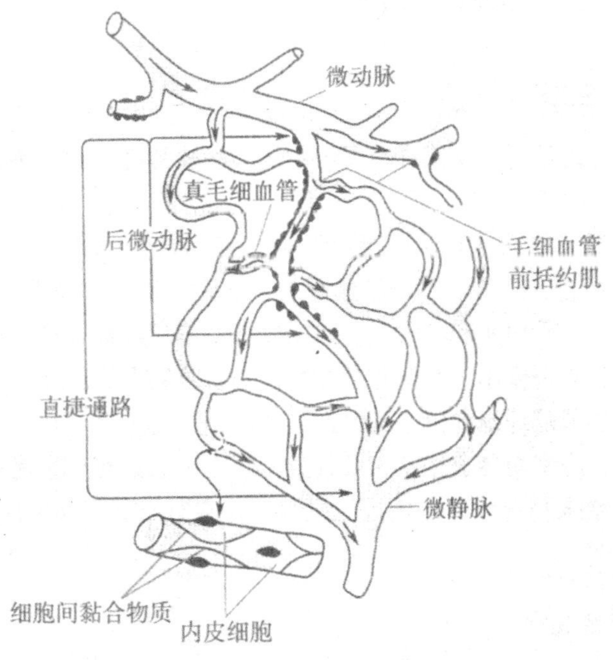

图 4-6 微循环模式图

人体全身约有400亿根毛细血管。不同器官组织中毛细血管的密度有很大差异，如在心肌、脑、肝、肾中，毛细血管的密度为每立方毫米组织2500~3000根；骨骼肌为每立方毫米组织100~400根；骨、脂肪、结缔组织中毛细血管密度较低。全身毛细血管（包括有交换功能的微静脉）总的有效交换面积将近1000平方米。

在毛细血管处，血液物质完成与组织液物质的交换，组织液又与细胞内物质进行交换。物质交换主要是通过扩散、滤过等物理方式及借助细胞膜蛋白转运甚至细胞吞饮等方式完成。如O_2、CO_2等物质通过单纯扩散转运，H_2O通过滤过方式转运，无机盐离子通过细胞膜上特殊蛋白质（离子通道和离子泵）转运，葡萄糖、氨基酸等物质通过膜上载体蛋白转运。上述物质交换形式有的需要消耗能量，称为主动转运；有的不需要消耗能量，称为被动转运。

第四节　心血管活动的调节

心脏虽然因窦房结的自动节律性而产生自动有节律的兴奋收缩，但其收缩的强度和频率要受到机体的神经系统功能和内分泌物质的影响。当机体各器官、组织的新陈代谢情况不同时，对心血管功能的需要也不相同。通过神经活动和体内化学物质可以对心脏和各部分血管的活动进行调节，从而满足各器官、组织对血流量的需要。

一、神经调节

（一）心脏和血管的神经支配

1. 心脏的神经支配

支配心脏的传出神经为交感神经系统中的心交感神经和副交感神经系统中的心迷走神经。

心脏交感神经节前纤维起自脊髓胸段1~5节灰质侧角的神经元，在星状神经节或颈神经节中更换神经元，节后纤维组成心上、心中、心下神经进入心脏，支配窦房结、房室交界、房室束、心房肌和心室肌。心交感神经节后纤维末梢释放的递质是去甲肾上腺素，它对心脏有兴奋作用，可使心率加快，心肌收缩力量加强。

心迷走神经的节前纤维起源于延髓的疑核，到达心脏后，在心内神经节换元，节后纤维支配窦房结、房室交界、房室束及其分支，心室肌只有少量迷走神经纤维支配。心迷走神经节后纤维末梢释放的递质是乙酰胆碱，它对心脏有抑制作用，可使心率减慢，心肌收缩力量减弱。

2. 血管的神经支配

在各类血管中，除了真毛细血管外，其他血管的管壁都分布有平滑肌，通过神经调节或平滑肌自身活动，可改变血管管径大小，从而调节血流量。支配血管平滑肌的神经可分为缩血管神经和舒血管神经。

体内大多数血管只接受交感缩血管神经的单一支配。交感缩血管神经的节前纤维起源于脊髓胸Ⅰ~腰Ⅲ节段灰质的中间外侧柱内，释放乙酰胆碱，节后神经元位于椎旁和椎前神经节，其节后纤维一部分沿动脉管壁分布，还有一部分加入到躯体神经干内，分布到四肢及头部末梢血管，释放去甲肾上腺素。交感缩血管神经紧张性增强时，使血管平滑肌收缩，血管的口径缩小，血流量减少，动脉血压增高。反之，当紧张性活动减弱时，小动脉舒张，外周阻力减小，血压就下降。

一小部分血管除接受交感缩血管神经支配外，还接受舒血管神经支配。舒血管神经纤维主要有交感舒血管神经纤维和副交感舒血管神经纤维两种。交感舒血管神经纤维主要分布在骨骼肌，其末梢释放的递质是乙酰胆碱。交感舒血管神经纤维不同于交感缩血管神经纤维，它在静息时不参与血管调节，只有当情绪激动、恐慌和准备做剧烈肌肉活动时才发挥调节作用，使肌肉中的血管扩张，血流量增加。副交感舒血管神经纤维只限于脑血管、肝血管及外生殖器等的血管，其末梢释放的递质也是乙酰胆碱。由于这类神经纤维的分布只局限于少数器官，因此只有调节局部血流量的作用，而对整个循环系统的外周阻力影响很小。

（二）心血管中枢

在中枢神经系统中，与心血管反射有关的神经元集中的部位称为心血管中枢。与心血管活动有关的神经元广泛地分布在自脊髓至大脑皮质（旧称大脑皮层）的各级部位。

1. 延髓心血管中枢

延髓的心血管中枢是调节控制心血管活动的基本中枢，对维持心血管最基本正常活动起着重要的作用，它与同样位于延髓的呼吸调节中枢一同被称为“生命中枢”。延髓心血管中枢至少可以包括以下四个部分的神经元，即位于延髓头端腹外侧部的缩血管区、位于延髓尾端腹外侧部的舒血管区、位于孤束核的传入神经接替站和位于延髓的迷走神经背核和疑核的心抑制区。

延髓心血管中枢主要对血压、心输出量和器官血流量分配等进行调节，其活动受到下丘脑等上位中枢的直接影响。

2. 延髓以上部位的心血管神经元

位于延髓上方的脑干部分及大脑和小脑都有调节心血管活动的神经元，其中下丘脑是调节心血管活动十分重要的整合部位。在大脑中，特别是边缘系统的一些结构能够影响下丘脑或脑干其他部位的心血管神经元的活动，使心血管活动适应于身体所处的各种生理、心理状态。此外，大脑皮质运动区兴奋时，可引起骨骼肌中的血管舒张。刺激小脑的一些部位也可引起心血管活动的反应。

（三）心血管反射

心血管活动的神经调节是通过心血管反射实现的。各种心血管反射的生理意义都在于维持体内环境的相对稳定，以及使有机体适应于外界环境的各种变化。体内较重要的心血管反射有压力感受性反射、化学感受性反射和本体感受性反射。

1. 压力感受性反射（减压反射）

在颈动脉窦和主动脉弓的血管外膜下有丰富的对压力变化非常敏感的感觉神经末梢，分别称为颈动脉窦和主动脉弓压力感受器。当动脉血压突然升高时，上述感受器兴奋，冲动分别经窦神经（入舌咽神经）和迷走神经进入延髓，一方面使心迷走中枢的活动加强，另一方面又使心交感中枢和交感缩血管中枢活动减弱，使心脏的活动减弱、减慢，血管外周阻力下降，从而使动脉血压恢复到正常水平。机体在血压突然升高时，通过压力感受器和心血管中枢活动将升高的血压恢复正常的过程称为减压反射。减压反射是一种典型的负反馈调节，它的生理意义在于保持动脉血压的相对稳定。减压反射主要对迅速出现的动脉血压变化进行调节，对缓慢增加的血压变化不敏感。

2. 化学感受性反射

在颈动脉体和主动脉体分布有化学感受器，当血液缺氧、CO_2或H^+浓度增加时，可刺激使其兴奋，冲动沿窦神经和迷走神经传入延髓，一方面刺激呼吸中枢，引起呼吸加强，另一方面也刺激心血管中枢，使心率加快、心输出量增加、脑和心脏的血流量增加，而腹腔内脏和肾脏的血流量减少。

在正常情况下，化学感受性反射对呼吸起明显调节作用，但对心血管活动的影响较小。只有在缺氧窒息、失血、酸中毒等异常情况下，才对心血管活动发挥比较明显的作用，使血压升高，改善血液循环。

3. 本体感受性反射

骨骼肌的肌纤维、肌腱和关节囊中有本体感受器。肌肉收缩时，这些感受器受到刺激，反射性地引起心率加快，血压升高。目前认为，强烈的肌肉运动一开始心率立即加快是神经反射所引起的，而本体感受性反应可能是其中的一部分。

二、体液调节

体液调节是指血液和组织液中的化学物质对心肌和血管平滑肌的调节作用。这些体液因素中，有些是通过血流携带的，可广泛作用于心血管系统；有些则在组织中形成，主要作用于局部的血管，对局部组织的血流起调节作用。

（一）肾上腺素和去甲肾上腺素

由肾上腺髓质分泌的肾上腺素和去甲肾上腺素在化学结构上同属于儿茶酚胺类。当情绪激动、体力劳动或剧烈的肌肉运动时，交感神经兴奋，肾上腺髓质细胞分泌肾上腺素和去甲肾上腺素进入血液，使心率加快，心肌收缩力量加强，心输出量增加，血压升高；使皮肤、肾脏、肠胃等内脏的血管收缩，骨骼肌和肝脏中的血管及冠状血管舒张，有助于血液的重新分配，以满足其代谢增强的需要。肾上腺素和去甲肾上腺素对心血管的作用虽有相近，但侧重不同。肾上腺素更主要表现出增强心脏活动，升压作用较弱；去甲肾上腺素则主要表现出升高血压，强心作用较弱。

（二）肾素—血管紧张素

肾素是由肾脏近球细胞分泌的一种蛋白水解酶，进入血流后可将血浆中的血管紧张素原转变成有活性的血管紧张素。血管紧张素具有直接强心升压作用，也可通过刺激交感神经中枢以及促使交感神经末梢释放去甲肾上腺素使心脏收缩加快加强，心输出量增加，使皮肤及内脏器官血管显著收缩，最终导致外周阻力增加，血压升高。当人体大量失血时，由于血压显著下降，肾血流量减少而使肾素大量分泌，血管紧张素也相应增加，使机体的外周血管出现广泛而持续的收缩，从而防止血压过度下降。可见血管紧张素的产生，是机体抵抗低血压的一种应急措施。

（三）血管升压素

血管升压素是在下丘脑视上核和室旁核的一些神经元内合成并进入垂体后叶，经垂体后叶释放进入血液循环，主要通过促进肾远曲小管和集合管对水的重吸收，减少尿生成量，提高基础血量而升高血压，故又称为抗利尿激素。

此外，心钠素、内皮素、激肽、组织胺、一氧化氮、前列腺素等物质亦对心血管活动产生重要的影响。

三、局部血流调节

当去除调节血管活动的外部神经、体液因素时，在一定的血压变动范围内，器官、组织的血流量仍能通过局部的机制得到适当的调节，这种调节机制存在于器官组织或血管本身，故也称为自身调节。一方面局部调节通过组织细胞代谢过程产生的代谢产物来完成。当组织代谢活动增强时，局部组织中氧分压降低，代谢产物积聚增加，CO_2、H^+、腺苷、ATP、K^+等能刺激局部的微动脉和毛细血管前括约肌舒张，使局部的血流量增多，能向组织提供更多的氧，并带走代谢产物。另一方面通过血管平滑肌自身肌源性活动来完成。血管平滑肌有一个特性，当受到牵张时其收缩性会有所增强，因此，当供应某一器官的血管的血量突然增加时，由于血管平滑肌受到牵张刺激，于是肌源性活动增强，这种现象在毛细血管前阻力血管段特别明显，其结果是器官的血流阻力增大。器官血流量能因此保持相对稳定。

第五节　运动与心血管功能

一、运动时心血管功能的变化

（一）运动时心率的变化

运动可导致心率明显增高。运动时心率变化速率与幅度因运动强度和时间而异。研究表明，机体完成单一较小强度运动时，心率在运动初期出现迅速上升，达到一定水平后较长时间维持在一个波动不大的范围，提示这段时间各系统机能处于相对稳定状态。随着运动的持续，机体各系统机能平衡被破坏后，心率将出现再次增高直至达到最大心率，此次心率的升高可视为机体的运动疲劳点。机体完成单一大强度运动时，由于机体代谢水平很高，各系统机能水平不能保持在相对稳定的状态，因此心率的变化将持续增高至最大心率而不出现平台。运动心率或脉搏的变化情况可以作为评定运动强度的生理负荷指标，通常将心率从 185 次 / 分（或 190 次 / 分）到最大心率的运动强度称为极限强度，170 ~ 185 次 / 分（或 189 次 / 分）为亚极限强度，150 ~ 169 次/分为大强度，120 ~ 149 次 / 分为中等强度。此外，心率亦可作为评定运动者机能状态的客观生理指标，通过测定基础脉搏（晨脉）、运动前心率、定量运动负荷后心率、最大心率及心率恢复速率等指标可在一定程度上反映机体的机能水平，亦可通过心率或脉搏来控制运动强度。

（二）运动时每搏输出量和心输出量的变化

运动可明显提高每搏输出量和心输出量。运动引起血流速度加快，静脉回心血量增加，使舒张末期心室容积提高，同时通过交感神经兴奋及儿茶酚胺分泌增加使心肌收缩力增强，减小收缩末期心室容积，二者共同作用导致每搏输出量明显增加，每搏量的增加和心率的加快使心输出量显著加大。当心率超过 150 ~ 160 次/分时，由于心舒期缩短导致静脉回心血量减少，心肌收缩力的增强程度有限，使得搏出量逐渐减少。当心率超过 180 次 / 分时，由于搏出量的大幅度减少，使得心输出量亦可能随之下降。

（三）运动时动脉血压的变化

运动导致动脉血压的收缩压显著增高，在剧烈运动时收缩压可高达 190mmHg 甚至更高。不同运动形式动脉血压的舒张压变化情况不同。动力性运动时收缩压明显升高，舒张压的变化相对较小，甚至可能略有下降。主要原因是动力性运动导致心脏收缩增强，血流速度加快，使血压增高，但同时运动时交感舒血管神经兴奋使外周血管扩张，加之肌肉收缩的推挤加快静脉回流，使动静脉压力差增加，促进了动脉血外流，使得外周阻力相对下降，以上升压和降压两种因素的共同作用使得舒张压变化幅度较小。静力性运动时由于憋气使胸腔压力增大，后负荷增高，搏出量有所下降，心室余血量较多，静脉回流阻力亦增加，加之肌肉紧张性收缩对外周血管的静力性压迫，外周血流不畅，外周阻力显著增高，结果使收缩压的升高幅度相对较小，而舒张压十分明显的增高，对小血管造成很大的压力（表 4-3）。中老年人由于血管硬化程度增加，弹性下降，脆性增加，因此在大强度静力性运动时因外周阻力过大易发生小血管的破裂，故应尽量少进行大强度静力性运动。

表 4-3 不同运动形式对动脉血压的影响

运动形式	收缩压（SBP）	舒张压（DBP）	脉压差
动力性运动	↑↑	↑或↓或-	↑
静力性运动	↑	↑↑	↓

注：↑为上升，↓为下降，↑↑为显著上升，-为变化不明显

测定清晨卧床血压和一般安静时血压对训练程度和运动疲劳的判定有重要参考价值。随着训练水平的提高，运动员安静时的血压可略有降低。如果清晨卧床血压较同年龄组血压高 15%～20%，可能是运动负荷过大或运动疲劳所致。测定定量负荷前后血压及心率的升降幅度及恢复状况，可检查心血管系统机能并区别其机能反应类型，从而对心血管机能作出恰当的判断。

（四）运动缺氧对心脏结构、功能的影响

大量动物实验研究表明，机体完成长时间剧烈运动后，心肌会发生一系列结构和功能变化，主要表现在心电异常、心肌细胞大量线粒体出现肿胀和空泡样变性，甚至解体、肌小节紊乱、细胞核固缩、细胞凋亡现象明显、自由基代谢活跃、血液心肌肌钙蛋白（cTnT、cTnI）和肌酸激酶心型同工酶（CK－MB）明显增高等现象。上述现象表明运动导致心肌细胞出现微损伤，且这种损伤在运动后一段时间会持续加重，然后才逐渐恢复正常。在这段时间，心脏泵血功能亦会出现一定程度的降低，之后恢复正常。出现上述变化的主要原因是剧烈运动导致心肌缺血缺氧，能量供应发生障碍，心肌细胞受损。运动后恢复期，缺氧程度虽然缓解，但是在复氧过程中细胞会产生大量的氧自由基。自由基是指含有不成对电子的基团。由于失去一个电子，自由基十分活跃，要努力获得电子稳定下来，富含电子的生物膜就成为自由基攻击的主要对象，生物膜失去电子，完整性被破坏，离子代谢发生紊乱，ATP 酶活性降低，能量供应出现障碍，使得心肌损伤进一步加重。随着体内消除自由基的酶和非酶物质清除自由基、恢复能量供应和细胞内外离子平衡，受损心肌得以逐渐恢复正常。

二、运动心脏的特点

1899年，瑞典医师Henshen通过叩诊发现滑雪运动员心脏肥大，并将其称之为运动员心脏（athlete's heart）或运动心脏。运动心脏是指机体长期接受系统运动刺激后逐渐形成的具有明显结构功能特征的心脏。长期以来对运动心脏的研究从宏观水平逐步深入到心肌组织、细胞及分子水平。对运动心脏的评定由最初临床医学的否定质疑到现在运动医学的普遍肯定。与一般心脏相比，运动心脏表现出特有的结构功能特点。

（一）运动性心脏肥大

长期系统的运动训练使运动员心脏发生明显的增大，称为运动性心脏肥大。普通人心脏体积约为本人的拳头大小，重量约为200~300克。运动心脏通常明显超过这一重量，有的甚至超重一倍以上，以耐力性运动员和力量性运动员尤其明显，速度性运动员心脏肥大程度较小。

运动性心脏肥大表现在心腔的扩大和心肌肥厚两方面。超声心动图和影像测试等方法研究表明，长期承受耐力性运动刺激的心脏肥大以心室腔内径扩大为主，心室肌的肥厚为辅；长期承受力量性运动刺激的心脏则以心肌肥厚为主，其心腔内径的改变相对较小甚至无改变。

运动性心腔扩大主要是由于经常性的长时间耐力运动刺激使静脉回心血量增加，逐渐引起心肌纤维肌小节数量和长度增加，导致心腔由功能性扩大转化为器质性扩大。由于运动强度不是很大，其运动后负荷增加较小，心肌收缩阻力增加也较小，故心肌的肥厚程度较小。运动性心肌肥厚主要是机体在克服高阻力负荷时，肌肉收缩紧张性高，运动性憋气等因素使心脏收缩时的后负荷增加，引起搏出量减少，机体只能通过加强心肌的收缩力来保证心脏的供血，心肌代谢水平的增高使消耗增多，运动后合成代谢特别是心肌收缩蛋白的合成亦更加旺盛。长期训练结果，是使心肌细胞收缩蛋白数量增加，肌原纤维增多，心肌细胞增粗。

运动性心肌肥厚是心肌细胞对运动刺激的一种良好适应性反应，是一种功能性代偿，它和临床上冠心病、肺心病和风湿性心脏病后期，常出现的病理性心脏肥大明显不同。前者心肌收缩功能增强，泵血效率显著提高，每搏量增大，且终止运动后一段时间，肥大心脏可逐步恢复到正常状态（可重塑性）；后者心肌收缩功能减弱，每搏量减少，心余血量增加，肥大一经出现将不可逆转。

（二）运动性心动徐缓

具备运动心脏者普遍出现安静心率明显低于正常值的现象，称为运动性心动徐缓。在优秀耐力性运动员中特别明显，心率常降到40~50次/分，最低者竟达21次/分。导致运动性心动徐缓发生的原因，是安静状态心迷走神经紧张性相对增高所致。心交感神经和心迷走神经功能的动态平衡维持心率在特定水平。长期的运动训练使机体对高心率刺激逐渐产生适应,同样强度的运动刺激,其心率增加幅度降低。当机体处于安静状态时,交感神经对心迷走神经的抑制作用减弱,导致安静状态下植物性神经系统功能平衡点向副交感神经系统方面移动,使心率降低。

运动心脏安静时虽然心率较低,但由于心脏肥大而表现出较高的搏出量,因此安静状态下的心输出量与普通心脏无明显差异。但因其较低的心率,使得每分钟能量消耗远较普通人低,表现出安静状态下心功能出现心率低、每搏量高的能量节省化现象。研究发现,安静状态下运动员主要因较大的静脉回心血量而使每搏量增加,剧烈运动时通过增加心肌收缩力、减小收缩末期心室余血量来保证每搏量不因高心率降低静脉回心血量而使每搏量下降,而普通人在运动中主要靠提高心肌收缩力,减小收缩末期心室余血量来增加每搏量。

(三) 心脏泵血功能改善

运动心脏与普通心脏相比,主要从以下几方面表现出心泵功能的改善。

在安静状态下,两类心脏的供血量并无显著区别,但普通心脏以较高的心率和较小的每搏量来保证机体供血,而运动心脏则以较低的心率及较大的每搏量保证供血,以较小的能量消耗保证了同样的供血量。同时,安静状态下低心率使运动心脏的心率贮备增大,有助于心力贮备的提高。

在以规定的强度和时间完成定量负荷运动时,运动心脏较普通心脏泵血功能变化幅度小,主要是因为运动员运动能力强,完成同样的运动更轻松,从而表现出较小的生理反应。在完成最大运动负荷时,运动员为取得更好的运动成绩,其代谢水平更高,心泵功能将表现出更高水平。普通人心脏体积较小,运动时的最大每搏量较小,约100ml左右,且维持最大值的时间短。而优秀运动员尤其是耐力性运动员一方面心脏扩大,舒张末期容积大;另一方面心肌收缩力较强,运动中搏出量可增至200ml左右。普通人剧烈运动时的最大心输出量约为20~30L/min,而运动员最大心输出量可超过40 L/min,可见运动心脏心泵功能的良好表现主要反映在运动过程中。

三、运动与心血管疾病

(一) 运动在心血管疾病防治中的作用及机制

适当的运动可增加体能并在心血管疾病的防治上具有重要意义。研究表明,运动可以预防和控制高血压病,可以延缓动脉粥样斑块的进展,增加冠状动脉的血流贮备,在冠心病的康复中有重要作用。以前对心功能不全的病人,多主张绝对卧床休息。近年研究表明,除急性期外,一般情况下适当的运动可使病人体能及症状改善,运动能提高上述心血管病人的生活质量和存活率。

运动对心血管疾病防治作用的机制可归纳为以下几方面:

1. 维持或增加心肌氧的供应，减少心肌工作氧耗量。运动可预防或延缓冠脉粥样硬化的进展，并且能增加冠脉侧枝循环，增加冠脉直径，从而改善心肌的血液灌注和分布。运动训练能降低安静心率和动脉血压，减少循环血液中儿茶酚胺水平，从而使心脏的做功减少，心脏的氧耗量下降。

2. 提高心肌的功能和电稳定性。运动可增加休息和运动时的每搏输出量、射血分数，提高心肌抗缺氧能力，从而增加心肌收缩力和心电稳定性。

3. 血管贮备力增强。运动训练可致肌肉内毛细血管数增加；运动训练后血管舒张功能增强，血管内皮可产生内皮舒张因子（EDRF），参与心血管功能的调节；另外，运动后血管对缩血管物质的反应性减弱，从而造成心脏负荷降低，心功能改善。

4. 运动通过增加高密度脂蛋白/低密度脂蛋白比值（HDL－c/LDL－c）、改善糖代谢、增加胰岛素敏感性、减少血小板聚集性、增加纤溶酶活性、减轻肥胖等变化，从而提高抗动脉粥样硬化能力。

（二）慢性心血管病患者进行运动时的注意事项

1. 患者的锻炼项目、运动量应与疾病性质和功能水平相适应，可以用简易生理指标，如心率和血压的变化控制运动量，保持心率和血压适当增高而不引起症状。患者应学会测量脉搏，同时注意自我感觉，判断个人的疲劳程度，在出现症状前停止活动。

2. 有氧活动较好，等长肌肉活动宜采用低负荷、多重复的训练法，避免以增强力量为主的一般力量训练。

3. 从小运动量开始，随机体功能状态的改善而逐渐增加，然后维持适宜运动量并经常进行运动。

4. 鼓励参加集体活动，这样在发生运动损伤或心脏意外等情况时有同伴在场，可给予帮助。但集体项目的运动量不易个别对待，因此要妥善安排。

5. 要区别对待，根据个人运动习惯、运动能力、机能状态、年龄、性别等特点安排运动活动计划，特别要注意与病情相适应，不要参加激烈比赛，注意安全。

6. 参加运动的同时，要注意饮食、生活方式及用药等问题。

7. 与医生保持联系，并在医生指导下学习一些急救知识。

【小结】

1. 根据血管的功能可将其分为弹性贮器血管、分配血管、毛细血管前阻力血管、交换血管和容量血管。血液和组织之间物质交换在微动脉与微静脉之间的微循环完成。

2. 心肌具有自动节律性、传导性、兴奋性和收缩性。窦房结是心脏正常起搏点。心肌的收缩性受细胞外 Ca^{2+} 浓度变化影响较大，以“全或无”方式收缩，不发生强直收缩。

3. 反映心血管系统功能状态的指标主要有心率、每搏输出量、心输出量、心指数、射血分数、心力贮备、心舒功能、心脏做功能力、动脉血压及心电图等。

4. 心电图反映了心脏兴奋的产生、传导和恢复过程中的生物电变化，对了解心脏活动情况和诊断心脏疾病有重要价值。

5. 心脏不仅是血液循环的动力装置，同时还具有一定的内分泌功能。

6. 动脉血压受每搏输出量、心率、外周阻力、大动脉的弹性及血量与血管容积比等因素的影响。

7. 心血管功能的调节是在复杂的神经活动、体液物质参与和局部调节共同作用下完成的。

8. 肌肉运动可引起心率、心输出量和动脉血压的明显增高。过高的心率可能因静脉回心血量大大减少，每搏输出量急剧下降而导致心输出量的降低。

9. 运动心脏是机体接受长期系统运动刺激后所发生的对运动良好适应的反应，主要表现为运动性心脏肥大、能量节省化、心率贮备和心力贮备增加等方面。

10. 适度的运动有助于防治慢性心血管疾病，改善患者身体状况。

【思考题】

1. 比较心肌和骨骼肌兴奋性、传导性和收缩性的异同。
2. 分析从身体立位到卧位后心输出量和动脉血压的变化及其调节过程。
3. 试述心动周期过程中，左心室内压力、容积改变和瓣膜开闭情况。
4. 试述动力性运动和静力性运动时心输出量和动脉血压的变化情况。
5. 如何评价运动心脏的结构、功能改变？
6. 反映心血管机能状态的指标有哪些？

第五章

呼吸机能

【提要】

本章主要介绍肺的通气机能、气体在血液中的运输、呼吸运动的调节以及运动对呼吸机能的影响。学习这一章时，既要系统学习呼吸机能的基本理论，又要紧密联系运动实践，尤其是要重点掌握运动过程中肺通气的适应性变化，神经、化学因素对呼吸运动的调节，合理地进行呼吸等内容。

人体在进行新陈代谢过程中所需的能量，都是通过氧化体内的营养物质而获得。为此，人体必须从外界不断地摄取 O_2（氧），同时不断地将体内所产生的 CO_2（二氧化碳）排出体外。这种人体与外界环境之间进行的气体交换，称为呼吸。

呼吸的全过程由三个环节组成（图 5-1），即：

外呼吸　外呼吸（external respiration）是指在肺部实现的外界环境与血液间的气体交换，它包括肺通气（外界环境与肺之间的气体交换过程）和肺换气（肺与肺毛细血管中血液之间的气体交换过程）。

气体运输　气体运输（gastransport）是指气体由血液载运，血液在肺部获得的 O_2，经循环将 O_2 运送到组织毛细血管；组织细胞代谢所产生的 CO_2 通过组织毛细血管进入血液，经循环将 CO_2 运送到肺部。

内呼吸　内呼吸（internal respiration）是指组织毛细血管中血液通过组织液与组织细胞间实现的气体交换（又叫组织换气）。

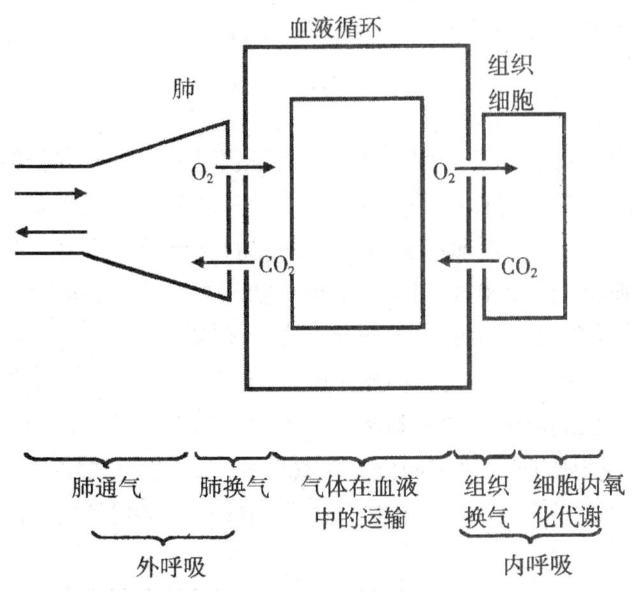

图 5-1　呼吸全过程示意图

由此可见，呼吸的功能是包含着外呼吸、气体运输和内呼吸这三个环节的生理过程，通过血液循环和组织细胞的协调活动，来实现人体对 O_2 的摄取和 CO_2 的排出；通常所说的呼吸功能，仅指外呼吸的功能，是通过呼吸系统来完成的，也是本章所要重点阐述的内容。

呼吸系统包括呼吸道和肺泡。呼吸道分上、下两部分，上呼吸道由鼻、咽、喉组成，下呼吸道由气管及各级支气管组成。呼吸道有加温、润湿和净化空气的功能，有通过调节支气管平滑肌的舒缩，改变呼吸道的口径进而影响气流阻力的功能，但呼吸道不具备气体交换的功能；人体左右肺共有 3 亿～4 亿个肺泡，总面积约为 70～100 平方米。从由单层上皮细胞构成的肺泡膜到肺毛细血管壁，是气体交换必须穿越的结构，该结构称为呼吸膜。呼吸膜共有六层结构，其厚度约为 0.2～0.6 微米，呼吸膜越薄气体的通透性越强。

第一节　呼吸运动和肺通气机能

一、肺通气的动力学

（一）呼吸运动

肺存在于密闭的胸腔中，其本身无平滑肌，不能主动扩大和缩小。但肺富有弹性纤维，肺泡具有一定的表面张力，因此可以被动地扩大和缩小。胸廓的节律性扩大和缩小称为呼吸运动，它是通过呼吸肌的舒缩活动来实现的，构成肺的通气动力。呼吸肌分主要吸气肌、辅助吸气肌和呼气肌，主要吸气肌由膈肌和肋间外肌组成，辅助吸气肌由胸肌、斜方肌、胸锁乳突肌和背阔肌等组成，呼气肌由肋间内肌和腹壁肌组成。按照呼吸的深浅，可把呼吸运动分为平静呼吸与用力呼吸。

1. 平静呼吸

安静状态下的呼吸运动称平静呼吸，其特点是：吸气时，依靠膈肌和肋间外肌的收缩，使胸廓扩大，完成吸气过程；呼气时通过膈肌和肋间外肌的舒张，使扩大的胸廓回位（恢复），完成呼气过程。隔肌形似钟罩，向上的隆起形成穹窿，膈肌收缩使穹窿顶下移，并推挤腹腔脏器向下，扩大胸廓上下径。肋间外肌收缩，肋骨沿肋椎关节旋转轴上提并向外侧翻转，同时胸骨也随之推向前上方，使胸廓前后、左右径扩大。胸廓扩大时，肺随之扩张，肺容积的增大使肺内压下降，当低于大气压时，空气进入肺泡，形成吸气；膈肌和肋间外肌的舒张，加之肺和胸廓的弹性回缩与重力作用，以及腹腔脏器恢复到原状的作用，使得膈肌、肋骨回位，胸廓缩小，肺亦随之缩小，随着肺容积的缩小，肺内压上升，当高于大气压时，肺内气体排出体外，形成呼气（图 5–2）。

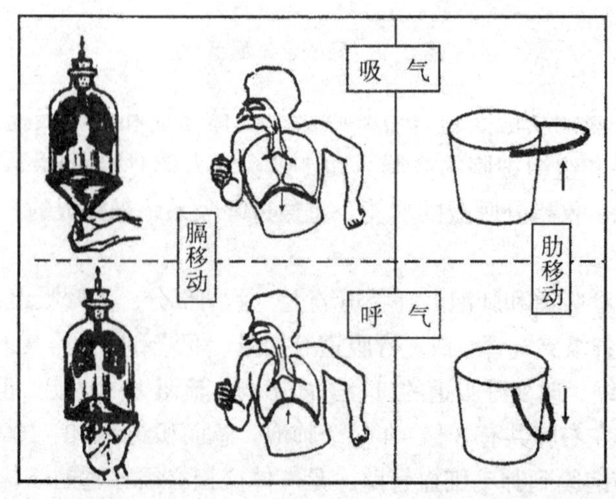

图 5–2　吸气、呼气与膈移动、肋骨移动的关系图

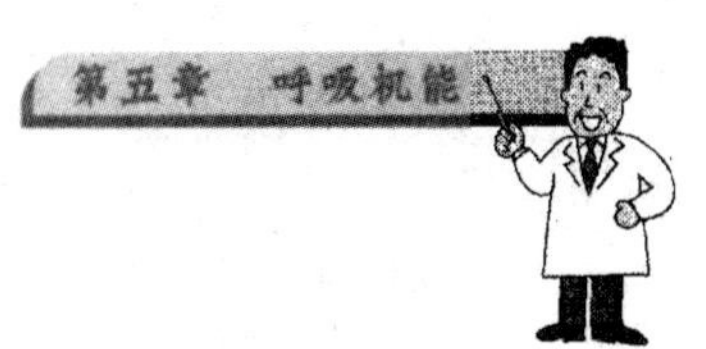

2. 用力呼吸

用力呼吸的特点是吸气与呼气过程均有肌肉的收缩活动。用力吸气时，除主要的吸气肌（膈肌和肋间外肌）加强收缩外，辅助吸气肌也参与收缩，使胸廓进一步扩大，从而增加吸气量。用力呼气时，除上述吸气肌舒张外，还有肋间内肌与腹壁肌的同时收缩，前者使肋骨充分下降，后者牵动胸骨向下，并使腹内压增加，使内脏推挤膈肌上移，从而促使胸廓进一步缩小，呼气加深。

3. 呼吸形式

膈肌舒缩时，腹部随之起伏，以膈肌活动为主的呼吸运动称为膈式呼吸或腹式呼吸。肋间肌的活动使肋骨发生提降移动，胸部也随之起伏，以肋间肌活动为主的呼吸运动称为肋式呼吸或胸式呼吸。儿童以腹式呼吸为主，成年人的呼吸形式一般都是混合式的，但女性偏重胸式呼吸，男性偏重腹式呼吸。

运动时可通过改变呼吸形式而不影响动作的正常发挥。如在双杠或地上做倒立的动作，由于臂和肩胸固定，使胸式呼吸受到限制，再用胸式呼吸既会影响臂和肩胸的固定，也会造成身体重心的不稳，故在做倒立时可采用腹式呼吸；若做屈体直角动作造型，腹肌的用力，使得腹式呼吸受到限制，此时再用腹式呼吸会造成身体造型的抖动，影响做直角动作的质量，应立即改为胸式呼吸。

（二）肺内压

肺泡内的压力称肺内压。气体进出肺泡是借助于肺内压与大气压之间的压差实现的。在呼吸道畅通的情况下，吸气之末、呼气之末或胸廓停止运动，呼吸均会暂停，此时肺内压与大气压相等，气体停止流动。在平静吸气过程中，肺随胸廓扩大而容积增加，肺内压下降，低于大气压 2～3mmHg 时，空气在压差的推动下进入肺泡；随着肺内压逐渐上升，直至肺泡与大气之间压差消失，气体才停止入肺。在平静呼气过程中，胸廓缩小，肺弹性回缩，肺内压上升，当高于大气压 2～4mmHg 时，肺内气体顺压差呼出；随着肺内压的逐渐下降，直到肺内压与大气压相等，呼气停止。

肌肉运动时，呼吸气体出入肺的流量与流速随运动强度和运动形式而增减，肺内压的波动幅度也发生相应变化。此外，若紧闭声门或口鼻，再用力作呼气动作（憋气）时，肺内压可高于大气压 60～140mmHg。若此时做用力吸气动作，肺内压可低于大气压 30～100mmHg。

（三）胸内压

胸内压指的是胸膜腔内的压力。胸膜位于肺表面的部分为胸膜脏层，位于胸壁内表面的部分为胸膜壁层。这两个部分延续相连，形成密闭的间隙，即胸膜腔。正常的胸膜腔内没有空气而仅有一薄层浆液，从而使胸膜腔两层间的摩擦阻力减小且相互紧贴。由此可见，胸膜腔并不存在有实际意义的空隙。

胸膜腔内的压力可以通过特制的检压计进行测定，如图 5-3 所示。测定发现，胸内压在呼吸过程中始终低于大气压。通常平静呼气之末胸内压为-5～-3mmHg，平静吸气之末胸内压为-10～-5mmHg，用力吸气时负压可达-30mmHg。

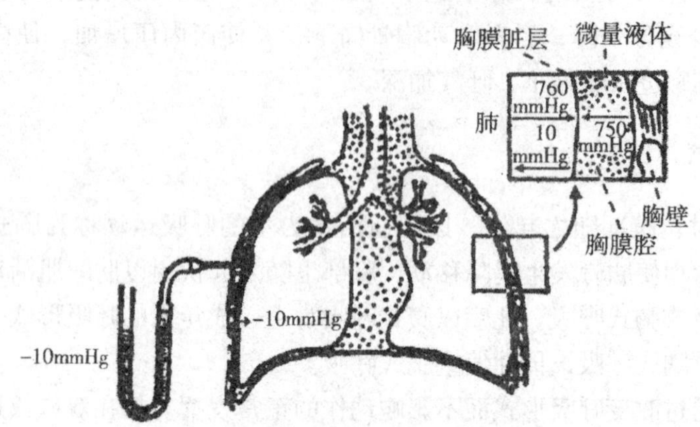

图 5-3　胸膜腔及胸内负压示意图

胸膜腔内这种负压的形成是与人的生长发育密切相关。婴儿出生后，胸廓和肺发育的速度不均衡，肺发育较慢，胸廓发育较快，胸廓容积大于肺。由于胸膜壁层和脏层的紧贴不分，即使在呼气之末也是如此，因而肺始终处于被动牵拉状态。肺本身是有弹性的组织，肺泡又有表面张力，这两者因素使肺具有了回缩力。所以胸膜腔内的压力应是肺的回缩力与反方向作用于胸膜腔的肺内压（或大气压）之和，即：

胸内压＝肺内压（或大气压）－肺回缩力

胸膜腔为负压的主要作用有：① 能够牵拉肺呈扩张状态，有利于肺泡进行气体交换；② 能够对位于胸膜腔内的心脏（心包膜也是胸膜的延续）、大静脉的机能，产生良好的影响。尤其吸气时胸内负压的增加，对心房、腔静脉和胸导管扩张作用更加显著，从而使其容积增大，压力减小，更有利于静脉血和淋巴液的回流。另外，吸气时膈肌的下降、腹内压的升高，进一步迫使腹腔静脉血的回流。因此，运动时采用深呼吸，能够有效地促进肺泡气的交换和有效地促进静脉血的回心。

二、肺通气机能

肺通气的量取决于呼吸的深度，随着人体活动状态不同，通气的气量发生相应的变化。

（一）肺容量及其变化

肺所容纳的气量称为肺容量。在呼吸运动中，肺容量发生周期性变化，变化的大小取决于呼吸的深度。吸入和呼出的气体容积，可用肺量计测得，如图 5-4 所示。

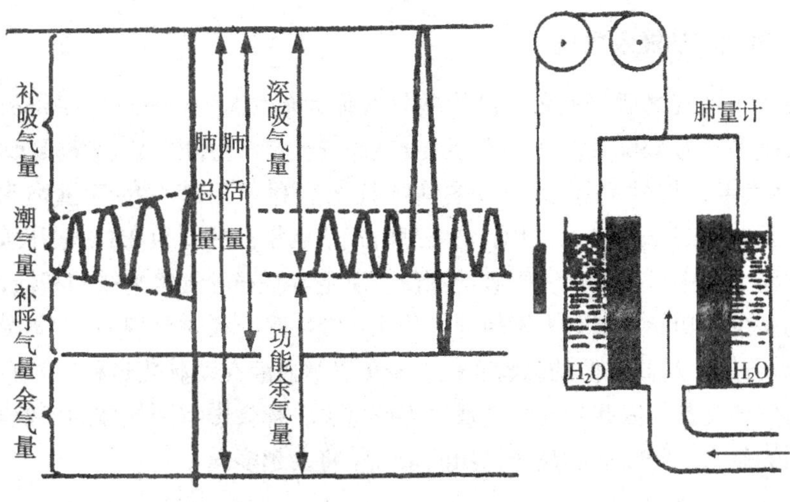

图 5-4　肺容量示意图

1. 潮气量

每一呼吸周期中吸入或呼出的气量叫潮气量（tidal volume，TV）。吸气和呼气，好似潮汐有升有降，故得潮气之名，亦即呼吸深度。平静呼吸时的潮气量约为 400～600 毫升。潮气量与年龄、性别、体表面积、情绪等因素有关，运动时潮气量增大。

2. 补吸气量和深吸气量

平静吸气之后再做最大吸气时，增补吸入的气量称为补吸气量（inspiratory reserve volume，IRV），正常成人约为 1500～2000 毫升。补吸气量与潮气量之和称为深吸气量（inspiratory capacity，IC）。深吸气量是衡量最大通气潜力的一个重要指标，胸廓的形态和吸气肌的发达程度是影响深吸气量的重要因素。

3. 补呼气量

平静呼气之后再做最大呼气时，增补呼出的气量称为补呼气量（expiratory reserve volume，ERV）。正常成人约为 900～1200 毫升。补呼气量的大小表示呼气的贮备能力。

4. 肺活量

最大深吸气后再做最大呼气时所呼出的气量，称为肺活量（vital capacity，VC）。肺活量为潮气量、补吸气量和补呼气量之和，或为深吸气量与补呼气量之和。正常成人肺活量的平均值，男性约为 3500 毫升，女性约为 2500 毫升。运动锻炼既能使人的肺活量水平提高,也能延缓肺活量的衰减，高水平的运动员肺活量可达 7000 毫升之多。

肺活量的大小与性别、年龄、体表面积、胸廓大小、呼吸肌发达程度以及肺和胸壁的弹性等因素有关，而且有较大的个体差异。肺活量的绝对值尚不能全面地反映人的通气功能，有时用肺活量的相对值，即肺活量除以体重（ml / kg）或身高（ml / cm），来反映肺通气功能水平和做横向的比较研究。

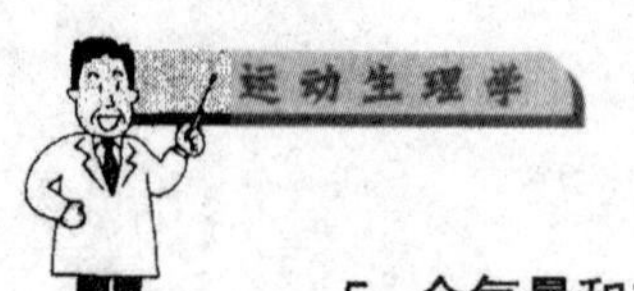

5. 余气量和功能余气量

尽最大力呼气之后仍贮留于肺内的气量称为余气量（residual volume，RV）。正常成年余气量男性为1500毫升，女性为1000毫升。余气量随年龄、健康状况而异，老年人大于青壮年，男性高于女性。平静呼气之后存留于肺中的气量称为功能余气量（functional residual capacity，FRC）。安静时正常成年男性约为2500毫升,女性约为2000毫升。从图5-4中可以看出，呼吸的深浅，决定着平静呼气水平线的高低，决定着功能余气量的多少。功能余气有平衡肺泡气分压，缓冲呼与吸时出现PO_2（氧分压）和PCO_2（二氧化碳分压）过高过低的急骤变化，避免静脉血液在动脉化过程中时断时续的作用，以利进行气体交换。因此功能余气量过多或过少，都会影响到气体的交换效率。运动时若呼气阻力越大、呼吸深度越浅，功能余气量将会越多。

6. 肺总容量

肺所能容纳的最大气量为肺总容量（total lung capacity，TLC），肺总容量是肺活量和余气量之和。成年男性平均为5000毫升，女性平均为3500毫升。其值因性别、年龄、体表面积、锻炼程度和体位而异。

（二）肺通气量

单位时间内吸入（或呼出）的气量称为肺通气量（pulmonary ventilatioin volume，VE）。一般以每分钟为单位计量，故也称每分通气量。若呼吸深度一致，则每分通气量为：

每分通气量＝呼吸深度（潮气量）×呼吸频率（每分钟呼吸次数）

安静时成年人的每分通气量为6～8升。安静时呼吸的频率是随年龄而异，5岁时平均为26次，15～20岁时平均为20次，成年后平均降为16次。呼吸深度和呼吸频率随人体新陈代谢水平而变化，代谢水平高时两者俱增。如剧烈运动时，呼吸频率可增至40～60次/分，每分通气量可增至80～150升或更多（180～200升）。

（三）肺泡通气量

肺泡通气量（alveolar ventilation，VA）是指每分钟吸入肺泡的实际能与血液进行气体交换的有效通气量。在肺通气过程中，每次吸入的新鲜气体，有一小部分将留在鼻、咽、喉、气管和支气管等管腔内，由于这部分管腔因其解剖特征没有气体交换的功能，其管腔内的气体就气体交换来说是无效的，故这部分管腔称为解剖无效腔（anatomical dead space）。成年人的解剖无效腔容量约为150毫升。每次呼出气时，首先会呼出留在解剖无效腔内的气体，随后才逐渐呼出肺泡中的气体，到呼气末时解剖无效腔内停留的是陈旧的肺泡气，待下次吸气时这部分气将会首先被吸入肺泡。另外，进入肺泡的气体，也可因血流在肺内分布不均而未能全部与血液进行气体交换。未能发生气体交换的这一部分肺泡容量称为肺泡无效腔。解剖无效腔与肺泡无效腔之和称为生理无效腔(physiological dead space)。因此，真正能够进入肺泡的有效气量，应是每次吸入的新鲜气量，除去生理无效腔气后的那部分气量。健康人平卧时生理无效腔等于或接近解剖无效腔。但在运动时肺泡无效腔对肺泡通气量的影响将加大。体育锻炼和运动训练可以改善肺泡的血液循环，减小肺泡无效腔，提高肺泡通气量。

若呼吸深度一致，则每分肺泡气量计算为：

每分肺泡通气量 =（呼吸深度 - 生理无效腔）× 呼吸频率

由于无效腔的存在，肺泡通气量总是少于肺通气量，见表 5-1。

表 5-1 不同呼吸频率和潮气量时的肺通气量和肺泡通气量的比较

呼吸频率（次/分）	潮气量（ml）	肺通气量（ml/min）	肺泡通气量（ml/min）
8	1000	8000	6800
16	500	8000	5600
32	250	8000	3200

从表中可以看出，深而慢的呼吸比浅而快的呼吸，肺泡气的更新要多。安静时，呼吸采用适当的深度与频率次数，既节省用于呼吸肌工作的能量消耗，又保持了一定的肺泡通气量，有利于气体交换。运动时，呼吸不仅要深而且也要适当加快，这对进一步提高肺泡通气量是有帮助的，但由于用于呼吸肌工作的能量消耗增多，所以只有在进行剧烈运动、对氧需求大的情况下才采用这种方式的呼吸。

三、肺通气机能的指标

（一）肺活量

肺活量反映了肺一次通气的最大能力，也是测定肺通气功能简单易行的指标，应用较普及，常用于评定运动员的训练水平和开展国民体质测定。通过训练，呼吸肌的力量提高，吸气、呼气能力加强，肺活量将会增大。研究显示，人随着年龄的增加，肺活量每 10 年下降在 9%以内为正常生理过程，超过此百分数，预示着衰老的加剧。

（二）连续肺活量

连续测五次肺活量，每次间隔 30 秒，根据五次所测数值的变化趋势，判断呼吸肌的机能能力。若肺活量后一次的比前一次的大，或与前一次的基本一致，表示呼吸肌的机能能力强，可看做是身体机能状况的良好表现。这是因为前几次肺活量测试起到了准备活动的作用，使后来测得的肺活量升高。如果肺活量越测越下降，则认为呼吸肌处于疲劳状态，表示身体机能状况恢复不佳，或表示身体的疲劳现象未能及时的消除。所以用测定五次肺活量的结果，可以简单、快速地判断呼吸肌的疲劳及身体的机能状况。

（三）时间肺活量

在最大吸气之后，以最快速度进行最大呼气，记录在一定时间内所能呼出的气量称时间肺活量（timed vital capacity）。正常成人最大呼气时，第 1 秒末、第 2 秒末、第 3 秒末呼出的气量分别占总肺活量的 83%、96%、99%，在 3 秒钟内人体基本上可呼出全部肺活量的气量，其中第 1 秒钟的时间肺活量最有意义。时间肺活量是一个评价肺通气功能较好的动态指标，它不仅反映肺活量的大小，而且还能反映肺的弹性是否降低、气道是否狭窄、呼吸阻力是否增加等情况。

（四）最大通气量

以适宜的呼吸频率和呼吸深度进行呼吸时所测得的每分通气量，称最大通气量或最大随意通气量（maximal voluntary ventilation， MVV）。一般只做 15 秒钟通气量的测定，并将所测得的值乘以 4，即为每分最大通气量。最大通气量是衡量通气功能的重要指标，可以用来评价受试者的通气储备能力。为进一步了解肺通气功能的贮备能力，一般还可用通气贮量的百分比来表示：

$$\text{通气贮量的百分比} = \frac{\text{最大通气量} - \text{安静时通气量}}{\text{最大通气量}} \times 100\%$$

正常通气贮量的百分比值应大于或等于 93%。

第二节　气体交换和运输

肺泡与肺泡毛细血管血液之间的气体交换称为肺换气。体内毛细血管血液与组织细胞之间的气体交换称为组织换气。气体的交换过程必须遵循着一定的物理化学规律，即 O_2 和 CO_2 都要通过理化扩散的方式才能完成气体交换。

一、气体交换

（一）气体交换原理

1. 分压的概念

在一定容积中的一定量的气体由于气体分子的运动表现出一定的压力。混合气体的总压力等于其中各种气体所具有的压力的总和，或者说，在混合气体的总压力中，某种气体所占有的压力，就是该气体的分压（用 P 表示）。计算某种气体的分压，可以用混合气体的总压力乘以该气体在混合气体中所占的容积百分比来求得。例如，空气是混合

气体，总压力（大气压）为760mmHg，空气中O_2与CO_2的容积百分比分别占20.94%和0.04%，那么O_2与CO_2在空气中的分压就是：

$PO_2 = 760 \times 20.94\% \approx 159mmHg$

$PCO_2 = 760 \times 0.04\% \approx 0.3mmHg$

大气压因海拔高度而改变，由于各种气体的容积百分比不变，但各种气体的分压会随大气压的变化而产生相应的改变。在高原，大气压的降低引起各种气体分压相应降低。在深水下，大气压的提高引起各种气体分压相应的提高。这种条件对登山和潜水运动员有很大的影响。所谓"高原训练"就是利用高原氧分压低、缺氧环境对机体的刺激作用，达到机体在多方面产生功能性的生物学适应，从而使人体各项机能水平提高，为创造良好的运动成绩打下基础。近年来国内外运动训练领域研究，是在平原地区利用相对封闭的环境（房间）向其中充氮气含量较高的气体，以使环境中氧气容积的百分比下降，进而达到缺氧的"模拟高原"环境。运动员在平原地区的训练并结合"模拟高原"环境中的生活（睡觉）和训练，同样能达到良好的训练效果。需要说明的是，"高原"环境形成的缺氧是由于大气压降低而造成的，但其氧气容积百分比与平原是一致的；而"模拟高原"环境形成的缺氧是由于氧气容积百分比下降而导致的，其大气压仍与平原一致，没有改变。

2. 分压差与气体扩散动力

当气体与液体表面接触时，由于气体分子的运动而溶解于液体内，液体中气体分子也能从液体逸出，这种溶于液体内的气体分子逸出的力称为该气体的张力。该气体的张力就是气体在液体中的分压，存在于液体中O_2和CO_2的张力也以PO_2和PCO_2来表示。气体分子或溶解于液体，或由液体中逸出，其运动方向和量取决于分压与张力之间的压差。若分压高于张力，气体分子溶入液体，若张力高于分压，则气体分子从液体逸出，直至分压与张力达到平衡。若是两部分气体的分压不同，当它们接触时气体分子将由分压高气体的一侧流向分压低的一侧，直至两边达到分压平衡。气体的这种从高分压向低分压流动的现象叫做气体的扩散或弥散。某一气体高分压与低分压之差叫做该气体的分压差。分压差越大，预示气体扩散越多。气体扩散的最终结果是压力平衡，分压差消失。

人体肺换气和组织换气的多少，除取决于膜的通透性和各种气体的理化特性之外，膜两侧气体的分压差是最关键的条件。分压差是实现气体交换的动力，分压差的大小决定着气体的扩散方向和扩散速率。

3. 人体不同部位的PO_2、PCO_2

人在正常状态下，不同部位各种气体之分压较为恒定，人体不同部位的PO_2和PCO_2如表5-2所示。

表5-2　海平面空气、肺泡气、血液和组织细胞内的PO_2和PCO_2（mmHg）

气体分压	空气	肺泡气	动脉血	静脉血	组织细胞
PO_2	159	104	100	40	0~30
PCO_2	0.3	40	40	46	50~80

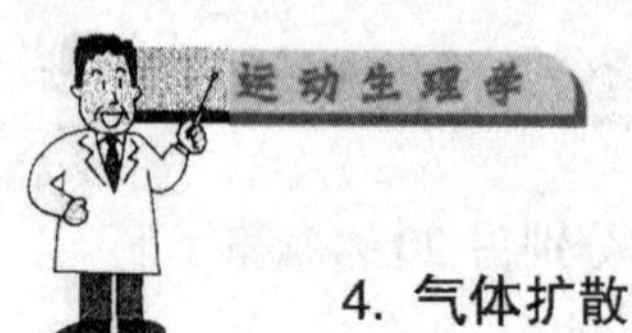

4. 气体扩散的速率

单位时间内气体扩散的容积称为气体扩散速率，它与气体的分压差、气体的温度、扩散面积以及气体在液体中的溶解度成正比，与气体分子量的平方根和扩散距离成反比，其关系式为：

$$气体扩散速率 \propto \frac{分压 \times 温度 \times 扩散面积 \times 深解度}{\sqrt{气体分子量} \times 扩散距离}$$

5. 气体的肺扩散容量

在1mmHg分压差作用下，每分钟通过呼吸膜扩散气体的量称为气体的肺扩散容量。肺扩散容量是评定呼吸气体通过呼吸膜功能的一项重要指标，往往以测氧的扩散容量（简称氧扩散容量）来评定气体的肺扩散容量。人在安静状态下，氧扩散容量约20~33ml/(min·mmHg)。氧扩散容量与体表面积成正比，受年龄、性别及体位的影响，儿童和老年人的氧扩散容量要小于成年人，女性的氧扩散容量小于男性，直立位的氧扩散容量小于仰卧位。在同一个体中，运动或体力劳动时，氧扩散容量增加。这是因为此时参与气体交换的呼吸膜面积和肺毛细血管血流量的增加和气体交换能力的加强所致。

（二）肺换气和组织换气

1. 肺换气

在肺循环中，当来自肺动脉的静脉血液流经肺泡毛细血管时，由于肺泡气中的 PO_2（102mmHg）高于静脉血中的 PO_2（40mmHg），而肺泡气中 PCO_2（40mmHg）低于静脉血中的 PCO_2（46mmHg），O_2 由肺泡扩散入血液，CO_2 则由血液向肺泡扩散，由此形成了肺换气，从而使含 O_2 较少、含 CO_2 较多的静脉血，转变为含 O_2 较多、含 CO_2 较少的动脉血。由于肺通气不断在进行，每次的通气只使1/7的肺泡气更新，故肺泡气的成分相对恒定，使得肺泡气 PO_2 总是比静脉血高，而 PCO_2 总是比静脉血低。O_2 和 CO_2 在肺部的换气过程如图5-5中箭头方向所示。

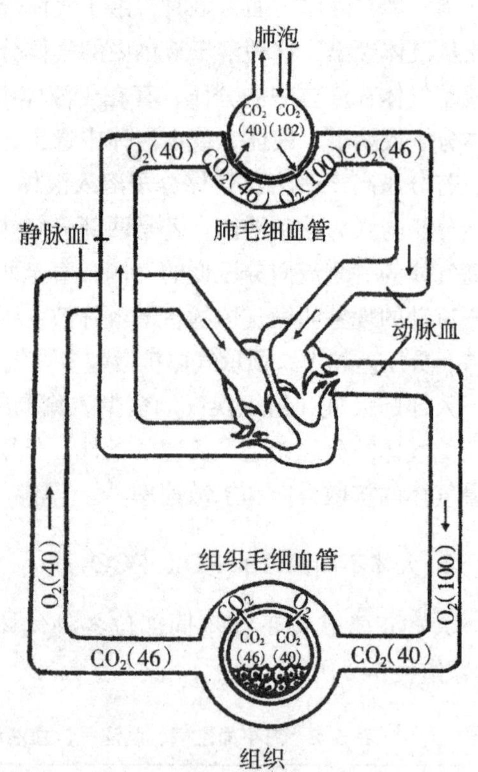

图5-5　气体交换示意图

数字为气体分压，单位mmHg（1mmHg=0.133kPa）

O_2 和 CO_2 通过正常呼吸膜的扩散速度极快，当静脉血流经肺毛细血管

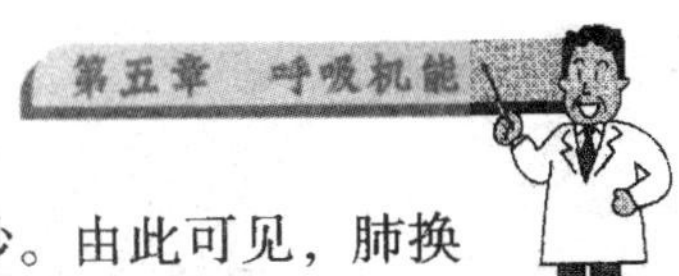

全长的 1/3 时，气体交换即已基本完成，达到平衡，需时仅 0.3 秒。由此可见，肺换气有很大的时间贮备，即使在运动时血流速度加倍的情况下，也能完成气体交换。

2. 组织换气

在组织中，当体循环的动脉血流经组织毛细血管时，由于动脉血的 PO_2（100mmHg）高于组织中的 PO_2（0～40mmHg），PCO_2（40mmHg）低于组织中的 PCO_2（46～80mmHg），O_2 从血液中向组织细胞扩散，CO_2 则从组织细胞向血液扩散，由此形成了组织换气，组织换气的结果是使流经组织的动脉血转变为静脉血。由于细胞新陈代谢不断地消耗 O_2，不断地产生 CO_2，故组织细胞内的 PO_2 总是低于动脉血，而 PCO_2 总是高于动脉血。O_2 和 CO_2 在组织的换气过程见图5-5 中箭头方向所示。

组织中 PO_2 和 PCO_2 的波动是受组织代谢程度的影响，运动是人体组织新陈代谢剧烈的过程，过多的 O_2 耗和产生 CO_2 增加，使得组织细胞中 PO_2 下降（甚至降到零），PCO_2 升高导致分压差加大。所以人体在运动时，组织换气过程加快，换气量加大。

（三）影响换气的因素

除分压差的大小是影响换气的重要因素外，换气还受其他因素的影响。具体为：

1. 气体的分子量和溶解度

气体扩散速度越快，气体交换也越快。气体扩散速度与分子量的平方根成反比，与溶解度成正比。CO_2 在血浆中的溶解度约为 O_2 的 24 倍，但 CO_2 的分子量（44）大于 O_2 的分子量（32），因此在同样的分压下，CO_2 的扩散速度约为 O_2 的 21 倍。若再观察气体扩散的动力分压差的大小，则呼吸膜两侧的 PO_2 差为PCO_2 差的 10 倍。综合考虑气体的分子量、溶解度以及分压差，CO_2 实际的扩散速度约为 O_2 的 2 倍。所以正常情况很少发生 CO_2 的扩散障碍，往往是机体缺 O_2 显著，而 CO_2 潴留不明显。

从运动角度分析，因 O_2、CO_2 的分子量和溶解度不会改变，那么气体扩散速度和气体交换的能力与气体分压差的关系最为密切。

2. 呼吸膜

肺换气时 O_2 和 CO_2 的扩散必须通过呼吸膜，所以呼吸膜的厚度、面积、通透性都会影响肺换气的效率。呼吸膜的平均厚度约为 0.2～0.6 微米，气体通透性极大。正常成年人肺有 3 亿～4 亿个肺泡，呼吸膜总扩散面积约有 70～100 平方米。安静状态下，呼吸膜扩散面积约需 40 平方米，故呼吸膜有相当大的贮备面积。运动或劳动时可因肺部毛细血管开放数量和开放程度的增加，扩散面积也将大大增大。

此外，肺毛细血管的直径平均不足 8 微米，与红细胞直径相差无几，因此红细胞膜通常能接触到毛细血管壁，O_2、CO_2 不必经过大量的血浆层即可到达红细胞或进入肺泡，缩短了扩散距离，气体扩散速度加快。运动过程中由于血流的加速，使气体在肺部的交换时间减少，这时呼吸膜的厚度和扩散距离的长短对换气来说更有重要性。

3. 通气／血流比值

通气／血流比值是指每分钟肺泡通气量（VA）和每分钟肺毛细血管血流量（QC）之间的比值，简写为 VA／QC。不难理解，要实现肺内适宜的气体交换，除有足够的肺泡通气量和肺血流量，还要求这两者间有恰当的比值。健康成年人安静时每分钟 4200 毫升的肺泡通气量恰好使 5000 毫升静脉血（即安静时心输出量）全部动脉化，VA／QC 比值（4200／5000）为 0.84，此时通气量与血流量匹配最合适，肺换气效率最高。

VA／QC 值小于 0.84，意味着通气不足，血流过剩，部分静脉血流经通气不良的肺泡，使得气体未得到充分的更新，未能变成动脉血就流回了心脏，造成功能性“动-静脉短路”；VA／QC 值大于 0.84，意味着通气过剩，血流不足，使得静脉血被充分动脉化后仍有部分肺泡气未能与血液交换，形成肺泡无效腔。

运动时通气量加大，心输出量增加，肺血流量也加大，这对 VA／QC 值的变化影响不大，但气体的交换得到加强，机体对氧的摄取量提高。

4. 局部器官血流量

对于组织换气而言，组织器官血流量大，有利于组织进行气体交换。如肌肉活动加强时，需氧量增加，组织细胞需从血液中吸收更多的氧。由于血液氧容量不能增加，要满足组织细胞的氧消耗，提高局部器官血流量的意义更重大。

二、气体运输

肺换气和组织换气之间是借助于血液运输 O_2 和 CO_2。血液运输气体有两种方式，即小部分气体是以物理溶解的方式进行运输，而大部分气体以化学结合的方式进行运输。这两种方式是相辅相成的。物理溶解的量虽很少，但很重要，进入血液的气体要先溶解才能发生化学结合，结合的气体也要先溶解才能从血液中逸出。物理溶解与化学结合两者之间处于动态平衡。

（一）氧的运输

进入血液的 O_2 只有约 1.5%溶于血浆，98.5%进入红细胞与血红蛋白（Hb）结合。1 克血红蛋白可结合 1.34～1.36 毫升 O_2，每 100 毫升血液中血红蛋白与 O_2 结合的最大量（约 19～20 毫升），称为血红蛋白的氧容量。每 100 毫升血液中血红蛋白实际与 O_2 结合的量，称为血红蛋白的氧含量。血红蛋白的氧含量所占血红蛋白的氧容量的百分比称为血红蛋白的氧饱和度。若忽略不计血液物理所溶解极少的 O_2，测得血红蛋白的氧含量、血红蛋白的氧容量、血红蛋白的氧饱和度，可以代表血液的氧含量、血液的氧容量和血液的氧饱和度。当动脉血的 PO_2 为96～100mmHg 时，其氧含量为 19 毫升，氧容量为 20 毫升，则氧饱和度为 95%或接近 100%；当静脉血的 PO_2 为 40mmHg 时，其氧含量为 15 毫升，若氧容量不变，则氧饱和度约为 75%。动脉血的氧饱和度高于静脉血的氧饱和度。

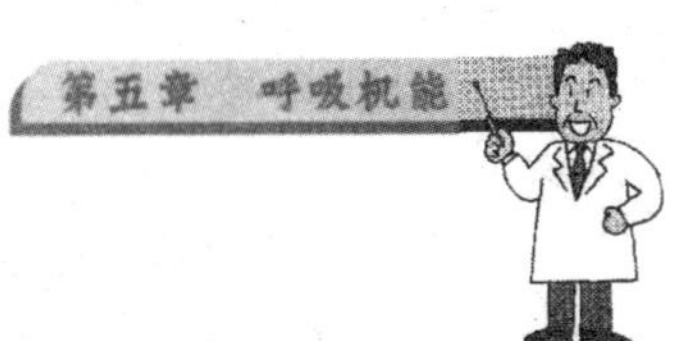

1. 血红蛋白与氧结合

在肺内，PO_2 高，血红蛋白迅速与 O_2 结合，形成氧合血红蛋白（HbO_2），这一过程称为氧结合作用。在 PO_2 低的组织内，血红蛋白迅速释放出 O_2，分离为血红蛋白和 O_2，这一过程称为氧解离作用。血红蛋白结合 O_2 与解离 O_2 的反应迅速、可逆、不需酶的催化，但受 PO_2 高低的影响。血红蛋白与氧结合的方程式为：

$$Hb+O_2 \underset{PO_2\text{低的组织}}{\overset{PO_2\text{高的肺部}}{\rightleftharpoons}} HbO_2$$

2. 氧离曲线

氧离曲线或称氧合血红蛋白解离曲线是表示 PO_2 与血红蛋白结合 O_2 量关系或 PO_2 与氧饱和度关系的曲线。氧离曲线反映了血红蛋白与 O_2 的结合量是随 PO_2 的高低而变化的，这条曲线呈“S”，而不是直线相关，如图 5-6 所示。

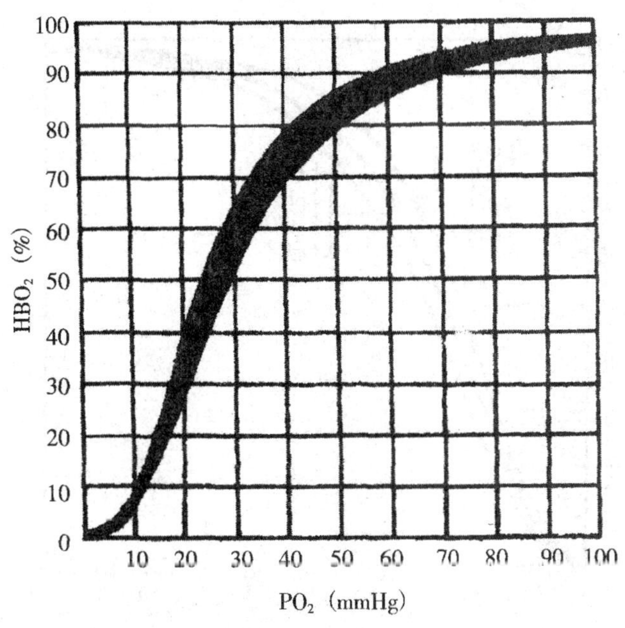

图 5-6 氧离曲线示意图

氧离曲线的这种特点原因在于 1 分子血红蛋白含有 4 个 Fe^{2+}，4 个 Fe^{2+} 在与 O_2 的结合过程中并非同时结合 O_2，而是逐一按四步进行，且相互间有协同效应，即 1 个 Fe^{2+} 与 O_2 结合后，由于血红蛋白变构效应，其他 Fe^{2+} 更易与 O_2 结合。反之，若血红蛋白中的 1 个 O_2 释放出来，其他几个 O_2 也更易放出。当血红蛋白的氧饱和度为 75%时，每分子血红蛋白中已有 3 个 Fe^{2+} 结合了 O_2，这时所剩下的 1 个 Fe^{2+} 与 O_2 的亲和力增加了 125 倍，故氧结合作用愈加明显；若饱和度在 75%以下，说明氧结合的 Fe^{2+} 不足 3 个，亲和力无明显提高，相反氧解离作用愈加明显。因此，氧离曲线呈现特殊的“S”形。

"S"形氧离曲线的上段显示为当 PO_2 在 60～100mmHg 时，曲线坡度不大，形式平坦，即使 PO_2 从 100mmHg 降至 80mmHg 时，血氧饱和度仅从 98%降至96%。这种特点对高原适应或有轻度呼吸机能不全的人均有好处。只要能保持动脉血中 PO_2 在 60mmHg 以上，血氧饱和度仍有 90%，不致造成因供 O_2 不足的而产生的严重后果。因此，氧离曲线的上段，对人体的肺换气有利。

曲线下段显示出 PO_2 在 60mmHg 以下时，曲线逐渐变陡，意味着 PO_2 有所下降，血氧饱和度将明显下降。当 PO_2 为 40～10mmHg 时，曲线更陡，此时 PO_2 稍有下降，血氧饱和度就大幅度下降。释放出大量的 O_2 保证组织换气。这种特点对保证向代谢旺盛的组织提供更多的 O_2 是十分有利的。因此，氧离曲线的下段对人体的组织换气大为有利。

血红蛋白与 O_2 的结合和解离在多种因素的影响下，会使氧离曲线的位置发生偏移。血液中 PCO_2 升高、pH 值降低、体温升高以及红细胞中糖酵解产物2,3–二磷酸甘油酸（2,3－DPG）的增多都会使血红蛋白对 O_2 的亲和力下降，氧离曲线右移，从而使血液释放出更多的 O_2；反之，血液中 PCO_2 下降、pH 值升高、体温降低和 2,3–DPG 的减少使血红蛋白对 O_2 的亲和力提高，氧离曲线左移，从而使血液结合更多的 O_2（图 5–7）。

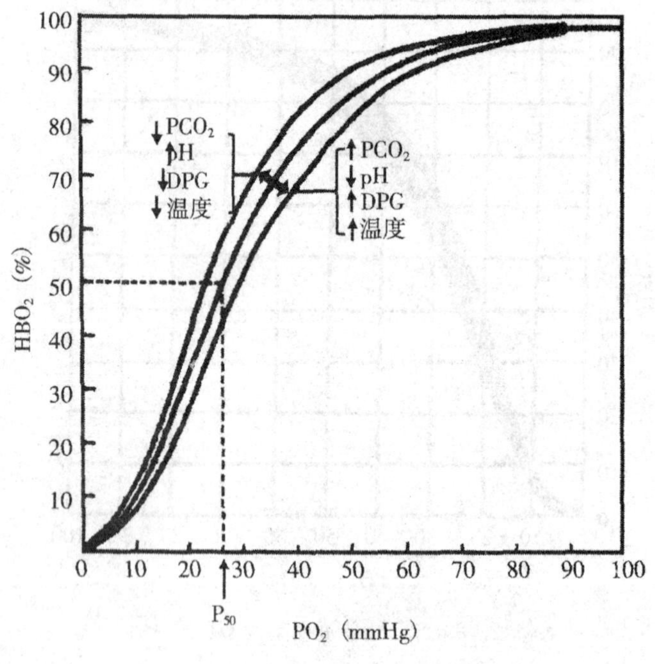

图 5–7　影响氧离曲线的主要因素

运动过程中，由于肌肉代谢加强，H^+ 和 CO_2 的产生增多，使得体温上升、血中PCO_2 升高、pH 值降低、2,3－DPG 也显著增多（从平原进入海拔较高的高山时，红细胞中 2,3-DPG 也会增加），这些原因都会导致氧离曲线向右移动。氧离曲线的右移，说明在相同的 PO_2 下，血液中 HbO_2 能解离出更多的 O_2，能为机体提供更多的 O_2。另外，一氧化碳（CO）与血红蛋白的亲和力比 O_2 与血红蛋白的大 200 倍，可以和 O_2 竞争与血红蛋白的结合，减少血液对 O_2 的运输，从而向组织扩散的 O_2 量下降，造成组织的呼吸窒息。

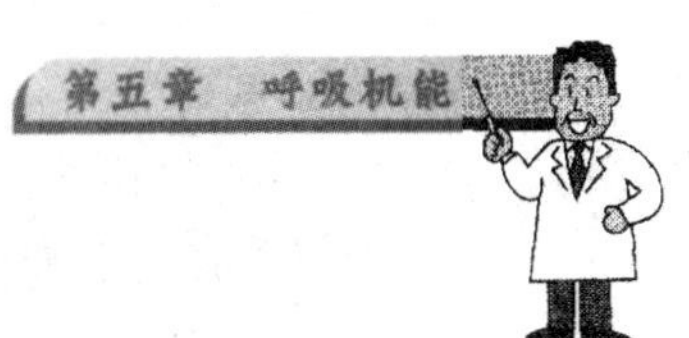

3. 氧储备

在正常情况下，O_2除维持体内的代谢消耗外，O_2还储存在体内一小部分待用。储存在血液和肺中的O_2约有1300～2300毫升，储存在肌红蛋白中的O_2约有240～500毫升。肌红蛋白存在于骨骼肌、心肌和肝脏中，其化学结构与血红蛋白相似。肌红蛋白与O_2的亲和力比血红蛋白强，在无氧代谢肌细胞PO_2极度下降时，氧合肌红蛋白才发挥作用。它能释出结合O_2的90%供肌肉代谢。红肌纤维含有的肌红蛋白多于白肌纤维。

4. 氧利用率

每100毫升动脉血流经组织时所释放的O_2占动脉血氧含量的百分数，称氧利用率。计算方法如下：

$$\text{氧利用率} = \frac{\text{动脉血氧含量} - \text{静脉血氧含量}}{\text{动脉血氧含量}} \times 100\%$$

安静时，动脉血PO_2为100mmHg时的血氧饱和度约为98%。正常人每100毫升血液的氧含量较恒定（约20毫升）。静脉血PO_2为40mmHg时的血氧饱和度约为75%，则每100毫升静脉血的氧含量应为15毫升（20×75%=15毫升）。因此，氧利用率为［(20－15)／20］×100%=25%。剧烈活动时肌肉的PO_2可降到20mmHg，甚至到“0”。若以PO_2在20mmHg为例，氧饱和度约为35%，而静脉血的氧含量应为（35／100）×20=7毫升（放出13毫升氧）。这时氧利用率则为(13／20）×100%=65%，比安静时高2.6倍。在剧烈运动中，局部血流量增加3倍以上，氧利用率也提高3倍以上。因此，毛细血管血液与细胞之间的PO_2差增加，使O_2的供应比安静时高出9倍或更多，氧利用率接近100%。氧利用率可以作为评定训练程度的指标之一。

5. 氧脉搏

心脏每次搏动输出的血量所摄取的氧量，称为氧脉搏，可以用每分摄氧量除以每分心率计算。氧脉搏越高，说明心肺功能好、效率高。据研究，氧脉搏在心率为130～140次／分时，最高值为11～17毫升，心率过快时则有下降趋势。但目前也有运动员在从事剧烈活动时，氧脉搏值可高达23毫升。氧脉搏可作为判定心肺功能的综合指标。

6. 氧通气当量

氧通气当量是指每分肺通气量和每分摄氧量的比值（$VE／VO_2$）。氧通气当量小，说明氧的摄取效率高，它是评价呼吸效率的一项重要指标。

人体在安静时每分钟肺通气量为6升，每分摄氧量为0.25升，这时氧通气当量为24（6升／0.25升）。这也就是说，机体必须从24升的通气量中才能摄取到1升氧气。在最大强度运动中，最大肺通气量可达190L／min，最大摄氧量达5L／min，氧通气当量可达35，这说明在运动时肺通气能力的增加相对高于摄氧量的增加。而在相同强度运动时，优秀耐力运动员的VE/VO_2较一般人低，提示在相同摄氧量情况下，运动员的肺通气量比无训练者要少；在相同肺通气量情况下，运动员的摄氧量较无训练者要大，即

呼吸效率高，能完成的运动强度也大。

（二）二氧化碳的运输

CO_2从组织进入血液后物理溶解的量较少，只占总运输量的6%，血液中的CO_2大部分是化学结合形式存在的。CO_2的化学结合形式有两种：一种是形成碳酸氢盐的形式（$NaHCO_3$，$KHCO_3$），这种结合方式占总运输量的87%；另一种是形成氨基甲酸血红蛋白的形式（HbNHCOOH），此种结合方式占总运输量的7%。

1. 碳酸氢盐形式的运输

组织细胞代谢所产生的CO_2进入血液，主要是以HCO_3^-的形式运输。HCO_3^-在血浆中形成$NaHCO_3$，在红细胞中形成$KHCO_3$，随血液循环运送至肺部。

由于CO_2和H_2O生成H_2CO_3的反应需要CA（carbonic anhydrase，碳酸酐酶）的催化，而CA在血浆中极少，在红细胞中含量丰富，所以该反应是在红细胞中进行。CO_2在CA的催化下与H_2O结合形成H_2CO_3，后解离为H^+与HCO_3^-，即：$CO_2+H_2O \rightarrow H_2CO_3 \rightarrow H^+ + HCO_3^-$。随着红细胞中$HCO_3^-$浓度逐渐升高，大部分$HCO_3^-$可顺浓度差向血浆扩散，并与血浆中的$Na^+$结合成$NaHCO_3$，少部分在红细胞内与$K^+$结合成$KHCO_3$。由于红细胞对正离子的通透性很小，正离子不能伴随$HCO_3^-$透出红细胞，势必要造成红细胞膜内外的电位差。因此，HCO_3^-在透出红细胞的同时，血浆中的Cl^-向红细胞内转移，以保持两侧离子电荷的平衡，这一现象称为氯离子转移。H_2CO_3解离出来的H^+也必须及时移去，才有利于反应继续进行。Hb能够有效地接受H^+，形成还原血红蛋白(HHb)。因此，在组织毛细血管中，HbO_2放出O_2后与H^+结合，这不仅能促进更多的CO_2转变为HCO_3^-，有利于CO_2的运输，而且还能促使更多O_2的释放，有利于向组织供O_2（见图5-8）。

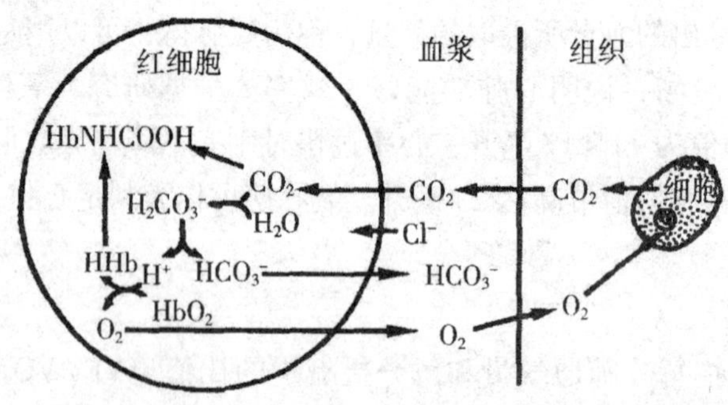

图5-8 体循环毛细血管中的气体交换

当血液流经肺部时，上述反应向图5-8箭头的反方向进行。HHb从肺泡中摄取O_2形成HbO_2和H^+，在红细胞中H^+与HCO_3^-合成的H_2CO_3，经CA催化为CO_2和H_2O，CO_2由肺泡呼出。由于CO_2的不断呼出，血浆中的HCO_3^-不断进入红细胞，为保持离子的平衡，Cl^-又透出血浆，完成Cl^-的又一次转移。

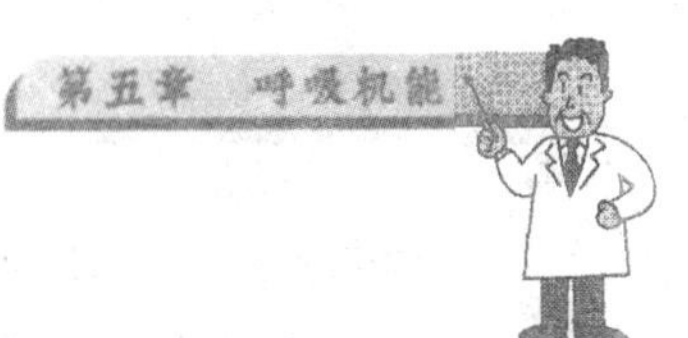

2. 氨基甲酸血红蛋形式的运输

CO_2 进入红细胞后，可直接与 Hb 分子上的自由氨基（$-NH_2$）结合，形成氨基甲酸血红蛋白（HbNHCOOH）。即：

$$HbNH_2 + CO_2 \rightleftharpoons HbNHCOOH$$

上述反应特点是迅速、可逆、无需酶催化、运输效率高等。这种反应除受 PCO_2 的影响外，还受 Hb 与 O_2 结合作用的影响。在组织内 PO_2 低，HbO_2 释放 O_2 而结合 CO_2 形成 HbNHCOOH；在肺内 PO_2 高，HbNHCOOH 释放 CO_2 而结合 O_2 形成 HbO_2。用这种方式运输 CO_2 的量，虽只占 CO_2 总运输量的 7%，但在肺部排出 CO_2 的总量中，由 HbNHCOOH 解离出来的 CO_2，却占 20%～30%。

（三）呼吸与酸碱平衡

血液在运输 CO_2 过程中，形成了 H_2CO_3 与 $NaHCO_3$，二者是血液中的重要缓冲物质，通常 $H_2CO_3 / NaHCO_3$ 的比值为 1/20。当代谢产物中有大量酸性物质时，它们与 HCO_3^- 作用生成 H_2CO_3，后者分解为 CO_2 和 H_2O，使血中 PCO_2 上升，导致呼吸运动加强，CO_2 排出量增加，因而血浆中 pH 值的变化不大；同样的当体内碱性物质增多时，与 H_2CO_3 作用使血中 $NaHCO_3$ 等盐浓度的增高，于是 H_2CO_3 浓度和 PCO_2 降低，导致呼吸减弱，呼吸的减弱又使 H_2CO_3 浓度逐渐回升，维持了其与 $NaHCO_3$ 的正常比值，因此对血浆 pH 值的影响也较小。

由此可见，如果血液酸碱度发生变化时，呼吸机能可以及时发生代偿反应。此外，肾脏在维持酸碱平衡中也起着重要作用。总之，人体的酸碱平衡是依靠血液的缓冲作用以及呼吸和肾脏的作用共同进行调节的。

第三节 呼吸运动的调节

正常的呼吸运动总是自动有节律地进行。随着机体活动、代谢水平的改变，呼吸的频度和深度会发生相应的改变，这种适应机体代谢需要的呼吸运动是一种非意识性节律活动。但产生呼吸运动的呼吸肌属于骨骼肌，在清醒状态下，呼吸运动在一定程度上可受大脑皮质有意识的控制。因此，呼吸运动除了具有这种自主性的基本特征外，还有一定的随意性。

一、调节呼吸运动的神经系统

（一）呼吸运动的神经支配

支配膈肌的神经是膈神经，其运动神经元位于颈髓 3、4 段的灰质。肋间肌受肋间神经支配，其运动神经元在脊髓胸段的灰质前角。若在动物的中脑上下丘之间横切，基本保留了脑干，则动物的呼吸能保持正常活动；若在延髓下做横切，仅保留脊髓，则动物的呼吸停止。可见，节律性呼吸是由延髓和脑桥通过膈神经和肋间神经进行调节的。

（二）呼吸中枢

在中枢神经系统内，有许多调节呼吸运动的神经细胞群，称为呼吸中枢。上自大脑皮质、下丘脑及脑干，下至脊髓，均有控制呼吸运动的神经细胞群。

动物实验证明，调节呼吸运动的主要中枢在延髓和脑桥。在脑桥上部为呼吸调整中枢，有抑制吸气、调整呼吸节律的作用。脑桥下部为长吸中枢，可加强吸气。延髓既有吸气中枢，也有呼气中枢，能自动产生节律性的呼吸，所以称延髓为呼吸基本中枢。

呼吸还受脑桥以上部位如大脑皮质、边缘系统、下丘脑等的影响，特别是大脑皮质对呼吸运动可以在一定范围内进行随意调节。如讲话、唱歌、吹奏乐器以及运动过程中根据技术动作要求进行的憋气和重新调整呼吸节奏等，都是靠大脑皮质对呼吸肌的随意调节实现的。正常人的呼吸运动可以通过大脑皮质建立条件反射。

二、呼吸运动的反射性调节

呼吸运动直接受呼吸中枢的控制，但呼吸中枢的活动也受来自呼吸器官本身的各种感受器传入冲动的反馈影响。

（一）肺牵张反射

由肺扩张或缩小引起吸气抑制或兴奋的反射，称为肺牵张反射。肺牵张反射的感受器主要分布在支气管及细支气管的平滑肌内。吸气时，肺扩张牵拉感受器引起兴奋，神经冲动经迷走神经纤维传入延髓吸气中枢，从而使吸气中枢产生抑制作用，终止吸气转为呼气。呼气时，肺缩小，牵拉感受器的刺激减弱，传入冲动减少，解除了对吸气中枢的抑制，吸气中枢再次兴奋，产生吸气，从而又开始一个新的呼吸周期。

肺牵张反射是典型的负反馈调节，其生理意义在于维持呼吸的节律性，使吸气不致过长过深。肺牵张反射调节活动与脑桥呼吸调整中枢共同调节呼吸的频率和深度。运动时发生的肺牵张反射，对呼吸频率和深度的调节更具有重要意义。

（二）呼吸肌的本体感受性反射

呼吸肌本体感受性反射指的是呼吸肌本体感受器传入冲动所引起的反射性呼吸变化。呼吸肌内存在着本体感受器（肌梭），肌梭接受肌肉的机械牵拉刺激。当呼吸肌被动拉长或呼吸肌气道阻力加大时，肌梭受到牵拉产生兴奋，兴奋通过脊神经达到脊髓，反射性地使肌梭所在部位的呼吸肌收缩加强。切断相应的脊神经传入背根，这种反射活动即减弱或消失。

除呼吸肌外，身体躯干、四肢的肌肉和关节，都存在着本体感受器。人在运动或劳动时，躯干、四肢的本体感受器受到牵拉刺激，亦可反射性地引起呼吸的加强。所以，无论身体何部位的肌肉，只要其本体感受器肌梭受到牵拉刺激都会使呼吸加强，这种反射属于正反馈的调节。

（三）防御性呼吸反射

在整个呼吸道都存在着感受器，它们是分布在呼吸黏膜上皮的迷走传入神经末梢，受到机械或化学刺激时，引起防御性呼吸反射，以清除激惹物，避免其进入肺泡。如咳嗽反射、喷嚏反射等。

（四）呼吸节律的形成

关于呼吸节律形成的机制，迄今比较公认的是“局部神经元回路反馈控制”假说。假说认为延髓内有一个“吸气活动发生器”，引发吸气神经元呈平稳逐渐增强性放电，产生吸气；延髓内还有一个“吸气切断机制”，使吸气切断而产生呼气。吸气活动发生器产生的兴奋，可分别传至：①脊髓吸气肌运动神经元，引起吸气肌收缩，产生吸气；②脑桥呼吸调整中枢，加强其活动；③吸气切断机制，使其兴奋，进而返回吸气活动发生器产生抑制作用。

吸气切断机制接受来自延髓吸气神经元、脑桥呼吸调整中枢和肺牵张感受器的冲动。随着吸气过程的进行，来自这几个方面的冲动逐渐增多，当达到吸气切断机制的兴奋阈值时，吸气切断机制兴奋，发出的冲动传到吸气活动发生器或吸气神经元，以负反馈形式终止其兴奋，发生抑制，从而使吸气停止，转为呼气。如此周而复始即形成自动呼吸节律，见图 5-9。至于吸气是如何发生的，呼气后如何转为吸气，呼吸加强时呼气又是如何成为主动的，目前了解较少，还有待进一步研究和探索。

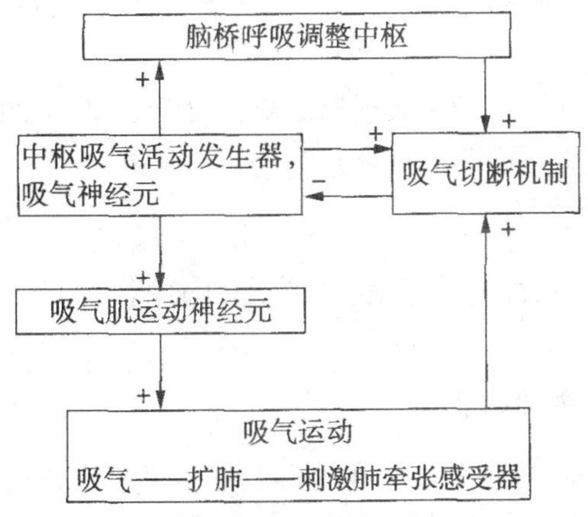

图 5-9 呼吸节律形成机制简化模式图

+：表示兴奋 −：表示抑制

三、化学因素对呼吸的调节

化学因素对呼吸的调节也是呼吸反射性调节的一类。化学因素是指动脉血液中的O_2、CO_2和H^+。机体通过呼吸调节血液中O_2、CO_2和H^+的浓度，血液中O_2、CO_2和H^+浓度的变化又通过化学感受器调节着呼吸运动，如此形成的控制环维持着内环境PO_2、PCO_2及pH值的相对稳定。血液中这些因素发生改变，可从肺通气的变化反映出来。

（一）化学感受器

化学感受器是指其能接受化学物质刺激的感受器。参与呼吸调节的化学感受器因其所在的部位不同，分为外周化学感受器和中枢化学感受器。

1. 外周化学感受器

外周化学感受器位于颈内外动脉分叉处的颈动脉体和主动脉弓血管壁外的主动脉体。其中绝大多数化学感受器存在于颈动脉体，所以颈动脉体对呼吸中枢的影响远大于主动脉体。当血液PO_2降低、PCO_2升高及pH值降低时，外周的化学感受器兴奋，其发放的冲动，颈动脉体的由窦神经传入呼吸中枢，主动脉体的由主动脉神经传入呼吸中枢。

2. 中枢化学感受器

中枢化学感受器位于延髓腹外侧的浅表部位。中枢化学感受器主要接受其周围脑脊液中CO_2、H^+的刺激，但最直接的感受是由CO_2而产生的H^+的刺激。这是因为血脑屏障使脑脊液与血液分开，血脑屏障限制了血液中H^+的通过，但CO_2可以自由通透。通过血脑屏障的CO_2与H_2O在CA的催化下，形成H_2CO_3并解离为H^+和HCO_3^-. 由此产生的H^+直接刺激中枢化学感受器，中枢化学感受器的冲动通过一定的神经联系，兴奋了延髓呼吸中枢。由于延髓脑脊液中CA的含量很少，CO_2与H_2O的反应较慢，所以中枢化学感受器对CO_2的反应有一定的时间延迟，潜伏期长，落后于外周化学感受器对CO_2的反应。

此外，由于血液中H^+不易通过血脑屏障，故血液pH值的变化对中枢化学感受器直接作用不大。中枢化学感受器也不感受O_2变化的刺激。

（二）二氧化碳、氢离子和氧对呼吸的影响

1. 二氧化碳对呼吸的调节

CO_2对呼吸有很强的刺激作用，它是维持正常呼吸的最重要生理性刺激。人在过度通气后可发生呼吸暂停，就是由于过度通气排出了较多的CO_2，使血液PCO_2下降，以致对呼吸中枢的刺激减弱所引起。反之，吸入气中CO_2浓度适当增加，可使呼吸运动加

深加快。例如，吸入气的 CO_2 增加到 1%时，肺通气量即已增加；吸入气的 CO_2 增加到 4%时，肺通气将超过正常时的一倍以上。一般情况下，吸入气中的 CO_2 不超过 7%，都是通过增大肺通气量，呼出更多的 CO_2，而使肺泡气的 PCO_2 保持在一定的范围内。但吸入气中 CO_2 进一步增多，超过10%以上，肺通气量不能再作相应的增加，致使肺泡气和动脉血 PCO_2 明显增高，体内 CO_2 堆积，抑制了中枢神经系统的活动，包括抑制呼吸中枢，产生呼吸困难、不安、头痛、头昏，甚至昏迷。

对呼吸的刺激作用是通过两条途径实现的：一条是刺激外周化学感受器，冲动传入延髓呼吸中枢，使其兴奋，反射性加深加快呼吸；另一条是通过刺激中枢化学感受器，再经神经联系兴奋延髓呼吸中枢，使呼吸加深加快。这两条途径中后一条是起主要作用的。

2. 氢离子对呼吸的调节

动脉血［H^+］（氢离子浓度）增加，呼吸加深加快；［H^+］降低，呼吸受到抑制，肺通气量减少，如图 5-10 所示。H^+ 对呼吸的调节也是通过刺激外周及中枢化学感受器而实现的。但由于 H^+ 不易通过血脑屏障，限制了血液［H^+］升高对中枢化学感受器的作用，所以，血液［H^+］增加时，是以刺激外周化学感受器为主。

3. 低氧对呼吸的调节

吸入气中 PO_2 降低，肺泡气、动脉血 PO_2 也随之降低，导致呼吸加深加快，肺通气量增加（见图 5-10），这是通过刺激外周化学感受器实现的。低 O_2 对中枢化学感受器不起作用。但低 O_2 对呼吸中枢有直接的抑制作用，即低 O_2 使呼吸中枢的神经元缺氧，从而降低了呼吸中枢的机能反应，使呼吸运动受到抑制。这种抑制效应随着缺 O_2 程度的加深而加强。轻微缺 O_2 时，来自外周化学感受器的传入冲动引起的呼吸中枢兴奋，能对抗轻度缺 O_2 对呼吸中枢的直接抑制作用，反射性地加强了呼吸；严重缺 O_2 时，来自外周化学感受器的传入冲动引起的呼吸中枢兴奋，对抗不了深度缺 O_2 对呼吸中枢的直接抑制作用，使呼吸减弱，甚至停止。

4. PCO_2、H^+ 和 PO_2 三个因素在调节呼吸中的相互作用

图 5-10 所示的是保持其他两个因素不变而只改变其中一个因素时的单因素通气效应。可以看出 PO_2 下降对呼吸的影响较慢、较弱，而 PCO_2 升高和 H^+ 浓度升高与低 O_2 不同，只要略有升高，通气就明显增大，PCO_2 升高的作用尤为突出。

但实际情况不可能是单因素的改变而其他因素不变。往往是一种因素的改变会引起其余一二种因素相继改变或几种因素的同时改变，三者间相互影响、相互作用，既可因相互总和而加大，也可因相互抵消而减弱。图 5-11 为一种因素改变，另两种因素不加控制时的情况。可以看出：PCO_2 升高时，［H^+］也随之升高，两者的作用总和起来，使肺通气较单独 PCO_2 升高时为大；［H^+］增加时，因肺通气增大排出更多 CO_2, PCO_2 下降，抵消了一部分 H^+ 的刺激作用。另外 CO_2 含量的下降，也使［H^+］有所降低。这两者均使肺通气的增加较单独［H^+］升高时为小；PO_2 下降时，也因肺通气量增加，呼出较多的 CO_2, 使 PCO_2 和［H^+］下降，而减弱了低 O_2 的刺激作用。

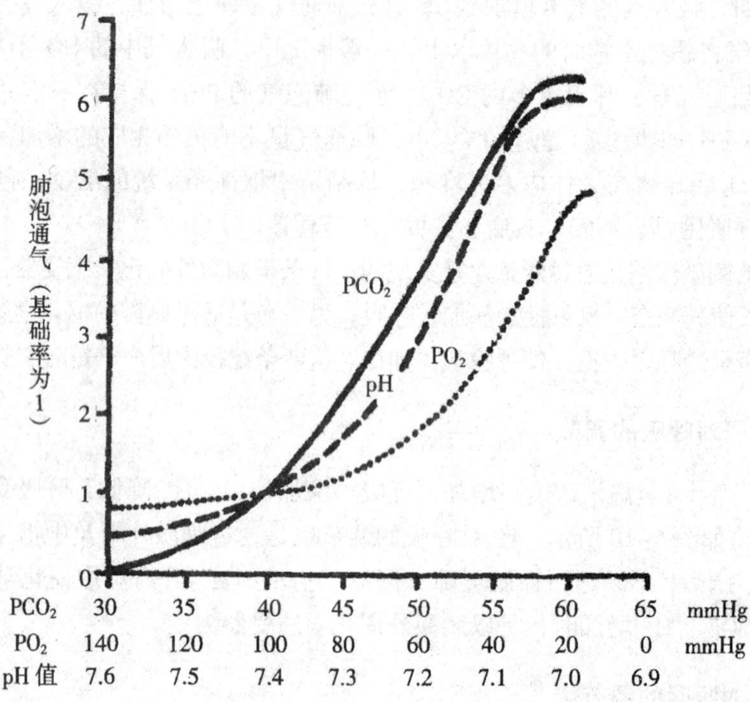

图 5-10 动脉血液 PCO_2、PO_2、pH 值改变对肺泡通气的影响

注：仅改变一种体液因素而保持另两种于正常水平时的情况

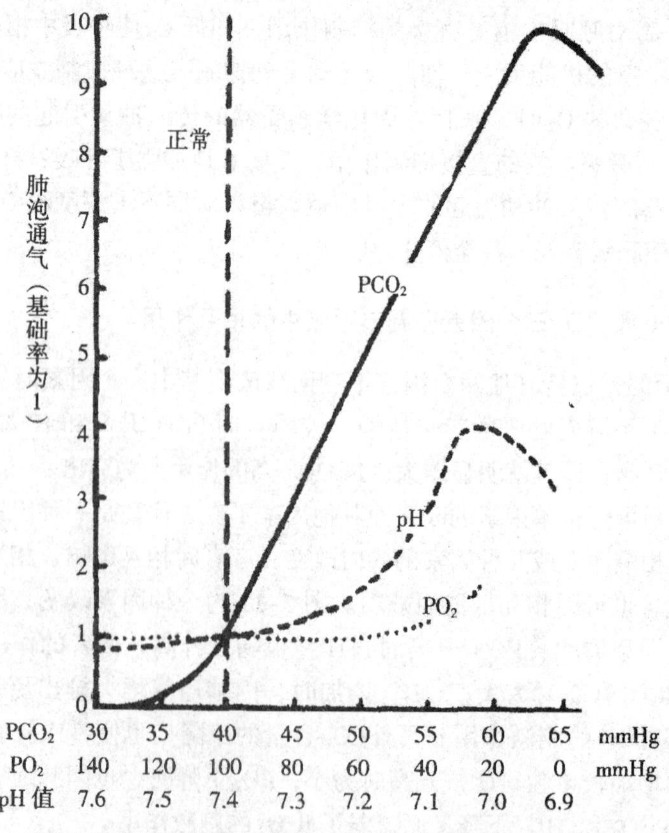

图 5-11 动脉血液 PCO_2 升高、PO_2 降低、pH 值降低的综合改变对肺泡通气的影响

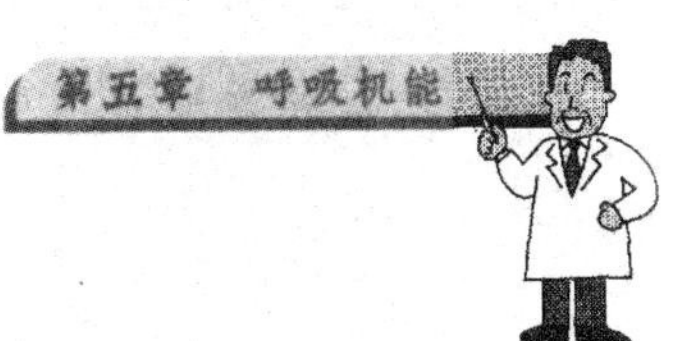

第四节 运动对呼吸机能的影响

运动时机体代谢加强，呼吸系统也将发生一系列变化，以适应机体代谢的需求和保证技术动作的顺利完成。

一、运动时通气机能的变化

运动时随着运动强度的增大，机体为适应代谢的需求，需要消耗更多的O_2和排出更多的CO_2。为此，通气机能将发生相应的变化。

运动时机体表现为呼吸加深加快，肺通气量增加。潮气量可从安静时的500毫升上升到2000毫升以上，呼吸频率也随运动强度而增加，可由每分钟12~18次增加到每分钟40~60次。结合潮气量与呼吸频率的变化，运动时的每分通气量可从安静时的每分钟6~8升增加到80~150升，较安静时可增大10~12倍(图5-12)。

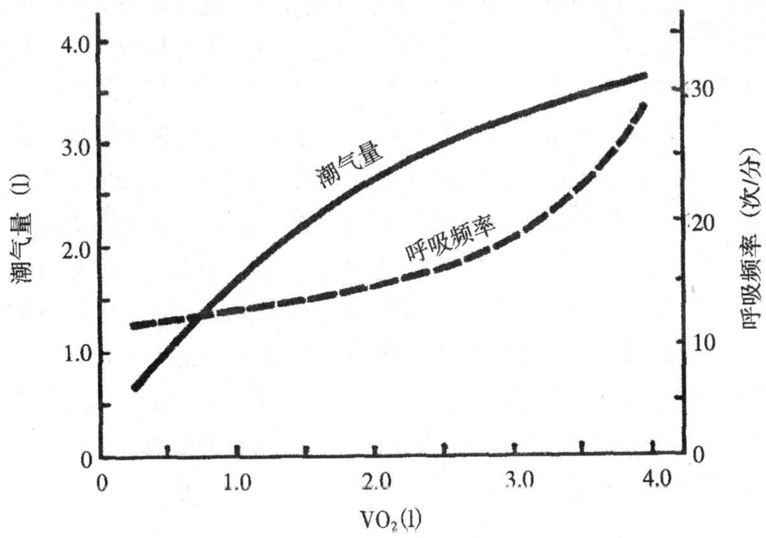

图5-12 不同强度运动时潮气量和呼吸频率的变化

运动过程中肺通气量的时相性变化：运动开始后，通气量立即快速上升，随后在前一时相升高的基础上，出现持续的缓慢的上升；运动结束时，肺通气量同样是先出现快速下降，随后缓慢地恢复到安静时的水平（图5-13）。通气量迅速升、降的时相，称为快时相；缓慢升、降的时相称为慢时相。在中等强度运动中，肺通气量的增加主要是靠呼吸深度的增加。而在进行剧烈运动时，肺通气量的增加则主要是靠呼吸频率的增多来实现的。呼吸深度和呼吸频率的增加，意味着呼吸运动的加剧，因此用于通气的氧耗也将增加。据研究，人体在安静时用于通气的耗氧量只占总耗氧量的1%~2%，剧烈运动时则可增加到8%~10%。

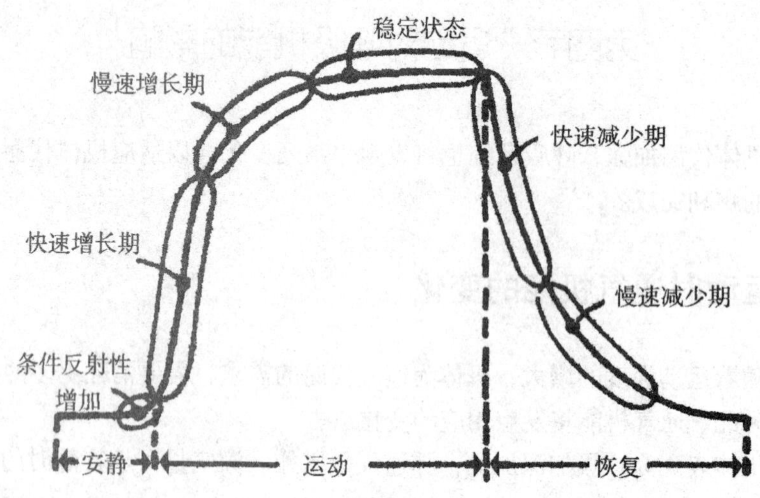

图 5-13 亚极量运动通气的变化

通气的目的是为了 O_2 的摄入和 CO_2 的排出，尤以 O_2 的摄入更为重要。一定 O_2 的摄入是需要一定的通气量作保证。氧通气当量是指每分钟的通气量（VE）与摄氧量（VO_2）的比值，安静时约为 24，即机体必须从 24 升的通气量中才能摄取到 1 升的氧。研究表明，人体在从事不超过 50%$\dot{V}O_{2max}$ 的运动时，氧通气当量保持恒定不变；若从事超过 50%$\dot{V}O_{2max}$ 的运动，每分通气量的增加将明显的大于每分摄氧量的增加，即氧通气当量增加到 30～35，这时，机体要从 30～35 升的通气中才能摄取 1 升氧。显然，运动强度增加到 50%$\dot{V}O_{2max}$ 以上时的摄 O_2 效率降低。氧通气当量越小，O_2 的摄取效率越高。运动生理学上把呼吸当量最小的一点称为最佳呼吸效率点（POE）。已有研究表明，50%$\dot{V}O_{2max}$ 的运动负荷时呼吸当量最小，有训练的耐力性运动员甚至可以低于 20。当氧通气当量增大至 30~35 时，标志着 O_2 的摄取效率已十分低下，无训练者已坚持不了较长时间的运动，但有高度训练水平的运动员，氧通气当量达 40～60 时仍能奋力运动。在运动负荷相同时，优秀的耐力项目运动员的氧通气当量较非耐力项目运动员小。

肺的通气功能与肺容量紧密相关，横向研究表明，有训练者的肺容量的各个成分（主要是深吸气、补呼气）都比无训练者的大，这是呼吸功能良好适应运动训练的结果。

二、运动时换气机能的变化

运动时换气机能的变化，主要是通过 O_2 的扩散和交换来体现。

肺换气的具体变化为：①人体各器官组织代谢的加强，使流向肺部的静脉血中 PO_2 比安静时低，从而使呼吸膜两侧的 PO_2 差增大，O_2 在肺部的扩散速率增大；②血液中儿茶酚胺含量增多，导致呼吸细支气管扩张，使通气肺泡的数量增多；③肺泡毛细血管前括约肌扩张，开放的肺毛细血管增多，从而使呼吸膜的表面积增大；④右心室泵血量的增加也使肺血量增多，使得通气血流比值仍维持在0.84 左右。但剧烈运动也会造成过度的通气，使通气血流比值大于 0.84。这些因素的变化，使得耗氧量为 4L/min 的运动时，肺的氧扩散容量达到60ml/(min·mmHg)，当运动使耗氧量为6L/min，氧扩散容量可增加到80ml/(min·mmHg)。不参加体育锻炼的人，20岁以后，肺换气功能将日趋降低，而经常参加体育锻炼的人，肺换气功能降低的自然趋势将推迟。

组织换气的具体变化为：①由于活动的肌肉组织需利用较多的O_2来氧化能量物质以重新合成ATP，所以活动的肌肉组织耗氧量增加，组织的PO_2下降迅速，使组织和血液间的PO_2差增大，O_2在肌肉组织部位的扩散速率增大；②活动组织毛细血管开放数量增多，增大了组织血流量，增大了气体交换的面积；③组织中由于CO_2积累PCO_2的升高和局部温度的升高使氧离曲线发生右移，促使HbO_2解离进一步加强。运动时组织的这些变化，促使肌肉的O_2利用率的提高，肌肉的代谢率可较安静时增高达100倍。

三、运动时呼吸的调节

运动时呼吸（肺通气量）的调节是属于多因素的调节，包括神经机制和体液机制两个方面的因素，其中神经调节机制起着主导作用（图5-14）。

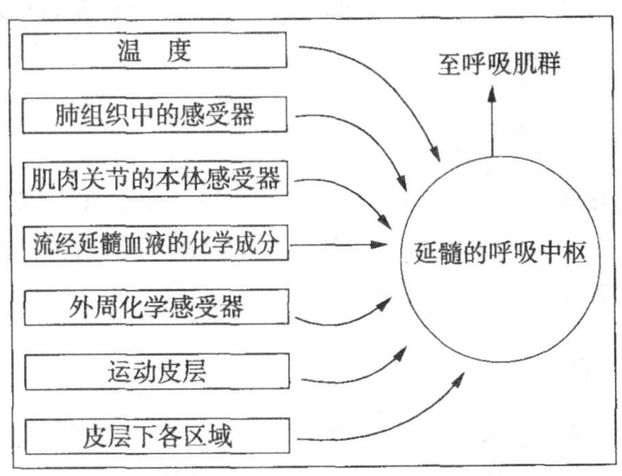

图5-14　运动时肺通气的多因素调节

（一）神经调节

1. 条件反射的影响

很多实验证明，在准备运动时呼吸功能即已加强，这种现象是在经常运动过程中所形成的条件反射。进行运动时，与运动有关的语言信号和周围环境中的各种因素经常同肌肉活动时呼吸的变化相联系，多次重复即可形成条件反射。以后当有相应的刺激出现时，即可引起呼吸功能的相应变化。比赛开始前出现呼吸加深加快的赛前反应，就是大脑皮质对环境条件变化作出的反应，从而为即将开始的运动提前作好准备。

2. 大脑皮质运动中枢的影响

运动时肺通气量的增强是由大脑皮质运动区的神经冲动刺激呼吸中枢所引起的，即大脑皮质在发出神经冲动使肌肉收缩的同时，也发出冲动到达脑干呼吸中枢，使之发生兴奋，从而增强呼吸。

3. 本体感受性反射的影响

动物实验发现，为排除肌肉主动收缩带来的其他调节因素的影响，给予动物肢体被动运动也可使肺通气量立即增大，如切断肢体的传入神经或背根，则这一反应消失。以上现象说明这是一种反射活动，即当肢体在做活动时，位于肌肉和关节的本体感受器受到牵拉刺激，产生的冲动传到呼吸中枢，从而可引起肺通气量的增加。

（二）体液调节

体液调节机制是指由血液中一些化学成分的改变刺激周围或中枢化学感受器，而引起的呼吸增强。但大量实验说明，这种 CO_2、［H^+］增加和 O_2 减少的刺激，对加强运动时通气的作用较神经调节的小。

1. 二氧化碳增加对呼吸的影响

当健康人在不断增加工作负荷时，通气量可以 5 倍、10 倍或 15 倍的增加，而动脉血 PCO_2 却无任何改变。这说明如果动脉血 PCO_2 没有相当数量的改变，那么 CO_2 就不可能是引起运动时呼吸增加的主要刺激因素。

2. 缺氧对呼吸的影响

关于缺 O_2 对呼吸的刺激作用也有很多实验研究。通过测量在运动期间平均动脉血的 PO_2，发现仅有很小的变化，而颈动脉体和主动脉体中 O_2 的化学感受器对这些很小的变化是不敏感的。所以认为运动时的呼吸增强不会是由低 O_2 刺激所引起的。但也有实验发现，在轻度运动期间，呼吸增强和 O_2 的消耗之间具有显著的相关；在稳定运动期间，以吸入纯 O_2 代替吸入空气时，通气量减少 10%～15%。这些现象是否与 O_2 的变化刺激了化学感受器而引起呼吸的改变有关联，还待进一步证实。

3. 氢离子浓度增加对呼吸的影响

当进行轻度或中等强度运动时，机体由有氧代谢供给能量，此时通气量的增加可以满足 O_2 需要的增加，代谢终产物为 CO_2 和 H_2O，pH 值保持正常稳定，这时［H^+］很低，对化学感受器的刺激可忽略不计；当进行强度大的运动时，通气量的增加不能满足机体对 O_2 的需求，有一部分能量需靠糖的酵解来供给，这就造成酸性终产物（乳酸）的积累。但血液中的碱性缓冲物质可在一定的范围内将乳酸中和缓冲。只有在进行剧烈运动过程中，即贮备的碱性缓冲物质过多的消耗后，$[H^+]$ 上升，血液的 pH 值才有所下降。因此，动脉血 $[H^+]$ 增加只能看作是剧烈运动时呼吸增强的因素之一。

此外，运动时体液温度的升高，通过体温调节机制，在促使肺通气量的增加中可能也有较重要的作用。运动时静脉血回流量的增加，腔静脉和右心房的传入冲动对呼吸也有一定刺激作用。

综上所述，运动时呼吸的变化，可能是多种因素共同调节的结果。其中神经调节机制起主要作用，而体液机制和其他因素则起辅助和调整作用。例如，图 5-13 是运动时通气量的变化，通气量迅速升、降的快时相可能是由神经机制引起的，而在升与降快时相基础上的通气量慢时相，则可能是体液中化学因素的作用所致。由于这些因素共同协调作用，使肺通气量能随着运动的类型、运动强度、持续时间和环境因素等的改变而改变，从而达到精确的适应。

四、运动时合理呼吸

运动时进行合理的呼吸，有利于保持内环境的基本恒定，有利于提高训练效果和充分发挥人体的机能能力，以创造优异的运动成绩。可见合理的呼吸方法应成为该项运动技能的有机组成部分。教师应像传授动作技术一样，培养学生掌握适于该项运动特点的呼吸技巧。以下是几种改善呼吸方法的原则。

（一）减小呼吸道阻力

正常人安静时由呼吸道实现通气。通过呼吸道的呼吸，达到空气净化、湿润、温暖或冷却（当气温高于体温时）的作用。但在剧烈运动时，为减少呼吸道阻力，人们常采用以口代鼻，或口鼻并用的呼吸。其利有三：①减少肺通气阻力，增加通气；②减少呼吸肌为克服阻力而增加的额外能量消耗，推迟疲劳出现；③暴露满布血管的口腔潮湿面，增加散热途径。据研究，运动时增加口的通气，肺通气量由仅用鼻呼吸的 80L/min，增至 173L/min。但应注意，在严寒季节里进行运动，张口不宜过大，尽可能使吸入空气经由口腔加温后再通过咽喉、气管入肺。

（二）提高肺泡通气效率

提高肺通气量的方法，有增加呼吸频率和增加呼吸深度两种方式。据研究，呼吸频率是随着运动强度的增加而增加，并经 2~4 分钟达到稳定状态。而呼吸深度和肺通气量则须经 3~5 分钟才达到稳定状态。剧烈运动时，呼吸频率和肺通气量迅速上升，而呼吸深度反而变浅。运动时（尤其是耐力运动），期望在吸气时肺泡腔中有更多的含 O_2 新鲜空气，呼气时能呼出更多的含 CO_2 的代谢气体，因此，提高肺泡通气量比提高肺通气量意义更大。表浅的呼吸只能使肺泡通气量下降，新鲜空气吸入减少，这是由于解剖无效腔存在的缘故。而深呼吸能吸入肺泡腔中更多的新鲜空气，使肺泡气中的空气新鲜率提高，PO_2 也随之提高，最终导致 O_2 的扩散量增加。但过深过慢的呼吸，也能限制肺通气量进一步提高，并可导致肺换气功能受阻。上述两种情况均能增加呼吸肌的额外负担，加大其O_2的消耗，容易导致疲劳。

有意识地采取适宜的呼吸频率和较大的呼吸深度是很重要的。一般来讲，径赛运动员的呼吸频率以每分钟不超过30次为宜。爬泳运动员即使有特殊需要，也不宜超过每分钟60次。那么强调运动时的深呼吸，以偏重深吸气好还是以偏重深呼气好？当吸入气量一定时，肺泡气新鲜率的大小，则取决于呼气末或吸气前存在于肺泡腔中的功能余气量。功能余气量越少，吸入新鲜空气越多，肺泡气中的PO_2就会越高。运动中有效减少肺泡腔内功能余气量的方法是尽可能地做深呼气动作（有时也叫做深吐气），从而保证机体有更多O_2的摄入。

因此，运动时（特别是在感到呼吸困难、缺O_2严重的情况下）采用节制呼吸频率、适当加大呼吸深度的同时注重深呼气的呼吸方法，更有助于提高机体的肺泡通气量。例如，人在跑步或游泳时，因体内过多的负氧而出现“极点”现象，为有效克服或缓解“极点”，提高O_2的摄入量，应有意识地保持有节奏地深吸气与深呼气。游蛙泳时的正确呼吸应该是在水中做深呼气，将气吐尽，然后再抬头出水面吸气。

（三）与技术动作相适应

呼吸的形式、时相、节奏等，必须适应技术动作的变换，必须随运动技术动作而进行自如地调整，这不仅为提高动作的质量、为配合完成高难度技术提供了保障，同时也能推迟疲劳的发生。这对于从事投掷、体操、技巧、武术、跳水、花样滑冰等专项的运动员来说，尤显重要。

1. 呼吸形式与技术动作的配合

呼吸的主要形式有胸式呼吸和腹式呼吸。运动时采用何种形式的呼吸，应根据有利于技术动作的运用而又不妨碍正常呼吸为原则，灵活转换。

通常有些技术动作需要胸、肩带部的固定，才能保证造型，那么这时的呼吸形式应转成为腹式呼吸。如体操中的手倒立、肩手倒立、头手倒立、吊环十字悬垂、下“桥”动作等这些需胸、肩带部固定的技术动作，采用了腹式呼吸，就会消除身体重心不稳定的影响；而另一些技术动作需要腹部固定的，则要转为胸式呼吸，如上固定或下固定时的屈体静止造型动作、“两头起”的静止造型动作等，采用胸式呼吸有助于腹部动作的保持和完成。

2. 呼吸时相与技术动作的配合

通常非周期性的运动要特别注意呼吸的时相，应以人体关节运动的解剖学特征与技术动作的结构特点为转移。

一般在完成两臂前屈、外展、外旋、扩胸、提肩、展体或反弓动作时，采用吸气比较有利；在完成两臂后伸、内收、内旋、收胸、塌肩、屈体或团身等动作，采用呼气比较顺当。如“卧躺推杠铃”练习，杠铃放下过程（臂外展、扩胸）应采用吸气，杠铃推起过程（臂内收、收胸）应采用呼气；“仰卧起坐”练习，仰卧过程（展体）采用吸气，起坐过程（屈体）采用呼气；“俯卧撑”练习，俯卧过程（两臂外展、胸扩展）采用吸气，撑起过程（两臂内收、胸内收）采用呼气。但有例外时（如杠铃负重蹲起时的展体，改为呼气较好），以立足完成技术动作为基础，然后再考虑吸气与呼气的时相协调。

3. 呼吸节奏与技术动作的配合

通常周期性的运动采用富有节奏的、混合型的呼吸，将会使运动更加轻松和协调，更有利于创造出好的运动成绩。如周期性的跑步运动，长跑宜采用 2～4 个单步一吸气、2～4 个单步一呼气的方法进行练习；短跑常采用“憋气”与断续性急促呼吸相结合，即每“憋气”2～12 个单步（或更多）后，做一次 1 秒以内完成的急骤深呼吸。周期性游泳运动的呼吸节奏，蛙泳可采用一次划手、一次蹬腿、一次头出水面呼吸的组合；爬泳可采用两侧呼吸，即三次划臂（打腿多少次数以个人特点定），完成一次侧换气的组合。

（四）合理运用憋气

或深或浅的吸气后，紧闭声门，做尽力地呼气动作，称为憋气。通常在完成最大静止用力的动作，需要憋气来配合。如大负荷的力量练习、举重运动、角力、拔河、“掰手腕”等。憋气对运动良好的作用有：①憋气时可反射性地引起肌肉张力的增加，如人的臂力和握力在憋气时最大，呼气时次之，吸气时较小；②可为有关的运动环节创造最有效的收缩条件，如短跑时憋气一方面可控制胸廓起伏，使快速摆臂动作获得相对稳定的支撑点。另一方面又避免腹肌松弛，为提高步频、步幅提供更强劲的牵引力。

人们能意识到憋气对运动有利的一面，但并不知憋气还会对人体产生负面的作用。憋气的不良影响主要有：①长时间憋气压迫胸腔，使胸内压上升，造成静脉血回心受阻，进而心脏充盈不充分，输出量锐减，血压大幅下降，导致心肌、脑细胞、视网膜供血不全，产生头晕、恶心、耳鸣、眼黑等感觉，影响和干扰了运动的正常进行；②憋气结束，出现反射性的深呼吸，造成胸内压骤减，原先潴留于静脉的血液迅速回心，冲击心肌并使心肌过度伸展，心输出量大增，血压也骤升。这对心力储备差者，十分不利。特别是儿童的心脏因承受能力低而易使心肌过度伸展导致松弛，而老年人因血管弹性差、脆性大而容易使心、脑、眼等部位的血管破损，都会带来不良的后果。

由此看来，憋气对运动有利有弊。有些时候需要通过奋力和憋气才能取得最后的胜利，那么这样的憋气是有必要的，是不可避免的。正确合理的憋气方法应该是：①憋气前的吸气不要太深；②结束憋气时，为避免胸内压的骤减，使胸内压有一个缓冲、逐渐变小的过程，呼出气应逐步少许地、有节制地从声门中挤出，即采用微启声门、喉咙发出“嗨”声的呼气；③憋气应用于决胜的关键时刻，不必每一个动作、每一个过程都做憋气。如跑近终点的最后冲刺、杠铃举起、摔跤制服对手的一刹那，可运用憋气。对运动员和健康人来说，一般的憋气也属于生理现象，如排便动作。有时还可以把采用适当的憋气作为提高心肺功能的手段之一，只是要遵守循序渐进的规律而已。

五、呼吸肌与运动训练

正常人吸气是主动的，呼气是被动的，而中、高强度运动以及一些慢性阻塞性肺疾病患者的呼气和吸气都是主动的。正常吸气时，膈肌所起的作用占全部吸气肌的60%~80%，因此膈肌是最主要的呼吸肌。很多对呼吸肌功能或呼吸肌疲劳的测量以及呼吸肌的锻炼都是针对膈肌进行的。呼吸肌活动是呼吸运动的原动力。20世纪90年代发现，呼吸肌也会疲劳，并在一定条件下引起通气能力下降，限制了运动成绩。

呼吸肌疲劳是指呼吸肌在承担负荷时所产生的收缩力和（或）收缩速度的能力降低，这种降低可以经休息而恢复。呼吸肌疲劳分中枢疲劳和外周疲劳，中枢疲劳是一种保护性机制。外周疲劳可以是神经肌肉兴奋传导障碍或由于肌肉本身的兴奋—收缩耦联障碍所致，另外供氧不足、乳酸增加等代谢因素影响，也可导致呼吸肌的疲劳。

呼吸肌的训练分类主要是进行肌力训练和耐力训练。和其他的骨骼肌一样，呼吸肌肌力训练基本的原则包括超负荷性、特异性和可逆性。有研究表明，60%~85%最大摄氧量运动到精疲力尽时，运动员和普通人的呼吸都没有达到最大通气量，因此是呼吸肌限制了通气量，而不是通气量限制了氧的供应，所以有可能通过对呼吸肌的力量训练来增强其自主呼吸，提高通气量；呼吸肌的耐力训练是在一定程度上提高了呼吸肌对运动的适应能力，使通气的机械效率得到提高，因而减少了呼吸肌的代谢需求。有研究表明，在最大强度运动情况下用于呼吸的摄氧量可以达到总摄氧量的15%，可见呼吸运动的能量代谢消耗占有比例是相当高的，因此降低呼吸肌的代谢需求也是保证运动肌群代谢的一个重要方面。

具体训练呼吸肌的方法有：①借助呼吸肌训练仪进行（如瑞士生产的一种训练仪）。通过调整仪器中的呼气吸气阻力、呼吸深度频度等参数值，并根据仪器的提示指引，达到提高呼吸肌肌力和耐力的目的；②通过运动训练获得。进行长时间的耐力训练（如跑步、骑车、游泳），是训练呼吸肌有效、简便的方法。此外，较常用的还有简单的呼吸操，比如缩唇呼吸和膈呼吸，也称深慢腹式呼吸，传统的气功也对呼吸肌的训练起到一定作用。

【小结】

1. 呼吸的全过程由外呼吸、内呼吸以及连接内、外呼吸的气体的血液运输三个环节组成。

2. 肺通气的动力是呼吸运动，吸气肌、呼气肌的收缩、舒张活动，完成吸气、呼气过程。肺通气的容量中肺通气量（VE）、肺泡通气量（VA）、肺活量（VC）是运动中常用的指标。

3. 气体的交换与扩散依赖于气体间的分压差；O_2的运输主要是与血液中Hb的结合而进行的，CO_2的运输主要是在血液中以HCO_3^-和HbNHCOOH的形式进行。运动过程中各种因素的影响能使“氧离曲线”右移，氧饱合度下降，从而使更多的O_2解离参与代谢。

4. 支配呼吸运动的神经中枢部位有大脑皮质、边缘系统、下丘脑、脑桥、延髓、脊髓，其中延髓是使呼吸产生基本节律的中枢。神经和化学因素对呼吸的反射性调节，是所在部位感受机械刺激（如牵拉）的神经末梢以及感受化学因素刺激（如 O_2、CO_2、H^+）的中枢和外周化学感受器的兴奋，通过传入神经到达相应的呼吸中枢，进而引起呼吸的改变。运动时神经和化学反射性的调节使得呼吸加深、加快，肺通气量增加。

5. 运动时常采用深呼吸、与运动技术相适应的呼吸以及合理地进行憋气等呼吸形式。

【思考题】

1. 呼吸是由哪三个环节组成？各个环节的主要作用是什么？
2. 呼吸形式有几种？运动过程中如何随技术动作的变化而改变呼吸形式？
3. 胸内压是如何形成的？有何生理意义？
4. 为什么在一定范围内深慢的呼吸（尤其注重深呼气）比浅快的呼吸效果要好？
5. 试述肺通气的机能指标测定意义和评定方法。
6. 试述影响换气的因素。
7. 试述 O_2 和 CO_2 在血液中的运输过程。
8. 氧离曲线的生理意义是什么？哪些因素影响氧离曲线的变化？
9. 试述神经和化学因素对呼吸运动的反射性调节。
10. 试述运动时肺通气的变化及调节机制。
11. 运动时应如何进行与技术动作相适应的呼吸？如何合理地使用憋气？

第六章

物质与能量代谢

【提要】

物质和能量代谢是维持人体各种生理机能的基本保证，亦是维持人体运动能力的重要前提。本章主要介绍人体主要营养物质的生理功用及其消化与吸收的特点、代谢方式，人体的各种状态——维持最基本生命活动、安静状态及运动状态下的能量代谢，运动过程中的能量供应，以及体温的产生及其调节等内容。

第一节 物质代谢

为了维持正常生命活动，机体必须不断地从外界环境中吸收各种营养物质，以构筑机体的组成成分或更新衰老的组织。同时机体必须不断地将这些营养物质在体内的分解代谢产物排出体外。人体与其周围环境之间不断进行的物质交换过程称为物质代谢（material metabolism）。在物质的分解过程中，营养物质所蕴藏的化学能释放出来，经过转化，成为机体各种生命活动及运动的能量来源。可见，物质代谢与能量代谢紧密相连。

一、人体主要营养物质的消化与吸收

人体所需要的主要营养物质包括糖类、脂肪、蛋白质、水、无机盐和维生素等。这些物质主要来源于食物，经过消化器官的消化和吸收，为机体正常生命活动及运动和训练提供了必不可少的物质能量来源。

（一）主要营养物质的生理功用

1. 三大能源物质的生理功用

糖类、脂肪、蛋白质三种营养物质在分解代谢过程中，所蕴藏的化学能被释放出来，成为机体各种生命活动及运动的能源。因此，糖类、脂肪、蛋白质又被称为三大能源物质。

糖类是人体最主要的供能物质，每天从糖类获得的能量，约占总能量消耗的70%，平均每克糖释放能量为 17.16kJ（4.1 kcal）。糖在氧化时所需要的 O_2 少于脂肪和蛋白质，因而成为人体最经济的能源。例如，各器官、肌肉、大脑的活动都需要消耗大量能量，这些能量首先要由糖供应。人类合理膳食的总热量约有 20%～30%由脂肪供给。每氧化 1 克脂肪平均释放出能量 38.93kJ（9.3kcal）。蛋白质也可作为机体的供能物质，1克蛋白质在体内氧化分解产生约 18.00kJ（4.3kcal）的能量。但是，正常生理情况下，蛋白质的主要生理功用在于维持机体的生长发育、组织的更新修复。例如，人体的肠黏膜上皮细胞约每 36 小时就脱落更新，红细胞约每 120 天更新一次，更新时需要合成大量蛋白质。糖类可与脂类构成糖脂，与蛋白质结合成糖蛋白，这些复合物是构成生物膜、神经组织、结缔组织、血浆球蛋白（抗体）、许多酶及激素等生物活性物质的重要成分。此外，脂肪还具有防止散热及保护脏器的作用。

2. 水及无机盐的生理功用

体液是细胞进行代谢的内部环境，其主要成分是水及各种无机盐。人体各种营养物

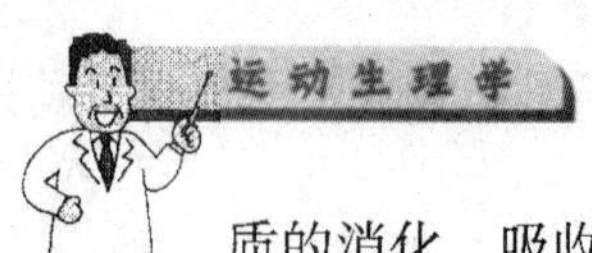

质的消化、吸收、运输及代谢废物的排泄，均通过水来进行，因此，水具有维持物质代谢的作用。水的蒸发热大，比热大，可以调节体温，使人体不致因代谢产热而发生体温的明显变化。水在体内还具有润滑作用，如关节腔滑液、胸膜腔、腹膜腔浆液等均有此作用。

无机盐的生理功用包括：维持细胞内外液的容量、渗透压及电中性；维持神经、肌肉的膜电位，与维持神经肌肉细胞正常兴奋性和肌肉收缩有关，使机体具有接受环境刺激和做出反应的能力；参与血液缓冲对的构成，与维持人体的酸碱平衡有关；此外，无机盐参与人体体质构成，通过生物酶的调节作用，影响物质代谢过程等。

3. 维生素的生理功用

水溶性维生素（特别是B族维生素）参与某些辅酶的组成、某些重要化学基团的转运及体内的氧化还原反应等，在物质代谢中起重要作用。脂溶性维生素具有维持上皮细胞健全和机体正常生长发育、调节钙磷代谢、促进多种凝血因子的合成、作为抗氧化剂等重要功能。

（二）主要营养物质的消化与吸收

食物在消化道内被分解为小分子的过程，称为消化（digestion）。经过消化的食物，透过消化道黏膜，进入血液和淋巴循环的过程，称为吸收（absorption）。

1. 消化

消化的方式有两种：一种是通过咀嚼、消化道肌肉的舒缩活动，将食物磨碎，并使之与消化液充分混合，并将食物不断地向消化道远端推送，最终把不能被消化和吸收的残渣以粪便形式排出体外，此种方式称机械性消化或物理性消化。另一种消化方式是通过消化腺分泌的消化液来完成，消化液中所含的各种消化酶，能分别将糖类、脂肪及蛋白质等物质分解成小分子颗粒，此种消化方式称化学性消化。正常生理情况下，两种消化方式同时进行，互相配合，共同完成消化过程。

(1) 消化道平滑肌的一般特性

在整个消化道中，除口、咽、食道上端及肛门括约肌是骨骼肌外，其余部分均由平滑肌组成。通过这些肌肉的舒缩活动，完成对食物的机械性消化，并推动食物前进，同时促进食物的化学性消化和吸收。

消化道平滑肌具有肌组织的共同特性，如兴奋性、自律性、传导性和收缩性，但又表现有自己的特点。包括：①消化道平滑肌的兴奋性比骨骼肌低；②消化道平滑肌在体外适宜环境内，仍能保持进行节律性收缩；③消化道平滑肌经常保持一定的紧张性收缩，以维持消化道的形状和位置，并使消化道管腔保持一定的基础张力，产生平滑肌的收缩活动；④消化道平滑肌具有很大的伸展性，从而使消化道能够容纳几倍于自己原初体积的食物；⑤消化道平滑肌对电刺激不敏感，而对机械牵张、温度和化学刺激特别敏感。

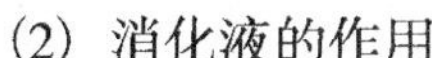

(2) 消化液的作用

人体每天由各种消化腺分泌的消化液总量达 6 ~ 8 升（表 6–1）。消化液主要由各种消化酶、离子和水组成。消化液的主要功能为：①稀释食物，使之与血浆的渗透压接近，以利于吸收；②改变消化道内的 pH 值，使之适应于消化酶活性的需要；③水解复杂的食物成分，使之便于吸收；④分泌黏液、抗体和大量液体，以保护消化道黏膜，防止物理性和化学性因素造成消化道损伤。例如，胃的黏液具有较高的黏滞性和形成凝胶的特性。在正常情况下，黏液覆盖在胃黏膜表面，形成厚约 500 微米的凝胶层，可以减少粗糙的食物对胃黏膜的机械性损伤。同时，与胃黏膜细胞分泌的 HCO_3^- 共同构成黏液—碳酸氢盐屏障，能有效阻挡 H^+ 的逆向弥散，保护胃黏膜免受 H^+ 及胃蛋白酶的破坏。小肠上皮细胞分泌的免疫球蛋白及小肠腺分泌的大量小肠液均具有保护肠黏膜的作用。

表 6–1　各种消化液的组成及其主要生理作用

消化液	分泌量（升 / 日）	pH 值	主要成分	酶作用的底物	酶的水解产物
唾液	0.8 ~ 1.5	6.0 ~7.0	黏液		
			α–淀粉酶	淀粉	麦芽糖
胃液	1.5 ~ 2.5	0.9~1.5	黏液、盐酸		
			胃蛋白酶（原）	蛋白质	胨、多肽
			内因子		
胰液	1.0 ~ 2.0	7.8 ~ 8.4	HCO_3^-		
			胰蛋白酶（原）	蛋白质	氨基酸、寡肽
			糜蛋白酶（原）	蛋白质	
			羧基肽酶（原）	肽	氨基酸
			核糖核酸酶	RNA	单核苷酸
			脱氧核糖核酸酶	DNA	
			α–淀粉酶	淀粉	麦芽糖、寡糖
			胰脂肪酶	甘油三酯	脂肪酸、甘油、甘油一酯
			胆固醇酯酶	胆固醇酯	脂肪酸、胆固醇
			磷脂酶	磷脂	脂肪酸，溶血磷脂
胆汁	0.6 ~ 1.0	6.8 ~ 7.4	胆　盐		
			胆固醇		
			胆色素		
小肠液	十二指肠腺 1.2	8.2 ~ 9.3	黏　液		
	小肠腺 1.8	7.5 ~ 8.0	肠激活酶	胰蛋白酶原	胰蛋白酶
大肠液	0.5	8.3 ~ 8.4	黏　液		

（引自：姚泰等，2005）

(3) 营养物质在消化道各部位消化简述

消化过程由口腔开始，各种营养物质在消化道各部位停留的时间不同、各部位产生的消化液成分与量以及各部位机械运动程度不同，造成营养物质在消化道各部位的消化

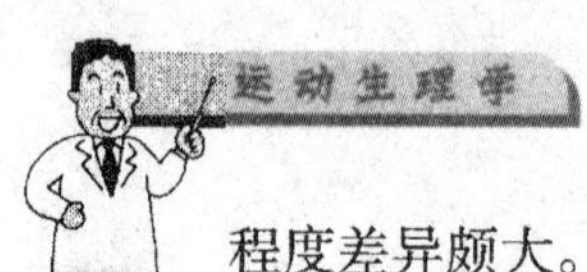

程度差异颇大。

口腔内消化　食物在口腔内经过咀嚼被磨碎，由唾液湿润，形成食团，便于吞咽。从吞咽开始至食团入胃所需的时间，与食物的性状及人体体位有关。液体食物约需 3～4 秒，糊状食物约 5 秒，固体食物约需 6～8 秒，一般不超过 15 秒。由于食物在口腔内停留时间很短，仅有少量淀粉在唾液淀粉酶作用下分解为麦芽糖。

胃内消化　食物入胃后，受到胃液的化学性消化和胃壁肌肉运动的机械性消化的共同作用。正常成人胃液分泌量为 1.5～2.5 升 / 日。胃液的 pH 值为 0.9～1.5，具有较强的酸性，不仅可以激活胃蛋白酶（其最适 pH 值为 2），而且在进入小肠后能引起促胰液素的分泌，从而促进胰液、胆汁和小肠液的分泌。因此，胃液中完成化学性消化的主要成分是盐酸和胃蛋白酶。胃蛋白酶的作用是蛋白质消化的初级阶段，其最重要的特点是能够消化胶原蛋白（一种不易被其他消化酶所影响的纤维蛋白），将蛋白质降解为蛋白胨和少量多肽。胃液分泌的自然刺激是进食。

食物入胃后约 5 分钟，胃即开始蠕动，以利于食物与胃液混合，协助化学性消化过程。食物由胃进入十二指肠的过程称为胃排空。食物的排空速度与食物的物理性状及化学组成有关。通常稀薄、流体食物比黏稠、固体食物排空快，颗粒小的食物比大块食物排空快。三种主要食物中，糖类排空速度最快，蛋白质次之，脂肪类最慢。混合食物完全排空通常需要 4～6 小时。

小肠内消化　小肠内消化是整个消化过程中最重要的阶段，食物消化的主要部位在小肠。食糜受到小肠的机械性消化及胰液、胆汁和小肠液的化学性消化的作用。食物经过小肠后消化过程基本完成。

胰液是由胰腺分泌的具有很强消化能力的消化液，pH 值为 7.8～8.4，呈碱性。正常人分泌量为 1～2 升 / 日。胰液中含有浓度较高的碳酸氢盐，可以中和进入十二指肠的胃酸，并提供各种消化酶的最适宜 pH 值环境。消化酶主要有胰淀粉酶、胰脂肪酶、胰蛋白酶、糜蛋白酶、核苷酸酶及脱氧核糖核苷酸酶等，可以分解碳水化合物、脂类、蛋白质三大基本营养物质，因而是所有消化液中最重要的一种。胆汁由肝细胞分泌，其成分复杂，包括胆盐、胆色素等。胆盐是由肝细胞分泌的胆汁酸与甘氨酸或牛磺酸结合而成的钠盐或钾盐，是胆汁参与消化与吸收的主要成分。胆盐能乳化脂肪，增加脂肪酶的作用面积，加速脂肪的分解；促进脂溶性维生素吸收；促进胆汁的自身分泌：肠—肝循环。小肠液为一种弱碱性液体，pH 值约为 7.5～8.0，渗透压与血浆相等。正常成人日分泌量为 1～3 升 / 日。大量的小肠液可以进一步中和胃酸，稀释消化产物，降低其渗透压，有利于吸收过程。真正由小肠分泌的酶主要是肠激活酶，具有激活胰蛋白酶原为活性胰蛋白酶，促进蛋白质消化的作用。

小肠的机械性消化包括紧张性收缩、分节运动及蠕动三种形式。小肠的紧张性收缩能加速内容物的混合及转运；以环形肌为主的节律性收缩和舒张，即分节运动，促使食糜与消化液充分混合，并挤压肠壁促进血液及淋巴液的回流；小肠的蠕动有助于将其内容物向大肠推送。

大肠内消化　人类的大肠内没有重要的消化活动。大肠的主要功能在于为消化后的食物残渣提供暂时贮存场所。大肠液中的黏液蛋白对肠黏膜具有保护作用，并具有润滑粪便的作用。食物残渣进入大肠后，通过大肠的机械运动被向肛门方向推送，最终通过排便反射将粪便排出体外。

2. 吸收

食物的成分或其消化后的产物通过消化道上皮细胞进入血液或和淋巴的过程称为吸收。

(1) 吸收的部位

消化道的不同部位，对物质的吸收能力和吸收速度明显不同，这主要取决于消化道各部位的组织结构，以及食物在各部位被消化的程度和停留的时间。口腔及食道内基本不具有吸收能力。胃黏膜无绒毛，且上皮细胞间紧密连接，只能吸收酒精和少量水分。小肠是吸收的主要部位，糖类、脂肪和蛋白质的消化产物大部分在十二指肠和空肠吸收，回肠能够吸收胆盐和维生素 B_{12}。大肠主要吸收水分和盐类，一般认为，结肠可吸收其肠腔内 80%的水和 90%的 Na^+ 及 Cl^-。

(2) 小肠吸收的特点

小肠黏膜具有大量环形皱襞，使得吸收面积增大 3 倍；黏膜表面拥有大量绒毛，使得吸收面积又增加 10 倍；每条绒毛的外面是一层柱状上皮细胞；电子显微镜下可见，柱状上皮细胞顶端又有 1000 根左右的微绒毛，进一步使吸收面积增加 20 倍。因此，环形皱襞、绒毛及微绒毛共同作用使得小肠具有巨大的吸收面积，比同样长短的简单圆筒的面积增加约 600 倍，达到 200～250 平方米（图6-1）。

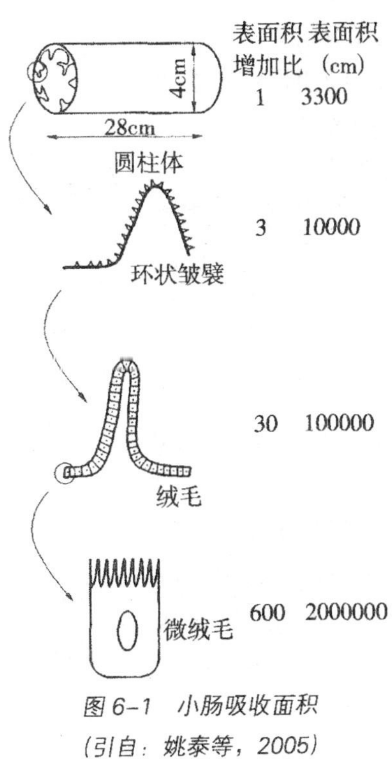

图 6-1 小肠吸收面积
(引自：姚泰等，2005)

此外，绒毛内丰富的毛细血管和淋巴管（图 6-2），食物在小肠停留的时间较长（3～8 小时），以及食物在小肠内已被消化为利于吸收的小分子物质，这些有利条件均有助于小肠的吸收作用。

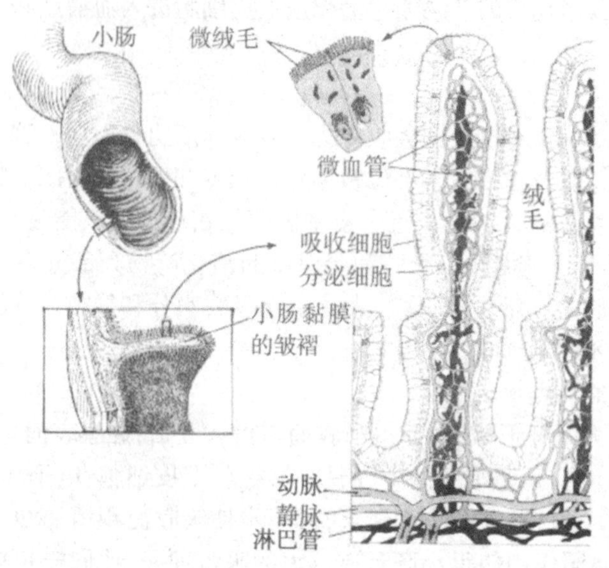

图 6-2　小肠绒毛富含毛细血管和淋巴管

⑶ 小肠内主要营养物质的吸收

水、无机盐、维生素可不经消化被小肠直接吸收入血。人体吸收回体内的水分总量可达 8 升 / 日。值得注意的是铁的吸收，食物中的铁绝大部分是三价的高铁形式，但有机铁和高铁都不易被吸收，须还原为亚铁后才能被吸收。亚铁的吸收速度比相同量的高铁要快 2～5 倍。维生素 C 能将高铁还原为亚铁而促进铁的吸收。因此，运动员在大运动量训练期间，补充铁的同时一定要注意补充维生素C。糖类只有分解为单糖时才能被小肠上皮细胞吸收。蛋白质经消化分解为氨基酸后，几乎全部被小肠吸收。脂肪的消化产物（脂肪酸、甘油一酯及胆固醇等）与胆盐结合形成水溶性复合物，才能被吸收入毛细淋巴管（长链脂肪酸）或是直接进入门静脉（中、短链脂肪酸）。此外，有些未经消化的天然蛋白质或蛋白质分解的中间产物，也可被小肠黏膜吸收，但其量极小（图 6-3）。

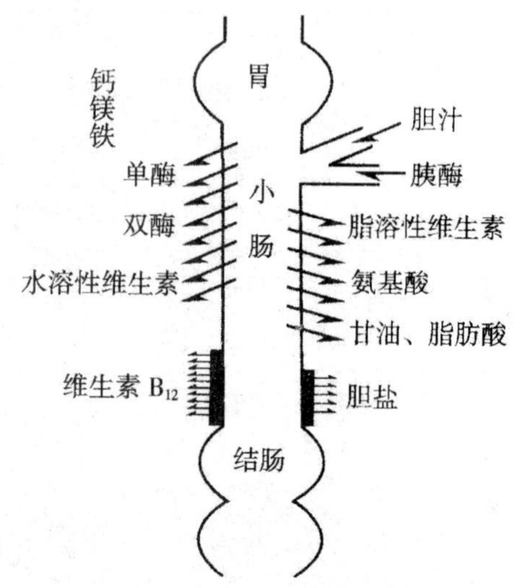

图 6-3　各种营养物质在小肠的吸收部位
（引自：张镜如等，1997）

（三）肌肉运动对消化和吸收机能的影响

肌肉运动可以产生骨骼肌血管扩张、血流量增加，内脏血管收缩、血流量减少的效应，导致胃肠道血流量明显减少（约较安静时减少 2/3 左右），消化腺分泌消化液量下降；运动应激亦可致胃肠道机械运动减弱，使消化能力受到抑制。为了解决运动与消化机能的矛盾，一定要注意运动与进餐之间的间隔时间。饱餐后，胃肠道需要血液量较多，此时立即运动，将会影响消化，甚至可能因食物滞留造成胃膨胀，出现腹痛、恶心及呕吐等运动性胃肠道综合征。剧烈运动结束后，亦应经过适当休息，待胃肠道供血量基本恢复后再进餐，以免影响消化吸收机能。

二、主要营养物质在体内的代谢

（一）糖代谢——糖类是人体基本的供能物质

1. 人体的糖贮备及其供能形式

人体储备的糖类物质主要是由食物获得的糖原（glycogen）及葡萄糖（glucose）。按照国人的膳食结构，人体所需能量的 70%左右是由食物中的糖类物质所提供。食物中的糖大多是多糖或双糖，经消化道分解成单糖并被吸收入血液后，一部分合成肝糖原；一部分随血液运输到肌肉合成肌糖原贮存起来；一部分被组织直接氧化利用；另一部分维持血液中葡萄糖的浓度。因而，人体的糖以血糖、肝糖原和肌糖原的形式存在，并以血糖为中心，使之处于一种动态平衡。葡萄糖是人体内糖类的运输形式，而糖原是糖类的贮存形式（图 6-4）。

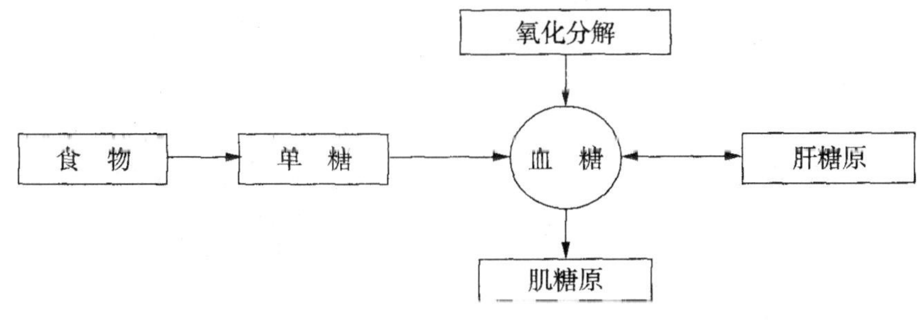

图 6-4　糖的动态平衡示意图

（1）糖原

人体各种组织中大多含有糖原，但其含量的差异很大。例如，脑组织中糖原含量甚少，而肝脏和肌肉中以糖原方式贮存的糖类较高。人体肝糖原（liver glycogen）约 70～100 克，浓度约 250mmol/kg，肌糖原（muscle glycogen）约300～400 克，浓度约 80～100mmol/kg。一个 70 千克体重的运动员，肌糖原储量约为420 克，肝糖原储量约为

100克。肌糖原既是高强度无氧运动时机体的重要能源，又是中大强度有氧运动时的主要能源。许多研究表明，糖原贮量（特别是肌糖原）的增多，有助于大强度耐力项目运动成绩的提高。

（2）血糖

血液中的葡萄糖又称血糖，总量5~6克，正常人空腹浓度为80~120mg%（4.2~6.6mmol/L）。血糖是包括大脑在内的中枢神经系统的主要能源。运动员安静状态下的血糖浓度与常人无异。血糖浓度是人体糖的分解及合成代谢保持动态平衡的标志。饥饿及长时间运动时，血糖水平下降，运动员会出现工作能力下降及疲劳的征象。肝糖原可以迅速分解入血以补充血糖，维持血糖的动态平衡。

2. 糖在体内的分解代谢

人体各组织细胞都能有效地进行糖的分解代谢。糖在人体的主要分解途径有两条：在不需氧的情况下进行无氧酵解（glycolysis）和在耗氧情况下进行有氧氧化（aerobic oxidation）。

（1）糖酵解

糖在人体组织中，不需耗氧而分解成乳酸（lactic acid）；或是在人体缺氧或供氧不足的情况下，糖仍能经过一定的化学变化，分解成乳酸，并释放出一部分能量的过程。该过程因与酵母菌生醇发酵的过程基本相似，故称为糖酵解(图6–5)。

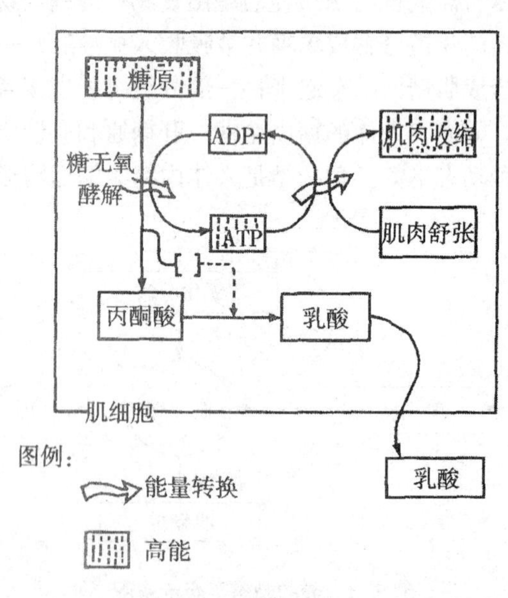

图6–5 糖酵解与乳酸生成

(引自：A.W.S.Watson，1995)

糖酵解是一系列酶促反应的过程。剧烈运动时，体内供氧不足，糖进行无氧分解，经过一系列反应生成乳酸。糖原或葡萄糖⟶丙酮酸⟶乳酸。在该过程中，1分子葡萄糖生成2分子乳酸，并释放能量。这些能量由二磷酸腺苷（ADP）接受并生成三磷酸腺苷（ATP）。糖酵解也是人体某些组织、细胞（如红细胞）正常生理情况下的主要供能途径。糖酵解过程 ATP 的生成量少，但酵解酶浓度高，反应速度快，在剧烈运动中可以快速提供肌肉收缩的能量。

经糖酵解产生的乳酸，一部分在供氧充分时继续氧化分解，通常发生在心脏、静息的骨骼肌或恢复时的骨骼肌；另一部分扩散入血，在肝脏重新转变成糖原或葡萄糖，循环利用，该过程需要氧和能量的供给（图 6–6）。

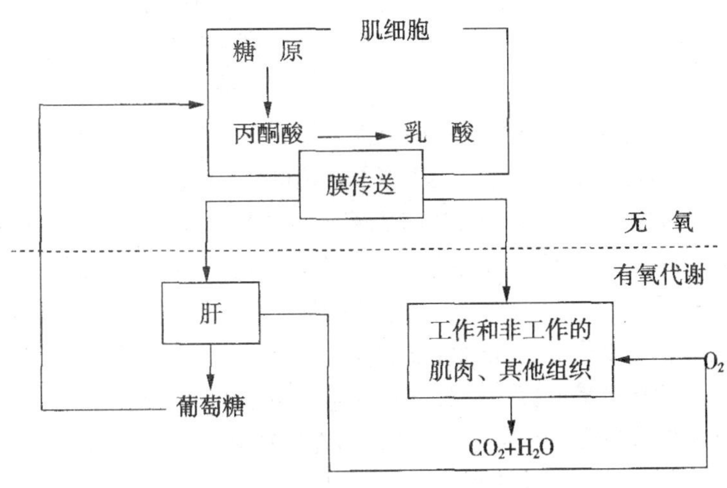

图 6–6　乳酸的清除

（引自：A.W.S.Watson，1995）

（2）有氧氧化

糖原或葡萄糖在耗氧条件下彻底氧化，产生二氧化碳和水的过程，称为有氧氧化。糖的有氧氧化过程可分为三个阶段：第一阶段，由糖原或葡萄糖分解为丙酮酸，该过程与糖酵解相同；第二阶段，由丙酮酸氧化生成乙酰辅酶 A（乙酰CoA）；第三阶段，乙酰辅酶 A 经三羧酸循环（tricarboxylic acid cycle）生成二氧化碳和水。每个阶段均有脱氢反应，脱下的氢原子与氧化合生成水的过程中，产生大量能量，用以合成 ATP（图 6–7）。

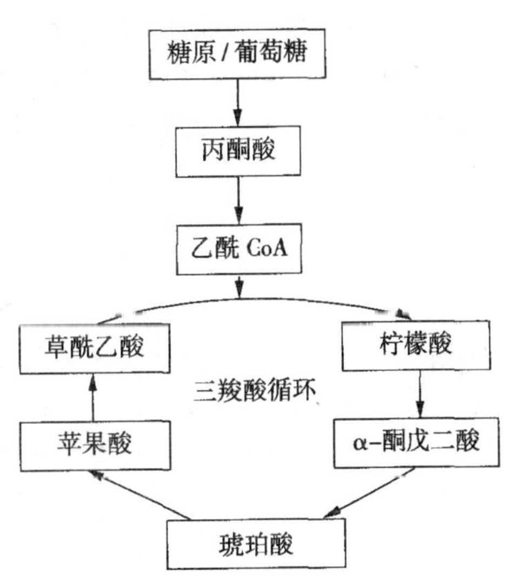

图 6–7　糖的有氧氧化途径

乙酰辅酶 A 不仅是糖氧化分解的产物，同样也可来自脂肪和蛋白质的分解代谢。因此，三羧酸循环实际上是糖、脂肪、蛋白质三大营养物质在体内氧化分解的共同途径。

糖的有氧氧化产生能量较多，1 分子葡萄糖完全氧化时，产生 38 分子 ATP，为糖酵解产能的 19 倍。糖的有氧氧化是机体正常生理条件下及长时间运动中供能的主要方式。

3. 运动与补糖

由于人体内糖的贮存量相对有限，对于持续时间超过 60~90 分钟的运动，糖常成为运动能力的限制因素。当体内肌糖原含量低于临界值（50mmol/kg 湿肌）或血糖浓度降低到临界值（3.3mmol/L）常易诱发疲劳，运动的强度必然降低或运动中止。因此，适当补糖，有助于推延运动性疲劳的产生，直接或间接调节机体免疫机能，并可促进运动性疲劳的恢复，以保持运动能力，提高训练效果及比赛成绩。目前大多数学者认为，超长距离的耐力项目（如公路自行车、马拉松跑）有必要进行糖的补充。

（1）补糖时间与补糖量

研究发现，运动前或比赛前及比赛中补糖，将有助于长时间运动中保持足够的血糖和肌糖原水平，预防低血糖的发生，延长肌肉利用糖作为能源的时间。目前一般认为，运动前 2~4 小时补糖可以增加运动开始时肌糖原的贮量。运动前 5 分钟内或运动开始时补糖效果较理想。一方面，糖从胃排空→小肠吸收→血液转运→刺激胰岛素分泌释放，需要一定的时间；另一方面，运动可引起某些激素如肾上腺素的迅速释放，从而抑制胰岛素的释放，使血糖水平升高；同时可以减少运动时肌糖原的消耗。应当注意的是，在比赛前 1 小时左右不要补糖，以免因胰岛素效应反而使血糖降低。进行一次性长时间耐力运动时，以补充高糖类食物作为促力手段，需在运动前 3 天或更早些时间食用。

在长时间运动中，如马拉松比赛，可以通过设立途中饮料站适量补糖。运动后补糖将有利于糖原的恢复，而且时间越早越好。理想的是在运动后即刻、运动后 2 小时及每隔 1~2 小时连续补糖。耐力运动员在激烈比赛或大负荷量训练期，膳食中糖类总量应占其每日能量消耗的 70%，有利于糖原的恢复。

运动前或赛前补糖可采用稍高浓度的溶液（35%~40%），服用量约 40~50 克糖。运动中或赛中补糖应采用浓度较低的糖溶液（5%~8%），因为当摄入的饮料中糖浓度超过 10% 时，胃的排空速率就会明显下降。糖的补充应有规律的间歇进行，一般每 20 分钟给 15~20 克糖为宜。

（2）补糖种类

低聚糖是一种人工合成糖（目前多使用由 2~10 个葡萄糖单位聚合成的低聚糖），渗透压低，分子量大于葡萄糖。研究表明，浓度为 25%的低聚糖的渗透压相当于 5%葡萄糖的渗透压，故可提供低渗透压高热量的液体，效果较理想。对于糖原恢复的研究发现，淀粉、蔗糖合成肌糖原的速率大于果糖，但果糖合成肝糖原的效果则比蔗糖或葡萄糖为佳。因此，补糖时应注意合理选择搭配糖的种类，同时，运动员膳食中应注意保持足够量的淀粉。

（二）脂肪代谢——脂肪是人体重要的贮能和供能物质

1. 人体的脂肪贮备

人体脂肪的贮存量很大。一般认为，最适宜的体脂含量，男性约为体重的 15%~

20%，女性约为 20%～25%。充沛的脂肪贮备为机体提供了丰富的能源。但若男性体脂>20%、女性>30%则属肥胖。肥胖增加机体负担，并易发高血压、冠心病等疾病。脂肪主要通过食物获得，糖和蛋白质在体内达到一定量后均可转变为脂肪而被储存。因此，体脂含量可以通过调整食物摄入量及增加机体活动程度加以控制。但体内脂肪积聚的趋势具有一定的遗传特性。

2. 脂肪在体内的分解代谢

脂肪在脂肪酶的作用下，分解为甘油及脂肪酸，然后再分别氧化成二氧化碳和水，同时，释放出大量能量，用以合成 ATP。在氧供应充足时进行运动，脂肪可被大量消耗利用。例如，在持续时间超过 3 小时的运动中，肌糖原含量显著降低，脂肪氧化分解供能的比例加大。此外，在安静时，脂肪也是心肌、骨骼肌的主要能源。

3. 脂肪代谢与运动减肥

体脂的积聚是由于摄入热量高于人体所需的能量，过多的能量在体内转化成脂肪，而且机体储存脂肪的能力几乎没有限度。所以，只有设法保持摄入量与消耗量两者间的平衡，才能保持人体的正常体重。运动减肥通过增加人体肌肉的能量消耗，促进脂肪的分解氧化，降低运动后脂肪酸（脂肪分解生成的主要成分）进入脂肪组织的速度，抑制脂肪的合成而达到减肥的目的。因此，减肥的方式一是参加运动，二是控制食物摄入量。

近年的研究认为，采取单纯运动或单纯节食的方式减肥效果均不如采取运动与节食相结合的方式，因为，运动加节食在减少体脂重量的同时，亦增加了瘦体重。应根据肥胖程度和个体体质，选择较适宜的运动方式，提倡采用动力型、大肌肉群参与的有氧运动，如快走、跑步、游泳、骑单车、跳绳、健身操等运动，由于这些运动均具有负荷量轻、有节律感、持续时间长等特点，可以有效地降低体脂水平。由于水中运动可以减轻关节的负担（水有浮力），体热容易散发，水的静水压力可使中心血容量增加，通过水中运动减肥为近年来提倡的减肥方式。水中运动已发展到在水中行走、跑步、跳跃、踢水、水中球类游戏等多种运动。研究表明，水中运动时人的中心血容量可增高 700 毫升，中心静脉压增加 12~18mmHg，心输出量及每搏量增加 25%或更多，并可改善左心室功能，改善有氧运动能力。总之，运动不仅可以增加机体的能量消耗，达到减肥的目的，还有助于增强心血管系统及呼吸系统的机能能力，提高肌肉的代谢能力，增强体质，促进健康。

4. 减体重运动量的设定和适宜体脂百分比

减体重的运动量常根据要减轻体重的数量及减重速度决定。许多学者提出，每周减轻体重 0.45 公斤（1 磅）较适宜，每周减轻体重 0.9 公斤（2 磅）为可以接受的上限，但不宜超过此限度，约相当于每日亏空能量 2093～4186kJ（500~1000kcal），每周累计的热能短缺量为 14651～29302kJ（3500～7000kcal）。具体措施为：每周运动 3～5 次，每次持续 30～60 分钟，运动强度为刺激体脂消耗的“阈值”，即 50%~85%$\dot{V}O_{2max}$或 60%～

70%最大心率，使每周运动的热能消耗量至少达到3767.4kJ（900kcal）。

目前有学者提出，在有条件的情况下，可进行“理想”体重的测定。确定理想体重应首先测定体脂百分比及瘦体重，再以下式计算。“理想”体重=100×瘦体重（kg）/（100-“理想”的体脂百分比）。

例如，一个90公斤体重的男子，经测定其瘦体重为72公斤，其“理想”体脂为13%，但实际测定的体脂含量为20%，代入上式为100×72÷（100-13）=82.8公斤，82.8公斤为其“理想”体重。现体重为90公斤，应减轻体重7.2公斤即可达到“理想”体重，据此制定减体重计划。应该注意的是，由于过分追求身材或盲目减肥，造成许多女性出现神经性厌食、月经紊乱和骨矿物质的丢失。因此，有学者提出女性的体脂百分比含量至少应维持在20%左右，因为女性适宜的体脂百分比是月经初潮发生的必要条件，而女性体脂达到20%才能维持正常的月经周期。

（三）蛋白质代谢——蛋白质是人体的特殊状态下的供能物质

1. 蛋白质在体内的代谢

蛋白质是生命的物质基础，是细胞的主要构成成分。在体内的代谢过程中，每日的摄取量与消耗量基本相等。根据每日食物中摄取蛋白质的含氮量与排泄物中的含氮量，可以了解蛋白质代谢的情况。一般正常成人氮的收支保持平衡状态称为氮平衡（nitrogen balance）。儿童少年、孕妇、病后恢复阶段及运动训练过程中，蛋白质摄入多于排出，称为氮的正平衡。饥饿、营养不良、患消耗性疾病、衰老和大运动量训练期间，机体蛋白质消耗大于摄入，称为氮的负平衡。蛋白质在体内缺乏30%以上，将会影响正常生命活动。蛋白质的摄入量至少必须与生理需要量保持平衡。

蛋白质作为能源物质氧化分解时，首先分解为氨基酸。氨基酸进而分解为相应的α-酮酸及氨。酮酸经过三羧酸循环彻底氧化分解为二氧化碳和水，释放出一定量的能量；氨则在肝脏转变为尿素，最终经肾脏随尿排出。

实际上，无论人体处于安静或运动状态，蛋白质均不是能量的主要来源。但在某些特殊情况下，如食物中糖类供应不足或是糖、脂肪被大量消耗后，机体才会依靠由组织蛋白分解产生氨基酸的方式供能。蛋白质的分解代谢是生命活动中蛋白质合成和分解的动态平衡过程，在长时间运动中蛋白质分解代谢增加，促进了运动后合成代谢的加强，使得肌肉质量提高，肌肉粗壮有力。因此，运动员增加食物蛋白质的摄入量，目的是增加肌肉蛋白质的数量和质量，而并非作为能源贮备。

2. 关于蛋白质的补充问题

由于蛋白质在人体具有特殊的作用，在运动训练过程中，运动员特别是力量、耐力项目的运动员的蛋白质补充非常重要。一般认为，成人蛋白质最低生理需要量约为30~45克/天或0.8克/公斤体重。生长发育期的青少年由于组织增长及再建的需要，蛋白质的需要量为2.5~3克/公斤体重。运动员的蛋白质供给量比普通人高，目前认为我国运动员为 1.2 ~ 2 克 / 公斤体重，优秀举重运动员蛋白质补充量每日 1.3 ~ 1.6 克 / 公斤体重，耐力项目运动员蛋白质的补充量为 1.5 ~ 1.8 克 / 公斤体重，但不能超过 2 克 / 公斤体重。而且应该在整个耐力训练阶段中持续补充，以促进肌肉蛋白质的合成，预防运动性贫血的发生。

3. 三大物质代谢的关系

糖类、脂肪、蛋白质三大营养物质在神经、激素的调控下，发挥其各自的生理功用。糖类、脂肪均是人体的重要能源物质，蛋白质在特殊情况下，亦可作为能源，氧化分解提供能量，而其氧化分解途径均需经过三羧酸循环完成。同时，三大物质在一定条件下，以三羧酸循环为枢纽可以发生互相转化，如丙酮酸、乙酰辅酶 A 等均是糖、脂肪、蛋白质相互转化的交叉点（图 6-8）。

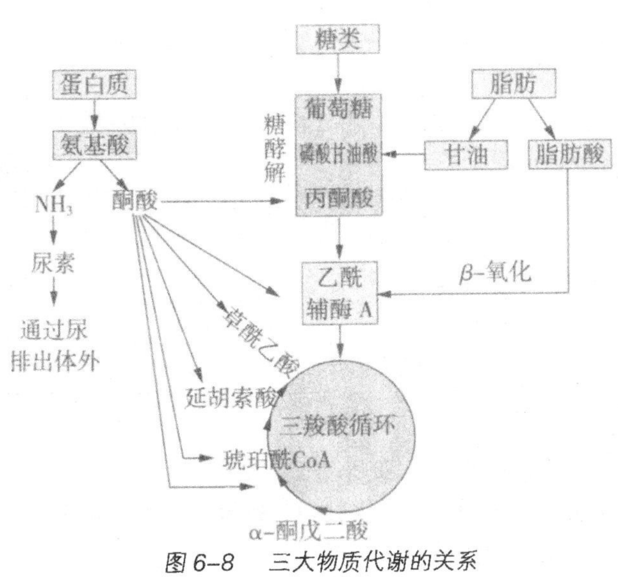

图 6-8　三大物质代谢的关系

（四）水代谢

1. 人体的水贮备及分布

水是人体重要的组成成分，是维持生命活动必需的营养物质。成人体内含水约占体重的 60%，其中，细胞内液约占 40%，细胞外液约占 20%（血浆占 5%，组织间液占 15%）。水分布于各种组织器官和体液中。血液等体液含水量最多，可高达 90%；肌肉、心、肝、脑、肾等含水量约 70% ~ 80%；皮肤含水约 60% ~70%；骨骼及脂肪组织含水量最少，约 12% ~ 15%。人体的含水量受饮水及排汗量的影响较大，还因年龄、性别而异，新生儿含水量约为体重的 75%~80%，随着年龄的增长，体内水分减少。

水在体内有两种存在形式：一是游离水，游离水可以自由流动，如血液、淋巴液、组织液；二是结合水，结合水与无机盐离子及蛋白质、糖原等亲水胶体颗粒结合，参与构成器官组织，如心肌所含有的79%的水分即为结合水。游离水仅占体内水的小部分，约3～4升。人体绝大部分水均以结合水的形式存在。

2. 人体的水平衡

水在人体内保持一种动态平衡状态，这是因为其来源与去路保持恒定。人体内的水有三个主要来源：①饮水，每日约1.2升。②食物摄取，每日约1升。③代谢内生水，体内物质氧化所产生，每日约0.3升，运动时主要来自糖和脂肪的氧化分解。水在体内的排出途径包括：①通过肾脏以尿液的形式排出，每日约1.5升。②经消化道随粪便排出，每日约0.1～0.15升。③呼吸蒸发，每日约0.35升，运动中呼吸加深加快，水分排出增多，例如，根据测定马拉松跑由呼吸道排出的水分可比安静状态加大10倍。④皮肤排汗，每日排出非显性汗约0.5升，运动中或高温条件下排汗量增加。一次马拉松比赛，运动员由汗液丢失的水分达5升左右（表6–2）。

表6–2 普通成人每日水的摄入与排出量一览

摄入量	(L)	排出量	(L)
饮用水	1.2	经肾（尿液）排出	1.5
食物水	1.0	皮肤排出	0.5
代谢水	0.3	经肺呼出	0.35
		粪便排出	0.15
合计	2.5		2.5

人体各种途径进出体内的水分，均须经过血液这一共同途径。饮用及食物水经消化道进入血液，这些水分可以从血液进入细胞间液暂时储存，也可由细胞外液进入细胞。当细胞内水分过多时，水可由细胞渗入细胞外液，再经血液由肺、肾、皮肤等器官排出体外。可见，血液是调节体内水含量的关键环节。长时间运动中丢失的水分主要来自于细胞外液，大量水分的丢失必将造成血液的浓缩。

3. 运动员脱水及其复水

脱水是指体液丢失达体重1%以上。运动员在运动训练过程中，由于气温、运动强度、运动持续时间等因素的影响，可能产生程度不同的水分丢失，称为被动脱水。而为了达到降低体重的目的，人为地造成机体脱水则称为主动脱水。运动员的主动脱水即指运动员有目的、有计划地在长期训练过程中缓慢减轻体重（主要为体脂）于较低的水平，或在赛前较短的时间内快速降低体重的过程。其实质是通过赛前慢速减体重结合快速减体重等手段，在尽量不影响运动能力和健康的前提下，最大限度地减少体脂成分、适度地减少去脂体重（主要是水）。

有研究报道，长时间运动失水量达体重的2.5%时，进行标准运动试验，运动能力可降低至对照水平的56%，可见脱水将严重影响运动能力。机体轻度脱水时（失水量为体重的2%左右)，以丢失细胞外液为主，血容量减少，出现口渴、尿少、尿钾丢失；中度脱水时（失水量达体重的4%左右），细胞内外液的丢失程度相当，出现心率加快、体温升高、严重口渴、疲劳、血压下降；重度脱水时(失水量达体重的6%~10%)，主要丢失细胞内液，可出现呼吸加快、肌肉抽搐、甚至昏迷，严重威胁机体健康及生命安全。失水量对运动能力的影响与训练水平有关。一般训练水平的运动员，在机体轻度脱水时，即可影响体温调节能力、循环机能及运动能力；而训练水平高的运动员失水量在3%~4%以内，基本不影响运动能力。

为改善和缓解脱水状况所采用的补水方法称为复水。运动员的复水，应以补足丢失的水分、保持机体水平衡为原则。已经证明，比赛和训练前、中、后各阶段复水对于减少体液丢失，维持运动能力，降低亚极量运动心率，维持血浆容量，降低热应激、热衰竭和热休克均有明显的益处。复水所采用的液体成分中应含有一定比例的糖类、无机盐类，但浓度均较低，以低渗液体为佳，并应注意少量多次。一般认为，补液中无机盐浓度不应超过20g/L，糖的浓度不能超过25g/L，每10~15分钟饮用150~250毫升、6~12℃的低渗液体。有人建议，进行长时间耐力运动赛前1~2小时应一次性饮用500毫升液体，因为在产生口渴之前进行强制性饮水，可以减少脱水的产生；对于运动持续时间超过1小时的大强度运动，运动员应补充含 Na^+ 0.5~0.7g/L的糖盐水。而运动后液体补充量一定要大于汗液的丢失量（150%~200%汗液丢失量）。

（五）无机盐代谢

1. 人体无机盐的种类

人体内电解质主要指无机盐类，总量超过人体体重的0.01%以上。自然界存在的92种元素中，目前在人体已检出81种。依其在体内的含量不同，可分为宏量元素和微量元素两大类。日需量大于100毫克的元素称为宏量元素，除作为机体主要构成成分的氧、碳、氢、氮（共占人体质量的96.6%）外，包括主要电解质钾、钠、钙、镁、氯、磷、硫7种，一般以离子形式存在。它们的重要生理意义在于维持机体内的渗透平衡、酸碱平衡及电解质平衡，并成为维持神经肌肉兴奋性的主要因素。

微量元素是指在组织中存在而表现功能的浓度可用μg/g或μg/L来表示；或是指少于人体质量0.01%，日需要量在100毫克以下的元素。世界卫生组织确认的人体必需微量元素有14种，包括锌、铜、铁、碘、硒、铬、钴、锰、钼、钒、氟、镍、锶、锡。必需微量元素是人体中的主要功能元素，其功能主要包括构成金属酶的必需成分、构成激素或维生素的必需成分及辅酶因子、形成具有特殊功能的金属蛋白，其生物学意义多与维生素、激素、酶等的生物学活性有关。微量元素，特别是必需微量元素，与人体健康密切相关，缺乏或过量都会导致疾病。

2. 微量元素的抗衰老作用

大量研究证实，中国长寿地区及百岁老人的锶、锰、锌等微量元素含量高于其他地区及人群。例如，长寿老人的发锰含量均值可达22.47±13.13μg/g，比普通人群高约10倍。微量元素的抗衰老作用已越来越多地引起世界各国学者的关注。目前认为微量元素抗衰老的作用机制包括：①影响核酸和有机遗传物质的代谢。例如，锌缺乏时使DNA聚合酶活性降低，并导致DNA转录和RNA转译失常。②调节氧自由基代谢、防止过氧化损伤。各种组织细胞在需氧代谢过程中，不断生成的氧自由基对细胞有毒性作用。生物体内的氧自由基水平随年龄增长不断积累，造成机体组织的老化。机体依赖消除氧自由基的酶，如超氧化物歧化酶(Mn-SOD)、过氧化氢酶等来调节自由基代谢的平衡。微量元素通过与这些酶的结合而发挥作用。③调节免疫机能。锌、锰、铜、硒等元素含量异常，均可严重影响免疫功能。④微量元素有促进细胞浆发育、调节物质代谢和延缓衰老的作用。

3. 运动中无机盐代谢的特点

人体血浆、组织间液、细胞内液阴阳离子浓度基本相等，这种离子浓度的平衡，使各部分维持电中性（表6-3）。在激烈运动中，Na^+向细胞内转移，K^+则向细胞外转移，转移后的离子浓度差异，导致膜电位改变，进而影响神经肌肉传导，这通常是长时间运动中运动性疲劳产生的原因之一。另外，长时间耐力运动中运动员由于大量出汗，导致水分大量丧失的同时，亦可致无机盐的大量丢失。长时间运动时，机体主要丢失细胞外液的无机盐。例如，出汗4.1升，体重减轻5.8%，体内无机盐的丢失量为Na^+ 5%、Cl^- 7%、K^+和Mg^{2+} 1.2%。汗液中主要的无机盐为Na^+和Cl^-，与细胞外液相似，但汗中无机盐的浓度远低于血浆(约为血浆浓度的1/3)，为低张溶液。汗液的丢失会使血浆渗透压升高，并影响机体的排热过程（表6-4）。

表6-3 人体各部分体液中电解质含量（mmol/L）

正离子	血浆	组织液	细胞内液
Na^+	142	145	12
K^+	4.3	4.4	139
Ca^{2+}	2.5	2.4	<0.001（游离）[a]
Mg^{2+}	1.1	1.1	1.6（游离）[a]
Cl^-	104	117	4
HCO_3^-	24	27	12
$HPO4^{2-}/H_2PO^{4-}$	2	2.3	29
蛋白质[b]	14	0.4	54
其他	5.9	6.2	53.6
总计	149.9	152.9	152.6

注：a. 表示游离Ca^{2+}和Mg^{2+}浓度，是离子活性的一种量度。

b. 蛋白质是以当量浓度（mEq/L）表示，而不是用摩尔浓度。

（引自：Greger R and Windhorst U，1996）

表 6-4　运动员无机盐推荐量及其在运动中可能参与的作用

无机盐	推荐量（日）	作用
钙	1000~1500mg	肌肉收缩，肌糖原分解
磷	2~2.5g（力量、耐力 4~4.5g）	合成 ATP 和 CP
镁	400~500mg	肌肉收缩
铁	20mg（大运动量或高温 25mg）	红细胞氧运输，肌细胞内氧利用
锌	20mg（大运动量或高温 25mg）	参与肌细胞内的能量生成
铜	1.5~3mg	与铁一起参与氧的运输和利用
钠	<5g（高温环境训练<8g）	神经冲动传导，肌肉收缩，水平衡
钾	3~4g	神经冲动传导，肌肉收缩，糖原贮存

（引自：Williams，1990；陈吉棣，2001）

4. 关于运动员补盐问题

一般认为，平衡膳食足以提供运动员所必需的无机盐。多数研究指出，即使是长跑运动员在热环境下每日跑 27.35 公里，由于大量出汗而丢失一定量的 Na^{+}、K^{+}、Ca^{2+}、Fe^{2+}、Mg^{2+}、Zn^{2+} 和其他微量元素，但只要摄入平衡膳食，并补充丢失的水分，仍能保持无机盐的平衡。而且，由于汗液中无机盐的浓度低于体液中的浓度，运动中没有必要补充无机盐。但是，在一些超长距离项目中，如超长马拉松跑、铁人三项比赛等，有必要适当补充无机盐。因为在这类比赛中，单纯摄入水分，可能稀释体液中的 Na^{+}，引起低钠血症即水中毒。此外，对那些为比赛而控制饮食，以及不能从膳食中获得充足营养供给者，可以适当补充一些无机盐。无机盐的补充一般均与补水同步进行。

（六）维生素

1. 维生素的来源及分类

维生素（Vitamin）是维持细胞正常生理功能所必需，但需要量极小的低分子有机化合物。这类物质由于体内不能合成或者合成不足，必须由食物供给。

维生素可以分为脂溶性和水溶性两类。脂溶性维生素包括 A、D、E、K，它们是油样物质，难溶于水。水溶性维生素包括硫胺素（B_1）、核黄素（B_2）、烟酸及烟酰胺（合称 PP）、吡哆素（B_6）、泛酸（B_5）、生物素、叶酸、钴胺素（B_{12}）、抗坏血酸（C）。

2. 维生素与运动能力

大多数维生素，特别是 B 族维生素，能够激活能量生成过程。运动中机体对能量的需求量增大，B 族维生素的作用也就更加重要。维生素 A、C 和 E 是作用很强的抗氧化剂，能防止细胞膜的脂质过氧化，防止红细胞膜受损，维持运动中细胞的正常功能。维

生素D是钙代谢的调节剂，钙在肌肉的兴奋-收缩耦联中具有重要的中介作用，因而与运动中肌肉收缩做功密切相关。此外，维生素还能协助调节神经系统的功能，保持能量供给系统的适宜状态（表6–5）。

表6–5　运动员维生素推荐量及在运动中可能参与的重要作用

维生素	推荐量（日）	可能参与的作用
A	1500 μg或1800 μg	抗氧化剂，防止红细胞膜损伤
D	10～12.5 μg	参与肌肉内钙的转运
E	30mg （高原训练30～50mg）	抗氧化剂、防止红细胞膜损伤， 提高氧化能系统水平
B_1	3～5mg	（1）参与糖的分解过程 （2）参与血红蛋白的形成 （3）保持适度的神经系统功能
B_2	2～2.5mg	参与糖和脂肪的分解产能过程
PP（烟酸）	20～30mg	（1）作用于糖的有氧氧化及酵解两个产能过程 （2）阻断脂肪组织释放游离脂肪酸
B_6	2.5～3mg	（1）作用于糖的产能过程 （2）参与血红蛋白和氧化酶的生成 （3）保持神经系统的正常功能
B_{12}	2 μg	参与红细胞生成过程
叶酸	40 0μg	（1）参与红细胞生成过程 （2）作用于糖和脂肪的分解产能过程
生物素	30μg	糖和脂肪的合成
C	140mg （比赛期间为200mg）	（1）抗氧化剂 （2）促进铁的吸收 （3）参与肾上腺素的合成 （4）促进氧化能系统能量的生成 （5）参与结缔组织形成

（引自：Williams，1990；陈吉棣，2001）

第二节　能量代谢

人体各种能源物质分解代谢过程中所伴随的能量释放、转移和利用，称为能量代谢（energy metabolism）。能量代谢的中心环节是发生在线粒体中的氧化磷酸化。人体单位时间内所消耗的能量称为能量代谢率。

一、基础代谢

（一）基础代谢的概念

基础代谢（basal metabolism）指基础状态下的能量代谢。所谓基础状态是指人体处在清醒、安静、空腹、室温在 20～25℃条件下的状态。基础代谢率（basal metabolic rate，BMR）是指单位时间内的基础代谢，即在基础状态下，单位时间内的能量代谢，这种能量代谢是维持最基本生命活动所需要的最低限度的能量。基础代谢率以每小时每平方米体表面积的产热量为单位，通常以 kJ/(m^2·h) 来表示。正常成年男子的基础代谢率约为 170kJ/(m^2·h)，女子约为 155 kJ/(m^2·h)，见表 6–6。国人体表面积公式见本书第四章第二节。基础代谢率受年龄、性别等因素影响而产生生理波动，一般男性高于女性，幼年高于成人，老年低于成人。20 岁以后，平均每增加 10 岁，基础代谢率降低 3%。另外，基础代谢受人体体温的影响，体温每升高1℃，基础代谢率升高 13%。基础代谢率的测定值与正常值相差±10%～15%之内，均属正常。相差超过 20%属病理情况。过度训练状态下，运动员基础代谢率升高。

表 6–6　我国居民正常基础代谢率平均值 kJ/(m^2·h)

年 龄（岁）	11~15	16~17	18~19	20~30	31~40	41~50	>50
男 性	195.5	193.4	166.2	157.8	158.7	154.1	149.1
女 性	172.5	181.7	154.1	146.5	146.4	142.4	138.6

（引自：姚泰等，2005）

安静代谢率（resting metabolic rate，RMR）指人体安静状态下的单位时间内的能量代谢。

（二）能量代谢的测定原理

根据热力学第一定律，能量在转化过程中，既不增加，也不减少，总能量守恒。机体的能量代谢也遵循这一规律，即在整个能量转化过程中，蕴藏在食物中的化学能（供给机体利用）与所转化成的热能及所完成的外功，按其能量来折算是完全相等的。因此，测定在一定时间内机体所消耗的食物，或测定机体所产生的热量与所做的外功，均可测算出整个机体单位时间内所消耗的能量。

能量代谢的测定有直接和间接测定两种方式，而以间接测定应用较多。间接测定的基本原理是，按照一般化学反应中，反应物的量与产物的量之间呈一定的比例关系，即定比定律。维持机体各种生理机能所需的能量来源于营养物质的氧化分解，而机体在氧化分解不同营养物质时所消耗的氧量与产生的二氧化碳量及释放出的热量之间呈一定的比例关系。因此，只要测定人体在一定时间内的耗氧量和二氧化碳的产生量，即可推算出整个机体的能量代谢率。因此，间接测定法的关键是收集安静和运动时的呼出气体，分析呼出气中氧和二氧化碳的量，并换算成热量。有关测定方法的详细内容将在实验部分阐述。

（三）与能量代谢有关的几个概念

1. 食物热价及氧热价

一定量的糖、脂肪、蛋白质在体外燃烧时所释放的热量，与三大能源物质在体内彻底氧化分解生成二氧化碳和水时所产生的热量相比，糖和脂肪在体外燃烧与体内氧化分解所产生的热量完全相同，而蛋白质则略有差异。1 克食物完全氧化分解所释放出的热量称为食物热价（thermal equivalent）。食物的热价分为物理热价和生物热价，前者指食物在体外燃烧时释放的热量，后者指食物在体内氧化所产生的热量。糖和脂肪的物理热价与生物热价相等，而蛋白质的生物热价小于其物理热价。这是由于蛋白质在体内分解时产生含有部分能量的尿素被排出体外的缘故。糖的热价为 17.16kJ，脂肪为 38.93kJ，蛋白质的生物热价为 18.00kJ，而物理热价为 23.44kJ。

各种能源物质在体内氧化分解时，每消耗 1 升 O_2 所产生的热量称为该物质的氧热价（thermal equivalent of oxygen）。例如，糖的氧热价为 21kJ，脂肪的氧热价为 19.7kJ，蛋白质的氧热价为 18.8kJ。体内氧化过程中，氧化的糖越多则氧热价越高，氧化的脂肪较多则氧热价较低（表 6–7）。

表 6–7　三种能源物质氧化时的几种数据

能源物质	产热量（kJ/g）			耗氧量	CO_2 产量	氧热价	呼吸商
	物理热价	生物热价	营养学热价	(L/g)	(L/g)	(kJ/L)	(RQ)
糖	17.17	17.15	16.74	0.83	0.83	20.66	1.00
蛋白质	23.43	17.99	16.74	0.95	0.76	18.93	0.80
脂肪	39.75	39.75	37.66	2.03	1.43	19.58	0.71

注：1 kcal=4.186 kJ，1kJ=0.23885kcal　　（引自：姚泰等，2005）

2. 呼吸商

各种物质在体内氧化时所产生的 CO_2 与所消耗的 O_2 的容积之比称为呼吸商（respiratory quotient，RQ）。糖、脂肪、蛋白质氧化时，其 CO_2 产量与耗氧量各不相同，呼吸商也不一样。三大能源物质氧化时，其耗氧量和 CO_2 产量均取决于各物质的化学组成。因此，任何一种能源物质的呼吸商均可以根据其氧化成最终产物（CO_2 和 H_2O）的化学反应式计算出来。糖在氧化时消耗的 O_2 与产生的CO_2 分子数相等，故呼吸商为 1。脂肪氧化时需要消耗更多的 O_2，其呼吸商小于 1，约为0.71。由于蛋白质在体内不能完全氧化，且其氧化分解途径的细节尚未完全搞清，只能间接推算其呼吸商，约为 0.80。一般情况下，人类摄取的食物为混合食物，其呼吸商约为0.85（表 6–8）。

表 6-8 非蛋白质呼吸商和氧热价

非蛋白呼吸商	氧化的百分比（%）		氧热价	
	糖	脂肪	kJ/L	kcal/L
0.70	0.00	100.0	19.620	4.686
0.71	1.10	98.9	19.637	4.690
0.72	4.75	95.2	19.687	4.702
0.73	8.40	91.6	19.738	4.714
0.74	12.0	88.0	19.792	4.727
0.75	15.6	84.4	19.842	4.739
0.76	19.2	80.8	19.892	4.751
0.77	22.8	77.2	19.947	4.764
0.78	26.3	73.7	19.997	4.776
0.79	29.9	70.1	20.047	4.788
0.80	33.4	66.6	20.102	4.801
0.81	36.9	63.1	20.152	4.813
0.82	40.3	59.7	20.202	4.825
0.83	43.8	56.2	20.257	4.838
0.84	47.2	52.8	20.307	4.850
0.85	50.7	49.3	20.357	4.862
0.86	54.1	45.9	20.412	4.875
0.87	57.5	42.5	20.462	4.887
0.88	60.8	39.2	20.512	4.899
0.89	64.2	35.8	20.562	4.911
0.90	67.5	32.5	20.617	4.924
0.91	70.8	29.2	20.667	4.936
0.92	74.1	25.9	20.717	4.948
0.93	77.4	22.6	20.772	4.961
0.94	80.7	19.3	20.822	4.973
0.95	84.0	16.0	20.872	4.985
0.96	87.2	12.8	20.927	4.998
0.97	90.4	9.58	20.997	5.010
0.98	93.6	6.37	21.027	5.022
0.99	96.8	3.18	21.082	5.035
1.00	100.0	0.0	21.132	5.047

3. 代谢当量

运动时的耗氧量与安静时耗氧量的比值称为代谢当量（MET）。1MET 约相当于安静时 1 分钟的能量消耗（耗氧量），即约相当于 250ml / min 或 3.5ml /(kg·min)。2MET 相当于 2 倍安静时的耗氧量，即 500ml / min。由于该指标是以安静时机体的能量消耗（耗

氧量）为基础的，可以使不同运动方式的运动强度得以互相比较，因此，可以用于评价机体运动时的相对能量代谢水平，在运动处方的制定中具有实际应用价值。

（四）影响能量代谢的因素

1. 肌肉活动

肌肉活动对能量代谢的影响最为显著。骨骼肌的收缩与舒张都是主动耗能过程，所需能量源于能源物质的氧化。因此，任何轻微的活动均可提高耗氧量。运动中机体耗氧量增加，消耗能量增多，产热量增加，因而能量代谢率增高。

2. 精神活动

人在平静地思考问题时，能量代谢所受的影响并不大，产热量略有增加，一般不超过4%。但在精神紧张如烦恼、恐惧或情绪激动时，产热量显著增加。这是由于伴随情绪变化出现了无意识的肌紧张及促进代谢的激素释放增多等原因所致。

3. 食物的特殊动力作用

安静状态下摄入食物后的一段时间内，人体产生的热量比空腹时食物本身氧化后所产生的热量要多。例如，摄入能产生100kJ热量的蛋白质后，人体实际产热量为130kJ，额外多产生了30kJ热量。说明机体额外增加了30%的产热量。食物能使机体产生“额外”热量的现象称为食物的特殊动力作用（specific dynamic action of food）。糖类或脂肪的食物特殊动力作用为其产热量的4%~6%，而混合食物可使产热量增加10%。额外增加的热量不能用于做功，只能用于维持体温。目前认为，这种效应可能与肝脏内氨基酸的脱氨基过程和尿素的形成有关。

4. 环境温度

人体安静时的能量代谢在20~30℃环境中最稳定。实验证明，当环境温度低于20℃时，代谢率开始增加；低于10℃时，代谢率显著增加。这主要是由于寒冷刺激反射地引起寒战及肌肉紧张增强所致。当环境温度30~45℃时，由于体内化学反应加速、呼吸循环功能增强等因素的作用，使得代谢率增加。因此，环境温度过高或过低均可使机体能量代谢率升高。

二、人体运动时的能量供应与消耗

人体运动时能量消耗明显增加，能耗的增加受制于运动强度、运动持续时间等因素。

（一）骨骼肌收缩的直接能源——ATP

肌肉活动的直接能量来源是三磷酸腺苷，即ATP。事实上，人体各种生理活动所需要的能量基本由ATP供给。例如，神经冲动传导时离子的转运；腺体分泌时分泌物透过细胞膜“出胞”作用；消化道内食物的吸收；肌肉收缩过程等均需要ATP供能。人体ATP最终来源于糖、脂肪、蛋白质的氧化分解。ATP的生成见图6-9。

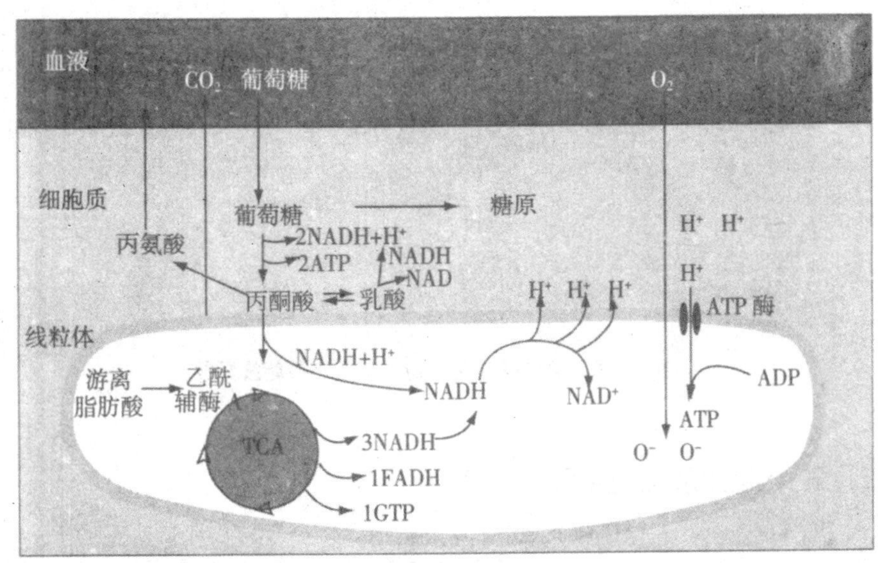

图6-9 ATP的生成过程

1. ATP的贮备

细胞内ATP的浓度很低，肌肉活检测定，安静肌肉ATP含量约为4~6mmol/kg湿肌。ATP最大生成率为1.6~3.0mmol/(kg·s)干肌。但由于ATP贮量有限，运动中ATP消耗后的补充速度成为影响运动能力的重要因素。

2. ATP的分解供能及补充

ATP在酶的催化下，迅速分解为ADP（二磷酸腺苷）和无机磷酸，并释放出能量（图6-10）。$ATP+H_2O \rightarrow ADP+Pi$，每克分子ATP可释放29.26~50.16kJ（7~12kcal）的能量。ATP一旦被分解，便迅速补充。这一直接补充过程由肌肉中的另一高能磷酸化合物CP（磷酸肌酸）完成。CP释出能量用以将ADP再合成为ATP，同时生成肌酸（Creatine，C）。$CP+ADP \rightarrow C+ATP$。肌肉中CP的再合成则要靠三大能源物质的分解。

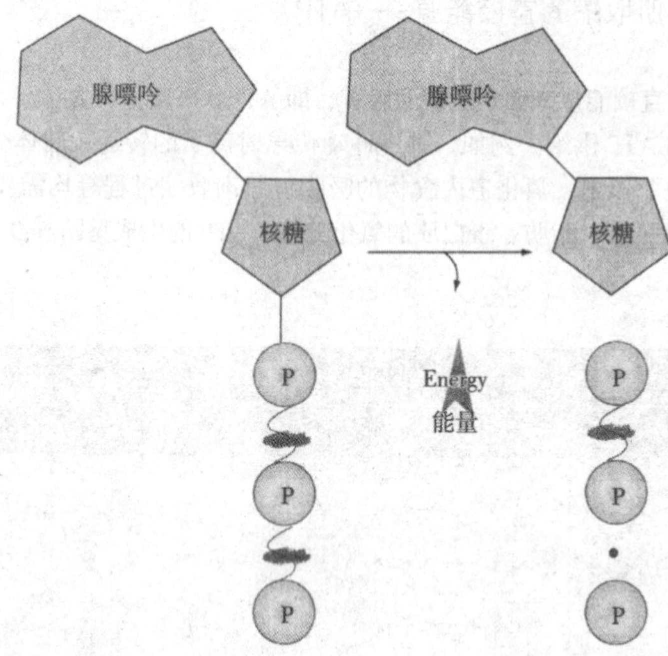

图 6-10　高能磷酸化合物——ATP 的能量释放

（二）三个能源系统的特征

人体在各种运动中所需要的能量分别由三种不同的能源系统供给，即磷酸原系统（phosphagen system）、酵解能系统（glycolytic system）和氧化能系统（aerobic system），如表 6-9 所示。

表 6-9　人体运动时三个能源系统的特征

能源系统名称	底物	贮量 mmol / kg 干肌	可合成 ATP 量 mmol / (kg·s) 干肌	可供运动时间	供给 ATP 恢复的物质和代谢产物
磷酸原系统	ATP	24.6	——	6～8 秒（或＜10 秒）	CP
	CP	76.8	100		CP + ADP → ATP + C
酵解能系统	肌糖原	365	250	2～3 分钟	肌糖原→乳酸
氧化能系统	肌糖原	365	13000	1.5～2 小时	糖 + O_2 → CO_2 + H_2O
	脂　肪	48.6	不受限制	不限时间	脂肪+O_2 → CO_2 +H_2O
	蛋白质				蛋白质+O_2 →CO_2 + H_2O+尿素

1. 磷酸原系统

又称 ATP－CP 系统。该系统主要是由结构中带有磷酸基团的 ATP（包括ADP）、CP 构成，由于在供能代谢中均发生磷酸基团的转移，故称之为磷酸原。肌肉在运动中 ATP

直接分解供能，为维持 ATP 水平，保持能量的连续性供应，CP 在肌酸激酶作用下，再合成 ATP 。

CP 在肌肉中贮存量很少，约 76.8mmol / kg 湿肌。实际上，磷酸原在运动中的可用量只占 1%左右。磷酸原系统作为极量运动的能源，虽然维持运动的时间仅仅 6~8 秒，但却是不可替代的快速能源。运动训练中及恢复期，既应设法提高肌肉内磷酸原的贮备量，又要重视提高 ATP 再合成的速率。

2. 酵解能系统

又称乳酸能系统。运动中骨骼肌糖原或葡萄糖在无氧条件下酵解，生成乳酸并释放能量供肌肉利用的能源系统。如前所述，该系统尽管生成能量的数量不多，但在极量运动的能量供应中具有特殊的重要性。一般认为，在极量强度运动的开始阶段，该系统即可参与供能，在运动 30~60 秒左右供能速率达最大，维持运动时间 2~3 分钟。

酵解能系统与磷酸原系统共同为短时间高强度无氧运动提供能量，中距离跑等运动持续时间在 2 分钟左右的项目，主要由酵解能系统供能。而篮球、足球等非周期性项目在运动中加速、冲刺时的能量亦由磷酸原及酵解能系统提供。

3. 氧化能系统

氧化能系统又称有氧能系统。糖类、脂肪和蛋白质在氧供充分时，可以氧化分解提供大量能量。该能源系统以糖和脂肪为主，尽管其供能的最大输出功率仅达酵解能系统的 1/2，但其贮备量丰富，维持运动的时间较长（糖类可达 1.5~2 小时，脂肪可达更长时间），成为长时间运动的主要能源。

（三）能源系统与运动能力

如上所述，人体运动中能量输出的基本过程为无氧和有氧代谢两个过程，不同运动项目需要不同代谢过程作为其能量供应的基本保证，但一切运动过程的能量供应，都是由三个能源系统按不同比例提供，比例的大小则取决于运动的性质和特点。因此，人体不同能源系统的供能能力决定了运动能力的强弱。

1. 不同运动项目的能量供应和能量连续统一体的概念

不同运动项目具有各自不同的技术特点，决定了其能量供应具有各自的特征，但任何项目运动中不存在绝对的某一个单一能源系统的供能，而是需要三个能源系统按照不同比例配布协同供能。运动项目的能量供应之间紧密相连，形成一个连续的统一整体，称为“能量连续统一体”（表 6-10，图 6-11）。例如，100 米跑是典型的速度性项目，要求快速高输出功率的能供，磷酸原系统为首选能源，但酵解能及氧化能系统在运动中仍占有一定比例。马拉松跑的持续时间长，运动中机体的能量供应以氧化能系统为主，但酵解能系统供能亦占有一定比例。而且，随着训练水平的提高，马拉松运动员运动中酵解能系统供能所占比例将进一步增加，有利于满足途中加速和终点冲刺时的能量需求。近年来的研究发现，人体无氧和有氧能源系统各供能50%的时间区间出现在运动1～2分钟，而许多研究者认为，这个界限最可能出现在运动75秒左右。

表6-10　各种运动项目的主要能量供应系统

运动项目	各能量系统所占比例（%）		
	ATP-CP和酵解能系统	酵解能和氧化能系统	氧化能系统
棒球	80	20	—
篮球	85	15	—
击剑	90	10	—
草地曲棍	60	20	20
足球	90	10	—
高尔夫球	95	5	—
体操	90	10	—
冰球			
1. 前锋、后卫	80	20	—
2. 守门员	95	5	—
曲棍球			
1. 守门员、后卫、进攻手	80	20	—
2. 中锋	60	20	20
娱乐性运动	—	59	5
划船	20	30	50
滑雪			
1. 障碍滑雪、跳、下坡	80	20	—
2. 越野滑雪	—	5	95
英式足球			
1. 守门员、边锋、前锋	80	20	—
2. 前卫、巡边员	60	20	20
垒球	80	20	—
游泳潜水			
1. 50米自由泳、潜水	98	2	—
2. 100米（各种姿势）	80	15	5
3. 200米（各种姿势）	30	65	5
4. 400米自由泳	20	55	25
5. 1500米	10	20	70
网球	70	20	10
田径			
1. 100米、200米	98	2	—
2. 田赛项目	90	10	—
3. 400米	80	15	5
4. 800米	3	65	5

（续表）

运动项目	各能量系统所占比例（%）		
	ATP- CP 和酵解能系统	酵解能和氧化能系统	氧化能系统
5. 1500 米	20	55	25
6. 5000 米	10	20	70
7. 10000 米	5	15	80
8. 马拉松	—	5	95
排球	90	10	—
摔跤	90	10	—
自行车			
1. 100 公里公路	—	5	95
2. 100 公里团体计时	—	15	85
3. 25 英里团体	5	15	80
4. 10 英里场地	10	20	70
5. 400 米个人追逐	20	55	25
6. 1000 米	80	15	5
7. 冲刺	98	2	—

（引自：Fox，1979；Burke，1986）

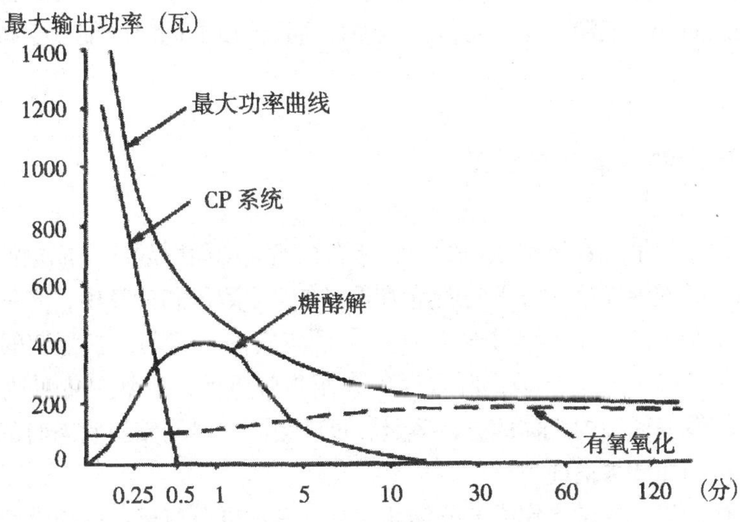

图 6–11 运动时间与最大输出功率及能源系统

（引自：Billeter 等，1992）

2. 运动中能源物质的动员

就人体糖、脂肪、蛋白质三大能源物质在运动中的利用速率来比较，糖的利用速率最快，是一种非常经济的能源，但能源物质的利用情况与运动强度密切相关。一般运动强度在90%～95%$\dot{V}O_{2max}$以上强度运动时，肌糖原利用速率最大。在65%～85%$\dot{V}O_{2max}$之间强度运动时，肌糖原利用情况随运动持续时间的延长而降低。30%$\dot{V}O_{2max}$强度运动时，肌内主要由脂肪酸氧化供能，很少利用肌糖原。

运动开始时骨骼肌首先分解肌糖原，如100米跑在运动开始约3～5秒，肌肉便通过糖酵解方式参与供能；持续运动5～10分钟后，血糖开始参与供能，当运动强度达到最大摄氧量强度时，可达安静时供能速率的50倍；运动时间继续延长，由于骨骼肌、大脑等组织大量氧化分解利用血糖，而致血糖水平降低时，肝糖原分解补充血糖，其分解速率较安静时增加5倍。脂肪在安静时即为主要供能物质，在运动达30分钟左右时，其输出功率达最大。脂肪的分解利用对氧的供应有严格的要求，因此，在长时间运动中，当肌糖原大量消耗或接近耗竭，氧供充足时方大量动用。蛋白质在运动中作为能源供能时，通常发生在持续30分钟以上的耐力项目。随着运动员耐力水平的提高，可以产生肌糖原及蛋白质的节省化现象。

3. 健身运动的能量供应

健身运动的形式多种多样，运动强度均比较低，运动持续时间比较长，因而动用的能源物质亦与运动的特点相适应。研究表明，运动强度低于50%$\dot{V}O_{2max}$时，脂肪氧化分解成为主要能源，血浆中游离脂肪酸的浓度每两分钟就更新50%，说明脂肪代谢非常活跃。当运动强度超过50%$\dot{V}O_{2max}$时，糖的分解供能显著加强。健身运动的强度基本处于50%～70%$\dot{V}O_{2max}$范围内，而且较理想的运动时间应在30分钟～1小时，由于运动时可大量分解利用脂肪作为能源，这也是健身运动在增强体质的同时亦能产生减肥效果的原因所在。

（四）运动能量消耗的计算

运动时的能量消耗在运动生理学中特指因某项运动而引起的净能量消耗，即总能量消耗减去同一时间内安静状态下的能量消耗。在实际测量和计算中，必须考虑到不同强度运动产生的能量消耗。具体步骤包括：①测定安静、运动、恢复期的消耗的氧和产生的二氧化碳；②求出各阶段的呼吸商；③根据呼吸商，查氧热价对照表；④以该氧热价乘以所计算时间段内机体的总耗氧量，再减去同一时间安静状态时的能量消耗，即为该运动阶段的净能量消耗。

例如，试计算某受试者完成5分钟功率自行车定量负荷运动的净总能量消耗，其测试数据见下表6-11。

表6-11 某受试者进行自行车定量负荷运动的净总能量消耗

时间	内容	耗氧量（L）	CO_2产量（L）
5分钟	安静（坐在车上）	1.5	1.275
5分钟	蹬车（定量负荷）	16.5	14.851
30分钟	恢复（坐在车上）	14.0	12.320

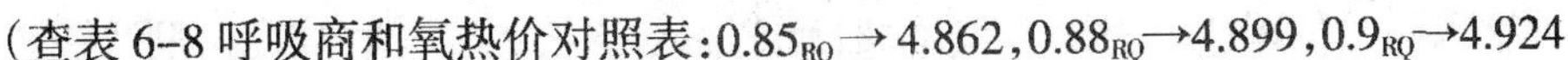

(查表 6-8 呼吸商和氧热价对照表：$0.85_{RQ} \rightarrow 4.862$，$0.88_{RQ} \rightarrow 4.899$，$0.9_{RQ} \rightarrow 4.924$)

5 分钟安静时的呼吸商 = CO_2 呼出量 ÷ O_2 耗量

= 1.275 ÷ 1.5

= 0.85

5 分钟安静时的能量消耗 = O_2 耗量 × 氧热价

= 1.5 × 4.862

= 7.293 (kcal)

5 分钟运动时的呼吸商 = CO_2 呼出量 ÷ O_2 耗量

= 14.851 ÷ 16.5

= 0.9

5 分钟运动时的净能量消耗 = 运动时总能量消耗－相同时间安静状态下的能量消耗

= (16.5 × 4.924) – (1.5 × 4.862)

= 81.246 – 7.293

= 73.953 (kcal)

30 分钟恢复期内的呼吸商 =CO_2 呼出量 ÷ O_2 耗量

=12.32 ÷ 14.0

= 0.88

30 分钟安静状态的能量消耗 = 每分钟安静状态的能量消耗 × 30

= 7.293 ÷ 5 × 30

= 43.758 (kcal)

30 分钟恢复期的净能量消耗 = 恢复期的总能量消耗 – 相同时间安静的能量消耗

= (14.0 × 4.899) – (7.293 ÷5 × 30)

= 68.586 – 43.758

= 24.828 (kcal)

运动总净能量消耗 = 运动时净能量消耗 + 恢复期的净能量消耗

=73.953 + 24.828

=98.781 (kcal)

=413.50 (kJ)

因此，该运动中机体的净总能量消耗为 413.50 (kJ)。

第三节 体 温

一、正常人体温度

人体在物质代谢中所释放的能量仅有约 30%用于完成各种形式的机械功，另外 70%则转化为热能，成为体热的来源。体温 (body temperature) 特指机体深部(心、肺、脑和腹腔脏器等部位) 的平均温度。机体深部的温度通常比较稳定，但由于体内各器官的代谢水平不同，温度略有差异，但不超过1℃。安静状态下，肝脏代谢最活跃，产热量最大，温度最高；运动时，骨骼肌的代谢最活跃，因而温度最高。循环血液是将体内热量传递到体表的重要途径，由于血液不断循环，机体深部各器官的温度会经常趋于一致。因此，血液的温度可以代表重要器官温度的平均值。

（一）体温的测定

体温测定的常用部位包括口腔、直肠和腋窝。直肠温度的正常值为36.9～37.9℃，口腔温度（舌下部）平均比直肠低0.2～0.3℃，腋窝温度又比口腔温度低约0.3～0.4℃。对于正常成人，习惯上常采用方便的测定部位是口腔及腋窝。

（二）影响体温的因素

1. 昼夜节律

体温的昼夜节律是机体的一种内在节律。一昼夜中，人体的体温呈周期性波动，表现为清晨2～6时体温最低，午后1～6时体温最高，波动幅度不超过1℃。

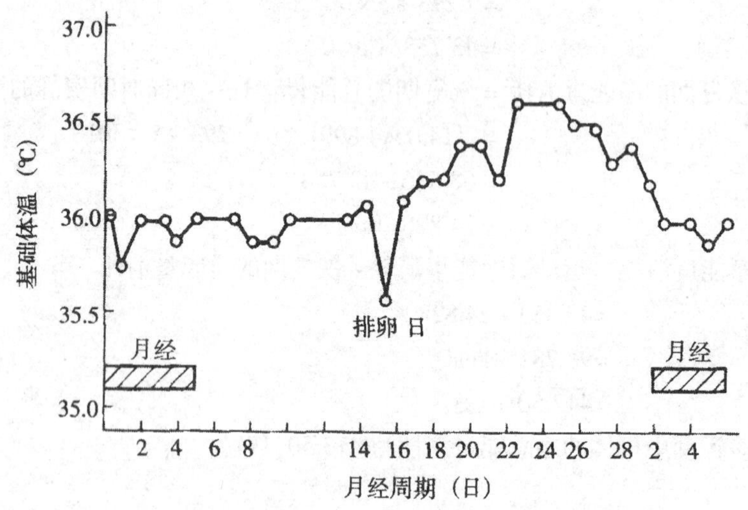

图6-12　女性月经周期中基础体温的波动

（引自：姚泰等，2005）

2. 性别差异

成年女性的体温平均比男性高0.3℃，可能与女性较厚的皮下脂肪层影响散热有关。女性的基础体温随月经周期发生周期性变动。月经期平均体温较低，其后轻度升高，排卵日体温又降低，排卵后体温升高约0.2～0.5℃，并持续至下一个月经周期。排卵后体温的升高与体内孕激素水平的变化相吻合。连续测定基础体温，可以协助判断卵巢排卵的日期。

3. 年龄差异

由于儿童的基础代谢率较高，体温也略高于成人，老年人则略低于成人。

4. 肌肉活动

肌肉活动时代谢增强，产热量增加，剧烈运动中产生的热量超过当时机体所散发的热量，体温将超出正常水平。

此外，情绪激动、紧张、进食、环境温度等因素均可能对体温产生影响。

二、体温调节

人体的体温在体温调节机制的调控下，保持相对恒定，这种平衡有赖于产热和散热过程的动态平衡。

(一) 产热过程

1. 产热量

人体安静状态下的产热量一般高于基础代谢25%，而剧烈运动时的产热量可比安静时增加10~20倍。因此，运动中人体的产热量要远远高于安静状态。

2. 产热部位

人体处在安静状态时，内脏器官的产热量占机体总产热量的56%左右，脑的产热量占16%，骨骼肌的产热量只占18%左右。处在运动状态时，各器官的产热比例有很大变化，骨骼肌的产热量增加，成为主要的产热器官。剧烈运动时，骨骼肌的产热量可占总产热量的90%以上。

寒冷环境中，机体一方面通过骨骼肌不随意的节律性收缩——寒战来增加产热量；另一方面，通过分解氧化褐色脂肪来增加10%~15%的产热量。

(二) 散热过程

1. 散热途径

人体的热量通过四个途径不断向体外散发：由皮肤散发大多数热量；经呼吸道蒸发散发小部分热量；随尿、粪排泄散发及通过加温冷空气、冷食物而散发少量热量。皮肤

散热是人体最主要的散热途径。

2. 皮肤散热方式

机体深部产生的热量主要通过循环流动的血液运输到皮肤。另外，还可以通过热传导的方式传递到体表，皮肤通过辐射、传导、对流、蒸发散热的方式，将体内热能散发。

(1) 辐射散热（radiation）

机体不断辐射出热射线——红外线，通过空气层被周围较冷物体吸收，这是机体安静状态下散热的主要方式（约占总散热量的60%左右）。环境温度越低，机体有效辐射面积越大，辐射散热量越多。环境湿度很大时，辐射散热的效率略有降低。

(2) 传导散热（conduction）

机体的热量直接传给同它相接触的较冷物体的一种散热方式。机体深部的热量经过血液以传导的方式传到体表，然后传给与其相接触的物体，如床或衣服等。人的表皮和皮下脂肪是热的不良导体，因此，空气中传导散发的热量极少。水是热的良导体，当身体浸在水中时，大量的热量得以传导给水。游泳运动员由于长期处于水环境中，机体的热量以传导方式大量散失。

(3) 对流散热（convection）

指通过空气或液体来交换热量的一种散热方式。人体的热量传给围绕机体周围的一薄层空气，空气不断流动（对流），从而将体热发散到空间。对流是传导散热的一种特殊形式。对流散热量的多少受风速影响极大。风速越大，对流散热量也越多。风速越小，对流散热量也越少。衣着覆盖的皮肤表层，不易实现对流，有利于保温。

(4) 蒸发散热（evaporation）

人体通过皮肤表面水分蒸发的散热方式。有两种形式：不感蒸发（insensible perspiration）和发汗（sweating）。不感蒸发是指人体没有汗液分泌时，皮肤和呼吸道不断有水分渗出，在未形成明显的水滴之前即被汽化蒸发掉，因而不被机体察觉。其中，皮肤的水分蒸发又称不显汗，与汗腺的活动无关，也不受生理性体温调节机制的调节。室温30℃以下时，不感蒸发的水分相当恒定，约12～15g/（$h \cdot m^2$）水分被蒸发掉，人体每日经皮肤蒸发水分600~800毫升，经呼吸道蒸发水分200～400毫升。

发汗指汗腺的分泌活动，又称可感蒸发（sensible perspiration）。人体在安静状态下，当环境温度达30℃左右时便开始发汗。若空气湿度大，衣着较多时，气温25℃即可引起发汗。运动中，气温20℃以下时，亦可出现发汗，而且汗量往往较多。

蒸发散热与环境温度、皮肤血流量及血流速度有密切关系。当环境温度等于或高于皮肤温度时，蒸发成为机体的唯一散热方式。运动中人体以此种散热方式发散热量。因此，运动员排出大量体热的同时，将会丢失大量汗液。在寒冷环境中，皮肤受到冷刺激时，血管收缩，血流减慢，由血液循环带到体表的机体深部热量减少，散热相对减少；而在炎热环境中，皮肤血流加速，促进热量散发；运动中因机体产热增多，产热散热暂时处于不平衡状态，为增加散热量，皮肤血管舒张，血流量加大，血流速度加快，亦有利于肌肉代谢中产生的大量热能运输到体表，促进散热过程。

汗液98%～99%的成分是水，其比重约介于1.002～1.003之间，pH值4.2～7.5，其中NaCl约为3g/L，还有少量的为钾、尿素、乳酸、氨等。汗液是由汗腺细胞主动分泌产生，初分泌的汗液与血浆等渗，但在流经汗腺管腔时，由于Na^+和Cl^-被重吸收，最后排出的汗液是低渗的。因此，人体运动中机体因大量发汗造成脱水时，机体丢失的水分多于电解质，使体液渗透压升高，导致高渗性脱水。

汗腺的活动受到从脊髓到大脑皮质各级中枢的控制，下丘脑的发汗中枢是最主要的部位。引起汗腺活动的适宜刺激是热，温热环境下引起全身各部位小汗腺分泌汗液称为温热性发汗。导致温热性发汗的主要因素包括：皮肤中的温热觉感受器受刺激产生兴奋，冲动传至发汗中枢，反射性引起发汗；温热环境加温皮肤血液，被加温的血液流至下丘脑发汗中枢，刺激其热敏神经元兴奋，引起发汗。发汗的速度受环境温度、湿度、风速、工作强度等因素的影响。温度越高，风速越大，工作强度越高，发汗速度越快；湿度越大，汗液不易蒸发，体热不易散发，可反射性地引起大量发汗。

因精神紧张、情绪激动导致的发汗称为精神性发汗。主要见于掌心、脚底和腋窝发汗，其在体温调节中的作用不大。

（三）体温调节机理

正常人体的体温保持相对恒定，有赖于中枢神经系统对产热和散热过程不断进行的精细调节。这是一个复杂的调节过程，体温调节中枢既接受内外温度感受器传入的温度信息，又接受血液温度变化的直接刺激，整合后，经过神经调节机制调节皮肤血流量、立毛肌、汗腺及骨骼肌的活动；通过神经—体液调节途径调节内分泌系统的活动，改变机体的代谢率，从而维持机体的产热和散热平衡。

1. 体温调节机制——调定点学说

目前，大多数学者以调定点学说来解释下丘脑体温调节中枢的基本工作原理。体温调节系统是一个生物自动控制系统。机体根据一个设定的温度值，即调定点（set point），调节产热和散热过程，使体温稳定于调定点水平。

下丘脑体温调节中枢，包括调定点神经元（视前区—下丘脑前部的热敏神经元）在内，属于控制系统。调定点（set point），即设定温度值，正常一般为37℃左右，为热敏神经元对温热感受的阈值。调定点的高低决定着体温的水平。控制系统的传出信息控制着产热器官（如肝、骨骼肌）及散热器官（皮肤血管、汗腺）等受控系统的活动，使受控对象——机体深部温度维持在调定点设定的数值水平。输出变量体温总会受到内、外环境因素（如机体运动、气温、湿度、风速等）的影响，通过位于皮肤及机体深部温度感受器检测，并将干扰信息反馈于调定点，经过体温调节中枢的整合，再对受控系统进行调节，建立起新的体热平衡，达到稳定体温的目的（图6–13）。

当体温超过37℃时，体温调节中枢的热敏神经元发放冲动增多，通过相应的神经联系，一方面促进汗腺分泌，另一方面控制交感神经的活动，使交感神经紧张性减弱，皮肤血管扩张，散热增加，体温回降。当体温低于37℃时，机体通过抑制汗腺分泌和使全身血管收缩来减少散热；同时，通过寒战、交感神经兴奋和促进甲状腺素分泌来增加产热，结果使体温升高。

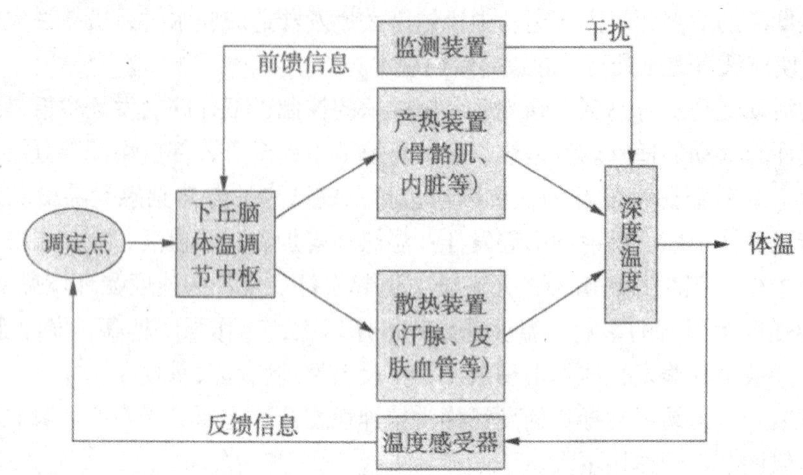

图 6-13　体温调节自动控制示意图

2. 运动中体温的变化及调节

运动中由于代谢水平提高，人体产热增加，尽管经机体调节加强了散热过程，但仍不能保证体热平衡而使体温升高。运动中体温的适度升高可以提高神经系统的兴奋性；降低肌肉的黏滞性，加快收缩速度；加快肌肉血流速度，加大血流量；促进氧合血红蛋白的解离及二氧化碳的交换，有利于提高人体的运动能力。

研究证明，人体肌肉活动的最适温度为 38℃。运动前的适度准备活动大致可使肌肉温度达到该水平。运动中体温的升高与运动强度、持续时间、环境温度、湿度、风速及运动员训练水平等因素有关。运动强度越大，持续时间越长，体温升高幅度越大。例如，中距离跑后运动员腋下温度可达 37.5～38℃；长跑后升至38.5℃；超长跑后可升至39.75℃，甚至超过 40℃。剧烈运动中发汗成为维持体温恒定的主要途径。一次大强度、大运动量训练，运动员的失汗量高达 2～7 升，同时可散发大量体热。运动员训练水平的提高，使得其机体产热和散热调节过程日臻完善，冬夏两季的大运动量训练有利于运动员提高机体对温度的适应能力及调节能力。

3. 习服

人体对高温或低温环境所产生的由不适应到适应的生理过程，称为对气候的习服(acclimatization)。这是一个经过反射性调节、维持体热平衡并维持正常健康状态的过程。运动员在长期的运动训练中，其体温调节可以在较大范围内实现对冷及热环境的习服，这样才能保证在特殊气温环境下仍具有良好的运动能力。但是，习服是有限度的。例如，干燥环境中，健康人能够耐受的环境温度范围是15～54℃，超过该范围，人体体温将随环境温度的变化而改变。习服的生理机制：对冷的服习是通过神经系统的调节，使皮肤血管产生收缩，减少皮肤血流量及血流速度，并使肌肉收缩，产生寒战，同时增加细胞代谢，从而减少散热，增加产热；对热的服习是通过增加皮肤血流量，皮肤血管扩张及血流速度加快，并促使汗腺大量发汗，增加机体的散热量。

【小结】

1. 糖、脂肪、蛋白质、水、无机盐、维生素是人类赖以生存的六大类营养物质。

2. 三大能源物质经过消化分解为小分子物质，进而吸收进入人体。糖和脂肪是人体运动中的主要供能物质；蛋白质为生命的物质基础，主要参与机体的生长发育、组织的更新修补，而并非作为能源贮备；水、无机盐、维生素亦与人体正常生命活动及运动能力有密切关系。

3. 人体的各种状态——维持最基本生命活动的基础状态、安静状态、从事不同形式或不同项目运动状态，均需消耗能量。人体能量的直接利用形式为ATP。ATP的补充依靠人体的三个能源系统，即磷酸原系统、酵解能系统和氧化能系统。人体各能源系统不同的功率输出，决定了各运动项目能量供应的特征。

4. 人体体温的产生与能量代谢密不可分，体温恒定依赖于产热和散热过程的动态平衡。运动中人体体温调节机制的完善和“适应”能力的提高，有助于提高机体的运动能力。

【思考题】

1. 进食混合性食物后，机体如何获取利用其中蕴含的各种能量？
2. 从物质和能量代谢的角度，试分析马拉松运动员运动中机体机能状态的变化及其可能机制。
3. 为什么说各种项目运动中机体不存在绝对单一的某个能源系统的供能？
4. 结合运动实例说明运动中机体的三个能源系统是如何供能的。
5. 长时间耐力运动中人体体温有何变化？如何调节？
6. 游泳运动员在28℃水温环境下训练时，机体的体温有何变化？

第七章

肾脏功能

【提要】

本章主要介绍肾脏在排泄过程中所发挥的作用，重点阐述在尿生成的三个过程中，肾小球的滤过作用、肾小管与集合管的重吸收作用和肾脏在保持水及酸碱平衡中的作用。在此基础上，介绍了运动对肾脏功能的影响，以及运动性蛋白尿和运动性血尿现象。

人体在新陈代谢过程中产生的代谢产物、多余的水分和进入机体的各种异物，主要通过四个途径向体外排放。这四个排放途径是：

从呼吸器官的排出　主要是 CO_2、水和挥发性物质，以气体形式随呼气排出。

从消化道的排出　主要是经肝脏代谢产生的胆色素，通过胆汁排入肠管（在肠管中转化为尿胆素和粪胆素），以及经肠黏膜排出的一些无机盐，如钙、镁、铁、磷等，排出物混合于粪便中随粪便排出。

从皮肤的排出　主要是以汗腺泌汗的形式排出一部分水和少量的尿素和盐。

从肾脏的排出　以尿液的形式排出各种代谢的产物，如尿素、尿酸、肌酐、水和盐类等，肾脏排出的物质种类最多，数量最大。

生理学中，只把上述物质经过血液循环运送到排泄器官排出体外的过程称为排泄（excretion）。食物消化后的残渣，由于未参与机体细胞的代谢，又未经过血液循环向体外排出，故不包括在排泄之内。

如果排泄功能紊乱或丧失，体内的代谢产物不能正常地、及时地排出体外，就会在血液中积存，这不仅会破坏内环境的稳定性，而且还会造成机体中毒，严重者甚至危及生命。

肾脏不仅有排泄代谢终产物的作用，还有调节体液、维持体内渗透压和酸碱度的作用，从而对保持人体内环境相对稳定起重要作用。本章重点讲授肾脏的排泄功能。

第一节　肾脏的基本结构

肾脏分皮质和髓质。肾脏的基本功能和结构单位，称为肾单位（nephron）。人类两侧肾脏共约有 170 万～240 万个肾单位。

一、肾单位的基本结构

每个肾单位包括肾小体和肾小管两部分（图 7–1）。肾小体包括肾小球（即毛细血管球）和包在它外面的肾小球囊（即肾小囊），主要分布于肾皮质。肾小球是入球小动脉所分出的一团毛细血管网，另一端汇集成出球小动脉。肾小囊由两层上皮细胞组成，中间为囊腔，顶端为盲端，内层借助于基膜紧贴着肾小球毛细血管内皮细胞，外层与肾小管相连接。因此，将血浆滤过的结构，即肾小球囊内层上皮细胞、基膜、肾小球毛细血管内皮细胞，三者合称为滤过膜。肾小管分为近曲小管、髓袢、远曲小管三段，主要分布于肾髓质。在肾小管末端形成的尿汇合到集合管，集合管虽不属于肾单位，但在功能上它和远曲小管有密切联系。集合管又汇入乳头管，开口于肾盂，最后形成的尿液经肾盏、肾盂、输尿管注入膀胱。

肾脏的排泄途径是：肾小球→肾小囊→近球小管→髓袢→远球小管→集合管→肾盏→肾盂→输尿管→膀胱→尿道。

肾脏除有排泄功能外，肾单位周围的一些组织细胞还具有内分泌功能，可产生多种生物活性物质，如肾素、促红细胞生成素（EPO）、前列腺素、维生素 D_3 等，从而参与调节血压、促进骨髓生成红细胞、加强骨骼生长发育等生理过程。

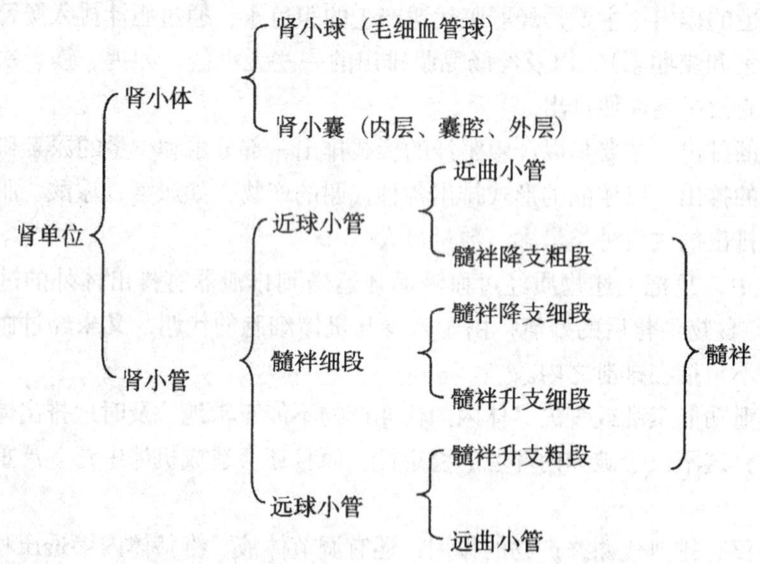

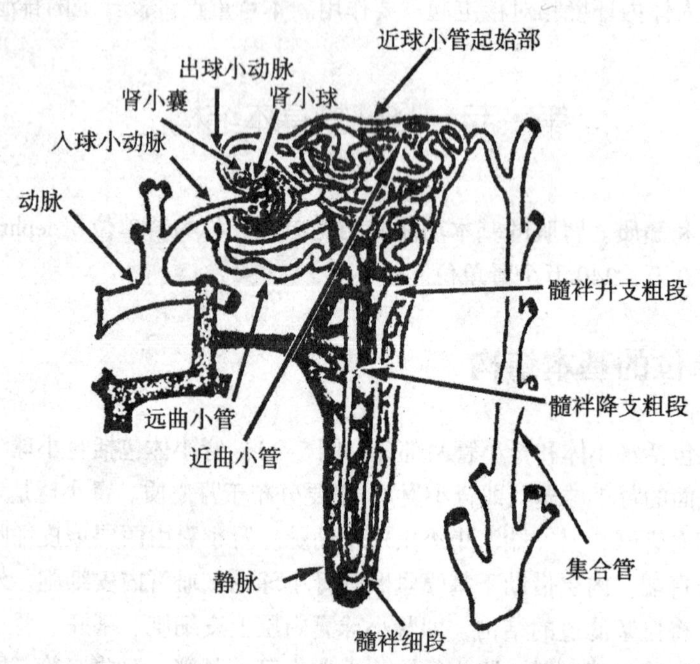

图 7–1　肾单位示意图

二、肾脏的血液循环

两个肾脏的重量约 300 克，与心脏的重量相似，约占体重的 0.4%。流入心脏组织的血流量只有心输出量的 5%，而肾脏血流量则占心输出量的 20%～30%，正常人安静时每分钟约有 1.2 升的血液流过两侧肾脏。肾脏血液供应如此之多，不只是肾组织本身营养的需要，而是肾排泄功能的需要，为及时清除血中代谢物、异物等提供了重要条件。肾脏的血液直接来自腹主动脉的分支——肾动脉。其中，94%左右的血液分布在皮质，其余供应髓质。通常所说的肾血流量，主要指肾皮质的血流量。

肾脏的血液循环由肾动脉开始，经逐级分支后，进入肾小体成为入球动脉，再分支成肾小球毛细血管网，然后汇合成出球小动脉。入球小动脉粗而短，出球小动脉细而长，入球小动脉的口径是出球小动脉口径的两倍，这种结构造成了肾小球毛细血管血压较高。一般体循环的毛细血管压约 20mmHg，而肾小球毛细血管压可达 60mmHg。出球小动脉离开肾小体，再次分支形成第二次毛细血管网，缠绕在肾小管和集合管的周围，吸收来自肾小管和集合管滤液中的各种物质，最后汇合成肾静脉出肾。由此可知，肾脏的血液循环特点是血液经过两次小动脉（入球和出球小动脉）和形成两套毛细血管网（肾小球和肾小管处的毛细血管网），见图 7–1。

第二节 尿的生成过程

尿生成是在肾单位和集合管中进行的，包括三个环节：肾小球的滤过作用；肾小管与集合管的重吸收；肾小管与集合管的分泌作用。下面分别介绍这三个环节。

一、肾小球的滤过作用

血液流过肾小球毛细血管时，血浆中一部分水、电解质和小分子有机物（包括少量分子量较小的血浆蛋白）都可通过滤过膜进入肾小囊内，这种液体称为滤液或称原尿。血细胞和血浆中大分子物质（如蛋白质等）不能滤过，仍保留在血液中。影响肾小球滤过的主要因素是：滤过膜的通透性和滤过面积、有效滤过压、肾血浆流量。

（一）滤过膜的通透性和滤过面积

滤过膜上有许多裂隙，形成大小不等的小孔，所以滤过膜的通透性，是以物质分子量大小是否能允许通过小孔来决定的（图 7–2）。血浆中小分子的葡萄糖、尿素、尿酸、肌酐和各种离子等物质都可以滤过。因此，滤液中这些物质的浓度都与血浆内的浓度近似。大分子物质如白蛋白（分子量为 6.9 万）极少滤过。分子量超过 7 万的物质如球蛋白、纤维蛋白等，则不能滤过。一般以分子量 7 万为滤过膜通透性的界限。血红蛋白（Hb）的分子量虽 6.4 万，但它和血浆中的结合珠蛋白相结合，成为分子量较大的复合物，所以也不能滤过。只有当血红蛋白大量被破坏，产生溶血，血红蛋白浓度超过结合珠蛋白所能结合的量时，未结合的血红蛋白才能进到滤液中，从尿中排出，这种尿液称为血红蛋白尿。在一般情况下，肾小球滤过膜的通透性是比较稳定的。

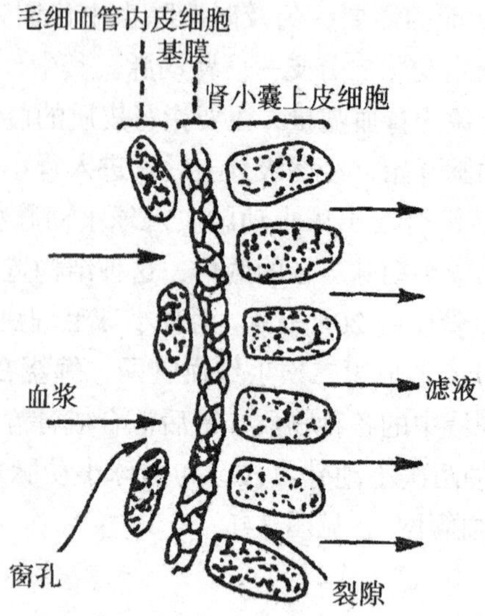

图 7-2　肾小球滤过膜的结构示意图

近年来的研究发现，滤过膜上还存在一种带负电荷的酸性糖蛋白，根据静电相斥的作用，它能阻止带负电荷的较大分子通过，称为"静电屏障作用"。但小分子带负电荷的物质如 Cl^- 和 HCO_3^- 等，仍能顺利通过。可见，滤过膜裂隙小孔的"机械屏障作用"与滤过膜带负电的"静电屏障作用"相比较，前者更为重要。

滤过面积是指肾小球毛细血管的总面积。正常人 200 多万个肾单位都经常处于活动状态，因此滤过面积较恒定，总有效滤过面积达 1.5 平方米以上。这样大的滤过面积有利于尿的生成（即血浆的滤过）。

（二）有效滤过压

滤过作用的动力是有效滤过压，它主要是三部分力量即肾小球毛细血管压、血浆胶体渗透压和肾小囊内压的代数之和（图 7-3）。

（1）肾小球毛细血管压是推动血浆通过滤过膜的主要力量。用微穿刺法直接测得大鼠的肾小球毛细血管压平均为 45mmHg。

（2）肾小囊内压是阻止血浆滤过的力量，平均为 10mmHg。

（3）肾小球毛细血管内血浆胶体渗透压是阻止血浆滤过的主要力量，在入球端约为 20mmHg，随着水分滤出，胶体渗透压不断上升，在出球端约为 35mmHg（见图 7-3）。

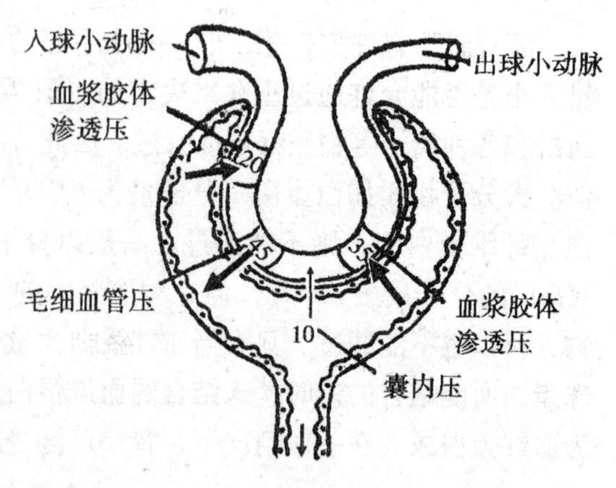

图 7-3　肾小球滤过作用的几种力量

肾小球有效滤过压的计算方法如下：

有效滤过压＝肾小球毛细血管压－（血浆胶体渗透压+肾小囊内压）

入球动脉端有效滤过压：45－（20+10）＝15（mmHg）

出球动脉端有效滤过压：45－（35+10）＝0（mmHg）

可见肾小球有效滤过压在入球端较高，以后逐渐降低，在出球端降低为0mmHg。虽然有效滤过压有时不高，但因滤过膜的通透性很高，滤过仍然进行得很迅速。

（三）肾血流量

肾脏在血压变动于80～180mmHg范围内时，依靠其自身调节可使血流量保持稳定。正常人安静时两侧肾脏血流量为1.2升/分，每昼夜从肾小球滤过的血浆总量可达170～180升，约为体重的3倍。

肾血流量调节与全身血液循环调节是互相配合、协调进行的。激烈运动时，由于肾交感神经活动加强和体液性因素的影响和作用，体内血液重新分配使肾血流量大为减少。在紧急情况下，如严重缺O_2、CO_2增多、失血和中毒性休克等，也会使肾血流量显著减少。

二、肾小管与集合管的重吸收作用

重吸收作用是指滤液（原尿）流经肾小管与集合管内时，其中水和某些溶质全部或部分地透过肾小管与集合管上皮细胞，重新回到肾小管与集合管周围毛细血管血液中去的过程。一个肾单位的肾小管和集合管全长50～60毫米，其中近曲小管上皮细胞的管腔游离面因有密集的微绒毛，形成“刷状缘”，从而大大增加了重吸收的面积。所以，近曲小管是重吸收量最大、重吸收物质种类最多的部位，髓袢、远曲小管和集合管只吸收部分水和NaCl。经过肾小管和集合管重吸收后的滤液称为终尿。重吸收方式有两种：被动重吸收和主动重吸收。

被动重吸收　滤液中的溶质通过肾小管上皮细胞时，顺着浓度差和电位差（二者结合起来称为电化学差，即电化学梯度）引起被动扩散（或弥散），将溶质扩散到小管外的血液中，这种现象称为被动重吸收。

主动重吸收　肾小管上皮细胞能逆着浓度差，将滤液中的溶质转运到血液内。转运是依靠管膜的载体和酶组成的“泵”进行的。在转运过程中需消耗一定的能量。这种重吸收过程称为主动重吸收。肾小管的吸收大部分为主动重吸收。机体所需要物质的吸收，如葡萄糖、氨基酸、Na^+、K^+、Ca^{2+}等都是主动重吸收。

滤液与尿比较，从量上看，正常成人两肾，每天由肾小球滤出的滤液量（即原尿量）约为180升，而每天由膀胱经尿道排出的尿量（即终尿）约1.5升，只占滤液的1%。从成分上看，滤液的成分与去蛋白质的血浆相似，而尿成分与血浆有很大差别。如滤液中有葡萄糖而尿中没有；尿素、肌酐及氨在尿中的浓度却比滤液中的浓度增加许多倍。滤液中99%的水被重吸收，葡萄糖全部、Na^+和Cl^-大部分、尿素部分被重吸收，肌酐完全不被重吸收。以上现象表明肾小管的重吸收作用是有“选择性”的，所以又叫选择性重吸收作用（表7-1）。

表7-1 肾脏对正常血浆成分的滤过量、重吸收量与排泄量

物质	滤过量（g/24h）	重吸收量（g/24h）	排泄量（g/24h）
Na^+	540	537	3.3
Cl^-	630	625	5.3
HCO_3^-	300	300	0.3
K^+	28	24	3.9
葡萄糖	140	140	0
尿素	53	28	2.5
肌酐	1.4	0	>1.4

肾小管的重吸收能力也有一定限度。正常血糖浓度为80～120mg%时，滤出的全部葡萄糖由近曲小管主动重吸收回来，因此，在正常情况下尿中不出现糖。当血糖浓度高于160～180mg%时，肾小管便不能将葡萄糖全部重吸收回血液，出现糖尿。我们把尿中不出现葡萄糖的最高血糖浓度称为肾糖阈（renal glucose threshold）。正常肾糖阈为160～180mg%。尿中的其他物质也各有其“肾阈”，只是阈值不同而已。

三、肾小管与集合管的分泌作用

肾小管与集合管上皮细胞将自身新陈代谢的产物分泌到小管液中的过程，称分泌作用，如H^+、NH_3等物质。肾小管与集合管上皮细胞将血液中某些物质排入小管液中的过程，称排泄作用，如肌酐、K^+、马尿酸等物质。由于分泌和排泄都是通过上皮细胞进行的，而且分泌物和排泄物都进入小管液，所以，二者通常不作严格区分，可以通称为分泌。

分泌和排泄的主要部位在近曲小管，其次在远曲小管和集合管，分泌的方向与重吸收方向相反，远曲小管分泌H^+、K^+、NH_3，可调节体液的离子浓度和酸碱平衡。近曲小管能分泌肌酐和外来的药物，如酚红、青霉素等。最终被肾小管重吸收后剩下的残留物质、多余的水和无机盐以及肾小管分泌、排泄的物质，综合成为尿（终尿），见表7-2。

表7-2 血浆、原尿、终尿的主要成分表

成分	血浆（g%）	原尿（g%）	终尿（g%）	浓缩倍数
水	90～93	97	95	1
蛋白质	7～9	微量	—	—
葡萄糖	0.1	0.1	—	—
尿素	0.03	0.03	2	60
肌酐	0.001	0.001	0.075	75
尿酸	0.004	0.004	0.05	12

（续表）

成分	血浆（g%）	原尿（g%）	终尿（g%）	浓缩倍数
Na^+	0.32	0.32	0.35	1
K^+	0.02	0.02	0.15	7
NH_3^+	0.0001	0.0001	0.04	400
Ca^{2+}	0.008	0.008	0.015	2
Mg^{2+}	0.0025	0.0025	0.006	2
Cl^-	0.37	0.37	0.6	2
PO_4^{3-}	0.009	0.009	0.15	16
SO_4^{2-}	0.002	0.002	0.18	60

四、尿的成分、理化性质及尿量

（一）尿的成分

尿的成分中，水占95%～97%。固体物又可分为有机物和无机盐两大类，有机物中主要是尿素，其余有肌酐、尿酸、酮体等。无机盐中主要是NaCl，其余有硫酸盐、磷酸盐、钾盐和氨盐等。运动中，常通过测定尿素来反映体内蛋白质的代谢；通过测定尿肌酐来反映体内磷酸肌酸或肌酸的代谢，因为尿肌酐不能被人体利用，完全随尿排出体外，所以尿肌酐与力量或爆发力项目成绩密切相关；通过测定尿酸来反映体内嘌呤的代谢以及细胞代谢；通过测定酮体来反映体内脂肪的代谢。

（二）尿的颜色

尿是淡黄色透明液体，其原因是尿中含有淡黄色的尿胆素。尿量减少变浓缩，颜色就会加深。新排出的尿颜色较浅，放置一段时间后，尿胆素原氧化成尿胆素，颜色就会加深。

（三）尿的比重

尿的比重介于1.010～1.025之间，随尿量而异。饮水多时，尿量增加，比重减低；饮水少或出汗多时，尿量减少，比重增高。

（四）尿的酸碱度

尿的pH值一般介于5.0～7.0之间，随饮食成分而改变。荤素杂食的人尿呈酸性，pH值约为6.0，素食的人因酸性产物较少，碱基排出较多，故尿呈碱性。剧烈运动后，尿中的酸性物质排泄加强（如尿乳酸等），尿呈明显的酸性。

（五）尿量

正常人每昼夜排出的尿量约为 1～2 升，一般约为 1.5 升。尿量多少主要取决于每日的摄水量和排水量。如摄水量多尿量就多。当环境气温升高，长时间进行剧烈运动或劳动时，由于出汗多，尿量则减少。总之，摄水量如不变，排水量增多时尿量减少，相反则尿量增多。尿量过多可以引起脱水，尿量过少，代谢产物聚积体内，这些都会影响体内的水平衡，影响渗透压和酸碱度的恒定。所以，肾脏的泌尿功能对保持人体内环境理化因素的相对恒定，保证生命活动的正常进行，都具有极为重要的意义。

第三节 肾脏在保持水和酸碱平衡中的作用

肾脏在泌尿过程中起两方面作用：一方面是通过肾小球的滤过和肾小管的分泌作用把体内各种代谢终末产物，以及对机体无用和有害的物质清除体外，如尿素、尿酸、氨及 H^+ 等；另一方面把滤液中有用物质吸收入血液，如水和各种物质，包括离子（电解质）、葡萄糖、氨基酸等主动地或被动地转运回血，从而调节体内水、电解质和酸碱的平衡。这两方面的作用对于保持人体内环境理化因素的稳定，具有十分重要的作用。

一、肾脏在保持水平衡中的作用

水是人体内的重要组成成分。正常人体内含水量约占体重的 60%～70%。人体内水分大部分是从食物和饮料中摄取的，小部分由体内物质氧化过程中产生。

水的排出主要是通过肾脏泌尿排出，其次是通过皮肤、肺以及粪便排出。正常人体内水的含量相当恒定，摄水量与排出量经常保持动态的平衡（见表 7-2）。

维持体内水平衡主要有两条途径：一条是通过血浆晶体渗透压的改变；另一条是通过循环血量的改变，进而反射性地影响远曲小管和集合管对水的重吸收。

（一）血浆晶体渗透压的改变

当体内缺水时，血浆渗透压升高，丘脑部视上核及视上核周围区域的渗透压感受器受到刺激，引起垂体后叶分泌抗利尿激素，其结果使远曲小管和集合管对水的重吸收加强，尿量减少，从而保留了体内的水分，同时也产生口渴感觉和饮水要求。相反，大量饮水，血浆渗透压降低，抗利尿激素分泌减少，其结果是使尿量增加，排出多余的水，这种现象称为水利尿。

（二）循环血量的改变

当血量过多（或血管扩张）时，刺激了心房和胸腔内大静脉处的容量感受器，冲动沿迷走神经传入中枢，反射性地抑制抗利尿激素的分泌，尿量增加。如果肾小管重吸收率减少 1%，尿量就增加一倍；当体内因缺水而循环血量减少时，则发生相反的变化，即促进了抗利尿激素的生成和分泌，使远曲小管和集合管加强对水的重吸收，于是尿量减少。所以肾脏的调节作用维持着内外环境水的平衡。

二、肾脏在保持酸碱平衡中的作用

肾脏调节体内酸碱平衡是通过肾小管功能实现的。概括地说，是通过“排氢保钠”（亦称“排酸保碱”），使血浆和尿 pH 值保持在一定范围内。主要过程是肾小管上皮细胞分泌的 H^+ 与小管液中的 Na^+ 进行交换。H^+-Na^+ 交换的结果保持了血浆中 $NaHCO_3$/H_2CO_3 的正常比值 20∶1，从而使 pH 值稳定在一定范围内。由于 H^+-Na^+ 在肾小管处交换是逆着浓度梯度进行的，故需要借助“泵”的力量才能完成。肾脏这种排酸保碱作用对体液酸碱平衡的调节起着重要作用。H^+-Na^+ 交换方式有三种表现（图 7-4）。

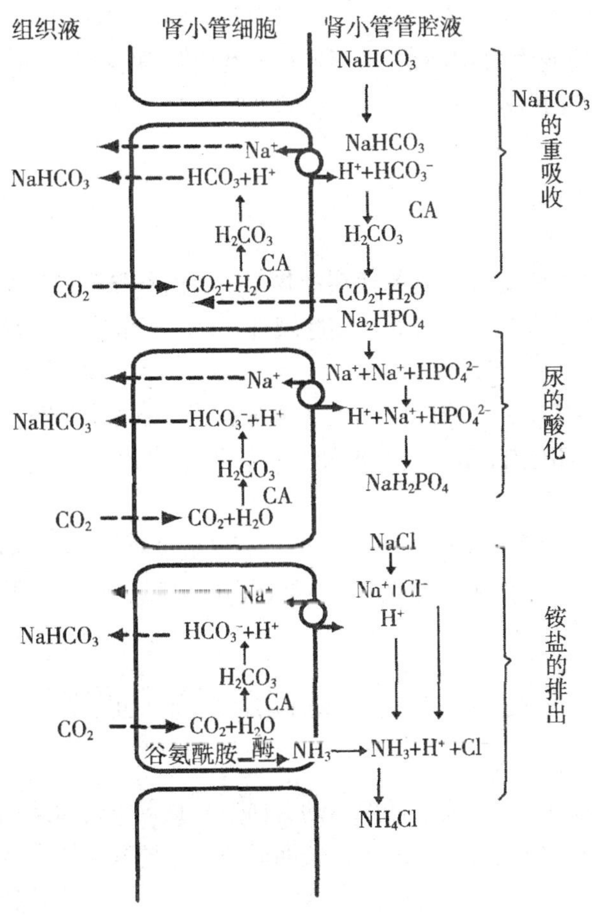

图 7-4 肾小管 H^+-Na^+ 的交换示意图

（CA 为碳酸酐酶）

（一）肾小球滤液中 $NaHCO_3$ 的重吸收

当 $NaHCO_3$ 通过肾小球滤过膜入小管腔时，可以解离为 Na^+ 和 HCO_3^- 存在于小管液中。Na^+ 与肾小管细胞分泌的 H^+ 进行交换，Na^+ 全部重吸收。滤液中的 HCO_3^- 则在小管腔内与 H^+ 结合为 H_2CO_3，然后再分解为 CO_2 和 H_2O，CO_2 弥散入小管细胞内合成新的 HCO_3^- 与 Na^+ 一起吸收回血浆，水随尿排出。正常情况下，肾小管细胞分泌的 H^+ 很多，足以和滤液中的 Na^+ 进行交换而被全部重吸收，故尿中一般不含有 $NaHCO_3$。肾脏吸收碳酸氢盐可保持血浆中碱储备量恒定。

（二）尿的酸化

碱性磷酸盐（主要是 Na_2HPO_4）和酸性磷酸盐（主要是 NaH_2PO_4）也是血浆中一对较重要的缓冲物质，正常比值为 4:1。这一对缓冲盐从肾小球滤出后，开始时仍保持原来的比值，当肾小管所分泌的 H^+ 增加时，一部分 H^+ 同 Na_2HPO_4 所解离的 Na^+ 进行交换，使一部分 Na_2HPO_4 转变为 NaH_2PO_4，从而使尿酸化并随尿排出。而 Na^+ 则与 HCO_3^- 一起吸收至血浆结合成 $NaHCO_3$。

（三）铵盐的形成

氨（NH_3）是肾小管上皮细胞的代谢产物，主要由谷氨酸脱氨生成，其次来自其他氨基酸。NH_3 属于脂溶性物质，可通过细胞膜进入肾小管液中，与肾小管细胞分泌的 H^+ 结合生成 NH_4^+，并进一步与强酸盐（NaCl、Na_2SO_4 等）的负离子（Cl^-、SO_4^{2-} 等）结合而成酸性的铵盐，如 NH_4Cl、 $(NH4)_2SO_4$ 等，随尿排出。强酸盐解离后所释放的 Na^+ 即同 H^+ 交换进入肾小管细胞内，Na^+ 最终也和肾小管细胞内的 HCO_3^- 一起转运至血浆合成 $NaHCO_3$。

由此可见，在肾小管细胞分泌 H^+ 活动中，不仅重吸收了 Na^+，而且将细胞内生成的 HCO_3^- 也转运入血，这一系列的生理活动对维持体内的酸碱平衡有着重要意义。

第四节　运动对肾脏功能的影响

运动可引起肾脏功能的改变，适度运动会加强肾脏各方面功能的提高，达到健肾的目的。日本东北大学研究生院研究表明，长期运动对保护肾功能有一定的作用。他们通过对肾功能衰竭患者进行运动疗法（包括慢走、伸展操、力量训练等），发现对肾病的生活质量有显著改善作用。即使是高血压合并 II 型糖尿病的患者，在使用医疗手段的基础上同时进行运动疗法，也能抑制肾病的恶化和改善持续显性的蛋白尿。

及时观察尿量和尿成分，可掌握运动对肾脏功能的影响规律，从而为客观评定运动

时肾脏功能和身体机能状况提供了依据。

一、尿量

运动后尿量主要受气温、运动强度、运动持续时间、排汗和饮水量等因素影响。如果在夏季进行强度较大、持续时间较长的运动，或强度虽不大但时间长的运动时，由于大量排汗，故尿量减少。马拉松比赛时，一般每隔5公里设置一个饮水站，以保证运动员水的供给。短时间运动后，尿量不会发生明显变化。此外，运动时由于血液重新分配，肾脏血流量减少，故运动后一段时间内尿量减少。

高强度、大运动量比赛后，因尿量减少而影响“尿检”的取样，对此，通常在有监督的情况下，让运动员饮用一定的水或常规的等渗液，以增加尿量。

激烈运动后尿量减少使尿液“浓缩”，故在观察运动时尿中某一成分的变化时，用收集总尿量并计算该成分总含量，比起用浓度更能反映其变化的规律。

二、运动性蛋白尿

正常人在运动后出现的一过性蛋白尿称为运动性蛋白尿。正常人安静时尿中只有极微量的蛋白质，为2mg左右，用一般检查尿蛋白的方法不易测出，为阴性。如果尿中蛋白质含量升高时，可通过常规的检测方法测出蛋白质的含量。运动可使运动员尿中的蛋白质含量升高。检测运动性蛋白尿可以用作：①评定负荷量和运动强度；②观察机体对负荷量的适应能力；③评价运动员训练水平。

关于运动性蛋白尿的产生原因，一般公认是由于运动负荷使肾小球滤过膜的通透性改变而引起的。但对滤过膜通透性改变的原因，解释却不一致。其一，有些学者通过动物实验证明，由于运动乳酸增多引起血浆蛋白质体积缩小，肾小管上皮细胞肿胀，蛋白质被滤过到尿中；其二，有研究证明是酸性物增多导致正电荷增多，促使带正电的蛋白质易透过肾小球带负电的滤过膜，进入滤液中；其三，有人认为是由于激烈运动，使肾脏受到机械性损伤引起的；其四，有人提出，出现尿蛋白是由于激烈运动时肾血管收缩，引起血流停滞，肾小球毛细血管压升高，从而促使蛋白质滤过。其五，我国的研究人员认为，运动性蛋白尿是由于肾小球毛细血管扩张及被动充血、肾小管上皮细胞变性，造成肾脏血循障碍，引起缺血、缺氧，毛细血管通透性增加，致使尿中出现尿蛋白。

运动后出现的运动性蛋白尿经过一定时间休息，不需要治疗会自行消失，故认为这种变化是生理性的。影响运动性蛋白尿有如下几个主要因素。

（一）运动项目

国内外不少学者报道，长距离跑、游泳、自行车、足球、赛艇等运动后，运动员出现蛋白尿的阳性率高，排泄量也较大；而体操、举重、射箭等项目运动后，运动员出现蛋白尿的阳性率低，排泄量也少。这种现象可能与不同运动项目对机体产生的不同影响有关。

（二）负荷量和运动强度

在同一运动项目中，随着负荷量的增加，则尿蛋白出现的阳性率和排出量随之增加。在大负荷训练过程中，运动员开始承担大负荷量时，由于机体对负荷量的不适应，尿蛋白排泄量较多；坚持一段时间后，完成相同的负荷量时，尿蛋白排泄量减少。这是机体逐渐适应负荷量的表现。

（三）个体差异

运动性蛋白尿的个体差异较大，在同样负荷内容、同样负荷量后，有的人不出现蛋白尿，有的人则出现蛋白尿，而且排泄量的个体差异范围较大。不过，同一人在进行相同的负荷量和运动强度后，其尿蛋白排泄量是比较恒定的，排泄量与自身的机能状况关系较大。所以，利用尿蛋白作为评定指标时，难以与他人比较其负荷量、训练水平和机能状况，而在同一个体，尿蛋白指标是较客观和有效的。

（四）机能状况

人的机能状况和对负荷的适应与尿蛋白排出量有关。进行定量负荷运动，当机能状况和适应性良好时，尿蛋白排量减少，尿蛋白恢复期缩短；反之，机能状况欠佳，适应性差时，则尿蛋白排量增加，尿蛋白恢复期延长。一般情况下，激烈运动时，尿蛋白排泄量在运动后 15～30 分钟达到峰值，4 小时内尿蛋白基本消失。超过 4 小时甚至更长，尿中仍有蛋白存在，这是人体机能下降的表现。当然，有关尿蛋白恢复时间也因人而异。

（五）年龄与环境

尿蛋白出现的比例随年龄的增加而降低。运动时外界的温度、海拔高度等因素，对尿蛋白的出现有显著影响。与在正常水温游泳相比，冬泳后尿蛋白的阳性率高；高原条件下运动性尿蛋白的阳性率和排量高于平原，这与寒冷或低压对机体和肾脏的刺激有关。环境因素引起尿蛋白排量增加，会随着适应性提高而改善。

三、运动性血尿

正常人在运动后出现的一过性显微镜下或肉眼可见的血尿称为运动性血尿。肉眼观察到的血尿呈褐色或浓红茶色，显微镜下血尿为正常尿色，但可见红细胞。

出现运动性血尿，可能是由于运动时肾上腺素和去甲肾上腺素的分泌增加，造成肾血管收缩，肾血量减少，出现暂时性肾脏缺血、缺氧和血管壁的营养障碍，从而使肾的通透性提高，使原来不能通过滤过膜的红细胞也发生了外溢，形成运动性血尿。另外，运动时肾脏受到挤压、打击，肾脏下垂，造成肾静脉压力增高，也能导致红细胞渗出，产生血尿。也有研究表明，运动引起的自由基含量增加也可以造成运动性血尿。因此，运动性血尿可能是综合因素作用的结果。

运动性血尿多出现在激烈运动后，人体并无其他症状和不适。血尿持续时间一般不超过 3 天，最长不超过 7 天。出现血尿时，可适当调整运动量，服用一些止血药或中药，通常预后情况均良好。

运动性血尿受运动项目、负荷量和运动强度、身体适应能力和环境等因素的影响。跑步、跳跃、球类、拳击运动后，血尿的发生率较多；负荷量和运动强度加大过快时，如冬训、比赛开始阶段，血尿也多；身体适应能力下降，如过度训练，也会有大量的血尿产生；在严寒条件（冬泳）和高原条件下的训练，也容易造成运动性血尿。

四、尿十项检测

尿十项测定是采用半自动或全自动尿液分析仪及相应试纸条进行尿液常规检查的一种方法，指标包括：尿糖、尿蛋白、尿酸碱度、尿比重、胆红素、尿胆原、尿酮体、尿潜血、亚硝酸盐和白细胞。普通人尿液中含微量葡萄糖，当血糖浓度升高时，肾小管无法吸收全部葡萄糖而使尿糖升高，这种情况需要进一步区别生理性尿糖或病理性尿糖。尿胆原是体内红细胞分解的产物，其排泄量主要受肾小管腔酸碱度、胆红素形成量、肝功能状况、剧烈运动等的影响。在进行机能评定时，应综合运用血红蛋白和尿胆原指标。新鲜尿液为中性或微酸性，病理性变化可影响尿液酸碱度的改变，而饮食同样对此具有影响。尿比重是指尿液与水的重量比，与尿液的溶质成正比，剧烈运动时大量的排汗失水可以造成尿液浓缩，尿比重随之升高，也可以作为身体机能评定指标。酮体是脂肪酸在肝脏分解氧化时特有的中间代谢产物，包括乙酰乙酸（Acetoacetate）、β－羟丁酸（β-hydroxybutyrate）和丙酮（Acetone）。正常情况下，人血液中酮体含量极少，但在饥饿或糖尿病等情况下，糖的来源或氧化供能存在障碍，脂肪动员增加，成为人体主要供能物质，易出现血中酮体浓度过高，导致酮血症和酮尿症，酮体大量堆积会引发酸中毒。在正常情况下，尿中的亚硝酸盐和白细胞应为阴性，当出现膀胱炎、肾炎等情况时可呈阳性。尿蛋白和尿潜血详见第七章第四节二、三部分。具体参考值见表 7-3。

表 7-3　尿十项测定普通健康人参考值

项目名称	英文缩写	正常参考值	
尿糖	GLU	50mg/dl 以下	阴性
尿蛋白	PRO	15mg/dl 以下	阴性
胆红素	BIL	0	阴性
尿胆原	URO	2mg/dl 以下	弱阳性
尿酸碱度	pH 值	6.5～7.0	

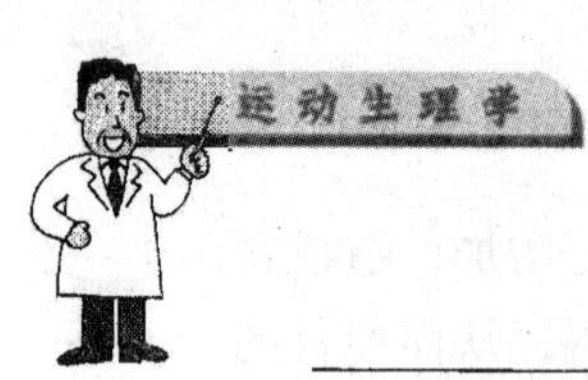

（续表）

项目名称	英文缩写	正常参考值	
尿比重	SG	1.002～1.030	
尿潜血	BLD	0	阴性
尿酮体	KET	15mg/dl 以下	阴性
亚硝酸盐	NIT		阴性
白细胞	LEU	25u/μl 以下	阴性

【小结】

1. 人体共有四个排泄途径，其中肾脏是最主要的排泄途径。肾脏的排泄（排尿）是借助于肾小体、肾小管以及肾的血液循环而完成的。

2. 影响肾小球滤过的主要因素是：滤过膜的通透性和滤过面积、有效滤过压、肾血浆流量。

3. 肾小管重吸收的方式分为被动重吸收和主动重吸收。肾小管的重吸收作用是有“选择性”的，滤液中的水99%被重吸收，葡萄糖全部被重吸收，Na^+和Cl^-大部分被重吸收，尿素部分被重吸收，肌酐完全不被重吸收。

4. 保持体内水平衡，主要是通过血浆晶体渗透压和循环血量的改变，引起的反射活动而实现对水代谢的调节。肾脏调节体内酸碱平衡是通过“排氢保钠”（“排酸保碱”），使血浆和尿pH值保持在一定范围内。H^+–Na^+交换的方式有三种表现，即：肾小球滤液中$NaHCO_3$的重吸收、尿的酸化、铵盐的形成。

5. 运动性蛋白尿主要和运动项目、负荷量和运动强度、个体差异、机能状况、年龄与环境等因素密切相关。运动性血尿受运动项目、负荷量和运动强度、身体适应能力和环境等因素的影响。尿十项测定是采用半自动或全自动尿液分析仪及相应试纸条进行尿液常规检查的一种方法，指标包括：尿糖、尿蛋白、尿酸碱度、尿比重、胆红素、尿胆原、尿酮体、尿潜血、亚硝酸盐和白细胞。

【思考题】

1. 体内代谢产物和各种异物通过哪四个途径向体外排放的？
2. 试述肾脏血液循环的特点。
3. 试述影响肾小球滤过的主要因素。
4. 试述肾脏保持酸碱平衡的机制。
5. 试述影响运动性蛋白尿的因素。
6. 运动性血尿产生的主要原因是什么？ 如何防止？

第八章

内分泌功能

【提要】

内分泌激素对于维持人体的正常生理功能以及运动过程中能量代谢和体液调节具有非常重要的作用。本章在介绍内分泌、激素的基本概念的基础上，重点介绍了经典内分泌和“功能器官”内分泌的主要激素以及基本功能，阐述了主要应急激素和应激激素对运动的基本反应和适应特征，尤其重点叙述了激素对于运动过程中能量代谢、体液调节的调控，以及运动过程中应激轴主要激素的生理作用。

运动对机体是个非常强烈的刺激。在运动过程中，身体每个系统、器官甚至每个组织和细胞在运动刺激的影响下，其功能状态都会发生明显变化。随着肌肉剧烈运动，能量代谢明显加快；心率增加、心缩力加强、心输出量明显增大；呼吸频率加快，通气量、摄氧量等也明显增加。

这一系列的变化主要通过神经、内分泌和免疫三大调节系统进行整合调节。神经系统通过神经递质，内分泌系统通过激素，免疫系统通过细胞因子等信息物构成了非常复杂的调节网络。通过各种复杂的信息联系，调节着各器官和各系统的功能状态。

内分泌系统在实现对机体的整合调节过程中具有极其重要的作用。

第一节　内分泌、内分泌系统与激素

一、内分泌与内分泌系统

（一）内分泌

人体的分泌方式包括外分泌和内分泌。外分泌是指外分泌腺体将其分泌物通过特定的管道结构释放到体腔或体外而发挥作用的分泌形式。内分泌则是指内分泌腺体或内分泌细胞将其所产生的生物活性物质——激素直接释放到体液中并发挥作用的分泌形式。

（二）内分泌系统

内分泌系统包括体内能够分泌激素的所有腺体、组织和细胞。

内分泌腺由上皮细胞组成，这种上皮细胞可以分泌并储存激素。

体内主要的内分泌腺有垂体、甲状腺、甲状旁腺、肾上腺、胰岛、性腺、松果体和胸腺等。许多内分泌细胞还散在于组织器官，如消化道黏膜、心、肾、肺、皮肤、胎盘等部位均存在各种各样的内分泌细胞。此外，在中枢神经系统内，特别是下丘脑也存在着兼有内分泌功能的神经细胞。

（三）靶器官、靶组织或靶细胞

激素由内分泌腺分泌入血后，随着血液循环流动，可以到达机体每个器官、组织与细胞。虽然它能到达每一个部位，但并非与所有的器官、组织和细胞发生反应，而只能选择性地与某些器官、组织或细胞发生特异性反应。鉴于激素的这个作用特征，将能够与某种激素发生特异性反应的器官、组织或细胞，分别称做该激素的靶器官、靶组织或靶细胞。

（四）激素传递方式

1. 远距分泌

激素分泌入血后，经血液循环运输至远隔部位的靶组织发挥作用。经典内分泌的多数激素均属此类。

2. 旁分泌

分泌的激素经组织液扩散而作用于邻近的其他靶细胞。如性激素在卵巢局部的作用，血管紧张素 II 在肾脏的作用。

3. 自分泌

激素可以原位作用于产生该激素的细胞，甚至可以不释放，直接在合成激素的细胞内发挥作用称为自分泌，后者又称内在分泌。例如，胰岛素可抑制 β 细胞自身分泌胰岛素的活动；肾上腺髓质激素抑制自身合成酶的活性。

4. 腔分泌

激素直接释放到管腔中发挥作用，如某些胃肠激素可直接分泌到肠腔。

5. 神经分泌

激素由神经元合成后沿轴突运送至末梢释放，可扩散作用于邻近的靶细胞，或释放到血液循环中发挥作用。如下丘脑神经元分泌的调节肽通过垂体门静脉系统作用于腺垂体，室旁核大细胞合成的血管升压素在神经垂体释放入血液循环。

二、激素与激素的分类

内分泌腺或散在的内分泌细胞能分泌各种高效能的生物活性物质，经组织液或血液传递而发挥调节作用，这种化学物质称为激素（hormone）。

（一）激素及其内分泌腺

随着对内分泌研究的不断深入，人们发现，激素不仅由我们所惯常的内分泌腺（“经典”内分泌腺，如垂体、肾上腺、甲状腺等）所分泌，许多功能器官（如心脏、肾脏等）除执行自身的主要功能外，也可分泌许多调节性激素。

“经典”内分泌腺分泌的主要激素和功能器官分泌的主要激素分别参见表8-1和表8-2。

表 8-1 “经典”内分泌腺分泌的主要激素

<table>
<tr><th colspan="2">内分泌腺</th><th>分泌的主要激素</th></tr>
<tr><td rowspan="2">垂体</td><td>腺垂体</td><td>促甲状腺激素（TSH）、促肾上腺皮质激素（ACTH）、卵泡刺激素（FSH）、黄体生成素（LH）/ 间质细胞刺激素（ICSH）、生长激素（GH）、催乳素（PRL）、促脂素（LPH）、β - 内啡肽、促黑素细胞激素（MSH）等</td></tr>
<tr><td>神经垂体</td><td>血管升压素（VP）/ 抗利尿激素（ADH）、缩宫素（OT）等</td></tr>
<tr><td colspan="2">松果体</td><td>褪黑素（MLT）、8-精缩宫素</td></tr>
<tr><td colspan="2">甲状腺</td><td>甲状腺素（四碘甲腺原氨酸，T4）、三碘甲腺原氨酸（T3）、降钙素（CT）</td></tr>
<tr><td colspan="2">甲状旁腺</td><td>甲状旁腺激素（PTH）</td></tr>
<tr><td colspan="2">胸腺</td><td>胸腺素</td></tr>
<tr><td colspan="2">胰腺</td><td>胰岛素、胰高血糖素、生长抑素（SS）、胰多肽（PP）、促胃液素、血管活性肠肽（VIP）、淀粉素等</td></tr>
<tr><td rowspan="2">肾上腺</td><td>皮质</td><td>皮质醇、醛固酮（ALD）、雄激素等</td></tr>
<tr><td>髓质</td><td>肾上腺素（AD）、去甲肾上腺素（NA）、肾上腺髓质素（AM）等</td></tr>
<tr><td rowspan="2">性腺</td><td>卵巢</td><td>雌二醇（E_2）、孕酮（P）、睾酮（T）、抑制素、激活素、松弛素等</td></tr>
<tr><td>睾丸</td><td>睾酮（T）、雌二醇（E2）、抑制素、激活素</td></tr>
</table>

表 8-2 “功能器官”分泌的主要激素

功能器官	分泌的激素
下丘脑	促甲状腺激素释放激素（TRH）、促肾上腺皮质激素释放激素（CRH）、促性腺激素释放激素（GnRH / LHRH）、生长激素抑制激素（GHIH）/ 生长抑素（SS）、生长激素释放激素（GHRH）、催乳素释放因子（PRF）/ 催乳素抑制激素（PIH / 多巴胺）、促黑素细胞激素释放因子（MRF）、促黑素细胞激素抑制因子（MIF）、生长因子等
心、血管	心房钠尿肽（ANP）、内皮素、一氧化氮（NO）
肝脏	胰岛素样生长因子 - I（IGF - I）/ 生长激素介质（SM）、25 - 羟维生素 D_3
胃肠道	促胃液素、缩胆囊素（CCK）、促胰液素、胰高血糖素、血管活性肠肽（VIP）等
肾脏	红细胞生成素（EPO）、1，25 - 二羟维生素 D_3
胎盘	人绒毛膜促性腺激素（hCG）、人绒毛膜生长激素（hCS）等
其他部位	前列腺素（PG）、血小板源生长因子（PDGF）、上皮生长因子（EGF）、细胞因子、血管紧张素（ANG）、瘦素（LP）等

（二）激素的分类

激素的种类繁多，来源复杂，按其化学结构可分为含氮激素（nitrogenous hormone）和类固醇激素（steroid hormone）两大类。

1. 含氮激素

又可分为肽类和蛋白质激素以及胺类激素两类。

(1) 肽类和蛋白质类激素

主要有下丘脑调节性多肽、神经垂体激素、腺垂体激素、胰岛素、甲状旁腺激素、降钙素以及消化道激素等。

(2) 胺类激素

主要有肾上腺素、去甲肾上腺素和甲状腺激素等。

2. 类固醇激素

类固醇激素是由肾上腺皮质和性腺分泌的激素，如皮质醇、醛固酮、雌激素、孕激素以及雄激素等。在肾脏产生的维生素 D_3（1，25-二羟维生素 D_3）被看做类固醇激素。

此外，有人将脂肪酸的衍生物——前列腺素列为第三类激素。

类固醇激素的化学结构类似于胆固醇，实际上大多数激素的确也是由胆固醇所衍生。鉴于胆固醇属于类脂，故类固醇激素可以穿过细胞膜（脂质膜）发挥作用。

三、激素的一般生理作用和作用特征

（一）激素的一般生理作用

1. 维持内环境的自稳态

激素参与水和电解质的平衡、酸碱平衡、体温与血压等调节过程，还直接参与机体的应激反应，全面整合机体功能，保持内环境稳态，增强机体的生存、适应能力。

2. 调节新陈代谢

多数激素都参与组织细胞的物质代谢以及能量代谢的调节，维持机体的能量平衡，为机体的各种生命活动奠定基础。

3. 维持生长、发育

促进组织细胞的生长、增殖、分化和成熟，参与细胞凋亡过程等，确保并影响各系统器官的正常生长、发育和功能活动。

4. 调控生殖过程

维持生殖器官的正常发育成熟和生殖的全过程，维持生殖细胞的生成，保证个体生命的绵延和种系的繁衍。

（二）激素作用的一般特征

1. 激素的信息传递作用

激素并不作为某种“反应角色”直接参与细胞物质与能量代谢的具体环节，只在细胞间的通讯联络中充当“信使”（messenger）。其作用在于传递信息，从而启动靶细胞固有的一系列生物效应。激素与酶不同，只对完整细胞起作用。在特定的条件下，内分泌细胞发出的调节信息以激素的形式传输给靶细胞，作为“信使”的激素与靶细胞上相应的受体结合后，再通过细胞内的信号转导途径诱导、激发与细胞固有反应相联的一条或多条信号转导途径，调节靶细胞的生理、生化过程。激素在发挥作用的过程中，对其所作用的靶细胞既不提供额外能量，也不添加新功能，而只是在体内细胞之间传递生物信息。

2. 激素作用的相对特异性

激素进入血液后可随血液循环到达全身各个部位。虽然它们与各处的组织、细胞都有广泛接触，但只能选择性地作用于某些器官、组织和细胞，这种特征称为激素作用的相对特异性。激素作用的特异性之间差别很大。有些激素作用的特异性很强，只作用于某一特定靶腺，如促甲状腺激素只作用于甲状腺，促肾上腺皮质激素只作用于肾上腺皮质，垂体促性腺激素只作用于性腺等。有些激素没有特定的靶腺，其作用比较广泛，如生长激素、甲状腺素等，它们几乎对全身的组织细胞的代谢过程都可发挥调节作用。

激素作用的特异性与靶细胞上存在能与该激素发生特异性结合的受体有关。激素与靶细胞受体的特异关系是内分泌系统发挥多元、准确调节功能的基础。各种激素的作用范围存在很大的差异，主要取决于每种激素的受体在体内分布的范围。如促甲状腺激素只特定地作用于甲状腺；而生长激素的作用范围十分广泛，几乎涉及全身所有的组织细胞。

3. 激素的高效能生物放大作用

激素在血液中的浓度都很低，一般在纳摩尔（nmol / L），甚至在皮摩尔（pmol / L）的数量级。虽然激素的含量甚微，但作用显著。激素与受体结合后，会产生瀑布式的级联放大效应，形成一个效能极高的生物放大系统，故激素作用堪称量小作用大。如 1 个分子的胰高血糖素将 1 个分子的腺苷酸环化酶激活后，通过 cAMP–蛋白激酶，可激活 1 万个分子的磷酸化酶。1 个分子的促甲状腺素释放激素，可使腺垂体释放 10 万个分子的促甲状腺素。

可见，一旦体内激素偏离生理水平，不论过多或者过少，势必干扰机体一系列功能活动的正常进行。也就是说，必须保持激素浓度的相以稳定才能保证机体正常的功能活动。实际上，体内各种激素的分泌活动都处在相当严密的调控之下，保持各自的稳态。

4. 激素之间的相互作用

各种内分泌腺体和内分泌细胞虽然分散在全身，但它们分泌的激素又都以体液为基本媒介，并相互联系。每种激素产生的效应都不是孤立的，而是与其他激素的作用彼此关联，相互影响。在多种激素调节同一生理活动时，常表现出不同激素的协同作用（synergistic action）或拮抗作用（antagonistic action）。这对于各种生理活动的稳态的维持具有重要的意义。

协同作用表现为多种激素联合作用所产生的总效应大于各激素单独作用所产生效应之和，如生长激素、糖皮质激素、肾上腺素与胰高血糖素等在升高血糖水平方面具有协同作用。胰岛素则与前述几种升血糖激素的作用相反，可通过多条途径降低血糖，表现为与升血糖激素之间的拮抗作用。激素之间的协同作用与拮抗作用的机制比较复杂，可以发生在受体水平，也可以发生在受体后的信息传递过程，或者是细胞内酶促反应的某一环节。

有些激素本身并不能直接对某些器官、组织或细胞产生生理效应，然而它的存在却是另一种激素发挥效应的必要基础，这种现象称为允许作用（permissive action）。糖皮质激素的允许作用是最明显的。虽然它对心肌和血管平滑肌并无收缩作用，但必须有它的存在，儿茶酚胺才能很好地发挥对心血管的调节作用。

第二节　激素作用的机制和调节

机体发动体液调节的作用过程非常复杂，需要经过多个信息传递过程才能完成一个级联反应，这个生理反应过程时常由微量的激素开始发动，经过信息的多级传递，最终形成一个非常明显的生理反应，因此将这个多级作用过程称做生物放大系统，并将由微量激素发动而最终形成的明显生理反应称做生物放大效应或生物放大作用。

激素作为信息物质到达靶细胞后，其信息传导乃至产生生物效应的机制，一直是生理学研究的重要领域。随着分子生物学研究技术的发展，关于激素作用机制的研究取得迅速进展。

一、受体以及作用特征

每一种激素只选择性地对能够识别它的靶细胞起作用，表现为激素作用的特异性。这主要取决于靶细胞的特异性受体（receptor）与激素的结合能力，即亲和力（affinity）。靶细胞的激素受体能够从体液中纷繁、复杂的多种体液因子中辨识出特定的激素，并与之相结合，引起生物效应。

激素不同，激素受体在细胞的位置也不尽相同，相应地，作用机制也迥然不同。含氮激素不能溶于脂肪，难于穿过细胞膜（双层脂质膜），故其受体一般均处于细胞膜，且作用机制主要由 cAMP 等充当“第二信使”进行介导。而类固醇激素可溶于脂肪，故其极易穿过细胞膜进入膜内。因此，这些激素的受体绝大部分处于细胞质，个别的处于细胞核（如甲状腺激素）。

靶细胞上受体的数量及其与激素的亲和力并非一成不变的。一个典型细胞拥有2000~10000个受体不等，而且其受体数目可以根据体内情况发生变化。因此，细胞所发生的生理反应，不仅仅取决于激素水平而且取决于细胞上该激素的受体数目。也就是说，即或激素的血浆浓度未发生明显变化，由于受该细胞受体数目变化的影响，也会使得该细胞对该激素的敏感性有所降低或升高，最终使所诱发的生理反应减弱或增强。

细胞受体数目的变化有重要的生理意义。当某种激素的血浆浓度发生变化时，细胞通过该激素受体数目的变化，将反应控制于适宜的幅度，有利于维持机体的稳态。若血中某种激素水平较长时间处于较高状态，会导致靶细胞上该激素受体数目相应减少。受体数目减少后，该激素便难于像往常那样“敏感”，所结合的激素会减少，这种现象称做“下调”（down regulation）。以某些带有高胰岛素水平的肥胖者为例，由于他们身体细胞上的胰岛素受体数目有所减少，要将血糖水平控制于正常水平，则需要相对更高的胰岛素水平，结果，血中胰岛素水平势必上升。而长期较高的胰岛素水平有可能导致细胞的胰岛素受体数目进一步减少，并导致胰岛素水平进一步升高。长此以往，便进入了一个非良性循环。

相反，细胞也会对某种激素的长期低水平做出相应反应，增加该激素受体数目。这样，细胞对该激素会变得更加敏感，即可结合更多的激素，这种现象称做“上调”（up regulation）。

二、激素作用的机制和过程

（一）含氮激素的作用机制——第二信使学说

20世纪60年代Sutherland等人提出第二信使学说（second messengers hypothesis），认为激素是第一信使，作用于靶细胞膜上的相应受体后，激活膜内的腺苷酸环化酶，在细胞内产生cAMP（环一磷酸腺苷），而cAMP作为第二信使，激活依赖cAMP的蛋白激酶A（PKA），进而催化细胞内各种底物的磷酸化反应，引起细胞各种生物效应。

现已证明，第二信使除了cAMP外，dGMP（脱氧鸟苷酸）、三磷酸肌醇（IP3）、二酰甘油(DG）及Ca^{2+}等均可作为第二信使；而且所激活的细胞内起关键作用的除了蛋白激酶A，还有蛋白激酶C（PKC）及蛋白激酶G（PKG）等。另外，在细胞膜发现了一种在膜受体与膜效应器酶（如腺苷酸环化酶）之间起耦联作用的调节蛋白，即鸟苷酸结合蛋白（G蛋白）在跨膜信息传递中起重要的作用。

含氮激素的作用机制与作用过程大致分为如下五步。

第一步：激素到达细胞后，与细胞膜表面的受体结合，形成激素—受体复合物。

第二步：激素—受体复合物激活了细胞膜上的腺苷酸环化酶。

第三步：在腺苷酸环化酶作用下，ATP 分解为 cAMP（“第二信使”）。

第四步：cAMP 激活蛋白激酶。

第五步：蛋白激酶再诱导出一系列的继发性、特异性生理反应。

这些继发性反应主要包括：①组织内酶的激活；②细胞膜通透性的改变；③促进蛋白质合成；④细胞代谢的变化；⑤刺激细胞的分泌活动。

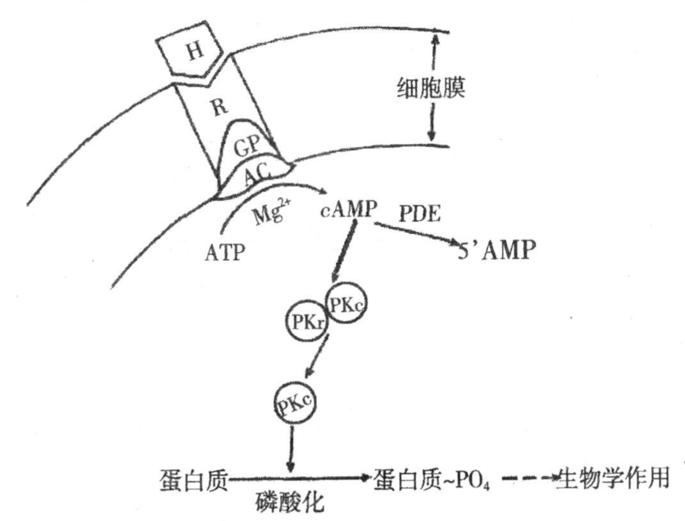

图 8-1 含氮类激素作用机制示意图

H：激素，R：受体，GP：G 蛋白，AC：腺苷酸环化酶

PDE：磷酸二酯酶，PKc：蛋白激酶催化亚单位，PKr：蛋白激酶调节亚单位

（二）类固醇激素的作用机制——基因表达学说（gene-expression hypothesis）

类固醇激素的作用机制与作用过程大致分为如下四步。

第一步：激素到达细胞后，穿过细胞膜进入细胞内部，在细胞内与受体结合构成激素—受体复合物；

第二步：激素—受体复合物进入细胞核，与细胞的 DNA 结合，激活某些基因，此过程称做直接基因激活或直接基因活化。

第三步：在这个基因活化过程中，在细胞核内合成 mRNA；

第四步：mRNA 进入细胞浆，促进蛋白质类物质的合成，并诱发继发性的生理反应。这些合成物包括：（1）酶类，对生理过程产生各种影响；（2）结构蛋白质：广泛地用于组织的建造与修复；（3）调控蛋白质：改变相关酶的活性，影响生理过程。

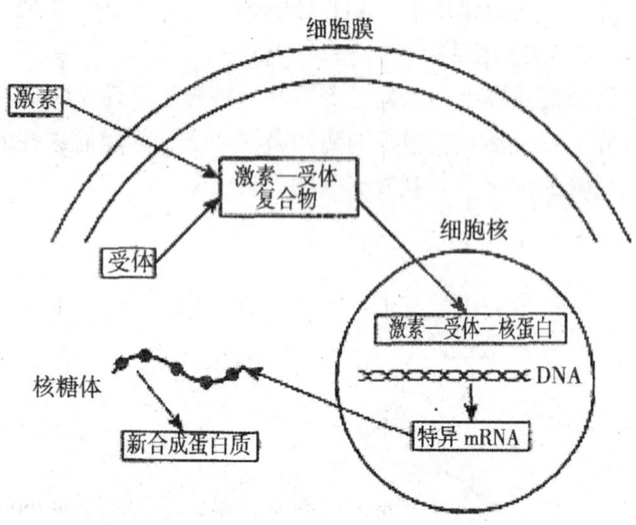

图 8-2　固醇类激素作用机制示意图

（三）激素作用的终止

激素作用的终止是多种因素共同作用的结果。激素分泌的调节系统使内分泌细胞能够适时地终止分泌激素，如使细胞内磷酸二酯酶活性升高，cAMP 水解，从而终止信号转导。激素与受体分离，后续的一系列信号转导过程也即终止，激素被靶细胞内吞，在细胞内被溶酶体酶灭活。循环血液中的激素可在肝脏等器官中被降解，通过氧化还原、脱氨、脱羧等方式被清除，也可通过甲基化或其他方式灭活。

只有及时终止激素的作用效应，靶细胞才能不断地接受新的信息，适时地执行精确的调节职能。

三、激素分泌的调节

总体而言，激素的释放并非一个连续过程，而是呈间歇性释放，所以激素的血浆水平会呈现短期波动，同时还会以月（如月经周期）甚或以年为周期呈现长周期波动，形成一定的生物节律。

由于激素对细胞有非常精确的效应，其分泌活动也必然会受到精确的调控，否则必然导致机能失调。负反馈调控机制是内分泌系统活动保持稳态的主要机制。以血中胰岛素水平负反馈调控为例：若血糖升高，刺激胰腺分泌胰岛素；胰岛素分泌增多，会加强机体对葡萄糖的利用，从而使得血糖降低；当血糖降低到正常值时，胰岛素分泌活动再次受到抑制，除非血糖再次升高。

在这种调控机制中，导致某种激素分泌减少或终止的原因，正是归因于自身水平的变化。其调控过程是：某种激素分泌增多会引起体内发生某些变化，而这些变化最终反过来会抑制该激素的分泌活动。即：某种激素的分泌活动往往是由它所诱发的特异性生理反应所“打开”或“关闭”的。

神经系统也会涉入激素分泌活动的调控过程。例如，肾上腺髓质分泌肾上腺素和去甲肾上腺素的活动，就受控于交感神经系统；神经垂体释放抗利尿激素(ADH)的活动，受控于大脑，况且内分泌活动的最高位调控中枢——下丘脑，其自身就属于神经系统。

第三节 主要内分泌腺的内分泌功能

一、下丘脑的内分泌功能

下丘脑是中枢神经系统的一个重要组成部分，是调节内脏活动的高级中枢。下丘脑的一些神经元还兼有内分泌功能，分泌神经激素。它们可将从大脑或中枢神经系统其他部位传来的神经信息，转变为激素信息，起着换能神经元的作用。从而以下丘脑为枢纽，把神经调节和体液调节联系起来。下丘脑与垂体十分密切，故下丘脑与垂体一起组成下丘脑—垂体功能单位。

下丘脑的神经内分泌细胞（neuroendocrine cell）是指下丘脑具有内分泌功能的神经元，它们都能分泌肽类激素或神经肽，故统称为肽能神经元（peptidergic neuron）。

下丘脑分泌的神经肽共有 9 种。它们的主要作用参见表 8-3。其中前 5 种的化学结构已阐明故称为激素，后 4 种因其化学结构尚未确定故称为因子。这些激素（因子）的主要生理作用是调节下位内分泌腺（主要是垂体）的分泌活动。

表 8-3 下丘脑所分泌激素的主要生理作用

激素名称	英文缩写	主要生理作用
促甲状腺激素释放激素	TRH	促进 TSH 和 PRL 释放
促性腺激素释放激素	GnRH	促进 LH 与 FSH 释放（以 LH 为主）
生长素释放抑制激素［简称生长抑素（somatostatin，SS）］	GHRIH	抑制 GH 释放，对 LH、FSH、TSH、PRL 及 ACTH 的分泌也有抑制作用
生长素释放激素	GHRH	促进 GH 释放
促肾上腺皮质激素释放激素	CRH	促进 ACTH 释放
催乳素释放因子	PRF	促进 PRL 释放
催乳素释放抑制因子	PIF	抑制 PRL 释放
促黑（素细胞）激素释放因子	MRF	促进 MSH 释放
促黑（素细胞）激素释放抑制因子	MIF	抑制 MSH 释放

二、垂体的内分泌功能

垂体包括腺垂体和神经垂体，分别分泌不同激素。

(一) 腺垂体激素

腺垂体已确定的有五种细胞，即生长激素细胞（分泌生长激素）、催乳细胞(分泌催乳素)、促甲状腺激素细胞（分泌促甲状腺素）、促肾上腺皮质激素细胞（分泌促肾上腺皮质激素）和促性腺激素细胞（分泌促卵泡激素和黄体生成素）。

在腺垂体分泌的激素中，促甲状腺激素（TSH）、促肾上腺皮质激素(ACTH)、促卵泡激素（FSH）与黄体生成素（LH）均有各自的靶腺，形成三个调节轴：①下丘脑—垂体—甲状腺轴。②下丘脑—垂体—肾上腺皮质轴。③下丘脑—垂体—性腺轴。

腺垂体细胞分泌的这四种激素是通过促进靶腺细胞分泌激素进而发挥作用的，所以称为促激素。这些促激素的主要生理作用正如其命名，故不再赘述。

另三种激素，即生长激素（GH）、催乳素（PRL）与促黑（细胞）激素(MSH）是直接作用于靶组织或靶细胞。它们的主要生理功能如下。

1. 生长激素的主要生理作用

(1) 促进生长发育

生长激素能促进骨、软骨、肌肉以及其他组织细胞分裂增殖，蛋白质合成增加。

(2) 促进代谢作用

生长激素对糖、脂肪和蛋白质代谢都有促进作用，表现在：①蛋白质代谢。生长激素促进氨基酸进入细胞，加强 DNA 合成，刺激 RNA 形成，加速蛋白质合成。②脂肪代谢。生长激素属于脂解激素，能动员脂肪组织，促进脂肪酸和甘油的释放，血液中游离脂肪酸水平升高，脂肪酸在肝内氧化增加。生长激素对脂肪代谢的作用与胰岛素抗衡，使体脂含量减少，呼吸商减小，酮体增加，脂肪氧化利用增多，以提供有效的能源物质。③糖代谢。由于生长激素能抑制外周组织对葡萄糖的利用，减少葡萄糖的消耗，故生长激素有使血糖趋于升高的作用。

(3) 调节免疫功能

生长激素几乎对所有的免疫细胞都有促使其分化、调节其功能的作用。

2. 催乳素的主要生理作用

催乳素的化学结构与生长激素近似，故二者作用有所交叉。

(1) 对乳腺的作用：催乳素发挥三方面作用，即乳腺生长、泌乳启动和乳液生成。

(2) 对性腺的作用：催乳素可刺激卵巢黄体生成素受体生成，黄体生成素与其受体结合后，可促进排卵、黄体生成及孕激素与雌激素的分泌。在男性，睾酮存在的条件下，催乳素促进前列腺及精囊的生长，还可增强黄体生成素对间质细胞的作用，使睾酮合成增加。

(3) 参与应激反应：催乳素是参与应激反应的主要激素之一。应激状态下，如麻醉、外科手术、电休克以及剧烈的运动等，催乳素在血液中的浓度都有不同程度的升高。而且，催乳素、促肾上腺皮质激素和生长激素的增加一同出现。

(4) 免疫调节作用：人的B淋巴细胞和T淋巴细胞都存在催乳素受体。催乳素协同一些细胞因子促进淋巴细胞的增殖，影响免疫相关细胞的功能，促进B淋巴细胞分泌抗体。此外，免疫细胞也可以产生催乳素，以自分泌或旁分泌的方式发挥作用。

3. 促黑（细胞）激素的主要生理作用

促黑（细胞）激素的主要生理作用是刺激黑素细胞（melanophore 或melanocyte），使细胞内的酪氨酸转化为黑色素（melanin），同时使黑色素颗粒在细胞内散开，导致皮肤颜色加深。

（二）神经垂体激素

神经垂体是下丘脑组织向下延伸的部分，不含腺细胞。神经垂体激素实际上都来自下丘脑，主要有血管升压素和催产素（也称缩宫素）。

1. 血管升压素

血管升压素（VP）因早期实验中被发现具有强烈的缩血管作用并使血压升高而得名，是体内维持机体水平衡的重要激素之一。主要生理作用是促进肾远球小管和集合管对水的重吸收，即具有抗利尿作用，故又名抗利尿激素（ADH）。

2. 催产素

催产素（OXT）的主要靶器官是子宫和乳腺。对子宫的作用是促进子宫平滑肌收缩，对乳腺的作用是参与射乳反射并参与维持哺乳期乳腺继续泌乳，使乳腺不致萎缩。

三、甲状腺、甲状旁腺的内分泌功能

（一）甲状腺的内分泌功能

甲状腺是人体内最大的内分泌腺，平均重量约为20~25克。甲状腺激素主要有T4（四碘甲腺原氨酸）和T3（三碘甲腺原氨酸）两种，它们都是酪氨酸的碘化物。通常所称甲状腺素主要指T4。

甲状腺激素的主要作用是促进能量代谢和物质代谢，促进生长和发育。甲状腺激素几乎刺激所有的代谢途径，包括合成代谢和分解代谢，因此对代谢的影响十分复杂。生理水平的甲状腺激素对蛋白质、糖、脂肪的合成和分解代谢均有促进作用，而大量的甲状腺激素则促进分解代谢作用更明显。

1. 对能量代谢的影响

提高基础代谢率是甲状腺激素最显著的效应。甲状腺激素可使绝大多数组织的产热

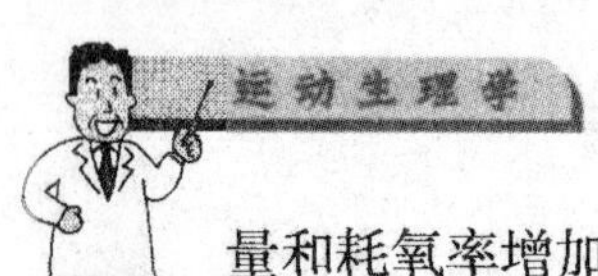

量和耗氧率增加，尤其以心、肝、骨骼肌和肾等组织最为显著。

2. 对物质代谢的影响

对蛋白质代谢，甲状腺激素对蛋白质代谢的基本作用是加强基础蛋白质合成，表现正氮平衡。对糖代谢，甲状腺激素促进小肠黏膜对糖的吸收，增强糖原分解，抑制糖原合成，并可加强肾上腺素、胰高血糖素、皮质醇和生长激素升糖的作用，因此甲状腺激素有升高血糖的趋势。对脂肪代谢，甲状腺激素促进脂肪酸氧化，增强儿茶酚胺与胰高血糖素对脂肪的分解作用。T4 与 T3 既促进胆固醇的合成，又可通过肝加速胆固醇的降解，但分解的速度超过合成。

3. 对生长与发育的影响

甲状腺激素具有促进组织分化、生长与发育成熟的作用。在人类，甲状腺激素是维持正常生长与发育不可缺少的激素，特别是对骨和脑的发育尤为重要。

4. 对器官系统的影响

对神经系统，甲状腺激素不但影响中枢神经系统的发育，对已分化成熟的神经系统还有提高兴奋性的作用。对心血管系统，甲状腺激素可使心率增快，心缩力增强，心输出量与心脏做功增加。

由于甲状腺激素可显著增强机体的代谢，增加产热量、耗氧量和 CO_2 生成量，因而可促使外周血管舒张，血流量增加。

（二）甲状旁腺的内分泌功能

甲状旁腺分泌的甲状旁腺激素（PTH）与甲状腺 C 细胞分泌的降钙素（CT），以及维生素 D_3（VitD_3）三者共同调节钙磷代谢，控制血浆中钙和磷的水平。

1. 甲状旁腺激素的主要生理作用

甲状旁腺激素是调节钙磷代谢的最重要的激素，是机体维持血钙稳态的主导激素，其总效应是升高血钙和降低血磷。其作用途径主要通过骨和肾脏：第一，甲状旁腺激素可以动员骨钙入血，使血钙升高。第二，甲状旁腺激素对肾的作用是促进肾远端小管对钙的重吸收，使尿钙减少，血钙升高，并能抑制近端小管对磷的重吸收，促进尿磷排出，血磷降低。第三，甲状旁腺激素还可激活肾 1α-羟化酶，促进 25-OH-D_3 转变为有活性的 1,25-$(OH)_2$-D_3，进而促进小肠对钙的吸收。

2. 降钙素的主要生理作用

降钙素的主要作用是降低血钙和血磷，其主要靶器官是骨和肾脏。对骨的作用是抑制破骨细胞活动，减弱溶骨过程，增强成骨过程，使骨组织释放钙、磷减少，钙、磷沉积增加，从而使血钙与血磷下降。对肾的作用是抑制肾小管对钙、磷、钠及氯的重吸

收，使这些离子从尿中排出增多。

3. 维生素 D_3 的主要生理作用

体内的维生素 D_3 也是维持机体血钙稳态的重要激素。体内的维生素 D_3 主要由皮肤中 7-脱氢胆固醇经日光中紫外线照射转化而来，也可由动物性食物中获取。主要生理功能是：增强骨的溶解，释放骨钙入血，促进结合钙释放入血，促进小肠黏膜和肾小管对钙、磷的吸收，所以它既能增加血钙，也能增加血磷。

综上所述，体内钙、磷水平的稳态，有赖于甲状旁腺激素、降钙素和维生素 D_3 的协同作用。

四、肾上腺的内分泌功能

肾上腺包括中央部的髓质和周围部的皮质两个部分，二者在结构和功能上均不相同，因此，肾上腺皮质和肾上腺髓质实际上是两种不同的内分泌腺。

就内分泌而言，肾上腺皮质生成类固醇激素，肾上腺髓质生成儿茶酚胺类激素；然而，就整体而言，尤其是在发生“应激”（stress）和“应急”（emergency）的情况时，两者在功能上密切配合，共同发挥调节作用，全面提高机体的应变能力和耐受能力。

（一）肾上腺皮质的内分泌功能

肾上腺皮质激素均属于类固醇激素，简称为皮质激素（corticoids）。肾上腺皮质分泌的皮质激素分为三类，即糖皮质激素、盐皮质激素和性激素。各类皮质激素是由肾上腺皮质不同层上皮细胞所分泌的。球状带细胞主要分泌盐皮质激素，其代表是醛固酮；束状带细胞主要分泌糖皮质激素，其代表是皮质醇和皮质酮；网状带细胞主要分泌性激素，如脱氢表雄酮和雌二醇。

1. 糖皮质激素的功能

（1）糖皮质激素的主要生理作用

糖皮质激素对许多组织都具有很强的影响代谢效应，最主要的是对肝脏的合成代谢和对肌肉、脂肪等组织的分解代谢效应。但事实上，糖皮质激素作用既广泛又复杂，在维持代谢平衡和对机体功能的调节方面极其重要。糖皮质激素常被认为是“允许作用”（permissive action）激素，因为其并不总是直接引起某些反应，而是通过对酶的激活、诱导或者对其他激素作用环节的增强或抑制来发挥作用的。糖皮质激素对代谢和功能活动的主要作用参见表 8-4。

（2）糖皮质激素与应激反应

应激（stress）一般指机体遭到一定程度内外环境和社会、心理等因素的伤害刺激时，除了引起机体与刺激直接相关的特异性反应外，还引起一系列与刺激性质无直接关

表 8-4 糖皮质激素的主要生理作用

代谢或功能	调节效应
糖代谢	促进糖原分解和糖异生，减低糖的利用，维持血糖浓度，降低细胞对胰岛素的敏感性
脂肪代谢	促进脂肪分解和脂肪酸氧化，减少脂肪合成；促进肢体部的脂肪分解，增加躯干及面部脂肪沉积（脂肪重新分布）
蛋白质代谢	促进肝内蛋白质合成；促进肝外组织蛋白质分解，减少肝外组织对氨基酸的利用
水、盐代谢	减少肠道对钙的吸收和肾脏对钙的重吸收；增加对骨钙的吸收；保留 Na^+，排出 K^+，调节细胞外液量
血液	增加红细胞、中性粒细胞、单核细胞、血小板数量；减少感染部位中性粒细胞的积聚；减少淋巴细胞和嗜酸性粒细胞
循环	增强心血管系统对儿茶酚胺和血管紧张素 II 的反应性；维持心肌正常功能；维持毛细血管的完整和循环血量
呼吸	促进胎儿肺泡 II 型上皮细胞形成，增加肺表面活性物质
消化	促进消化液和消化酶分泌、特别是胃酸；提高胃腺对迷走神经和促胃液素的反应性；促进胎儿肝脏和胃肠道酶的合成
泌尿	增加肾小球血浆流量，增加肾小球滤过率、促进水的排泄
神经	维持中枢神经系统正常功能；影响胎儿和新生儿的脑发育，改变行为和认知能力
内分泌、生殖	减少垂体激素的分泌（GH、TSH、ACTH、FSH、LH）；降低性腺对 GnRH 的反应性
骨骼	抑制骨细胞增殖及 RNA、蛋白质、胶原等的合成；促进 PTH 及 $VitD_3$ 对骨的作用；降低成骨细胞活性，增加破骨细胞的数量和活性，促进骨质的溶解和吸收
免疫功能和炎症	抑制淋巴组织生长、抑制吞噬活动；影响抗体的形成和清除抗原的能力；降低毛细血管通透性，增加溶酶体稳定性；减少前列环素合成；降低炎症反应

系的非特异性适应反应，包括多种激素分泌的变化等。机体的这些非特异性反应称为应激反应（stress response）。

当机体受到各种有害刺激时，血中促肾上腺皮质激素浓度和糖皮质激素立即增加，并产生一系列的适应性和耐受性的反应。在应激反应中，除下丘脑—垂体—肾上腺皮质系统参与外，交感—肾上腺髓质系统也参加，所以在应激反应中，血中儿茶酚胺含量也相应增加。同时，β-内啡肽、生长激素、催乳素、胰高血糖素、血管升压素、醛固酮等均增加，说明应激反应是以促肾上腺皮质激素和糖皮质激素分泌增加为主，多种激素共同参与的使机体抵抗力增强的非特异性反应。

2. 盐皮质激素的主要生理作用

盐皮质激素的主要作用是调节体内水盐代谢。它可促进肾远曲小管和集合管对 Na^+ 和水的重吸收及对 K^+ 的排泄，即有保 Na^+、保水和排 K^+ 作用。这对维持细胞外液量及循环血量的稳态具有重要的意义。

（二）肾上腺髓质的内分泌功能

肾上腺髓质嗜铬细胞分泌的肾上腺素（adrenaline，AD；epinephrine，E） 和去甲肾上腺素（norepinephrine，NE)，属于儿茶酚胺类激素。肾上腺髓质与交感神经系统组成交感—肾上腺髓质系统，髓质激素的作用与交感神经的活动紧密联系。

肾上腺髓质激素的主要生理作用如下：

1. 在应急反应中的作用

通常将机体遭遇紧急情况时紧急动员交感—肾上腺髓质系统功能的过程称为应急反应（emergency reaction)。应急反应的机体表现包括：①提高中枢神经系统兴奋性，使机体处于警觉状态，反应灵敏。②呼吸功能加强，呼吸加深加快，肺通气量增加。③心血管活动加强，心跳加快，心缩力增强，心输出量增加。动脉血压升高，血液循环加快，内脏血管收缩，骨骼肌血管舒张同时血流量增多，全身血液重新分配，以利于应急状态时重要器官得到更多的血液供应。④加强能量代谢，肝糖原分解增强，血糖升高，脂肪分解加速，血中游离脂肪酸增多，葡萄糖与脂肪酸氧化过程增强，以适应在应急情况下对能量的需要。

实际上，引起应急反应的各种刺激，也是引起应激反应的刺激。当机体受到应激刺激时，同时引起应急反应与应激反应，两者相辅相成，共同维持机体的适应能力。

2. 对代谢的调节作用

肾上腺素与相应的细胞膜受体结合后，通过 cAMP-PKA 信息传导系统，促进糖原分解，使血糖显著升高。肌糖原分解所形成的乳酸可随之氧化，并补充肝糖原。肾上腺素和去甲肾上腺素均能动员脂肪，而且可使机体氧耗量增加，产热量增加，基础代谢率升高。

五、胰岛的内分泌功能

根据人的胰岛细胞的形态和染色特点，可将其分为四种类型，分别称为 α 细胞、β 细胞、D 细胞及 PP 细胞。α 细胞约占胰岛细胞的 20%，分泌胰高血糖素（glucagon)；β 细胞的数量最多，约占胰岛细胞的 75%，分泌胰岛素（insulin)；D 细胞占胰岛细胞的 5%左右，分泌生长抑素（SS)；PP 细胞的数量很少，分泌胰多肽（pancreatic polypeptide）。

(一) 胰岛素的主要生理作用

胰岛素是一种作用较强的代谢调节激素，全面促进机体的合成代谢。胰岛素的基本作用是促进潜在的燃料储备，增加体内糖原、脂肪和蛋白质的贮存。

1. 对糖代谢的调节

在生理状态下，胰岛素是唯一降低血糖的激素。它通过增加血糖的去路与减少血糖来源，产生降低血糖的效应。主要途径是促进组织细胞对葡萄糖的摄取和利用，加速葡萄糖合成为糖原，贮存于肝和肌肉中，并抑制糖异生，促进葡萄糖转变为脂肪酸，贮存于脂肪组织，结果使血糖水平下降。

2. 对脂肪代谢的调节

胰岛素促进肝脏合成脂肪酸，然后转运到脂肪细胞贮存。胰岛素促进葡萄糖进入脂肪细胞，除了合成脂肪酸外，还可促进甘油三酯形成并贮存于脂肪细胞中。同时，胰岛素还能抑制脂肪酶的活性，减少脂肪的分解。

3. 对蛋白质代谢的调节

胰岛素可促进蛋白质的合成过程。其作用可表现在蛋白质合成的各个环节：①促进氨基酸通过膜的转运进入细胞。②加快细胞核的复制和转运过程，增加DNA 和 RNA 的生成。③作用于核糖体，加速翻译过程，促进蛋白质合成。

(二) 胰高血糖素的主要生理作用

胰高血糖素是一种促进分解代谢的激素。胰高血糖素具有很强的促进糖原分解和糖异生的作用，使血糖明显升高。1mol / L 的胰高血糖素可使糖原分解释出 3×10^6mol / L 的葡萄糖。胰高血糖素通过 cAMP-PKA 系统，激活肝细胞的磷酸化酶，加速糖原分解。糖异生增强是因为胰高血糖素可加快氨基酸进入肝细胞，并激活与糖异生过程有关的酶系。胰高血糖素还激活脂肪酶，促进脂肪分解，同时又可加强脂肪酸氧化，使酮体生成增多。

此外，胰高血糖素可促进胰岛素和胰岛生长抑素的分泌。

六、性腺的内分泌功能

人类卵巢与睾丸的基本功能是生成成熟的生殖细胞——卵子与精子，同时产生调节生殖和其他功能的性激素（gonadal hormone）等激素。

卵巢产生多种雌激素（estrogen）、孕激素（progestogen）等类固醇激素以及卵泡抑素和松弛素等肽类激素。睾丸主要产生属于类固醇的雄激素（androgen）和抑制素、激活素等肽类激素。无论卵巢与睾丸的生殖活动，还是内分泌功能，都受下丘脑—腺垂体—性腺轴的调控。

性激素的主要功能是维持性征，促进和维持性器官的发育和成熟，维持性功能，调节代谢和促进蛋白质合成等作用。

七、其他内分泌腺及其激素

（一）松果体的内分泌

松果体（pineal body）因形似松果而得名，也称松果腺。松果体位于丘脑后上部，早先曾被认为是功能已退化的结构。松果体主要合成两类激素：褪黑素（melatonin，MLT）等，以及肽类激素，如8-精氨酸催产素（8-arginine vasotocin，AVT）等。

褪黑素（MLT）是松果体分泌的主要激素，能抑制下丘脑—腺垂体—性腺轴和下丘脑—腺垂体—甲状腺轴的活动，特别是对性腺轴的活动。

褪黑素的作用与性激素呈负相关，在性腺发育、性腺激素分泌以及性周期活动的调节中可能与性激素起抗衡作用。对于神经系统，褪黑素主要表现为镇静、催眠、镇痛、抗惊厥、抗抑郁等作用。褪黑素还可能与机体的免疫功能、衰老过程及生物节律的调整（如紊乱生物钟的重建和“时差”的恢复等）有关。此外，对心血管、肾脏、肺、消化系统等也有一定作用。

8-精氨酸催产素因其肽链的8位为精氨酸而名，可通过抑制下丘脑促性腺激素释放激素和垂体促卵泡刺激素与黄体生成素的合成和释放，抑制生殖系统活动，具有抗促性腺激素的作用，同时也抑制动物的排卵等活动。

（二）前列腺的内分泌

前列腺分泌前列腺素（prostaglandine，PG）。前列腺素的主要作用是：促进或抑制血小板聚集，影响血液凝固，使血管收缩或扩张；使气管收缩或舒张；减少胃腺分泌，保护胃黏膜，增加小肠运动；调制神经递质的释放和作用，参与下丘脑体温调节，参与睡眠活动，参与疼痛与镇痛过程等。

（三）胸腺的内分泌功能

胸腺位于胸腔，原本是免疫系统的重要器官之一，但也兼有内分泌功能。胸腺的上皮细胞等能够分泌多种肽类激素，如胸腺素（thymosin）、胸腺生长素（thymopoietin）、胸腺刺激素（thymulin）等。这些激素可促进由骨髓迁移到胸腺的前胸腺细胞分化成T细胞，并获得免疫活性。

（四）瘦素

瘦素（leptin，LP）主要由白色脂肪组织产生。另外，棕色脂肪组织、骨骼肌、胎盘及胎儿的心脏、骨和软骨组织等多种组织和器官均可分泌瘦素。瘦素参与机体能量平衡的调节，有减少体内脂肪沉积的作用。瘦素是调节能量稳态的激素之一，其主要生理学作用有：①作用于下丘脑弓状核，抑制食欲，减少摄食量，即控制机体由外界摄入的能量。②作用于中枢神经系统，加强交感神经系统的活动，动员体内储备能源的转化和释放。③直接作用于脂肪细胞，抑制脂肪组织中的脂类合成。

瘦素与其他激素的分泌活动密切相关，互相影响，参与机体新陈代谢及多方面功能活动的调节，如直接或间接地抑制胰岛素的分泌，参与调节促性腺激素释放激素和促性腺激素的释放。

第四节 功能器官的内分泌及激素

在体内有一些器官除了具有特定的生理功能外，还具有一定的内分泌功能，如心脏、消化道、肾脏等器官。

一、心脏和血管的内分泌功能

血管，尤其是血管内皮细胞，能产生多种生物活性物质，如内皮素（endothelin）、一氧化氮（nitric oxide，NO）、前列环素（prostacyclin ，PGI2）等，参与循环等功能的调节。

心脏是血液循环的动力器官——血泵，但心肌工作细胞，特别是心房肌细胞能分泌心房钠尿肽（ANP），后者参与机体水、盐平衡的调节。

心房钠尿肽通过与靶细胞膜上的鸟苷酸环化酶受体结合调节细胞活动。当血容量增加时，心房被扩张而受到牵连刺激，可使心房肌分泌心房钠尿肽增加。心房钠尿肽作用于肾小管，可抑制钠和水的重吸收，促进排钠和排水，从而减少细胞外液量，维持循环血容量的稳态。心房钠尿肽还能通过中枢与外周途径对抗肾素—血管紧张素—醛固酮系统和血管升压素的作用。这对于维持机体的体液平衡，特别是循环功能的稳态具有重要的意义。心房钠尿肽还可抑制血管平滑肌的收缩，导致血管舒张，血压下降。

二、胃肠道系统的内分泌功能

胃肠道黏膜是体内最大的内分泌器官，其中有种类繁多的内分泌细胞，分泌多种肽类激素，总称胃肠激素（gastrointestinal hormone，gut hormone）。

胃肠道黏膜可分泌如促胃液素、促胰液素、缩胆囊素、胰岛素、生长抑素等数十种激素。胃肠道激素的主要作用是通过控制消化系统的分泌、运动和吸收等功能活动，调节机体的营养供应和维持能量平衡。

肝脏在垂体生长激素的刺激下可以产生胰岛素样生长因子-1，与胰岛素、生长激素、甲状腺激素等共同促进周身组织细胞的生长、增殖。肝脏所含的25-羟化酶参与维生素 D_3 的活化。

三、肾脏的内分泌功能

肾脏在机体缺氧情况下所释放的红细胞生成素（erythropoietin，EPO）能特异地刺激骨髓红细胞系统的造血活动，通过红细胞数量的增加，增强血液输送氧的能力。

动脉血压降低和血容量减少时，肾脏会因缺血而释放肾素（renin），激活肾素—血管紧张素—醛固酮系统，一方面广泛收缩血管，增加外周阻力；另一方面能调节肾脏对钠和水的重吸收，增加血容量，提高动脉血压。此外肾脏内的1α-羟化酶可使维生素 D_3 活化，调节钙、磷代谢。

第五节 运动与内分泌功能

一、激素对运动的基本反应和适应特征

运动对机体是一个非常强烈的刺激，会引起全身各个系统、器官、组织甚至细胞发生剧烈变化，机体的内环境也会发生明显变化。作为机体重要的调控系统之一，内分泌系统必然也会充分动员起来，同神经系统和免疫系统一起，整合性地调节着机体不同系统和器官的功能状态，维持机体的稳态。

运动对激素的影响分为两种情况：一种是急性运动的影响，一种是长期训练的影响。激素对前者会发生相应的应答性反应，对后者会产生相应的适应性变化。

急性运动期间，激素水平，尤其是应激激素水平会发生剧烈的应答性反应。而在长期训练的影响下，内分泌功能必然也会通过自身形态、结构和机能的一系列适应性变化，对抗运动负荷对机体的强烈刺激（表8-5）。

表8-5 激素对运动的基本反应和适应特征

激素名称	对急性运动的反应特征	对长期训练的适应特征
生长激素	随着运动负荷的增加而升高	完成同等运动负荷时反应变小
促甲状腺素	随着运动负荷的增加而升高	不清楚
促肾上腺皮质激素	随着运动强度和持续时间而升高	完成同等运动负荷时反应变小
催乳素	随着运动升高	安静值降低
抗利尿激素	随着运动负荷的增加而升高	完成同等运动负荷时反应变小
甲状腺素	游离 T_3 和 T_4 随着运动强度增加而升高	完成同等运动负荷时 T_3 和 T_4 比例改变

(续表)

激素名称	对急性运动的反应特征	对长期训练的适应特征
甲状旁腺素	随着运动持续时间延长而升高	不清楚
肾上腺素	在约 75% $\dot{V}O_2max$ 时开始升高，并随强度增加而升高	完成同等运动负荷时反应变小
去甲肾上腺素	在约 50% $\dot{V}O_2max$ 时开始升高，并随强度增加而升高	完成同等运动负荷时反应变小
糖皮质激素	随着运动负荷的增加而升高	稍微升高
盐皮质激素	随着运动负荷的增加而升高	稍微升高
胰岛素	随着运动负荷的增加而降低	完成同等运动负荷时反应变小
胰高血糖素	随着运动负荷的增加而升高	完成同等运动负荷时反应变小
睾酮	升高	长期力量训练的男子可呈现升高，训练使女性睾酮呈现下降
雌二醇	升高，受月经周期影响	女性呈降低

综上所述，可将激素对急性负荷的应答特征以及对长期训练的适应特征总结如下：

1. 应激激素水平在急性运动过程中会升高，且升高幅度与运动负荷强度和/或运动持续时间相关。

2. 对主要应激激素而言，运动中要引起其水平升高，需要一个激活该激素升高的运动强度阈值。而且，激活不同激素升高的阈值不尽相同。

3. 长期运动训练后，激素水平会发生某种程度的“去补偿”现象（decompensation），表现为开始某种负荷运动时，反应幅度比较明显；随着不断运动，反应幅度逐渐变小。这表明反应幅度更加精确，机能更加节省化。

4. 经过长期训练后，不同激素变化的综合结果总是朝着有利于运动和健康的趋势发展。

二、激素对运动能量代谢的调控

运动过程中，能量代谢明显加快，分解代谢占明显优势。促进能量代谢的激素种类很多，除上述的主要应急激素和应激激素外，胰岛素和胰高血糖素也起着重要作用。它们之间相互配合，相互协调，共同维持着运动过程中明显增高的能量代谢水平，以及运动结束后能量物质的恢复。

（一）激素对运动过程中能量代谢的调控

主要的应激激素和应急激素（包括肾上腺皮质激素和髓质激素等）主要影响分解代谢，而胰岛素则主要影响合成代谢，两种代谢维持着一种动态平衡关系。

但大强度运动会打破这种平衡关系，造成“失衡”，表现在分解代谢明显占优，以满足运动过程中对能量的大量需求。剧烈运动过程中，随着肌肉运动和做功，身体的耗能量明显增加，糖皮质激素、胰高血糖素、甲状腺素、肾上腺素、去甲肾上腺素、生长激素等在血中的浓度显著升高，而胰岛素则保持不变甚至降低。在此情况下，能量物质的分解代谢明显加强，以满足运动需求。

（二）激素对运动后能量代谢的调控

运动结束后，由于身体的耗能量基本恢复到安静水平，主要的应急激素、应激激素水平急剧下降，而胰岛素水平则上升，有助于能量物质的再合成，合成代谢明显占优。

在充足恢复的前提下，在运动后恢复期有一段时间，机体在运动中消耗的能量物质（以及相关酶的含量和活性）不仅得以恢复，而且会超过原有水平，即产生“超量补偿”（超量恢复）现象，有利于在随后进行的训练和比赛中得到更多的能量供应。这是运动取得训练效果的重要标志。

三、内分泌轴与运动

激素对身体功能的调控并非孤立地发挥作用，而是通过上位内分泌腺（下丘脑）释放促中位内分泌腺（垂体）的激素，中位内分泌腺（垂体）分泌促下位内分泌腺的激素，形成级联放大的生物效应。这种级联放大过程称为内分泌轴。

机体重要的内分泌轴包括：①下丘脑—垂体—肾上腺（皮质）轴（HPA 轴），因其主要与机体的应激活动有关，也称做“应激轴”。②下丘脑—垂体—甲状腺轴。③下丘脑—垂体—性腺轴，也称生殖轴。

与运动有关的主要是下丘脑—垂体—肾上腺（皮质）轴。而在这条轴上，下丘脑和脑垂体分泌的促激素对运动应激起着非常重要的角色。

（一）下丘脑——运动应激行为的发动者

身体运动是一种强烈刺激，可以引起机体各系统、器官发生剧烈的变化。这些变化可被体内外感官和感受器所接受，形成各种传入性神经冲动，传到中枢神经系统，由中枢神经系统对这些信息进行分析综合。分析综合的结果，一方面经躯体神经和自主神经引起运动以及行为、器官的功能变化，另一方面则通过下丘脑的神经分泌神经元，将传入的信息转变为促垂体激素（或因子）的输出。进而由垂体分泌的促激素引起不同的靶器官、靶组织、靶细胞代谢功能的变化。所有这些分泌神经元起着“神经—内分泌换能”的作用，这种现象也被称做为“递质—促垂体激素耦合”。

下丘脑神经元所释放的促垂体激素或促因子，通过下丘脑正中隆起的末梢，释放到垂体门静脉初级毛细血管丛，由门静脉血流带入腺垂体，以调节相应垂体神经细胞的分泌活动。正是由于下丘脑—垂体这一过程，才将神经系统与内分泌系统有机地结合起来，构成了神经内分泌调节的完整机制。因此，下丘脑—垂体系统是神经内分泌学的核心部分，是应激反应的发动者与调控者。

下丘脑中包括有调节垂体促激素分泌的各类分泌神经元，它可以通过调节这些分泌神经元的分泌活动性来影响腺垂体促激素的分泌。①它可影响下丘脑分泌神经元释放促肾上腺皮质激素释放激素（CRH），以调节腺垂体促肾上腺皮质激素（ACTH）的分泌活动；②它可影响下丘脑分泌神经元释放促生长激素释放激素（GHRH）和生长抑素(SS)，以调节腺垂体生长激素（GH）的分泌活动。③它可影响下丘脑分泌神经元释放促甲状腺素释放激素（TRH），以调节腺垂体促甲状腺素（TSH）的分泌活动。④它可影响下丘脑分泌神经元释放促性腺激素释放激素（GnRH），以调节腺垂体促性腺激素(LH 和 FSH）的分泌活动。⑤它可影响下丘脑分泌神经元释放催乳素释放抑制因子(PIF，主要成分是多巴胺即DA）以及催乳素释放促进因子（PRF，主要成分包括 TRH，VIP，5-HT 等)，以调节腺垂体催乳素（PRL）的分泌活动。

下丘脑释放的促垂体激素，通过门静脉等途径作用于垂体前叶（腺垂体），调节(加强或抑制）腺垂体分泌促激素。腺垂体分泌的促激素，通过血液循环，作用于不同的内分泌腺，调节相应激素的分泌活动。这些内分泌腺分泌出不同的激素，作用于全身的靶器官、靶组织或靶细胞，对其功能活动进行调节。

在上述的整个调节链中，处于最上位的是下丘脑，最下位的是遍布全身的器官、组织与细胞，整个过程形成一个“金字塔”，塔顶是下丘脑，从中可见下丘脑在神经—内分泌调节中的关键角色。此外，我们还可将上述过程视做一个“散射”过程，即以下丘脑为中心向周围散射，并形成我们习惯上所称谓的“内分泌轴”。

此外，在运动应激过程中，下丘脑还有一个重要作用，通过蓝斑—去甲肾上腺素 / 交感系统（LC-NE / Sympathetic System）激活交感神经，并通过兴奋交感神经促进肾上腺素以及去甲肾上腺素的分泌，以更好地适应运动需求。其主要过程是：运动刺激激活下丘脑，而后由下丘脑通过促肾上腺皮质激素释放激素(CRH）激活交感神经。

（二）促肾上腺皮质激素释放激素——运动应激行为的重要执行者

在运动应激一系列的调节过程中，尽管有大量激素参与，但主要调节者当属促肾上腺皮质激素释放激素，其他主要调节因子均直接或间接通过促肾上腺皮质激素释放激素发挥调节作用。

在运动应激过程中，糖皮质激素、肾上腺素、去甲肾上腺素、胰高血糖素以及血糖水平升高，心血管、呼吸作用加强，血压升高，代谢加快等，均与促肾上腺皮质激素释放激素有关。研究已提示：在应激反应时，促肾上腺皮质激素释放激素可活化脑内生物胺系统，包括激活交感神经，抑制副交感神经等。大量研究表明，促肾上腺皮质激素释放激素的生物学作用远比最初设想的作用广泛得多。如研究已经揭示：促肾上腺皮质激素释放激素可增强下丘脑生长抑素的释放，导致生长缓慢，影响生长轴功能；通过POMC（propiomelanocortin，阿黑皮素原）系统抑制黄体生成素的释放，影响生殖轴功能；在人体炎症部位也发现了免疫阳性促肾上腺皮质激素释放激素。

在运动应激过程中，最重要的神经内分泌轴是下丘脑—垂体—肾上腺轴。而在这个轴上，最为活跃的激素当属促肾上腺皮质激素释放激素。它在运动应激过程中的重要作用和过程如下。

(1) 促肾上腺皮质激素释放激素可通过激活蓝斑—去甲肾上腺素/交感系统，一方面激活交感神经，并进而通过交感神经促进肾上腺髓质分泌肾上腺素与去甲肾上腺素，加强心血管、呼吸等器官的机能活动。

(2) 促肾上腺皮质激素释放激素可通过弓状核、杏仁核-海马复合体以及中皮层/中边缘系统并借助多巴胺、强啡肽、5-羟色胺及乙酰胆碱等，激活并维持交感神经适宜的兴奋度。

(3) 交感神经借助所分泌的儿茶酚胺，并通过弓状核等相同部位同时也借助多巴胺、强啡肽、5-羟色胺及乙酰胆碱等相同信息物质，反作用于促肾上腺皮质激素释放激素，使促肾上腺皮质激素释放激素分泌活动维持在适宜水平，以便对运动应激过程进行更细致、更准确的调控。

(4) 促肾上腺皮质激素释放激素作用于腺垂体，促进促肾上腺皮质激素（另一种关键的应激激素）的分泌活动；促肾上腺皮质激素进一步作用于肾上腺皮质，促进糖皮质激素分泌加强，并通过糖皮质激素，加强代谢活动，满足运动时的能量需求和水盐平衡。

综上所述，促肾上腺皮质激素释放激素是对运动应激反应过程中所产生的内分泌、代谢、心血管功能和行为等一系列变化的主要执行和调节者。它同其他调节因素一起，通过整合心血管功能、免疫系统及行为等，使机体更好地适应与调节应激变化。

四、内分泌指标在运动实践中的应用

（一）睾酮

血清睾酮（Testosterone，T）在运动训练中对人体形态和机能的改变，尤其对运动成绩的影响，有着重要的作用，在考虑到年龄因素的前提下，可作为评定运动员机能状态和运动选材的重要指标。

男子睾酮的95%由睾丸间质细胞产生。男运动员血清睾酮水平9.5~35.0nmol/L；女子睾酮由卵巢与肾上腺皮质合成及由这些器官组织分泌的前体物质转换而来。女性血清睾酮水平大约是男子的1/10。一般来说，睾酮促进机体合成代谢，在身体机能良好时，血清睾酮水平应变化不大，且随着体能增强逐渐增加。研究表明一次性运动期间睾酮会出现小幅度升高，但长期训练会使男子运动员安静值降低，当睾酮持续明显降低时，应考虑疲劳、过度训练或机能状态不佳，但此判断标准至今仍难以统一。有研究提出，由运动引起的男子血睾酮低于3.47nmol/L，女子低于0.69nmol/L，即出现过度训练状态。在运动训练过程中如果睾酮比原水平下降25%~30%，且维持较低水平，就说明训练负荷可能安排不合理，应及时进行调整。血睾酮指标受多种因素影响且个体差异较大，研究发现不同的运动负荷安排会对血清睾酮浓度产生影响，通过对大鼠施加3%体重的负荷，每天持续游泳60分钟，5周后大鼠的血清睾酮显著降低，而以同样负荷，进行5周每天60分钟的间歇训练（游泳15分钟，间歇7分钟，共4次）后，血清睾酮增加。

在应用血清睾酮指导选材时，应选择在正常安静状态下睾酮水平高的运动员，其力量、耐力、恢复等方面均存在优势，能够承受较大运动强度和运动量的训练负荷。

（二）皮质醇

皮质醇（Cortisol，C）由肾上腺皮质分泌，由下丘脑—垂体—肾上腺轴调控，促进脂肪分解，增强脂肪酸在肝内的氧化过程，有利于糖异生作用，是代表机体分解代谢的指标，可用于训练负荷监控和运动员恢复能力的评估。

研究发现，急性运动后皮质醇大多呈明显上升变化，它受运动强度大小和持续时间长短的共同影响，在运动应激时反馈性提高，运动结束后能迅速降至基础值，加速疲劳恢复。

一个周期训练后，相同负荷运动时，血清皮质醇浓度上升的幅度下降，是适应运动量的表现，表明训练负荷适中；如上升幅度增加，表明训练负荷过大。运动后恢复期，血清皮质醇持续偏高，恢复到正常水平的时间加长，表明机能状态差或对负荷不适应。一般认为皮质醇在276nmol / L（10μg / dl）以下时，运动员的恢复能力良好。

由于血清皮质醇受多种因素影响，所以在监测时要注意控制实验条件。Adlercreutz把血清游离睾酮 / 皮质醇比值（FT / C）作为机能评定的敏感指标，反映身体合成及恢复状况。当血清游离睾酮 / 皮质醇比值下降超过30%或小于0.35×10^{-3}，则可诊断为过度疲劳。

（三）促红细胞生成素

促红细胞生成素（Erythropoiesis，EPO）是一种调节红细胞生成的造血因子，主要作用是促进红细胞生成，维持血液中红细胞和血红蛋白的数量。有研究证实，耐力运动员的EPO比其他运动员高，所以EPO可以作为耐力运动训练的评价、预测指标。

大负荷的训练可以导致EPO水平的降低。如研究发现男子游泳运动员4周赛前大负荷游泳训练后，EPO与大负荷训练前相比出现明显下降，平均下降48.5%。经1周调整后，出现一定回升，但与训练前相比仍低17.2%。

当机体处于缺氧环境（高原、低压氧舱），EPO促使红细胞数量上升，以代偿动脉氧含量降低。EPO上升的幅度可反映机体对缺氧的适应程度，但EPO的上升过多可能导致血液黏滞度增大，不利于血液携氧；相反EPO值过低，说明运动员身体机能较差。因此EPO也可以反映运动员在高原训练期间机体的适应情况。

【小结】

1. 内分泌是指内分泌腺体或内分泌细胞将其所产生的生物活性物质——激素直接释放到体液中并发挥作用的分泌形式。

内分泌系统包括体内能够分泌激素的所有腺体、组织和细胞。体内主要的内分泌腺体有垂体、甲状腺、甲状旁腺、肾上腺、胰岛、性腺、松果体和胸腺等。许多内分泌细胞还散在于组织器官，消化道黏膜、心、肾、肺、皮肤、胎盘等部位均存在各种各样的内分泌细胞。在中枢神经系统内，特别是下丘脑也存在着兼有内分泌功能的神经细胞。

2. 内分泌腺或散在的内分泌细胞能分泌各种高效能的生物活性物质，经组织液或血液传递而发挥调节作用，这种化学物质称为激素。按其化学结构可分为含氮类激素和类固醇类激素两大类。

激素在维持内环境的自稳态、生长和发育、调节新陈代谢，以及调控生殖过程方面起着重要的作用。

含氮类激素是通过第二信使引起细胞各种生物效应，类固醇类激素是通过基因表达调控蛋白质，改变相关酶活性，影响生理过程。

3. 运动对机体是一个非常强烈的刺激。作为机体重要的调控系统之一，内分泌系统必然充分动员起来，维持机体稳定。与运动关系比较密切的一些激素是：生长激素、促甲状腺素、促肾上腺皮质激素、催乳素、抗利尿激素、甲状腺素、肾上腺素、去甲肾上腺素、糖皮质激素、盐皮质激素、胰岛素、胰高血糖素、性激素等等。这些激素调控了机体运动中、运动后的能量物质分解和合成，调控了机体运动过程中体液平衡。

【思考题】

1. 内分泌、内分泌腺、激素的概念以及激素的分类。
2. 激素的一般生理作用、作用特征以及作用机制。
3. 试述功能器官的内分泌功能。
4. 主要应激激素对运动应答和适应的基本规律是什么？
5. 运动过程中，激素是如何进行能量代谢调控的？

第九章

感觉机能

【提要】

本章简要介绍感受器、感觉器官的一般生理特征、感觉的形成，重点讲授与体育运动关系密切的位觉、本体感觉、视觉、听觉的功能活动、基本生理现象和机制，讨论各种感觉功能在运动教学和训练中的作用。

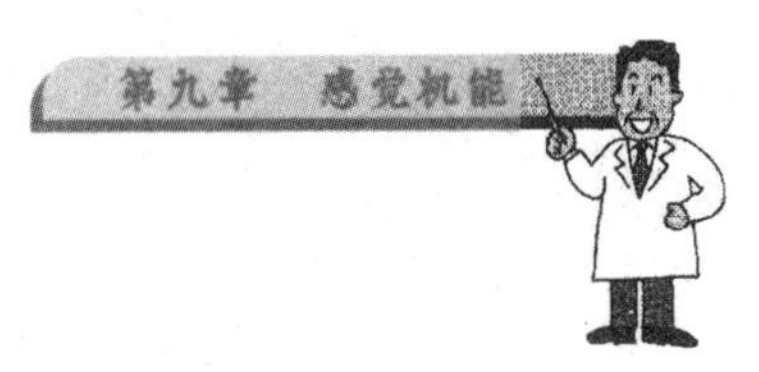

第一节　概　述

一、感受器、感觉器官及感觉的定义和分类

感受器（sensory receptor）是指分布在体表或组织内部的一些专门感受机体内、外环境变化的结构或装置。感受器按结构分为简单感受器、复杂感受器。最简单的感受器，如体表和组织内部与痛觉有关的游离神经末梢；有些感受器在裸露的神经末梢周围包绕一些由结缔组织构成的被膜样结构，如肌梭和触觉小体等；体内还有一些结构和功能上都高度分化的感受细胞，如视网膜中的视杆细胞和视锥细胞是光感受细胞；耳蜗中的毛细胞是声波感受细胞等。感受器按分布部位分为外感受器和内感受器。外感受器感受外界的环境变化，如视、听、嗅觉感受器属于距离感受器，触、压、味、温度觉感受器属于接触感受器。内感受器感受机体内部的环境变化，如本体感受器、内脏感受器和平衡感受器等。感受器还可按接受刺激性质的不同分为光感受器、机械感受器、温度感受器、化学感受器和伤害感受器等。

感觉器官（sense organ）是指感受器与其附属装置共同构成的结构。人最主要的感觉器官有眼、耳、前庭、鼻腔的嗅上皮、舌的味蕾、皮肤等。

感觉（sensation）是客观事物在人脑中的主观反映。感受细胞把机体内、外环境中的各种刺激转变为电位变化，以神经冲动的形式通过感觉神经纤维传向中枢特定部位，最后在大脑皮质上产生各种感觉，如视觉、听觉、位觉、痛觉等。需要指出的是，一些感受器的传入冲动通常都能引起主观感觉，但也有一些感受器一般只是向中枢神经系统提供内、外环境中某些因素改变的信息，引起各种调节性反应，在主观上并不产生特定的感觉。

二、感受器的一般生理特征

（一）适宜刺激

一种感受器通常只对某种特定形式的能量刺激最敏感，这种刺激就是该感受器的适宜刺激。例如，一定波长的电磁波（300~800nm）是视网膜上视锥细胞和视杆细胞的适宜刺激；一定频率（16~20000Hz）的机械振动是耳蜗毛细胞的适宜刺激等。非适宜刺激也可以引起一定的反应，但所需刺激强度通常要比适宜刺激大得多。引起感受器兴奋所需的最小刺激强度称为强度阈值。在刺激强度不变时引起感受器兴奋所需的最短作用时间称为时间阈值。对于某些感受器来说，如皮肤的触觉感受器，当刺激强度一定时，刺激作用还要达到一定的面积，此为面积阈值。此外，对于同一种性质的两个刺激，其强度的差异必须达到一定程度才能使人在感觉上得以分辨，这种刚能分辨的两个刺激强度的最小差异，称为感觉辨别阈。

（二）换能作用

各种感受器可将作用于它们的各种形式的刺激能量转换为传入神经的动作电位，把感受器的这种能量转换功能称为感受器的换能作用。在换能过程中，一般不是直接把刺激能量转变为神经冲动，而是先在感受器细胞或感觉神经末梢产生一种过渡性的电位变化。在感受器细胞上产生的称为感受器电位，通过递质释放量改变，引起与之有突触联系的传入神经产生动作电位；在感觉神经末梢上产生的称为发生器电位，去极化达阈电位引起传入神经产生动作电位。动作电位以“全或无”形式传向中枢。

（三）编码作用

感受器不仅将各种刺激能量转换为神经动作电位，同时将刺激所包含的环境变化信息转移到动作电位的序列中，把这种信息的转移作用称为感受器的编码作用。关于感受器编码作用的详细机制尚不十分清楚。实验表明，不同性质的刺激能量不可能是通过动作电位的幅值或波形特征来编码的。不同性质感觉的引起，不但决定于刺激的性质和被刺激的感受器的种类，还决定于传入冲动所经过的特定神经传入通路及所到达的大脑皮质的特定部位。不同强度的刺激能量不仅可通过单一神经纤维上动作电位的频率高低来编码，还可以通过参与电信号传递的神经纤维数目的多少来编码。

（四）适应现象

当某一恒定强度的刺激持续作用于感受器时，感觉神经上产生的动作电位的频率会逐渐降低，这一现象称为感受器的适应。适应的程度可因感受器的类型不同分为两类。①快适应，如皮肤触觉感受器仅在恒定压力刺激开始后的短时间内有传入冲动发放，以后虽然刺激仍在作用，但其传入冲动的频率却很快降低到零。快适应感受器特点是对刺激的变化十分敏感，适于传递快速变化的信息，这对生命活动是十分重要的，它有利于机体探索新异事物或障碍物，有利于感受器和中枢再接受新的刺激。②慢适应，如肌梭、腱梭及颈动脉窦压力感受器，在刺激持续作用时，一般仅在刺激开始后不久出现冲动频率的轻微降低，以后可以较长时间维持在这一水平。慢适应感受器的共同特点是适应过程发展慢，有利于机体对某些功能状态进行长时间持续的监测，并根据其变化随时调整机体的功能，从而保证调节系统运转的精度。

适应并非疲劳，因为对某一强度的刺激产生适应后，如果再增加该刺激的强度，又可引起传入冲动的增加。

第二节 视 觉

视觉器官（visual sense organ）由折光系统和感光系统两部分组成（图 9-1）。前者包括角膜、房水、晶状体和玻璃体；后者指视网膜。平行光线首先通过眼内折光系统发生折射后，在视网膜上成像。视网膜上的感光细胞将电磁波的光能刺激转换成神经冲动，经视神经传到丘脑，再向大脑皮质感觉区投射形成视觉。视觉在人体运动中具有极重要的意义。

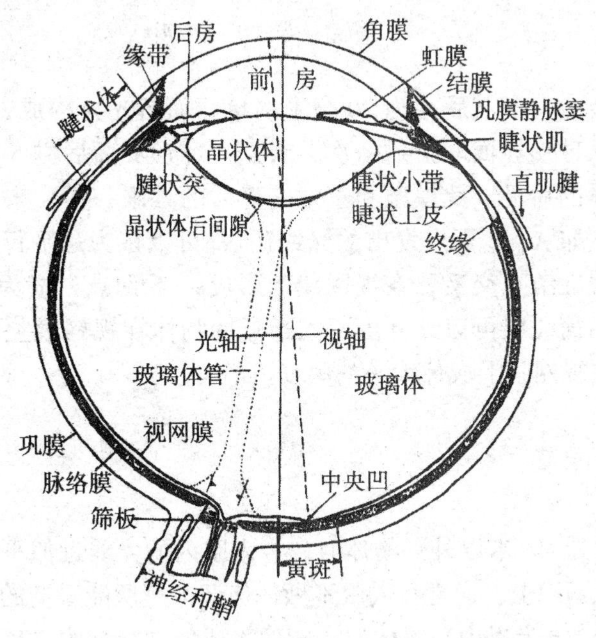

图 9-1 右眼的水平切面示意图

（引自：朱人年，2008）

一、眼的折光功能及调节

（一）眼折光系统及成像

光线由一种介质进入另一种折射率不同介质形成的单球面折光体时，只要不与折光体界面垂直，光线便会产生折射，其折射特性由界面的曲率半径和两种介质的折光率所决定。人眼的折光系统是由多个折光界面组成的复杂光学系统。为了说明眼的折光成像原理，设计了与正常眼在折光效果上相同，但更为简单的等效光学系统或模型，称为简化眼（reduced eye），如图 9-2 所示。

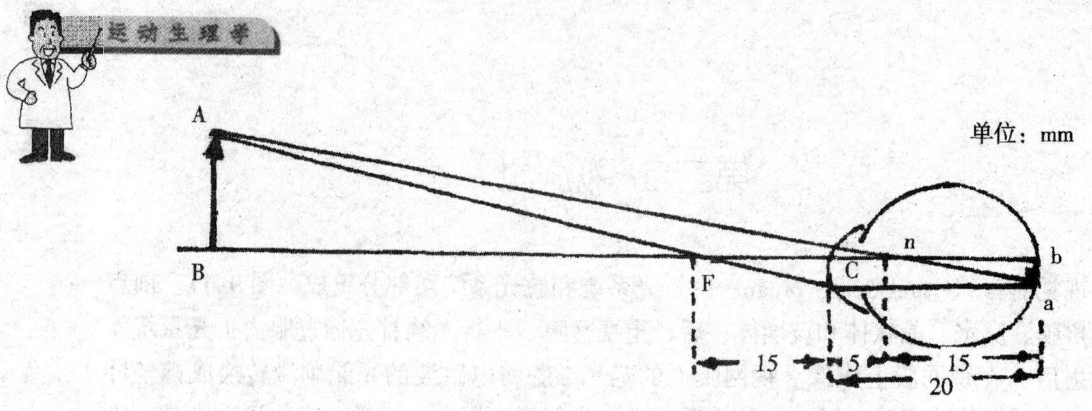

图 9-2 简化眼及其成像

n 为节点，AnB 和 anb 是两个相似的三角形；如果物距为已知，就可由物体大小算出物像大小，也可算出两个三角形对顶角（视角）的大小。

（引自：朱大年，2008）

简化眼模型由一个前后径为 20 毫米的单球面折光体构成，折射率为 1.333。入射光线只在进入球形界面时折射一次，节点在球形界面后方 5 毫米处。后主焦点正相当于此折光体的后极。此模型和正常安静时的人眼一样，来自 6 米以外物体的各发光点的光线（如 A、B 两点发出的光线），都可以认为是平行光线，经过节点不折射。这两个光线在节点交叉，在视网膜上形成a、b 两点，成为物体为 A、B 的一个倒立实像。利用简化眼可以计算出不同远近的物体在视网膜上成像的大小，及正常眼能看清物体在视网膜上成像大小的限度。

（二）眼的调节

正常眼看远处（6 米以外）物体时，进入眼内的光线近似平行，不需任何调节即可清晰成像于视网膜上。通常将人眼不做任何调节时所能看清的物体的最远距离称为远点。当看近处（6 米以内）物体时，物像将成像在视网膜之后，造成视物模糊，正常眼通过调节折光系统可以将物像前移至视网膜上形成清晰物像。

1. 晶状体的调节

晶状体是一个富有弹性的双凸透镜形折光体，其周边由悬韧带将其与睫状体相连。当看近物时，睫状肌收缩，悬韧带松弛，晶状体向前后凸出，增加曲率，使物像前移到视网膜上；当视远物时，睫状肌松弛，睫状体后移，晶状体受悬韧带牵拉而相对扁平，曲率减小，物像后移至视网膜上。晶状体的最大调节能力可用眼能看清物体的最近距离来表示，这个距离称为近点。

2. 瞳孔的调节

一般人瞳孔直径为 1.5~8.0 毫米。看近物时，可反射性引起双侧瞳孔缩小，称为瞳孔调节反射。瞳孔的大小随入射光量的强弱而改变的现象，称为瞳孔对光反射。当强光刺激视网膜感受细胞后，冲动经视神经传到中脑的顶盖前区更换神经元，到达双侧的动眼神经缩瞳核，再沿动眼神经中的副交感神经传出，使瞳孔括约肌收缩，瞳孔缩小，以防止强光对视网膜的刺激。瞳孔对光反射是双侧性的，称为互感性对光反射。在运动中，情绪过度紧张可使瞳孔扩大，这是由于交感神经作用的结果，对运动有不良的影响。

3. 双眼会聚

当双眼注视一个由远移近的物体时，两眼视轴向鼻侧会聚的现象，称为双眼会聚，也称辐辏反射（convergence reflex）。它是由于两眼球内直肌反射性收缩所致，其反射途径与晶状体调节反射基本相同，不同之处主要为效应器（内直肌）。其生理意义是视近物时，使物像分别落在两眼视网膜的对称点上，使视觉更加清晰和防复视的产生。

（三）眼的折光异常

正常眼不经任何调节就可以看清远处物体，经过调节，只要物体离眼的距离不小于近点，也能看清近处物体，这种眼称为正视眼。若眼的折光异常或眼球的形态异常，使平行光线不能聚焦于安静未经调节的眼视网膜上，则称为非正视眼（见图 9-3 及表 9-1）。

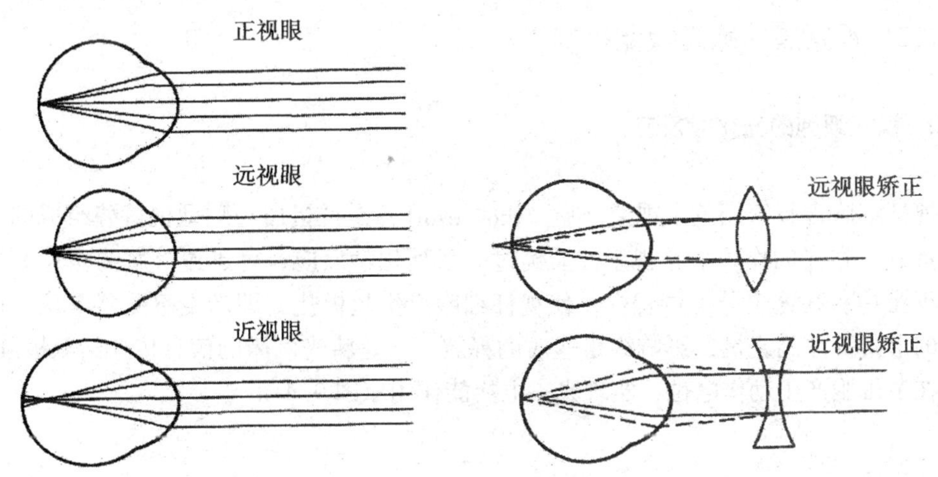

图 9-3 眼折光异常及其矫正示意图

表 9-1 眼的折光异常和调节能力异常

异常	产生原因	特点	矫正方法
近视	眼球前后径过长（轴性近视） 折光力过强（屈光性近视）	视远物时物像在视网膜之前 近点和远点均移近	凹透镜
远视	眼球前后径过短（轴性远视） 折光力过弱（屈光性远视）	视远物时物像在视网膜之后 近点变远	凸透镜
散光	折光面曲率不一致	视物变形、不清	柱面镜
老视	晶状体弹性减退	近点变远	视近物时戴凸透镜

二、眼的感光功能

（一）视网膜的结构特点及感光机能

视网膜（retina）结构复杂，在组织学上可分为10层，但主要由4层细胞组成，从外向内为色素上皮层、感光细胞层、双极细胞层和神经节细胞层。感光细胞层有两种感光细胞，即视锥细胞和视杆细胞。视杆细胞和视锥细胞在形态上都可分为4部分，由外向内依次为外段、内段、胞体和终足。其中外段是视色素集中的部位，在感光换能中起重要作用。

视杆细胞（rod cell）主要分布在视网膜的周边部分，最高密度在偏离中央凹6毫米处，和与它们相联系的双极细胞以及神经节细胞等组成视杆系统，对光的敏感度高，能接受弱光刺激，形成暗视觉，但无色觉，对被视物细节的分辨能力较差。

视锥细胞（cone cell）主要分布在视网膜的中央凹处，和与它们相联系的双极细胞及神经节细胞等组成视锥系统，它们对光的敏感性较差，只能接受强光刺激，形成明视觉和色觉，并对被视物体细节具有较高的分辨能力。

（二）视网膜的感光换能机制

1. 视杆细胞的光化学反应

视杆细胞含有感光色素视紫红质（rhodopsin），是视蛋白与顺型视黄醛组成的一种结合蛋白。在光的作用下，视紫红质经过一系列化学反应，可迅速分解为全反型视黄醛与视蛋白。在这个分解过程中，使视杆细胞产生超极化，即产生感受器电位，以电紧张的形式扩散到终足，影响终足递质的释放，于是将光刺激的信息传递给双极细胞，最终在节细胞产生动作电位，实现光—电换能作用（图9–4）。

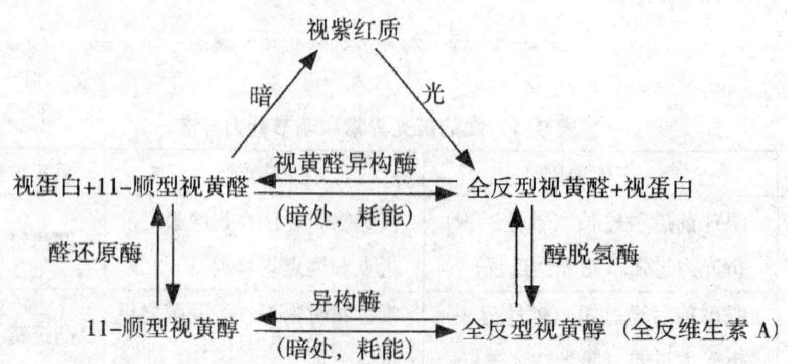

图9–4　视紫红质的光化学反应示意图

（引自：朱大年，2008）

视杆细胞的这种光化学反应是可逆的，即视紫红质在光的作用下分解，在暗处又可以重新合成，其反应的平衡点决定于光照强度。全反型视黄醛在视黄醛酶的作用下，还原成全反型视黄醇（维生素A的一种形式），经眼内和肝脏有关酶的催化而变成顺型视黄醛，一旦顺型视黄醛生成就和视蛋白结合形成视紫红质。视紫红质在分解与合成的过程中，消耗一部分视黄醛，需要体内贮存的维生素A来补充。如果维生素A补充不足，就会影响人在暗处的视力，即引起夜盲症。

2. 视锥细胞的光化学反应

视网膜上分布有三种视锥细胞，分别含有对红、绿、蓝三种光敏感的视色素。视锥细胞外段中含有的感光色素，称视锥色素，也是由视蛋白和顺型视黄醛结合而成，只是视蛋白的分子结构略有不同。当某一波长的光线作用于视网膜时，视锥细胞外段膜的两侧也发生同视杆细胞类似的超极化型感受器电位，完成光电转换的第一步，以一定的比例使三种不同的视锥细胞产生不同程度的兴奋，最终在相应的神经节细胞上产生动作电位，以不同组合的视神经冲动传到大脑皮质就产生不同的色觉。这就是色觉形成的三原色学说。凡不能识别三原色中的某一种颜色者均称色盲（color blindness）。而对某种颜色辨别能力较正常人差者，称为色弱。色盲病人绝大多数是由遗传因素决定的，多因先天缺乏含某种感光色素的视锥细胞所致。

三、视觉生理与运动

（一）与视觉有关的生理现象

1. 视力

视敏度（visual acuity）指人眼分辨物体微细结构的能力，也称视力。通常以分辨两点（或两平衡线）之间的最小距离为标准。由简化眼模型，根据已知的物距和物体大小，可计算出物像及视角大小（视角是指从物体的两端点各引直线到眼节点的夹角）。正常人眼在光照良好的情况下，在视网膜上的物像≥5微米（视角≥1°）能产生清晰的视觉，则该受试者的视力为5.0，正常视力为5.0~5.2。

视力与中央凹处视锥细胞的分布、眼的折光能力、视觉中枢分析能力及光源、背景等因素有关。在体育运动中，良好的视力是运动员判断人和运动器械的空间位置、速度快慢、距离远近及运动方位的主要条件。

2. 视野

单眼固定注视正前方一点时，该眼所能看到的空间范围称为视野（visual field）。正常人的视野范围大小受到面部结构、各类感光细胞在视网膜上的分布和目标物的颜色等因素的影响。一般来讲，鼻侧视野小于颞侧。不同颜色的视野也不一样，白色>黄色>红色>绿色，不同项目运动员的视野不同，足球运动员绿色视野较大。

3. 双眼视觉

两眼同时看某一物体时产生的视觉称为双眼视觉（binocular vision）。双眼视物时，不仅能看到物体的平面，还能看到物体的深度，从而形成立体视觉（stereoscopic vision）。立体视觉产生的主要原因，是因为同一物体在两眼视网膜上所形成的像并不完全相同，右眼看到物体的右侧面较多，左眼看到物体的左侧面多，其位置虽略不同，但又在相称点的附近，最后经中枢神经系统的综合而得到一个完整的立体视觉。单眼视物时，根据物体表面的光线反射情况，阴影的有无以及过去的经验等因素也能产生立体视觉，但是，单眼视物所形成的立体视觉比双眼差得多。双眼视觉的优点是可以弥补单眼视野中的盲区缺损，扩大视野，形成立体视觉。立体视觉在各项体育活动中具有重要意义。球类运动员立体视觉不完善会降低时空感，而使击球、传球、投球、接球等技术动作不准确。特别是在场地范围小、球速快的条件下不能准确地判断对方动作及接传方向。

4. 眼肌平衡

眼球的运动是靠三对眼肌，即上、下直肌，内、外直肌和上、下斜肌控制的。眼肌平衡决定于这些肌肉的紧张和松弛是否协调。眼肌运动可使眼睛有目的地接受刺激，保证机体产生朝向反应，从而对外界的各种刺激经常做好准备。

当眼注视正前方时，若对称眼肌紧张度相等，眼球瞳孔在正中央处，称为正视。如果其中一条肌肉紧张度大，则瞳孔偏向一方，称为斜视。若有的人一条眼肌紧张度虽然稍大，在平时靠对抗肌紧张度的加强予以补偿，瞳孔仍然保持在正中，称为隐斜视。由于隐斜视患者的眼肌经常处于紧张状态，容易产生疲劳，特别是在运动过程中更容易疲劳，疲劳后眼肌的调节能力下降出现斜视。因此，患有隐斜视的人在要求准确度很高的运动项目中，如射击、射箭和球类等项目，运动成绩会受到一定影响。运动时维持眼肌平衡，对在运动中准确判断器械的空间位置、距离大小、运动员动向以及球运动的速度等都十分重要。

5. 暗适应和明适应

当人长时间在明亮环境中而突然进入暗处时，最初看不见任何东西，经过一定时间后，视觉敏感度才逐渐增高，能逐渐看见在暗处的物体，这种现象称为暗适应（dark adaptation）。暗适应进程时间长。当人长时间在暗处而突然进入明亮处时，最初感到一片耀眼的光亮，也不能看清物体，稍待片刻后才能恢复视觉，这种现象称为明适应（light adaptation）。明适应进程很快，通常在几秒钟内即可完成。

6. 视后像和融合现象

注视一个光源或较亮的物体，然后闭上眼睛，这时可以感觉到一个光斑，其形状和大小均与该光源或物体相似，这种主观的视觉后效应称为视后像。后效应的持续时间与光刺激的强度有关，通常仅持续几秒到几分钟。当闪光频率增加到一定程度时，重复的闪光刺激可引起主观上的连续光感，这一现象称为融合现象（fusion phenomenon）。融合现象是由于闪光的间歇时间比视后像的时间更短而产生的。能引起闪光融合的最低频率，称为闪光融合频率（flicker fusion frequency，FFF），又称为临界融合频率（critical fusion frequency，CFF），与闪光刺激的颜色和亮度、闪光光斑的大小以及被刺激的视网膜部位有关，还受年龄、药物及中枢神经系统疲劳程度等的影响，因此，在运动生理中常将临界融合频率作为中枢疲劳的指标。

（二）视觉在运动训练中的作用

人的视觉器官十分敏感，能分辨各种物体的大小、形状、明暗、颜色、距离、动静及在空间里的相互作用。在运动员还没有熟练掌握动作技能之前，视觉起着主导作用。在运动过程中，运动员靠视觉掌握环境状况，产生空间感觉，控制本身的动作，观察赛场上变化具有十分重要的意义。在球类运动中，运动员要有良好的视力、良好的立体视觉和开阔的视野。在对抗性运动项目中，如击剑、拳击、摔跤等，需要运动员有敏锐的视力。只有视觉功能良好的运动员才有可能发挥高超运动技术水平。

视觉对维持身体平衡起重要作用。人可以在完全没有前庭感觉和本体感觉的情况下，仅靠视觉来维持身体平衡。但快速活动或闭眼时活动的能力则需要前庭感觉和本体感觉的参与，才能保持身体平衡和正确的姿势。视觉发生障碍或有缺陷时，会使运动员减弱或者丧失方向和平衡感觉，不容易保持身体平衡和正确的姿势。在体育教学和训练中，培养运动员掌握运动技能的同时，也要注意视觉功能的训练。

第三节 听觉与位觉

耳是听觉器官，也是位觉（平衡）器官。从结构上，耳由外耳（包括耳廓与外耳道）和中耳（鼓膜、鼓室、听骨链和咽鼓管）构成的传音系统和内耳的感音系统所组成（图 9-5）。内耳又称迷路，包括耳蜗、椭圆囊、球囊和三个半规管。

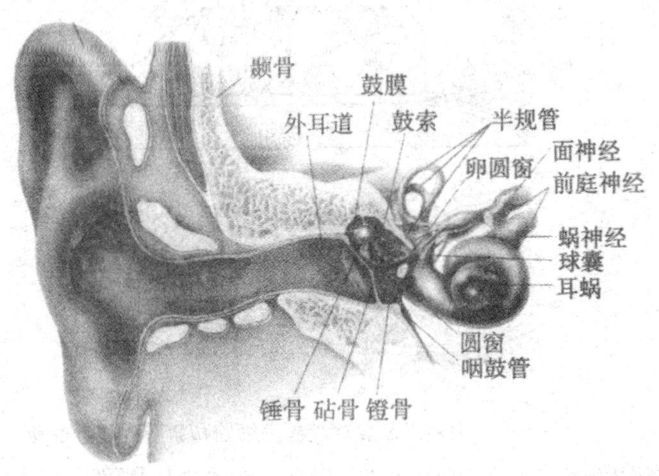

图 9-5 位听器模式图

一、听 觉

（一）听觉感受器的适宜刺激与微音器电位

人耳的适宜刺激是空气振动的疏密波。外界的声波振动经外耳道、鼓膜和听骨链的传递，引起外淋巴和基底膜振动（图 9-6），刺激耳蜗螺旋器感受器产生振动，它的振动使毛细胞的顶端与盖膜之间发生交错的移行运动，这种运动使毛细胞听纤毛发生弯曲，从而引起耳蜗内电位的一系列变化（图 9-7）。毛细胞的纤毛有动纤毛（最长位于细胞顶端的一侧边缘处）和静纤毛（纤毛较短、数量较多，呈阶梯状排列）两种。研究发现，当静纤毛向动纤毛一侧弯曲时，毛细胞的顶部通道开放，大量阳离子内流引起去极化而产生感受器电位，当静纤毛向背离动纤毛的一侧弯曲时通道关闭，内向离子流停止而出现外向离子流，造成膜的超极化。

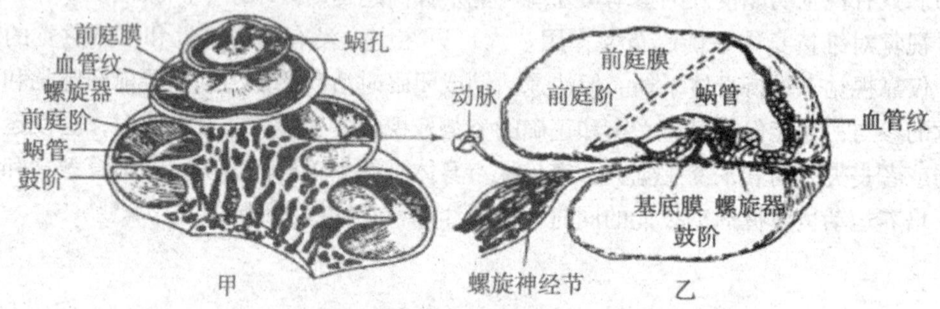

图 9-6 耳蜗及耳蜗管的横断面

甲：耳蜗纵行剖面；乙：耳蜗管横断面

（引自：朱大年，2008）

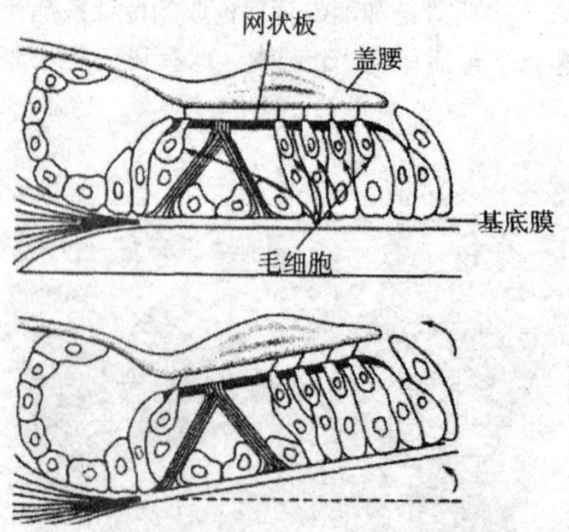

图 9-7 耳蜗基底膜螺旋器毛细胞和盖膜的移行运动

上：静止时的情况；下：基底膜在振动中上移时，听毛因与盖膜间切向运动而弯向蜗管外侧

（引自：朱大年，2008）

当耳蜗受到声音刺激时，在耳蜗及其附近结构所记录到的一种与声波的频率和幅度完全一致的电位变化，称为耳蜗微音器电位（cochlear microphonic potential）。微音器电位是多个毛细胞在接受声音刺激时所产生的感受器电位的复合表现。微音器电位与动作电位不同，其特点是：没有潜伏期和不应期，不易疲劳，不发生适应现象，其电位随刺激强度的增强而增大，具有位相性，当声音的位相倒转时，耳蜗微音器电位的位相也发生逆转，这就是微音器电位的波动能与声波振动的频率和幅度相一致的道理。

微音器电位经突触传递最后引起位于毛细胞底部的神经纤维产生动作电位，并以神经冲动的不同频率和组合形式对声音信息进行编码，当动作电位沿听神经传到大脑皮质听觉中枢时，产生听觉。

人对声音性质的分辨，除了耳蜗功能外，还决定于中枢神经各部位的功能。

（二）听阈与听域

通常人耳能感受的振动频率为20~20000Hz之间，感受的声压范围为0.0002~1000dyn / cm²。对于每一种频率的声波，都有一个刚能引起听觉的最低声强称为听阈。当声强增加到一定限度时，引起的将不单是听觉，甚至引起鼓膜的痛觉，此限度称为最大可听阈。从听阈到最大可听阈曲线之间包括的面积称为听域（图9-8）。正常人在声频为1000~3000Hz时听阈最低，也就是听觉最敏感。随年龄增长听阈逐渐升高。

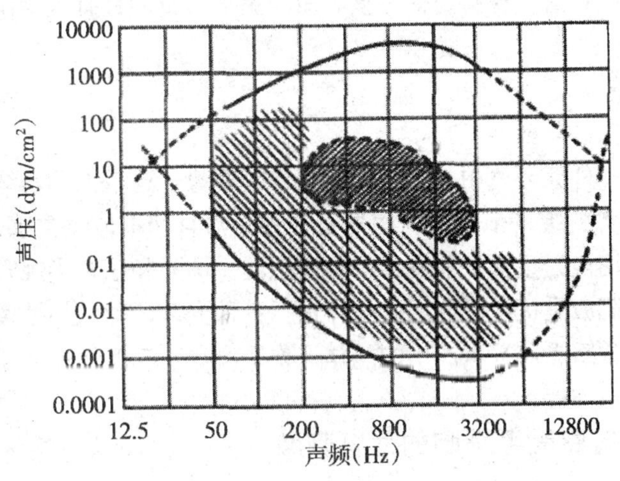

图9-8 人的正常听域图

图中心部的斜线区为通常的会话语言域，下方的斜线区为次主要语言域

（引自：朱大年，2008）

（三）听觉在运动训练中的作用

人类通过语言进行互通信息、交流思想、传播知识，对人类认识和适应环境变化具有重要意义。体育教学和运动训练中，使用口令，利用语言讲解，使学生通过听觉领会动作要领，有助于学生队列整齐，更快掌握动作技能。因此，在运动训练中，适宜音量、音调、生动、简洁的讲解、口令，可以使运动员的大脑皮质听觉中枢的兴奋性集中起来，更快形成条件反射。

音乐对运动员来说，也是一种良好的刺激。现在的运动训练和比赛，用音乐伴奏的项目很多，如体操、花样滑冰等。音乐的旋律有助于运动员建立良好的节奏，有时音乐的选择直接影响着比赛的成绩。在运动训练结束后，常用听音乐方法来缓解疲劳，音乐能减轻大脑皮质的紧张，使身体更容易放松。

同时，听觉也受噪音的影响，噪声也影响人体的生理功能。在55分贝以下对人体无损害，超过100分贝，可使人的工作效率下降，生理功能明显紊乱，高强噪声甚至危害人体。强烈噪声导致听力障碍，大脑皮质兴奋与抑制过程失调，感觉功能和自主神经系统功能紊乱，内分泌失调，从而引起情绪不安、烦躁，心率、血压不稳定，视觉不良，反应时延长，平衡器官功能不佳，增加运动病的发生率。

在大型运动训练比赛时，运动员常常会受到助阵的观众大喊大叫的噪声的影响，较长时间或间断性的干扰，造成过分紧张，影响运动能力。因此注意平时合理安排在强烈的噪声环境中进行训练或比赛，以适应正式竞赛时运动场馆的强烈噪声环境。

听觉还能使人对一定距离以外环境条件的变化预先发生适应性反应。在体育运动中，运动员借助于听觉、视觉、本体感觉和前庭感觉的共同活动，控制动作的节律和速度，准确地感知空间位置，保持身体平衡，对掌握动作技能具有重要作用。

二、位　觉

人和动物生活在外界环境中，必须保持正常的姿势，这是人和动物进行各种活动的必要条件。正常姿势的维持依赖于前庭器官、视觉器官和本体感觉感受器的协同活动，其中前庭器官的作用最为重要。前庭器官由椭圆囊、球囊和三个半规管构成，感受细胞都是毛细胞，适宜刺激是机械力作用。身体进行各种变速运动（加减速度运动）时会引起前庭器官中的位觉感受器兴奋产生的感觉，称为位觉（或前庭感觉）。

（一）前庭器官感受毛细胞的适宜刺激

1. 壶腹嵴毛细胞的适宜刺激

三个半规管互相垂直，分别称前、后和水平半规管。每个半规管均有膨大端为壶腹，壶腹壁上有壶腹嵴，壶腹嵴也含有感受性毛细胞。毛细胞顶部纤毛都埋植在一种胶质的圆顶形终帽（cupula）中。半规管壶腹嵴毛细胞的适宜刺激是旋转正负加速度。当旋转运动开始、停止或突然变速时，由于内淋巴的惯性作用，使终帽与毛细胞发生移行，刺激毛细胞而兴奋，冲动经前庭神经传入中枢，产生旋转运动感觉。在内耳迷路中，水平半规管主要感受绕垂直轴左右旋转的变速运动，而前、后半规管主要感受绕前后轴和横轴旋转的变速运动。因此，人们可以感受任何平面上不同方向旋转变速运动的刺激，并作出准确的反应。

2. 囊斑毛细胞的适宜刺激

椭圆囊和球囊的壁上有囊斑，分别称为椭圆囊斑和球囊斑。囊斑中有感受性毛细胞，其纤毛插入耳石膜内，耳石膜表面附着的许多小碳酸钙结晶称为耳石。其适宜刺激是耳石的重力及直线正负加减速运动和头部空间位置。当头部位置改变，如头前倾、后仰或左、右两侧倾斜时，由于重力对耳石的作用方向改变，耳石膜与毛细胞之间的空间位置发生改变，使毛细胞兴奋，冲动经前庭神经传到前庭神经核，反射性地引起躯干与四肢有关肌肉的肌紧张变化。同时，冲动传入大脑皮质前庭感觉区，产生头部空间位置改变的感觉。当人体作直线运动的开始、停止或突然变速时，耳石膜因直线加速度或减速度的惯性而发生位置偏移，使毛细胞的纤毛弯曲、兴奋，通过反射活动调整有关骨骼肌的张力，以维持身体平衡。同时也有冲动经丘脑传入大脑皮质感觉区，产生身体在空间的位置及变速的感觉。

前庭器官毛细胞电变化机制与耳蜗螺旋器毛细胞机制类同。当外力使静纤毛向动纤毛一侧偏转时，毛细胞膜电位去极化，如果达到阈电位（约-60mV）水平，而产生兴奋效应，当外力使静纤毛向背离动纤毛的一侧弯曲时，则造成毛细胞膜电位的超极化，表现为抑制效应（图 9-9）。

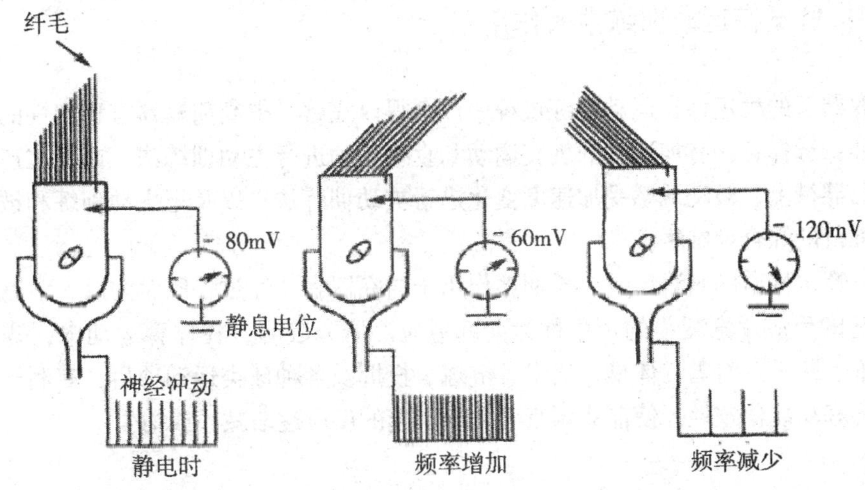

图 9-9 毛细胞纤毛的移行运动引起的电位变化

当静纤毛向动纤毛一侧偏转时，毛细胞膜去极化，传入冲动增多；

当静纤毛向背离动纤毛的一侧偏转时，毛细胞膜超极化，传入冲动减少。

（引自：朱大年，2008）

（二）前庭反应与前庭功能稳定性

前庭反应是指前庭器官受到刺激产生兴奋后，引起的一定位置觉改变、骨骼肌紧张性改变、眼震颤及植物性功能改变，其意义在于维持机体一定的姿势和保持身体平衡。人类前庭器官受到过强或过久刺激时，前庭分析器的感受器就发放强烈而频繁的冲动，反射地引起四肢躯干肌张力的正常关系失调，使动作或身体平衡失调，而且还会出现眼肌产生不随意的收缩和放松，引起眼球发生有规律地震颤，另外还会引起一系列植物性机能反应。例如晕车、晕船等引起的心率加快、血压下降、恶心、呕吐、眩晕和各种姿式反射等现象。这些反应会严重影响一个人的工作能力。如果一个飞行员在飞行时出现这些反应，将不能很好地完成飞行任务，一个舰艇人员或海员、赛艇和划船运动员出现不良反应，对工作也会带来不利的影响。每一个人对晕船、晕车耐力有个体差异，其差异性很大。因此，招收飞行舰艇宇航人员，赛艇和划船运动员必须经过生理选拔。同样，一个跳水或体操运动员在运动过程中，有不良前庭反应，将不能在空中完成复杂的动作。所以随着运动技术水平的提高，运动员要完成各种加速、旋转及翻腾等动作，都需要前庭器官参与活动。

刺激前庭感受器而引起机体各种前庭反应的程度，称为前庭机能稳定性。前庭机能稳定性较好的人，在前庭器官受到刺激时所发生的反应就较弱，有利于提高人体的工作能力。通常在定量角加速度或直线加速运动后，植物性功能或姿势反射的反应程度，均可作为判断前庭功能稳定性的指标。

（三）位觉在运动训练中的作用

前庭器官的稳定性在运动训练过程中逐渐得以完善。提高前庭器官稳定性的训练方法有三种：选择各种有加速度的旋转运动和直线运动进行主动训练法；或人在产生加速度变化的器械上，被动地感受加速度变化进行被动训练法；以及把主动训练和被动训练相结合进行的综合训练法。

某一特定性质的刺激反复、长期地作用于前庭器官，经过一段时间后，前庭器官对刺激引起的反应逐渐减小的现象称为前庭适应。研究表明，在体育运动中，赛艇、划船、跳伞、跳水、滑雪、体操、武术、链球、投掷及各种球类运动项目，有利于提高运动员的前庭功能稳定性，使前庭器官对刺激引起的反应逐渐减小或消失。

第四节　本体感觉

肌肉、肌腱和关节囊中分布的本体感受器（肌梭与腱梭），能分别感受肌肉被牵拉的程度以及肌肉收缩和关节伸展的程度。这种本体感受器受到刺激所产生的躯体各部相对位置和状态的感觉，称为本体感觉（proprioception），或称运动觉。

一、本体感受器结构与功能

（一）肌梭的结构与功能

肌梭（spindle）是位于肌肉中的一种梭形感受器，位于肌纤维之间并与肌纤维平行排列。肌梭内含 6~10 根肌纤维，称为梭内肌纤维。肌梭外的一般肌纤维称为梭外肌纤维。肌梭附着于梭外肌纤维上，并与其平行排列呈并联关系（图 9-10），因此，肌梭的功能是感受肌肉长度的变化。

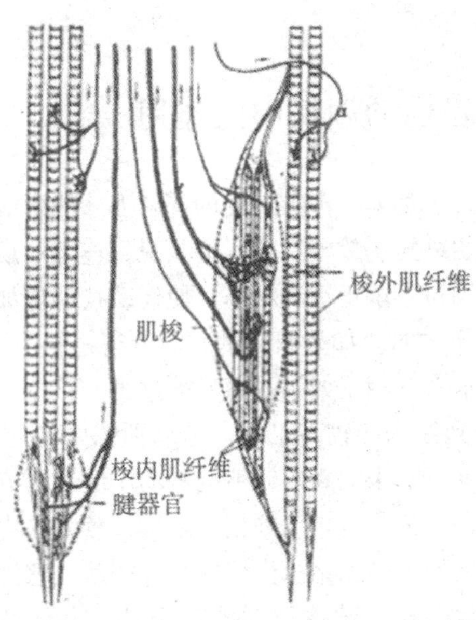

图 9-10　肌梭与腱器官模式图

肌梭的传入纤维有Ⅰ类（较粗）和Ⅱ类（较细）两类。中枢的传出运动神经有支配梭外肌纤维的 α-神经元和支配梭内肌纤维的 γ-神经元。当 γ-神经元活动加强时，梭内肌纤维收缩，可提高肌梭内感受装置的敏感性。

（二）腱梭的结构与功能

腱梭（thedon organs）是分布在肌腱胶原纤维之间的一种张力感受器，与梭外肌纤维串联（见图 9-10）。当肌肉收缩张力增加时，腱梭因受到刺激而发生兴奋，冲动沿着感觉神经传入中枢，反射性地引起肌肉舒张。

腱梭的本体感觉反应是一种安全机制。腱梭是一种高阈值感受器，对主动肌有抑制作用，对拮抗肌具有易化作用。当肌肉的收缩力和外部因素引起的力之和，达到可能损伤肌腱或骨的程度时，腱梭的传入冲动会使运动神经元胞体产生抑制性突触后电位；当

肌肉收缩缩短，由于过度屈或伸可能损伤关节时，腱梭可通过抑制性突触后电位，抑制主动肌，同时通过兴奋性突触后电位刺激拮抗肌的工作，从而防止肌肉的损伤。在摔跤运动中偶然发生肌肉或肌腱撕裂以及骨折，这是因为高度激动的和去抑制的个体，肌肉积极收缩再加上对抗肌产生的张力就可能超过机体肌肉张力的极限而造成的损伤。

体育活动时，当肌肉被牵拉或主动收缩与放松时，均会对肌梭、腱梭构成刺激产生兴奋，兴奋冲动传到大脑皮质的运动感觉区，经过分析综合，能感知身体各部位的空间位置、姿势以及身体各部位的运动状态。当肌肉受到被动牵拉时，肌梭和腱梭的传入冲动频率均增加。肌梭和腱梭的冲动可使中枢神经系统分别了解肌肉的长度受到牵张的力量。例如，当举起一物体时，肌肉被牵拉，如果负荷很重，牵拉也很重，那么将动员更多的运动单位来举起这重物；如果负荷较轻，牵拉也较轻，那么仅有少数运动单位参加活动就能举起这一物体。

二、本体感觉在运动训练中的作用

运动员的一切运动技能都是在本体感受的基础上才能形成。通过本体感受器感知肌肉、肌腱、关节和韧带的缩短、放松和拉紧的状况，连续地反映到中枢神经系统，通过这种反馈系统，不断地调整、矫正运动动作，使运动技能更加协调精确。如在牵张反射通过反馈机制控制肌肉张力时，如果肌肉的张力变得过强时，来自腱器官的抑制作用，将使其张力减少到较低水平；相反如果张力变得过小，腱器官将停止发放冲动，抑制作用减弱，使张力又增强到原来的较高水平。运动训练中常使用“想练结合”的训练方法，或通过模仿性动作练习，来提高本体感觉对动作反馈调节的能力。

一般情况下，视觉、位觉及本体感觉相互联系，经大脑皮质的综合分析功能控制肌肉活动。肌肉活动时发生的本体感觉往往被视、听和其他感觉遮蔽，故本体感觉也称为暗淡的感觉。如球类运动员的“球性”。本体感觉能力必须经过相当长时间的训练，才能比较明显而精确地在自己的动作过程中体验到。例如，运动员在熟练地完成动作时，略有变化就能感觉出来，新学的动作虽然有很大毛病，往往也不易感觉到。因此，要使动作准确无误，必须反复练习。

人体各种感觉都可帮助肌肉产生正确的肌肉本体感觉，没有正确的肌肉本体感觉，就不可能形成运动技能。在建立运动条件反射过程中，肌肉本体感受性传入冲动起重要作用，没有这种传入冲动，条件刺激得不到强化，运动条件反射就不能形成，即是说学习的动作技能就不能掌握。可见本体感受器的机能，对形成运动技能具有特殊重要作用。运动实践证明，随着运动员本体感受机能的提高，运动技术水平也提高。例如，篮球、足球运动员动作技能熟练后，有时可以不用视觉来完成复杂的动作，主要靠本体感受器机能控制球完成复杂的动作，训练水平高的运动员其控球能力强，失球次数少，而且运动速度快，表现出本体感受器具有较高的敏感性。体操、跳水运动员在空中完成翻腾、转体动作时，本体感受器的传入冲动，对时间和空间的感知，对正确完成复杂动作起着重要作用。所以，在运动实践中只有勤学苦练，本体感受器机能提高，使肌肉活动在时间和空间上更加协调，就可以促进运动动作技能的形成，提高运动技能水平，还有

助于运动技术、战术的运用与创新，从而提高运动员整体活动能力。

第五节 其他感觉

皮肤内分布有多种感受器，能产生触压觉、冷觉、温觉和痛觉等。皮肤感觉在体育活动中也有重要作用。体育器材的表面是否光滑，单双杠的粗细是否合适，煤渣跑道路面是否平坦、冰场的硬度和滑度，游泳运动员对水的感觉等，都是通过皮肤感觉来判断。在对抗性运动项目中，如摔跤角力运动，要判断对方所用的力量大小、动作方向和性质，皮肤感觉都有很大作用。

一、触压觉

触觉是当皮肤受到轻微的不引起变形的刺激时所产生的感觉，感受器是皮肤中的触觉小体或神经末梢。压觉是受到较强的机械刺激导致皮肤变形时引起的感觉，感受器是位于皮肤深层的环层小体。触压觉是皮肤接受机械刺激时产生的感觉。触压觉能分辨出两点的最小距离，称为两点辨别阈（point discrimination threshold）。在实验室通常将钝头两脚规的两脚同时或相继触及皮肤时，能分辨出两点的最小距离来表示。疲劳时两点辨别阈值增大，因此，两点阈可作为判断运动性疲劳的一种生理指标。

在学习与完成体育运动动作时，触压觉对正确动作的形成具有重要意义。触压觉与视觉、听觉、本体感觉等相结合，使机体能辨别环境中各种物体的大小、形状、硬度、光滑度以及空间位置等。许多运动项目就是通过人体不同部位，对体育器械的感觉来完成对器械的控制。例如，排球运动员通过手对球的感觉，完成运球、传球、扣球与拦网等动作。

二、冷觉与温觉

冷觉和温觉统称为温度觉。这两种不同的感觉起源于不同的温度感受器。皮肤表面的冷点一般较热点多。冷感受器在皮肤温度低于30℃时开始发放冲动产生兴奋，热感受器在皮肤温度超过30℃时开始引起冲动发放产生兴奋。

除了皮肤外，在口腔黏膜、鼻黏膜、喉黏膜、胃肠道黏膜内，也有热点和冷点。温度觉感受器的传导部分，是由感觉神经元到脊髓，第二级神经元从脊髓开始，把兴奋传至丘脑，丘脑有体温调节中枢，把体内外的温度觉信息综合分析后，冲动从丘脑沿着第三级神经元传至大脑皮质中央后回形成温度觉，并对人体进行体温调节。

温度觉的强度，取决于温度刺激强度和被刺激部位的大小。在冷刺激或热刺激不断作用下，温度觉就会产生适应。反复用冷的刺激就能使皮肤得到锻炼，这与复杂的体温调节机能得到改进有关。当人体处于0~15℃的环境中，皮肤的冷感受器受到刺激，并立即传向中枢神经系统，反射性地引起皮下血管收缩，皮肤血流量下降以减少身体内部

的热量向外散发，同时使心跳加快，新陈代谢加强，促进产热，以保证身体能适应寒冷的刺激。经过锻炼，在调节体温的中枢神经作用下，皮肤血管又重新扩张，内脏器官的血液流向皮下血管，增加皮肤温度，人体对寒冷的感觉将会消失。由此可见，在寒冷环境中锻炼，神经系统的调节功能使机体各部分的反应更加灵敏、准确，从而提高机体对外界气温骤然变化的适应能力。这是人体的一种具有自我保护作用的防御性反应。

我们经常看到，成百上千的滑雪运动员，冒着0℃以下的严寒在积雪的山坡间飞速滑行；年过半百的老人参加冬泳；也曾有在气温超出人体正常体温37℃的沙漠中举行过马拉松比赛的记录。可见，人类具有在极热和极冷的环境中进行运动的非凡能力。

温度觉在运动训练中的特殊作用是通过多方面生理功能相互协调共同完成的。

寒冷刺激可改变神经系统与肌纤维的募集方式。寒冷的环境中温度降低时，肌肉的收缩速度和爆发力下降。当环境温度在10℃以下时，当血管运动的调节不能弥补寒冷引起的散热时，人体就会出现寒颤。寒颤是骨骼肌发生不随意的持续收缩，收缩产生的能量大部分转变为热量，使人体的产热量可增加3~4倍。这时，由于低于体温的冷空气的环绕，热传导和皮肤表面水气的散发，使体温进一步下降，如不采取应急措施，会造成严重后果。如冰雪运动通常是前庭分析器、运动分析器与其他分析器（触觉、视觉、内脏感觉、温度觉分析器）都进入活动状态，在不断反复练习中，参与机能活动向建立复杂联系的分析器形成了综合分析活动。这样，便形成了运动者特殊的“冰（雪）感”“速度感”和“腾空感觉”等，对冰雪的性质有很强的辨别能力。在本体感觉和空中方位感觉的基础上，大脑皮质随着环境的变化，借助于各种反射调节肌肉紧张程度，保证实现各种高度复杂、协调精细的技术动作。经常参加冰雪运动的人，对严寒和冷风都具有高度的适应能力和耐受能力，这是通过低温刺激，提高体温调节机能，提高抗寒能力的结果，而且还能提高人体对冷环境的适应性。

人对热的耐受限度比冷的限度更重要，人对冷的抵抗力较强，但却难于抵御过热的温度。在气温4~30℃范围内，人体深部温度不受环境温度影响，在这种条件下，深部温度的升高，与相对运动强度成正比。此时皮肤和肌肉（外周）的温度反映着环境温度，反映物质代谢和环境的状况。有较多竞赛项目，如长和超长距离的耐力跑、铁人三项、足球赛等在炎热的气候中举行，都对参赛者具有热伤害的潜在危险。因此，这类项目运动员要注重热适应性的训练。通过对热适应性训练，使外周导热能力增强、血浆量增多、排汗量增加；开始出汗的皮肤温度阈值下降、皮肤生出汗的分布范围扩大等，处于热环境中进行热适应性训练必须同时进行运动训练，才能达到对热环境的适应。

三、内脏感觉

人类的内脏占有很大容积，内脏结构复杂，功能也多种多样。内脏感觉在调节内脏功能活动中起着很重要的作用。内脏的各种感受器，可以把内脏的活动及其变化的信息发向中枢，而引起各种内脏感觉。如饥、渴、便意、恶心、疼痛等。内脏感受器和皮肤中的一样，是无髓鞘的游离神经末梢。另外，内脏还有压力感受器。如血管壁上的压力感受器和化学感受器。在下丘脑有渗透压、血糖以及温度等感受器。内脏的感受神经末梢，同皮肤的神经末梢相比较为稀疏，给予一般强度的刺激，不引起主观感觉。但在脏器受到牵拉比较强烈的刺激时，即可发生内脏感觉。

内脏感觉中内脏痛是主要的感觉之一。内脏痛觉的传入通路主要是通过交感神经干内的传入纤维上传的。它通过后根进入脊髓，然后和躯体神经基本上走着同一的途径。内脏感觉的中枢，在皮质也有代表区，实验证明，第二感觉区和大脑边缘系统在内脏感觉中起着重要作用，但同皮肤感觉或其他感觉相比较，较为狭窄。内脏感觉也和其他感觉一样，受着传出纤维的控制。

人体进行体育活动时，与内脏感觉作用也有关系，活动时内脏器官机能状况正常，人体才可能很好地进行体育活动，否则，就会引起不适的感觉，降低运动能力，甚至要停止体育活动。例如，饱餐后马上进行剧烈运动，常会引起腹痛而被迫停止体育锻炼所以进行体育锻炼必须了解运动生理卫生科学知识。

四、痛　觉

皮肤痛觉是由痛觉感受器接受各种可能或已经造成皮肤损伤的各种性质的刺激引起的感觉，并伴有主观的情绪反应。疼痛提供躯体受到威胁时的警报信号，是生命不可缺少的一种保护机能。

组织学的检查证明，各个组织和器官内，都有一些特殊的游离神经末梢，在一定刺激强度下，就会产生兴奋而出现痛觉。这种神经末梢在皮肤中分布的部位，就是所谓痛点。每一平方厘米的皮肤表面约有100个痛点，在整个皮肤表面上，其数目可达100万个。强烈的疼痛刺激，能影响许多系统器官的活动，如肾上腺素的分泌增加，垂体活动的加强，血糖浓度增加，心跳加快，血液循环加速，呼吸暂停，血压升高，骨骼肌的紧张收缩，反射性闭尿等。痛觉强度在很大程度上取决于神经系统的状态。当大脑皮质由于其他刺激而产生强烈兴奋时，伤害部位所引起痛觉可以减弱。一个意志坚强的人，能忍受较强的痛觉。如运动员在竞赛过程中，为了集体荣誉，由于偶然因素引起的痛觉完全可以被压抑而感觉不到。

机体不同部位的痛觉敏感度不同：皮肤和外黏膜有高度痛觉敏感性；角膜的中央，具有人体最痛的痛觉敏感区；内脏器官对切伤、挤压、烧灼等刺激的敏感性较小，而对牵拉刺激敏感，所以内脏器官患病时所产生的疼痛难以感知精确的位置。

【小结】

1. 感觉是客观事物在人主观上的反映。体内外各种刺激首先作用于感受器或感觉器官，感受器将各种刺激能量转变为神经冲动，沿一定的传入通路到达大脑皮质的特定部位，从而形成相应的感觉。

2. 感受器有适宜刺激、换能作用、编码功能和适应现象等特征。人体重要的感觉有视觉、听觉、位觉、本体感觉、内脏感觉及各种皮肤感觉。

3. 视觉器官由感光系统和折光系统组成，通过折光系统成像在视网膜上，经视网膜上视杆系统和视锥系统换能作用，最后在视神经上形成动作电位沿视神经传到皮质的视区，综合分析形成视觉。

4. 耳是听觉器官，也是位觉器官，内耳耳蜗基底膜螺旋器上毛细胞是声机械波感受器，前庭器官的椭圆囊、球囊和三个半规管也有感受性毛细胞，分别感受直线运动和旋转运动的加减速度，最后将刺激能量转换成神经冲动，沿听神经传入皮质形成听觉和位觉。

5. 本体感受器肌梭和腱梭分别感受肌肉长度和张力的变化，将刺激信息传入皮质躯体感觉区形成本体感觉。

6. 各种感觉功能及其相互协调作用在运动教学和训练中具有重要作用。

【思考题】

1. 试述感受器的一般生理特征。
2. 试述前庭器官的适宜刺激及位觉产生机理。
3. 试述本体感受器的结构与功能。
4. 试述各感觉功能及其相互协调作用在运动教学训练中的应用。

第十章

神经系统机能

【提要】

神经系统由神经元和胶质细胞等神经组织构成，是控制和协调全身各种功能活动的主要调节系统。肌肉运动主要由脊髓、脑干和大脑皮质三级调控，并由小脑和基底神经节进行监控，使人体运动功能和植物性神经系统的功能整合协调一致，对体内外环境变化做出迅速而完善的适应性反应，满足当时生理活动的需要，以维持整个机体的正常生命活动。

第一节 概 述

神经系统主要由神经组织构成。组成神经组织的细胞有两大类，即神经元和神经胶质细胞。神经元是神经系统的结构和功能单位。神经胶质细胞也具有多种功能。神经系统是控制和协调全身各种功能活动的主要调节系统。

一、神经元与神经纤维

（一）神经元

神经元（neuron）是构成神经系统的基本结构和功能单位，包括细胞体和突起两部分（图 10-1）。

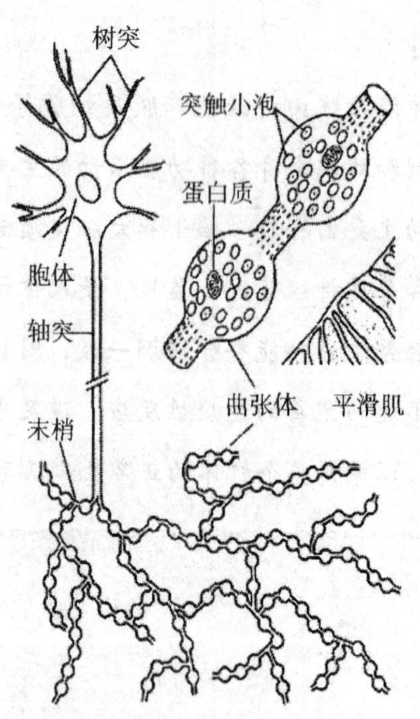

图 10-1 神经元结构示意图

右上部分是放大的曲张体和平滑肌

细胞体的形态多样，细胞大小差别也很大。细胞体包括细胞膜、细胞核和细胞质三部分。狭义的细胞膜是指一层包在外表面的薄膜，又称质膜。广义的细胞膜包括内质网、高尔基复合体、溶酶体、线粒体等细胞器的膜质系统，和质膜统称为单位膜。多数神经元含有一个大而圆的细胞核，胞核染色质少，核仁明显。细胞质内除含有细胞器和包含物之外，还有特征性结构即尼氏体和神经原纤维。

神经元的主要功能是接受刺激和传递信息。神经元依其功能可分为三大类：感觉神经元将体内外环境变化的信息由外周传向中枢；运动神经元将信息由中枢传向外周；中间神经元在以上两类神经元间起联络作用。

（二）神经纤维

神经元的突起可分为树突和轴突。树突有一至多个，从细胞体发出后可反复分支，逐渐变细而终止，许多神经元树突表面发出多种形状的细小突起，称为树突棘，是形成突触的部位。除个别神经元外，一般都有一条细而均匀的轴突，轴突因细长如纤维状，又称神经纤维（nervous fiber）。轴突从胞体发出时常有一锥形隆起，称为轴丘。轴突也可能发自树突干的基部。轴突表面光滑，分支也少，分支自主干呈直角发出，称为侧支，有的轴突较长，可有数千倍于胞体的长度，称为长轴突神经元，有的轴突较短，称为短轴突神经元。有些神经元轴突终末形成曲张体，含有突触小泡、线粒体等，接受刺激可以释放神经递质或调质，进行突触传递或发挥局部调节作用。

1. 神经纤维的分类

Erlanger 和 Gasser 根据神经纤维兴奋传导速度的差异，将哺乳动物的周围神经纤维分为 A、B、C 三类，其中 A 类纤维再分为 α、β、γ、δ 四个亚类。Lloyd 和 Hunt 在研究感觉神经时，又根据纤维的直径和来源将其分为Ⅰ、Ⅱ、Ⅲ、Ⅳ四类，其中Ⅰ类纤维再分为 Ia 和 Ib 两个亚类。

2. 神经纤维的轴浆运输

轴突内的轴浆是经常在流动的，轴浆的流动具有物质运输的作用，故称为轴浆运输（axoplasmic transport）。如果结扎神经纤维，可见到结扎部位的两端都有物质堆积，且近胞体端的堆积大于远胞体端，表明轴浆运输有自胞体向轴突末梢方向的顺向运输和自末梢向胞体方向的逆向运输，以顺向运输为主。如果切断轴突，不仅轴突远端部分发生变性，而且近端部分甚至胞体也将发生变性。可见，轴浆运输对维持神经元的结构和功能的完整性具有重要意义。

根据轴浆运输的速度，顺向轴浆运输又可分为快速和慢速轴浆运输两类。顺向快速运输主要运输具有膜结构的细胞器，如线粒体、突触囊泡和分泌颗粒等。这种运输是通过一种类似于肌球蛋白的驱动蛋白（kinesin）而实现的。慢速轴浆运输是指轴浆内可溶性成分随微管、微丝等结构不断向前延伸而发生的移动。

3. 神经的营养作用

神经能使所支配的组织在功能上发生变化，例如，引起肌肉收缩、腺体分泌等，这一作用称为神经的功能性作用（functional action）。除此之外，神经末梢还经常释放某些营养性因子，持续地调整所支配组织的内在代谢活动，影响其持久性的结构、生

化和生理的变化，这一作用称为神经的营养性作用（trophic action）。用局部麻醉药阻断神经冲动的传导，一般不能使所支配的肌肉发生代谢改变，表明神经的营养性作用与神经冲动关系不大。神经的营养性作用在正常情况下不易被觉察，但当神经被切断后即可明显表现出来，它所支配的肌肉内糖原合成减慢，蛋白质分解加速，肌肉逐渐萎缩。例如，脊髓灰质炎患者一旦前角运动神经元变形死亡，它所支配的肌肉将发生萎缩。

二、神经胶质细胞

胶质细胞（glial cell）是神经组织中除神经细胞以外的另一大类细胞，其数量是神经细胞的10~50倍，形态多样，细胞通常较小，胞突无树突与轴突之分，不与神经元形成突触，也不传导神经冲动。中枢神经系统中的神经胶质细胞分为两大类：一类为大胶质细胞，是中枢神经系统中主要的胶质细胞，包括星形胶质细胞和少突胶质细胞；另一类包括小胶质细胞、室管膜细胞和脉络丛上皮细胞。外周神经系统中的胶质细胞主要有形成神经纤维髓鞘的神经膜细胞（雪旺细胞）和位于外周神经节中节细胞周围的卫星细胞。

胶质细胞的功能主要有：①支持作用。胶质细胞与神经细胞紧密相邻，能将神经元胶合在一起，为神经细胞提供一定的支架。②隔离与绝缘作用。胶质细胞有分隔中枢神经系统内各区域的作用，它们还分隔神经细胞，特别是分隔成群的突触，构成神经纤维的髓鞘，起隔离和绝缘作用。③引发发育神经元迁移。在神经系统发育时期，星形胶质细胞有引导神经元迁移的作用，使神经细胞定向生长到达预定区域并与其他细胞建立突触连接。④屏障作用。在中枢神经系统内，神经组织和血液内的物质交换有其特殊性。在脑和脊髓内，血液内的某些物质不能进入周围组织内，这是因为在中枢神经系统内存在一种屏障结构，能够阻止血液中的这些物质进入脑脊髓内，这种结构称为血—脑屏障(blood-brain barrier，BBB)。除此之外，在中枢神经系统内还有两种屏障，即血—脑脊液屏障和脑—脑脊液屏障。⑤修复和再生作用。成年动物的神经胶质细胞仍然保持生长和分裂的能力，在神经细胞因损害或衰老而消失后，其空隙由分裂增殖的神经胶质细胞所充填，这种修复主要是由纤维性星形胶质细胞完成。⑥参与免疫应答。当神经系统发生病变时，如果程度较轻，无髓鞘变性及血管损伤，则星形胶质细胞和小胶质细胞都是主要的吞噬细胞，少突胶质细胞也参与吞噬作用。另外，在机体的免疫系统中，T淋巴细胞识别外来抗原需要依靠一些抗原呈递细胞的帮助才能引起免疫应答。星形胶质细胞是中枢神经系统中的抗原呈递细胞，其细胞膜上有特异性MHCⅡ（主要组织相容性复合体）类蛋白分子，能与经处理过的外来抗原相结合，将其呈递给T淋巴细胞，产生中枢神经系统内的免疫应答。⑦调节神经元的功能。星形胶质细胞能合成和分泌神经活性物质。此外，星形胶质细胞可以摄取中枢神经系统中突触间隙的某些神经递质，经代谢转换再转运到神经细胞重新合成神经递质，贮藏其合成或摄入的某些神经递质，必要时重新释放出来，参与离子和神经递质的调节。

三、突　触

（一）突触的概念和结构

一个神经元的轴突末梢终端与另一个神经元的突起或胞体相互接触，并进行兴奋或抑制的传递，这个相接触部位称为突触（synapse）。突触的微细结构包括突触前膜、突触间隙和突触后膜三部分（图 10-2）。在突触前膜内侧的轴浆内含有较多的线粒体和大量囊泡，后者称为突触小泡，内含高浓度的神经递质。突触区还有一些结构既可出现在突触前，又可存在于突触后，如线粒体、多泡体、神经微管、神经丝和微丝。

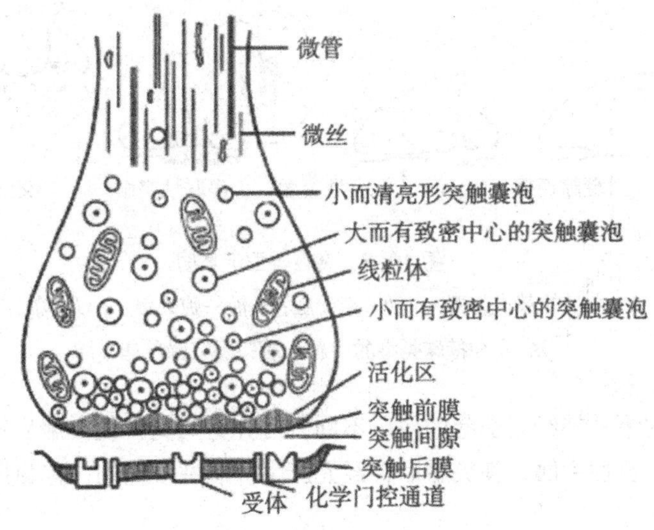

图 10-2　突触微细结构模式图

（二）突触的分类

突触的种类较多，分类方法也多。根据突触传递媒介物性质的不同，将突触分为两大类：化学性突触（chemical synapse）和电突触（electrical synapse），前者的信息传递媒介物是神经递质，而后者的信息传递媒介物则为局部电流。化学性突触一般由突触前成分、突触间隙和突触后成分三部分组成。根据突触前、后成分之间有无紧密的解剖学关系，可分为定向突触（directed synapse）和非定向突触（non-directed synapse）两种模式。前者末梢释放的递质仅作用于范围极为局限的突触后成分，如经典的突触和神经—骨骼肌接头；后者末梢释放的递质则可扩散至距离较远和范围较广的突触后成分，如神经—心肌接头和神经—平滑肌接头。根据所接触部位不同，分为轴—树突触、轴—胞突触、轴—轴突触等（图 10-3A）。此外，由于中枢存在大量的局部神经元构成的局部神经元回路，因而还存在树突—树突式、树突—胞体式、树突—轴突式、胞体—胞体式、胞体—轴突式突触，以及两个化学性突触或化学性突触与电突触组合而成的串联性突触（serial synapses）、交互性突触（reciprocal synapses）和混合性突触（mixed synapses）等（图 10-3B）。

A

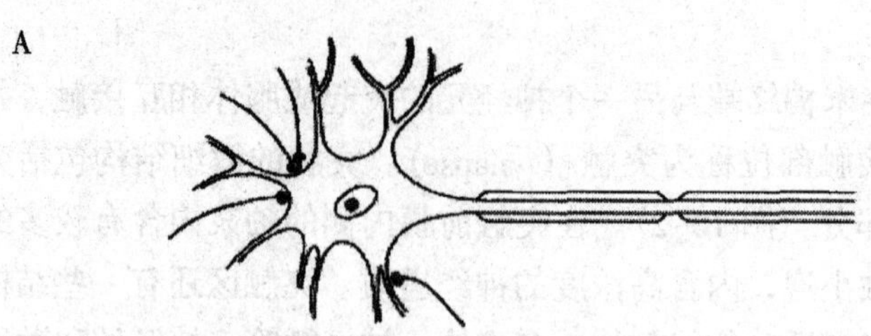

B

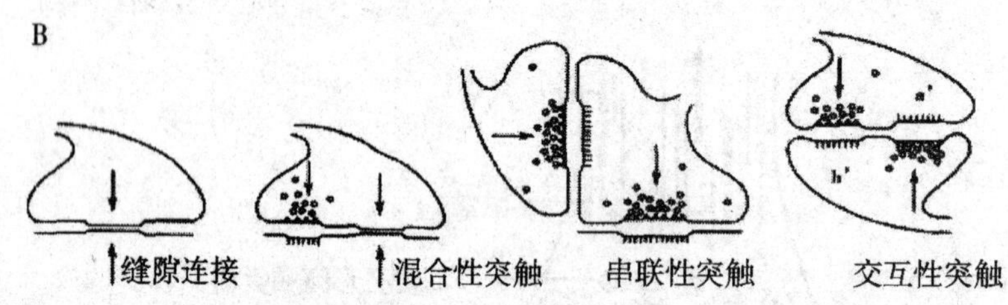

图 10-3 突触类型示意图

A. 突触的基本类型：a.轴—树突触；b.轴—胞突触；c.轴—轴突触

B. 几种特殊类型的突触：箭头示突触传递方向

根据突触对下一神经元引起的效应不同，可分为两类：使突触后神经元产生兴奋性效应的，称为兴奋性突触；使突触后神经元产生抑制性效应的，称为抑制性突触。

四、神经递质和受体

化学性突触传递，包括定向和非定向突触传递，均以神经递质为信息传递的媒介物；神经递质须作用于相应的受体才能完成信息传递。因此神经递质和受体是化学性突触传递最重要的物质基础。

（一）神经递质

神经递质（neurotransmitter）是指由神经元合成，突触前末梢释放，能特异性作用于突触后膜受体，并产生突触后电位的信息传递物质。哺乳动物的神经递质种类很多，已知的达 100 多种，根据其化学结构可将它们分成若干大类，如胆碱类、胺类、氨基酸类、肽类、嘌呤类、气体类和脂类等。

1. 递质的鉴定

一般认为，经典的神经递质应符合或基本符合以下条件：①突触前神经元应具有合成递质的前体和酶系统，并能合成该递质；②递质储存于突触囊泡内，当兴奋冲动抵达末梢时，囊泡内的递质能释放入突触间隙；③递质释出后经突触间隙作用于突触后膜上的特异受体而发挥其生理作用，人为施加递质至突触后神经元或效应器细胞旁，应能引起相同的生理效应；④存在使该递质失活的酶或其他失活方式（如重摄取）；⑤有特异的受体激动剂和拮抗剂，能分别模拟或阻断相应递质的突触传递作用。随着科学的发展，已发现有些物质（如一氧化氮、一氧化碳等）虽不完全符合上述经典递质的五个条件，但所起的作用与递质完全相同，故也将它们视为神经递质。

2. 调质的概念

除递质外，神经元还能合成和释放一些化学物质，它们并不在神经元之间直接起信息传递作用，而是增强或削弱递质的信息传递效应，这类对递质信息传递起调节作用的物质称为神经调质（neuromodulator）。

3. 递质共存现象

过去一直认为，一个神经元内只存在一种递质，其全部末梢只释放同一种递质。现在看来，这一观点应予修正。因为已发现可有两种或两种以上的递质（包括调质）共存于同一神经元内，这种现象称为递质共存（neurotransmitter co-existence）。递质共存的意义在于协调某些生理功能活动。

4. 递质的代谢

包括递质的合成、储存、释放、降解、重摄取和再合成等步骤。乙酰胆碱和胺类递质都在有关合成酶的催化下，且多在胞质中合成，然后储存于突触囊泡内。肽类递质则在基因调控下，通过核糖体的翻译和翻译后的酶切加工等过程而形成。递质作用于受体并产生效应后很快被消除。消除的方式主要有酶促降解、被突触前末梢和突触囊泡重摄取（reuptake）等。突触前末梢和突触囊泡对递质的重摄取是由膜转运体介导的。乙酰胆碱的消除依靠突触间隙中的胆碱酯酶，后者能迅速水解乙酰胆碱为胆碱和乙酸，胆碱则被重摄取回末梢内，用于递质的再合成；去甲肾上腺素主要通过末梢的重摄取及少量通过酶解失活而被消除；肽类递质的消除主要依靠酶促降解。

（二）受体

受体（receptor）是指位于细胞膜上或细胞内能与某些化学物质（如递质、调质、激素等）特异结合并诱发特定生物学效应的特殊生物分子。位于细胞膜上的受体称为膜受体，是带有糖链的跨膜蛋白质分子。与递质结合的受体一般为膜受体，且主要分布于突触后膜上。能与受体特异结合，结合后能产生特定效应的化学物质，称为受体的激动剂（agonist）；能与受体特异结合，但结合后本身不产生效应，反因占据受体而产生对抗激动剂效应的化学物质，则称为受体的拮抗剂（antagonist）或阻断剂

(blocker)。激动剂和拮抗剂二者统称为配体（ligand），但在多数情况下配体主要是指激动剂。

第二节　反射活动的一般规律

一、反射的概念

反射是指机体在中枢神经系统的参与下，对内、外环境刺激所做出的规律性应答。

二、反射弧

反射的结构基础是反射弧，由感受器、传入神经、神经中枢、传出神经和效应器五个部分组成。感受器是指接受某种刺激的特殊装置；效应器则为产生效应的器官。神经中枢简称中枢，是指位于脑和脊髓灰质内的调节某一特定功能的神经元群。传入神经是从感受器到中枢的神经通路；而传出神经则是中枢到效应器的神经通路。

三、中枢神经元的联系方式

中枢神经元的数量十分巨大，尤以中间神经元为最多。在多突触反射中，中枢神经元相互连接成网，神经元之间存在多种多样的联系方式，归纳起来主要有以下几种。①单线式联系（single line connection）。指一个突触前神经元仅与一个突触后神经元发生突触联系。②辐散和聚合式联系。辐散式联系（divergent connection）是指一个神经元可通过其轴突末梢分支与多个神经元形成突触联系，从而使与之相联的许多神经元同时兴奋或抑制。这种联系方式在传入通路中较多见。聚合式联系（convergent connection）指一个神经元可接受来自许多神经元的轴突末梢而建立突触联系，因而有可能使来源于不同神经元的兴奋和抑制在同一神经元上发生整合，导致后者兴奋和抑制。这种联系方式在传出通路中较为多见。③链锁式和环式联系。在中间神经元之间，由于辐散与聚合式联系同时存在而形成链锁式联系（chain connection）或环式联系（recurrent connection）。神经冲动通过链锁式联系，在空间上可扩大其作用范围；兴奋冲动通过环式联系，可因负反馈而使活动及时终止，或因正反馈而使兴奋增强和延续。

四、兴奋在反射中枢传播的特征

兴奋在反射弧中枢部分传播时，往往需要通过多次突触传递。当兴奋通过化学性突触传递时，由于突触结构和化学递质参与等因素的影响，其兴奋传递明显不同于神经纤维上的冲动传导，主要表现为以下几方面特征。

（一）单向传播

在反射活动中，兴奋经化学性突触传递，只能从突触前末梢传向突触后神经元，这一现象称为单向传播（one-way conduction）。这是因为递质通常由突触前末梢释放，受体则通常位于突触后膜。这种化学性突触传递的单向性具有重要意义，它限定了神经兴奋传导所携带的信息只能沿着指定的路线运行。电突触传递则不同，由于其结构无极性，因而兴奋可双向传播。

（二）中枢延搁

兴奋经中枢传播时往往较慢，这一现象称为中枢延搁（central delay）。这是由于化学性突触传递须经历递质释放，递质在突触间隙内扩散并与后膜受体结合，以及后膜离子通道开放等多个环节。兴奋通过一个化学性突触通常需要0.3~0.5毫秒，比在同样距离的神经纤维上传导要慢得多。反射通路上跨越的突触数目越多，兴奋传递所需的时间越长。兴奋通过电突触传递时则无时间延搁，因而在多个神经元的同步活动中起重要作用。

（三）兴奋的总和

在反射活动中，单根神经纤维传入冲动一般不能引起传出效应；而若干神经纤维的传入冲动同时到达同一中枢才可能产生传出效应。因为单根纤维传入冲动引起的兴奋性突触后电位具有局部兴奋的性质，不足以引发外传性动作电位。但若干传入纤维引起的多个兴奋性突触后电位可发生空间性总和与时间性总和。如果总和达到阈电位即可爆发动作电位；如果总和未到达阈电位，此时突触后神经元虽未出现兴奋，但膜电位与阈电位水平之间的差距缩小，此时只需接受较小刺激使之进一步去极化，便能达到阈电位，因此表现为易化（facilitation）。

（四）兴奋节律的改变

如果测定某一反射弧的传入神经（突触前神经元）和传出神经（突触后神经元）在兴奋传递过程中的放电频率，两者往往不同。这是因为突触后神经元常同时接受多个突触传递，且其自身功能状态也可能不同，因此最后传出冲动的频率取决于各种影响因素的综合效应。

（五）后发放

如前所述，后发放可发生在兴奋通过环式联系的反射通路中。此外，也见于各种神经反馈活动中，例如，当随意运动发动后，中枢将不断收到由肌梭返回的关于肌肉运动的反馈信息，用以纠正和维持原先的反射活动。

（六）对内外环境变化的敏感性和易疲劳性

由于突触间隙与细胞外液相通，因而内环境理化因素的变化，如缺氧、CO_2过多、麻醉剂以及某些药物等均可影响化学性突触传递。另外，用高频电脉冲连续刺激突触前神经元，突触后神经元的放电频率将逐渐降低；而用同样的刺激施加于神经纤维，则神经纤维的放电频率在较长时间内不会降低。说明突触传递相对容易发生疲劳，其原因可能与神经递质的耗竭有关。

五、中枢抑制

在任何反射活动中，中枢总是既有兴奋又有抑制。兴奋和抑制在时间和空间上的多重复杂组合是中枢神经系统具有各种调节功能的重要基础。中枢抑制（central inhibition）为主动过程，且都可发生于突触前和突触后。

（一）突触前抑制

突触前抑制（presynaptic inhibition）在中枢内广泛存在，尤其多见于感觉传入通路中，对调节感觉传入活动具有重要意义。如图 10-4 所示，图中轴突 2 与神经元构成轴突—胞体突触，是一种兴奋性突触，能使神经元兴奋。而轴突 1 与轴突 2 构成轴突—轴突突触，轴突 1 与神经元不直接接触。当轴突 1 兴奋，末梢释放递质，使轴突 2 接触部位局部去极化，这时如果轴突 2 的神经元冲动下达到这一区域，使动作电位幅度变小，动作电位小，则递质释放量减少，因而使轴突 2 末梢释放的兴奋性递质的能力减弱或丧失，导致神经元呈现抑制效应，这是由于神经元的兴奋性突触后电位大大减小的缘故，而不是产生抑制性突触后电位。因其抑制产生的部位与方式，是使突触前轴突末梢局部去极化，故称它为突触前抑制。

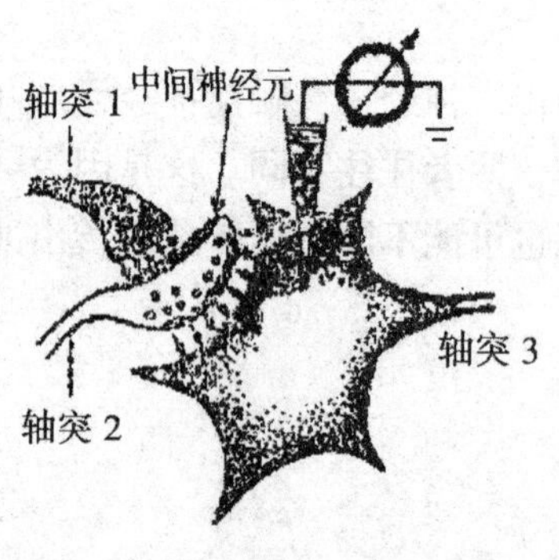

图 10-4　突触前抑制模式图

突触前抑制的特点是潜伏期长，持续时间较长。它是一种很有效的抑制作用。从大脑皮质、脑干、小脑发出的下行纤维，在通过脑干、脊髓时，可分出侧支对感觉传导束发生突触前抑制。这对调节感觉传入有重要作用，可能是高级中枢所以能控制感觉传入，使注意力集中的原因之一。

（二）突触后抑制

突触后抑制（postsynaptic inhibition）都由抑制性中间神经元释放抑制性递质，使突触后神经元产生抑制性突触后电位而引起。突触后抑制有以下两种形式（图 10-5）。

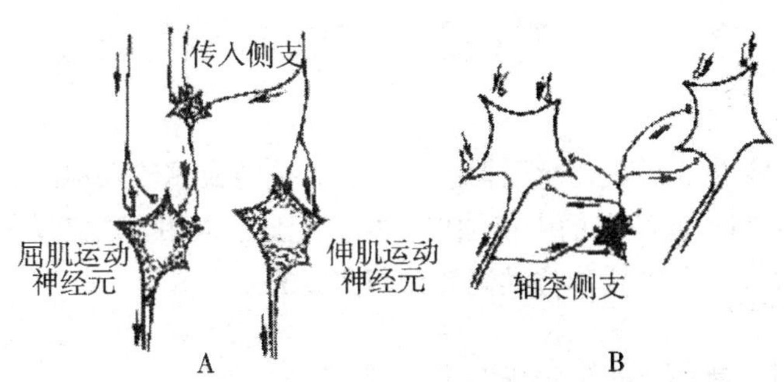

图 10-5　两种突触后抑制模式图

A：传入侧支性抑制　B：回返性抑制

黑色神经元代表抑制性神经元

1. 传入侧支性抑制

传入纤维进入中枢后，一方面通过突触联系兴奋一个中枢神经元；另一方面通过侧支兴奋一个抑制性中间神经元，通过后者的活动再抑制另一个中枢神经元，这种抑制称为传入侧支性抑制（afferent collateral inhibition）或交互抑制（reciprocal inhibition）。例如，伸肌肌梭的传入纤维进入脊髓后，直接兴奋伸肌运动神经元，同时发出侧支兴奋一个抑制性中间神经元，转而抑制屈肌运动神经元，导致伸肌收缩而屈肌舒张。这种抑制能使不同中枢之间的活动协调起来。

2. 回返性抑制

中枢神经元兴奋时，传出冲动沿轴突外传，同时又经轴突侧支兴奋一个抑制性中间神经元，后者释放抑制性递质，反过来抑制原先发生兴奋的神经元及同一中枢的其他神经元，这种抑制称为回返性抑制（recurrent inhibition）。其意义在于及时终止运动神经元的活动，或使同一中枢内许多神经元的活动同步化。

六、反射活动的反馈调节

各种运动的完成除需由皮质运动区发出运动指令外，其精确度还有赖于在完成运动时来自中枢不同部位以及外周感觉的反馈信息的传入。实验证明，在做一个伸手抓起放在桌上小球的动作时，如使受试者只能看见小球，看不见手的运动，则不能准确地拿到小球，这说明视觉反馈对完成这样的运动是必需的。来自肌梭的信号可改变运动皮质传出神经元的输出，而使肌肉收缩得到调整。肌梭的传入信号参与运动控制的机制，除对形成运动感觉有重要作用外，由于α-γ耦联，它还可能起一种辅助运动的作用，如肌肉收缩因各种因素比预计的慢时，肌梭放电增加，使肌肉更快地缩短。反之，如肌肉缩短比预计得快，则这种反馈线路会使之减慢，这种作用被称为运动的伺服辅助。运动的伺服辅助还可能通过一个包括运动皮质在内的大反馈环而实现。

第三节　神经系统的感觉分析功能

体内、外各种刺激，首先由感受器感受，然后被转换成传入神经上的神经冲动，并通过特定的神经通路传向特定的中枢加以分析。因此，各种感觉都是由专门的感受器、特定的传入神经及中枢的特定部位共同活动而完成的。

一、感觉信息的传入通路

（一）躯体感觉的传入通路

躯体感觉的传入通路一般由三级神经元接替。初级传入神经元的胞体位于脊髓后根神经节或脑神经节中，其周围突与感受器相连，中枢突进入脊髓和脑干后发出两类分支，一类在不同水平直接或间接通过中间神经元与运动神经元相连而构成反射弧，完成各种反射，另一类经多级神经元接替后由丘脑投向大脑皮质而形成感觉信息的传入通路，产生各种不同感觉。

丘脑是感觉传导信息转换站，感觉神经元均在此处更换神经元（除嗅觉外）后再向大脑皮质投射，同时进行感觉的粗略分析和综合。由丘脑向大脑皮质的感觉投射系统可分为特异投射系统与非特异投射系统（表10-1）。

表10-1　丘脑特异投射系统与非特异投射系统的区别

项目	特异投射系统	非特异投射系统
神经通路组成	丘脑特异感觉接替核、联络核及其投射至皮质的通路	丘脑非特异投射核及其投射至皮质的通路
接受的冲动	有特异性	无特异性
传导途径	有专门传导途径	无专门传导途径
投射部位	大脑皮质特定感觉区	弥散投射至大脑皮质各区
感觉与皮层定位	有点对点的联系	无点对点的联系
功能	引起特异感觉、激发大脑皮质发放传出神经冲动	维持和改变大脑皮质的兴奋性、维持大脑清醒状态

（二）内脏感觉的传入通路

内脏感觉的传入神经为自主神经，包括交感神经和副交感神经。它们的细胞体主要位于脊髓和脑神经节内。内脏感觉的传入冲动进入中枢后，沿着躯体感觉的同一通路上行到达大脑皮质。

（三）特殊感觉的传入通路

将在视觉、听觉、平衡感觉等各部分叙述。

二、大脑皮质的感觉代表区及其分析功能

（一）大脑皮质代表区

大脑皮质的不同区域在功能上具有不同的作用，称为大脑皮质的功能定位(图10–6)。各种感觉信息经特异投射系统分别投射到大脑皮质的特定区域，该特定区域称为该感觉的大脑皮质代表区。中央后回第一感觉区皮质的细胞呈纵向柱状排列构成感觉皮质最基本的功能单位称为感觉柱（sensory column）。同一个柱内的神经元对同一感受野的同一类刺激起反应。一个柱内细胞兴奋时，其相邻细胞柱则受抑制。这种形态和功能的特点，在第二感觉区、视区、听区和运动区中也同样存在。

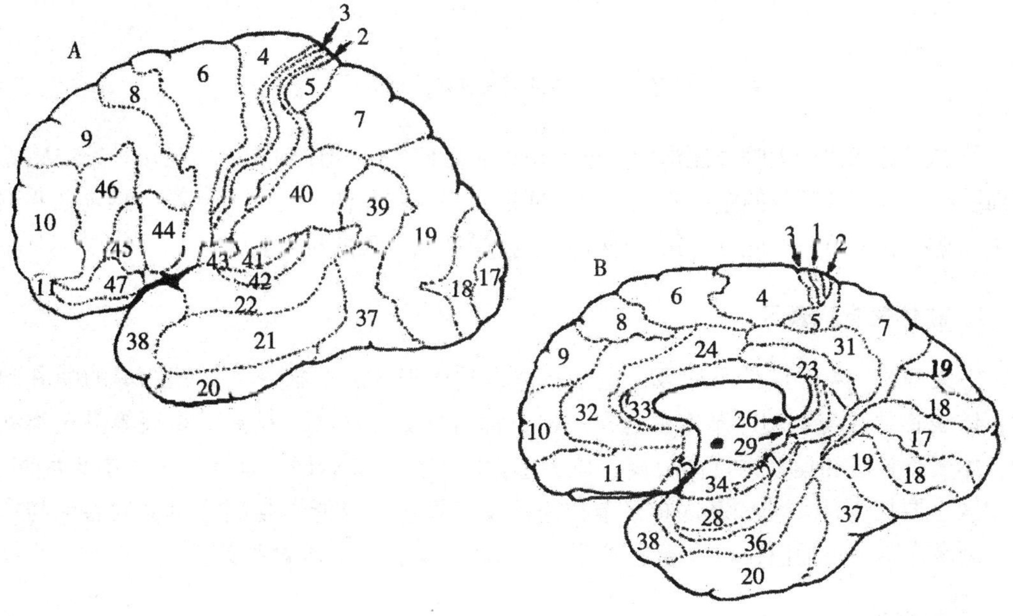

图 10–6　人类大脑皮质分区

A：外侧观　B：内侧观

1. 体表感觉代表区

体表感觉代表区有第一和第二两个感觉区。

第一感觉区位于中央后回（3–1–2 区）。其感觉投射规律是：① 躯干四肢的感觉向皮质投射呈左右交叉，但头面部感觉的投射是双侧性的。② 投射区域具有一定的分野（代表区），呈倒置投射，即下肢的代表区在中央后回顶部，上肢代表区在中央后回中间，头面部代表区在中央后回底部（图 10–7）。③ 投射区域的大小与感觉分辨精细程度有关。

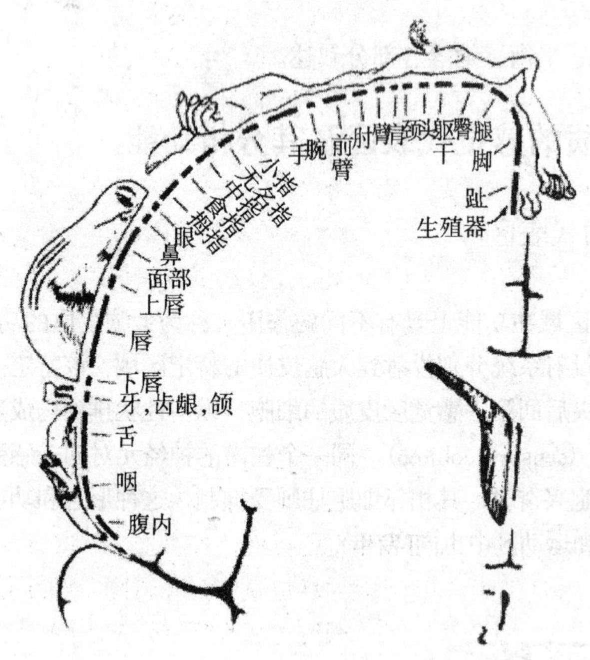

图 10–7　人类大脑皮质感觉代表区

第二感觉区位于大脑外侧沟的上壁，由中央后回底部延伸到脑岛的区域。第二感觉区面积小，身体各部分的定位不如中央后回那么完善和具体。切除人脑第二感觉区并不产生显著的感觉障碍。此外，第二感觉区还接受痛觉传入的投射。

2. 本体感觉代表区

中央前回（4 区）是运动区，也是本体感觉代表区。在猫、兔等较低等的哺乳动物，体表感觉区与运动区基本重合在一起，称为感觉运动区。在猴、猩猩等灵长类动物，体表感觉区和运动区逐渐分离，体表感觉区位于中央后回，运动区位于中央前回。运动区主要接受从小脑和基底神经节传来的反馈投射，可能参与随意运动的启动与形成。刺激人脑中央前回，可引起受试者产生试图发动肢体运动的主观感觉。

3. 视觉代表区

视觉的代表区位于枕叶距状裂上下缘（17、18 区）。来自两眼鼻侧视网膜的视神经纤维交叉而形成视交叉，投射到对侧枕叶；而来自颞侧视网膜的纤维则不交叉，投射到同侧枕叶。因此，如一侧枕叶皮质受损，造成两眼偏盲；双侧枕叶皮质受损，将造成全盲。

4. 听觉和前庭觉代表区

听觉的投射区域位于颞叶的颞横回和颞上回（41、42 区），听觉传入神经先在同侧脑干的耳蜗神经核换元，换元后的纤维大部分交叉到对侧上橄榄核，再次换元后形成外侧丘系，小部分不交叉或于同侧上橄榄核换元或不换元并沿同侧外侧丘系上行。外侧丘系投射抵达内侧膝状体再发出投射至初级听皮质。由于上橄榄核以上通路是双侧性的，故该水平以上一侧通路损伤，不会产生明显的听觉障碍。

前庭感觉的投射区域可能位于大脑皮质颞叶后部。

5. 内脏感觉代表区

内脏感觉的投射区位于第一和第二感觉区。此外，边缘系统的皮质部位也有其投射区域。

6. 嗅觉和味觉代表区

嗅觉代表区随进化而渐趋缩小，在高等动物仅存于边缘叶的前底部，包括梨状区皮层的前部和杏仁核的一部分。味觉代表区位于中央后回底部。

（二）大脑皮质的感觉分析功能

体内、外各种刺激，由感受器转换成传入神经上的神经冲动，并通过特定的神经通路传向特定的皮质代表区，在中枢各特定部位共同活动进行综合分析完成感觉分析，形成各种感觉。如视觉、听觉、位觉、本体感觉、触—压觉、温度觉、痛觉、嗅觉和味觉等，其大脑皮质的感觉分析功能在以后各节进行详述。

第四节　神经系统对内脏活动、本能行为和情绪的调节

自主神经又称为植物性神经，指分布于内脏器官、心血管和腺体，调节心肌、平滑肌运动和腺体分泌活动而通常不受意志支配的内脏运动神经。自主神经系统不仅支配与调节心血管系统的功能，还支配所有内脏器官并实施对内脏功能的调节。运动过程中，不仅身体各肌群之间、肌肉活动与内脏活动之间，表现出同时性和继时性配合协作一致的现象，而且躯体反射性反应和内脏反射性反应的性质和强度，与运动的性质和强度相适应。本节主要介绍自主神经系统的结构和功能特点，自主神经的中枢分布及运动整合。

一、神经系统对内脏活动的调节

（一）植物性神经系统结构与机能特征

前述各系统生理功能的调节中已经涉及到植物性神经系统的功能，在此仅将其特征作进一步的归纳和总结。

(1) 植物性神经支配的效应器是内脏平滑肌、心脏、血管和腺体。多数内脏器官接受交感和副交感双重神经支配，而且交感和副交感神经的作用往往是对抗的。一般来说，植物性神经对外周效应器的支配具有持久的紧张性作用。

(2) 从中枢发出的植物性神经，在抵达效应器之前要先通过外周神经节交换神经元，由交换后神经元发出的纤维（节后纤维）支配效应器，交换前的神经纤维称节前纤维。交感神经节前纤维短而节后纤维长；副交感神经节前纤维长而节后纤维短。节前纤维属B类纤维，传导速度较快；节后纤维属C类纤维，传导速度较慢。

(3) 交感神经起自胸腰段脊髓灰质侧角，刺激交感神经的节前纤维，兴奋时产生的效应较广泛，副交感神经起自脑干的脑神经核和脊髓骶段灰质相当于侧角的部位，刺激副交感神经兴奋时效应相对比较局限。

(4) 交感神经几乎支配全身所有内脏器官，而副交感神经则分布较局限，有些器官无副交感神经支配，如皮肤和肌肉的血管、一般的汗腺、竖毛肌、肾上腺髓质和肾都只有交感神经支配。

(5) 植物性神经的作用有时与效应器本身的功能状态有关。例如在妊娠子宫，刺激交感神经纤维可使平滑肌活动加强，而对平时未孕子宫则是抑制作用，这是因为未孕子宫和有孕子宫表达的受体不同。

(6) 交感神经系统的活动常以整个系统参与反应。例如，交感神经系统兴奋时，除心血管功能亢进外，还伴有瞳孔散大、支气管扩张、胃肠活动抑制等反应；副交感神经系统的活动比较局限，其整个活动目的在于保护机体、休整恢复、积蓄能量。

(7) 交感节后纤维除直接支配效应器官细胞外，还有少量纤维支配器官（如心脏和膀胱）壁内的神经节细胞，可对副交感神经发挥调节作用。

（二）运动时植物性神经系统的作用

在环境急剧变化的情况下，交感神经系统可以动员机体许多器官的潜在功能以适应环境的急剧变化。副交感神经系统活动在于保护机体、休整恢复、促进消化、积蓄能量以及加强排泄和生殖功能等。

人体运动时，由于摄氧量增加，使机体代谢水平提高，CO_2、H^+及血乳酸堆积。为满足肌肉氧耗及排出代谢产物的需要，交感神经系统可以动员呼吸、循环、代谢及内分泌等组织器官的潜在功能以适应环境的变化。主要表现在以下几个方面：

1. 循环系统

运动时交感神经兴奋会引起内脏血管收缩，骨骼肌毛细血管大量开放，从而导致血液重新分配：即血液大量由内脏转入骨骼肌，增加骨骼肌血流量，心率加快、血压升高、血流速度加快，保证运动时的需氧量等，促进代谢产物的排出，使内环境保持相对稳定。

2. 呼吸系统

在交感神经系统的作用下，由于支气管平滑肌舒张、呼吸频率加快、呼吸深度加深，使肺通气量增加，摄氧量增大，以满足肌肉氧耗的需要。当氧供充足时，糖、脂肪可以继续有氧氧化释放能量，供给肌肉收缩持续运动时能量代谢的需要。

3. 代谢系统

交感神经兴奋时，一方面使肝糖原分解释放葡萄糖入血，通过血液循环，输送至肌肉，供给肌肉收缩时能量代谢需要，另一方面将其产生的乳酸运至肝脏在氧供充足时进行糖异生作用。

4. 内分泌腺

交感神经兴奋不仅使肾上腺髓质分泌增多，还使肾上腺皮质素、胰高血糖素、垂体—性腺轴的分泌活动增强，从而导致心肌收缩力量增加，每搏输出血量增大、血压升高，同时使糖分解代谢加强、血糖浓度升高。

（三）中枢神经对植物性神经机能的调节

1. 脊髓对内脏活动的调节

脊髓对内脏活动的调节是初级的，基本的血管张力反射、发汗反射、排尿反射、排便反射、阴茎勃起反射等活动可在脊髓完成。平时这些反射活动受高位中枢的控制。仅靠脊髓本身的反射活动，则不能很好适应生理功能的需要。

2. 低位脑干对内脏活动的调节

由延髓发出的自主神经传出纤维支配头面部的所有腺体、心脏、支气管、喉、食管、胃、胰腺、肝和小肠。脑干网状结构中存在许多与内脏活动调节有关的神经元，许多基本生命活动（如循环、呼吸等）的反射调节在延髓水平已能初步完成，延髓有“生命中枢”之称。

中脑是瞳孔对光反射的中枢部位。

3. 下丘脑对内脏活动的调节

（1）体温调节。下丘脑视前区存在温度敏感神经元，它们既能感受所在部位的温度

变化，也能对传入的温度信息进行整合。当该处温度超过或低于体温调定点水平时，即可通过调节散热和产热活动，使体温能保持稳定。

(2) 水平衡调节。下丘脑对肾排水的调节则是通过控制视上核和室旁核合成和释放血管升压素而实现的。

(3) 对腺垂体和神经垂体激素分泌的调节。下丘脑通过下丘脑调节肽促进或抑制各种腺垂体激素的分泌。另外，下丘脑能感受血液中一些激素浓度的变化，并参与反馈调节下丘脑调节肽的分泌。下丘脑视上核和室旁核的神经内分泌大细胞能合成血管升压素和缩宫素储存在神经垂体，下丘脑可控制其分泌。

(4) 生物节律控制。下丘脑的视交叉上核可能是控制日周期的关键部位。

4. 大脑皮质对内脏活动的调节

研究证明，大脑边缘系统是一个十分重要的内脏机能调整中枢。大脑半球内侧面的扣带回与基底面的海马回连接成一个穹窿状的穹窿回，又称边缘叶。它与其他皮质下神经核，岛叶、颞叶、眶回皮质，以及杏仁核、隔区、下丘脑、丘脑前核等皮质下结构，统称为边缘系统。刺激扣带回前部可引起呼吸抑制或加速、血压下降或上升、心率减慢、胃运动抑制、瞳孔扩大或缩小。刺激杏仁核可引起咀嚼、唾液和胃液分泌增加、胃蠕动增强、排便、心率减慢、瞳孔扩大。

大脑新皮质与内脏活动也有密切关系。例如，当人们情绪紧张时，会出现心跳加快、出汗等自主性反应。在动物实验中，用电刺激新皮质的运动区，除引起躯体运动外，还可引起内脏活动的变化，如刺激 4 区可引起消化道活动，唾液腺分泌，呼吸、血管、膀胱等活动的变化。刺激 6 区可引起竖毛、出汗等反应。电刺激人类皮质也能见到类似的结果。可见大脑是自主性神经机能调节的最高级中枢。

二、本能行为和情绪的调节

下丘脑能产生某些行为的欲望，如食欲、渴觉和性欲等，并能调节相应的摄食行为、饮水行为和性行为等本能行为。

下丘脑还参与睡眠、情绪及情绪生理反应等。下丘脑内存在防御反应区，平时下丘脑的这种活动受到大脑皮质的抑制而不易表现出来，切除大脑后则抑制解除，防御反应就表现出来，好像在进行搏斗时张牙舞爪的模样，出现恐惧和逃避反应，或出现攻击行为，这一现象称为假怒。

下丘脑有欣快中枢，可能主要存在于伏隔核内，参与愉快和痛苦情绪的调节。

第五节　脑的高级功能

学习、记忆、语言、思维、精神、情感这些人们特有的认知心理活动涉及人们一系列随意行为、心理行为和社会行为，这些高级神经精神活动机制的研究正是揭示脑活动的主题。脑的高级功能是运动动作技能的学习、记忆与控制的神经生理学基础。

一、学习和记忆

学习和记忆是两个有联系的神经过程。学习（learning）是指人和动物依赖于经验来改变自身行为以适应环境获得新知识或新技能的神经活动过程。记忆(memory）则是学习到的新知识或技能编码、贮存和“读出”的神经活动过程。学习与记忆既有区别，又是不可分割的神经生理活动过程，其形成机制主要有以下几种。

(一）学习与记忆的条件反射机制

1. 学习过程

学习可分为非联合型学习和联合型学习两种形式。非联合型学习不需要在刺激和反应之间形成某种明确的联系，一种刺激即可产生，是比较简单的学习方式，如突触可塑性、习惯化、敏感化。联合型学习是在时间上很接近的两个事件重复地发生，最后在脑内逐渐形成联系，如条件反射的建立与消退。

在动物实验中，给狗吃食物会引起唾液分泌，这是非条件反射。单独一次给狗以铃声刺激则不会引起唾液分泌，因为铃声与食物无关，这种情况下铃声称为无关刺激。但是，如果每次给狗吃食物以前先出现一次铃声，然后再给食物，这样多次结合以后，当铃声一出现，动物就会出现唾液分泌。铃声本来是无关刺激，现在由于多次与食物结合应用，铃声具有了引起唾液分泌的作用，即铃声已成为进食的信号，所以这时铃声就成了条件刺激，这样的反射称为条件反射（conditioned reflex)。可见，条件反射是后天生活中形成的。形成条件反射的基本条件就是无关刺激与非条件刺激在时间上的结合，这个过程称为强化。在建立条件反射时，条件刺激要先于非条件刺激出现。任何无关刺激与非条件刺激结合，都可以形成条件反射。如果非条件刺激不能激动奖赏系统或惩罚系统，条件反射将很难建立。

在实际研究学习与记忆中常用操作式条件反射实验。先训练动物学会踩动杠杆而得到食物的操作。然后，以灯光或其他信号作为条件刺激，建立条件反射，即在出现某种信号后，动物必须踩杠杆才能得到食物，所以称为操作式条件反射。得到食物是一种奖赏性刺激，因此，这种操作式条件反射是一种趋向性条件反射。如果预先在食物中注入一种不影响食物的色、香、味，但动物食用后会发生呕吐或其他不适的药物，则动物在多次强化训练后，再见到信号就不再踩动杠杆，这种由于得到惩罚而产生的抑制性条件反射，称为回避性条件反射。辨别性学习是指动物学习辨别时间、空间或图形的能力。迷宫学习是一种空间辨别性学习，如Y型迷宫，该装置一般分成三等份，即起步区、电击区和安全区，试验时将动物放入起步区，训练动物遭遇电击时直接逃至安全区为正确反应，反之，则为错误反应。

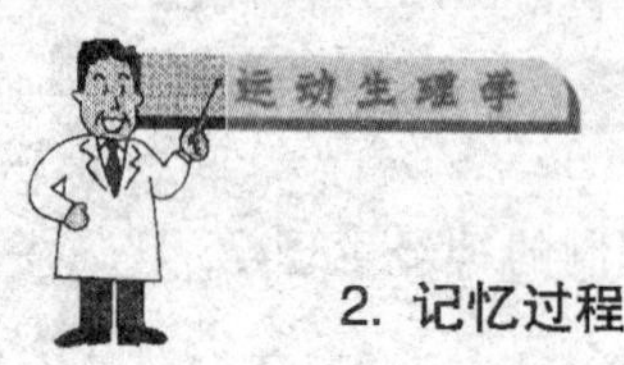

2. 记忆过程

通过感觉器官进入大脑的信息量是很大的，但估计仅有10%的信息能被较长期地贮存记忆，而大部分却被遗忘。能被长期贮存的信息都是对个体具有重要意义的，而且是反复作用的信息。因此，在信息贮存过程中必然包含着对信息的选择和遗忘两个方面。信息的贮存需经过多个步骤，但简略地可把记忆划分为两个阶段，即短时性记忆和长时性记忆。人类的记忆过程可细分成四个阶段，即感觉性记忆、第一级记忆、第二级记忆和第三级记忆，前两个阶段相当于短时性记忆，后两个阶段相当于长时性记忆。短时记忆时间很短，平均约几秒钟；长时性记忆时间较长，一般不容易遗忘，如经常操作的手艺或动作，通过长年累月的运用，是不易遗忘的。

根据信息储存和回忆方式可将记忆分为陈述性记忆和非陈述性记忆。

陈述性记忆是指与时间和地点有关的事实、情节和资料的记忆。可以用语言陈述或作为一种非语言的映像形式保持在记忆中，这种记忆上升到意识能被清楚地回忆，并进行推理，是有意识的记忆。它分为情节记忆和语义记忆，这种记忆建立快，但容易忘。

非陈述性记忆也称反射性记忆或程序性记忆。它是指反复从事某种技能的操作、某项课题的学习，经过长期的经验积累才能缓慢地保存下来的一种记忆。这种记忆不易忘却。不上升到意识，也不能用语言表达，具有自主或反射的性质。如动作性技巧的记忆(体育技巧、乐器演奏)、经典条件反射、习惯化、敏感化、习惯的形成等均属非陈述性记忆。

一般，学习中经常有这两类记忆同时参加。如学习驾车技能，开始需要有意识的记忆，经过反复练习，最后这种技术的操作成为无意识的习惯动作了，此时，如果在有意识地考虑这些动作反而会妨碍它的顺利和有效的完成。

（二）学习与记忆的突触可塑性机制

学习与记忆是脑的高级功能，其神经基础是中枢神经系统的可塑性。也有人认为，可塑性主要是指各种因素和各种条件经过一定时间的作用后引起的神经变化，包括神经网络、神经环路及突触连接等不同水平的可塑性。所谓突触可塑性是突触在一定条件下调整功能、改变形态及增减数目的能力，既包括形态结构的变化，又包括传递效能的变化，二者的物质基础都涉及神经元和突触部位的某些蛋白质、受体、神经递质、离子及信使分子的物理化学变化。目前，突触传递效能的长时程增强（long term potentiation，LTP）和长时程抑制（long term depression，LTD）现象，已被公认为是记忆的突触可塑性神经模式。所谓长时程增强，是指在海马的某一通路上给予短暂重复刺激引起的突触传递持续性增强。后来发现长时程增强现象普遍存在于神经系统，如皮质运动区、视皮质、内嗅皮质、外侧杏仁核、小脑以及脊髓等部位。突触传递效率的长时程降低称为长时程突触抑制，长时程抑制广泛存在于神经系统，如海马、小脑皮质、新皮质等部位，但各部位产生的长时程抑制引导方法和生化机制不同。近年来对突触可塑性的研究发现，突触发生习惯化和敏感化的改变，以及长时程增强的现象存在于中枢神经系统的许多区域。习惯化是非伤害性刺激重复出现会使反应减弱的现象。敏感化是新异、强烈伤害性刺激引起对另一个弱刺激的反应增强，使动物学会注意某一刺激，避免伤害。

较长时性的记忆与脑内的物质代谢有关，尤其是与脑内蛋白质的合成有关。在金鱼建立条件反射的过程中，如用嘌呤霉素注入动物脑内以抑制脑内蛋白质的合成，则动物不能建立条件反射，学习记忆能力发生明显障碍。此外，中枢递质与学习记忆活动也有关。动物学习训练后注射拟胆碱药毒扁豆碱可加强记忆活动，而注射抗胆碱药东莨菪碱可使学习记忆减退。

持久性记忆可能与突触可塑性有关。人类的第三级记忆的机制可能属于这一类。

（三）学习与记忆在脑的功能定位

现有研究成果认为，大脑皮质联络区是指感觉区、运动区以外的广大新皮质区，它接受来自多方面的信息，通过区内广泛的纤维联系，可对信息进行加工、处理，成为记忆的最后储存区域。额叶皮质在短时程记忆中起重要作用。

与近期记忆有关的神经结构是海马回路。丘脑的损伤也可引起记忆丧失，但主要引起顺序性遗忘，而对已经形成的久远记忆影响较小。杏仁核参与和情绪有关的记忆，主要是通过对海马活动的控制而实现的。

神经元活动的后作用是记忆的基础。在神经系统中，神经元之间形成许多环路联系，环路的连续活动也是记忆的一种形式。

（四）神经肽和递质对学习与记忆的调制

1. 神经肽

促肾上腺皮质激素（ACTH）主要作用是促进短期记忆，有助于记忆保持及再现。促黑素细胞激素（MSH）也有类似促肾上腺皮质激素的作用。垂体后叶加压素（VP）是由9个氨基酸组成的多肽，对学习记忆的作用比促肾上腺皮质激素类强。多数报道β-内啡肽损害记忆巩固过程，这种作用可被阿片受体拮抗剂纳洛酮对抗。其他脑肠肽胆囊收缩素（CCK）、P物质、生长抑素及神经肽Y（CNPY）等都显示有增强记忆的作用。

2. 中枢递质

学习过程中，胆碱能突触的传递功能增强，主要表现在突触后膜对乙酰胆碱的敏感性增加，这种增加到一定程度后随即下降，此时，遗忘也开始了。胆碱能突触的功能与短期或近期记忆有关。胆碱能药物对学习记忆的增强效应与用药的剂量有关，中、小剂量能显著增强记忆，大剂量反而抑制或损害记忆。

药理学分析证明，去甲肾上腺素（NE）能系统活动有利于信息的巩固和再现。其他神经递质如5-羟色胺、多巴胺和谷氨酸均显示有一定的增强记忆的作用，而γ-氨基丁酸（GABA）则可损害记忆的保持。

二、条件反射的抑制

条件反射的抑制可分为非条件性抑制和条件性抑制。条件性抑制的本质也是建立条件反射（阴性条件反射）。

（一）非条件性抑制

非条件性抑制是先天性的，是不需要后天学习训练就具有的。可区分为外抑制和超限抑制两种。

1. 外抑制

在动物进行条件反射的实验时，突然出现一个新异刺激，将会引起实验动物的朝向探究反射，使原来条件反射活动减弱或消失。由于引起条件反射抑制的刺激是在条件反射中枢以外，故称为外抑制。

2. 超限抑制

在一般情况下，条件刺激强度增加时，条件反射量也增大。但当刺激强度或时间超过某个界限时，条件反射量减小，甚至完全消失。这种由于过强或时间过长的刺激超过了大脑皮质神经细胞的工作承受能力、为防止皮质细胞受损害而产生的保护性抑制，通常被称为超限抑制。由此可见，超限抑制可使皮质细胞不致因过度活动而损伤，有保护性意义。

（二）条件性抑制

条件抑制是后天获得的，它需要逐渐训练学习形成和巩固。

1. 消退抑制

在条件反射形成后，如果反复应用条件刺激而不给予非条件刺激强化时，已形成的条件反射就会逐渐减弱，直至消失，这种现象称为消退抑制。运动员纠正错误动作，本质上是消退抑制。

2. 分化抑制

在条件反射形成初期，一些与条件刺激相似的刺激也或多或少地产生条件反射的效应。例如，用120次/分的节拍声音刺激与食物相结合形成的唾液分泌条件反射，若用110次/分或130次/分节拍音响刺激，也能引起该动物唾液分泌反应，此为条件反射的泛化。如果以后只对120次/分节拍的音响刺激强化，而对其他刺激不予强化，最终只对120次/分节拍音响产生分泌反应，这称为条件反射的分化。分化的结果是对强化的刺激产生反应，而对未被强化的近似刺激产生抑制，故把这种抑制称为分化抑制。在学习动作开始阶段，由于泛化现象会产生错误或多余的动作，通过对正确动作的强化（肯定）和对错误动作不强化（否定），可以加速正确动作的掌握。

3. 延缓抑制

建立条件反射的过程中，给予条件刺激后，再间隔一定时间才给予非条件刺激强化，如此反复多次以后，便形成延缓条件反射。这是在反射中枢产生了一定时间的抑制过程后才发生的反应，这种抑制称为延缓抑制。

在体育运动中，有很多运动技术要求形成延缓抑制。例如，排球的扣球，过早或过迟起跳都会使扣球失误。因此，建立适合各种扣球技术的延缓抑制过程，才能形成准确的刺激—反应时空判断。

4. 条件抑制

已建立起的条件反射，用条件刺激与附加刺激同时作用（复合刺激）时不予强化，只对原条件刺激单独作用时给予强化，多次重复后，对单独的条件刺激仍能产生兴奋反应，而对复合刺激则不产生兴奋反应。这种由于附加刺激不予强化而引起的抑制就称为条件抑制。例如，在球类运动中，许多限制性规则都具有条件抑制作用。

三、两个信号系统的概念

人类不仅对具体的刺激可建立条件反射，还可对抽象的语言和文字建立条件反射。这是人类与一般动物的主要区别之一。

巴甫洛夫把现实的具体的信号称为第一信号，如声、光、味、触等，而把相应的词语称为第二信号，是现实的抽象信号，是表达具体信号的信号。将人类大脑皮质对第一信号刺激发生反应的系统称为第一信号系统，对第二信号刺激发生反应的皮质系统称为第二信号系统。人类的第二信号系统是在第一信号系统活动的基础上建立起来的。人类通过词语可对一切现实事物和现象进行抽象概括，借助词语来表达思维。由于人类第二信号系统的发生和发展，词语信号就成为人类的主导信号，这就使人类的认识能力与适应能力大大提高，从而能更深刻地认识世界，发现并掌握它们的规律。在体育教学和运动训练中，教师的示范动作可以作为第一信号，语言讲解则被认为是第二信号。正确地运用动作示范和语言讲解，充分发挥第一、第二信号系统的作用，可产生良好的教学效果。

第六节 睡 眠

睡眠与觉醒的昼夜周期性交替是人类生存的必要条件。通过睡眠，可以使人的精力和体力得到恢复，保持良好的机能状态。

一、睡眠时相

（一）睡眠时相及意义

睡眠具有两种不同的时相，即慢波睡眠（正相睡眠）和快波睡眠（异相睡眠），前者为浅度睡眠状态，后者为深度睡眠状态。在整个睡眠期间，两种睡眠交替发生4~5 次。

慢波睡眠为正常人所必需。在慢波睡眠中，机体的耗氧量下降，但脑的耗氧量不变。腺垂体分泌生长激素明显增多。慢波睡眠有利于促进生长和体力恢复。

快波睡眠是正常生活中不可缺少的生理过程，它与神经系统的成熟、发展及学习记忆活动关系十分密切，特别是在儿童生长发育过程中尤为重要，可能有利于建立新的突触联系，促进学习记忆和精力恢复。快波睡眠中，脑的耗氧量增加，脑血流量增多，脑内蛋白质合成加快，但生长激素分泌减少。快波睡眠期间会出现间断性的阵发性表现，这可能与某些疾病易于在夜间发作有关，如心绞痛、哮喘、阻塞性肺气肿缺氧发作等。长期以来，认为快波睡眠与做梦有关，但近年研究表明调控快波睡眠的关键部位是脑桥，而非大脑皮质，但做梦则需要大脑皮质的信息。切除大脑的动物仍可呈现快波睡眠。所以快波睡眠和做梦没有绝对的联系。

新生儿的睡眠觉醒节律为多相位，并随年龄的增高而过度到双相位，成年人的睡眠觉醒节律一向被认为是单相位，即睡眠 7~8 小时，觉醒保持 16~17 小时。成人进入睡眠后，首先是慢波睡眠，持续 80~120 分钟后转入快波睡眠，维持20~30 分钟后，又转入慢波睡眠。两者睡眠时相状态均可直接转为觉醒状态。但是，在觉醒状态下，一般只能进入慢波睡眠，而不能直接进入快波睡眠。最近，午睡问题已重新引起人们的重视，特别在午睡时，深度慢波睡眠占时较多，有助于补充晚睡中深度慢波睡眠的不足。但是成年人的午睡不应超过 1 小时，否则易引起“睡眠惰性”。

（二）睡眠异常

一般在睡眠中出现的遗尿、梦游和梦话都不能称为睡眠障碍。梦话可出现在任何年龄的人群中，晚间遗尿和梦游则主要发生在儿童。晚间遗尿主要出现在深度慢波睡眠期（Ⅲ、Ⅳ期），但是也可出现在睡眠的其他各期。梦游则主要出现在深度慢波睡眠的Ⅳ期中，第二天觉醒后完全正常。梦游可随年龄的增长而自然消失，并未见对成年后的生活产生不良影响。

在睡眠中最常见的睡眠障碍是失眠、睡眠呼吸暂停综合征和嗜眠症。老年人和几乎所有失眠患者均主要是深度慢波睡眠的缺乏。失眠对大部分人来说不是一种疾病，因为在人的一生中，任何人都可能因偶然应激事件而有短期失眠的体验，但是持续较长时间的失眠，因影响觉醒后的行为和工作效率必须给予适当处理。最常见的失眠现象便是入睡困难、睡眠片断化和早醒等，而忧虑是最常见的原因。睡眠呼吸暂停综合征是多种原因（如呼吸道堵塞）引起的反复发生的鼻气流停止10秒以上的病症。自古以来，将老年人在睡眠中因呼吸暂停时间过长致死误认为是“寿死”，恐怕不在少数。我国男女性在睡眠中打鼾现象司空见惯。但是将打鼾误认为“睡得香”是一种错误，打鼾主要出现在浅睡眠期（瞌睡和慢波睡眠Ⅱ期），较严重的打鼾可能反映睡眠中呼吸通道通气不足。嗜眠症被认为是与觉醒有关的疾病，白昼嗜眠，同时在睡眠中呈现瘫痪（肌张力弛缓引起的瘫痪），常发生在异相睡眠期间。

二、睡眠产生的机制

对睡眠产生的机理有两种看法：一种是根据巴浦洛夫有关条件反射的研究结果而提出来的，认为睡眠是一种主动抑制过程，当抑制过程在大脑皮质内广泛扩散，并扩布到皮质下中枢时就引起睡眠。另外一种认为，在脑干尾端存在着能引起睡眠和脑电波同步化的中枢，这一中枢向上传导可作用于大脑皮质，并与上行激动系统的作用相对抗，从而产生睡眠。

由于中枢神经递质研究的进展，已把睡眠的发生机制与不同的中枢递质系统功能联系起来。认为慢波睡眠可能与脑干5-羟色胺递质系统有关，快波睡眠可能与脑干内5-羟色胺和去甲肾上腺素递质系统有关。

三、睡眠与运动

在睡眠时，人的感知觉能力如嗅、视、听、触等感觉出现暂时性减退，骨骼肌反射和肌紧张下降，并伴有植物性功能改变，如在慢波睡眠时相，心率减慢、血压下降、呼吸频率减慢、瞳孔缩小、尿量减少、代谢率及体温均下降，而生长素分泌则增多，糖原和蛋白质合成代谢加强，这些都对机体积蓄能量、休整恢复十分有利。在快波睡眠，各种感觉进一步下降，但肌肉可间断的阵发性表现，如眼球快速运动、部分躯体抽动、血压升高、心率加快、呼吸加快而不规则等。

如果一个人生活在没有昼夜之分的环境中，仍然可以见到觉醒和睡眠的周期性变化，但不是24小时一个周期，而是稍长一些，说明人类的睡眠—觉醒周期受制于体内固有的生物钟（biological clock）。在自然环境下，生物钟的昼夜节律与自然界的昼夜节律基本同步，接近于地球自转周期，昼夜各12小时。一般认为，年龄、工作性质及个体差异是影响睡眠的主要因素。一般来讲，每天正常的睡眠时间成年人需7~9小时，新生儿需18~20小时，儿童需12~14小时，老年人需5~7小时。体力劳动者较脑力劳动睡眠时间长，运动员大强度运动后需10小时以上睡眠，故运动训练和比赛期间保证足够睡眠是取得良好的训练效果和优异成绩的前提条件。

时差（Time lag）事实上是“体内时钟”和外源性“时间发生器”间相位失调而引起的。已知跨越1 / 3地球的飞行便可导致失眠、白昼嗜眠和疲倦等时差反应。但是人对自东向西的飞行（例如自上海西飞至巴黎）较自西向东的飞行(例如自巴黎东飞至上海）的适应可快约50%，因为前者是“相位延迟”，而后者是“相位提前”。

倒班（shift work）可导致全夜睡眠总量（TST）的减少，原因是觉醒—睡眠节律和体温节律间的相位失调而引起。常被采用而其实最不理想的制度是每星期“倒班”一次，因为该制度使有足够的时间导致相位失调，而不允许足够的时间进行相位自我调正。人类生活处处受制于地球的自转、太阳的公转和月球的圆缺。

第七节　躯体运动的神经调控

一、脊髓对躯体运动的调控

脊髓是实现躯体运动的最低级中枢。脊髓神经元由感觉传入神经元、各类中间神经元及运动神经元组成。脊髓前角运动神经元支配骨骼肌，兴奋时产生肌肉收缩，它们是各种形式躯体运动的最后公路。当脊髓与高位中枢的联系被切断后，仍可产生一些反射活动，如四足脊髓动物甚至还可以表现一定程度的行走运动。这说明有些反射性运动的中枢位于脊髓水平，如牵张反射。但在正常情况下，所有脊髓反射都接受高级中枢的下行调控。

（一）脊髓的运动神经元

在脊髓灰质前角存在大量的运动神经元，即α、β和γ运动神经元。脊髓α运动神经元接受从脑干到大脑皮质各级高位中枢发出的下传信息，也接受来自躯干四肢和头面部皮肤、肌肉和关节等处的外周传入信息，产生一定的反射传出冲动，直达所支配的骨骼肌，因此它们是躯体运动反射的最后公路（final common path）。作为运动传出最后公路的脊髓运动神经元，许多来自高位中枢和外周的各种神经冲动都在此发生整合，最终发出一定形式和频率的冲动到达效应器官。会聚到运动神经元的各种神经冲动可能起以下作用：①引发随意运动；②调节姿势，为运动提供一个合适而又稳定的背景和基础；③协调不同肌群的活动，使运动得以平稳和精确的进行。

（二）肌梭的结构及其神经支配

肌梭（muscle spindle）是脊髓反射的感受器。肌梭外有一结缔组织囊，囊内所含肌纤维称为梭内肌纤维（intrafusal fiber），囊外一般肌纤维则称为梭外肌纤维（extrafusal fiber）。肌梭与梭外肌纤维呈并联关系。梭内肌纤维的收缩成分位于两端，而感受装置则位于中间，两者呈串联关系。肌梭的传入神经纤维有Iα和Ⅱ类纤维两类，两类纤维都终止于脊髓前角的α-运动神经元。α-运动神经元发出α-传出纤维支配梭外肌纤维。γ-运动神经元发出γ传出纤维支配梭内肌纤维。

当肌肉受外力牵拉时，梭内肌感受装置被动拉长，使螺旋形末梢发生变形，导致Iα类纤维传入冲动增加，冲动频率与肌梭被牵拉的程度成正比，肌梭传入冲动增加可引起支配同一肌肉的α–运动神经元活动加强和梭外肌收缩，形成一次牵张反射。刺激γ传出纤维并不足以使整块肌肉缩短，但γ传出冲动增加可使梭内肌收缩，并引起Iα类传入纤维放电增加，所以，γ传出增加可加强肌梭的敏感性。

（三）脊髓反射

中枢神经系统可通过调节骨骼肌的紧张度或产生相应的运动，以保持或改正躯体在空间的姿势，这种反射称为姿势反射（postural reflex）。脊髓能完成的姿势反射有牵张反射和对侧伸肌反射等。

1. 牵张反射

牵张反射（stretch reflex）是指骨骼肌受外力牵拉时引起受牵拉的同一肌肉收缩的反射活动。牵张反射有腱反射和肌紧张两种类型。

(1) 腱反射（tendon reflex）是指快速牵拉肌腱时发生的牵张反射。例如，当叩击髌骨下方的股四头肌肌腱时，可引起股四头肌发生一次收缩，这称为膝反射。属于腱反射的还有跟腱反射和肘反射等。腱反射的传入纤维直径较粗，为12~20微米，传导速度较快，可达90m/s以上，反射的潜伏期很短，约0.7毫秒，只够一次突触接替的时间，因此，腱反射是单突触反射。

(2) 肌紧张（muscle tonus）是指缓慢持续牵拉肌腱时发生的牵张反射，其表现为受牵拉的肌肉发生紧张性收缩，阻止被拉长。肌紧张是维持躯体姿势最基本的反射，是姿势反射的基础。例如，人体取直立姿势时，由于重力的作用，头部将向前倾，胸和腰将不能挺直，髋关节和膝关节也将屈曲，但由于骶棘肌、颈部以及下肢的伸肌群的肌紧张加强，就能抬头、挺胸、伸腰、直腿，从而保持直立的姿势。肌紧张中枢的突触接替不止一个，因而为多突触反射。肌紧张的收缩力量并不大，只是抵抗肌肉被牵拉，表现为同一肌肉的不同运动单位进行交替性的收缩，而不是同步收缩，因此不表现为明显的动作，并且能持久地进行而不易发生疲劳。

伸肌和屈肌都有牵张反射，在人类，伸肌是抗重力肌，所以脊髓的牵张反射主要表现在伸肌。临床上常通过检查腱反射来了解神经系统的功能状态。腱反射减弱或消退提示反射弧损害或中断；而腱反射亢进则提示高位中枢有病变，因为牵张反射受高位中枢的调节。

2. 屈肌反射和对侧伸肌反射

脊椎动物在受到伤害性刺激时，受刺激的一侧肢体关节的屈肌收缩而伸肌弛缓，肢体屈曲，称为屈肌反射（flexor reflex）。该反射具有保护意义，但不属于姿势反射。若加大刺激强度，则可在同侧肢体发生屈曲的基础上出现对侧肢体伸展，这一反射称为对侧伸肌反射（crossed extensor reflex）。对侧伸肌反射是一种姿势反射，在保持躯体平衡中具有重要意义。

3. 腱器官反射

除肌梭外，还有一种称为腱器官（tendon organ 或称腱梭）的牵张感受装置，它分布于肌腱胶原纤维之间，与梭外肌纤维呈串联关系，其传入神经是Iβ类纤维。如前所述，肌梭是一种长度感受器，其传入冲动对同一肌肉的α-运动神经元起兴奋作用；而腱器官则是一种张力感受器，其传入冲动对同一肌肉的α-运动神经元起抑制作用。当整块肌肉受牵拉时，由于肌组织较肌腱组织更富有弹性，牵拉所产生的张力大部分加在肌组织上，使之明显被拉长，而加在肌腱组织上的张力则较小，长度变化也不大。所以，肌肉受牵拉时肌梭首先兴奋而产生牵张反射；若加大拉力，则可兴奋腱器官而抑制牵张反射，从而避免肌肉被过度牵拉而受损。

（四）脊髓休克

脊髓休克（spinal shock）简称脊休克，是指人和动物的脊髓在与高位中枢之间离断后反射活动能力暂时丧失而进入无反应状态的现象。在动物实验中，为了保持动物的呼吸功能，常在脊髓第五颈段水平以下切断脊髓，以保留膈神经对膈肌呼吸运动的支配。这种脊髓与高位中枢离断的动物称为脊髓动物，简称脊动物。

脊休克主要表现为横断面以下的脊髓所支配的躯体与内脏反射均减退以至消失，如骨骼肌紧张降低，甚至消失，外周血管扩张，血压下降，发汗、反射消失，粪、尿潴留。以后，一些以脊髓为基本中枢的反射可逐渐恢复，其恢复速度与动物的进化程度有关。恢复过程中，较简单的和较原始的反射先恢复，如屈肌反射、腱反射等；较复杂的反射恢复则较慢，如对侧伸肌反射、搔爬反射等。血压也逐渐回升到一定水平，并有一定的排便与排尿能力，但此时的反射往往不能很好地适应机体生理功能的需要。离断面水平以下的知觉和随意运动能力将永久丧失。

上述脊休克的表现并非由切断损伤的刺激本身而引起，因为反射恢复后若再次切断脊髓，脊休克不会重现。脊休克的产生与恢复，说明脊髓能完成某些简单的反射，但这些反射平时在高位中枢控制下不易表现出来。脊休克恢复后伸肌反射往往减弱而屈肌反射往往增强，说明高位中枢平时具有易化伸肌反射和抑制屈肌反射的作用。

二、脑干对躯体运动的调控

脑干包括中脑、脑桥和延髓。在脑干中轴部位有许多形状和大小各异的神经元组成的脑区，其间穿行着各类走向不同的神经纤维，呈网状，故称为脑干网状结构。脑干网状结构内有许多神经核团，它既获得来自高位中枢和脊髓各节段的传入信息，同时脑干中也存在直接支配某些肌肉的运动神经元，其作用特点与脊髓前角运动神经元相同。而脑干控制运动的主要功能是把高级中枢的下行运动指令与脊髓的上行信息进行整合，再通过脑干下行通路来调节运动神经元（包括脑干运动神经元）的活动，即起到承上启下的作用以实现对运动的控制。

（一）脑干网状结构对肌紧张的调节

利用脑立体定向技术刺激动物脑干网状结构的脑干中央区域（图 10-8 的 5 区），可使肌紧张加强，这一区域称为易化区。刺激延髓网状结构的腹内侧部分(图 10-8 的 4 区)，可抑制肌紧张，这一区域称为抑制区。它们分别对脊髓的运动神经元具有易化与抑制作用。电刺激易化区，可使正在进行中的四肢牵张反射大大加强。而刺激抑制区时，抑制肌肉的牵张反射。从活动的强度上看，易化区活动比较强，抑制区的活动比较弱。因此，在肌紧张的平衡调节中易化区略占优势。

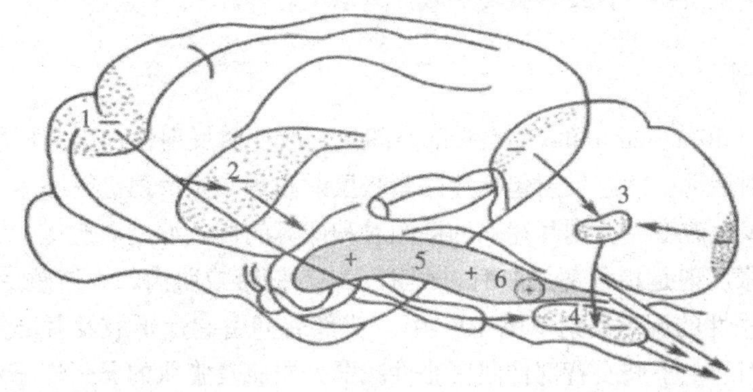

图 10-8　猫的脑干网状结构下行抑制（-）和易化（+）系统示意图

抑制作用（-）的路径：4 为网状结构抑制区，发放下行冲动抑制脊髓牵张反射。

这一区接受大脑皮质 1、尾状核 2 和小脑 3 传来的冲动。

易化作用（+）的路径：5 为网状结构易化区，发放下行冲动加强脊髓牵张反射。

6 为延髓的前庭核，有加强脊髓牵张反射的作用。

在正常情况下，由于大脑皮质运动区和纹状体等部位对脑干网状结构抑制区有控制作用，故使易化与抑制作用保持着动态平衡。而当上位中枢的下行控制失去之后，这种平衡便会丧失，造成抑制区活动减弱，易化区活动加强，使伸肌紧张加强，产生僵直现象。例如，在实验室中，如果在动物中脑四叠体的上、下丘之间切断脑干，造成去大脑动物，此时动物全身伸肌的紧张性立即显现亢进，表现为四肢僵直，颈背部肌肉过度紧张，以致头尾呈背弓反张状态，这一现象称为去大脑僵直（decerebrate rigidity），见图 10-9。

图 10-9　去大脑僵直现象

从牵张反射的角度来分析，肌紧张加强的机制可以有两种：一种是由于高位中枢下行信号时，直接或间接通过脊髓中间神经元提高脊髓 α–运动神经元的活动，从而导致肌紧张加强出现僵直，这种僵直称为 α 僵直。另一种是由于高位中枢信号下行时，首先提高脊髓 γ–运动神经元的活动，使肌梭的敏感性提高而传入冲动增多，转而使脊髓 α–运动神经元的活动提高，导致肌紧张加强而出现僵直，称为 γ 僵直。

（二）姿势反射

人体姿势的维持是通过全身肌张力的相互协调实现的。脑干控制中心姿势反射可分为状态反射、翻正反射、直线和旋转加减速运动反射等。

1. 状态反射

状态反射（attitudinal reflex）是头部空间位置改变时反射性地引起四肢肌张力重新调整的一种反射活动。状态反射包括迷路紧张反射和颈紧张反射。迷路紧张反射是指当头部空间位置发生改变时，内耳迷路的椭圆囊和球囊的传入冲动对躯体伸肌紧张性的调节反射。颈紧张反射是指颈部扭曲时，颈椎关节、韧带或肌肉的本体感受器受刺激后，对四肢肌肉紧张性的调节反射（图 10–10）。头部后仰引起上下肢及背部伸肌紧张性加强；头部前倾引起上下肢及背部伸肌紧张性减弱，屈肌及腹肌的紧张性相对加强；头部侧倾或扭转时，引起同侧上下肢伸肌紧张性加强，对侧上下肢伸肌紧张性减弱。

图 10–10　状态反射规律示意图

在正常人体中，由于高位中枢的调节，状态反射常被抑制而不易表现出来。

状态反射在完成某些运动技能时起着重要作用。例如，在做体操的后手翻、空翻及跳马等动作时，若头部位置不正，就会使两臂用力不均衡，身体偏向一侧，常常导致动作失误或无法完成。短跑运动员起跑时，为防止身体过早直立，往往采用低头姿势。这些都是运用了状态反射的规律。但是，在运动中也有个别动作需要使身体姿势违反状态反射的规律。例如，有训练的自行车运动员在快速骑车时，做出头后仰而身体前倾的姿势。

2. 翻正反射

当人和动物处于不正常体位时，通过一系列动作将体位恢复常态的反射活动称为翻

正反射 (righting reflex)。如将动物四足朝天从空中抛下，可清楚地观察到动物在下降过程中，首先是头颈扭转，然后前肢、躯干和后肢依次扭转过来，当下降到地面时由四肢着地。翻正反射包括一系列反射活动，最先是由于头部位置不正常，视觉与内耳迷路感受刺激，从而引起头部的位置翻正。头部翻正以后，头与躯干的位置关系不正常，使颈部关节韧带或肌肉受到刺激，从而使躯干的位置也翻正。在体育运动中，很多动作是在翻正反射的基础上形成的。例如，体操运动员的空翻转体，跳水运动中转体及篮球转体过人等动作，都要先转头以带动身体，使动作迅速协调完成。

3. 旋转运动反射

人体在进行主动或被动旋转运动时，为了恢复正常体位而产生的一种反射活动，称为旋转运动反射。当身体向任何一侧倾倒时，前庭感受器将受刺激而兴奋，通过传入神经到达中脑和延髓，反射性地引起全身肌肉张力重新调整，维持身体平衡。例如，在弯道上跑步时，身体向左侧倾斜，将反射性地引起躯干右侧肌张力增加，以保持身体姿势。

4. 直线运动反射

人体在主动或被动地进行直线加、减速运动时，即发生肌张力重新调配恢复常态现象，这种反射称为直线运动反射。包括升降反射和着地反射。人体沿垂直方向直线加速或减速运动时，耳石受到刺激，反射性地引起肌张力重新调整的活动称做升降反射。人体从高处跳下时，在着地的一刹那，上肢紧张性加强而下肢两脚分开顺势弯曲，以保持身体重心减少震动，这种反射称为着地反射。例如，人从体操器械掉下来时用手撑地就是一个明显的例子。但这种着地姿势容易引起尺骨鹰嘴骨折，因而在体育运动中应克服这种先天的非条件反射，即当身体从高处落下时做滚翻动作，才能起保护作用而避免出现伤害事故。

三、小脑和基底神经节对躯体运动的调控

小脑和基底神经节都是同躯体运动协调有关的脑的较高级部位。由大脑下行控制躯体运动的锥体外系包括两大途径：一是经小脑下行；另一是经基底神经节下行。这两条途径最后都通过脑干某些核团调节运动神经元实现对运动的控制。

（一）小脑对运动的调控作用

小脑是脑内与随意运动有关的最大结构。从种系发生上，小脑可分为原小脑、旧小脑和新小脑。小脑不仅与前庭神经核有往返纤维联系，还与脊髓、视听传入信息及大脑皮质构成突触联系。小脑在躯体运动调节中的作用表现在程序预编与实时校正，稳定作用，眼—手协调动作的校准等，对保持躯体平衡、调节肌张力、协调随意动作和参与运动学习起重要作用。

一般认为，发生上最古老的原小脑与前庭系统相连结，又称前庭小脑，对调节肌张力、姿位、躯体平衡和眼球运动起着重要的作用。旧小脑主要经脊髓接受来自全身的本体和体表感觉信息，与肌张力的调节有关，调节正在进行过程中的运动，协助大脑皮质对随意运动进行适时的控制。新小脑经（大脑）皮质—桥脑—小脑通路与大脑皮质交互联结，与位相性动作时的肌肉协调收缩和松弛有关，主要是参与随意运动的设计和程序的编制。作为从皮质联络区到运动皮质信息流主要通路上的两个回路，皮质小脑与基底神经节参与随意运动的设计过程，而旧小脑则参与运动的执行过程。

一般认为，由大脑皮质运动区的运动指令发至脊髓的同时也发至小脑，而躯体在执行运动时也即时地将各种信息，经脊髓小脑束传到小脑。小脑将来自大脑皮质的运动指令与实际执行的结果进行比较、分析误差，然后通过小脑—大脑皮质联系，传回至皮质以校正运动，使运动逐步协调起来。当精巧运动逐渐熟练完善后，皮层小脑中就贮存了一整套的运动程序，当大脑皮质要发动运动时，首先通过下行通路从皮质小脑中提取贮存的程序，并将程序回输到大脑皮质运动区，通过锥体束发动运动。切除小脑能使大脑皮质运动区发起活动推迟，肌肉活动也随之延迟。当小脑损伤时，常见的症状为随意运动障碍，出现运动过度或不足、乏力、方向偏移，失去运动的稳定性，不仅表现出共济失调性震颤，同时还使运动学习的编程受到很大影响。

（二）基底神经节在运动中的调控作用

大脑皮质下的基底神经节属于古老的前脑结构，是大脑皮质的一个主要传出机构。它包括纹状体、丘脑底核和黑质等。纹状体又包括尾核、壳核和苍白球。从新纹状体（尾核和壳核）到苍白球内侧部的投射途径有两条，即直接通路和间接通路。直接通路是指新纹状体直接向苍白球外侧部投射的路径，其递质是γ-氨基丁酸（γ-aminobutyric acid，GABA）；间接通路则为先后经过苍白球外侧部和丘脑底核两次中继后到达苍白球内侧部的多突触路径。从新纹状体到苍白球外侧部，以及从苍白球外侧部再到丘脑底核的纤维递质也都是γ-氨基丁酸，而由丘脑底核到达苍白球内侧部的投射纤维则是兴奋性的，递质为谷氨酸（glutamate，GLU），从黑质到达新纹状体的投射纤维递质是多巴胺（dopamine，DA），黑质多巴胺投射系统可作用于新纹状体的 D_1 受体而增强直接通路的活动，也可以作用于其 D_2 受体而抑制间接通路的活动（图10-11）。

关于基底神经节的功能，迄今为止，人们的认识仍不十分清楚。初步认为，可能与丘脑底核经由皮质—基底神经节—丘脑—皮质的神经回路参与运动的设计和程序编制，并将一个抽象的设计转换为一个随意运动，完成运动的计划、启动和执行，基底神经节对随意运动的产生和稳定、肌紧张的调节、本体感受传入冲动信息的处理都有关。此外，基底神经节中某些核团还参与自主神经的调节、感觉传入、心理行为和学习记忆等功能活动。

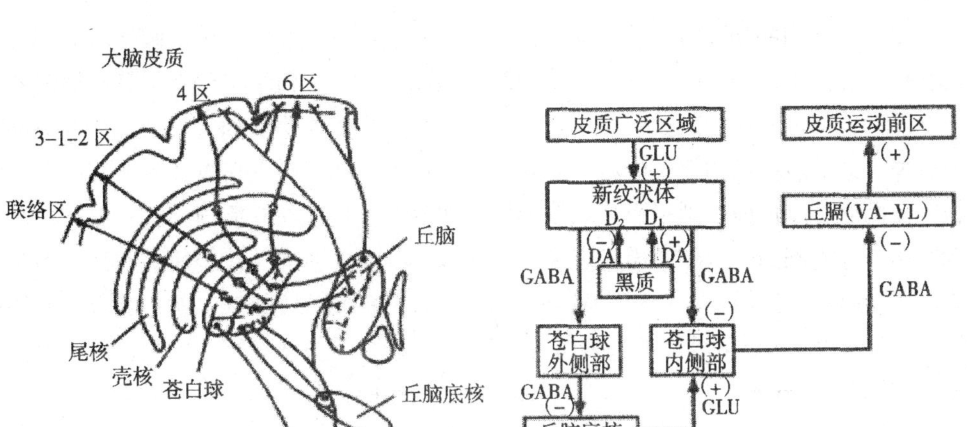

图 10-11　基底神经节与大脑皮质之间神经回路的模式图

A. 联结基底神经节与大脑皮质的神经回路；B. 直接通路和间接通路；

新纹状体内以 GABA 和 Ach 为递质的中间神经元未标出

（引自：朱大年，2008）

基底神经节病损后，人或动物的运动产生严重缺陷。当基底神经节病变时可表现出两类症状：一类是具有运动过少而紧张过强的综合症，如帕金森病，病人启动运动困难，随意运动的速度变慢，运动徐缓和幅度变小，震颤麻痹。帕金森病由于黑质致密部内多巴胺能神经元大量死亡，基底神经节间接通路中纹状体γ-氨基丁酸 / 脑啡肽（GA-BA / ENK）能神经元活动增强而抑制苍白球外侧部的活动，丘脑底核脱抑制而促进苍白球内侧部和（或）黑质网状部的活动，导致丘脑皮质通路的更大抑制，运动皮质易化减弱，出现运动不能和运动徐缓。另一类是具有运动过多而肌紧张不全的综合症，如舞蹈病与手足徐动症等。

四、大脑皮质在运动调控中的作用

（一）大脑皮质的分区

人的大脑皮质至少可区分出四个运动区：第Ⅰ运动区、运动前区、运动辅助区和扣带运动区。运动区吻端为额前皮质，尾端为体感区皮质。运动区的锥体细胞投射至脊髓前角或脑干颅神经运动核的神经元，这些锥体细胞仅在个体计划或执行随意运动时激活，在其他情况下基本保持静息。在大脑皮质运动区，也可以见到该区细胞和前述的皮层感觉区类似，呈纵向柱状排列，组成大脑皮质的基本功能单位，称为运动柱。一个运动柱可控制同一关节的几块肌肉的活动，而一块肌肉可接受几个运动柱的控制。

运动区有下列的功能特征：①交叉性。除头面部多数肌肉以外，对躯体运动的调节支配具有交叉的性质，即一侧皮质主要支配对侧躯体运动。②精细定位性。具有精细的机能定位，即一定部位皮质的刺激引起一定肌肉的收缩。功能代表区的大小与运动的精细复杂程度有关，运动愈精细而复杂的肌肉，其代表区愈大，如手与五指以及发声部位所占的区域很大，而躯干所占面积则很小。③倒置性。即下肢代表区在皮质顶部，膝关节以下肌肉代表区在半球内侧面，上肢肌肉代表区在中间部，头面部肌肉的代表区在底部，但头面部代表区在皮质的安排仍是正立的（图 10–12）。运动区的前后安排为：躯干和近端肢体的代表区在前部(6 区)，远端肢体的代表区在后部（4 区），手指、足趾、唇和舌的肌肉代表区在中央沟前缘。

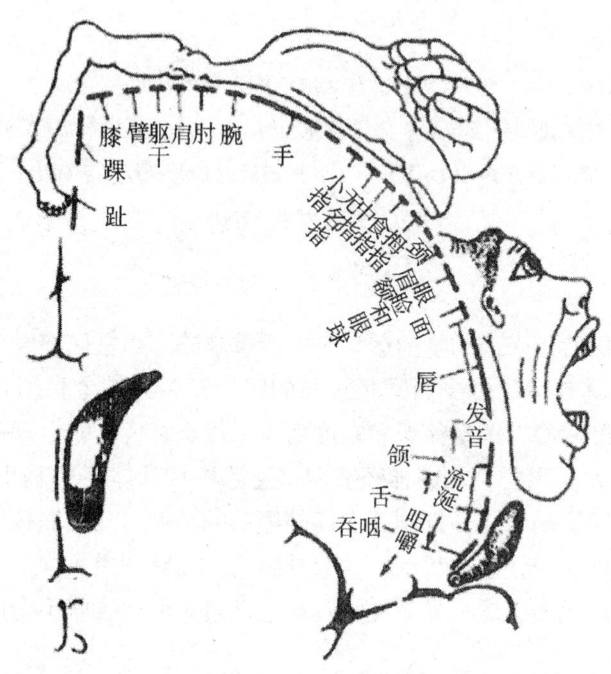

图 10–12　人类大脑皮质中央前回躯体运动代表区示意图

（自：Penfield）

第Ⅰ运动区，相当于 Brodmann 的 4 区，根据开颅手术时电刺激运动皮质引起的肌肉收缩反应，发现对侧身体部分各个部位肌群在第Ⅰ运动区的代表区呈头向下，背朝前的倒立人像，腿代表区位于半球向中间面的旁中央小叶。指、舌、面、趾等进行精细和精确动作的身体部位的代表区远大于身体其他部位，但体位代表区的区别并不很严格。第Ⅰ运动区主要与对侧身体，特别是肢体的运动控制有关。在猴第Ⅰ运动区内不到 10% 的传出神经元与其同侧肢体远端部分活动有关。

运动前区，相当于 Brodmann 的 6 区，运动前区在人类如何划分还未确定。其功能主要是接受来自不同皮质区的传入，特别与需要感觉信息监控的运动有关，参与运动的准备、计划。

运动辅助区位于两半球纵裂的内侧壁，扣带回沟以上，4 区之前的区域，电刺激该区引起的肢体运动一般为双侧性的。破坏该区可使双手协调性动作难以完成，复杂动作变得笨拙。第二感觉区，5、7、8、18、19 区都与运动有关。多年来都认为运动辅区是一单纯的皮质运动区，体位分布呈一侧卧像。头面部在吻端，腿区在尾端，躯背区位于扣带沟，手指代表区恰在半球背面。新近的研究确定，在皮质正中面的无颗粒皮质至少可分为 3 区：运动辅助区、前运动辅助区和辅眼区。严格定义的运动辅助区为传统运动辅助区的尾端部分，传统运动辅区的吻端部分为前运动辅助区，位于前运动辅区的外侧和吻端部分为辅眼区。目前认为，无论简单运动或复杂运动，自发的运动或信号触发的运动都激活运动辅区。运动辅区和皮质其他运动区参与启动各种运动的准备和执行序列运动。损害猴的两侧运动辅区后，动物在缺乏感觉信息的情况下不能恰当地选择运动形式。因此，运动辅区对作出适当运动反应的选择起关键作用。前运动辅区在对运动进行较高层次控制时激活，后部则参与控制相对较为简单的运动。辅眼区为背额皮质内侧缘的一个眼球运动区，它与半球外侧面的额眼运动区和脑干的各个眼运动中枢相连接。实验以微电极刺激辅眼区常诱发眼球会聚，或指向目标的扫视运动。

扣带运动区位于胼胝体背侧的 Brodmann24 区，前扣带皮质。前扣带皮质背部按身体定位分布的形式，发出纤维与第Ⅰ运动区和脊髓相连接，微量电刺激引起身体运动的部分与刺激点位置有关。Paus 等（1993 年）应用 PET 结合 MRI 对18 例正常人的研究，发现在受试者进行手、眼球或言语活动时分别激活前扣带皮质的不同部位，眼球运动激活前扣带皮质的吻部，手运动激活尾部，言语活动则激活前扣带皮质的中间背部和吻部。这与在猴所得体位分布结构相一致。他们认为，前扣带皮质通过促进恰当运动反应的执行和（或）抑制不恰当运动反应而参与对运动的控制。

（二）运动传出通路

由皮质发出，经内囊、脑干下行，到达脊髓前角运动神经元的传导束，称为皮质脊髓束（图 10-13）；而由皮质发出，经内囊到达脑干内各脑神经运动神经元的传导束，称为皮质脑干束。皮质脊髓束和皮质脑干束是发动随意运动的初级通路。在人类，皮质脊髓前束在种系发生上较古老，其功能是控制躯干和四肢近端肌肉，尤其是屈肌的活动，与姿势的维持和粗略的运动有关；而皮质脊髓侧束在种系发生上较新，其功能是控制四肢远端肌肉的活动，与精细的、技巧性的运动有关。上述通路发出的侧支和一些直接起源于运动皮质的纤维，经脑干某些核团接替后形成顶盖脊髓束、网状脊髓束和前庭脊髓束，其功能与皮质脊髓前束相似，参与对近端肌肉粗略运动和姿势的调节，而红核脊髓束的功能可能与皮质脊髓侧束相似，参与对四肢远端肌肉精细运动的调节。

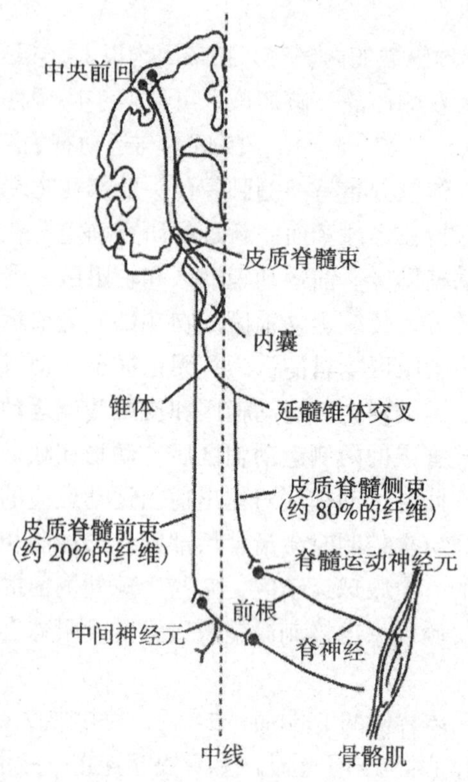

图 10-13 皮质脊髓束示意图

五、躯体运动协调的神经机理

运动中神经系统对人体功能需要进行必要的整合。一个随意运动，即使是最简单的随意运动，如伸手取物的动作，都需要三个复杂的过程。首先，辨认物体的形状和空间位置；其次，选择行动计划，决定身体何部位参与该动作及其运动方向；最后执行运动。运动计划制定后，命令由大脑皮质下行投射通路传送至脊髓运动神经元。该命令包括规定肌肉群（协调肌、拮抗肌）活动的时间顺序、肌肉收缩力的强度以及关节伸屈的角度。当手到达物体时，手腕、手和手指的位置如何按照物体的外形抓握它，以及肩和臂的协调等。在运动执行过程中，因负荷和阻力变化随时调整运动参数，才能完成预定的运动。为了对运动进行精细的控制，运动的编程和执行均需要不断地接受感觉信息，与此有关的感觉信号有两类：①是视觉、听觉、皮肤感觉冲动，提供有关运动目标的空间位置、运动目标和机体自身所在位置的相互关系的信息。②是关节和肌肉、前庭器官的传入冲动，提供有关肌肉长度和张力、关节位置、身体的空间位置等信息；这些传入信息对运动计划和运动执行的反馈调节是必不可少的。

运动中，神经系统对人体功能的整合是极其复杂的过程，运动类型、过程、条件与环境不同，神经系统整合的部位、形式与机制均不同。反射性运动是一类不受主观意识控制、运动形式固定、反应快捷的一类运动。节律性运动是一类几乎不受主观意识控制，大多可以自动完成的运动，因为运动区能被大脑皮质运动区的意向性指令所激活，使行走等节律性运动可以随意地启动和终止。意向性运动是在运动全过程中，受主观意识支配、形式较为复杂，既可由感觉信息又可由主观意向触发的运动。

同时，神经系统借助于各种传入刺激，通过分析综合及时发出相应的指令，通过植物性神经系统对各器官系统的活动进行整合，使人体心血管、内脏、内分泌系统等各器官的活动与躯体运动相匹配，表现出同时性和继时性的协调配合。

第八节　脑电图在运动实践中的应用

脑电活动来源于神经元的膜电位及其变化，神经冲动的传导和突触传递过程中产生的突触后电位。脑电活动有自发脑电活动和皮质诱发电位两种形式。脑电图和其他生物电等方法可对人体机能状态进行客观判断，如觉醒与睡眠的判断、疲劳状态等，在运动实践中具有重要意义。

一、脑电图及波形意义

在无明显刺激情况下，大脑皮质能经常自发地产生节律性的电位变化，这种电位变化称为自发脑电活动。将人脑的电活动经过头皮电极引导、放大并显示或记录下来的图形，称为脑电图（electroencephalogram，EEG）。在颅骨打开时直接记录到的皮质表面电位变化，称为皮质电图。脑电图记录方法与波形如下（图10-14）：

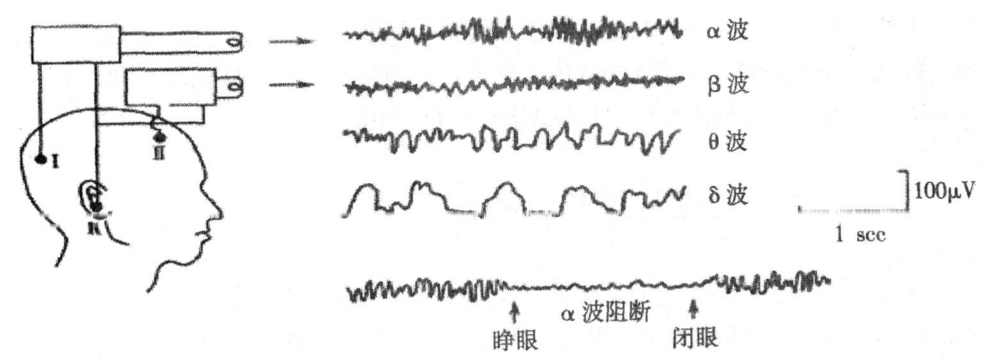

图 10-14　脑电图记录方法与正常脑电图波形

I 为枕叶引导电极安放位置、II 为额叶引导电极安放位置、R 为无关电极安放位置

α 波：频率 8~13Hz，波幅为 10~100μV，是成年人清醒安静闭目状态下的正常波形，在顶、枕区 α 活动最为明显，数量最多，而且波幅也最高。

β 波：频率为 14~30Hz，波幅为 5~25μV，成人活动时出现，在额、颞、中央区 β 活动最为明显；其指数约为 25%。

θ 波：频率为 4~7Hz，波幅为 20~100μV，表示大脑处于深挚思维或灵感思维状态，是学龄前儿童的基本波形，成年人瞌睡状态也会出现；出现在颞叶、顶叶。

δ 波：频率为 0.5~3Hz，波幅为 20~200μV，表示大脑处于无梦深睡状态，是婴幼儿大脑的基本波形，在生理性慢波睡眠状态熟睡时和病理性昏迷状态也会见到，见于颞叶、枕叶。

影响脑波的因素很多。正常脑波与年龄大小有密切关系，年龄越小，快波越少，而慢波越多，且伴有基线不稳；年龄越大，则快波越多，而慢波越少。但是，在 50 岁以后，慢波又继续回升，且伴有不同程度的基本频率慢波化。脑波更受到意识活动、情绪表现以及思维能力等精神因素的影响。

α 指数（α 波占全部脑波百分比，安静、闭目时为 75%）可以作为情绪表现的指标。情绪稳定而思维广博的人，α 指数较高；情绪不稳定而狭隘偏激的人，α 指数则甚低。α 波在清醒、安静并闭眼时出现，易受外界刺激干扰。在睁眼时，α 波会减弱或消失，即便是在黑暗的环境中，睁眼也会如此，这一现象称为α 波阻断（α-block）。当人处于"怎么""什么""为什么"的惊疑状态时，由于网状结构上行激活作用的增强而导致去同步化，所以 α 活动也会受到抑制；若外界刺激持续存在，它又可以逐渐恢复。α 波的峰与两侧的谷大体上可连成为等腰三角形，若峰顶向左或右移位，破坏了等腰形态，则提示中枢处于疲劳状态。α 活动可以反映一个人的某些心理品质。如 α 节律优势者，易于与人合作。

β 波不受睁、闭眼的影响。在睁眼视物、情绪紧张、焦虑不安、惊疑恐惧或服用安定等药物时，β 活动急剧增多。β 节律优势的人常表现为：精神紧张、情绪不稳、感情强烈、易于冲动、固执已见、不受约束、善于独立地执行任务；长于抽象思维，喜欢依靠"推理"解决问题，还表现出持久力差，易于疲劳的特点。

随着科学技术手段的创新，新的脑电图处理技术也不断出现。为了进一步研究脑电信号的生理、病理与心理学意义，一些学者发明了脑波处理技术，其技术的核心，是将不同的脑波信号——频率或波幅的数值变化转变为图像显示，可以比较直观地显现大脑的功能状态。如脑电地形图技术、脑涨落图（ET）和脑像图（EEQG）技术等。

二、运动员脑电图记录与分析

记录运动员的脑电图，鉴于运动员的大脑改变多属功能性变化，以及为适应运动现场的记录，采用由前至后的前额、中央、顶部及枕部左右两侧共 8 个导联已足够，一般应有运动区（中央区）和枕区的记录。

除记录安静时的脑电图外，运动医学实践中也常使用各种诱发方法，如：

1. 闪光刺激。不同频率（6、8、10、12……24 和 30 次 / 秒）的闪光刺激能够使运动员产生不同节律的同步化反应。而大脑生物电的重建反应（即节律同步化）取决于皮质神经细胞的灵活性，也反映出中枢神经的功能状态。

在一般情况下，运动员只对 8~16 次 / 秒的闪光有同步化反应。然而在良好训练状态中，大多数运动员对同步化的范围可增大至 24 次 / 秒。若训练程度不足，则仅有每秒数次的同步化。过度疲劳者不出现同步化的增高，有时甚至降低。对闪光刺激频率同步化的增高，认为是脑神经细胞群的灵活性加强和脑干网状结构对闪光节律反应扩散作用加大引起。对节律同步化的程度是评价大脑机能的指标之一。

2. 过度换气（HV）试验。要求受试者以 25~30 次 / 分的频率大口呼吸 3 分钟，同时描记脑电图。过度换气会导致动脉二氧化碳分压降低。资料表明，二氧化碳分压从正常值下降 1 mmHg 就会使脑血管收缩而致脑血流减少，此时脑组织对短暂缺氧变得不易耐受而诱发出大量慢波。过度换气诱发的大量慢波或高波幅慢波，在过度换气停止 30 秒以后仍持续出现者，在临床上认为有病理意义。有实验证明，在严重低氧的情况下，运动员在脑电图上出现的慢波比平时体力锻炼少的人要少得多。

运动员脑电图中 30Hz 以下的波临床意义较大，是分析的重点。一般常规测算脑电图中各波在一定记录时间内的百分比（可以指数值表示，如 a 指数是评价脑功能的重要指标之一，即测定以每秒 3 厘米低速记录的脑电图在 1 米内 α 波所占的百分率）及波的振幅高低、节律的调节、左右侧的对称性、各脑区出现不同时相波的规律性等，在综合诊断上并参考临床的分类法，定为正常、正常范围、边缘状态、轻度不正常、中度不正常及重度不正常诸等级。由于个人的脑电图之间存在有个体差异，因此在评定上除作横向比较外，更应着重纵向比较，即连续追踪观察。

近二十年来，脑电图的电子计算机分析技术的应用已日益广泛，这使得脑电图的分析过程更为快速、准确、客观，并能综合多种信息。脑电图的计算机分析方法很多，但其中最基本和使用最多的仍首推自功率谱（Power spectrum）计算法，该法是通过对脑电波的快速傅里叶变换计算，得到其中各次谐波成分的大小，也即从频域上观察脑电波的分布情况。

虽然脑电波有个体差异（正常人中约有 8%~16%脑电波是异常的），但每个人在标准状态下记录的脑电波在相当长的时期内是差别甚小和稳定的。尤其是运动员的脑电变化多系暂时和功能性的，通过自身对比来加以判断就更为重要。国家体育总局科研所曾采用频域差值判别法（计算本人先后对比的两次脑电波功率谱中有关参数的差值的大小）来区分运动员出现过度训练状态时的脑电图，显示了较好的效果。采用自身比较是评定运动员脑电图的发展趋势。

目前，脑电图在运动训练中的应用主要用于：诊断脑损伤、运动负荷的监控、运动员过度训练状态的诊断、运动员选材、用于特殊项目（登山运动）训练监控、心理及其他方面等。

对运动员中枢神经系统的机能评定并找出有关的客观指标的研究，近年来开展得更广泛深入了。如日本把登山运动员的脑电图作为神经系统的评定指标。美国使用脑电图计算机技术研究射箭运动员，发现优秀射手在反映视觉定位的脑区上，其脑电波幅明显增高，并与射箭的命中率及准确度有关，提出这不仅可用于选材，还认为对此脑区加强训练，能够有益于提高瞄准的精度。

随着电子技术的发展，已使运动员在训练或比赛中进行脑电图遥测记录成为可行。国外现有成套的商品生产，我国也曾自行开发了这类仪器，并已成功地用于飞行训练中的脑电图监测研究。遥测脑电图仪技术上分为有线和无线记录两类，前者是由受试者自携一台微型信号放大器和盒式记录机，以直接获取其一定时间内的脑电波；而无线记录是由受试者携带一台信号无线电发射仪，由在一定距离外的管理人员接收和记录。由于运动中的强烈振动和肌电干扰等影响，运动现场遥测脑电波的应用，目前尚有一定的限制。但国外在橄榄球和拳击比赛中的遥测脑电波的记录已有研究报道。未来遥测技术在射击、自行车、划船、长跑、竞走、登山等项目中，对运动员进行实地的脑电图研究和机能诊断及选材等将呈现广泛的应用前景。

【小结】

1. 神经元是神经系统的基本结构和功能单位。神经系统活动的基本方式是反射，其活动的基本过程是兴奋与抑制。

2. 突触是神经元与神经元之间联系的方式，一个神经元可以与多个神经元形成突触。

3. 神经系统是控制和协调全身各种功能活动的主要调节系统。肌肉运动主要由脊髓、脑干和大脑皮质三级调控，并由小脑和基底神经节进行监控，使人体运动功能和植物性神经系统的功能整合协调一致，对体内外环境变化做出迅速而完善的适应性反应，满足当时生理活动的需要，以维持整个机体的正常生命活动。

4. 脑的高级功能是运动动作技能的学习、记忆与控制的神经生理学基础。在体育教学和运动训练中，教师的示范动作可以作为第一信号，语言讲解则被认为是第二信号。正确地运用动作示范和语言讲解，充分发挥第一、第二信号系统的作用，可产生良好的教学效果。

5. 睡眠与觉醒的昼夜周期性交替是人类生存的必要条件。通过睡眠，可以使人的精力和体力得到恢复，保持良好的机能状态。

6. 脑电图和其他生物电等方法可对人体机能状态进行客观判断，如运动负荷、运动疲劳状态等监控，在运动实践中具有重要意义。

【思考题】

1. 牵张反射有哪些特点？举例说明它在运动中的意义。
2. 状态反射的规律是什么？举例说明它在完成一些运动技能时所起的重要作用。
3. 举例说明交互抑制及其在动作协调中的作用。
4. 试述人体运动时神经系统对躯体运动和植物性功能的整合效应。

应用篇

第十一章

运动技能

【提要】

本章主要介绍运动技能的基本概念、运动技能的生理本质和运动技能形成过程，并进一步分析影响运动技能形成和发展的主要因素。

第一节 运动技能的概念和生理本质

一、运动技能的基本概念

运动技能（motor learning）是指人体在运动中掌握和有效地完成专门动作的能力。这种能力包括大脑皮质主导下的不同肌群间的协调性。换言之，运动技能也就是指在准确的时间和空间内大脑精确支配肌肉收缩的能力。这需要用精确的力量和速度依一定的次序和时间去完成所需要的动作。

运动技能与我们平时所说的运动技术和运动技巧是既有区别又有联系。其中运动技术（motor technique）是人们按身体运动的规律所确立的运动的合理手段。运动技术，如人的跑、跳、投、拉、推等基本技术，是运动技能的基本结构。运动技巧（motor skill）是技能的高级阶段，是高度自动化的技能，技巧动作的完成在时间上、空间上各方面都已达到高度熟练自动化的程度。

二、运动技能的分类

运动技能可分为闭式和开式两类。

闭式运动技能特点是：①完成动作时，基本上不因外界环境的改变而改变自己的动作；②在运动结构上多属周期性重复动作；③完成动作时，反馈信息只来自本体感受器。多数单人项目运动属于闭式运动技能，如田径、游泳、自行车等项目。

开式运动技能特点是：①完成动作时，往往随外界环境的改变而改变自己的动作；②在运动结构上表现出多样性或非周期性特征；③完成动作时，由多种分析器参与工作，并综合总的反馈信息。其中往往以视觉分析器起主导作用。对抗性项目属于开式运动技能，如球类、击剑、摔跤等项目。一般来说开式运动技能比闭式运动技能的动作复杂。

闭式运动技能与开式运动技能的比较见表 11-1。

表 11-1 闭式运动技能与开式运动技能比较

分类	闭式运动技能	开式运动技能
时序特征	严格的时序性	随外界环境改变而改变
动作结构	周期性	非周期性（多样性）
反馈信息源	本体感受器	多种分析器

三、运动技能的生理本质

运动技能是在大脑皮质指挥下由骨骼肌参与的随意运动。与本能不同，是在后天生

活中学习而形成发展起来的。所谓随意运动（voluntary movement）就是指受意识支配的肌肉收缩活动。

（一）运动条件反射的形成与运动技能

1. 人随意运动的反射本质

谢切诺夫曾提出："一切随意运动，严格地讲，都是反射。脑活动的一切外部表现，确实都归结为肌肉运动。"其生理机理被认为是，人的随意运动是从感觉开始，以心理活动为中继，以肌肉的效应活动而告终的一种反射。以后巴甫洛夫在《所谓随意运动的生理机制》一文中阐明，随意运动的生理机理是暂时性神经联系。他用狗建立食物—运动条件反射证明，大脑皮质动觉细胞可与皮质所有其他中枢建立暂时性神经联系，包括内、外刺激引起皮质细胞兴奋的代表区。随意运动的生理机理是以大脑皮质活动为基础的暂时性神经联系。因此，学习和掌握运动技能，其生理本质就是建立运动条件反射的过程。

2. 人运动条件反射形成的生理机理假说

人体具有许多与运动有关的简单非条件反射活动，如牵张反射、状态反射、防御反射等。人形成运动条件反射的过程是在这些非条件反射的基础上，通过视觉、听觉、触觉和本体感觉与条件刺激物多次结合，就形成了简单的运动条件反射。在大脑中，与条件反射相关的中枢之间建立起了暂时的神经联系。

人形成运动技能就是形成复杂的、连锁的、本体感受性的运动条件反射。

运动技能与一般运动条件反射的区别是：

(1) 复杂性　有多个中枢参与形成运动条件反射活动（运动中枢、视觉中枢、听觉中枢、皮肤感觉中枢和内脏活动中枢）。

(2) 链锁性　反射活动是一连串的，一个接一个。前一个动作的结束，便是后一动作的开始，具有严格的时序特征。

(3) 本体感受性　在反射过程中，肌肉的传入冲动（本体感受性冲动）起重要作用，没有这种传入冲动，条件刺激得不到强化，这个复杂过程的条件反射就不能形成，运动技能就不能掌握。因此，形成运动技能就是建立复杂的、连锁的、本体感受性的运动条件反射。

大脑皮质运动中枢内支配的部分肌肉活动的神经元在机能上进行排列组合，兴奋和抑制在运动中枢内有顺序地、有规律地、有严格时间间隔地交替发生，形成了一个系统，成为一定的形式和格局，使条件反射系统化。大脑皮质机能的这种系统性就称为是运动动力定型。因此可以更确切地说，运动技能的形成就是建立运动动力定型的结果。

运动动力定型越巩固，就越能轻松自如地完成动作。运动动力定型建立的越多，动力定型的改建就越容易，大脑皮质的机能灵活性也越高。大脑机能的可塑性表现为，在

一定的条件下，新的运动动力定型可以取代旧的运动动力定型。运动实践证明，基本技术掌握的越多、越熟练，不仅学习新的运动技能越快，而且运动技术能运用自如，在实践中才会有丰富的创造力，形成独特的技术风格。

（二）运动技能的信息传递与处理

从信息处理过程来看，将人看成是信息处理器，人对外界环境的刺激发生反应，就是信息处理过程。运动技能的学习也可以看成是这样一个过程（图 11-1）。

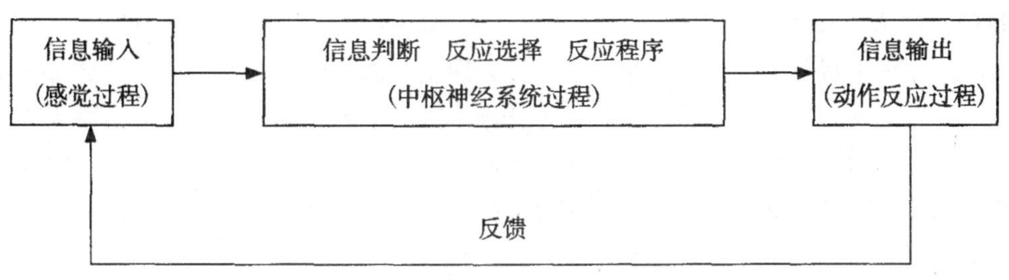

图 11-1　信息的输入至输出过程模式图

形成和再现运动技能的信息源（刺激）来自体外和体内两个方面。体外信息源来自教学过程中。教师发出信息（包括信息的形式、强度、数量等）传输给学生（传输手段包括讲解、示范、录像等）；学生通过感觉器官，经大脑皮质分析综合形成初步的概念。体内信息源来自大脑皮质一般解释区。大脑的一般解释区是由躯体感觉、视觉和听觉的联合区组成，位于颞叶后上方、角回的前方，具有各种不同的感觉体验和分析能力。信号是由这里转移到脑的运动部位以控制具体的运动。

第二节　运动技能的学习进程

运动技能的形成，是由简单到复杂的过程，并有其建立、形成、巩固和发展的阶段性变化规律。只是每一阶段的长短，随动作的复杂程度而不同。一般说来，可划分为相互联系的三个阶段或称三个过程。

一、泛化阶段

学习任何一个动作的初期，通过教师的讲解和示范以及自己的运动实践，只能获得一种感性认识，对运动技能的内在规律并不完全理解。由于人体内外界的刺激，通过感受器（特别是本体感觉）传到大脑皮质，引起大脑皮质细胞强烈兴奋，另外因为皮质内分化抑制尚未确立，所以大脑皮质中的兴奋与抑制都呈现扩散状态，使条件反射暂时联系不稳定，出现泛化现象。这个过程中肌肉工作的表现往往是动作僵硬，不协调，不该收缩的肌肉收缩，出现多余的动作，而且做动作很费力。这些现象是大脑皮质细胞兴奋扩散的结果。在此过程，教师应该抓住动作的主要环节和学生掌握动作中存在的主要问题进行教学，不应过多强调动作细节，而应以正确的示范和简练的讲解帮助学生掌握动作。

二、分化阶段

在不断的练习过程中，初学者对该运动技能的内在规律有了初步的理解，一些不协调和多余的动作也逐渐消除。此时，大脑皮质运动中枢兴奋和抑制过程逐渐集中。由于抑制过程加强，特别是分化抑制得到发展，大脑皮质的活动由泛化阶段进入了分化阶段。因此，练习过程中的大部分错误动作得到纠正，能比较顺利地、连贯地完成完整动作技术。这时初步建立了动力定型。但定型尚不巩固，遇到新异刺激（如有外人参观或比赛等），多余动作和错误动作可能重新出现。在此过程中，教师应特别注意错误动作的纠正，让学生体会动作的细节，促进分化抑制进一步发展，使动作日趋准确。

三、巩固与自动化阶段

（一）巩固阶段

通过进一步反复练习，运动条件反射系统已经巩固，达到建立了巩固的动力定型阶段，大脑皮质的兴奋和抑制在时间和空间上更加集中和精确。此时，不仅动作准确、优美，而且某些环节的动作还可出现自动化，即不必有意识去控制而能完成动作。在环境条件变化时，动作技术也不易受破坏。同时由于内脏器官的活动与动作配合协调，完成练习时也感到省力和轻松自如。

形成运动技能的三个过程是相互联系的，各过程之间并没有明显的界限。训练水平高的运动员在学习掌握新动作时，泛化过程很短，对动作的精细分化能力强，掌握运动技能快。初学者在学习新动作时，泛化过程较长，分化能力较差，掌握动作较慢。动作越复杂，泛化过程就越明显，分化的难度也就越大，形成运动技能所需要的时间就越长。

但是，动力定型发展到了巩固过程，也并非可以一劳永逸。一方面，还可在继续练习巩固的情况下精益求精，不断提高动作质量，使动力定型更加完善和巩固；另一方面，如果不再进行练习，巩固了的动力定型还会消退，动作技术越复杂，难度越大，消退得也越快。在此过程中，教师应对学生提出进一步要求，并指导学生进行技术理论学习，更有利于动力定型的巩固和动作质量的提高，促使动作达到自动化程度。

（二）动作自动化现象

随着运动技能的巩固和发展，暂时联系达到非常巩固的程度以后，动作即可出现自动化现象。所谓自动化，就是练习某一套技术动作时，可以在无意识的条件下完成。其特征是，对整个动作或者是对动作的某些环节，暂时变为无意识的。例如，走路是人类自动化的动作，在走路时可以谈话、看报，而不必有意识地想应如何迈步，如何维持身体平衡等。又如熟练的篮球运动员在比赛时，运球等动作往往也达到自动化程度。

对自动化动作的生理机理的解释，是以巴甫洛夫所揭示的高级神经活动的基本规律为基础的。人类一切随意运动都必须在大脑皮质参与下方能实现。但是在大脑皮质参与下所实现的机体反应活动并不一定都是有意识的。换言之，在无意识完成自动化动作时，仍然要在大脑皮质参与下才能实现。在皮质参与下所实现的有机体的反应，有的是有意识的，有的可以是无意识的。

巴甫洛夫在分析有意识和无意识的生理机理时认为，只有在当时条件下具有最适宜兴奋的皮质部位所完成的活动才是有意识的。通过这种部位最容易建立新的暂时联系，也最容易形成新的分化相。当运动技能达到第三过程后，动作各环节的条件反射已逐步达到巩固过程。凡是已巩固的动作可以由皮质被抑制的区域或兴奋较低的区域来完成。

此外，在运动技能已经巩固的时候，第一和第二信号系统之间的联系，已经成为运动动力定型的统一机能体系。第一信号系统的兴奋可以选择性地扩散到第二信号系统，所以运动员可以精确地意识到自己所完成的动作，并可以用语言将完成动作的情况表达出来。

当动作出现自动化现象时，第一信号系统的活动已经从第二信号系统的影响下相对地“解放出来”。完成自动化动作时，第一信号系统的兴奋不向第二信号系统传递，或者只是不完全地传递，这时的动作是无意识的，或是意识不完全。

自动化动作也并不是永远无意识进行的，当接受外界刺激异常时，大脑皮质的兴奋就会提高，对自动化动作又会产生意识。例如，在悬崖上行走时，步行就成为有意识的了。此外，当运动员想要体会自己动作的某环节或肢体的某部分动作时，对这些动作则产生意识。例如，有训练的游泳运动员在加速前进游时，若注意腿的用力，这时支配腿部肌肉的运动中枢则处于最适宜的兴奋状态，腿的动作就能意识到，而此时两臂的动作则成为无意识的。当快达到池边时，运动员开始注意手的动作，适宜的兴奋性就转移到支配手臂的相应皮质运动中枢，而腿的动作则改为无意识的了。

动作达到自动化后，第二信号系统的活动就可摆脱第一信号系统的束缚，随着外界环境的复杂化，能更灵活地调整全身活动。例如，篮球运动员对基本动作掌握熟练技巧后，根据比赛时的复杂变化，第二信号系统的活动可以专注于战略战术的变化。此时，运动员常能将各种已熟练的单个技术组成联合的动作，来适应当时比赛条件的要求。

要想提高运动成绩，必须使动作达到自动化程度，但不应认为动作达到自动化后，质量就得到保证。虽然动力定型已经非常巩固，但由于进行自动化动作时，第一信号系统的活动经常不能传递到第二信号系统中去。因此，如果动作发生少许变动，也可能一时未觉察，等到一旦觉察，可能变质的动作已因多次重复而巩固下来。所以，动作达到自动化以后，仍应不断检查动作质量，以达到精益求精。

正如上述，在体育运动实践中，运动技能形成过程并不是截然划分的，而是逐渐过渡的，各过程的出现和持续时间的长短，受许多因素的影响，既与教学方法、训练水平有关，又与学生学习的积极性和目的性有密切关系。

第三节 影响运动技能学习发展的因素

一、动机与大脑皮质机能状态对运动技能发展的影响

（一）动机

人们的一切行动都是受一定目的支配的。这种支配人们行为的目的，称为动机。动机是行为的发端。美国心理学家摩尔根（Morgan）和金（king）1966年把动机和行为的关系归结为一个由三种因素组成的一个循环链（图11-2）。即：内环境刺激（生理心理需要）和外环境刺激→引起动机状态→产生动机行为→达到满意状态→不满意可再激起新动机。动机状态由内环境或外环境的刺激所引起。内环境的刺激包括生理的需要（学生持续学习时间长了以后，感到头昏脑涨，决定休息一下或到室外去活动活动）和心理的需要（如有的学生想当优秀运动员而积极参加体育锻炼，有的学生希望自己的身体更加健美而积极参加体育锻炼）。外环境的刺激，如天气热，出汗多，因而想喝水或找个阴凉的地方。又如学校规定体育不及格，不能评为“三好”学生，而激发了学生的锻炼热情等。当然内、外环境的刺激也是可以转化的。例如，有的学生开始并不愿参加体育活动（未激起动机状态），经过老师的启发诱导（外环境的刺激），提高了对参加体育锻炼的意义的认识（转化），从而引起了自觉参加锻炼的需要（内环境的刺激）。动机的形成是循环的第一阶段。动机形成后导致行为的产生，循环即进入第二阶段。行为结束后，循环进入第三阶段，即满意阶段。此时出现两种情况，一种是行为已达到目的，而结束这一循环；另一种行为未达到或未完全达到目的，即不满意或不满足，因而再次激起动机，产生新的行为而进入第二次循环，直至达到满意为止。在某些条件下，也可能是产生负效应。关键是要努力促成正效应。

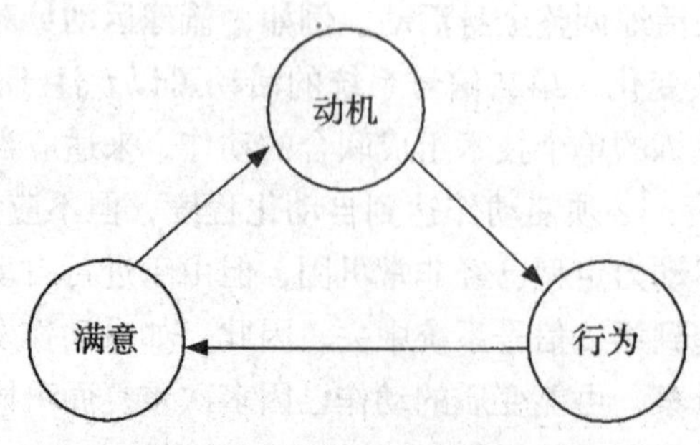

图11-2 动机行为循环图

（引自：Morgan and King，1966）

（二）动机与运动技能形成的关系

动机与运动技能的形成和运动成绩的提高及表现的关系是很复杂的，它们之间并不呈线性关系。有人认为动机强烈，运动技能的形成就越快或运动成绩就越好。但实际上并非如此，它们之间呈现出倒U字形的曲线关系（图11-3）。在学习与比赛条件相同的情况下，学生如果处于最佳动机水平，所取得的学习效果与比赛成绩最好，如果动机水平过高或过低，学习和比赛都不可能获得理想的结果。例如，有些学生平时学习成绩不错，但一到测验、比赛时，就由于紧张，想得太多，使得动机太强，而不能表现出自己的原有水平。这种情况在一些优秀运动员身上也经常出现。为此，在教学、训练和比赛中，教师要善于调整学生的动机状态，使之处于最佳水平。

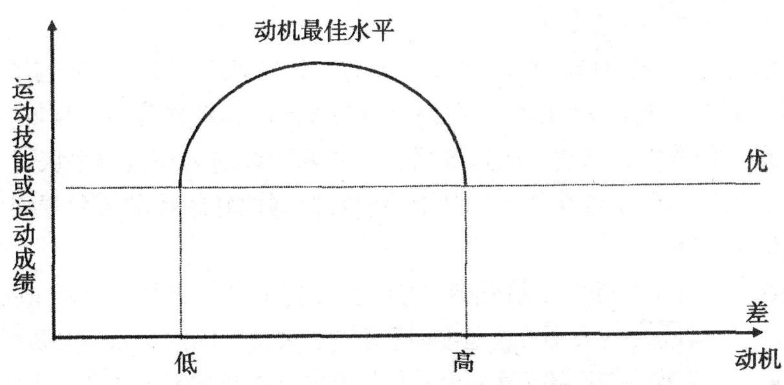

图11-3　动机和运动技能形成的关系图

（引自：Morgan，1966）

此外，与动机密切相联系的一个因素是抱负，也是直接影响着运动技能的形成和发展。抱负水平（level of aspiration，LOA）是指一个人在从事某种活动之前，希望自己的活动结果达到什么水平。抱负水平受个人经验与真实水平以及社会环境等条件的制约。因此，在为自己的行为结果预订指标时，必须从主客观的实际情况出发。抱负、动机和运动技能的形成及运动成绩之间都有密切的联系。如果学生动机处于最佳状态，抱负水平较高，其获得的学习效果和运动成绩较理想。一般而言，抱负水平越高，所激发出来的学习欲望、积极性就越高，运动技能的形成就越快，学习过程所需要的时间就越短。

（三）大脑皮质的机能状态与运动技能形成

大脑皮质机能状态在运动技能形成过程中起着重要的作用。大脑皮质兴奋性过高或过低都会影响正常运动技能水平的发挥。本世纪初期美国的耶克斯（Yekes）和多德森（Dougdsen）发现应激水平与运动技能水平之间呈倒U关系（图11-3）。适度的应激水平可使运动技能的发挥达到最高水平。

疲劳可以导致应激水平的降低，赛前紧张可以导致应激水平的升高。通过调整赛前状态和准备活动可以使应激水平达到最佳状态。

二、身体素质对运动技能发展的影响

体育运动的发展和提高，要求人们有良好的身体素质和运动技术水平。身体素质的发展，在于人体机能能力的不断扩大和增强，而运动技能水平的提高，在于运动技术的不断改进和创新，这就对运动员身体素质的要求也越来越高。身体素质与运动技能是相辅相成的，身体素质是运动技能的基础，身体素质的提高为进一步改善运动技能打下良好的基础；随着运动技能水平的提高，同时身体素质也会得到发展。

从运动技能形成的生理依据来看，协调素质、柔韧素质、力量素质、平衡素质、灵敏素质等与运动技能的关系密切。

协调性是指人体各肌肉群同步活动的能力，如伸肌和屈肌、上肢与下肢、躯干和肢体等。协调素质的作用是可以保证在完成运动技能时，动作省力、流畅、准确、快速、优美的效果。如拳击、球类、柔道等项目，协调性好的运动员出手快、反应快、发力快，动作如闪电；而在体操、体育舞蹈等项目协调性好的运动员会表现出动作张弛有致、舒展优美的特点。

柔韧素质是完成大幅度运动技能和快速运动技能的先决条件，能否完成大幅度运动技能取决于关节活动范围的大小，这是柔韧素质的首要决定因素。如果柔韧素质不好首先会导致不利于学习某些动作，甚至达不到动作技能的基本要求，如体操、武术、跨栏等；其次在学习动作时容易受伤；另外也会限制技能的发展前途，如无法更好的在艺术体操、花样滑冰、花样游泳、自由体操等项目表演中完成更大幅度、更轻松、更具表现力的动作。

完成任何技术动作，无论从动作开始、动作过程到最后动作完成，保持身体平衡都是基本的前提条件。平衡素质受前庭器官、视觉、肌肉本体感觉及肌肉力量等因素影响。在运动技能中即有单双足站立、手倒立等静态的平衡，也有滑冰、游泳、跨栏、跳高过杆等动态平衡，还有体操、武术的落地生根般的技巧性平衡。

灵敏素质是指运动员迅速改变体位、转换动作和随机应变的能力。对于对抗性项目来说灵敏素质是一项相当重要的运动能力，甚至是决定胜负的关键，如足、篮球的带球过人，拳击、跆拳道的躲闪等。灵敏素质主要是由神经系统机能，尤其是兴奋与抑制转换的能力决定的，同时其他身体素质，如力量、速度、柔韧等也影响着身体快速改变体位和转换动作的能力。

三、感觉机能与反馈对运动技能发展的影响

（一）感觉机能在运动技能形成中的作用

运动技能的形成过程，就是在多种感觉机能的参与下，同大脑皮质动觉细胞建立

暂时性神经联系的过程。特别是本体感觉，对形成运动技能具有特殊意义。人体各种感觉都可使肌肉产生正确的肌肉感觉，没有正确的肌肉感觉就不可能形成运动技能。所以在运动实践中只有勤学苦练，反复实践，才能建立精确的分化，区别正确动作和错误动作的肌肉感觉，才能巩固正确动作，消除错误动作。

视觉在学习某些运动项目的技能中起着主导作用，如球类运动、射击等运动项目。就是在一些人们认为视觉不起主要作用的项目中，实际上视觉也在起着主导作用。例如，先让受试者睁眼做单腿站立，可以看到受试者能保持的时间较长。然后，让受试者闭眼再做同样的动作，发现受试者只能维持很短的时间。这就说明视觉在影响着肌肉的调节平衡能力。同样，视觉在肌肉的协调活动、准确性、韵律感等方面也起着不可忽视的作用。视觉的主导作用，不仅要在竞赛时才想到，而是在平时训练中就应当看成为动力定型的一部分。比如在单杠上做大回环旋转后，落地的一刹那，要想站稳，就一定要双眼看到某一固定的位置，借助视觉保持平衡。如果平时不注意这方面的练习，比赛时就很难发挥出高水平。

在体育教学和运动训练中，还应充分发挥听觉与本体感觉间的相互作用，建立正确动作的频率和节奏感。如中长跑运动员在练习中，常常随着有节奏的声响调节跑的频率，建立跑的正确节奏；教练员经常在跳远运动员助跑起跳练习时击掌打出合适的节奏指导运动员的动作；体操运动员常用音乐伴奏，以增强体操运动员的节奏和韵律感，加速动作的掌握。

在体育教学和训练中充分发挥位觉与本体感觉间的相互作用，也会加速运动技能的形成。随着运动技术的提高，运动员在空中完成翻腾或旋转动作时，对位觉空间三维（上下、左右、前后）的适应能力要求很高。只有本体感觉对时间和空间的感知具有精确的分化，才能在空中完成复杂的动作。如体操、跳水运动员为尽快掌握空中动作，往往先降低高度或用保护带，进行反复练习，使运动员体会和建立空间三维感觉，来增强位觉机能敏感性。

在体育教学和训练中也要充分发挥皮肤感觉与本体感觉间的相互作用，以建立正确的动力定型。如初学爬泳者下肢打水的幅度不是过大，就是过小，为了尽快掌握正确的动作幅度，可用一个限制圈控制下肢打水的幅度，通过皮肤的触觉，消除下肢动作幅度过大或过小，强化正确的本体感觉。又如运动员推铅球时，在铅球出手的瞬间容易出现左肩后撤的错误动作。这时教师可在学生推球出手的瞬间，用手顶住学生的左肩，以帮助学生体会正确的肌肉感觉，形成正确动作。

在教学过程中，如果学生不能独立完成，教师可以用助力帮助学生完成动作，使学生获得完成动作时的肌肉感觉。有时采用减小难度的方法，如高杠上的体操动作完不成，可先在低杠上做，学生能在低杠上完成动作获得正确的肌肉感觉后，再到高杠上就容易掌握了。因此，在练习中设法使学生获得正确的肌肉感觉，对建立运动条件反射起着有力的强化作用。

如上所述，在形成运动技能时，除视觉、听觉、位觉、皮肤感觉起重要作用外，同时也与内脏感觉机能有着密切的联系。在完成任何动作时各感觉机能都同时起作用，只不过根据运动项目的特点，对某一种感觉机能要求更高一些。所以在运动实践中，要尽量多实践，充分发挥各感觉机能作用，以便有效地加速运动技能的形成。

（二）反馈的概念与分类

控制论创始人维纳认为：反馈是输出信息的一部分，又返回到输入信息中去，通过伺服机构调整，使再次输出的信息更为精确。通俗讲，反馈就是效应器在反应过程中产生信息又传回控制部分，并影响控制部位的功能（图11-4）。

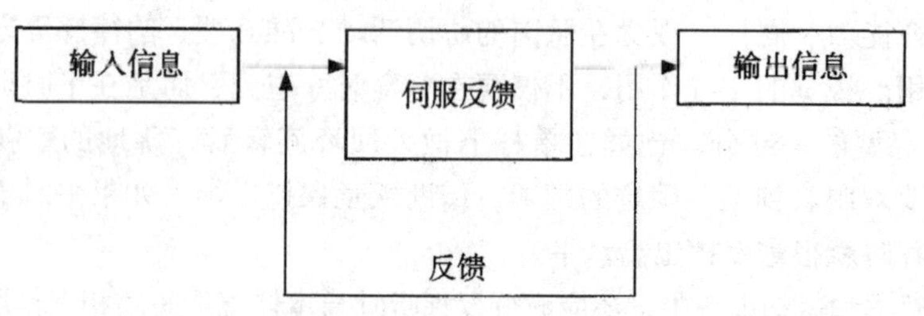

图 11-4 反馈信息图
（引自：Pleasant，1980）

在运动技能形成的反馈通道中，小脑起着耦合器的作用，肌肉收缩时本体感受器将肌肉收缩的情况及时传向小脑，与此同时大脑皮质的指令信息也到达小脑，在小脑耦合，两种信息通过比较，了解实际完成的动作偏离目标的程度，然后由小脑红核发出信息，经丘脑外侧核，返回到大脑皮质发出指令的代表点，从而及时发出纠正动作的指令信息（图 11-5）。因此在体育教学训练中，首先必须使学生建立正确的动作概念，才有可能准确地自我纠正错误动作。

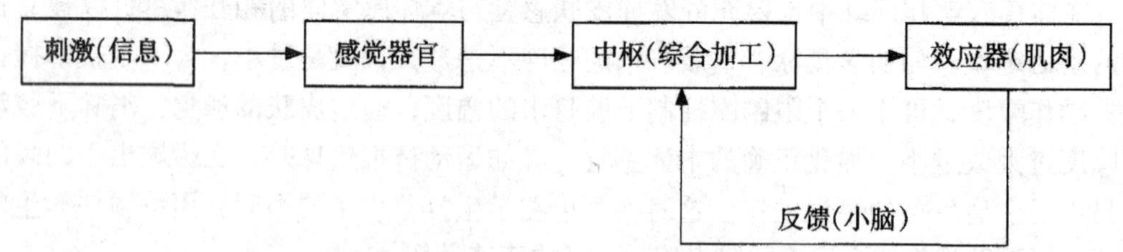

图 11-5 运动技能形成的信息反馈通道

生理学根据反馈效果将反馈划分为：正反馈和负反馈。正反馈的作用是通过反馈信息加强控制部位的活动。负反馈的作用是通过反馈信息抑制反馈部位的活动。在运动技能学中，根据不同信息来源又可将反馈划分为：固有反馈和非固有反馈（图 11-6）。

固有反馈指由所要完成动作练习本身所提供的信息的反馈。例如，篮圈、箭靶等给练习者提供瞄准信息，这是动作练习本身要求所固有的。

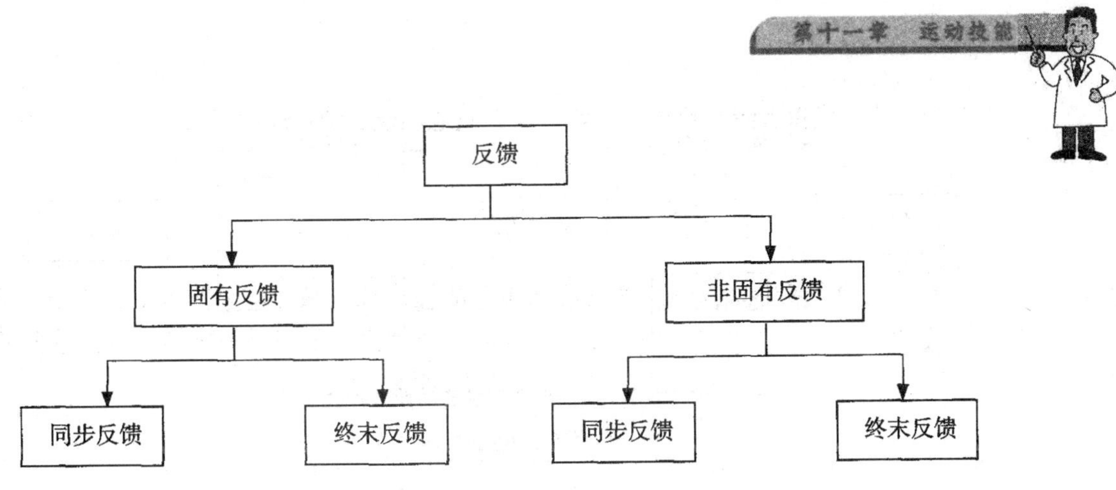

图 11-6 运动技能反馈分类图

(引自：Rusia，1966)

非固有反馈指练习者在进行练习过程中或练习后，为了更准确地完成动作，由外部提供信息的反馈。例如，教师或教练员用语言、动作或某种机械刺激来提示练习者如何完成或改进动作。这是动作练习本身非固有的反馈。

固有反馈和非固有反馈可分为同步反馈和终末反馈。同步反馈指练习者在整个练习过程中，根据各种感受器所提供的反馈信息，来决定自己的动作。例如，乒乓球练习者，根据对方来球的速度、旋转、落点等来决定自己的步伐移动与回击的方向。终末反馈指动作结束后即刻产生的反馈。例如，篮球的投篮动作，只能在完成投篮动作的一刹那，才能从投中与否中分析出用力方向、用力大小、出手角度与时间等掌握得是否准确等原因。

了解反馈分类的意义是体育教师应分清所教的某一技术主要是属于哪一类的反馈信息，采取相应的教法，去解决不同的教学、训练问题，以提高反馈信息的强化作用，来提高动作质量。

(三) 反馈在运动技能发展中的作用

1. 提供信息

美国心理学家阿塔姆斯（Atamnse，1971）认为，反馈的主要作用是提供信息而不是强化。玛契尼克（Matenik，1976）对利用反馈信息提高动作质量的看法是：最初是固有的或非固有的反馈，经过伺服机构调整以后，产生了一个新的信息，然后再通过新的信息去纠正错误动作，从而提高了动作质量，导致学习者作出正确的应答（图 11-7）。

例如，教师和教练员提供的信息反馈可以帮助学生最大限度地减少动作错误、更快地纠正错误，以形成正确、完整的动作技能。

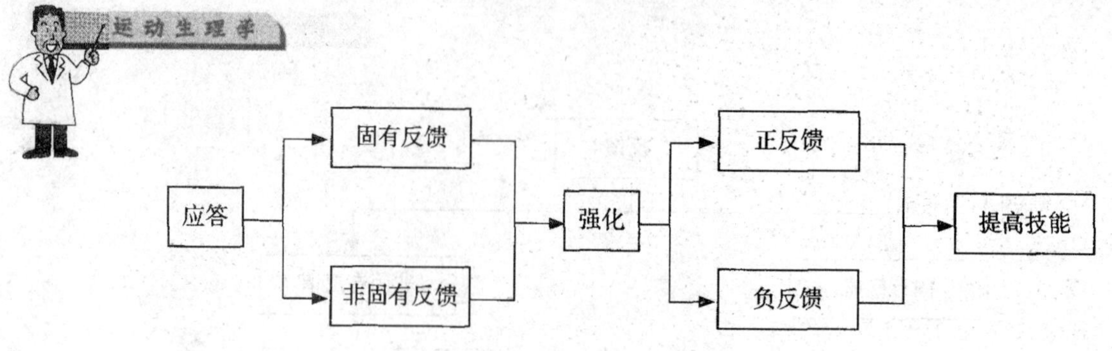

图 11-7 反馈信息对提高动作技能的作用

（引自：Rusia，1972）

2. 强化学习

美国心理学家茹莎（Rusia，1972）认为，反馈在学习运动技能时还有强化作用。这种强化作用可以是阳性的，也可以是阴性的。阳性强化是通过一些鼓励性的语言或措施，最后达到增强或提高效果的作用。反之，阴性强化是通过一些批评性的语言或措施，达到减弱或压抑的作用（图 11-8）。但不管是正反馈、负反馈或阳性强化、阴性强化，都是为达到提高运动技能的目的。

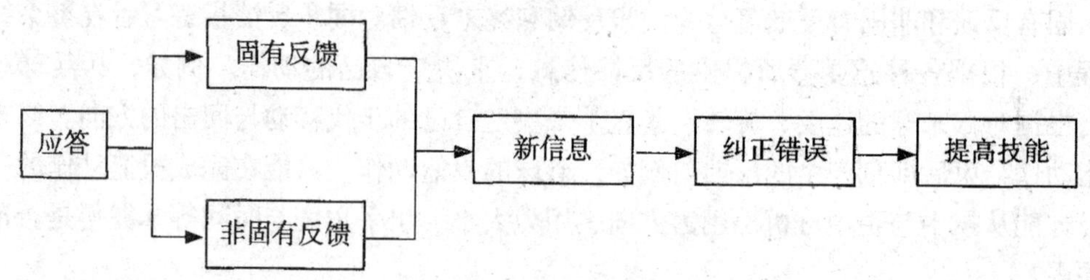

图 11-8 反馈强化对提高动作技能的作用

（引自：Rusia，1972）

教师或教练员可以采用语言或其他方式对学生的动作进行强化，如当学生正确地完成了网球的击球动作时，喊出"太棒了！""好球"或冲其微笑、竖大拇指等；如果击球动作错误应指出错误所在。

进行反馈时，"间歇强化"要比每次动作练习后都提供反馈的效果好。动作练习后延迟几秒钟的强化反馈要比练习后即刻进行反馈效果好。

3. 激发动机

反馈还可以起激发动机的作用，在运动实践中通过反馈可以激发运动员的情绪，或增强运动员的必胜信心。

如学生取得学习上的进步或运动员取得理想成绩时，或是受到教师或教练员的鼓励时，这些反馈信息能够很好地强化他们对动作学习和取得更好成绩的动机。而如果没有这种反馈，学生的学习动机、练习效果就会下降，甚至不再努力。

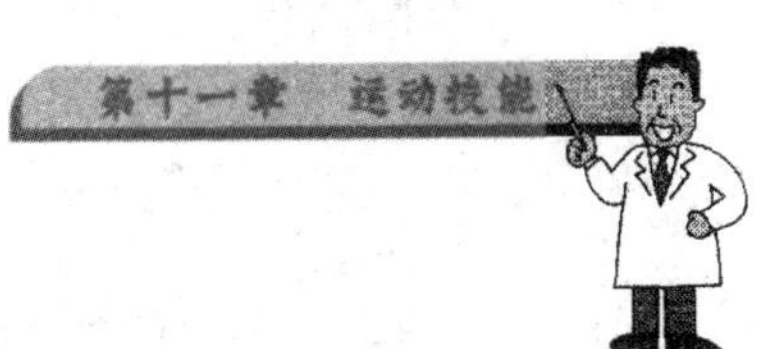

4. 过量使用会产生依赖

反馈的不当使用也会产生不利影响，如教练员过多的指导有时会使运动员产生依赖，其后在没有反馈的练习时或没有教练指导的比赛中就无法表现出应用的水平。

泰布雷和普罗杜（Tremblay 和 Proteau，1998）在研究举重运动员完善挺举动作时发现，在镜子前练习了 100 次的举重运动员在没有镜子的情况下操作举重技能时，膝关节角度的错误率高达 50%。说明过度依赖于视觉反馈反而会影响到对肌肉本体感觉的体会和记忆。

因此在一些项目的练习上，有时也会适当限制部分视觉反馈的使用。美国参加奥运会的一些帆船竞速运动员在训练中曾采用蒙住双眼的方法，以减少对视觉的依赖，从而体会船体冲破水面的声音、对桅杆的操纵以及船舵力量的感觉等。高水平的舞蹈教师也总是严格限制练习者练习时看镜子。

（四）体育教学训练中的反馈方法

教师应根据不同情况，科学地运用反馈原理来提高教学训练水平。例如，用非固有反馈改善学生的技术，用语言反馈给学生以必要的暗示，用同步反馈在练习时给以不断的强化。在闭式运动技能中使学生善于体会本体感受的反馈信息，在开式运动技能中善于利用综合的反馈信息。教师应学会在反馈原理指导下，创造出行之有效的教法。

教师应教会学生在比赛前想象完成比赛动作的过程、注意事项及胜利后的喜悦，从而产生反馈信息，强化和激发成功完成比赛动作的动机。

在学习的分化阶段，由于神经过程处于泛化阶段，内抑制尚未完全建立，因而控制动作的能力差，动作不协调、不精确，有多余动作。在这一阶段的教学中，教师应充分利用视觉的反馈作用，加强示范与模拟练习，不断强化视觉与本体感觉之间的沟通，但应注意不要过多地抓动作细节。

在学习动作的巩固阶段，肌肉运动的表象更清楚，动觉动作的控制及语言反馈信息作用加强，视觉和意识对动作的控制相对逐渐减弱。因此，在此阶段的教学训练中，应多运用语言反馈信息，以及非固有的、积累的反馈信息，强化动作与思维的沟通。

在纠正动作时，对初学者应当经常给予阳性的反馈信息（即肯定其对的或正确的一面）。这实际上是在扶持正确动作的同时，通过负诱导的机制来纠正错误动作。

对于高水平运动员，因为他们对动作理解深刻，原来的动作定型巩固，故可以直接指出其错误动作，特别是精细动作更是如此。反馈对初学者的作用是直接指导他们完成正确动作。反馈对优秀运动员的作用是直接帮助他们改进错误动作。

在每次教学训练课结束之后，要求学生去做回忆，写训练日记，通过反馈和强化，可以加深对教学训练主要内容的理解，有助于提高教学训练效果。利用录像反馈方法，让学生及时分析、对比自己的动作，效果更好。

四、教学方法对运动技能发展的影响

(一) 渐进式分解式教学与整体教学

整体教学有助于了解动作中各环节的全过程，及每一个组成部分。而将技能分成几个部分进行教学可以降低整个技能的难度，并有助于在将整个技能连接起来之前，可以把每个部分的动作做准确（杨锡让，2004）。

对于复杂程度较低、组织结构性较强的运动技能，如高尔夫的击球动作，比较适合进行整体练习。而对于动作复杂程度较高，组织结构性较差的运动技能，如网球的发球则分解练习的效果较好。

虽然把技术动作分解开来进行教学会使学生很快掌握单个动作，但到后期将单个动作整合成完整技能时仍是较困难的事情。如在学习游泳的蛙泳技术时，分别练习了蹬夹腿、收腿动作和上肢划水动作后，进行腿和手的动作配合时仍然要经历一个学习的过程，也充分说明运动技能是连锁的条件反射的特点。

在进行一些复杂技术的分解练习时，也经常采用渐进式的分解练习，即先将整个技术分成几个部分，在某一部分练习结束后，将这些部分与下一个部分联合起来再进行练习。如在背跃式跳高教学中，先练习助跑、原地背跃过杆，再练习助跑起跳、三步助跑过杆等分解动作后，再进行整合的整体教学。

在渐进式分解练习中，可以在完成动作的过程中使注意力得到合理的分配。各个部分逐步地结合在一起，通过对各个部分的协调控制而形成整体练习。如在蛙泳教学中在学习划水之后可以练习划水换气、憋气手脚配合练习，熟练协调后再进行完整手脚配合加换气的整体练习。

(二) 重复式与持续式教学法

重复练习教学法是指在不改变动作结构和运动负荷的情况下，按照既定要求，反复的进行练习，每次（组）之间的间歇，使机体基本恢复的一种练习方法。这种教学练习在负荷强度要求较高的技术性练习中使用较多，如举重、铅球、铁饼等专项技术动作练习时。这种练习方式可以尽最大可能提高参与动作各肌群及参与条件反射的各中枢协调配合能力。

持续教学法是指在相对较长的时间内，用较稳定的、连续进行练习的方法。持续教学法主要用于巩固运动技能，对正确的动作持续不停地进行强化。这种教学练习在负荷强度不很高的专项练习中使用较多，如游泳教学连续打腿 100 米，羽毛球或乒乓球训练课上连续发球 50 次等。这种练习方式通过不断的动作重复使运动条件反射在大脑中的联系更加牢固和稳定。

（三）固定练习与变换练习

让学生重复练习一个单个动作的练习方式为固定练习。如果让学生在学习同一类动作时体验多组合方式称为变换练习。

研究表明，变换练习产生的学习效果好于固定练习方式。Shoenfelt 等（2002）让受试者练习篮球的罚篮，固定练习组只在罚篮线某一固定位置上进行练习，经过三周练习，受试者罚篮命中率得到一定提高，但两周后保持测试成绩又回落到前测水平。而变换练习组（除罚球线位置外，还包括罚球线前 0.6 米和线后 0.6 米，共三个位置的随机选择练习）同样时间内不仅命中率提高，而且在两周后的保持测试中成绩要好于前测。

变换练习的一个优势在于，它能够促进学生完成不同力度、速度、幅度和方向的动作，即提高动作“参数化”的能力。人在动作练习过程中获得了“动作纲要”（schema，指动作结果、程序与控制参量），而变化练习促进了这些“动作纲要”的形成和发展。练习者在随机顺序下执行几种方式的动作任务，被迫在产生动作之间选择和提取不同的动作参量，进而提高了其运用动作参量的能力。

（四）比赛教学法与模拟教学法

在日常训练时严格按照竞赛规则进行的比赛式训练，可以调动运动员的主观能动性和积极性，提高运动能力，发挥其身体素质和心理品质。但对于初级水平的运动员不宜采用过多的比赛训练法，因其掌握的运动技能不熟练，无法顺利应用比赛所需的技、战术，有可能产生因挫败而失去信心，或急功近利而使技能变形走样等负面影响。

对于运动技能水平不高的运动员可以采用模拟训练法进行教学练习，即根据在比赛中可能出现的问题或情况（可能是环境的，也可能是个体的），进行反复的从实战出发的训练。其目的是尽量让运动员在比赛前作好适应性的准备。例如可以在平日训练中，尽量安排组织拉拉队敲锣打鼓，发出各种喊叫声，或通过放电影、比赛录像等进行与比赛环境近似的训练；安排与对手技术特点相同的陪练进行练习；设定比赛比分落后时，尽力追赶、反超取胜等比赛场景。

五、运动技能的迁移

运动技能学习的迁移（transfer）是指已获得的经验对于后来学习效果的影响。以前获得的经验，对以后的学习起促进作用的称为正迁移，也称为良性迁移。例如，有短跑动作学习经验的运动员所获得的速度能力，可以“正迁移”成为跳远助跑的加速能力。以前获得的经验起妨碍作用的称为负迁移，也称为劣性迁移。在学习过程中负迁移虽然出现较为短暂，但也时有发生。如篮球运动员在学习推铅球时，常难以适应身体大环节带动小环节发力的沿直线推出铅球的出手动作（张英波，2003）。而以前获得的经验对以后技能的学习没有任何影响的称为零迁移。如学习游泳对学习跳高不会发生迁移。

对于运动技能迁移规律的认识有助于合理安排各种技能的学习顺序，强化对技能技术特征的掌握。如游泳教师在教学生基本的划水动作时，在学习下水练习之前，一般会先在陆上进行划水练习，这就是利于陆上训练到水中的动作操作会发生正迁移。

奥斯古（Osgood）认为，如果两种输入刺激的信息相同，反应也相同，就会出现最大的正迁移。如果两种输入刺激的信息相同，而反应不同或对抗，就会出现最大负迁移。如果两种输入刺激的信息不同，反应也不同或对调，迁移效果即为零。例如，网球和羽毛球，从形式看两者相似，都运用球拍打球，输入信息相同，但具体的击球动作要求不同，即输出反应不同。羽毛球要用手腕屈伸动作发力击球，而网球则手腕相对固定，用挥臂完成击球动作。习惯羽毛球动作后，初学网球容易产生负迁移，翻腕动作使击球无法控制。但从另外一个角度两种运动项目从反应与判断来球的落点、空间距离、脚步移动等方面却有共同之处，又可以形成正迁移而相互促进。

【小结】

1. 运动技能是指人体在运动中掌握和有效地完成专门动作的能力，即在准确的时间和空间里大脑精确支配肌肉收缩的能力。运动技能可以划分为闭式技能和开式技能两类。学习和掌握运动技能，其生理本质就是建立运动条件反射的过程。形成运动技能就是建立复杂的、连锁的、本体感受性的运动条件反射。

2. 运动动力定型是指大脑皮质运动中枢内支配部分肌肉活动的神经元在机能上进行排列组合，兴奋和抑制在运动中枢内有顺序地、有规律地、有严格时间间隔地交替发生，形成了一个系统，成为一定的形式和格局，使条件反射系统化。

3. 运动技能的形成，是由简单到复杂的建立过程，并有其建立、形成、巩固和发展的阶段性变化和生理规律。一般可划分为泛化、分化和巩固三个相互联系的阶段。动作自动化是指练习某一套动作或完成某项技能时，可以在无意识的条件下完成。

4. 动机与运动技能形成之间是倒U字形的曲线关系。处于最佳动机水平，可以取得更好的学习效果和比赛成绩。大脑皮质兴奋性过高或过低都会影响正常运动技能水平的发挥。

5. 形成运动技能过程中反馈信息的作用是提供信息、强化动机和激发动机。在运动技能形成过程中应该充分利用反馈信息加快运动技能的形成和提高运动技能的质量。

6. 在形成运动技能时，视觉、听觉、位觉、皮肤感觉与本体感觉都起着重要的作用，因此在运动实践中，要充分发挥各感觉机能的作用，加速运动技能的形成。

7. 身体素质是运动技能的基础，身体素质的提高为进一步改善运动技能打下良好的基础；协调素质、柔韧素质、力量素质、平衡素质、灵敏素质等与运动技能的关系密切。

8. 对于复杂程度较低、组织结构性较强的运动技能，比较适合进行整体练习。而对于动作复杂程度较高，组织结构性较差的运动技能，则分解练习的效果较好。变换练习产生的学习效果好于固定练习方式。它能够促进学生完成不同力度、速度、幅度和方向的动作，即提高动作“参数化”的能力。在日常训练时严格按照竞赛规则进行的比赛式训练，可以调动运动员的主观能动性和积极性，提高运动能力，发挥其身体素质和心理品质。

9. 运动技能学习的迁移是指已获得的经验对于后来学习效果的影响。包括正迁移、负迁移和零迁移。对于运动技能迁移规律的认识，有助于我们合理安排各种技能的学习顺序，强化对技能技术特征的掌握。

【思考题】

1. 在运动技能形成的三个阶段过程中各有什么生理特点？教学时各应注意什么？
2. 动机和神经系统的机能状态对形成运动技能有哪些影响？
3. 反馈对形成运动技能有哪些作用？
4. 身体素质与运动技能的发展相辅相成，谈谈运动技能的学习是如何提高身体素质的？
5. 如何利用感觉间相互关系加速运动技能的形成？
6. 谈谈各种教学方法影响运动技能学习与发展的生理学原理。

第二章

有氧、无氧工作能力

【提要】

人体运动时能量代谢包括有氧代谢和无氧代谢。本章概述了最大摄氧量、乳酸阈和无氧功率等与有氧、无氧工作能力有关的生理指标及其理论与实践意义和测试方法。

一切运动的能量供应过程都是由有氧代谢和无氧代谢过程以不同的比例组成。因此，运动能力又可分为有氧工作能力和无氧工作能力。代谢过程与运动能力密切相关。

第一节　概　述

一、需氧量

需氧量（oxygen requirement）是指机体为维持某种生理活动所需要的氧量。可由两个变量决定：单位时间内的需氧量和总的需氧量。正常成人安静时需氧量约为250ml / min。

运动强度越大，每分需氧量就越大；反之，运动强度越小，每分需氧量就越小。但是运动所需要的总的氧量主要受运动持续时间的影响。持续时间长的运动项目需氧总量多，持续时间短的运动项目总需氧量则少。例如，最大强度运动时，100 米跑的每分需氧量可高达 40L / min，其总需氧量只有 7 升左右；而中等强度的马拉松跑时每分需氧量约为 2~3.5 L / min，但由于运动持续时间长（2 小时以上），其总需氧量可达 700 升以上。可见，运动时的每分需氧量反映了运动强度的大小，总需氧量反映运动持续时间的长短。

运动时的总需氧量可按下式计算：

总需氧量=运动时每分摄氧量×运动时间+恢复期每分摄氧量×恢复时间−安静时每分摄氧量×（运动时间+恢复时间）

从总需氧量中扣除运动过程中安静时需氧量的平均值，是为了精确地计算从事某项运动的净需氧量。

二、摄氧量

通常将单位时间内机体能够摄取并利用的氧量为摄氧量（oxygen uptake，$\dot{V}O_2$），也称为耗氧量（oxygen consumption）。摄氧量通常以每分钟为单位计算。

安静时，机体代谢水平低，能量消耗小，单位时间内摄取的氧量完全能够满足实际需要的氧量，故每分摄氧量与每分需氧量相等。运动时，随着运动强度的增加，每分需氧量成比例增加，摄氧量能否满足需氧量，取决于运动项目的特点。当运动强度增大到一定程度时，摄氧量常不能满足实际需要的氧量而出现氧的亏欠。

三、氧　亏

在运动过程中，当机体能够摄取的氧量不能满足实际需要的氧量时，造成体内氧的亏欠称为氧亏（oxygen deficit），如图 12-1 所示。

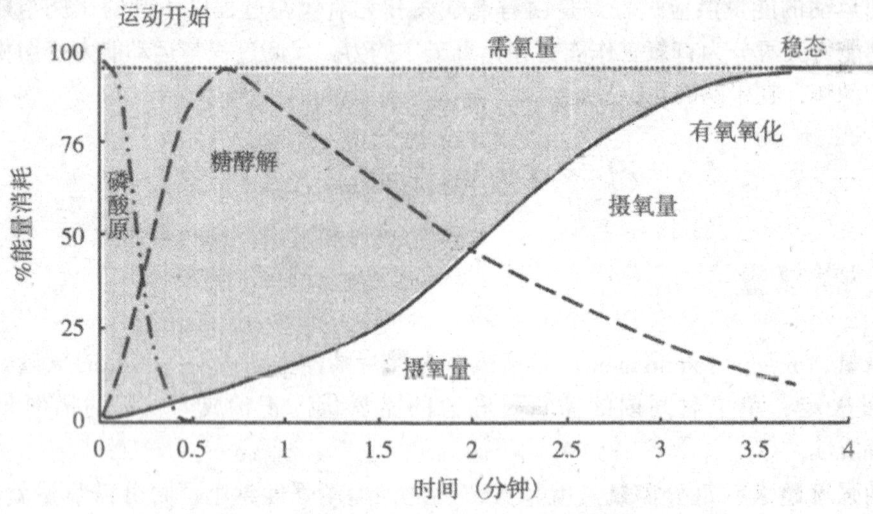

图 12–1　运动过程中机体摄氧量与需氧量关系曲线

在有氧运动开始的数分钟内，骨骼肌收缩所需要的能量主要由磷酸原和糖酵解供能系统供应，摄氧量水平尽管逐渐增加，机体仍存在氧亏（摄氧量曲线与需氧量间的阴影部分面积）。当摄氧量达到稳态水平时，能量供应主要由有氧氧化系统完成，摄氧量能够满足机体对氧的需求，氧亏消失。

在进行强度大且持续时间短的剧烈运动时，即使氧的运输系统功能已经达到最高水平，但摄氧量仍不能满足需氧量而出现氧亏。运动强度越大，每分钟需氧量越大，则出现的氧亏越多。低强度运动的开始阶段也会出现氧亏。此时内脏器官的生理惰性大，氧运输系统的功能不能立即提高到应有水平，其摄氧量亦不能适应运动的需要（图 12–2）。

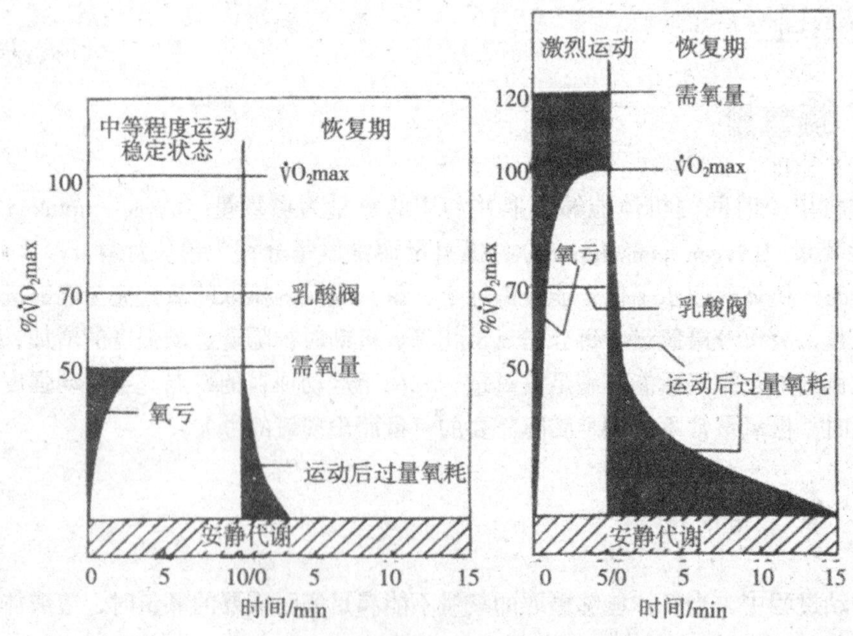

图 12–2　氧亏和运动后过量氧耗示意图

（引自：Noble，1986）

四、运动后过量氧耗

（一）运动后过量氧耗与影响因素

机体的摄氧量由能量代谢率决定，尽管运动结束后多数肌肉已停止活动，由于能量代谢率未恢复到运动前水平，机体的摄氧量也不能立即恢复到运动前水平。这种运动后恢复期机体的耗氧水平高于运动前（或安静状态）耗氧水平的现象称为运动后过量氧耗（excess post-exercise oxygen consumption，EPOC）。

运动后过量氧耗的机制迄今仍不明确。运动后氧储备的恢复、磷酸原再合成（ATP-CP）、乳酸清除、运动后仍高于运动前水平的通气量、心输出量及体温均可能是导致运动后过量氧耗的原因。研究发现，运动后过量氧耗的水平及持续时间与运动强度和运动持续时间有关。运动后过量氧耗可持续 15 分钟到 48 小时不等。无氧运动的运动后过量氧耗高于有氧运动。而对于有氧运动，运动强度越高，运动后过量氧耗的水平越高，持续时间越长。其他可能影响运动后过量氧耗的因素还包括运动水平、运动状态、运动后体位以及年龄和性别等。

研究表明，下列因素是影响运动后过量氧耗的主要原因。

1. 体温升高

运动使体温升高，而运动后恢复期体温不可能立即下降到安静水平，肌肉的代谢和肌肉温度仍继续维持在一个较高水平上，经一定时间逐渐恢复。实验证明，体温和肌肉温度与运动后恢复期耗氧量的曲线是同步的。体温升高 1℃时，体内的代谢率可增加 13%。据赫勃格（Hegberg）计算，运动后恢复期耗氧量恢复曲线的慢成分，有 60%~70%是由于肌肉温度升高造成。因此，运动后体温较高是运动后耗氧量保持较高水平的重要原因之一。

2. 儿茶酚胺的影响

运动使体内儿茶酚胺增加，运动后恢复期仍保持在较高水平。去甲肾上腺素促进细胞膜上的钠—钾泵活动加强，因而消耗一定的氧。

3. 磷酸肌酸的再合成

在运动过程中，磷酸肌酸（creatine phosphate，CP）逐渐减少以致排空，在运动后磷酸肌酸需要再合成。运动后恢复期磷酸肌酸的再合成需要消耗一定氧。

4. Ca^{2+} 的作用

运动使肌肉细胞内 Ca^{2+} 的浓度增加，运动后恢复细胞内外 Ca^{2+} 的浓度需要一定时间。Ca^{2+} 有刺激线粒体呼吸的作用，因此 Ca^{2+} 的刺激作用可使运动后的额外耗氧量增加。

5. 甲状腺素和肾上腺皮质激素的作用

甲状腺素和肾上腺皮质激素也有加强细胞膜钠—钾泵活动的作用。运动后的一定时间内，体内甲状腺素和肾上腺皮质激素的水平仍然较高，因而刺激钠—钾泵活动加强，消耗一定量的氧。

（二）运动后过量氧耗与氧债

经典的氧债学说将运动后恢复期的过量氧耗称为氧债（oxygen debt）。这是20世纪20年代由希尔（Hill）、梅耶霍夫（Meyerhof）和马格利亚（Margria）等人创立和完善的。传统的氧债理论认为，在进行剧烈运动时，由于机体摄入的氧不能满足运动的需要，此时机体进行无氧代谢，并产生大量乳酸而形成氧债，且将氧债分为乳酸氧债和非乳酸氧债。在恢复期机体仍然要保持较高的耗氧水平，以氧化乳酸偿还氧债。多年来，氧债理论曾是运动生理学的重要理论支柱，但自20世纪80年代中期以来，许多研究对经典的氧债学说提出了质疑。布鲁克斯（Brooks）等人的研究表明，运动后出现的过量氧耗，不完全用于偿还运动中的氧亏，还用于使处于活动状态的机体恢复至运动前安静时所需要的额外的耗氧量。同时认为乳酸氧债与过量氧耗没有因果关系。研究表明，患有麦克阿特尔症(McArdle）患者的肌肉中缺乏磷酸化酶，并丧失了生成乳酸的能力，但在运动后的恢复期仍可出现过量氧耗现象。人体在从事短时间、大强度的力竭性运动后的恢复早期，血乳酸浓度是持续升高的，而此时的耗氧量却已恢复到安静水平。另外，人体在从事长时间耐力项目运动时（如马拉松），运动后血乳酸很快就恢复到安静状态的水平，但耗氧水平却在较长时间内仍高于安静时水平。可见，运动后的过量氧耗并非用于偿还氧债。因此，大多数学者认为，应废除“氧债”的概念，建立“运动后过量氧耗”的新概念。

第二节　有氧工作能力

所谓有氧工作，是指机体在氧供充足的情况下由能源物质氧化分解提供能量所完成的工作。氧供充足是实现有氧工作的先决条件，也是制约有氧工作的关键因素。因此，单位时间内机体的最大摄氧水平及氧利用率是评价人体有氧工作能力的重要指标。

一、最大摄氧量

（一）最大摄氧量的概念及正常值

最大摄氧量（maximal oxygen uptake，$\dot{V}O_2max$）是指人体在进行有大量肌肉群参加的长时间剧烈运动中，当心肺功能和肌肉利用氧的能力达到人体极限水平时，单位时间内（通常以每分钟为计算单位）所能摄取的氧量，也称最大耗氧量（maximal oxygen consumption）。它反映了机体吸入氧、运输氧和利用氧的能力，是评定人体有氧工作能力的重要指标之一。

最大摄氧量以$\dot{V}O_2max$表示。其中O_2表示氧；$\dot{V}$表示单位时间内的容积（volume per time），V上的点表示这种单位时间内的容积专指氧容积；max表示最大（maximum）。为简便起见，目前国际上已有学术期刊接受用VO_2max代替$\dot{V}O_2max$。$\dot{V}O_2max$的表示方法有绝对值和相对值两种。绝对值是指机体在单位时间（1分钟）内所能吸入的最大氧量，通常以L/min（升/分）为单位。由于人的个体间身高及体重差异较大，因此，用最大摄氧量的绝对值进行个体间比较是不适宜的。最大摄氧量相对值则是按每千克体重计算的最大摄氧量，以ml/(kg·min)［毫升/(公斤体重·分)］为单位。最大摄氧量相对值消除了体重的影响，在个体间进行比较更有实际意义。我国正常成年男子最大摄氧量约为3.0~3.5L/min，相对值为50~55ml/(kg·min)；女子较男子略低，其绝对值为2.0~2.5L/min，相对值为40~45ml/(kg·min)。最大摄氧量受遗传因素的影响较大，并依年龄、性别和训练等因素的不同而有所差异。

（二）最大摄氧量的测量

1. 直接测量法

直接测量最大摄氧量必须满足如下条件：

（1）进行大肌肉群参与的运动，且运动募集达到全身肌肉质量的50%，如跑步、蹬自行车、划船等。常用的实验方法有跑台运动实验、功率自行车运动实验。实验中跑台的速度和坡度以及功率自行车的速度和阻力是可控的。

（2）除特殊专项外，运动实验不应受到受试者体型、力量和速度素质以及运动技巧的影响。

（3）实验应持续足够长的时间以充分调动呼吸、心血管系统机能。一般而言，实验需持续6~12分钟。

（4）要求受试者运动耐受性良好。受试者应提前接受医学检查，运动过程中应有心电监控。

由于实验要求受试者在规定时间内完成强度递增的运动，可以导致通气量及吸入气和呼出气中O_2和CO_2浓度的进行性增加。这些变量通过与受试者呼吸面罩相连的气体分析仪及电脑计算。当继续增加运动强度（负荷）而摄氧量不再增加，即出现摄氧量稳态时，此时的摄氧量水平被认为是最大摄氧量（图12-3）。

2. 最大摄氧量的间接推算法

实验室条件下直接测定的最大摄氧量尽管其数据可靠、重复性好，并能准确客观地评定有氧工作能力，但是要求通过强烈的运动刺激来充分调动呼吸、循环机能。并非所有人群都能耐受这一刺激，如老年人及呼吸、循环系统器质性或功能性病变不能耐受

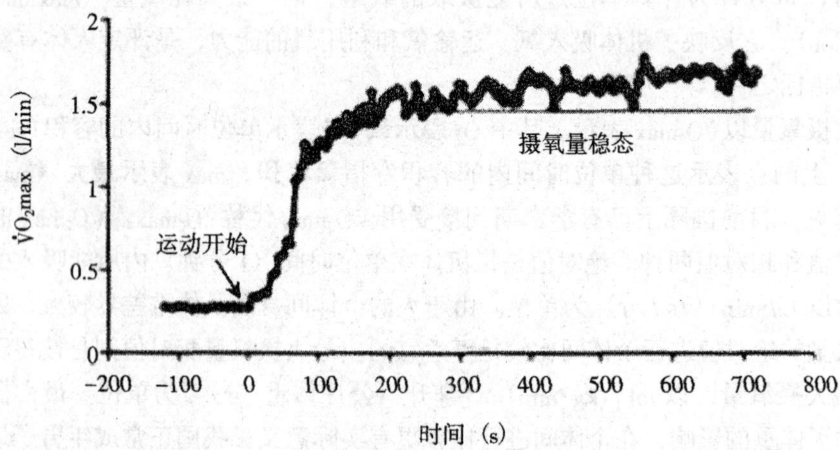

图 12-3　递增负荷实验过程中摄氧量稳态示意图
（改编自：Machado FA，et al.，2006）

者；此外，实验室条件下直接测定最大摄氧量实验仪器昂贵、方法复杂，这些都限制了最大摄氧量直接测定法的普及。目前比较流行的最大摄氧量的间接推算法如下。

（1）Åstrand-Ryhmin 列线图法

受试者进行亚极量运动时，根据其心率及达到某一特定心率的做功量来推算或预测出最大摄氧量（图 12-4）。

（2）Cooper 实验

通过计算全力 12 分钟跑的运动距离推算最大摄氧量。

$$\dot{V}O_2max\ [ml/(kg\cdot min)] = \frac{d_{12}-505}{45}$$

d_{12} 为 12 分钟跑的运动距离（米）。

如受试者 12 分钟跑的距离是 2980 米，则

$$\dot{V}O_2max = \frac{2980-505}{45} = 55ml/(kg\cdot min)$$

（3）Fick 公式法

可通过 Fick 公式计算肌肉最大收缩时的最大摄氧量。

$$\dot{V}O_2max = Q\ (CaO_2 - CvO_2)$$

Q：心输出量，CaO_2：动脉血氧含量，CvO_2：静脉血氧含量。

（4）摄氧量峰值（peak $\dot{V}O_2$）

摄氧量峰值是区别于最大摄氧量而反映有氧工作能力的另一指标。其运动模式、测定仪器、测试方法与最大摄氧量直接测定实验相同，区别是摄氧量峰值测定的运动时间更加取决于受试者的感受。运动过程中，当受试者感觉不适，摄氧量达到的最大值能保持 1 分钟，即可认为此摄氧量值为摄氧量峰值。摄氧量峰值小于或等于最大摄氧量。

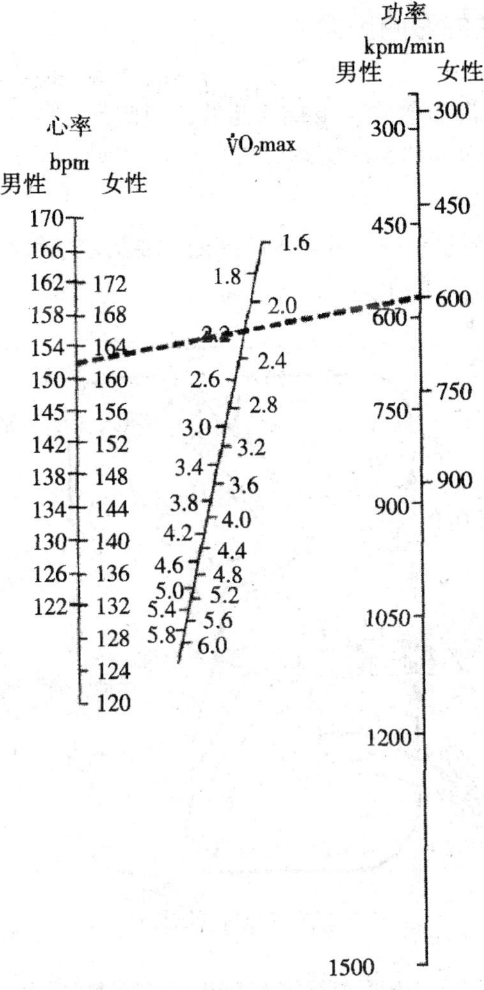

图 12-4　Åstrand-Ryhmin 列线图

功率自行车运动，保持脚踏转速 50 次 / 分，在 300~1500kpm / min 范围内选择使运动后即刻心率在 120~170 次 / 分范围内的功率输出。连接Åstrand-Ryhmin 列线图中运动后即刻心率与功率值对应的两点，该连线与摄氧量列线相交的那一点对应的数值即为推测最大摄氧量值。图示为 25 岁健康女性受试者在 600kpm / min 下蹬功率自行车 6 分钟，其运动后即刻心率 162 次 / 分。心率轴女性一侧数值 162 与功率轴女性一侧数值 600 连线与最大摄氧量轴交点数值 2.2，即为受试者推算最大摄氧量。kpm / min 为功率单位千磅米 / 分。1kpm=9.8066J。

(http：//catalogs.mhhe.com/mhhe/home.do)

最大摄氧量的间接推算法及摄氧量峰值测定方法适用于运动水平较低的一般常人、老年人及呼吸、循环系统器质性或功能性病变者。优秀运动员使用这些方法推算获得的数值常与实测值有较大误差。尽管应用间接法推算最大摄氧量具有简易、经济、快速等特点，但仍应考虑到误差因素的影响。

（三）最大摄氧量的影响因素

有氧工作能力是肌肉摄取并利用氧的能力，因此凡是涉及肌肉摄取、利用氧的器官、系统都会成为有氧运动能力的影响因素。其中主要包括呼吸和循环系统以及血液、肌肉等组织器官。

最大摄氧量受多种因素制约，其水平的高低主要决定于氧运输系统或心脏的泵血功能和肌组织利用氧的能力（图 12-5）。

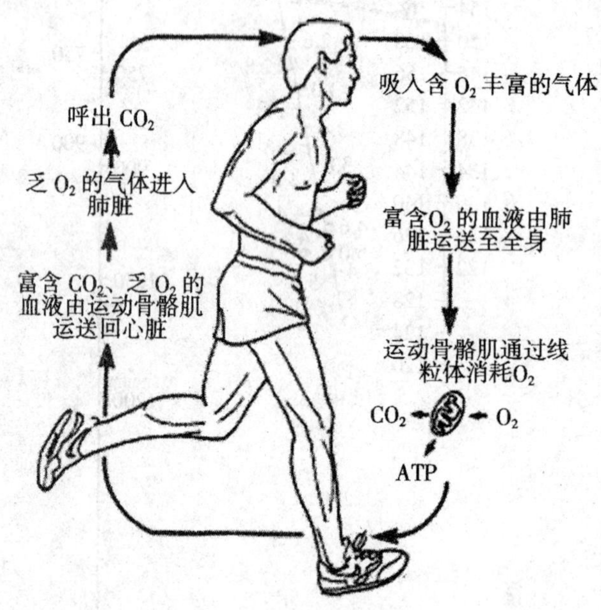

图 12-5 影响运动过程中氧气摄入并被骨骼肌利用的环节

(http: //home.hia.no/~stephens/)

1. 肺的通气与换气功能

空气中的氧通过呼吸器官的活动吸入肺，并通过物理弥散作用与肺循环毛细血管血液之间进行交换。因此，肺的通气与换气机能是影响人体吸氧能力的因素之一。肺功能的改善为运动时氧的供给提供了先决条件。

2. 血液及循环系统运输氧气的能力

弥散入血的氧由红细胞中的血红蛋白携带并运输。因此，血红蛋白含量及其载氧的能力与最大摄氧量密切相关。而血液运输氧的能力则取决于单位时间内循环系统的运输效率，即心输出量的大小，它受每搏输出量和心率制约。许多研究证明，运动训练对最高心率影响不大，所以，有训练者与无训练者在从事最大负荷工作时心输出量的差异主要是由每搏输出量造成的。后者决定于心肌收缩能力和心容积的大小。优秀耐力专项运动员在系统训练的影响下出现安静心率减慢、左心室容积增大和每搏输出量增加等一系列心脏形态机能的适应性变化，表明心脏的泵血机能和工作效率提高。由此可见，心脏的泵血机能及每搏输出量的大小是决定最大摄氧量的重要因素。这是因为要实现肺泡气与肺毛细血管血液间的气体交换，除了要有一定的肺泡通气外，还必须有相应数量的肺部血液灌流量与其相匹配。“通气/血流比值”指每分肺泡通气量与肺血流量（心输出量）的比值。正常人安静时其比值为0.84，此时通气量与血流量匹配最合适，气体交换率最高。但从安静状态转入最大强度运动时，其比值明显增大。这是由于剧烈运动时人体增加心输出量的能力远远跟不上肺通气的增加，结果导致部分肺泡得不到相应的血液供应，其中的气体不能实现与血液的交换，使气体交换率降低。由此可见，心脏的泵血机能是限制运动员最大摄氧量提高的重要因素。

3. 肌组织利用氧能力对最大摄氧量的影响

当毛细血管血液流经组织细胞时，肌组织从血液摄取和利用氧的能力是影响最大摄氧量的重要因素。肌组织利用氧的能力一般用氧利用率来衡量。每100毫升动脉血流经组织时，组织所利用（或吸入）氧的百分率称为氧利用率，可用如下公式表示：

氧利用率＝（动脉血氧含量–静脉血氧含量）/动脉血氧含量×100%

肌组织利用氧的能力主要与肌纤维类型及其代谢特点有关。许多研究表明，慢肌纤维具有丰富的毛细血管分布，肌纤维中的线粒体数量多、体积大且氧化酶活性高，肌红蛋白含量也较高。慢肌纤维的这些特征都有利于增加慢肌纤维的摄氧能力。研究发现，慢肌纤维的百分组成与最大摄氧量有密切关系，优秀的耐力专项运动员慢肌纤维百分比高，并出现选择性肥大现象，使其摄氧和利用氧的能力增加。

可见，有氧能力的好坏不仅与肺的通气与换气功能、氧运输系统的机能密切相关，而且与肌组织利用氧的能力即肌纤维组成及其有氧代谢能力有密切关系。

4. 其他因素对最大摄氧量的影响

（1）遗传

通过对双生子最大摄氧量的研究表明，最大摄氧量受遗传因素的影响较大。克索拉斯（Kessouias，1972）等研究了25对双生子（15对单卵、10对双卵），发现最大摄氧量的遗传度为93.5%。许多学者的研究也指出，最大摄氧量与遗传的关系十分密切，其可训练性即训练使最大摄氧量提高的可能性较小，一般为20%~25%。

（2）年龄、性别

最大摄氧量在少儿期间随年龄增长而增加，并于青春发育期出现性别差异，男子一般在18~20岁时最大摄氧量达峰值，并能保持到30岁左右；女子在14~16岁时即达峰值，一般可保持到25岁左右。以后，最大摄氧量将随年龄的增加而递减。若坚持体育锻炼，最大摄氧量随年龄增加而递减的幅度减小。最大摄氧量出现性别差异的主要原因一般认为和女子的心容积、血红蛋白含量和心输出量等均比男子低有关。

（3）运动训练

长期系统地进行耐力性运动训练可以提高最大摄氧量水平，戴维斯（Davis）对系统训练的人进行了研究，受试者的最大摄氧量可提高25%，表明经训练最大摄氧量是可以得到一定程度提高的。最大摄氧量与运动员所从事的运动项目有密切关系。横向与纵向的研究资料都表明，越野滑雪和长跑等耐力性项目的运动员最大摄氧量最大，明显高于非耐力性项目运动员和无训练者。据报道，男子最大摄氧量的最高值为越野滑雪运动员，可达 94ml /(kg·min)，女子最高值达 85.1ml /(kg·min)。可见，最大摄氧量的大小与耐力训练密切相关。

在训练引起最大摄氧量增加过程中，训练初期最大摄氧量的增加主要依赖于心输出量的增大；训练后期最大摄氧量的增加则主要依赖于肌组织利用氧的能力的增大。但由于受遗传因素限制，最大摄氧量提高幅度受到一定制约。

（四）最大摄氧量在运动实践中的意义

1. 最大摄氧量是评定有氧工作能力的客观指标

最大摄氧量是反映心肺功能的综合指标。许多学者对最大摄氧量与有氧工作能力之间的关系进行了研究，发现耐力性项目的运动成绩与最大摄氧量高度相关。如 800 米游泳成绩与最大摄氧量相关系数为-0.75；5000 米跑成绩与最大摄氧量相关系数为-0.81。因此可以根据最大摄氧量预测耐力项目的运动成绩。大量研究结果表明，最大摄氧量水平高低是耐力性项目取得优异成绩的基础和先决条件之一。如何在先天因素的基础上最大限度地提高一个人的最大摄氧量水平也是耐力性项目取得优异成绩的重要因素之一。

2. 最大摄氧量是评定心肺功能的指标

在运动过程中，人体达到最大摄氧量时，心肺的功能达到极限水平，因此，最大摄氧量的大小可较客观地评定心肺功能。

3. 最大摄氧量是选材的生理指标

最大摄氧量有较高的遗传度，故可以作为选材的生理指标之一。有学者指出最大摄氧量尤其可作为儿童少年心肺功能和有氧耐力最好的选材指标。

4. 最大摄氧量是制定运动强度的依据

将最大摄氧量强度作为 100%最大摄氧量强度，然后根据训练计划制定不同百分比最大摄氧量强度，使运动负荷更客观更实用，为运动训练服务。

虽然最大摄氧量在运动实践中有较高的应用价值，但它具有一定的局限性，如受实验设备等条件限制难以普遍推广和应用；其数值有时并非与运动成绩的提高绝对相关等。因此，最大摄氧量只是诸多影响运动员运动能力的因素之一。

二、乳酸阈

如前所述，最大摄氧量是反映人体有氧工作能力的客观生理指标，并已广泛应用于运动实践，用于评定心肺功能和有氧能力。但近二十年来，耐力性项目的竞技水平有了大幅度提高，而运动员最大摄氧量增加并不明显。因此，多数专家认为，运动员有氧竞技能力的提高并不完全是最大摄氧量增长的结果，而与最大摄氧量具有同等重要意义的另一个指标——乳酸阈（Lactate threshold，LT）或个体乳酸阈（individual lactic acid Threshold，ILAT）越来越得到关注。同最大摄氧量相比，乳酸阈更能反映运动员的有氧工作能力。

（一）乳酸阈与个体乳酸阈的概念

在递增负荷运动中，血乳酸浓度随运动负荷的递增而增加，当运动强度达到某一负荷时，血乳酸浓度会急剧增加。血乳酸出现急剧增加的那一点（乳酸拐点）称为“乳酸阈”，这一点所对应的运动强度即乳酸阈强度（图 12-6）。它反映了机体的代谢方式由有氧代谢为主过渡到无氧代谢为主的临界点或转折点。

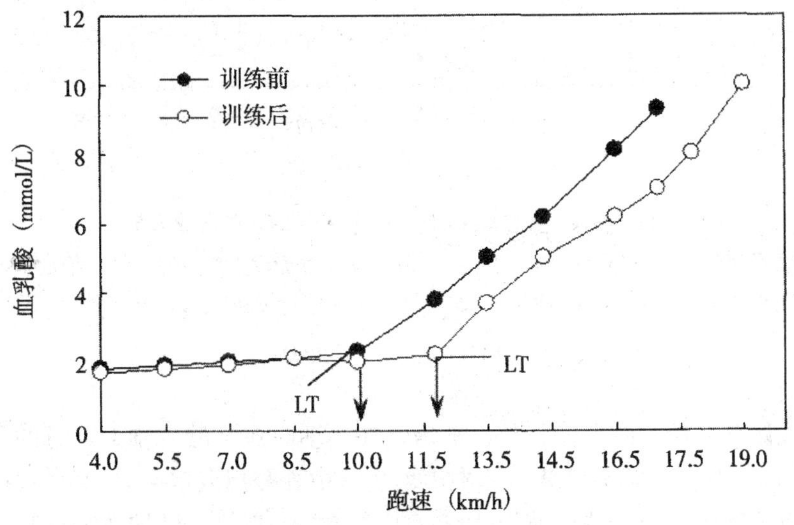

图 12-6 训练前后乳酸阈的变化

受试者在跑台上进行 3 分钟一次的递增负荷（速度）运动，每一运动负荷结束后采集指血测定血乳酸浓度。经 3 个月的有氧训练，受试者乳酸阈发生右移，表明有氧工作能力提高。

人体从事渐增负荷运动时，机体能量的供给是从有氧供能为主过渡到无氧代谢供能为主的连续过程。随着运动强度的增加，有氧代谢产生的能量满足不了机体需要时，糖酵解供能的比例增大，导致血乳酸浓度明显增加，从而出现乳酸阈。最大摄氧量反映了人体在运动时所摄取的最大氧量，而乳酸阈则反映了人体在渐增负荷运动中血乳酸开始积累时的最大摄氧量百分利用率，其阈值的高低是反映人体有氧工作能力的又一重要生理指标。乳酸阈值越高，其有氧工作能力越强，在同样的渐增负荷运动中无氧代谢供能动员则越晚，即在较高的运动负荷时，可以最大限度地利用有氧代谢而不过早地动员无

氧代谢供能使乳酸积累快速增加（图 12-7）。

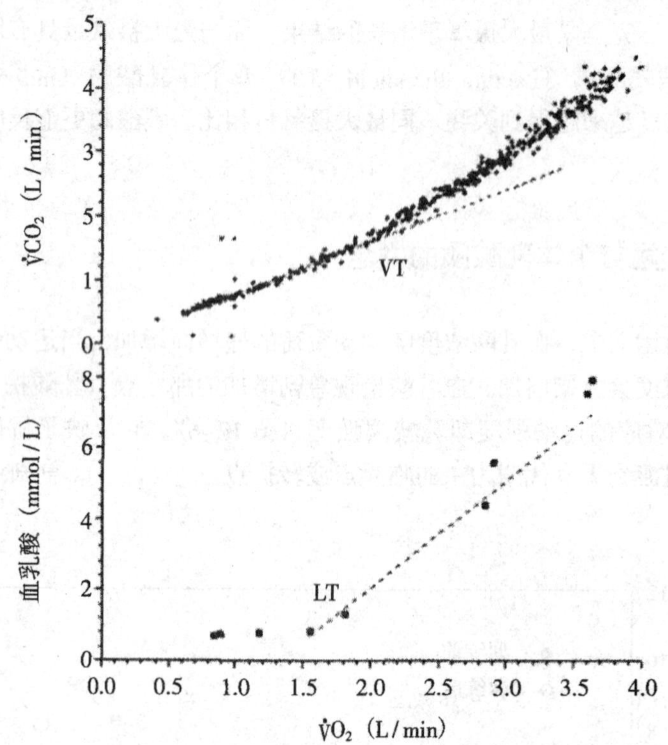

图 12-7　通气阈（VT）与乳酸阈（LT）的对应关系

在渐增负荷运动中，气体代谢各项指标随运动强度的增加而发生相应的变化。当血乳酸急剧增加时，肺通气量也出现明显的变化，通气阈为肺通气量变化的拐点。可由此判断乳酸阈的高低。

（引自：Sekir 等，2002）

乳酸代谢存在较大的个体差异，渐增负荷运动时血乳酸急剧上升时的乳酸水平在 1.4~7.5mmol / L 之间。因此，将个体在渐增负荷中乳酸拐点定义为“个体乳酸阈”。个体乳酸阈更能客观和准确地反映机体有氧工作能力的高低，已被教练员和运动员广泛接受。

传统的研究理论将随着运动强度的逐渐增大血乳酸出现急剧增加的转折点定义为“无氧阈”。1964 年沃塞曼（Wasserman）首次提出“无氧阈”的概念。其理论基础是：肌肉组织因缺氧导致乳酸的产生，乳酸“拐点”的出现表明机体由有氧代谢供能向无氧代谢供能的过渡或转折。但近十几年来大量的研究证据表明，在亚极限运动时，缺氧并不是肌肉产生乳酸的直接原因。因此，一些运动生理学者提出用“乳酸阈”来代替“无氧阈”的概念。

（二）乳酸阈的测定方法

通常在实验室条件下进行渐增负荷运动（跑台或功率自行车）试验，通过连续测得

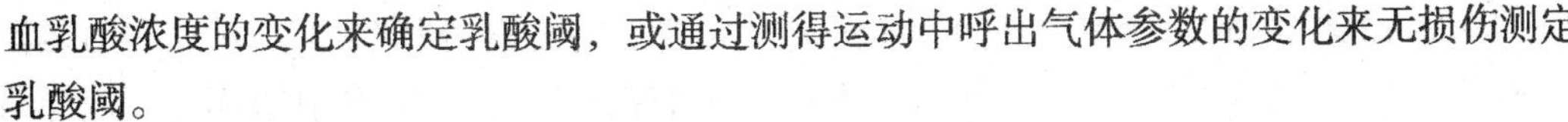

血乳酸浓度的变化来确定乳酸阈，或通过测得运动中呼出气体参数的变化来无损伤测定乳酸阈。

1. 乳酸阈测定

受试者在渐增负荷运动试验中，连续采集每一级运动负荷时的血样（一般用耳垂或指尖末梢血）测得其血乳酸值。以运动负荷时做功量（W）为横坐标，血乳酸浓度为纵坐标作图，将乳酸急剧增加的拐点对应的血乳酸浓度确定为乳酸阈（或个体乳酸阈），而此时的运动强度就是乳酸阈强度。

2. 通气阈测定

在渐增负荷运动中，将肺通气量变化的拐点称为“通气阈”（ventilatory threshold，简称 VT）。通气阈是无损伤测定乳酸阈常用的指标。研究表明，在渐增负荷运动中，气体代谢各项指标随运动强度的增加而发生相应的变化，当血乳酸急剧增加时，肺通气量、二氧化碳呼出量等指标出现明显的变化，可以此来判定乳酸阈。其具体方法是让受试者在自行车功率计或跑台上进行渐增负荷运动，通过气体分析仪记录运动过程中的肺通气量、摄氧量和二氧化碳呼出量等生理参数，以运动负荷时做功量（W）为横坐标、肺通气量等指标为纵坐标作图，将肺通气量、二氧化碳呼出量等指标出现急剧增加（或非线性增加）的拐点确定为通气阈（图 12-7）。

伴随乳酸阈的出现，通气量发生相应变化的原因是：随运动强度增大，当有氧代谢产生的能量满足不了需求时，糖酵解供能比例增大，而使血乳酸浓度增加。此时，机体将动用碳酸氢盐缓冲系统来缓冲乳酸，生成乳酸钠和碳酸，致使二氧化碳产生量增加。二氧化碳刺激呼吸中枢，使呼吸加快、加强，产生过度通气反应。因此，在乳酸阈出现时，肺通气量及二氧化碳排出量均出现非线性增加。

（三）乳酸阈在体育运动实践中的应用

1. 评定有氧工作能力

如前所述，最大摄氧量和乳酸阈是评定人体有氧工作能力的重要指标，二者反映了不同的生理机制。前者主要反映心肺功能，后者主要反映骨骼肌的代谢水平。研究表明，系统训练提高最大摄氧量的幅度较小，它受遗传因素的影响较大；而乳酸阈较少受遗传因素影响，其可训练性较大，训练可以大幅度提高运动员的个体乳酸阈。显然，以最大摄氧量来评定人体有氧能力的增进是有限的，而乳酸阈值的提高是评定人体有氧能力增进更有意义的指标。

2. 制定有氧耐力训练的适宜强度

理论与实践证明，个体乳酸阈强度是发展有氧耐力的最佳强度。其理论依据是，用个体乳酸阈强度进行耐力训练，既能使呼吸和循环系统机能达到较高水平，最大限度地

利用有氧供能，同时又能使无氧代谢的比例减少到最低限度。研究表明，优秀耐力运动员有较高的个体乳酸阈水平。对训练前后的纵向研究也表明，以个体乳酸阈强度进行耐力训练，能有效地提高有氧工作能力。

三、提高有氧工作能力的训练

提高有氧工作能力的训练强度要掌握在有氧代谢范畴之内。因此，运动负荷量和负荷强度的安排至关重要。只有在运动负荷量和强度适宜，即在最大限度动用机体有氧代谢系统使其处于最大应激状态下训练，才能有效地提高机体有氧工作能力。目前，用于发展有氧能力的训练方法主要有持续训练法、乳酸阈训练法、间歇训练法和高原训练法。

（一）持续训练法

持续训练法是指强度较低、持续时间较长且不间歇地进行训练的方法，主要用于提高心肺功能和发展有氧代谢能力。阿斯特兰德（Åstrand）指出，对于发展有氧代谢能力来说，总的工作量远比强度更为重要。由于机体内脏器官的机能惰性较大，需在运动开始后约 3 分钟才能发挥最高机能水平。因此，为发展有氧代谢能力而采取的训练，练习时间要在 5 分钟以上，甚至可持续 20~30 分钟以上。

长时间持续运动对人体生理机能产生诸多良好的影响。主要表现在：能提高大脑皮质神经过程的均衡性和机能稳定性，改善参与运动有关中枢间的协调关系，并能提高心肺功能及最大摄氧量，引起慢肌纤维出现选择性肥大，肌红蛋白也有所增加。对发育期的少年运动员及训练水平低者尤其要以低强度的匀速持续训练为主。

（二）乳酸阈强度训练法

如前所述，个体乳酸阈强度是发展有氧耐力训练的最佳强度。以此强度进行耐力训练，能显著提高有氧工作能力。目前，在田径中长跑、自行车、游泳及划船等训练中，已广泛采用个体乳酸阈强度进行训练。

有氧能力提高的标志之一是个体乳酸阈提高。由于个体乳酸阈的可训练性较大，有氧耐力提高后，其训练强度应根据新的个体乳酸阈强度来确定。一般无训练者，常以其 50% $\dot{V}O_2max$ 的运动强度进行较长时间的运动，而血乳酸几乎不增加或略有上升，经过良好训练的运动员可达到 60%~70% $\dot{V}O_2max$ 强度，而优秀的耐力专项运动员（马拉松、滑雪）可以 85% $\dot{V}O_2max$ 强度进行长时间运动。这表明，运动员随训练水平的提高，有氧能力的百分利用率明显提高。在具体应用乳酸阈指导训练时，常采用乳酸阈心率来控制运动强度。

（三）间歇训练法

间歇训练法是指在两次练习之间有适当的间歇，并在间歇期进行强度较低的练习，而不是完全休息。由于间歇训练对练习的距离、强度及每次练习的间歇时间有严格的规定，往往不等身体机能完全恢复就开始下一次练习，因此，对机体机能要求较高，能引起机体结构、机能及生物化学等方面较深刻的变化。从生理学角度分析，间歇训练主要有以下特点：

1. 完成的总工作量大

间歇训练法比持续训练法能完成更大的工作量，并且用力较少，而呼吸、循环系统和物质代谢等功能得到较大的提高。阿斯特兰德发现，让受试者用两种不同方法进行每分钟完成 2160 千克米（kg·m）的工作，如果持续工作，只能进行9 分钟，完成的总工作量为 19440 千克米；如果用同样的负荷强度，每活动 30 秒后休息 30 秒，则可以坚持 1 小时，总工作量为 64800 千克米。对于发展有氧代谢能力来说，总的工作量远比强度更为重要。

2. 对心肺机能的影响大

间歇训练法是对内脏器官进行训练的一种有效手段。在间歇期内，运动器官（肌肉）能得到休息，而心血管系统和呼吸系统的活动仍处于较高水平。如果运动时间短，练习期肌肉运动引起内脏机能变化，都是在间歇期达到较高水平。无论在运动时还是在间歇休息期，均可使呼吸和循环系统承受较大的负荷。因此，经常进行间歇训练，能使心血管系统得到明显的锻炼，特别是心脏工作能力以及最大摄氧能力得到显著提高。

目前在许多项目的训练中，都大量采用了间歇训练法。其方法运用成功与否的关键是要根据不同年龄、不同训练水平及不同项目的特点，科学合理地安排每次练习的距离、强度及间歇时间。

（四）高原训练法

随着运动水平的不断提高，人们在谨慎加大运动负荷的同时，着眼于提高训练难度，给予机体更强烈的刺激，以调动人体的最大潜力。高原训练法就是基于这种设想逐渐开展起来的一种训练方式。在高原训练时，人们要经受高原缺氧和运动缺氧两种负荷，这对身体造成的缺氧刺激比平原上更深刻，可以大大调动身体的机能潜力，使机体产生复杂的生理效应和训练效应。研究表明，高原训练能使血红蛋白数量及总血容量增加，并使呼吸和循环系统的工作能力增强，从而使有氧能力得到提高。

第三节 无氧工作能力

无氧工作能力是指运动中人体通过无氧代谢途径提供能量进行运动的能力。它由两部分组成，ATP–CP 分解供能（非乳酸能）和糖无氧酵解供能（乳酸能）。与有氧工作相比，无氧工作的强度提高，但持续时间减少。ATP–CP 是无氧功率的物质基础，一切短时间、高效率运动，如冲刺、短跑、投掷、跳跃和足球射门等活动能力均取决于 ATP–CP 供能的能力；而乳酸能则是速度耐力的物质基础。在长时间剧烈运动的开始和运动中加速过程中，无氧工作也占主导地位。

一、无氧工作能力的生理基础

纵观无氧能力的研究历史可将其分为三个阶段：第一阶段是对无氧代谢理论的探讨；第二阶段是对无氧代谢能力测定方法与评价方法的研究；第三阶段是对无氧代谢能力与其他生理生化指标关系的研究。直至 20 世纪 60 年代末期才建立了无氧代谢能力较为完善的理论体系，提出 ATP–CP 系统供能的时间是 6~8 秒，糖原无氧酵解系统的供能时间是 60~90 秒。但人们对无氧能力的研究和了解与有氧能力的研究相比尚有较大距离，其研究进展亦较为缓慢。

（一）能源物质的储备

1. ATP 和 CP 的含量

人体在运动中 ATP 和 CP 的供能能力主要取决于 ATP 和 CP 含量，以及通过CP 再合成 ATP 的能力。一般来说，人体每千克肌肉中 ATP 和 CP 的含量在 15~25 毫克之间。在极限强度运动中，肌肉中的 ATP 和 CP 在 10 秒内就几乎耗竭。因此，这一时期的最大输出功率可用于评估 ATP 和 CP 的供能能力。

通过在多种测功计上的实验表明，以全力运动前 10 秒钟的总输出功率来评定 ATP 和 CP 能力这一方法是可靠的（r=0.83~0.99）。许多研究发现，短跑运动员的 ATP 和 CP 供能能力（以每千克体重计算）高于马拉松运动员和一般无训练者；在完成负荷相同的无氧运动时，运动员血乳酸积累的出现较一般人迟。表明运动员能通过 ATP 和 CP 供能完成更多的工作。这些发现与短跑训练引起的有关ATP 和 CP 供能能力生理生化因素的适应性变化相一致，也为 10 秒钟极限负荷试验评价 ATP 和 CP 能力提供了依据。

2. 糖原含量及其酵解酶活性

糖原含量及其酵解酶活性是糖无氧酵解能力的物质基础。糖无氧酵解供能是指由肌糖原无氧分解为乳酸时释放能量的过程，其供能能力主要取决于肌组织中糖原的含量及其酵解酶活性的高低。实验表明，通过训练可使机体通过糖酵解产生乳酸的能力及其限度提高。不少学者提出用运动后最大乳酸值来评价无氧代谢能力。他们发现最大乳酸值与多种无氧代谢为主的运动项目的成绩相关。短时间爆发性项目运动员的最大血乳酸值高于耐力项目运动员和一般人。但也有一些研究指出，应用最大血乳酸值评价无氧能力有其不足之处。如长期大强度训练可以提高运动成绩，但不能提高最大血乳酸值，故认为最大血乳酸值不是评价无氧能力的敏感指标。

（二）代谢过程的调节能力及运动后恢复过程的代谢能力

代谢过程的调节能力包括参与代谢过程的酶活性、神经与激素对代谢的调节、内环境变化时酸碱平衡的调节以及各器官活动的协调等。如肌酸激酶、磷酸果糖酶等对提高ATP再合成速率及快速恢复ATP含量是十分重要的。

糖酵解产生的乳酸进入血液后，对血液pH值产生影响。因此，血液缓冲系统对酸性代谢产物的缓冲能力，以及组织细胞尤其是脑细胞耐受酸性代谢产物刺激的能力都是影响糖酵解能力的因素。当体内酸度超过一定限度时，神经细胞的兴奋性降低，工作能力下降。

（三）最大氧亏积累

最剧烈运动时，需氧量大大超过摄氧量，肌肉通过无氧代谢产生能量造成体内氧的亏欠，称为氧亏。最大氧亏积累（maximal accumulated oxygen deficit，MAOD）是指人体从事极限强度运动时（一般持续运动2~3分钟），完成该项目运动的理论需氧量与实际耗氧量之差。许多研究发现，最大氧亏积累是衡量机体无氧供能能力的重要指标。短跑运动员的无氧工作能力和运动成绩与最大氧亏积累高度相关。

研究发现，最大氧亏积累的分布范围较大。其中优秀短跑运动员的最大氧亏积累值明显高于耐力性项目运动员；而对有氧和无氧代谢均有较高要求的中跑运动员最大氧亏积累值介于以上两者之间；最大氧亏积累值与2~3分钟或60秒全力运动成绩的相关系数介于0.66~0.97之间。有训练者和无训练者在接受无氧训练后最大氧亏积累明显增加。与此同时，运动成绩、机体缓冲能力等同步发生相应变化，说明最大氧亏积累对无氧训练具有较大的敏感性。基于以上研究，萨尔庭（Saltin）等学者指出最大氧亏积累是目前检测无氧工作能力的最有效方法。

二、无氧工作能力测试与评价

常用的无氧工作能力检测方法依测试指标性质不同分为两类，一类为无氧能力的动力学检测，通常采用在最大无氧状态下进行全力运动负荷或定量负荷试验以测定机体的无氧做功能力；另一类则为无氧能力的生理学检测，即通过剧烈运动时测得的最大血乳酸水平和氧亏积累等指标来间接反映无氧能力的大小。通过这些实验可对个体的非乳酸能力、乳酸能力或无氧能力作出定性评价，并以此评价个体的无氧能力。

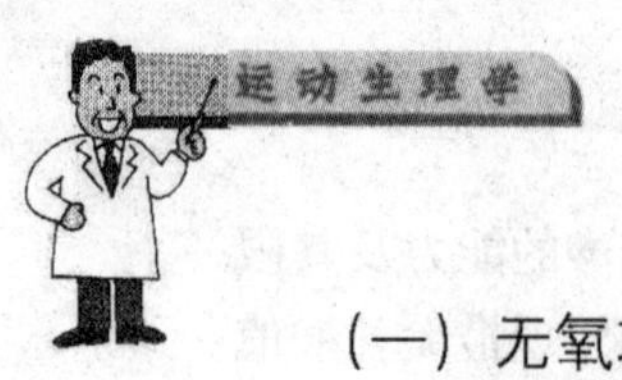

（一）无氧功率

无氧功率是指机体在最短时间内、在无氧条件下发挥出最大力量和速度的能力。无氧功率的概念是1921年撒扎特（Sargent）首次提出的。在20世纪60年代以前，多数人沿用撒扎特提出的纵跳法测无氧功率。之后，玛加利亚（Margaria）创建了跑楼梯法测无氧功率。自20世纪70年代以来，不少学者就无氧能力测试的方法学问题进行了一系列研究，并于1977年建立了著名的温盖特(Wingate）无氧功率测试法。此后，有关无氧代谢测试方法的研究逐渐引起研究学者的关注，并对传统无氧功率实验存在的不足之处进行了进一步的修正。

1. 撒扎特纵跳试验（Sargent Jump Test or Vertical Jump Test）

撒扎特纵跳试验主要用于评价人体的肌肉爆发力（ATP-CP供能能力）。受试者采用蹲伏体位，低头、弯腰、屈膝，上肢摆向下后，停顿数秒调整平衡后尽最大力量起跳，同时上肢摆向前上，记录垂直纵跳前后指间差。无氧功率用以下公式推算：

$$P=\sqrt{4.9}\times W\times\sqrt{H}$$

其中P代表无氧功率；W代表体重；H代表纵跳高度。

这种方法简便易行，但精确性较差。

2. 玛加利亚—卡拉门台阶实验（Margaria Kalamen Power / staircase test）

玛加利亚—卡拉门台阶实验（图12-8）也用于评价人体的肌肉爆发力(ATP-CP供能能力)。受试者从助跑线起跑，助跑距离为6米，以三阶为一步，用最快速度跑上九阶台阶（2~3秒）。第三阶和第九阶台阶下安装压力垫，可以启动和终止连接的计时器计时，记录受试者通过第三阶至第九阶台阶所需的时间。实验假设运动中所有的外功用于提升身体重心，重心的提升高度相当于第三阶至第九阶台阶间的垂直距离（1.05米）。功率输出按下式计算：

$$P=(W\times 9.8\times D)/t$$

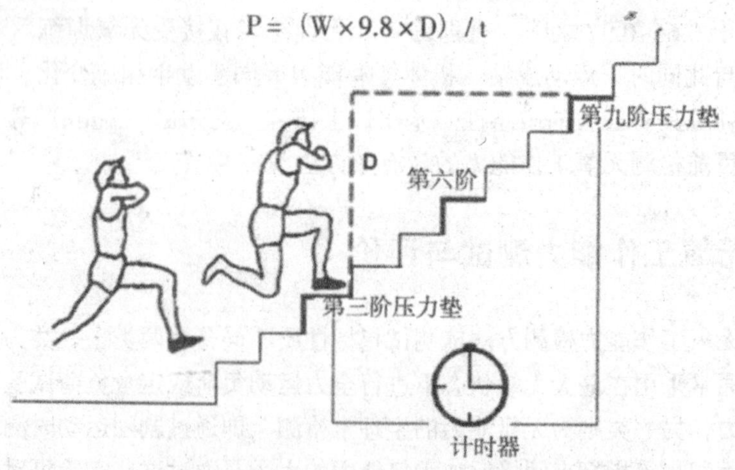

图12-8 玛加利亚－卡拉门台阶实验

(*www.my-personaltrainer.it*，略作修饰)

P 为无氧功率（kg·m / s）；W 为体重（kg）；9.8 为重力加速度；D 为第三至第九级台阶垂直距离（m）；t 为通过第三至第九级台阶的时间（s）。

玛加利亚—卡拉门台阶实验的运动形式简便，且不会导致精疲力竭，可较精确地了解 ATP-CP 供能的能力。其缺点是对年幼和部分妇女或老年人不太适宜，并在一定程度上受主观努力和身高与腿长的影响。

3. 温盖特实验

温盖特实验（Wingate Test）主要用于检测最大无氧功率（ATP-CP 供能能力）和平均无氧功率（ATP-CP 和无氧酵解能力）。实验先测定受试者身高、体重、肺活量及皮脂厚度，然后让受试者以 0.075 千克 / 净千克体重为负荷，以最快速度全力蹬车 30 秒，同时记录蹬踏圈数和心率，并将每 5 秒的蹬车数代入下面公式，单位是瓦特（W）。

最大无氧功率（第一个 5 秒）= 5 秒最大蹬车圈数×前车轮周长×阻力×6.11。最大无氧功率的能量来源于 ATP 及 CP 的分解。

平均无氧功率：将 6 个 5 秒车轮转的圈数相加除以 6。其能量来源于 ATP、CP 及无氧糖酵解。

无氧功率递减率（%）=（最高无氧功率-最低无氧功率）/ 最高无氧功率×100%

该指标表示的是在无氧供能条件下的疲劳程度。

温盖特实验运动强度极大，容易造成受试者肌肉损伤。实验要求受试者充分休息，无严重运动损伤，禁食 2 小时，4 周内身体健康，情绪良好和自愿参加实验。

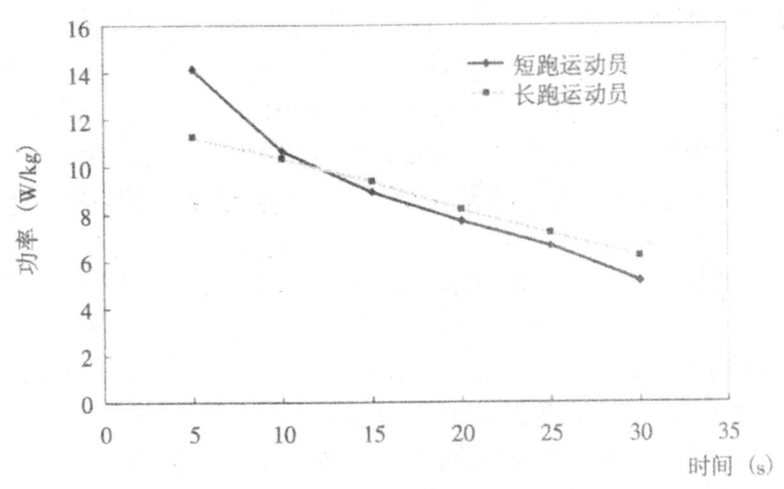

图 12-9　不同项目运动员温盖特实验测试结果

表 12-1　不同项目运动员温盖特实验测试的单位体重无氧功率（W / kg）

	最大无氧功率（W/kg）	平均无氧功率（W/kg）	无氧功率递减率（%）
短跑运动员	14.59	9.15	30.9
长跑运动员	11.27	8.77	16.9

（注：数据引自天津体育学院运动人体科学实验室）

（二）恒定负荷试验

受试者在相应的运动器械上维持恒定功率负荷的运动，直至不能维持为止。最常用的是“无氧跑速试验”，即要求受试者在20%坡度的跑步机上以约13km/h的速度跑步，以受试者能够维持运动的时间长短来判断无氧做功能力。研究表明，训练有素是短跑运动员无氧做功能力明显大于耐力性项目的运动员，并且无氧做功能力与400米跑成绩有较好的相关性。但如何准确判断受试者力竭始终是难以解决且影响检测结果的一个重要问题。

（三）无氧能力的生理学检测

如前所述，通过实验室运动时测得的最大氧亏积累和最大血乳酸水平等生理指标来反映无氧能力的大小。

三、提高无氧工作能力的训练

（一）发展ATP–CP供能能力的训练

目前，在发展磷酸原系统供能能力的训练中，主要是采用无氧低乳酸的训练。其原则是：①最大速度或最大练习时间不超过10秒；②每次练习的休息间歇不能短于30秒，因短于30秒时ATP、CP在运动间歇中的恢复数量不足以维持下一次练习对于能量的需求，故间歇时间一般选用长于30秒，以60秒或90秒的效果更好；③成组练习后，组间的练习不能短于3~4分钟，因为ATP、CP的恢复至少需要3~4分钟。

与其他供能物质相比，磷酸原的恢复较快。剧烈运动后被消耗掉的磷酸原在20~30秒内合成一半，3~4分钟可完全恢复。因此，发展磷酸原系统的训练，一般采用短时间、高强度的重复训练。

此外，需要指出的是在短跑、跳跃、投掷和举重等项目比赛中，运动员要在10秒内以最大功率输出完成运动。从理论上来看，其能量主要由ATP–CP系统供应，但在能量供应过程中，相邻的供能系统也参与供能，且占一定的比例。研究发现，我国运动员100米跑后血乳酸为9.46±1.33mmol / L。所以，在短时间、高强度运动项目的训练中，在注重磷酸原系统供能能力的同时，也应注意加强糖酵解系统供能能力的训练，即应有一定比例的大于10秒的无氧训练。

（二）提高糖酵解供能系统的训练

1. 最大乳酸训练

机体生成乳酸的最大能力和机体对它的耐受力直接与运动成绩相关。研究表明，血乳酸在12~20mmol / L是最大无氧代谢训练所敏感的范围。采用一次1分钟左右的超极量负荷不可能达到这一高水平的血乳酸。而采用1分钟超极量强度跑、间歇4分钟共重复5次的间歇训练，血乳酸浓度可达到一个很高的水平，最高值可达31.3mmol / L。表明这种训练可以使身体获得最大的乳酸刺激，是提高最大乳酸能力的有效训练方法。

为使运动中能产生高浓度的乳酸，练习强度和密度要大，间歇时间要短。练习时间一般应大于30秒，以1~2分钟为宜。以这种练习强度和时间及间歇时间的组合，能最大限度地动用糖酵解系统供能的能力。

2. 乳酸耐受力训练

乳酸耐受力一般可以通过提高缓冲能力和肌肉中乳酸脱氢酶活性而获得。因此，在训练中要求血乳酸达到较高水平。一般认为在乳酸耐受能力训练时以血乳酸在12mmol / L左右为宜。然后在重复训练时维持在这一水平上，以刺激身体对这一血乳酸水平的适应，提高缓冲能力和肌肉中乳酸脱氢酶的活性。

【小结】

1. 需氧量是指机体为维持某种生理活动所需要的氧量。运动强度大、持续时间短的运动，每分需氧量大；运动强度小、持续时间长的运动项目，每分需氧量少，但总的需氧量增多。

2. 单位时间内机体能够摄取的氧量称为摄氧量。在运动过程中，当机体能够摄取的氧量不能满足实际需要的氧量时，可造成氧亏。尽管运动结束后多数肌肉已停止活动，由于能量代谢率未恢复到运动前水平，机体的摄氧量也不能立即恢复到运动前水平，出现运动后过量氧耗。

3. 人体在进行有大量肌肉群参加的长时间剧烈运动中，当心肺功能和肌肉利用氧的能力达到人体极限水平时，单位时间内所能摄取的氧量称为最大摄氧量。氧运输系统的机能、组织利用氧的能力、遗传因素、年龄、性别和训练因素等均为影响最大摄氧量的重要因素。在运动实践中最大摄氧量是评定有氧工作能力的重要指标，可用于运动选材和制定运动训练强度。

4. 在渐增负荷运动中，血乳酸浓度随运动负荷的递增而增加，当运动强度达到某一负荷时，血乳酸出现急剧增加的那一点称为乳酸阈，它反映了机体内的代谢方式由有氧代谢为主过渡到无氧代谢为主的临界点或转折点。乳酸阈在体育运动实践中可用于评定有氧工作能力和制定有氧耐力训练的适宜强度。

5. 无氧工作能力是指运动中人体通过无氧代谢途径提供能量进行运动的能力。影响无氧工作能力的因素包括能源物质的储备（ATP-CP和糖无氧酵解供能底物及相关酶的活性）、代谢过程的调节能力和运动后恢复过程的代谢能力及最大氧亏积累。

【思考题】

1. 试从理论上分析氧亏和运动后过量氧耗的氧量是否相同。

2. 对于乒乓球和篮球，相同运动等级的专项运动员在进行正式比赛时，哪一项目的摄氧量水平更高，为什么？
3. 试述运动成绩与有氧、无氧工作能力的关系。
4. 有氧训练和无氧训练通过哪些生理因素提高有氧、无氧工作能力？
5. 如何因地制宜地选择评价有氧、无氧工作能力的方法？

第十三章

身体素质

【提要】

身体素质是运动的基础，是运动中表现出的力量、速度、耐力、灵敏、平衡、柔韧和协调等素质的总称。这些素质的优劣与哪些生理学因素有关？如何通过科学的训练发展各项身体素质？本章将对上述问题进行阐述。

人的日常生活、生产劳动和体育运动等，都是在神经系统支配下所实现的不同形式的肌肉活动。这些活动的基本能力可以表现在很多方面，如肌肉收缩力量的大小、收缩速度的快慢、持续时间的长短、关节活动范围的大小以及动作是否灵敏和协调等。通常人们把人体在肌肉活动中所表现出来的力量、速度、耐力、灵敏及柔韧等机能能力统称为身体素质。

身体素质是在遗传的基础上人体在长期的生活、工作和运动中逐渐形成的身体能力要素。身体素质是人体肌肉活动基本能力的表现。身体素质的发展水平不仅取决于骨骼、肌肉本身的结构和功能特点，而且还与肌肉工作时的能量供应、内脏器官的机能以及神经调节能力有关。更确切地讲，身体素质是人体各器官系统的功能在肌肉工作中的综合反映。

良好的身体素质不仅是健康状况和体适能良好的标志，也是掌握运动技能、提高运动成绩以及进行其他特殊专业训练（如舞蹈、戏曲演员、飞行员以及消防队员等）的基础。因此，运动训练、体育教学和健身锻炼中都十分重视身体素质的训练与提高。

第一节　力量素质

力量是人体对抗阻力的能力，是速度、耐力、灵敏和柔韧等身体能力要素的基础。人体姿势的维持、自身肢体的移动和克服阻力对外做功都需要一定水平的肌肉力量。肌肉力量可表现为绝对肌力、相对肌力、肌肉爆发力和肌肉耐力等几种形式。绝对肌力是指肌肉做最大随意收缩时所能产生的张力，通常用肌肉收缩时所能克服的最大阻力负荷来表示。相对肌力又叫比肌力，是指单位生理横断面积的肌肉做最大收缩时所能产生的肌张力。肌肉爆发力是指肌肉在短时间内发挥力量的能力，通常用肌肉单位时间的做功量来表示。肌肉耐力是指肌肉长时间收缩的能力，常用肌肉克服某一固定负荷的最多次数（动力性运动）或最长时间（静力性运动）来表示。通常所说的肌肉力量主要是指绝对肌力，它是上述各种肌力形式的基础。

一、决定肌肉力量的生物学因素

影响肌肉力量的生物学因素很多，除年龄和性别外，主要受“肌源性”因素和“神经源性”因素的影响。“肌源性”因素包括肌肉的生理横断面积、肌纤维类型、肌肉收缩时的初长度等，“神经源性”因素包括中枢激活水平、中枢神经对肌肉的协调和控制能力、神经系统的兴奋状态等方面。

（一）肌肉生理横断面积

肌肉的生理横断面积是指横切一块肌肉所有肌纤维所获得的横断面的面积之和，由肌纤维的数量和粗细决定，通常以平方厘米（cm^2）为单位。在其他因素相同的情况下，肌肉的生理横断面积越大，力量也越大。用超声技术对上肢屈肌肌力与横断面积的关系进行研究，发现二者之间呈线性关系，而且这种关系不受年龄和性别的影响。

力量训练引起的肌肉力量增加，与肌肉生理横断面积增加有关。但肌肉横断面积只是影响肌肉力量的因素之一，并不能完全解释力量训练中所表现出的一些生理学现象。例如，有研究发现力量训练可以引起儿童和老年人肌肉力量明显增加，但不伴有肌肉体积等比例增加；力量训练具有明显的“交叉转移”现象，即一侧肢体的肌肉力量训练不仅可以引起被训练肢体的肌肉力量增强，还可以使对侧未接受训练肢体的肌肉力量增加。可见，肌肉的生理横断面积不是决定肌肉力量大小的唯一生理学因素。

（二）肌纤维类型

肌纤维类型直接影响到肌肉力量。对于同样肌纤维数量而言，快肌纤维的收缩力明显大于慢肌纤维，因为快肌纤维内含有更多的肌原纤维，无氧供能酶活性高，供能速率快，单位时间内可完成更多的机械功。因此，肌肉中快肌纤维百分比高的人，肌肉收缩力量也大。

（三）肌肉收缩时的初长度

肌肉收缩时的初长度对肌肉最大肌力具有极大的影响。肌肉收缩力量的大小取决于活化的横桥数目多少，当肌肉处于某一初长度时，肌小节中粗、细肌丝的重叠状态最佳，收缩可活化（与位点结合）的横桥数目最多，因而产生的力量也最大，这一长度称为最适初长度。通常，肌肉的最适初长度稍长于肌肉在人体内的静息长度，此时肌小节长度为2.0~2.2微米，肌小节过短或过长都将因肌球蛋白横桥与肌动蛋白结合的数目减少而导致肌力下降。因此，在运动实践中，肌肉在收缩前常会先被拉长，然后再做向心收缩，以提高肌肉力量。例如，上肢的鞭打动作（如投掷）常先向后引臂，纵跳前常先下蹲等。

收缩前牵拉肌肉使力量增加的原因，除初长度改变外，还与牵张反射和肌肉的弹性成分有关。肌肉被拉长后立即收缩，所产生的肌力远大于肌肉先被拉长、间隔一定时间之后再收缩所产生的肌力。其原因在于，拉长肌肉后快速收缩，除了前面所述由于肌肉达最适初长度，增加了活化的横桥数目，从而增加肌力外，还由于一方面快速收缩使肌肉出现牵张反射，反射性地提高了肌肉力量；另一方面，被拉长的肌肉的弹性部分具有弹性势能，这就可以解释为什么原地下蹲后立即起跳，要比先下蹲、间隔一段时间后再跳要跳得更高。

（四）中枢激活

肌肉活动受运动中枢的支配。中枢激活指中枢神经系统动员肌纤维参加收缩的能力。中枢激活作用主要表现为支配肌肉的运动神经元的放电频率及其同步化的程度。中枢激活水平越高，动员的肌纤维数目就越多，肌肉收缩力量也越大。肌肉即使在进行最大随意收缩时，并不是所有的肌纤维都同时参与收缩，缺乏训练的人只能动员肌肉中60%的肌纤维同时参与收缩，有良好训练的人可动员90%以上的肌纤维。此外，研究表明力量训练还能够提高运动神经元的放电频率，说明力量训练可以提高中枢激活水平，这也是力量训练增强力量的又一重要原因。

（五）中枢神经系统的兴奋状态

中枢神经系统的兴奋性是发挥高水平的中枢激活作用以及良好的中枢神经对肌肉活动的协调和控制能力的基础，对提高最大肌力有重要的作用。中枢兴奋性通过参与兴奋的神经元数量和兴奋神经元发出神经冲动的频率来体现，兴奋性高，则参与兴奋的神经元多，所发出的动作电位频率高，可使更多的兴奋性较低的运动单位也参与到兴奋收缩中来，从而使肌力增大。研究表明，当肌肉克服相当于最大肌力的20%~80%的阻力负荷时，肌肉力量的增加主要靠神经系统不断募集动员更多的运动单位来完成；当阻力负荷超过最大肌力的80%时，肌肉力量的增加主要靠提高神经中枢发放冲动的频率和有关肌肉中枢同步兴奋程度来实现。克服最大负荷甚至超过最大负荷的训练有助于提高中枢神经系统的兴奋性，将有效地提高肌肉最大肌力。如举重这类项目就对运动员中枢神经系统的同步兴奋性和反射协调能力提出了很高的要求，由于受体重所限，运动员要以最小的肌肉重量获得最大的肌肉力量，此时运动神经中枢的同步兴奋性将起重要的作用。

情绪和环境对中枢神经系统的兴奋性也具有影响。情绪激动时，中枢神经系统的兴奋性提高，导致肾上腺素、乙酰胆碱等生理活性物质大量释放，是影响肌肉力量的重要因素。人在极度激动或危急情况下，可发挥出平常无法达到的惊人的力量。这种现象可能因情绪极度兴奋时，肾上腺素大量分泌，使肌肉的应激性大幅度提高；更重要的是中枢发放强而集中的神经冲动，迅速动员“贮备力量”，从而使运动单位成倍地同步动员并投入工作所造成的。

（六）中枢神经对肌肉活动的协调和控制能力

人体完成任何动作，即使是最简单的动作也需要多块肌肉（主动肌、协同肌、拮抗肌、固定肌）协调工作来实现。人体在某一运动中表现出的力量是参与该运动的所有肌肉收缩的合力。不同肌群接受不同神经中枢的支配，中枢之间良好的协调配合将减少因肌群间工作不协调所致的力量抵消和能量浪费，有利于发挥出更大的力量。中枢神经对肌肉活动的协调和控制能力具有可训练性，可以通过训练得到提高。对于某一特定动作来说，动作越熟练，与其相关的神经中枢之间协调配合也越好，因此，动作是否熟练将影响完成动作时的力量表现。

(七)年龄与性别

肌肉力量从出生后随年龄的增加而发生自然增长，通常在20~30岁时达最大，以后逐渐下降。身体发育成熟以后，只有经过超负荷训练才能使肌肉力量增加。如果不进行力量训练，随着年龄的增长，肌肉力量会同其他器官系统功能一样出现衰减。如果持续进行超负荷训练，可使力量显著增大，超过刚成年时的力量水平。但是，如果肌肉只承担较小的负荷，力量将随着年龄的增加而下降，到65岁时力量约下降20%。

10~12岁以下的儿童，男孩的力量仅比女孩略大。进入青春期后，由于雄性激素分泌的增多，有效地促进了男孩肌肉和骨骼体积的增大，使其力量明显大于女孩。成年女子由于性激素等原因，其肌肉发达程度远较男性差，故肌肉平均力量大约仅为男性肌力的2/3，但不同肌群力量差异不同。如女子前臂屈、伸肌群的力量只有男子的50%，而大腿屈、伸肌群的力量是男子的80%左右。

造成男女力量差异的另一原因是后天参加的体力活动有所不同。男子经常参加一些能发展力量和爆发力的体育活动，使他们比女子更接近自己潜在的最大力量水平。由于女子从事的活动一般多是非力量性的或力量水平较低的活动，因此，女子距她们潜在的最大力量水平甚远。虽然女子的绝对力量水平低于男子，但经过训练，男女之间的差别会逐渐缩小。如女大学生经过10周的力量训练后，其力量提高相对值较同龄的男子大。

(八)体重

体重大的人一般绝对力量较大，而体重轻的人可能具有较大的相对力量。随着体重的增加，绝对力量直线增加。当用相对力量表示总体力量时，随着体重的增加，相对力量却下降。这些关系有助于解释为什么身材较小的体操运动员往往能取得较好成绩，以及为什么体操运动员的身材要比投掷运动员小得多。为了能成功地完成体操动作，运动员需要有较高水平的相对力量，而投掷运动员就需要有较高水平的绝对力量，才能将器械投掷得更远。一般说来，对仅需要克服体重但对速度、灵敏和协调性要求较高的运动项目，运动员的身材往往较小，相对肌肉力量较大；而那些必须克服外部阻力的项目(如投掷、摔跤和举重等项目)运动员的身材一般都较大，绝对力量也较大。

除了上述因素，肌糖原、肌红蛋白含量和毛细血管分布密度也会影响肌肉力量。肌糖原和肌红蛋白是分布在肌浆中的能量物质和氧贮备物质，其含量的增加有助于肌肉长时间进行较低强度收缩时的能源和氧供应。肌肉毛细血管数量的增加有助于肌肉运动所产生的酸性物质和代谢废物的运输及氧气和营养物质的供应。这些因素都与肌肉的力量有关。

二、力量训练原则

众所周知，力量训练(即抗阻力训练)是提高肌肉力量的重要手段，但只有遵循科学的训练原则才能有效地提高肌肉力量。要有效地提高肌肉力量，在抗阻力训练中还应遵循以下基本原则。

（一）大负荷原则

大负荷原则是肌肉力量训练的一个基本原则。力量训练的负荷由负荷强度（阻力大小）、负荷量和训练频率决定。大负荷原则的生理学基础是人体对运动的反应和适应规律，即任何运动都可以引起人体的生理反应。通常，只要不超出人体的承受能力，运动负荷越大，生理反应也越大，反复多次后人体的适应性变化也越大（即训练效果也越好）；反之如果运动负荷较小，人体对该负荷已经适应，因而生理反应小，将无法获得更高水平的适应，训练效果就差。因此，在力量训练时，训练负荷应较大，应超过训练者已经习惯或适应了的负荷。大负荷原则也称为“超负荷原则”。

在进行力量训练时，应根据不同的训练目的，灵活运用大负荷原则。如果想有效地提高最大肌力，肌肉所克服的阻力要足够大，阻力应接近或达到甚至略超过肌肉所能克服的最大负荷。由于肌肉内各运动单位的兴奋性不同，当阻力负荷较小时，中枢只能调动兴奋性高的运动单位参加收缩，随着阻力的加大，参与收缩的运动单位逐渐增多。足够大的负荷对中枢神经系统的刺激大，能使运动中枢发出更强的信号，从而调动更多的运动单位参加同步收缩，肌肉表现出更大的肌张力。通常低于最大负荷80%的力量练习对提高最大肌力的作用不明显。如果训练目的是提高肌肉耐力，选择的阻力不能太大，但应强调重复次数和持续时间，使总的训练负荷量较大。

在力量训练实践中，采用某一“大负荷”训练一段时间后，肌肉对这一负荷逐渐习惯或适应，其力量也得到提高，原来的负荷对于提高了的力量来说已不属“大负荷”了。根据“大负荷原则”，需要增加负荷以重新满足大负荷的要求，以保证肌肉力量的持续增长。

必须指出的是，在进行大负荷训练时，应全面评估人体的生理承受能力，注意防止过度训练或运动损伤的发生。

（二）专门性原则

专门性原则是指所从事的肌肉力量练习应与相应的运动项目相适应。力量训练的专门性原则包括：①进行力量练习的身体部位的专门性；②练习动作的专门性。即：进行负重抗阻练习时，应包含直接用来完成动作的肌肉群，并尽可能地模拟其实际的动作结构及动作的节奏与速度。身体部位的专门性和动作结构的专门性，有利于改善神经系统的协调控制能力，以及肌肉内一系列适应性生理和生化变化。

运动技术的专门性有时显得更为重要。在一些情况下，两类运动中动用的肌群是相同的，但运动的形式却是不同的。高水平的短跑运动员，往往不是优秀的马拉松运动员，反之亦然。同样地，训练中动作的节奏和速度是非常重要的。因此，在进行专门训练时，练习的动作节奏与速度也要和正式的运动相一致。

（三）练习顺序原则

练习顺序原则是指力量练习过程中应考虑前后练习动作的科学性和合理性。总的来说应遵循下列原则：先练大肌群，后练小肌群；多关节肌训练在前，单关节肌训练在后；前后相邻运动避免使用同一肌群；在训练单一肌群时，大强度练习在前，小强度练习在后。其生理机制为，大肌肉在训练时运动中枢的兴奋面广，兴奋程度高，在提高自身力量的同时，由于兴奋的扩散作用，练习过程对其他肌肉也有良性刺激作用。此外，由于大肌肉相对不易疲劳，可延长练习时间，而小肌肉练习容易疲劳，将影响大肌肉练习动作的完成。前后相邻动作若使用同一肌群，由于前一动作练习已经使该肌群疲劳，所以完成后一动作时，既不能保证动作质量，又容易出现肌肉过度疲劳和肌肉损伤，而使用不同肌群甚至相拮抗的肌群，由于交互抑制的原因，一个中枢兴奋，将对其拮抗中枢产生抑制，使前一运动致疲劳肌群的运动中枢受到抑制，从而使疲劳肌群得以“积极性休息”而放松。

（四）合理间隔原则

合理间隔原则就是寻求两次训练课之间的适宜间隔时间，使下次力量训练在上次训练引起的力量增长高峰（超量恢复）期内进行，从而使运动训练效果得以积累。再次训练间隔时间与训练强度和训练量有密切的关系，训练强度和训练量大，间隔时间应长。通常较小的力量训练在第二天就会出现超量恢复，中等强度的力量训练应隔天进行，而大强度力竭训练一周进行 1~2 次即可。值得提出的是，完成定量负荷，训练水平高者出现超量恢复的时间较早，超量恢复的幅度较小，其训练间隔应较短；但同样进行力竭训练，高水平者因完成的绝对负荷量大，故其超量恢复较晚出现，超量恢复的幅度较大，持续时间较长，训练间隔时间也应稍长。

三、力量训练的手段与方法

（一）力量训练要素

抗阻力训练可增加肌肉体积和生理横断面积，改善神经—肌肉控制能力，是提高肌肉力量的基本手段。其训练效果取决于阻力负荷大小、每组练习次数、组数、组间间隔时间、完成每组练习的时间、训练频率等训练要素。在制定力量训练计划时，应根据被训练者情况、训练目的和运动专项，在确定训练需求（包括训练的主要肌群、肌肉工作方式和能量特点、损伤预防等）的基础上，合理选择和确定阻力负荷的方式，以及上述各力量训练要素。

1. 负荷强度

常用最大重复次数（RM）来表示力量训练的负荷强度，也可以用最大肌力的百分比表示。最大重复次数是指肌肉收缩所能克服某一负荷的最大次数。如果某负荷（如100kg），甲最多能克服3次，乙最多能克服5次，则该负荷为甲的3RM，乙的5RM。很显然，乙的力量大于甲，如果采用这一负荷训练甲和乙，虽然绝对负荷相同，但相对负荷甲大于乙。RM越小，表示运动员能克服该负荷的重复次数越少，负荷强度越大。RM为1时表示进行1次自身最大负荷重量的练习。随训练目的不同，所采用的负荷强度也不同。例如，对于举重运动，训练时应多用接近或达到最大负荷的强度进行训练。而对于健身运动来说，则只需较小的负荷强度（RM值较大）进行运动。表13-1反映出不同训练目的的力量练习的大致参考负荷强度。

表13-1　不同训练目的的力量练习的参考运动负荷强度

项目	训练目的	最大肌力（%）	起始负荷	调整负荷
举重等	最大肌力	90~100	1~3RM	3~5RM
短跑、跳跃等	最大肌力和爆发力	75~90	5~8RM	8~12RM
健身等	肌肉耐力	50~75	12~15RM	20~25RM

注：上表中，起始负荷（RM）是指“负荷到多少RM”，调整负荷（RM）是指“训练到多少RM后需调整负荷”，以训练最大肌力为例，选择起始负荷为2RM，调整负荷为4RM，即选择只能完成2次的负荷为练习强度，经过一段时间训练，练习者能克服该负荷4次时，就应该调整（增加）负荷，使练习者又只能完成2次，开始新一轮训练。

2. 每组练习次数、组数和频度

在力量训练中，每组练习次数、组数和训练频度的安排，受训练目的、运动形式和练习者训练水平等因素的影响。每组练习次数与负荷强度密切相关，负荷强度越大，每组练习次数越少。组数随训练目的不同而异，一次力量训练课可在3~6组间选择。频度（每周训练的次数）主要取决于练习者训练水平和训练目的。研究表明，对初练者，隔天训练比每天训练的效果好。有研究表明，每天进行力量训练者，训练10次后，肌肉力量提高47%，而以同样训练负荷进行隔天训练，经过10次训练后肌肉力量提高77.6%。举重等以发展肌肉最大肌力为主的运动，其练习强度应足够大，一般接近或达到肌肉的最大负荷能力，每组练习次数较少，练习组数至少不低于3组，训练频度则可适当减少，每周1~2次即可。以发展肌肉收缩速度和爆发力为主的运动如短跑、跳跃，其运动强度应适当降低，但练习组数和频度则相应地增多；以发展肌肉耐力和提高内脏机能水平为主的运动，其运动强度更低，练习次数相应较多，练习频度亦可有所增加。总之，运动者的训练水平（或承受能力）和身体恢复情况作为决定训练频度的主要依据。

3. 动作速度和组间间隔时间

动作速度的快慢，可以影响力量训练中神经控制、肌肉肥大和能量代谢等生理过程。一般情况下，对于提高最大肌肉力量而言，训练水平低者可采用低速和中速进行训练，优秀运动员采用中、高速训练更有效；对于提高爆发力而言，除初练者采用中速外，中等训练水平以上者都应采用快速完成练习的方法；而对于提高肌肉耐力的训练，无论训练水平高低，都应采用中、低速完成练习。

组间间隔时间对肌肉代谢、激素分泌和心血管反应等影响明显，应根据训练目的、肌群大小等合理确定组间间隔时间。例如，为了提高最大肌力，进行多关节肌群、主要运动肌群或大肌群参与的力量训练如核心练习时，组间间隔时间至少 2~3 分钟；为了预防损伤或肌群间协调发展，对辅助运动肌进行力量训练（辅助练习）时，间隔时间可减少到 1~2 分钟。

（二）几种肌肉力量训练手段的生理学分析

1. 抗阻力练习

抗阻力练习是肌肉力量训练的基本手段，根据肌肉工作形式的不同，可有多种抗阻力练习方式。

(1) 等长练习

等长练习，又称静力性练习，指肌肉对抗阻力收缩时长度不变的力量训练方法。这种练习要求神经细胞在较长时间内持续兴奋，有利于提高神经细胞的兴奋性和稳定性；由于肌肉持续收缩压迫血管，影响静脉回流和肌肉的血液供应，有利于提高肌肉的无氧代谢能力；肌肉在做等长收缩时能承受较大的阻力负荷，是发展最大肌力的常用方法。必须指出，等长力量训练的效果具有明显的“关节角度效应”，即训练效果仅局限于受训练的关节角度。

(2) 向心练习

向心练习指肌肉收缩时，长度缩短的练习方法。该方法的优点是：神经肌肉的兴奋与抑制交替进行，可在力量增长的同时提高神经肌肉的协调性；肌肉工作形式可与运动专项相一致。由于“关节角度效应”的存在，虽然外在负荷重量不变，但该练习中肌肉张力将随关节角度的变化而改变。

(3) 离心练习

离心练习指肌肉收缩产生张力的同时被拉长的练习方法。离心收缩产生的最大离心张力大于最大向心张力，因此，离心练习比向心练习对肌肉的刺激更大，在其他要素相同的情况下，离心练习更有利于发展肌肉力量和横断面积。但是，离心练习更容易引起急性肌肉疼痛和延迟性肌肉酸痛（DOMS）。

(4) 等速练习

等速练习或称等动练习，是利用专门的等速力量训练器进行肌肉力量训练的方法。在整个关节活动范围内，等速力量训练器产生的阻力始终与用力大小相适应，并以恒定的角速度运动，练习者尽力运动时，肌肉在各关节角度都呈“满负荷”工作而产生最大张力。等速练习是发展动力性肌肉力量较好的方法之一。

除了上述几种基本的抗阻力练习手段外，出于不同的训练目的，研究者还发展了一些新的抗阻力训练手段。为了发展肌肉的爆发力，借助肌肉的牵张反射机制和肌肉的弹性回缩，提出了“超等长练习”，该练习对肌肉进行快速动力性负荷牵拉后产生爆发性肌肉收缩，是包括所有含离心与向心收缩周期（牵拉—缩短环）的快速练习。例如，跳深练习、快速牵拉橡皮带等。为了克服传统抗阻力训练对柔韧性发展的不利影响，达到在发展肌肉力量的同时发展肌肉及关节周围软组织伸展性的目的，提出了“全幅度练习”，该练习是在关节所能达到的最大范围内，大幅度拉伸工作肌群，接着进行大幅度向心收缩的练习方式。

2. 电刺激

电刺激法是采用一定频率和强度的电脉冲刺激肌肉收缩的力量训练方法。此法可作为运动员伤后恢复期不能进行正常训练时的辅助力量训练手段，也可用于常规方法难以达到效果的肌肉。但该方法引起的肌肉收缩可干扰机体自身感受器的反馈调节和保护功能，对协调性产生不利影响，大量使用还可能导致肌肉过度疲劳和损伤。

3. 震动训练

震动力量训练法是近年来发展起来的一种通过给人体施加一定频率（25~60Hz）和强度的机械震动，保持和提高肌肉力量的训练方法。研究表明，此法能有效改善瘫痪者和运动员的肌肉力量与肌肉耐力。该法常作为附加或辅助训练手段与一般的力量训练同步进行，其生理效应和作用机制尚不清楚。

第二节　速度素质

速度素质是指人体进行快速运动的能力或最短时间完成某种运动的能力。按其在运动中的表现可以分为反应速度、动作速度和周期性运动的位移速度三种形式。

一、速度素质的生理基础

（一）反应速度的生理学基础

反应速度（reaction speed）是指人体对各种刺激产生反应的快慢，如短跑运动员从听到发令到起动的时间等。人体对刺激的反应，是一种神经反射活动，其结构基础为反射弧。反应速度的快慢主要取决于兴奋通过反射弧所需要的时间（即反应时）的长短。因此，凡能影响反射弧五个环节中任一环节的因素都会影响反应速度。

1. 反射的复杂程度与中枢延搁

从感受器接受刺激产生兴奋并沿反射弧传递开始，到引起效应器发生反应所需要的时间称为反应时（reaction time）。在构成反射弧的五个环节中，传入神经和传出神经的传导速度基本上是固定的，所以，反应时间的长短主要取决于感受器的敏感程度（兴奋阈值的高低）、中枢延搁和效应器（肌组织）的兴奋性。其中，中枢延搁又是最重要的，反射活动越复杂，历经的突触越多，反应时越长。

2. 中枢神经系统的机能状态

中枢神经系统的机能状态与反应速度有密切关系。良好的兴奋状态，能够加速机体对刺激的反应，使效应器由相对安静状态或抑制状态迅速转入活动状态。运动员处于良好的赛前状态时，反应时缩短。反之，如果运动员大脑皮质的兴奋性降低，反应时将明显延长。

3. 运动条件反射的巩固程度

随着运动技能的日益熟练，反应速度加快。研究发现，通过训练，反应速度可以缩短 11%~25%。

（二）动作速度的生理学基础

动作速度（movement speed）是指完成单个动作时间的长短，如排球运动员扣球时的挥臂速度等。动作速度主要是由肌纤维类型的百分组成及其面积、肌肉力量、肌肉组织的兴奋性和运动条件反射的巩固程度等因素所决定的。

1. 肌纤维类型

肌肉中快肌纤维占优势是速度素质重要的物质基础之一，快肌纤维百分比越高，肌肉收缩速度则越快。研究证实，优秀短跑运动员腿部肌肉中快肌纤维百分比高，并且快肌纤维出现选择性肥大。

2. 肌肉力量

力量是速度的基础，在阻力负荷相同时，力量越大，加速度也越大，从而缩短完成动作的时间。凡能影响肌肉力量的因素也必将影响动作速度。

3. 肌肉组织机能状态

肌肉组织兴奋性高时，较低的刺激强度和较短的作用时间就能引起肌组织兴奋。

4. 运动条件反射的巩固程度

在完成动作过程中，运动技能越熟练，动作速度越快。此外，动作速度还与神经系统对主动肌、协调肌和对抗肌的调节能力有关，并与肌肉的无氧代谢能力有密切关系。

（三）位移速度的生理学基础

位移速度（displacement speed）是指周期性运动（如跑步和游泳等）中人体通过

一定距离的时间。以跑为例，位移速度主要取决于步长和步频两个变量，而步长和步频又受多种生物学因素的制约（图 13-1）。步长主要取决于肌力的大小、肢体的长度以及髋关节的柔韧性；而步频主要取决于大脑皮质运动中枢的灵活性和各中枢间的协调性，以及快肌纤维的百分比及其肥大程度。神经系统的灵活性好，兴奋与抑制转换速度快，是肢体动作迅速交替的前提；而各肌群间协调关系的改善，可以减少因对抗肌群紧张而产生的阻力，有利于更好地发挥速度。所以，在周期性运动项目中，肌肉放松能力的改善也是提高速度的一个重要因素。

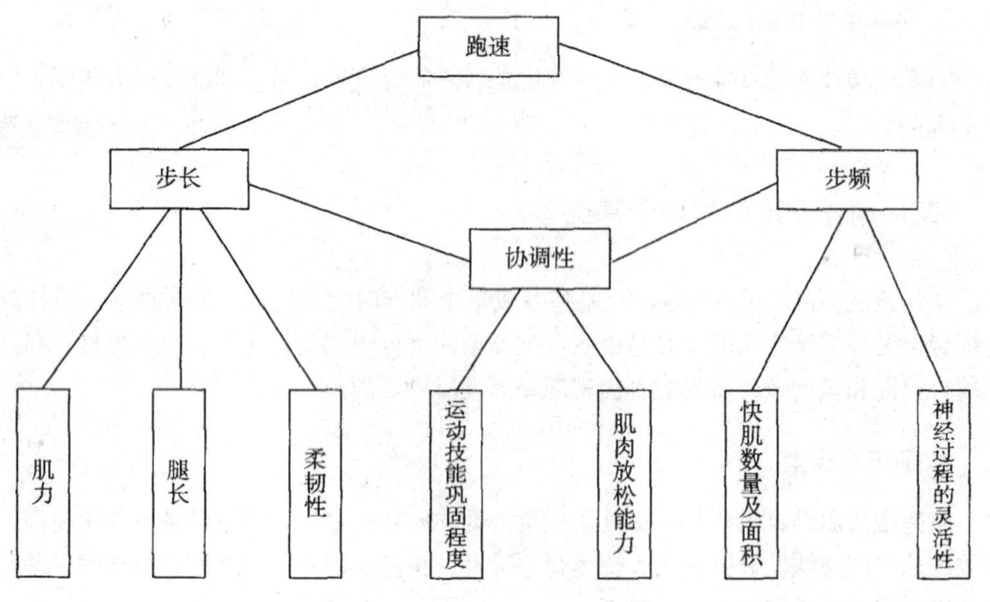

图 13-1　影响步长、步频的主要生物学因素

此外，速度性练习时间短，主要依靠 ATP-CP 系统供能，因此，肌肉中 ATP-CP 含量较多是速度素质重要的物质基础。研究发现，通过速度训练，肌肉中 CP 的贮备量随训练水平的提高而增加。

二、速度素质的训练

（一）提高动作速率的训练

大脑皮质神经过程的灵活性是实现高频率动作的重要因素。为了改善和提高神经过程的灵活性，可采用变换各种信号让练习者迅速作出反应的练习，以及做各种高频率动作的练习，如牵引跑、在转动跑台上跑和顺风跑等借助外力提高动作频率的练习，都可使练习者在不缩短步长的情况下增加步频，提高神经中枢兴奋与抑制快速转换的能力。

（二）发展磷酸原系统供能的能力

速度练习是强度大、时间短的无氧训练，主要依靠 ATP-CP 系统提供能量，因此，在提高速度的训练中，应着重发展磷酸原系统供能的能力。一般常用的方法是重复训练法，如短跑运动员常采用 10 秒以内的短距离反复疾跑来发展磷酸原系统供能能力。

（三）提高肌肉的放松能力

肌肉的协调放松能力也是影响速度素质提高的一个重要因素。肌肉放松能力的提高不仅可以减少快速收缩时肌肉的阻力，而且有利于 ATP 的再合成，使肌肉收缩速度和力量增加。

（四）发展肌肉力量及关节的柔韧性

力量是速度的基础，对于短距离游泳、短距离径赛、以及所有鞭打动作（如投掷、扣球等），力量（特别是快速力量或爆发力）是制约速度的关键因素。对短跑运动员来说，腿部力量对增加步长是十分重要的，除负重训练外，可进行一些超等长练习（如连续单腿跳、蛙跳等练习）来发展腿部力量。另外，改善关节柔韧性的练习也有利于速度素质的提高。

第三节　耐力素质

耐力是指人体长时间进行肌肉工作的运动能力，也称为抗疲劳能力。耐力素质的分类及命名十分繁杂，可按运动时的外部表现划分为速度耐力、力量耐力和静力耐力等；按该项工作所涉及的主要器官划分为呼吸循环系统耐力、肌肉耐力及全身耐力等；可按运动的性质划分为一般耐力和专项耐力等。运动生理学中更多是从能量供应的角度将其划分为有氧耐力和无氧耐力。

一、有氧耐力

有氧耐力（aerobic endurance）是指人体长时间进行以有氧代谢（糖和脂肪等有氧氧化）供能为主的运动能力。有氧耐力有时也被称做有氧能力（aerobic capacity）。肌肉要持久地工作，必须有充足的能量供应。因此，充分的氧供应及其糖和脂肪的有氧氧化能力是影响有氧耐力的关键因素。

二、无氧耐力

无氧耐力（anaerobic endurance）是指机体在无氧代谢（无氧糖酵解）的情况下较长时间进行肌肉活动的能力。无氧耐力有时也称为无氧能力（anaerobic capacity）。进行强度较大的运动时，体内主要依靠糖无氧酵解提供能量，因此，无氧耐力的高低，主要取决于肌肉内无氧糖酵解供能的能力、缓冲乳酸的能力以及脑细胞对血液 pH 值变化的耐受力。

有关有氧耐力和无氧耐力的相关内容请参阅本书第十二章有氧、无氧工作能力。

第四节　平衡、灵敏、柔韧和协调

在体育运动，尤其是竞技体育运动中，运动者为了顺利完成各种不同的运动技术，有时必须维持或变换特定的身体姿势，以确保运动时的身体平衡；有时必须准确及时地做出判断、迅速改变体位、转换动作或创新动作，以应对运动场上瞬息多变的环境；有时必须加大关节的活动幅度，使动作舒展、优美，以增加运动的难度和观赏性。因此，人体良好的平衡、灵敏和柔韧是完成多种高级复杂运动技能的必备条件。

一、平　衡

平衡（balance）是身体所处的一种姿态以及在运动或受到外力作用时能够自动调整并维持姿势的能力。保持平衡是完成诸如跑、跳、滑冰、滑雪、踢球、体操、舞蹈等多种运动技能的前提条件。按其性质可将人体平衡分为三种：即对称性平衡、静态平衡和动态平衡。

对称性平衡（reciprocal balance）是指能否将身体的重量均等地分配到身体支撑点的能力，如人站立时的双脚受力、坐位时的两臀受力是否均等。

静态平衡（static balance）是指人体在相对静止的状态下，维持身体某种特定姿势一段时间的能力，如站立、金鸡独立、倒立、射箭等动作均为静态平衡。

动态平衡（dynamic balance）是指人体在运动过程中，控制身体姿势的能力，如蹦床、体操、花样滑冰与游泳等均需要很好的动态平衡能力。

（一）平衡的生理学基础

人的平衡能力除了与身体结构的完整性和对称性外，还与前庭器官、视觉器官、本体感受器、大脑平衡调节、小脑共济协调以及肢体肌群力量、肌张力之间的相互平衡等密切相关。因此，平衡所反映的是人体对来自前庭器官、肌肉、肌腱、关节内的本体感受器以及视觉等各方面刺激的协调、综合能力。

1. 位觉器官

位觉器官即前庭器官，当人体进行旋转或直线变速运动，以及头在空间的位置和地心引力的方向出现相对改变时，便会刺激前庭器官的感觉细胞产生神经冲动，经前庭神经传送至中枢神经系统，引起身体在空间的位置或变速感觉，并通过姿势反射来调整有关骨骼肌的张力，以维持身体的平衡。值得指出是，位觉感受器在调节身体平衡方面具有双重性，即一方面机能良好的前庭器官的反射可以维持运动中身体平衡，另一方面如果前庭器官对位觉刺激过于敏感（前庭功能稳定差），反而会破坏运动时的身体平衡，导致动作失调变形。例如，有人会晕车、晕船和晕机等，原因就是这种人的前庭感受器对交通工具的突然变速、颠簸、左右摇摆、震荡等刺激过于敏感，产生了超出个体耐受限度的神经冲动，引发了空间定向错觉和更明显的一系列植物性功能紊乱反应。如果在跳水、滑雪、花样滑冰、体操、铁饼和链球等项目中运动员出现这些反应，势必影响运动技能的发挥。

2. 本体感受器

是指分布于骨骼肌、肌腱、关节囊和韧带等处的本体感觉神经末梢装置，包括自由神经末梢、环层小体、腱器官、肌梭等。本体感受器可感受肌肉张力、长度的变化和环节在关节处运动的刺激，并将这类刺激转变为神经冲动，传向大脑皮质感觉区，从而产生身体各部分相对位置和状态的感觉，称为运动觉或本体感觉。例如，常人闭上眼睛时，仍能轻而易举地用手指向自己的鼻尖，这与运动觉有关。机体运动时，本体感受器将运动刺激转变为神经冲动传入大脑皮质的相应中枢，通过综合分析，感知身体在空间的位置、姿势，以及身体各部位肌肉的活动状态，使之产生正确的肌肉感觉。当运动过程中身体平衡或动作环节遭到破坏时，本体感受器又能及时地将刺激信号传向中枢，通过调节相关肌张力以纠正偏差，确保运动技能中规定动作的顺利完成。

实践证明，随着本体感受器功能的提高，运动技术水平、机体平衡能力也明显增强。例如，篮球、足球运动员动作技能熟练后，有时不用视觉，仅靠运动觉即可控制球完成复杂的动作。体操、跳水运动员在空中完成翻腾、转体时，本体感受器的传入冲动对时间和空间的感知，对正确完成复杂动作起着极其重要的作用。因此，本体感受器功能的提高，不仅可以促进动作技能的形成和肌肉活动在时间和空间上更加协调，还有助于运动技术、战术的运用与创新。

3. 视觉器官

眼即是视觉器官，它是人体感知外界信息最重要的感觉器官，视觉是外源性信息在大脑的主观感觉。运动过程中，眼可提供运动场地、器械等周围环境和身体运动与运动方向的信息，并传入大脑，结合本体感受器和位觉感受器传来的信息，一方面通过视调节保持清晰的视觉，另一方面调节有关骨骼肌张力，保持头位及正确的身体姿势。因此，视觉对动作控制发挥着重要作用。另外，视觉与本体感觉在维持身体姿势时有较大的相互依存性，如看远近物体时，由于视轴有会聚和分离，使内、外眼肌的牵张程度不同，从而产生远近距离的感觉。但如果对着镜子做练习时，视觉又可为本体感觉提供信息以强化本体感觉。当视觉功能发生障碍时，可明显影响姿态稳定。因为做动作时，能够看到自己身体的位置更容易维持平衡。但在特定情况下，视觉也会引起平衡能力下降，如有恐高症的人站在高处向下看时，会感到两腿发软，难以维持站立姿势。

4. 身体机能状态

维持身体平衡是在神经系统、感觉器官和运动系统等共同参与和协调下完成的。只有身体机能处于适宜状态时，有关的系统和器官之间才能密切协调配合、发挥良好的生理作用以维持身体特定姿势。假如身体疲劳或健康欠佳时，各器官、系统功能下降，必然会导致以下现象的发生：①感受器兴奋阈升高，对运动刺激不够敏感，产生的传入信息量（神经冲动）减少；②信息传导、传递速度变慢；③中枢神经整合与协调能力减弱；④肌肉收缩无力。最终严重影响身体的平衡，如运动者骨骼肌疲劳时，因肌张力变小、耐力变差，就无法完成与平衡有关的运动技能。运动员在大赛期间，有时心理过度紧张会使机体平衡能力下降，这也是体操运动员从平衡木上掉下来的原因之一。

（二）发展平衡能力的训练

进行任何形式的运动都需要人维持或改变自身的姿势和位置，才能顺利完成各种不同的运动技能。尤其是在竞技运动中，发展运动员的平衡能力有着极其重要的作用。尽管人体的平衡能力受多器官功能状态的影响，但是，前庭器官、本体感受器和视觉器官是制约人体平衡的主要因素。因此，通过训练来改善和提高它们的功能，有利于促进平衡能力的发展。

1. 前庭功能训练

实践证明，前庭功能的稳定性可以通过被动训练、主动训练和综合训练使其逐步提高。

(1) 被动训练法：主要是让人在产生加速度变化的器械（如离心机、四柱秋千、电动转椅、过山车等）上被动地感受加速度的变化。在训练过程中旋转速度要循序渐进，以免引起过于强烈的前庭反应。

(2) 主动训练法：是锻炼者主动地选择各种有加速度变换的旋转运动进行训练，如球类运动、器械体操、空翻、滚翻、摇头操、吊环旋转、弹网蹦跳、铁饼、链球、荡秋千等。

(3) 综合训练法：是锻炼者采用主动训练和被动训练相结合的方式进行训练。综合训练比单纯的主动训练和单纯的被动训练效果更好，同时还能全面地提高人体机能。实际上，所有体育运动均需要改变身体的姿势和位置，只要坚持体育锻炼或运动训练都可以增强机体对变速运动的适应和平衡能力。值得注意的是，前庭功能稳定性从幼年开始训练，效果会更好。

近年来各种平衡仪生物反馈训练系统的相继面市，为人体平衡能力的科学训练创造了良好的条件。训练者可根据各类平衡训练仪的功能以及受训者提高平衡能力的具体要求来制定训练方案，进而指导受训者进行平衡训练。

2. 本体感觉功能训练

人体运动时所产生的本体感觉常被视觉、位觉或其他感觉所掩盖，而难有明确的主观感觉，故本体感觉又称为“暗淡感觉”。本体感觉必须经过长时间的训练，才能明显而精确地在自己的动作过程中体验到。例如，当运动员建立动力定型之后，动作稍有改变即可察觉，而在学习新动作的初级阶段即便有很大的偏差，也不易觉察。因此，在运动实践中只有通过反复练习，才能获得良好的本体感觉。

马特维也夫在论述身体平衡时指出：要训练运动员在更难保持平衡的条件下保持平衡技能。如借助踝关节的细微动作，而不改变整个身体的位置，是平衡木运动员保持平衡的最佳方式。踝关节的细微动作，并不是运动员所获得的新的运动技能，而是对平衡状态的细微感知能力提高后所做出的反应。这种反应是每一个人都具有的，只是未经训练者的感觉敏感度低而已。他认为在进行平衡能力训练时，掩盖视觉而使注意力集中于本体感觉，能更有效地提高平衡能力。

3. 视觉器官功能训练

人的视力、视野同样受遗传和环境因素的影响，为了提高视觉的功能，除了平时注意用眼卫生外，坚持做眼保健操。在运动训练过程中，注意运动环境中参照物的选择、多看视频录像、仔细观察教师或教练员的示范动作、多对着镜子强化练习视觉与本体感觉的结合、多站在高处向下方和远处看等，都有利于视觉器官在维持身体平衡过程中发挥积极作用。

（三）平衡能力的评定

平衡能力的评定是指按照特定的方法或程序对人体的平衡功能进行定量或定性的描述与分析的过程。在运动实践中，平衡功能的评定主要适用于运动员选才、制定运动训练方案、诊断运动员有否平衡功能障碍及其原因、确定平衡训练的效果等。常用的平衡功能评定方法如下：

1. 睁眼动态平衡测验

让受试者在3.8厘米宽的平衡木上往返行进4次，记录时间及掉下来的次数。然后进行评价。

2. 睁、闭眼静态平衡测验

让受试者先睁眼用优势脚在2.5厘米宽的木板上站立，记录站立的时间。然后再让受试者闭眼，采用同样方法，记录站立的时间，最后比较睁眼与闭眼时的平衡能力。此测验表明视觉在平衡中具有重要的作用。

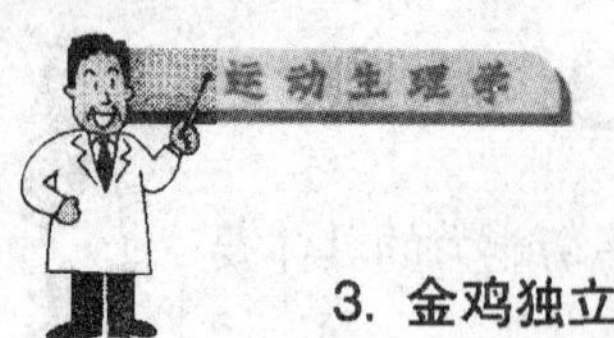

3. 金鸡独立测验

让受试者用优势腿站立，另一腿的脚置于支撑腿的膝关节处，双手叉腰。当听到"开始"信号后，尽量使自己身体保持不动，一直到不能坚持为止。如果出现下述三种情况中的任何一种，即为失败：①支撑腿脚掌发生移动；②叉腰的双手离开叉腰的位置，用双臂来帮助维持平衡；③另一脚离开支撑腿的膝关节。计算从开始到失去平衡之间的时间。共做3次，以维持平衡时间最长的一次作为测验的成绩，来评价受试者用优势腿站立时的静态平衡能力。

4. 头手倒立测验

测量改变体位后，保持平衡的能力。让受试者在垫子上做头手倒立，测定其倒立的时间。

5. 平衡仪测验

用特制的平衡测试仪进行测定，根据测定的目的可采用静态平衡仪或动态平衡仪。

(1) 静态平衡仪：静态平衡仪又称测力台（force platform），它的原理是通过平板下各角处安置的压力传感器，记录站立时足对地面的压力，检测身体的摇摆情况，记录分布到支撑面的重心移动及身体不自主轻微移动而产生的惯性力，并将压力传感器所记录到的信号转化成数据，输入计算机，实时描记压力重心施于平板上的投影与时间关系曲线，即所谓的静态姿势图。检查时，受试者可分足（与肩宽）、并足、前后足或单腿站立。通过对图中的摆幅、摆速、功率谱等多项指标的分析来了解平衡功能。

(2) 动态平衡仪：是在静态平衡仪的基础上，将固定平板用一装置控制，使其可以水平移动，以踝关节为轴旋转（有些配备了测量足与下肢所成角度的设施），或环绕检查者给予或真或假的视觉干扰。它所描记出来的足对平板的压力—时间曲线称为动态姿势图。图中将本体感觉、视觉和位觉定位信息区分开来进行研究，这种动态姿势图有助于探讨平衡障碍的原因。有些动态平衡仪配备有肌电图与髋、肩、头部的运动感受器，可了解维持平衡时肌肉的舒缩及躯体各部位的运动反应。

在临床康复医学中，尚有许多评价平衡障碍患者的方法。如Romberg法和强化Romberg法、Berg平衡量表、Tinetti平衡与步态量表、垂直X书写、改良Wolfson测试、前庭步测试等。

二、灵　敏

灵敏（agility）是运动者迅速改变体位、转换动作和随机应变的能力。它是运动员运动技能和各种运动能力在运动过程中的综合表现，其突出特点是当环境突然发生变化时，能够随机应变地完成动作，并能够创造出新的动作，以适应新的突变条件。灵敏可分为一般灵敏性和专项灵敏性。一般灵敏性通常以起动、急停、起跳、躲闪、维持平衡、改变动作姿态等形式表现出来；专项灵敏性常与专项技术的机敏、灵巧、准确、协调等密切联系。如体操运动员的灵敏主要表现为对身体姿势的控制和转换动作的能力，球类运动员的灵敏则主要表现为对外界环境变化能及时而准确地转换动作以做出反应的能力。

（一）灵敏性的生理学基础

灵敏是一项复杂的综合素质，它与运动员的力量、反应、速度、爆发力和协调性密切相关。因此，灵敏性的生理学基础主要涉及到神经、感觉和骨骼肌的结构及功能状态。

1. 大脑皮质的机能状态

大脑皮质是接受、分析来自运动机体各类感觉信息的中枢。在激烈的对抗性运动中，如球类、击剑、摔跤等，随着运动形式的变化，动作的性质、强度均会发生相应变化，大脑皮质只有处在良好的功能状态下，才能迅速地对变化的情况做出准确的分析和判断，并当机立断地下达指令，调控运动器官完成相应的动作。同时，运动中的突然起动、急停、动作的迅速转换等，均要求大脑皮质神经的兴奋、抑制过程迅速转换，如皮质中枢功能不良则难以完成快速的转换、不能适应运动场上瞬息万变的情况。

2. 感觉器官、肌肉的功能状态

各种分析器和外周神经功能的改善，特别是运动分析器的敏感程度、兴奋在神经肌肉传导的快慢，肌肉的收缩速度、力量等均可直接影响运动机体的灵敏性。当它们处于良好的功能状态下，可以提高人体在运动过程中空间和时间上的定向定时能力，使得动作准确、变换迅速。因此，灵敏的发展与各种分析器机能的改善密切关系。另外，运动前充分作好准备活动，适度降低肌紧张度，解除肌肉活动时内在的阻力，也可以增强人体的灵敏性。

3. 运动技能的掌握程度

灵敏是多种运动技能和身体素质在运动中的综合表现。运动技能掌握得越多、越牢固，机体运动时动作会更加协调、稳定，而且易达到高度的自动化，表现出灵活而省力。因为按照条件反射学说，运动技能本身是在多种感觉器官的参与下，大脑皮质有关中枢间建立的暂时性神经联系，这种暂时联系建立得越多，在环境条件改变需要做出反应时，大脑皮质有关中枢间暂时神经联系的接通就越迅速、准确，并能在原有条件反射的基础上创造出更多的新颖动作和做出更完善的协调反应。

4. 其他因素

人的灵敏还与年龄、性别、体重和整个机体功能状态等有关。从儿童开始到成熟期，灵敏性逐步提高，其中青春期灵敏性发展迅速。青春期前，男孩稍优于女孩，青春期后，男孩的灵敏性远好于女孩；体重会明显影响人的灵敏性，体重过大会使身体各部分的惯性加大，增大了肌肉收缩的负荷，在进行改变方向的动作时，速度必然减慢；人在疲劳时，爆发力、动作速度、反应速度、协调性都会下降，故灵敏性必然显著降低。另外，灵敏性还与力量、速度和柔韧性密切相关。

（二）发展灵敏性的训练

发展人的灵敏性，要从提高大脑皮质神经过程的灵活性，熟练掌握多种运动技能，增强力量、速度、柔韧、平衡和协调能力入手，才使人体适应千变万化的运动环境。但是，因为各种不同的运动技能对灵敏性的要求既有共性又有个性(项目的特异性)，所以发展不同运动项目运动员的灵敏性不能采用同样的模式，必须结合运动专项的性质、动作的结构特点等采用各种不同的方法和手段来发展灵敏性。总之，在发展运动员灵敏性训练时应遵循如下原则：

1. 运动的专门性

不同的运动项目要求有不同的灵敏技能，如篮球运动员及拳击运动员的闪、躲、腾、跃就完全不同，为了获得良好的训练效果，应当紧密结合专项训练。

2. 结合力量、爆发力训练

灵敏动作一般会包含起动、急停、快速改变方向等三个过程，如果适时地增加相应活动关节肌肉的力量，则较容易克服这些动作过程中的阻力，而且力量大、肌肉收缩快，动作速度必然快，也增强了灵敏性。爆发力是指肌肉在最短时间收缩时所能产生的最大张力，由于在敏捷性动作表现上，会不断地出现起动、再起动的过程，因此具有良好的爆发力，自然是增进灵敏的重要条件。

3. 结合反应训练

在实际的运动情境下，反应可分为两类，一类是对突然出现的刺激事先预知，并做出规律的动作反应，称为单纯反应时，如听到枪响出发的径赛及游泳赛；另一类则是动作不预定，依照刺激条件而做出不同动作反应的复杂反应时，例如因球的方向而决定下一个动作的运动，像棒球、篮球、网球等，都属于此类复杂反应。就对灵敏性的影响而言，复杂反应显然比单纯反应更为重要。

4. 避免疲劳时进行灵敏训练

由于在灵敏性训练过程中，要求维持在最高的运动强度。因此，疲劳时训练效果不佳，同时也容易导致运动损伤，所以要避免在疲劳的情况下进行灵敏训练。

（三）灵敏性的评定

长期以来对灵敏性的评定多采用人工计时、目测判犯规等方法。随着科学技术的发

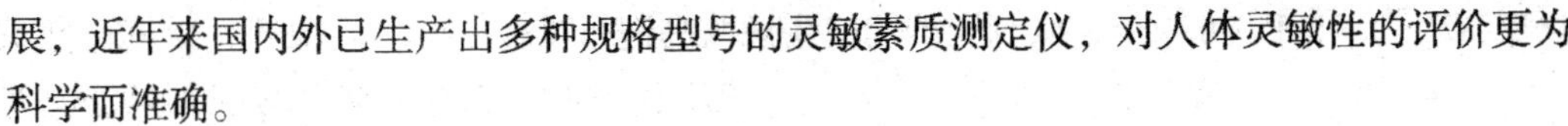

展，近年来国内外已生产出多种规格型号的灵敏素质测定仪，对人体灵敏性的评价更为科学而准确。

1. 传统测试方法

⑴ 立卧撑测验：身体由立姿经下蹲到俯撑姿势，再恢复到立姿的变换速度。方法：从站立姿势开始，受试者听到“开始”信号后，迅速屈膝、弯腰、下蹲、两手在足前撑地，两腿向后伸直成俯撑，然后再经过屈蹲、恢复正常的站立姿势。共进行 10 秒，计算受试者完成动作的得分。评定：以 10 秒钟完成正确动作的次数作为测验成绩。把整个动作分为四部分，每部分计 1 分。第一部分：站立→下蹲，手撑地；第二部分：下蹲→俯撑；第三部分：俯撑→下蹲；第四部分：下蹲→站立。在测验过程中，凡有在俯撑时两腿弯曲及站立时身体不直者均要扣除 1 分。

⑵ 侧跨步测验：在一块 2 米长、1 米宽的一块场地进行。方法：开始时受试者两腿立于中线位置，当听到“开始”信号时，受试者向右跨步，到右脚触及端线，再收回右腿成开始姿势。然后再向左跨步到左脚触及端线，再收回左腿成开始姿势。在 10 秒内统计完成动作的得分。评定：在中线到两侧端线 50 厘米处各划一条标志线。跨步时，脚越过标志线得 1 分，触及端线得 2 分；脚收回时越过标志线得 3 分，回到中线得 4 分，计算 10 秒钟测试所得。

⑶ 象限双脚跳测验：在一块划有“十”字线的小场地（每条线长 1 米左右，如图 13-2 所示）进行。方法：受试者听到“开始”信号后，按图 13-2 的顺序，做双脚同时并跳（面向一个序号），顺序是由起点→1→2→3→4→1。直到听见“停止”的信号时为止，计算 10 秒钟跳动的次数。评定：计算 10 秒钟双脚准确落在象限内的次数作为所得的测验成绩，每跳一个象限可得 1 分，如果踏线或跳错了象限，每次扣 0.5 分。

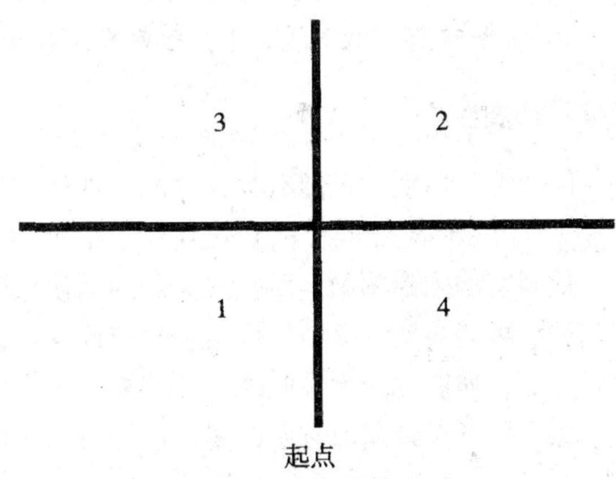

图 13-2　象限双脚跳顺序图示

（引自：Johnson 和 Nelson，1986）

2. 灵敏测定仪

目前国内已有国产或进口的多种灵敏测定仪，因仪器的规格型号有别，其测定原理

和方法不尽相同，可根据灵敏测定仪的使用说明书进行操作。

三、柔　韧

柔韧（flexibility）是人体在运动过程中完成大幅度运动技能的能力。柔韧性不足可直接影响动作的学习和高难运动技能的掌握，也会有碍于力量、速度、协调、平衡能力的发展，并易造成运动损伤。特别是对快速、有力、轻松、富有表现力的动作影响更大，这在艺术体操、花样滑冰、花样游泳、自由体操、技巧等一些表演性运动技能方面尤其突出。

（一）柔韧性的生理学基础

决定柔韧的生理基础主要是运动器官的构造（包括关节的骨结构）、关节周围组织的体积和跨关节的韧带、肌腱、肌肉及皮肤的伸展性。同时，也与支配骨骼肌的神经系统的机能状态，特别是中枢神经支配对抗肌的协调能力，以及对肌肉收缩和放松的调节能力有关。

1. 关节的结构特征

关节的结构决定着关节活动的方向和幅度，它是由遗传决定的。例如，膝关节仅能屈伸并能在微屈的条件下有少许旋内、旋外活动，而绝不可能进行背屈或大幅度旋内、旋外活动。柔韧性的发展只能限制在关节结构所允许的范围内，否则，定会引起关节损伤而降低其稳定性。但在关节结构许可的范围内，关节活动幅度可有一定程度的增加。研究证明，10分钟跑后，膝关节软骨较静止时增厚12%~13%。原因是运动时关节软骨交替受到挤压和减压的作用，促使关节液渗入软骨，导致关节软骨弹性增大。

2. 关节周围软组织的伸展性

关节周围软组织的伸展性与性别、年龄有关，一般女性优于男性，儿童少年优于成人。此外，也不能忽视肌肉本体感受器官对关节周围肌肉和结缔组织伸展性的作用。肌肉被动牵张，肌梭和腱器官均受到刺激，肌梭的传入冲动使该肌收缩，腱器官的传入冲动则使该肌放松。训练可能会使其兴奋阈值发生适应性变化，使肌梭兴奋阈值升高，腱器官的兴奋阈值降低，伸展性加大。此外，关节囊、韧带等结缔组织内分布有痛觉末梢，也可能在训练作用下兴奋阈值有所改变，这均有利于增加肌肉和结缔组织的伸展性。

3. 关节周围组织的体积

身体脂肪含量和关节周围组织的体积是限制关节活动的重要因素。如腹部脂肪的积累势必影响体前屈的幅度，大腿后群肌肉肥大必然会影响小腿后折叠。然而训练过程中肌肉体积的增长是不可避免的。为解决关节活动幅度和肌肉体积增加的矛

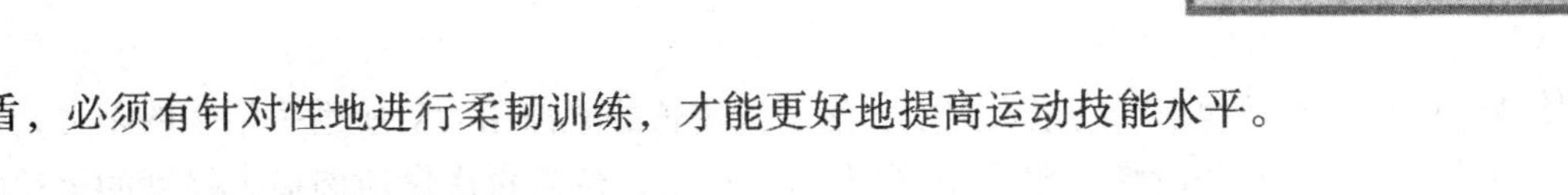

盾，必须有针对性地进行柔韧训练，才能更好地提高运动技能水平。

4. 中枢神经的协调功能和肌肉力量

关节活动幅度常因对抗肌群不能充分放松而受到限制。因此，改善肌群内的协调性，特别是改善原动肌和对抗肌之间的协调，是提高柔韧性的重要因素。

在最大增加关节活动幅度的情况下，原动肌收缩需要克服对抗肌、关节囊和韧带等结缔组织的巨大弹性阻力，而此时原动肌长度明显缩短，可能会使肌张力降低。因此，大力发展肌肉力量，有利于主动增大关节活动幅度。另外，通过训练使肌纤维内基质蛋白含量增加，也可促进肌肉的放松和柔韧性的发展。

（二）发展柔韧性的训练

在发展柔韧性的练习中可采用主动运动、助力运动、阻力运动和被动运动。竞技体育和健身锻炼中，主要采用主动运动或助力运动。前者是加大关节活动幅度的主要方法。利用主动运动提高身体柔韧性时，可借助一些器械，如肋木、毛巾等。为了加强锻炼的效果，或由于自身力量不足、因疼痛不敢用力活动时，可用人工或器械给予助力。而被动运动仅适用于康复训练。运动实践中最常用的柔韧性练习是牵张练习，包括冲击性牵张练习和静力性牵张练习，此外还有本体感觉神经肌肉促进法（PNF练习法）等。

在一些对身体柔韧性要求较高的运动项目中，训练或锻炼可提高身体柔韧性。例如，瑜伽、太极拳等是有益于提高柔韧性的运动。其他的还有体操、有氧体操、舞蹈、游泳、普拉提等。

1. 牵张练习

牵张练习，或称为伸展练习，是在学校体育课、运动训练、健身锻炼的准备活动中最常使用的方法。

（1）冲击性（ballistic）牵张练习：练习时，通过反复的冲击动作牵拉肌肉。每冲击一次，会引起肌肉一次牵张反射性的收缩，冲击的力量越大，反射性收缩的强度也越大。反射性收缩部分抵消了主动牵拉肌肉的力量，降低锻炼的效果，如果主动冲击的力量（或有他人给予助力）过大，则可能引起肌肉拉伤。

（2）静力性（static）牵张练习：在练习时缓慢牵拉肌肉，当肌肉感到被牵拉时，停止继续拉长，坚持10~30秒后，再放松。静力性牵张练习，避免了牵张反射的副作用，其优点是效果明显、花费的时间短、可以独立完成练习、发生肌肉损伤的概率低。如扶杆控腿、成桥静止、利用肋木屈体压腿、肋木上屈体抱腿。

2. PNF练习

PNF（proprioceptive neuromuscular facilitation）意译为“本体感觉神经肌肉易化法”或“本体感觉神经肌肉促进法”。其练习的操作原则和方法是：首先在助手的帮助下，

使肢体达到关节活动幅度的最大限度，然后被拉长的肌肉用力对抗助手给予的阻力，做肌肉最大强度的等长收缩，坚持10秒左右后放松。然后再次做肌肉最大强度的等长收缩，各次之间基本没有间隔时间。一般重复在3~5次以内，关节活动幅度每次提高较明显，之后提高的幅度下降，可重复多至10次左右。PNF练习能够有效地提高身体柔韧性，且不易引起肌肉损伤。其缺点是练习时必须有他人协助。

3. 柔韧性训练的原则

(1) 以关节结构为依据：任何情况下柔韧性的发展，都不应超过关节解剖结构所允许的范围，否则会造成关节损伤。

(2) 要与准备活动相结合：柔韧练习应与训练课的准备活动相结合，因为准备活动可以使体温升高，降低肌肉黏滞性，提高其伸展性，并可避免运动损伤。

(3) 掌握合理的柔韧发展水平：根据专项技术的要求，柔韧性的发展并非越大越好，只要符合专项技能要求，并能顺利完成动作即可。

(4) 热身与循序渐进：在训练课中，柔韧训练前应安排不少于10分钟的热身运动，提高肌肉温度，避免肌肉拉伤。开始时动作幅度不要达到极限，应循序渐进，逐渐增大幅度，直到最大。动态柔韧练习，重复次数也应随训练进程逐渐增加。在完成每组练习之后，须进行伸展关节的放松练习。

(5) 柔韧性练习与力量训练相结合：柔韧性的提高，要有一定的肌肉力量作基础。力量的增加可间接使柔韧性得到提高，如体操运动员在开展力量训练的同时，柔韧性也有所增长。

(6) 加强儿童少年期的训练：儿童少年阶段是发展柔韧性的最佳时期，年龄越大，柔韧性越差。儿童少年时期关节韧带的伸展性大，此期开始系统训练，对发展柔韧性极为有利。成年以后，经常坚持练习，已获得的柔韧性可长久保持。

(三) 柔韧性的评定

柔韧性的评定是进行运动员选材、指导运动训练、制定健身运动处方和康复锻炼的重要依据。由于人体各关节活动范围大小各异，不可能用某一项测试来评定全身的柔韧性。因此，颈、肩关节、躯干、髋关节、下肢等部位的柔韧性，必须分别进行评定。目前，对柔韧性的测定分为简易测量方法和精密测量法。

1. 简易测量方法

柔韧性的简易评定方法种类很多，它只能大致评价柔韧性的好坏，关节活动是否基本正常，常用的方法如下。

(1) 直立体前屈测验：可用评定体前屈、骨盆前倾、髋关节屈曲的活动幅度和下肢的柔韧性。受试者双膝、双脚并拢，双膝伸直保持直立，上体逐渐向前弯腰，不能抬脚跟，尽量做最大范围内的动作。评定：①双手只能触及踝关节以上高度为差；②手指尖能触及脚尖为较差；③指腹能触及脚尖为正常；④指根能触及脚尖为良好；⑤掌根能触及地面为优秀。

⑵ 颈部柔韧测验：测颈椎关节及周围软组织的柔韧性。受试者取坐位，背部紧靠椅背，尽量低头、抬头、左右转头、左右侧倾。理想幅度为低头时下颌可贴近胸部，抬头时可看到后上方天花板，侧倾时耳朵可接近肩部（不得耸肩），转头时下颌可转至肩头的方向（90°）。测量时应固定躯干，可令被测者坐在一个有垂直靠背的椅子上，臀部尽量向后，两肩靠在椅背上，两上肢放在体侧，两脚固定在椅子腿的后方。

⑶ 旋肩测验：测验肩关节及周围软组织的柔韧性。受试者两臂在胸前充分伸直，横握棍，直臂由前向后旋臂，测量两手拇指之间的距离。评定方法是用两拇指之间握棍的距离减去肩宽等于旋肩指数，该指数越小，肩带柔韧性越好。

⑷ 背伸测验：测验腰背肌肉和韧带的柔韧性。受试者俯卧，双手抱颈，测试者压住受试者的臀部，让受试者尽量抬高头部，测量评定下颌距地面的高度，数值越大说明腰部的柔韧性越好。

⑸ 髋关节柔韧测验：测下肢柔韧性。受试者仰卧位，抬起一侧下肢，膝关节伸直。如果被评定的下肢能达到垂直位，说明下肢的柔韧性正常。

⑹ 膝关节柔韧测验：测伸膝能力。受试者俯卧于床上，两脚伸出床外。小腿远端如果可以平放于床边，说明伸膝功能活动度（ROM）正常。膝关节有功能障碍者，可进一步观察两足跟是否同高，足跟较高的一侧，膝关节有伸膝功能障碍。

⑺ 小腿内外旋测验：测量小腿及踝关节周围肌肉韧带的柔韧性。受试者双膝固定伸直，双脚拇指平行并拢，尽量使双脚跟向外分开，测量两脚之间后夹角的大小。

⑻ 踝关节柔韧测验：①测试小腿三头肌和跟腱的伸展能力。受试者面向墙站立，脚跟着地，上体前倾，要求下颌、前胸及双手着墙，两膝必须伸直，脚跟不能离地，测量下颌距离地面的高度，减去脚尖至墙壁的距离，所得差数越小，则屈踝功能越好。②测踝关节柔韧性。受试者取坐位，两腿伸直，踝关节尽量跖屈、背屈，观察踝关节活动幅度。赤足或穿平底鞋全蹲，如果足跟不能平放在地面上，说明踝关节背屈柔韧性不足。

2. 精确测量法

柔韧性的精确测定多使用一定的仪器，可以精确测定关节活动的角度，定量地表示柔韧性的好坏。目前所用仪器有：坐位体前屈测试仪、各种量角器、等速测试系统等。

⑴ 角度测量器测量法：用量角器测定关节活动幅度可得到精确的数据，便于前后对比。现有的量角器有“传统”量角器、重力量角器、电子量角器等。不同的量角器构造不同，测量方法有一定差异，测量的精确度也有区别。具体测量方法见各量角器使用说明。

⑵ 等速测力系统测定法：等速测力系统具有测定关节活动幅度的功能。测试前，设定被测关节的中立位为0°。测试结果不但可以显示关节活动幅度的角度大小，还可以精确地测出解剖学的实际角度。具体操作方法可参照各种等速测力系统的使用说明书进行。

四、协　调

协调性（coordination）是指人体在运动过程中身体各器官、系统在时间和空间上相互配合完成动作的能力。如伸肌和屈肌、上肢与下肢、躯干与肢体、神经与肌肉、感官和运动器官等的相互协同与配合。协调性是完成动作的基本条件之一，它贯穿于一切动作的始终，是人体速度、力量、耐力、平衡、柔韧等各种素质与运动技能协同的综合表现。一个人只有具备良好的协调素质，才能使动作做得省力、快速、舒展、流畅、准确、优美，才能顺利完成高、难、美的运动技能。

(一) 协调性的生理学基础

由于协调性是人体多项身体素质或机能与运动技能结合的综合表现，必定有着较为广泛的生理学基础，涉及多个系统或器官的机能水平和彼此间的协作与配合，并与人的观察力、判断力、思维力、想象力、记忆力、鉴赏力、表现力和对动作的适应能力有着紧密直接的联系。在此仅从神经、肌肉、感知觉三大系统协调性作用来阐明协调性的生理学基础。

1. 神经的协调作用

神经协调是指完成动作时神经过程的兴奋和抑制相互转换的配合和协同，是由运动中枢神经所控制的运动装置（肌肉）之间的循环联系、通过反射活动而实现的。在完成运动反射活动的过程中，身体各肌群之间、肌肉活动与内脏活动之间、各脏器活动之间表现出同时和先后配合协作一致的现象。它包含神经系统交互抑制、兴奋扩散、优势现象以及反馈活动等复杂的生理过程。完成的动作愈复杂，要求大脑皮质的兴奋与抑制过程配合得愈精确。例如，赛跑、跳高、跨栏、体操、跳水、游泳及滑雪等运动员的动作之所以有高度的协调性，一个重要原因是经过训练，大脑皮质的兴奋与抑制过程在一定的时间与空间内能够严格地有节奏地转换的结果。

2. 肌肉的协调作用

肌肉的协调是指肌肉适宜而合理地进行收缩活动，其中包括肌肉收缩时产生张力的大小和不同肌群收缩的先后顺序以及同一肌群收缩与舒张的时间程序。张力的大小取决于参与收缩活动的肌纤维数量或运动单位募集的多少；不同肌群收缩的先后顺序取决于神经系统对所调控肌肉募集的先后顺序和分化抑制的程度；同一肌群收缩与舒张的时间程序取决于其支配神经的兴奋与抑制的转换频率。以上三点达到高度的相互配合，就可增强肌肉收缩的协调性。肌肉的协调性除受神经支配外，还与肌肉本身的结构、成分、肌内各种本体感受器等密切相关。要使肌肉产生准确可靠的协调，需要较长时间的专门化训练，以改造肌肉内的结构，提高本体感受器的适应能力。

3. 感知觉的协调作用

感知觉协调包括内感受器协调和外感受器协调。所谓内感受器是人体内肌肉、肌腱、关节内感受肌体被牵拉和运动刺激的感受器，以及内脏和血管内感受压力变化和血液化学成分变化的感受器。外感受器则是体表的眼、耳、鼻、舌、皮肤，感受光、声、化学以及温度和机械等外界环境刺激的感受器。

(1) 视觉在运动协调中的作用：视觉在运动中的协调主要以眼肌的协调为基本方式。它表现为运动中准确判断器械的空间位置、距离和运动员的动向以及球的运行速度、方向等。在击剑、拳击、摔跤等项目中，要求运动员有敏锐的视力，而在球类运动中，要求运动员具有良好的立体感觉和广阔的视野。视觉在维持身体平衡中也起着重要作用。

(2) 听觉在运动协调中的作用：听觉在运动中的协调主要体现在听觉分析作用上。它是语言思维和意识的生理学基础。以音乐伴奏完成动作的项目，如体操、艺术体操、健美操、花样滑冰等，都是运用听觉分析作用，使身体更加放松协调和准确的运动。

(3) 前庭器官在运动中的协调作用：前庭器官在运动中的协调主要表现在前庭感受器的稳定性上。前庭感受器的稳定性越好，在前庭器官受刺激时所发生的各种反应越弱，完成动作越顺利。研究证明，长期系统地从事链球、铁饼和体操等项目的练习，可显著提高前庭机能的稳定性。

(4) 本体感受器在运动中的协调作用：本体感受器是用来分别感受肌肉张力、长度变化和关节活动范围的。本体感受器通过牵张反射、腱反射来调节全身的肌肉收缩活动。因此，本体感受器机能的提高，对于促进运动技能的形成，使动作更加合理、协调、舒展，同时对于运动技术和战术的运用和创新均有着重要的作用。

总之，在完成每项运动技能时，都依赖于大脑神经的调配、各种感受器对内、外环境变化的感受以及肌肉之间合理用力的相互作用。无论动作怎样变化，总是先由各种感受器接受内外环境的变化刺激，将刺激转化为神经冲动，而发生大脑皮质的兴奋与抑制的相互转化，来支配和调节肌肉的收缩活动，使动作看上去舒展、协调、合理、准确。

(二) 发展协调性的训练

由于协调性有着相对广泛而复杂的生理学基础，不同的运动练习方式对人体各器官、系统的刺激程度不一样，进而产生的适应性变化各异。因此，要想全面提高人体的运动协调性，必须进行多种形式的训练和练习。在训练中常采用的方法有轮臂腰绕环、波浪起、跳跃摆腿、垫步高抬腿、跳跃绕腿、跳跃放松、跑跳步振臂、侧并步转体、鞭打腿行进、左右击脚跳行进等。

在发展人体协调性的训练中，除上述练习方法之外，还有很多种类可促进协调性提高的方法。如单个动作系列重复练习法、条件刺激练习法、游戏练习法、持器械练习法等等。因此，在实际练习过程中，要不断变换练习方法和内容，提高练习者的兴趣、消除其练习倦怠，促进协调性的全面发展。

（三）协调性的评定

由于协调性涉及人体多系统、器官的综合功能表现，目前尚未有十分理想的方法来评定人的协调性，故其评定方法暂不赘述。

【小结】

1. 人体在肌肉活动中所表现出来的力量、速度、耐力、灵敏、平衡、柔韧和协调等机能能力统称为身体素质。

2. 力量素质是人体对抗阻力的能力，是其他素质的基础。决定肌肉力量的因素主要有肌肉的生理横断面积、肌纤维类型、肌肉收缩时的初长度、中枢激活、中枢对肌肉活动的协调与控制、神经系统的兴奋状态、年龄与性别、体重等。力量训练应遵循大负荷、专门性、负荷顺序和合理训练间隔等原则。训练目的不同，力量练习所采用的训练强度、练习次数和训练频度等也不同。

3. 速度素质是指人体进行快速运动的能力或最短时间完成某种运动的能力。按其在运动中的表现可以分为反应速度、动作速度和周期性运动的位移速度三种形式。反应速度的快慢主要取决于兴奋通过反射弧所需要的时间（即反应时）的长短，与反射的复杂程度、中枢神经系统的机能状态和运动条件反射的巩固程度密切相关。动作速度是指完成单个动作时间的长短。动作速度主要是由肌纤维类型的百分组成及其面积、肌肉力量、肌肉组织的兴奋性和运动条件反射的巩固程度等因素所决定的。位移速度是指周期性运动中人体通过一定距离的时间。提高动作速率、发展磷酸原系统供能的能力、提高肌肉的放松能力、发展肌肉力量及关节的柔韧性等是提高速度素质的训练方法。

4. 耐力素质可以分为有氧耐力和无氧耐力。充分的氧供应及其糖和脂肪的有氧氧化能力是影响有氧耐力的关键因素。无氧耐力的高低，主要取决于肌肉内糖无氧酵解供能的能力、缓冲乳酸的能力以及脑细胞对血液pH值变化的耐受力。

5. 人的平衡能力除了身体结构完整外，还与前庭器官、视觉器官、本体感受器、大脑平衡调节、小脑共济协调以及肢体肌群力量、肌张力之间的相互平衡等密切相关。

6. 灵敏是运动者迅速改变体位、转换动作和随机应变的能力。它是运动员运动技能和各种运动能力在运动过程中的综合表现，与运动员的力量、反应、速度、爆发力和协调性密切相关。

7. 决定柔韧的主要生理基础是运动器官的构造（包括关节的骨结构）、关节周围组织的体积和胯关节的韧带、肌腱、肌肉及皮肤的伸展性。同时，也与神经系统支配骨骼肌的机能状态，特别是中枢神经支配对抗肌的协调能力，以及对肌肉收缩和放松的调节能力有关。

8. 协调性是指人体在运动过程中身体各器官、系统在时间和空间上相互配合完成动作的能力。是人体速度、力量、耐力、平衡、柔韧等各种素质与运动技能协同的综合表现。一个人只有具备良好的协调素质，才能使动作做得省力、快速、舒展、流畅、准确、优美，才能顺利完成高、难、美的运动技能。

【思考题】

1. 决定肌肉力量的主要因素有哪些?
2. 简述力量训练应遵循的原则。
3. 发展最大肌力与发展肌肉耐力所采用的训练有什么不同?
4. 试述影响速度素质的生理因素,并结合实际谈谈速度训练问题?
5. 平衡、灵敏、柔韧及协调性的生理基础是什么?
6. 如何进行平衡、灵敏、柔韧及协调性的评定与训练?

第十四章

运动性疲劳

【提要】

本章概述运动性疲劳的概念和分类，重点介绍运动性疲劳产生的机理、恢复过程的阶段性及其特点。在此基础上阐述运动性疲劳发生的部位、不同类型运动的疲劳特征、运动性疲劳的判断方法、不同物质恢复的特点以及促进人体机能恢复的措施。

第一节 运动性疲劳的概念及其分类

运动性疲劳（exercise-induced fatigue）是指由于运动过度而引发身体工作能力下降的现象，是人体运动到一定阶段出现的一种正常生理现象。适度的运动性疲劳并施以合理的恢复手段能及时消除运动性疲劳，并促使机能的恢复和提高，运动员训练水平的提高就是一个“疲劳—恢复—再疲劳—再恢复”的变化过程。过度疲劳则会对机体产生不良影响，引起各种机能障碍或运动损伤，甚至损害运动员的身体健康。因此，正确认识运动性疲劳及其产生的机制对于合理地安排运动训练、促进机能恢复以及提高训练效果等具有重要的理论和实践意义。

一、疲劳的概念

自 1880 年莫索（Mosso）研究疲劳开始，距今已有 120 多年的历史。期间，许多学者从多种角度、采用不同手段对运动性疲劳进行了大量的研究，并先后给运动性疲劳以不同的定义。早在 1915 年莫索就提出，疲劳是细胞内化学衍生物导致的一种中毒现象；1979 年卡波维奇认为，疲劳是工作本身引起的工作能力下降现象；1980 年 Karlsson 认为，疲劳是肌肉不能产生所要求的或预想的收缩力；之后，爱德华兹提出，疲劳是丧失保持所需或期望的输出功率；直到 1982 年美国波士顿的第五届国际运动生物化学会议上才将运动性疲劳正式定义为：机体不能将它的机能保持在某一特定的水平和 / 或不能维持某一特定的运动强度。该定义首次将疲劳时各组织、器官的机能水平和运动能力结合起来分析疲劳发生和发展的规律，提出了评定运动性疲劳要将生理生化指标和运动能力相结合的方法，有助于选择客观的指标和方法评价运动性疲劳（如在某一特定水平运动时，单一或同时使用心率、血乳酸、最大摄氧量和输出功率 / 或运动成绩等指标判断运动性疲劳），因而，得到了许多专家和学者的认可。

运动性疲劳是运动本身引起的机体工作能力暂时降低，经过适当时间休息和调整可以恢复的生理现象，是一个极其复杂的、综合的生理反应过程，对人体而言是一种保护性机制。如果机体经常处于疲劳状态而不能得到恢复，将会产生过度疲劳。力竭是疲劳的一种特殊形式，是疲劳发展的最后阶段。它是指肌肉或器官完全不能维持运动的一种疲劳现象。

二、运动性疲劳的分类

运动性疲劳的分类方法十分复杂，根据其产生的部位、运动方式以及产生机制等可分为：

（一）骨骼肌疲劳、心血管疲劳及呼吸系统疲劳

骨骼肌疲劳是指运动引起的骨骼肌机能下降而产生的疲劳，如力量训练引起的肌肉酸痛、肌肉僵硬以及肌力下降等；心血管疲劳是指运动引起的心血管系统及其调节机能下降而产生的疲劳，如运动后心输出量减少、心率恢复速度减慢、心电图S-T段下降、T波倒置等；呼吸系统疲劳是指运动引起的呼吸系统机能下降而产生的疲劳，如剧烈运动时呼吸表浅、胸闷、通气量减少等。

（二）快速疲劳和耐力疲劳

快速疲劳是指短时间、剧烈运动引起的身体机能下降现象，如短跑、投掷、跳跃等项目运动所产生的疲劳；耐力疲劳是指小强度、长时间运动引起的身体机能下降，如马拉松、越野等项目运动引起的疲劳。一般认为疲劳发生的越快，消除的速度也越快。

（三）整体疲劳和局部疲劳

整体疲劳是指由全身运动引起全身各器官机能下降而产生的疲劳，如足球、篮球、马拉松等项目运动产生的疲劳；局部疲劳是指以身体某一局部进行运动导致局部器官机能下降而引起的疲劳，如负重下蹲引起的下肢肌疲劳、特定专门动作练习引起的相应肌肉疲劳等。通常情况下，局部疲劳可发展为整体疲劳，整体疲劳往往包含着以某一器官为主的局部疲劳。

（四）轻度疲劳、中度疲劳和重度疲劳

轻度疲劳稍事休息即可恢复，属正常现象；中度疲劳有疲乏、肌肉酸疼、心悸的感觉；重度疲劳除有上述症状外，还有头痛、胸痛、恶心甚至呕吐等征象，而且这些征象持续时间较长。

此外，疲劳还可分为心理性疲劳和躯体性疲劳。心理疲劳是由于心理活动造成的一种疲劳状态，其主观症状有：注意力不集中，记忆力障碍，理解、推理困难，脑力活动迟钝、不准确等；躯体性疲劳是由身体活动引起的一种运动能力下降的现象，主要表现为动作迟缓，不灵敏，动作的协调能力下降，失眠、烦躁不安等。在运动竞赛和训练中产生的运动性疲劳，既有躯体疲劳的成分，又有心理疲劳的成分，因此，运动性疲劳是身心疲劳。在运动训练和比赛中，应根据运动项目的特点正确认识其疲劳产生的原因，并以此为依据采取科学、合理的手段促进疲劳的恢复。

第二节 运动性疲劳的产生机理

运动性疲劳产生的机理是世界各国学者热衷研究的课题之一。1924 年 Hill 等研究证明，肌肉强直收缩后疲劳消除速率与乳酸清除速率一致，从而提出了氢离子浓度升高是导致运动性疲劳的假说。进入 20 世纪 70 年代以来，随着生物科学的迅猛发展，实验技术和手段不断更新，研究人员从不同角度对运动性疲劳进行了大量的研究，提出了许多新的理论和假说。但由于运动项目的代谢差异，以及运动性疲劳的复杂性，其产生的机理又有所不同。运动性疲劳产生机理主要有：

一、衰竭学说

衰竭学说又称为能源耗竭学说。认为疲劳产生的原因是能源物质耗竭造成的。研究发现，在长时间运动过程中，产生运动性疲劳的同时常常伴有糖原及高能磷酸物含量下降，补充能源物质后，运动能力又有一定程度的提高的现象，表明运动性疲劳与体内能源物质的储量有关。

伯格斯特龙（1967 年）研究发现，在进行短时间、大强度运动过程中，当 ATP 和 CP 的储备率小于使用率时，机体将不能维持原有的运动能力。运动至疲劳时，肌肉中 ATP 含量下降并不明显，但 CP 含量却有明显下降（图 14-1）。此时，肌肉中 CP 含量仅相当于运动前的 20%；在极限强度无氧运动至力竭时，CP 浓度接近零。苏联学者沙波塔指出，疲劳与神经组织中高能磷酸化合物的分解和合成的平衡失调有关，兴奋性提高将导致 ATP 分解过程加强，若 ATP 的分解速度大于合成速度，神经细胞的兴奋性就会慢慢降低，机体的机能能力也会下降。另据报道，在进行大强度自行车运动时，

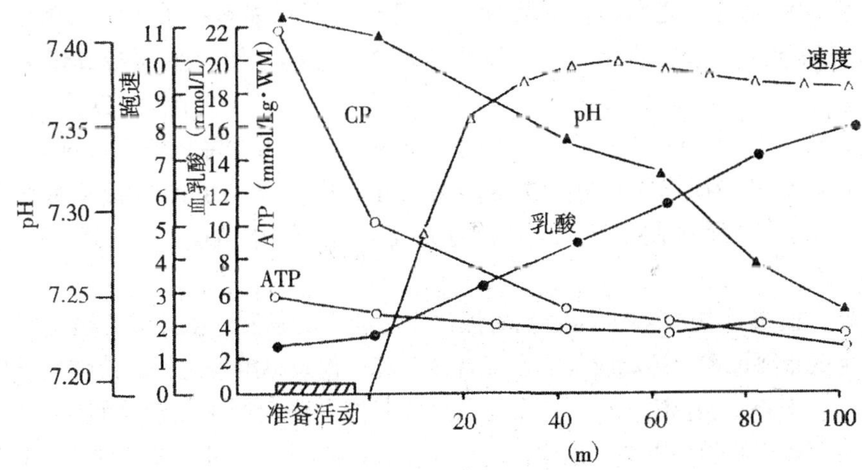

图 14-1 人股四头肌电刺激时能源物质和力量（疲劳）的关系

（引自：Hirvonen 等，1987）

疲劳反应程度与肌肉中 CP 下降幅度呈密切正相关。因此，ATP 浓度下降不是引起短时间、大强度运动过程中运动疲劳的直接因素，而 CP 过度消耗才是导致其产生运动性疲劳的主要原因。运动时 CP 含量的下降程度与运动强度有关，运动强度愈大，CP 含量下降的幅度愈明显。

在长时间、中等强度运动过程中，血糖浓度下降往往伴随着疲劳症状。当补充糖类物质后，运动能力又有所恢复。坎农等人研究发现，当狗精疲力竭时，血糖含量下降，注射肾上腺素后狗的运动能力明显恢复（肾上腺素能促进肝糖原分解，血糖浓度升高）。高尔尼克（1973）等人研究发现，以小于 66%$\dot{V}O_2max$ 强度进行运动时，糖原消耗首先发生于慢肌纤维，当运动至 3 小时末时，慢肌纤维中糖原基本耗尽，但快肌纤维中尚有一定的糖原储备；以大于 150%$\dot{V}O_2max$ 强度进行运动时，快肌纤维中糖原消耗较为明显。福克斯（1979）研究发现，人体在做单腿功率自行车运动时，运动腿肌肉至疲劳时糖原含量明显下降；非运动腿的糖原含量几乎未变，运动时间越长，疲劳症状越明显，糖原消耗也越多。可见，糖原含量与长时间、中等强度运动疲劳有密切关系。

二、堵塞学说

堵塞学说又称为代谢产物堆积学说，认为疲劳的产生是由于运动过程中某些代谢产物在肌肉组织中大量堆积造成的。19 世纪，兰克等人研究发现肌肉收缩时产生的某些代谢产物在肌组织中的堆积，可使肌肉工作能力下降，这些物质主要是二氧化碳和乳酸等；1907 年弗莱彻和霍普金斯研究发现，肌肉疲劳的同时，出现高乳酸浓度；1925 年迈耶霍夫将离体肌肉放进碱性的任氏液中，发现其收缩能力提高、收缩时间延长。Karlson 研究证实，在持续 5~10 秒的运动中，ATP、CP 明显消耗；3~5 分钟后，乳酸有较多的堆积，并主要发生在快肌纤维中，运动能力可因血乳酸和肌乳酸浓度的升高而被抑制。可见，乳酸浓度升高是导致机体产生运动性疲劳的原因之一。乳酸浓度升高之所以能导致疲劳，可能与下列因素有关：①肌肉中 pH 值下降可抑制磷酸果糖激酶的活性，从而抑制糖酵解过程，使 ATP 再合成速度减慢，能量供应出现障碍；②乳酸分离的 H^+与 Ca^{2+}竞争肌钙蛋白上的结合位点，使肌钙蛋白对 Ca^{2+}的敏感下降，影响粗、细两种微丝间的相互作用，降低肌肉收缩能力；③pH 值下降可阻碍神经肌肉接点处兴奋的传递；④［H^+］增加可抑制氧气和血红蛋白的结合；⑤pH 值下降抑制肌浆网对 Ca^{2+}的吸收，使胞浆中［Ca^{2+}］升高，降低肌肉收缩能力。

此外，血氨（氨是 AMP 经脱氨酶催化作用产生的物质）浓度升高也是影响运动性疲劳产生的重要因素。运动时体内血氨含量升高可促发糖酵解过程，使体内乳酸含量增加，［H^+］升高，pH 值下降，从而导致机体机能下降而产生运动性疲劳。与此同时，血氨还可直接抑制骨骼肌的电生理活动，并通过血液循环作用于脑组织对中枢神经系统产生抑制效应，降低机体的机能活动。

三、内环境稳定性失调学说

该学说认为，疲劳是由于血液中 pH 值下降，细胞内、外离子平衡破坏以及血浆渗透压改变等因素造成的。哈佛大学疲劳研究所研究发现，高温环境下工作的工人，因泌汗过多而产生不能劳动的严重疲劳时，如果仅给予饮水则不能缓解疲劳，若饮用 0.04%~0.14%氯化钠水溶液则可缓解或消除疲劳。另据研究发现，当机体失水量达体重 5%时，肌肉工作能力将会下降 20%~30%。除此之外，体内离子平衡遭到破坏，也会引起机体运动能力下降而产生运动性疲劳。运动时，由于 K^+大量外流，导致细胞膜内、外极化状态发生改变，从而引起组织细胞兴奋性下降，机能活动减弱；体内 Ca^{2+}主要存在于细胞外，细胞内含量较少。肌肉兴奋时，胞浆内 [Ca^{2+}] 升高是激发骨骼肌收缩的重要条件，但是，如果因某种因素而导致胞浆内 [Ca^{2+}] 过高或持续性增高，将会引起细胞代谢紊乱、结构破坏，从而使其机能下降而出现疲劳。

四、保护性抑制学说

该学说认为，无论是脑力疲劳还是体力疲劳都是大脑皮质保护性抑制发展的结果。运动时大量神经冲动传至大脑皮质相应的神经细胞，使之长期兴奋，导致消耗增多，为了避免过度消耗，当消耗到一定程度时便产生了保护性抑制。莫索等研究发现，当手指拉重物至疲劳时，若改用电刺激屈指肌，手指又能拉起重物，表明上述疲劳现象是由神经中枢抑制造成的，而并非肌肉本身所为。贝柯夫（1972）研究发现，狗拉载重小车行走 30~60 分钟而产生疲劳时，一些条件反射量显著减少，不巩固的条件反射完全消失。雅科甫列夫（1971）研究发现，小鼠因长时间运动而出现严重疲劳时，大脑皮质运动区 ATP 含量明显下降，γ-氨基丁酸水平明显增高，γ-氨基丁酸水平增高意味着抑制过程加强。此外，运动过程中产生的大量 5-羟色胺，也会促使大脑皮质抑制过程加强，从而导致疲劳的产生和发展。血糖浓度下降、缺氧、pH 值下降、盐分丧失和渗透压升高等也可促使皮质神经细胞工作能力下降，大脑皮质产生保护性抑制，从而促进疲劳的发生和发展。

五、突变理论

运动性疲劳是机体内部许多生理、生化变化在肌肉活动中的综合反映。突变理论是由爱德华兹（Edward ）于 1982 年提出的，认为运动性疲劳是由运动过程中能量消耗、力量下降和兴奋性丧失三维空间关系改变造成的，是机体为避免能量储备进一步下降而存在的一个运动能力急剧下降的过程（图 14-2）。该理论克服了以往用单一指标解释疲劳现象的不足，从能量代谢和生物电的角度揭示了肌肉力量（运动性疲劳）突然下降的原因。

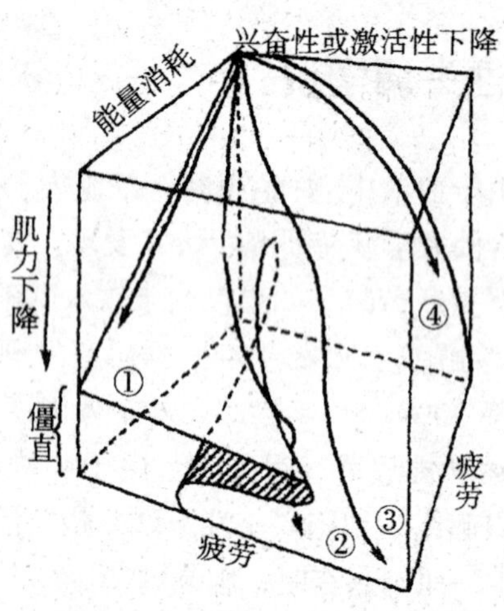

图 14-2　疲劳衰减突变过程

注：①单纯的能量消耗，不存在兴奋性下降时，会引起持续的肌肉强直收缩；②突变的综合性疲劳，力量伴随兴奋性突然崩溃而下降；③能量消耗和兴奋性同时受损，但没有突变；④单纯的兴奋性/活动性下降，没有能量消耗。

六、自由基损伤学说

自由基是指外层电子轨道带有不成对电子的基团。主要包括氧自由基、羟自由基、过氧化氢及单线态氧等。由于自由基化学性质较为活泼，可与机体内糖类、核酸、蛋白质和脂类等物质发生反应，因此自由基能破坏细胞的结构，并造成细胞功能下降。例如，自由基可以和细胞膜上的不饱和脂肪酸发生脂质过氧化反应，生成对细胞具有毒性作用的过氧化物；脂质过氧化物又可自发分解形成更多的自由基，攻击其他双键，引起自由基连锁反应。同时，自由基还可直接攻击细胞膜等。

剧烈运动时，体内耗氧量增加，骨骼肌、心肌和肝脏等组织脂质过氧化反应加强，胞浆［Ca^{2+}］升高等原因，都可引起体内产生的自由基增加，从而导致肌浆网钙泵机能降低，肌浆中Ca^{2+}过载，肌纤维兴奋—收缩耦联机能减弱；此外，自由基攻击线粒体膜还会造成能量代谢紊乱。有研究表明，马拉松跑后机体骨骼肌线粒体氧化酶活性提高，脂质过氧化反应增强，导致氧自由基生成增多，从而促进疲劳的产生与发展。由此可见，剧烈运动过程中，体内自由基增加是造成运动性疲劳的重要原因之一。

除此之外，神经—内分泌—免疫调节网络系统机能变化也是引发运动性疲劳的重要因素。越来越多的研究证明，神经、内分泌和免疫三大系统各成体系，每个系统都能独立地对刺激产生应激，但三大调节系统又能借助某些共同的信息分子（神经肽、细胞因子和激素）通过共同交汇点的相互作用，构成完整的神经—内分泌—免疫网络。运动过程中，机体内环境的变化会通过神经系统（自主性神经）调节呼吸、循环、内分泌以及免疫系统的机能，与此同时，内分泌系统机能的变化又会对神经系统和免疫系统产生影响，而免疫系统机能的变化（免疫信息分子）又能反作用于神经和内分泌系统，引起神经、内分泌系统机能下降（尤其是下丘脑—垂体—肾上腺皮质轴），影响机体的代谢活动，导致机体机能下降。综上所述，运动性疲劳的产生是一个非常复杂的过程，受多种因素的影响。运动实践中，应根据项目的特点、训练的环境以及训练安排等因素进行综合分析。

第三节　运动性疲劳的发生部位及特征

任何运动都是在神经系统的调控下通过肌肉活动来实现的。肌肉活动能力的下降预示着运动性疲劳的产生。早在 1982 年 Edward 就提出了神经—肌肉疲劳控制链（图 14–3），认为从大脑皮质到肌纤维每一个环节的机能障碍，都会导致控制链断裂而降低肌肉收缩能力（即运动性疲劳）。因此，运动性疲劳可发生在从大脑皮质到肌纤维的任何部位。

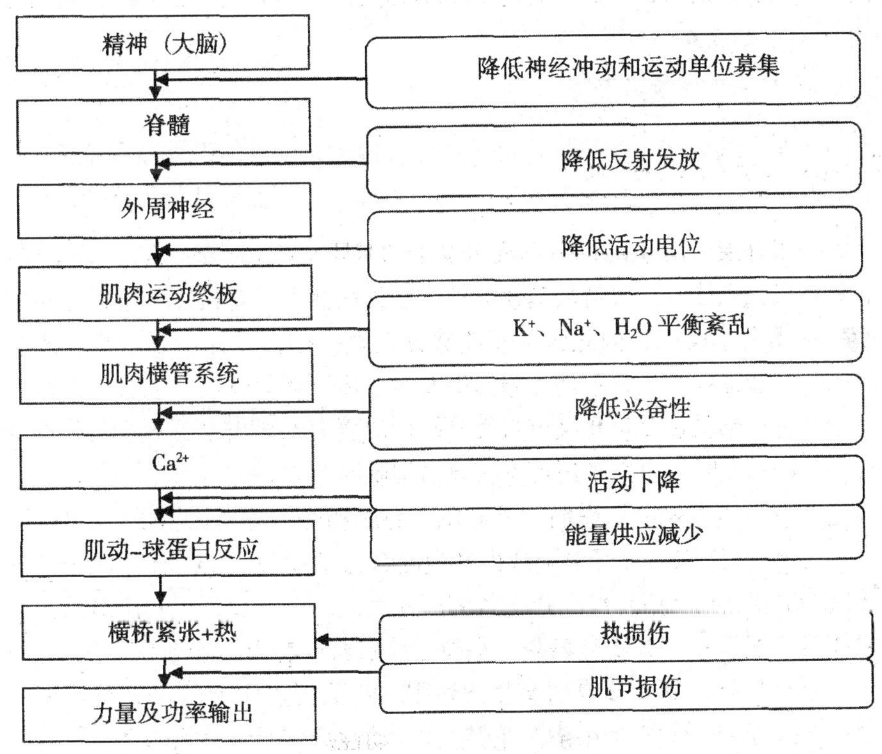

图 14–3　肌肉疲劳控制链

一、运动性疲劳的发生部位

躯体性疲劳是人体运动性疲劳的表现形式之一，可发生在脑、脊髓、外周神经、神经肌肉接点以及肌纤维内部等部位，根据其发生的部位可将其分为中枢性疲劳和外

周性疲劳。

（一）中枢性疲劳

中枢性疲劳是指发生在从大脑皮质至脊髓运动神经元的疲劳。中枢神经系统作为机体产生兴奋、发放神经冲动以及调节肌肉活动的功能系统，其兴奋性降低必然会导致整个机体机能下降而出现运动性疲劳。具体表现为：

1. 脑细胞工作强度下降

长时间运动至疲劳时，大脑皮质细胞中 ATP 水平明显降低、ADP 浓度上升、ADP / ATP 比值增大，血糖含量减少，γ–氨基丁酸、脑干和下丘脑 5–羟色胺（5–HT）浓度显著升高，脑氨含量明显增加，琥珀酸脱氢酶活性降低等。这些因素均会降低脑细胞内 ATP 再合成的速率、大脑皮质细胞的兴奋性以及发放神经冲动频率，从而降低中枢神经系统的调节能力和机体的运动能力，因此脑细胞工作能力下降是导致运动性疲劳产生的重要因素，但对于避免脑细胞过度耗损却具有积极意义。

2. 运动神经元工作能力下降

运动过程中，体内代谢产物堆积可通过传入神经元发放传入神经冲动，引起许旺氏细胞兴奋提高而抑制脊髓 α 运动神经元发放神经冲动，从而降低骨骼肌工作能力导致运动性疲劳。

（二）外周性疲劳

外周性疲劳主要发生在神经—肌肉接点、肌细胞膜、细胞器和肌肉收缩蛋白等部位（图 14–4）。

1. 神经—肌肉接点

神经—肌肉接点是指神经纤维与肌细胞膜之间机能连接的部位，可通过释放神经递质（乙酰胆碱）引起肌细胞膜去极化，引起肌肉收缩。短时间、剧烈运动时（如举重、投掷等），接头前膜释放乙酰胆碱减少，可造成神经—肌肉接点兴奋传递障碍，肌细胞膜因去极化过程减弱或不能去极化，导致骨骼肌不能兴奋和收缩，引起运动能力下降，产生运动性疲劳。

2. 细胞膜

细胞膜是细胞进行物质交换、细胞识别以及信息传递的结构。因此，完整的细胞膜对于实现其机能活动至关重要。运动过程中，由于肌细胞膜受机械牵拉以及各种理化因素（自由基）的影响，细胞膜的结构和功能出现了一系列的异常变化，如细胞膜上 Na^+ / K^+–ATP 酶活性下降、细胞膜损伤等，从而引起肌细胞膜的通透性改变，肌细胞

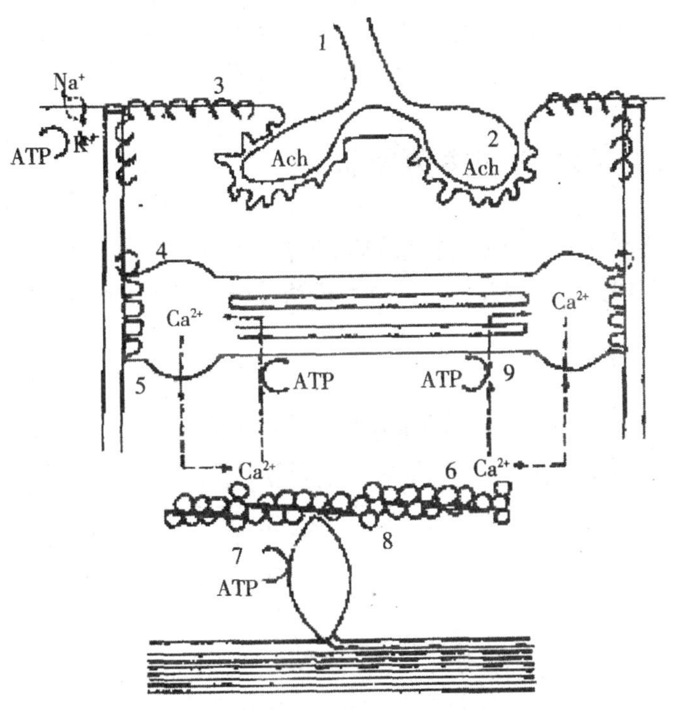

图 14-4 疲劳发生在外周

（引自：格林，1989）

① 神经—肌肉接点 ②乙酰胆碱释放 ③肌膜去极化障碍 ④T 管与肌浆网脱耦联 ⑤肌浆网 Ca^{2+}释放减少 ⑥肌钙蛋白与 Ca^{2+}结合力下降 ⑦横桥被动受阻 ⑧横桥解离延迟 ⑨肌浆网摄 Ca^{2+}能力下降

功能降低，收缩机能下降。

3. 收缩蛋白

肌肉收缩蛋白是实现肌肉收缩的物质基础。肌肉收缩蛋白的结构、功能和数量是影响肌肉收缩能力的重要因素。研究表明，运动过程中由于受某些理化因素的影响，骨骼肌收缩蛋白的结构和功能会发生一系列异常变化，从而引起骨骼肌收缩能力降低，运动能力下降，产生运动性疲劳。如肌钙蛋白与钙离子亲和力下降，肌钙蛋白与原肌球蛋白相互作用降低，横桥与细肌丝结合受阻等。此外，运动还能造成肌肉收缩蛋白结构异常，如 A 带及 I 带异常，H 区消失，Z 线消失或加宽，肌丝卷曲、排列混乱等。这些异常变化将不可避免地造成骨骼肌机能下降，导致运动性疲劳并伴随着延迟性肌肉酸痛症状的出现。

4. 兴奋—收缩脱耦联

长时间运动可引起细胞内 ATP 含量减少，自由基生成增加，Ca^{2+}代谢异常，肌浆网释放和摄取 Ca^{2+}能力下降等现象，从而引起骨骼肌产生兴奋—收缩脱耦联，导致运动能力下降，产生运动性疲劳。

除此之外，线粒体的结构和功能也是影响肌肉收缩能力的重要因素。当线粒体氧化磷酸化过程减弱时，肌肉收缩能力将会下降，出现疲劳。

二、不同类型运动的疲劳特征

运动性疲劳的产生是一个极其复杂的生理过程，与运动持续时间、运动强度以及代谢特征等因素有密切关系。因此，不同类型运动过程中产生的运动性疲劳具有不同的特征（表 14–1）。

表 14–1 不同代谢类型运动疲劳的代谢特征

疲劳因素	磷酸原型	磷酸原–糖酵解型	糖酵解型	糖酵解–有氧代谢型	有氧代谢型
ATP 下降%	30	90	20~30	30	不变
CP 下降%	90 以上	90	75~90	65	50
乳酸积累	少	中	最多	较多	少
肌 pH 值下降	少	少	6.6	6.6	少
肌糖原消耗	–	–	少	中	75%~90%以上
肌内离子变化	–	Ca^{2+}下降	Ca^{2+}下降	K^+下降，Na^+上升	离子紊乱

（引自：冯炜权，1995）

（1）短时间、最大强度运动（如短跑等），运动性疲劳产生的主要原因是中枢神经系统机能下降、CP 耗竭引起 ATP 转化速率降低所致。

（2）短时间、次最大强度运动（如 800 米跑等），能量供应以糖酵解系统为主，因此，肌肉和血液中乳酸大量堆积、pH 值降低是造成机体机能下降而产生疲劳的主要原因。

（3）长时间、中等强度运动（如长跑等），疲劳的产生往往与肌糖原和肝糖原大量消耗、血糖浓度下降、体温升高、内环境稳定性失调、工作肌氧气供应减少以及神经系统活动能力下降等因素有关。

（4）静力性运动（如马步、平衡等），中枢神经系统持续兴奋，肌肉中血液供应减少以及过度憋气导致心、肺功能下降等，是导致其产生疲劳的主要原因。

此外，在进行非周期性练习过程中，其技术动作的复杂程度和变化也是影响运动性疲劳的重要因素。一些习惯性、自动化程度较高、动作节奏性较强的运动不易产生疲劳；而一些动作结构复杂、动作变换较多、精力要求高度集中的练习，则容易产生运动性疲劳。

第四节　运动性疲劳的判断

正确地认识和判断运动性疲劳，是实施科学训练、促进疲劳消除以及提高运动成绩的理论基础，具有重要的实践意义。由于不同形式运动具有不同的疲劳特征，因此，判断其疲劳的方法也有所差异。目前，判断运动性疲劳的方法主要有以下几种。

一、测定肌力评价疲劳

（一）骨骼肌力量测试

肌肉力量下降是肌肉疲劳的显著特征，也是判断运动性疲劳的重要指标。一般情况下，如果运动后肌肉力量明显下降，且不能及时恢复，可视为肌肉疲劳。在评定运动性疲劳时，应根据参与运动的主要肌群确定测试内容，如以上肢活动为主的运动，可测试其握力或屈臂力；以腰背肌活动为主的运动，可选择测试背力等。具体测试方法是：

握力和背肌力的测试：其一，每天早晚各测一次，求出数值差。如果次日晨已经恢复，表明为正常肌肉疲劳；其二，首先在运动前连续测定若干次肌肉力量，计算平均值，待运动结束后，再进行同样方式的力量测定，如果肌肉力量平均值低于运动前水平，或几次力量测试值连续下降即可视为肌肉疲劳，如果一次练习后连续几天肌肉力量不能恢复，则表明疲劳程度较深。

臂力的测试：受试者两臂与肩同宽，两手正握单杠悬垂于单杠上，然后做屈肘引体向上，每次间隔时间约 2~3 秒，记录其完成的次数。运动前后各测试一组，若运动后完成的次数少于运动前，可视为疲劳现象。

（二）呼吸肌耐力测试

通过连续测定 5 次肺活量来评定。实验过程中，要求相邻两次测试之间间歇30 秒，疲劳时，肺活量依次下降。

二、测定神经系统和感觉机能判断疲劳

（一）两点辨别阈

皮肤感觉能分辨出的最小距离叫皮肤两点辨别阈。在运动训练中，当运动员身心达到疲劳状态时，可能会引起身体一些机能特别是神经系统机能状态发生紊乱，从而也会导致人体感觉机能失调。因此，根据疲劳会引起各种皮肤感觉敏感性下降的特点，可以把皮肤两点辨别阈作为监测运动员疲劳和恢复的简单无创性指标。以训练课前或正常安静时的测定作为正常值。在训练结束后或大负荷训练后恢复期测定，与正常值进行比较，如比值小于 1.5 为无疲劳出现；大于 1.5 而小于 2.0 为轻度疲劳；大于 2.0 为重度疲劳。针对不同项目和运动员进行横向比较更为客观、有效。

（二）闪光融合频率

闪光融合频率（flicker fusion frequency，FFF）是指刚能够引起闪光融合感觉刺激

的最小频率，也称为闪光融合临界频率或闪烁临界频率。它表现了视觉系统分辨时间能力的极限，通过对人的闪光融合临界频率的测定还可以了解人体的疲劳程度。

运动性疲劳时，视觉机能下降，闪光融合频率阈值下降，当阈值的变化为1.0~3.9Hz时为轻度疲劳；4.0~7.9Hz为中度疲劳；8.0Hz以上为深度疲劳。具体测试方法是：受试者坐位、注视闪光光源，由低频向高频旋转闪光频率旋纽，以不出现闪光为标志，记录该闪光频率；然后再由高频向低频旋转闪光频率旋纽，同样记录该闪光频率。以上两种测试方法各做3次，共6次，求其平均值。

（三）反应时

反应时是指由刺激作用于感受器开始到效应器开始活动为止所需要的时间，包括简单反应时和选择反应时。出现运动性疲劳时，大脑皮质分析机能下降，反应时明显延长，尤其是选择反应时延长更为明显。

（四）膝跳反射阈

机体出现疲劳时，膝跳反射的敏感性降低，引起膝跳反射所需的叩击力量增加。若引起膝跳反射的最小叩击力量（一般以锤子下落角度表示）较运动前增加5°~10°为轻度疲劳；增加15°~30°为中度疲劳；增加30°以上为重度疲劳。

（五）血压体位反射

血压体位反射是反映植物性神经调节能力的指标。运动训练后，由于植物性神经调节能力下降，故血压体位反射发生异常变化。因此，血压体位反射可作为评定心血管系统疲劳程度的依据。其具体方法是：受试者坐位静息5分钟，待安静后，测定安静血压，随即让受试者保持仰卧姿势3分钟；之后，使受试者恢复坐姿（推受试者背部使其被动坐起，不能让受试者自己坐起），立即测定血压，并每隔30秒测定一次，测试持续时间为2分钟。如果2分钟内完全恢复，即为正常；恢复一半，为轻度疲劳；完全不能恢复，可视为深度疲劳。

三、用生物电评价疲劳

（一）肌电图

肌电图（EMG）反映了肌肉兴奋时电活动变化的特征。运动过程中，肌电图变化可评定神经系统及骨骼肌的机能状态。通常评定运动疲劳的肌电图指标有平均功率频率（MPF）、中位频率（MF）、电机械延迟（EMD）、积分肌电（IEMC）和均方根振幅（RMS）等。肌肉疲劳时，肌电图可表现出积分肌电幅值和均方根振幅增大，平均功率频率和中位频率降低以及电机械延迟延长等现象。而且肌电图的这些变化随运动性疲劳程度的加深而更加明显。

（二）心电图

心肌疲劳可引起心电图（ECG）出现异常变化。常表现为S-T段下移，T波下降或倒置，出现肌电干扰等现象。

（三）脑电图

正常成人脑电图几乎均为α波和β波。左右脑的脑电图在波幅、波形和频率上均对称。异常脑电图主要表现为频率变慢，出现δ波、θ波或脑电频率加快，波幅增高。θ波与δ波都属于慢活动波，在正常成人睡眠期间及婴儿、儿童期可见。

研究发现，大脑皮质的疲劳状态与α、θ波有密切关系。此时，由于神经细胞抑制过程加强，因此，脑电图慢波成分增加。如机体处于剧烈运动后的疲劳状态时，脑电图慢波明显增多，（θ+α）/β上升，α波节律紊乱，时慢、时快、波幅降低等。

四、主观感觉判断疲劳

主观体力感觉等级（Rating of Perceived Exertion，RPE）是判断疲劳的重要指标。运动时来自肌肉、呼吸和心血管方面的刺激，都会传到大脑皮质而引起感觉系统应激。大脑细胞通过对传入信息的综合分析而对其工作能力做出相应调整，如果感觉疲劳，往往会产生一种需要停止工作的预兆，因此，疲劳的主观感觉往往是真正疲劳的信号。具体测定方法是：令受试者在功率自行车或跑台上做递增负荷运动，并观察主观体力感觉等级表。受试者在运动过程中每增加一级负荷，应在主观体力感觉等级表上指出自我感觉等级，表中（表14-2）的等级乘以10，即为受试者完成该负荷运动的心率。如果机体出现疲劳，主观体力感觉等级将相应增加。

表14-2 主观体力感觉等级表

等 级	自我感觉
6	根本不费力
7	极其轻松
8	
9	很轻松
10	
11	轻松
12	
13	稍费力
14	
15	费力
16	
17	很费力
18	
19	极其费力
20	尽最大努力

（引自：Borg，1970）

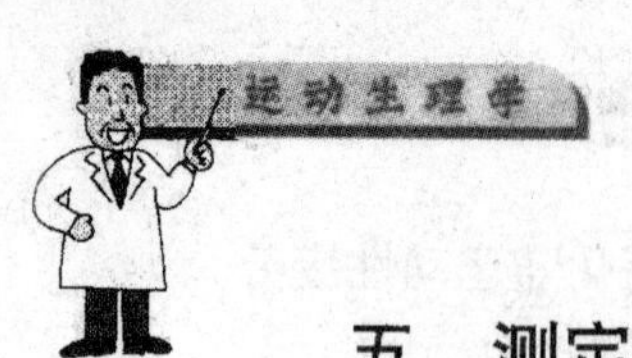

五、测定运动中心率评定疲劳

心率是评定运动性疲劳的简易指标之一。一般常用基础心率、运动后即刻心率及恢复期心率判断疲劳程度。

基础心率是指清晨、清醒、起床前静息状态下的心率。一般情况下，基础心率保持相对稳定。如果大运动量训练后，经过一昼夜恢复，基础心率较平时增加 5~10 次 / 分以上，可认为疲劳尚未恢复，即有疲劳积累现象；如果连续几天持续增加，则表明运动量过大，疲劳较深，应调整运动量。

运动中心率呈动态变化的特点，且随运动强度的增大而增加。通常可采用遥测心率的方法测定运动中心率的变化，或用运动后即刻心率来代替运动中心率。研究证明，随着训练水平的提高，机体在完成定量负荷运动时，心率变化呈现逐渐减少的趋势。如果在一段时间内，机体从事同样负荷运动时，运动中心率增加，则表示机体机能下降，有疲劳积累现象。

定量负荷运动后，心率恢复快慢也可作为判断运动性疲劳程度的指标。如果定量负荷运动后，心率恢复时间延长，表明身体机能下降。如进行 30 秒 20 次深蹲的定量负荷运动，正常情况下心率可在运动后 3 分钟内完全恢复，如果身体疲劳，恢复时间将明显延长。

六、判断疲劳的其他指标

（一）肌肉硬度

肌肉硬度是反映肌肉放松程度的指标。当骨骼肌出现疲劳时，肌肉收缩能力和放松能力均下降，往往导致肌肉不能充分放松，硬度增加。具体测试方法是：将硬度计圆柱体置于被测肌肉表面，使圆柱体紧贴皮肤，缓缓施加压力，记数盘上即可显示出力量大小，连续测定三次肌肉放松状态下的肌张力，并记录最小值。如果肌肉硬度增加，表明肌肉放松能力较差，疲劳尚未恢复。

（二）生化指标

1. 血尿素

尿素是人体内蛋白质和氨基酸分解代谢的终产物。血尿素变化与运动负荷量有密切关系，运动负荷量越大，血尿素增加幅度越明显。若一次性大负荷训练后次日晨血尿素上升（超过 8.0mmol / L），至训练周期末尚不能恢复，表明运动量过大，有疲劳积累。

2. 血清睾酮 / 皮质醇比值（T / C）

若血清中 T / C 比值小于个体正常值，表明分解代谢大于合成代谢，机体处于尚未恢复的疲劳状态。若不能及时、有效地恢复，将会导致过度训练。目前认为该比值变化超过正常值 30%是过度训练的警戒值。

3. 血乳酸

血乳酸是糖酵解的产物。当机体处于疲劳状态时，往往会出现最大乳酸水平下降，定量负荷运动后血乳酸清除时间延长等现象。

4. 尿蛋白

运动性尿蛋白属正常的生理现象，一般在 24 小时内可自行消失。若运动后次日晨尿蛋白含量较高或超过正常值，且呈逐日持续增加的趋势，则可视为过度疲劳或过度训练的表现。

5. 尿胆原

尿胆原是体内血红蛋白分解的代谢产物。尿胆原排泄量与运动负荷和肝功能等因素有关。运动员在进行大负荷运动时，往往会导致体内溶血增多，尿胆原排出量增加。目前认为，血红蛋白下降，尿胆原增加是运动性疲劳的表现；如果安静时尿胆原浓度高于 2mg%，且持续 2~3 天以上则视为过度训练。

（三）教育学观察

教育学观察是判断运动性疲劳的方法之一。在教学或训练中应注意观察运动员的反应，如果出现烦躁不安、面色苍白、眼神无光、打哈欠、反应迟钝、协调性降低、注意力不集中和运动能力下降等现象，即使只出现部分现象，也有着运动量过大之嫌疑。在运动训练中应予以重视，及时调整运动量，做到防患于未然。

【小结】

1. 运动性疲劳是机体机能下降的标志，是人体运动过程中出现的一种正常的生理现象。

2. 不同项目运动产生的运动性疲劳具有不同的特征，而且产生的机理、部位以及判断的方法也不同。

3. 目前认为，运动性疲劳产生的机理主要有衰竭学说、堵塞学说、内环境稳定性失调学说、保护性抑制学说、突变理论和自由基损伤学说。

4. 按照运动性疲劳产生的部位可将其分为中枢性疲劳和外周性疲劳。中枢性疲劳是指发生在从大脑皮质至脊髓运动神经元的疲劳。外周性疲劳是指发生在神经—肌肉接点、肌细胞膜、细胞器和肌肉收缩蛋白等部位的疲劳。

【思考题】

1. 论述运动性疲劳产生的机理。
2. 试述不同类型运动的疲劳特征。
3. 试述判断运动性疲劳的方法。

第十五章

运动过程中人体机能变化规律

【提要】

本章主要介绍人体在运动训练或比赛过程中，身体生理机能发生相应变化的规律、特点及其生理机制，介绍各阶段的生理特点和发生机制及如何采取行之有效的措施，以推迟或减轻“极点”和运动疲劳的出现，促进运动成绩的提高和身体机能的恢复，为科学地从事体育教学、运动训练和健身锻炼提供理论依据。

人体在运动过程中，由于受运动条件、运动负荷刺激，以及身体各器官和系统自身的生理、生化特点的影响，其生理机能会发生一系列规律性的变化，并且这种变化从正式比赛或训练前就已经发生，一直持续到运动结束后的一段时间内。按其自然发生的顺序可分为赛前状态、进入工作状态、稳定状态、疲劳及恢复过程五个阶段。研究和掌握各阶段身体机能的变化特点和规律，认识其生理机制和影响因素，对于增强运动训练效果、提高比赛成绩、促进全民健身和防止运动损伤具有重要的意义。

第一节 赛前状态与准备活动

赛前状态与准备活动是在参加正式比赛或运动训练前身体机能提前动员的两个不同阶段。前者是受运动条件刺激而引起人体生理机能发生变化的自然条件反射；后者是人为的有目的进行的身体练习，良好的赛前状态与适宜的准备活动有益于提高人体运动能力。

一、赛前状态

赛前状态（pre-competition state）是指在参加正式比赛或运动训练前，人体某些器官、系统产生的一系列条件反射性机能变化。赛前状态可发生在比赛前数天、数小时或数分钟，愈临近比赛表现愈明显。甚至在想象比赛时，也会出现赛前状态。

良好的赛前状态可预先动员人体相应器官、系统的机能，克服内脏器官的生理惰性，为即将进行的比赛或运动训练做好准备，有利于机体快速进入高水平运动状态。不良的赛前状态，将会对比赛或运动训练造成负面影响。

（一）赛前状态的生理变化

赛前状态的生理变化主要表现为中枢神经系统兴奋性提高，内脏器官功能增强，体温上升，物质代谢活动加强。例如：心率加快、收缩压升高、心输量增加；呼吸频率加快、呼吸深度加大、肺通气量和吸氧量增加；紧张性出汗、尿频、血糖升高以及肌肉颤抖等。

赛前状态的反应程度与比赛性质、运动员的训练水平、运动员的机能状态以及心理素质等因素有关。比赛规模越大，离比赛时间越近，赛前状态反应越明显，如血压和脉搏的变化；运动员情绪紧张、训练水平低、身体机能欠佳、比赛经验不足等也会使赛前状态反应增强。此外，运动强度越大，赛前机能反应也越大。

（二）赛前状态产生机制

赛前状态产生的机理可用条件反射学说加以解释。因为比赛或训练时的运动场地、运动器械、广播声、音乐声、观众呐喊声、裁判和对手的表现等信息，通过感官经常作用于运动员的大脑皮质，与比赛或运动训练时肌肉活动所引起的生理变化相结合。两者持久而反复的结合，使运动场景的信息变成了条件刺激，尽管在比赛或训练前还没有进行肌肉活动，但只要接触或想到这些刺激，就可产生与运动训练或比赛时相类似的生理反应。由此可见，赛前状态是运动场景刺激与肌肉活动多次结合后，在大脑皮质中建立暂时性神经联系的结果。即在大脑皮质的主导下，通过两个信号系统的相互作用而建立的条件反射。由于这些生理变化是在日常比赛或训练的自然环境条件下形成的，因此赛前状态的生理机理是自然条件反射。

（三）赛前状态的类型

根据赛前状态的生理反应特征可将其划分为三种类型：

1. 起赛热症

起赛热症的特点是中枢神经系统兴奋性过高，常表现为精神过度紧张、四肢乏力、全身微微颤抖、咽喉发堵、寝食不安、呼吸短促、尿频等不良反应，使运动员身体机能下降，不能正常发挥运动水平，影响其竞技能力和运动成绩。起赛热症多见于初次参加比赛的年轻运动员、参加特别重大比赛的运动员或心理负担过重的运动员。

2. 起赛冷淡

起赛冷淡的特点是中枢神经系统兴奋性过低，常表现为情绪低落、全身无力、反应迟钝、对比赛或训练淡漠、主观上不愿意参加比赛或运动训练等现象，从而影响人体运动能力的正常发挥。产生起赛冷淡的原因是：中枢神经系统过高的持续性兴奋引起超限抑制的结果。

3. 准备状态

准备状态的特点是中枢神经兴奋性适度提高，植物神经和内脏器官的惰性有所克服，机体机能得到预先动员，有利于缩短进入工作状态的时间，使机体更好地发挥机能水平，以提高运动成绩。准备状态是运动员良好的赛前状态表现，此状态多见于优秀运动员。

（四）赛前状态的调整

赛前状态适宜的生理变化，对提高人体运动能力具有积极的作用，如果其生理变化程度过弱或过强，将会有碍运动过程中身体正常生理机能的发挥，影响运动能力。因此，在运动实践中有时需要采取相应的措施来调整运动员的不良赛前状态，以增强其运动能力。

（1）不断提高运动员的心理素质，端正比赛态度，正确认识和对待比赛的意义；掌握必要的身心调整方法，增强自控能力，确保情绪稳定。

(2) 多组织运动员参加比赛、模拟比赛或观看比赛，适应各种比赛环境，积累比赛经验。

(3) 根据运动员赛前状态安排适宜的准备活动，如果运动员过度紧张，可安排一些轻松缓和、节奏感强、强度小、能够转移注意力的活动或练习；如果运动员兴奋性过低，情绪消沉，则可安排一些活跃、强度较大、时间较长、与比赛内容比较接近的练习或活动。

(4) 按摩对消除精神紧张或提高神经中枢的兴奋性均有一定的作用。例如，强度较大的扣击能提高运动员的兴奋性，而强度小的揉、抚摩则能降低其兴奋性。

(5) 随时了解运动员的思想状况，加强思想教育和管理，科学安排赛前活动，严格遵守作息制度，有足够的睡眠时间，合理调整膳食结构等。

二、准备活动

准备活动（warm-up）是指在比赛、训练和体育课的基本部分之前进行的身体练习。其目的是预先动员人体的生理机能，克服内脏器官的生理惰性，缩短进入工作状态的时间，为即将进行的正式比赛、训练和体育课做好机能上的准备，或是为了强化已掌握的运动技能，以提高比赛成绩。

(一) 准备活动分类

根据准备活动的目的不同，通常将准备活动分为一般性准备活动和专门性准备活动。

1. 一般性准备活动

是指与正式比赛或训练动作结构及生理特点不相似的活动。例如，在比赛、训练或体育课前进行的各种走、跳、跑、徒手操、压腿和游戏等身体练习，属典型的热身运动。其目的在于提高神经系统的兴奋性、升高体温增强机体的代谢水平和各器官系统的功能以及预防运动损伤等。

2. 专门性准备活动

是指与正式比赛或训练的动作结构、节奏及运动强度相似的各种身体练习。如篮球运动员在比赛前进行的上篮跳跃等。专门性准备活动的目的是提高参与运动有关中枢间的协调性，强化动力定型，为正式比赛或训练做好技术和机能的准备。

在运动实践中，为了提高神经系统的兴奋性，两种准备活动缺一不可，通过完成合理的准备活动，不仅可预先动员内脏器官、骨骼肌的机能，而且还可强化运动技能，从而缩短进入工作状态的时间，为正式比赛或训练奠定良好的基础。

（二）准备活动的生理作用和机制

1. 准备活动的生理作用

（1）提高机体的调节能力。准备活动可适度提高神经系统的兴奋性，增强参与运动有关中枢间的协调性和内分泌腺的活动，使神经调节与体液调节协同调控全身各脏器的机能活动，确保正式练习或比赛时的生理机能迅速达到适宜状态。

（2）提高机体的有氧工作能力。准备活动可使肺通气量、心输出量、血流量和血流速度加大，氧运输能力增强，心肌和骨骼肌中毛细血管扩张，供血量增加，氧合血红蛋白解离加速，血液释氧变快，有利于工作肌单位时间内摄取更多的氧气，以增强机体进入工作状态阶段时的有氧供能能力，降低血乳酸的产生。

（3）提高体温和代谢水平。准备活动时的身体练习，使机体耗能增加，其能耗一部分供肌肉收缩，一部分转化为热能导致体温升高。体温的适度升高进而又可提高体内代谢酶的活性，加快物质的分解速度，保证运动中肌肉活动的能量供应。据报道，体温升高1℃，细胞的新陈代谢速度约增加13%。

（4）提高肌肉的收缩能力。由于准备活动适度提高了体温和神经系统的兴奋性，从而可使神经冲动的传导速度加快，肌肉的兴奋性增强，肌肉的黏滞性降低，使肌肉的收缩速度加快、收缩力量增大，并能提高肌肉及韧带的弹性和伸展性，预防运动损伤。Hill发现哺乳动物的肌肉温度升高2℃时，肌肉收缩速度增加20%。研究表明，人体活动的最佳温度是37.2℃，而肌肉的最佳工作温度为38℃。

（5）提高机体的散热能力。准备活动时的身体练习可增大皮肤血流量，动员汗腺分泌活动，有利于机体散热，防止或减小正式比赛或训练时体温过高对机体造成的不良影响，如热应激伤害等。

（6）调整赛前状态。准备活动可改善大脑皮质的兴奋状态，提高反应速度，减小不良的赛前反应，使机体在比赛前达到或处于良好的赛前状态，为正式比赛或训练做好机能上的准备。适度的肌肉活动能在中枢神经系统的相关部位留下兴奋性提高的痕迹，在这一痕迹效应的基础上进行正式练习，有利于发挥最佳机能水平。

2. 准备活动的生理机制

准备活动是在比赛前进行的各种人为活动。通过预先进行的肌肉活动（即准备活动）会在神经中枢的相应部位留下兴奋性提高的“痕迹”。这一痕迹效应能使中枢神经系统在正式比赛时（或训练时）处于良好的兴奋状态，从而改善神经系统的调节能力，提高内脏器官的机能，增强能量代谢，提高运动成绩等。

（三）准备活动的生理负荷

准备活动生理负荷的大小直接影响其作用效果，构成生理负荷的主要因素包括准备活动的内容、形式、时间、强度，以及与正式训练或比赛的时间间隔等。

准备活动的强度及运动量过大往往使机体产生疲劳，降低比赛或训练时的运动能力。一般情况下，一般性准备活动的强度为45%O_2max，心率100~120次/分为宜，持续时间为10~30分钟；准备活动结束到正式比赛开始的时间间隔可根据“痕迹”在体内延续的时间长短来确定，通常两者之间的时间间隔不超过15分钟，在体育教学课中以2~3分钟为宜。若准备活动与正式练习之间的间隔时间过长，准备活动的痕迹效应将会消失。实验证明，准备活动后间隔45分钟其痕迹效应完全消失；准备活动的内容可因运动项目、训练内容而异。此外，准备活动还受运动员的年龄、训练水平、运动项目、季节气候以及赛前状态等因素的影响，如在温暖的季节里准备活动的时间可适当缩短，而在寒冷的季节里则应适当延长。

第二节　进入工作状态

在进行运动的开始阶段，人体的运动能力并不能立刻达到最高水平，而是有一个逐步提高的过程。例如，100米赛跑在40~50米处达到最高速度，篮球比赛中的投篮命中率往往在开赛后数分钟才达到最高水平。因此，运动开始后人体机能逐步提高的过程称为进入工作状态（entering the working state）。长期的运动训练可提高内脏器官与骨骼肌运动高度协调和配合的能力，缩短进入工作状态的时间，从而使机体能够更快地进入最佳运动状态，提高运动成绩。

一、进入工作状态产生的原因

人体机能水平的高低是决定技能能力的根本原因，而机能水平从运动前的正常状态上升至运动中的最高水平需要一个过程，它是由人体的物理惰性和生理惰性所决定的。物理惰性是指人体由静止到运动，或者由低速运动到高速运动时所必须克服的惯性；生理惰性是指人体生理机能逐步提高的特性。其中，生理惰性是影响进入工作状态的主要因素，具体表现在：

1. 反射时

人体所进行的各种运动都是在中枢神经系统的控制与整合下所实现的反射活动。而完成任何一种反射活动都需要一定的时间，动作越复杂、难度越大，刺激信号通过中枢的时间越长，神经系统各中枢间机能协调所需要的时间也越长，而进入工作状态的时间就越长。

2. 内脏器官的生理惰性

人体运动时，内脏器官必须协调配合肌肉的收缩活动和机体代谢的需要，才能有利于发挥机体的运动能力。例如，运动时因肌肉收缩活动的加强而使机体所需氧气和能量供应加大、体内要清除的代谢产物增多，只有内脏器官功能水平的提高才能满足运动机体代谢的需要。但是内脏器官受植物性神经的支配，而肌肉活动则受躯体运动性神经的调节，内脏器官的生理惰性远比运动器官大。这主要是由于：①与躯体运动神经相比，支配内脏器官的植物性神经传导兴奋的速度较慢；②兴奋传导途径中突触联系较多，需时较长（神经冲动每经过一个突触需要0.3~0.5毫秒）；③躯体运动器官的活动主要受神经调节，而内脏器官在产生持续性活动中，神经—体液调节的作用更为重要，即由神经系统调节内分泌腺的活动，后者释放的激素随血液循环到达所支配的器官改变其功能状态，这一调节过程比单纯的神经调节作用慢得多。因此，在体育运动的开始阶段，内脏器官的动员及其机能水平的提高远远落后于运动器官。内脏器官的生理惰性是进入工作状态滞后的最主要原因。

研究表明，在不做准备活动的情况下跑1500米，呼吸和循环系统的机能需要在运动开始后2~3分钟才能达到最高水平，而骨骼肌在20~30秒内就可发挥出最大工作效率。

二、影响进入工作状态的因素

进入工作状态所需时间的长短取决于运动强度、运动性质、训练水平、赛前状态、准备活动、个人特点以及当时的机能状态等因素。在适宜运动负荷下运动强度愈高，进入工作状态的时间就愈短。例如，小强度有氧运动时，达到所需的吸氧量水平大约需要7~10分钟，而极限强度运动时仅需1.5~2分钟；动作愈复杂、活动变换愈频繁，进入工作状态愈慢；训练水平愈高，当时的机能状态愈好，进入工作状态愈快；良好的赛前状态及充分的准备活动能有效地缩短进入工作状态的时间，使机体更快地发挥自身的机能水平和运动能力；场地条件好，气候温暖适宜能激发运动欲望，迅速调动身体机能，及早适应运动的需要。据研究，儿童少年进入工作状态的时间比成年人短。

三、生理“极点”与“第二次呼吸”

生理“极点”与“第二次呼吸”是人体在进入工作状态过程中先后出现的两种截然不同的生理反应。“极点”是因内脏器官的机能水平不能满足运动器官的需要，出现暂时性的生理机能失衡所致；“第二次呼吸”则是通过自身的调整，使内脏器官与运动器官在功能上达到了高度的协调与配合，标志着进入工作状态阶段的结束。

（一）生理“极点”及其产生的原因

1. 生理“极点”及其影响因素

在进行持续时间较长的剧烈运动中，由于运动开始阶段内脏器官的功能不能满足运动器官的需要，运动者常常产生一些非常难受的生理反应，如呼吸困难、胸闷、头晕、肌肉酸软无力、动作迟缓不协调、精神低落，甚至产生停止运动的念头等，这种现象称为“极点”（extreme）。

“极点”现象多出现于中长跑等强度较大、持续时间较长的运动项目。极点出现的早晚、生理反应程度的强弱以及消失的快慢，与运动强度、运动项目、训练水平、赛前状态以及准备活动等因素有关。一般情况下，运动强度越大，训练水平越低，“极点”出现得越早，反应越明显，消失得也越慢；良好的赛前状态及充分的准备活动可预先动员内脏器官的活动，从而推迟“极点”的出现，减弱“极点”的反应程度。为了减轻“极点”的反应，“极点”出现时，应采取适当降低运动强度、继续坚持运动、调整呼吸节奏、加深呼气深度等措施。

2.“极点”产生的原因

“极点”是运动过程中人体暂时性的机能紊乱，其原因主要是内脏器官的活动跟不上肌肉活动的需要，出现体内氧气供应不足、大量代谢产物（如乳酸）在体内堆积、血浆 pH 值下降、内环境发生改变等现象。这不仅影响了神经肌肉的兴奋性，还反射性地引起呼吸和循环系统的活动紊乱。同时，机能失调的强烈刺激传入大脑皮质，使运动动力定型暂时遭到破坏，运动中枢抑制过程占优势。因此，极点出现时，往往表现为动作迟缓、不协调、精神低落等症状。

（二）“第二次呼吸”及其产生的原因

1.“第二次呼吸”

“极点”出现后，运动者依靠意志力和调整运动节奏继续坚持运动，不久，一些不良的生理反应便会逐渐减轻或消失，此时呼吸变得均匀自如，心率趋于平稳，动作变得轻松有力，能以较好的机能状态继续运动下去，这种状态称为“第二次呼吸”（second wind）。

2.“第二次呼吸”产生的原因

“第二次呼吸”是运动中机体建立新平衡的一种表现。产生的原因是由于运动中内脏器官惰性逐步得到克服，氧供应增加，乳酸得到逐步清除；同时极点出现时，运动强度暂时性下降，使机体需氧量下降、乳酸产生减少，内环境得以改善，动力定型得到恢复。此外，“第二次呼吸”还与肾上腺素等运动应激性激素分泌量的增加有密切关系。“第二次呼吸”的出现标志着进入工作状态阶段的结束，机能水平进入一个相对稳定的状态。

第三节　稳定状态

稳定状态（stable state）是指进入工作状态阶段结束后，人体各器官、系统的机能

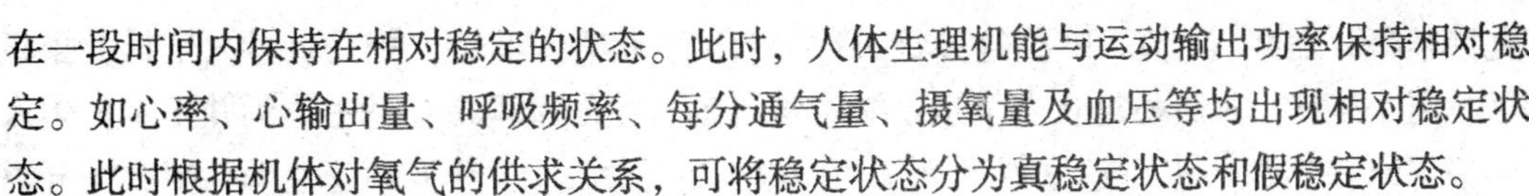

在一段时间内保持在相对稳定的状态。此时，人体生理机能与运动输出功率保持相对稳定。如心率、心输出量、呼吸频率、每分通气量、摄氧量及血压等均出现相对稳定状态。此时根据机体对氧气的供求关系，可将稳定状态分为真稳定状态和假稳定状态。

一、真稳定状态

人体在进行强度较小（亚极限强度以下的运动）、持续时间较长的运动时，进入工作状态阶段结束后，机体的摄氧量（$\dot{V}O_2$）能够满足需氧量的要求，各项生理、生化指标保持相对稳定状态，这种稳定状态称为真稳定状态。其特点是摄氧量能够满足需氧量，即摄氧量和需氧量保持动态平衡（图 15-1）。在真稳定状态下，运动中以有氧代谢供能为主，乳酸和氧亏产生少，血液 pH 值变化小，内环境保持相对稳定。此时，肺通气量、心率、血压及其他生理指标均相对稳定，运动持续时间相对较长，可达几十分钟或几小时。可见，真稳定状态保持时间的长短主要取决于呼吸、循环和血液对氧的摄取运输功能以及肌肉对氧的利用能力。氧运输系统的功能越强，心肌、骨骼肌利用氧的水平越高，真稳定状态保持的时间就越长。例如，优秀耐力性运动员以 67% $\dot{V}O_2max$ 的强度进行运动可维持 8 小时；以 47% $\dot{V}O_2max$ 的强度运动可维持 24 小时。在超长距离跑、竞走、游泳、划船、自行车、滑雪等项目中，运动员几乎是在真稳定状态下完成整个运动过程。

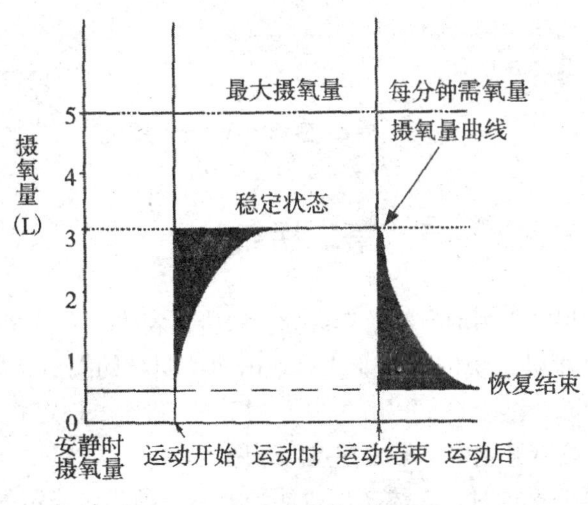

图 15-1　真稳定状态示意图

二、假稳定状态

人体在进行强度较大（极限强度或亚极限强度运动）、持续时间较长的运动时，进入工作状态结束后，摄氧量已经达到并稳定在最大摄氧量的水平上，但仍不能满足机体对氧的需要，氧亏不断增多，无氧酵解供能比例明显增加，乳酸的产生率大于清除率，乳酸堆积，血浆 pH 值下降，这种状态称为假稳定状态，其特点是需氧量大于最大摄氧量（图 15-2）。在假稳定状态下运动时，与运动有关的生理指标基本达到并稳定在本人的极限水平，如心率可达 200 次 / 分，心输出量达 30 升，呼吸频率达 60~80 次 / 分以上，肺通气量达 120~150L / min，收缩压达 200~240mmHg 等。但是，由于此种状态下无氧代谢供能比例显著增加、乳酸堆积快，造成神经和骨骼肌机能下降，故运动持续时间较短。

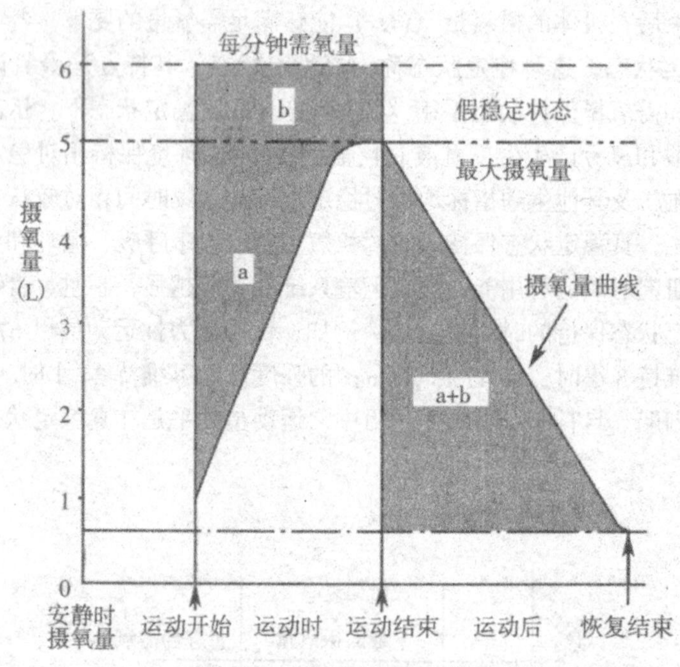

图 15-2　假稳定状态示意图

三、“第一拐点”与“第二拐点”

国内学者孙学川等应用动态数学建模分析法研究表明，人体在持续较长时间的运动过程中，心血管和呼吸系统的机能变化表现出两个明显的拐点，即标志进入工作状态（动员阶段）的结束、稳定状态开始的“第一拐点”和标志稳定状态结束、人体整体工作效率明显下降、疲劳开始的“第二拐点”（图 15-3）。

当运动达到第一拐点时，人体各项机能均处于一种相对稳定的“高原平台”状态。在这种状态下，运动员的生理机能稳定工作时间长，说明运动潜力大，工作能力强，通常以此作为运动选材及功能评定的依据。

第二拐点出现时，人体内能量代谢及血液中相关化学物质含量均明显高于第一拐点（见图 15-3）。即在第二拐点前由有氧供能为主过渡到无氧供能占优势。提示：到达第二拐点时，人体机能以有氧供能已经不能满足机体对能量的需求，必须启动能量输出更快的无氧代谢供能；第二拐点后，乳酸的堆积明显增加，心肺功能指标也明显高于起始时刻，但并没达到人体生理机能的最高水平。

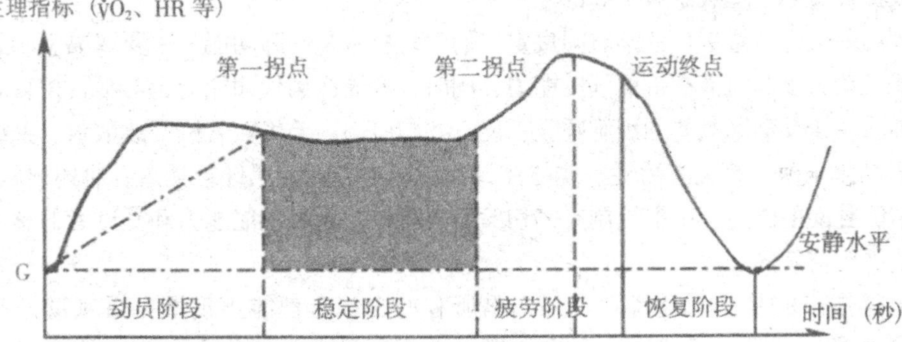

图 15-3　人体运动时心肺功能变化规律曲线

（引自：孙学川，1998）

第二拐点是人体机能工作水平再调整的关键点。因为当人体达到第二拐点时，整体工作效率明显下降，机体为保持恒定功率输出，须提高机体各机能工作"调定点"，以弥补工作效率下降而出现的额外消耗。因此，把第二拐点定义为：人体整体机能发生疲劳的起始点（疲劳发生瞬时点），此临界点之后，人体即处于疲劳状态下工作。应用第二拐点到运动终点的时程和积分作为评价运动员耐受疲劳能力的敏感指标。

四、最大摄氧量平台

20 世纪 90 年代，陆绍中等人通过对耐力运动员有氧能力的系统研究，提出了最大摄氧量及其持续能力——最大摄氧量平台持续时间（$\dot{V}O_2max$ plateau duration，$\dot{V}O_2maxPD$），才是真正反映人体有氧能力的重要指标。

最大摄氧量平台持续时间是指运动过程中长时间保持高水平最大摄氧量的能力。它反映了人体在不利的代谢环境下其机能调节系统和氧运输系统维持高水平氧供应或最大摄氧量的能力以及机体利用氧的综合能力。在递增负荷测定最大摄氧量的过程中，气体代谢的各项指标均随运动强度的增加而增加。当摄氧水平达到最大摄氧量后，再增加运动强度，摄氧水平不再增加，呈平台状态，而肺通气量、呼吸商、呼吸频率等指标却会继续急剧增大。表明此时体内的代谢性质出现了突变，肺通气量与摄氧水平出现分离。根据摄氧量和肺通气量两条曲线分离的情况，以及摄氧量值与最大摄氧量差值不超过 150ml / min 的原则，确定最大摄氧量平台的持续时间、起点和终点。把最大摄氧量平台开始的运动强度称为最大摄氧量的临界强度，即达到最大摄氧量所需的最低强度。把最大摄氧量平台结束时的运动强度称为最大摄氧量的最高强度。在运动实践中，用最大摄氧量的临界强度进行耐力训练可能有助于提高最大摄氧量平台的持续时间，从而增强运动员的有氧能力。同时，常把测定最大摄氧量平台持续时间作为有氧耐力运动员选材的一个良好指标。研究发现最大摄氧量平台持续时间与耐力项目的运动能力密切相关，耐力跑的成绩与最大摄氧量平台持续时间之间相关系数为 r=0.7，而最大摄氧量平台持续时间与最大摄氧量之间的相关系数很小（r=0.3）。这表明制约最大摄氧量平台持续时间和最大摄氧量的生理机制是不同的。

制约最大摄氧量平台持续时间最重要的生理机制是心肺功能，主要取决于心脏的泵血、血流动力学和血液携带氧气的能力。同时，外周肌肉代谢能力也与平台持续时间有关，即取决于动静脉氧差和细胞呼吸功能，并与肌肉内毛细血管网开放数量、毛细血管与组织氧分压差、有关酶活性、线粒体钙代谢能力、骨骼肌纤维类型、肌肉耐酸能力、肌肉清除乳酸的能力、中枢控制有密切关系。此外，无氧供能能力和受试者的意志力也会影响平台持续的长短。

值得指出的是：研究者发现并不是所有的受试者都能出现最大摄氧量平台，有训练者更易出现平台现象，而无训练者在动用到最大摄氧能力之前，可能因受其他因素的影响使其达到高度疲劳，在未出现平台前不得不终止实验程序，因而不易出现平台。

第四节　疲劳状态

运动性疲劳是一种正常的生理现象，由运动负荷所引起，主要表现为机体工作能力暂时性下降。运动性疲劳既是机体对运动负荷所做出的一种必然性反应，同时又是进一步引起机体产生适应性变化的有效刺激。适度的疲劳可以刺激机能水平不断提高，而过度疲劳则可能会造成各种损伤以致损害健康。因此，研究运动性疲劳的发生机制及其检测与评价对于提高运动能力、增进健康有着十分重要的理论和实践意义。（关于运动性疲劳的论述详见第十四章）

第五节　恢复过程

恢复过程（recovery）是指人体在运动过程中和运动结束后，各种生理机能和运动中消耗的能源物质逐渐恢复到运动前水平的变化过程。运动过程中消耗的物质，只有在恢复期得到完全恢复，人体机能才能得以提高；反之，将会出现过度训练或过度疲劳，导致运动能力下降，甚至出现运动性损伤。应该指出，运动过程与恢复过程的合理安排及良好组合是机体对运动负荷产生最佳适应性变化的前提条件，在运动训练中，恢复过程与运动过程具有同等重要的作用，充分的机能恢复是取得良好运动效果的保障。

一、恢复过程的一般规律

恢复过程可分为三个阶段，即运动时恢复阶段、运动后恢复阶段及超量恢复阶段（图 15-4）。

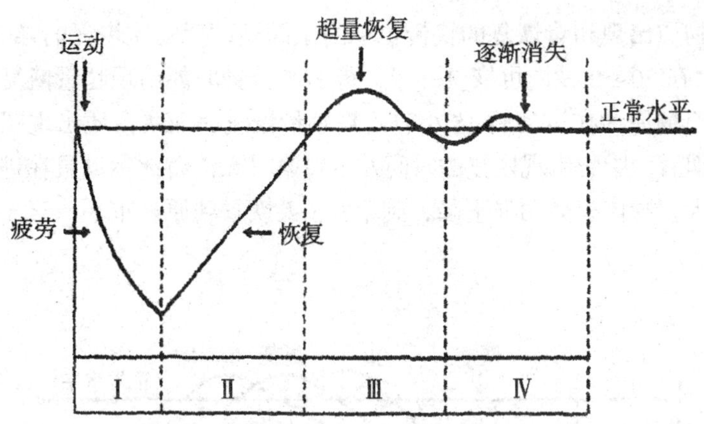

图 15–4　消耗与恢复过程

(一) 运动时恢复阶段

运动时能源物质消耗占优势，虽然恢复过程也在进行，但是消耗大于恢复，因此，能源物质逐渐减少，各器官、系统的功能逐渐下降。

(二) 运动后恢复阶段

运动结束后消耗过程减弱，恢复过程占优势，能源物质及各器官、系统功能逐渐恢复到运动前的水平。

(三) 超量恢复阶段

运动时消耗的能源物质及各器官、系统的机能恢复得超过原有的水平，该现象称为超量恢复（over–recovery）或超量代偿。超量恢复保持一段时间后又回到原有的水平。

超量恢复的程度及出现的时间与运动量（或消耗程度）有密切关系。在一定的范围内，运动量越大，物质消耗的越多，超量恢复越明显，但出现的时间延迟；反之，超量恢复不明显，但出现的时间较早。如果运动量过大，超过了生理范围，恢复过程将会进一步延长（表 15–1）。

表 15–1　动物在进行不同活动量肌肉收缩时肌糖原的消耗与恢复

组别	活动量		肌糖原(mg%变化量)		
	肌肉收缩(次/分)	持续活动时间(分)	活动停止后	活动后 4 小时	活动后 24 小时
1	30	30	–140	–31	+16
2	60	15	–381	–194	+18
3	104	9	–519	–	+45
4	208	4.5	–785	–517	–49

不同能源物质出现超量恢复的快慢也不同（即运动后物质恢复的异时性原理）。如剧烈运动后 CP 在 20~30 秒内可恢复一半，待 3~5 分钟时能出现超量恢复；短时间、大强度运动后，肌糖原约在运动后 15 小时出现超量恢复，而蛋白质出现超量恢复相对较晚；马拉松运动后，脂肪出现恢复的时间发生在第三天。游泳运动员在进行大运动量训练后的第 1~3 天，身体机能明显下降，到第3~5 天恢复到原来水平，第 5~8 天才出现超量恢复（图 15-5）。

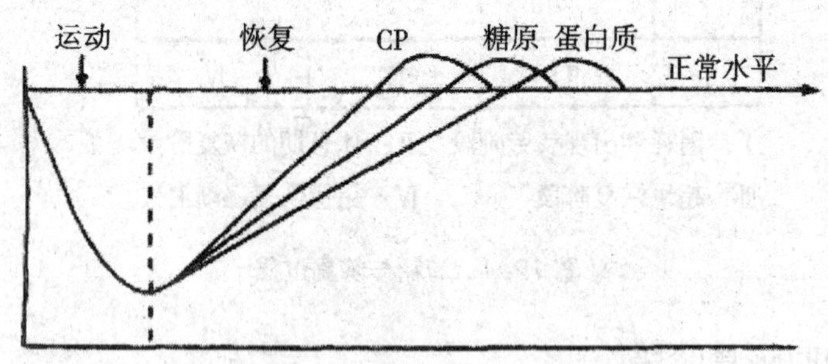

图 15-5 超量恢复的异时性原理

此外，超量恢复与膳食和运动模式有密切的关系。研究发现，让受试者以75% $\dot{V}O_2max$ 运动强度进行单腿自行车运动，另一条腿为安静对照。当运动至精疲力竭时，运动腿股外肌的肌糖原含量接近于零。运动结束后连续 3 天食用高糖膳食而不参加任何运动，结果显示，运动腿股外肌肌糖原数量超过安静时的水平，是安静腿两倍，而安静腿肌糖原水平仅略有波动（图 15-6）。

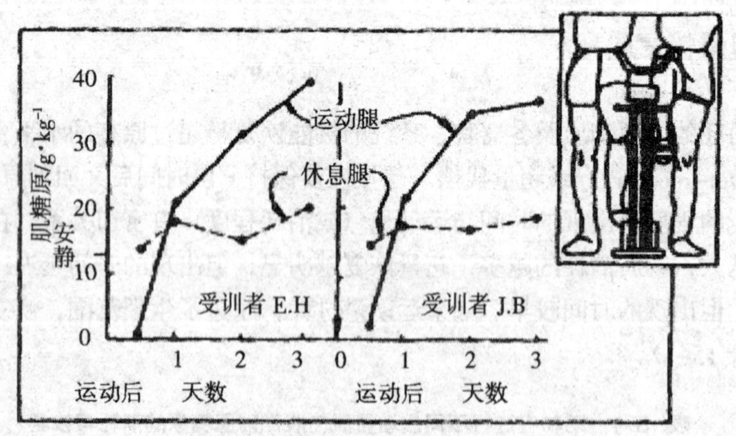

图 15-6 肌糖原的填充

关于超量恢复出现的原因，目前尚无明确的结论。国外有研究认为，超量恢复与运动结束后线粒体活动能力增强、能量代谢增加所引起的 CP、糖原、蛋白质等物质合成速度加快有关。此外，超量恢复还与神经、激素的调节等因素有密切的关系，其机理还有待于进一步的研究。

超量恢复是客观存在的规律。在此期间，机体具有较高的机能水平和承受负荷的能力，是运动员体能储备的最佳时期，它有助于运动员取得良好的运动成绩。不同类型的运动具有不同的代谢特征，不同能源物质具有不同的恢复特征(超量恢复的快慢和程度)。因此，超量恢复原理是选择训练休息间歇、确定负荷强度和负荷量以及实施合理营养补充的重要依据，在运动实践中具有重要的理论和实践意义。

二、机体能源贮备的恢复

（一）磷酸原的恢复

磷酸原是体内恢复速度最快的能源物质，恢复一半的时间为 20~30 秒，基本恢复的时间为 2~5 分钟。剧烈运动后，当磷酸原恢复至一半以上时，机体即可维持原有的运动强度，因此两次剧烈运动的时间间隔不能短于 30 秒；组间休息时间间歇应控制在 4~5 分钟为宜，以保证磷酸原完全恢复。磷酸原的恢复主要由有氧氧化系统提供能量(糖酵解系统也可能参与供能)。运动过程中磷酸原消耗的越多，其恢复过程需要的氧气也越多。

（二）肌糖原贮备的恢复

肌糖原是人体内糖类物质存在的形式之一，也是机体进行有氧氧化供能和糖酵解供能的能源物质。研究发现，足够的肌糖原储备量可减少运动肌对血糖的利用量，延迟血糖水平下降，延缓运动性疲劳的出现，提高机体的运动能力，因此运动后肌糖原储量的恢复状况对维持和提高机体的运动能力具有非常重要的意义。

肌糖原恢复速度主要取决于运动模式（运动强度和运动持续时间）和膳食。当机体进行 2 小时耐力性运动至力竭后，如补充高糖膳食，肌糖原完全恢复大约需要 46 小时。就恢复速度而言，运动结束后前 10 小时恢复速度最快，这可能与体内糖异生作用较强，肌肉中糖原合成酶活性较高等因素有关。因此，在耐力性运动后应特别注意运动后恢复初期 10 小时高糖膳食的补充，尤其注意运动后 2 小时内增加食物中的糖量，而在随后的 46 小时至 5 天内，也应注意补充高糖膳食。

在进行短时间、大强度间歇性运动后，肌糖原恢复速度受膳食影响相对较小。研究发现，机体进行大强度间歇性运动至力竭后，无论食用普通膳食还是高糖膳食，肌糖原在 24 小时内都能完全恢复，而且在运动后前 5 小时恢复最快。大强度间歇性运动与长时间耐力性运动后肌糖原恢复的差异，可能与间歇性运动后血糖浓度升高、血乳酸水平相对较高等因素有关。较高水平的血乳酸可通过糖异生作用转变成葡萄糖后被肌肉利用，而血糖则可直接用于合成肌糖原。因此，大强度间歇性运动后膳食对肌糖原储量的恢复影响较小。

（三）氧合肌红蛋白的恢复

肌红蛋白是存在于肌肉中的一种结合蛋白，具有和氧气结合的配位点，能够接受从血红蛋白运来的氧气，并贮存于肌细胞内，为肌肉组织提供氧气。运动过程中，氧合肌红蛋白大量解离释放氧气被肌组织所利用。氧合肌红蛋白恢复速度很快，运动后仅需要几秒钟即可完全恢复。氧合肌红蛋白的恢复对运动性疲劳的消除很重要。

（四）乳酸再利用

乳酸是糖酵解供能系统代谢的终末产物，因其蕴藏有大量的能量，因而又是有氧氧化供能系统的重要氧化基质，每分子乳酸彻底氧化可生成18个分子的ATP，乳酸作为重要的氧化基质，为肌肉的活动提供了一定的能量。与此同时，乳酸又可通过糖异生途径转变成葡萄糖而被人体有效地再利用。

骨骼肌不仅是乳酸生成的主要场所，也是乳酸再利用的主要场所。布鲁克斯（Brooks，1986）研究认为，肌肉收缩时产生的乳酸经由乳酸穿梭系统进行转运，约有半数以上是在工作肌不同类型的肌纤维中通过重新分配而被利用（继续氧化分解）。乳酸穿梭转运的形式有：

（1）工作肌中乳酸穿梭。即运动过程中肌肉产生的乳酸，在不同类型的肌纤维中进行重新分配和代谢的穿梭转运形式。剧烈运动时，Ⅱb型快肌纤维中产生的乳酸通过乳酸穿梭系统不断“穿梭”进入邻近的Ⅱa型快肌纤维或Ⅰ型慢肌纤维，之后，乳酸被氧化为丙酮酸，最终通过三羧酸循环氧化为二氧化碳和水，并释放能量合成ATP，供肌肉收缩之用。

（2）血管的乳酸穿梭。即运动时肌肉产生的乳酸借助肌纤维与血液中的乳酸和 $[H^+]$ 浓度梯度，穿越肌细胞膜弥散进入毛细血管，再通过血液循环将乳酸运输到体内其他器官进行代谢的穿梭转运形式。乳酸经血液循环既可进入心肌和非运动肌被氧化利用，又能进入肝和肾脏作为糖异生作用的底物转变成葡萄糖或糖原。葡萄糖释入血液后又可被肌细胞利用合成肌糖原或补充血糖的消耗。

三、促进人体机能恢复的措施

竞技运动的发展给运动训练提出了更高的要求，不仅需要有科学的训练手段，而且还要有合理的恢复措施，才能使人体在“疲劳—恢复—再疲劳—再恢复”的良性过程中得到发展，才能实现更高、更强、更快的目标。因此，恢复是现代运动训练中亟待解决的问题之一。世界各国体育工作者做了大量的研究，提出了许多促进机能恢复的措施，概括起来有：

(一) 运动性手段

1. 整理活动

整理活动是指运动后进行的各种较为轻松的身体练习，其目的是消除疲劳，促进体力恢复。实验证明，运动结束后，通过整理活动使参与运动的肌肉做一些伸展或牵拉运动，可减少肌肉的延迟性酸痛和硬度，加速肌肉机能的恢复。研究发现，剧烈运动后，进行 3~5 分钟的整理活动能促进血液循环、加速乳酸的消除和利用。例如，在力竭性运动后，如果机体处于完全休息状态，乳酸的半时反应为 25 分钟；但进行整理活动时，乳酸的半时反应可缩短为 11 分钟。可见，运动结束后进行一定量的整理活动对于消除乳酸、促进机能恢复具有重要作用。

运动结束后，如果不做整理活动而骤然静止，将会影响血液循环和呼吸运动，使氧气的补充及静脉回流受阻，心输出量减少，血压下降，脑组织暂时性缺血，从而引起一系列不良反应，甚至出现“重力性休克”。此外，剧烈运动时，由于骨骼肌持续紧张收缩，使大量代谢产物堆积，肌肉硬度增加，导致机能下降，出现疲劳。运动结束后，通过整理活动，可减少肌肉的延迟性酸痛，有助于消除疲劳。因此，整理活动是运动训练过程的重要组成部分，应予以高度重视。

2. 积极性休息

积极性休息是指运动过程中为了消除疲劳而采取的各种变换动作或运动强度的练习。积极性休息更适合于少量肌肉群参与工作所引起的局部疲劳，或运动强度较大而引起的快速疲劳。如长时间慢跑所导致的下肢疲劳，可通过一些轻微的上肢活动得到消除；引体向上产生的上肢疲劳，可通过慢跑活动得以消除等。谢切诺夫于 1903 年研究发现，右手握测力器工作至疲劳时，以左手继续工作来代替安静休息，结果显示，右手恢复得更快、更完全。谢切诺夫认为，在休息时，来自左手肌肉收缩时的传入冲动能加深支配右手的神经中枢的抑制过程，并使右手血流量增加，从而促进恢复。积极性休息与被动性休息相比较，积极性休息能使积累乳酸消除速度提高一倍。如让 5 名受试者以 150%$\dot{V}O_2max$ 强度在功率自行车上进行 60 秒运动后，接着以 30%$\dot{V}O_2max$ 强度踏车 20 分钟进行积极性休息。结果显示，积极性休息者乳酸的消除速度远远快于静止休息者。有报道认为脑力劳动者若以肌肉运动作为积极性休息，对疲劳的消除速度将会明显加快。可见，在运动训练过程中，采取调整训练内容、变换运动形式的积极性休息，对于消除疲劳、促进恢复具有重要作用。

(二) 睡眠

睡眠是大脑皮质抑制过程的表现。睡眠时机体与外界环境之间的主动联系大大减少，全身肌肉处于放松状态，因而能量消耗较少。此时，代谢活动以合成代谢为主。所

以良好的睡眠是消除疲劳的重要措施之一。在平时训练期间，每天睡眠时间不应少于8~9小时；并应安排1~2小时的午睡；在大运动量训练（如冬训期）或比赛期间，睡眠时间也应适当延长。

为了加深睡眠和延长自然睡眠的时间，在就寝前应尽量避免外界刺激，使心理趋于平静状态；还可用频率为30~40Hz的脉冲电流刺激太阳穴或乳突部位，操作过程中应逐步增加电流强度，直至眼睛出现闪烁感。

（三）消除疲劳的营养学手段

运动时消耗的物质需要饮食中的营养物质来补充。因此，合理安排营养（膳食）是消除疲劳、促进恢复以及提高运动能力的重要手段。

在长时间运动过程中，体内糖原大量消耗，因此训练后的膳食应适当增加糖的含量。研究发现，长时间运动（连续3天长跑）后，运动员食用高糖膳食，肌糖原可在48小时完全恢复。若食用高脂肪和高蛋白膳食，运动结束后第5天尚未完全恢复（图15-7）。在以力量为主的运动中，由于运动的目的是增加肌肉力量，所以运动后应多增加蛋白质的补充（如举重运动员每日膳食中蛋白质的含量应为150克），同时还应补充一定量的无机盐和维生素。在以速度为主的运动中，应适当补充糖、蛋白质、维生素B和维生素C等营养物质。而热环境下的运动，由于机体的水分和电解质的丢失较多，故可采取少量多次的方法补充适量的液体（如淡盐水）。此外，还应考虑运动员的年龄特点以及合理的营养搭配。如青少年运动员在膳食中应尽可能多食用肉类、鱼类、蛋类、奶类和豆类等食物以补充机体发育过程中所需的蛋白质。大多数项目运动员膳食中蛋白质、脂肪、糖三种营养素的重量之比应为1:1:7，能量百分比应为9.5:22:68.5。运动后应多食用碱性食物，如奶类、动物血液、水果、蔬菜、豆制品等。

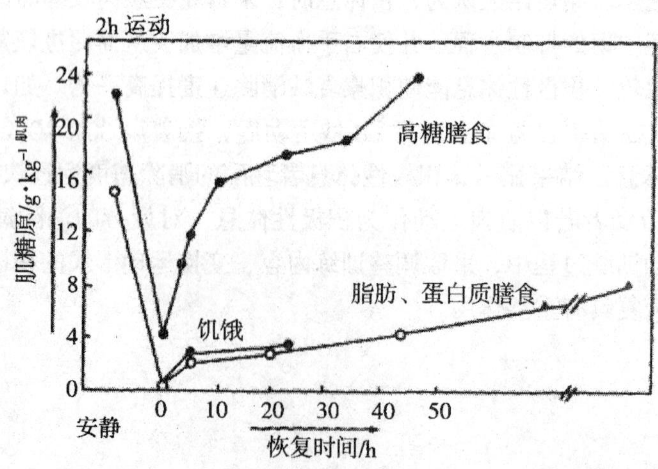

图15-7　长时间运动后膳食对肌糖原恢复速率的影响

（引自：福克斯，1979）

苏联营养学家莫·纳伏尔加夫认为，如果人体经常在机体代谢和机能状况没有充分恢复的情况下继续进行活动，会引起代谢过程紊乱，机能调节失调，运动能力下降。由此可见，根据不同项目运动员的营养、代谢特点，合理安排膳食（如食物的种类及其比例），有利于促进机能恢复和提高运动训练效果。

（四）消除疲劳的中医药手段

应用中医药调理可改善人体的代谢能力，延缓疲劳的出现，加速疲劳的消除，促进机能的恢复。目前认为，运动性疲劳的恢复应从健脾益气、补肾壮阳或补益气血方面入手，针对不同的疲劳症候，做到辨证施治，对症下药。常用的方法有：①汤剂内服法（口服），包括服用复方中药和服用单味中药两种方法。如阿胶能够促进骨髓造血功能，增加血液中红细胞和血红蛋白含量，提高血液运输氧能力。②汤剂熏洗法（外用），如利用川芎、当归、苍术等制成的中药汤剂具有扩张外周血管，促进血液循环，提高机体运输氧能力，维持机体内环境稳定，加快疲劳消除等作用。

（五）盐水浴

首先让运动员泡在浓度为1~3g / L的盐水中，然后水按摩15~30分钟，每周2~3次。从血乳酸浓度的变化以及肌张力的恢复都可发现，这种方法有利于促进疲劳消除。

（六）心理手段

过度训练可引起与躯体性疲劳相联系的心理疲劳，使运动员表现出主观感觉乏力、兴趣减退、意志减弱、厌倦、动机水平下降、抑郁等不良心理症状。过度训练易导致积累性疲劳，甚至出现下丘脑—垂体—性腺轴功能紊乱、免疫抑制、慢性感染及运动损伤等现象，直接影响运动员的身体健康、正常训练和比赛。大多数学者认为，神经系统功能降低、神经细胞抑制过程加强是引起不良心理反应的主要因素，与训练负荷安排不当、恢复措施不足等因素有密切关系。因此，采用合理的心理调节是促进疲劳消除、提高训练效果的重要手段。常用的心理恢复手段有：心理暗示法、意念放松法、肌肉放松法、呼吸调整法、音乐放松、心理调整训练法，以及赏识、激励和人文关怀等。

除上述几种方法外，促进运动性疲劳消除的方法还有按摩、负氧离子、热水浴、理疗、针灸、热敷、吸氧和气功等。

【小结】

1. 人体在参加比赛或运动训练前，相关器官、系统会产生一系列条件反射性变化即为赛前状态。赛前状态的生理变化主要表现在：神经系统兴奋性提高、内脏器官功能增强、物质代谢加快、体温升高等，其产生的机制可以用条件反射机理加以解释。

2. 在训练或比赛前要克服不良的赛前反应，做好准备活动。准备活动的生理作用主要有：提高中枢神经系统兴奋水平；增强机体的氧运输机能；体温适当升高；预防肌肉损伤等。

3. 运动时机能水平的提高是一个渐进过程，这一过程被称为“进入工作状态”。运动强度、运动员的个人特点、训练水平和机能状态等因素会直接影响进入工作状态的时间。“极点”是运动中人体机能暂时的紊乱现象，其主要原因是内脏器官的机能惰性造成的氧供不足，乳酸堆积导致血液 pH 值下降，运动动力定型暂时遭到破坏。“第二次呼吸”是运动中机体建立新平衡的一种表现，“第二次呼吸”的出现标志着进入工作状态结束。

4. 进入工作状态阶段结束后，人体的机能活动在一段时间内保持一个较高的、变动范围不大的水平上，即稳定状态。依据摄氧量和需氧量之间的动态平衡关系，又分为真稳定状态和假稳定状态。

5. 在运动过程中，运动性疲劳是人体运动过程中出现的一种正常的生理现象。在一定的条件下，疲劳的机体可以得到恢复。

6. 恢复过程是指人体在运动过程中和运动结束后，各种生理机能和运动中消耗的能源物质逐渐恢复到运动前水平的变化过程。包括运动时恢复阶段、运动后恢复阶段及超量恢复三个阶段。超量恢复的程度及出现的时间与运动量、能源物质种类、运动后营养补充等因素有关。整理活动、积极性休息、睡眠以及合理的营养和中医药手段等是促进疲劳恢复的主要措施。

【思考题】

1. 试述赛前状态产生的机制和主要表现，如何克服不良的赛前状态？
2. 准备活动有何生理意义？
3. 试述“极点”和“第二次呼吸”产生的机制，在运动实践中如何对待“极点”？
4. 在运动实践中“第二拐点”和最大摄氧量平台持续时间 $\dot{V}O_2max$ PD 有何意义？

第十六章

特殊环境与运动

【提要】

本章主要介绍高原、高温、寒冷、水环境、空间微重力和水下等特殊环境的一般特点，对人体生理和工作能力的影响，以及人体在这些特殊环境中运动时的机能变化特征。在此基础上，就如何提高人体在特殊环境的适应能力、运动能力和预防运动伤害事故的发生等进行简要阐述。

第一节　高原环境与运动

一、高原应激

高原（high altitude）自然环境对人体的影响是多方面的，包括太阳辐射量及宇宙射线辐射量高、温度低和昼夜温差大、空气湿度小等。但是对人体影响最大的是大气压降低所致的低氧环境。

（一）肺通气量

从平原到达高原时最重要的反应就是由氧分压下降所引起的肺通气过度。当高度达到 2348 米时，安静时的肺通气量开始以指数形式增加。其机理是高原缺氧刺激了颈动脉体和主动脉体的化学感受器，从而反射性地引起呼吸加深加快，肺通气量加大。另一方面，肺通气过大，会造成过度换气，排出 CO_2 过多，使肺泡和血液 CO_2 分压下降，血液和脑脊液中 pH 值升高偏向碱性，易发生代偿性的呼吸性碱中毒对呼吸中枢产生抑制作用，从而反射性地引起肺通气量减少。因此在高原缺氧时，可同时存在通气增加和减少的相互对抗的两种调节机制。在一般情况下，缺氧引起的肺通气增加是主要现象。肺通气量的增加提高了肺泡氧分压，有利于氧的供应。

（二）心血管反应

到达高原初期，心率和心输出量增加，而每搏输出量没有变化。心输出量的增加主要是心率的加快所致，心率增快、心输出量增加可以补偿血液氧分压下降，维持氧供应。在平原安静时，心率一般为 70 次 / 分，在高原 4500 米高度时，安静心率可增快至 105 次 / 分，这种心率的增快是由于中枢神经系统处于缺氧状态，交感神经受刺激而兴奋所致。在高原期间，动脉血压明显增高与去甲肾上腺素水平增高有关。

（三）最大摄氧量

氧分压（PO_2）随海拔的高度增加而下降（表 16-1）。高原的低氧环境会给正常氧运输带来不利的影响。从平原进入 3000 米高原时，大气氧分压从 21.2kPa（159mmHg）降为 14.7kPa（110mmHg），肺泡氧分压降低的程度更大。由于大气氧分压的降低，人体血氧饱和度急骤下降，组织细胞利用的氧量就减少。当海拔高度上升到约 1500 米时，最大摄氧量（$\dot{V}O_2max$）开始下降。开始阶段每升高 100 米，最大摄氧量下降约 1%，在更高的高度最大摄氧量下降的速率更快，如在珠穆朗玛峰高度时，最大摄氧量降低大约 70%，可低至 15ml /（kg·min）。最大摄氧量的下降直接导致运动能力下降。

表 16-1 不同高度大气压与呼吸道吸入气氧分压

高度		大气压	呼吸道气 PO_2	高度		大气压	呼吸道气 PO_2
米	英尺	mmHg	mmHg	米	英尺	mmHg	mmHg
0	0	760	149	5500	18050	379	69
500	1640	716	140	6000	19690	354	64
1000	3280	674	131	6500	21330	330	59
1500	4920	634	123	7000	22970	308	55
2000	6560	596	115	7500	24610	287	50
2500	8200	560	107	8000	26250	267	46
3000	9840	526	110	8500	27890	248	42
3500	11840	493	93	9000	29530	230	38
4000	13120	462	87	9500	31170	214	35
4500	14650	433	81	10000	32800	198	32
5000	16400	405	75	19215	63000	47	0

注：以海平面温度为 15℃、气压为 760mmHg 为标准计算，在平均温度、干燥条件下的不同海拔高度的气压。大气压以标准气体为准；呼吸道吸入气（呼吸道气）氧分压以 37℃时饱和水蒸气条件下的氧分压为准。

（引自：Åtrand PO 等，2003）

高原环境对运动能力影响的程度，与海拔高度及运动项目有关。与平原比较，在 2300 米的高原比赛时，由于最大摄氧量降低，超过 2 分钟的周期性运动项目的竞技成绩会明显下降。例如，1500 米跑的成绩下降 3%；5000 米和 10000 米的成绩大约下降 8%。在高原游泳比赛，100 米的成绩下降 2%~3%，400 米以上的成绩下降 6%~8%。短时间、高强度的项目，即持续时间不超过 1 分钟的剧烈运动，特别以技术为主的项目（短跑、跳跃和投掷）的运动成绩并不降低，反而由于空气阻力减小，运动成绩可能略有提高。

（四）高原反应症

初到高原，机体因缺氧而产生一系列机能反应，会出现头痛和呼吸困难等所谓急性高山病（acute altitude sickness，AMS）。这主要是脑缺氧引起的，脑组织对缺氧最敏感，最易受损。由于体液滞留在脑部或肺部，容易发生高山脑水肿或肺水肿而危及生命。低氧可抑制视网膜感光细胞的机能，使视觉感受器对光的敏感性降低。当高度约为 1500 米时，对光敏感性下降 5%；高度约为 3000 米时则下降 25%，视力敏锐性下降 30%；当高度达到约为 6000 米时，简单反应时降低 25%。

二、高原服习

高原的低氧环境给呼吸循环机能带来不利的影响。但是，在高原地区停留一定时期，机体通过对低氧环境产生各种适应性反应，提高对缺氧的耐受能力，这种现象称为高原服习（altitude acclimatization）。高原服习是循序渐进的，到达2300米高度约需两周时间适应，然后每增加610米，需多一周时间去适应。高原服习可分为短期服习（几天、几周或几个月）和长期服习（数年）。一般将人体对高原环境的长期服习过程称为高原适应（altitude adaptation）。

高原的长期适应过程包括生理和代谢的适应。最重要的调节机制（表16-2）包括：①肺通气量的增加和体内酸碱平衡的调节；②红细胞生成增加以及局部循环和细胞代谢的变化。血液与局部循环方面的调节将明显有利于氧运输和利用。

表16-2　高原低氧的急性和长期调节

系统	急性	长期
肺部及酸碱平衡	通气量增加 体液pH值升高，呈偏碱性	通气量增加 肾脏排出碳酸氢盐减少
心血管	心率加快 心输出量增加 每搏输出量不变或略减少 最大心输出量不变或略减少	心率仍然高 心输出量减少或低于平原水平 每搏输出量减少 最大心输出量减少
血液方面	——	血浆量减少 红细胞压积增加 血红蛋白浓度增加 红细胞数量增加 骨骼肌毛细血管增加 红细胞中2，3-二磷酸甘油酸增多
局部	——	线粒体密度增加 肌肉氧化酶活性增高 体重和瘦体重减少

（引自：McArdle，1996）

三、高原训练的生理学适应

高原训练（altitude training）是一种在低压、缺氧条件下的强化训练。这种训练对人体有两种负荷，一种是运动本身所引起的缺氧负荷，即运动性缺氧负荷，另一种是高原性缺氧负荷。这两种负荷相加，造成比平原更为深刻的缺氧刺激，以调动身体的机能潜力。高原训练的生理学适应主要表现在呼吸系统、血液系统、心血管系统、骨骼肌、免疫系统和内分泌系统等的适应。

（一）呼吸系统

平原运动员到高原后，最初反应是呼吸频率加快、肺通气量加大。运动时肺通气量可较在平原做同样负荷时增加23%或更多。经高原训练后，运动员的最大通气量有所提高，肺通气量、呼吸频率比初上高原时有所降低，肺活量显著增大。

（二）血液系统

1. 血红蛋白和红细胞

运动员到高原后血红蛋白（Hb）和红细胞（RBC）增加。上高原的头几天，由于体液从血管内进入组织间和细胞内，血浆量减少使红细胞浓度增加。例如，在2300米高度停留一周后，血浆量下降约8%，而红细胞浓度增加4%，血红蛋白增加8%；在4300米停留一周后，血浆量下降16%~25%，红细胞增加6%，血红蛋白增加20%。血浆量迅速下降伴随着血红蛋白浓度增加，使动脉血氧含量明显高于刚到高原时。

高原氧分压下降也刺激红细胞总数增加，即红细胞增多症（polycythemia）。这是由于高原缺氧引起促红细胞生成素（EPO）的释放，促进红细胞的生成。在高原期间红细胞仍然保持上升。例如，一些世居高原的人，红细胞为每立方米800万，比一般人多50%。一定数量红细胞和血红蛋白增多，能增加血液运输氧气的能力，对提高血氧含量和血氧容量有代偿意义。例如，秘鲁的高原居民血液携氧能力比平原者平均高28%。每100毫升血液中氧容量为25~30毫升，而平原居民为19.7毫升。因而即使在高原血氧饱和度下降时，动脉血中氧含量还能接近或等于平原时水平。但是，红细胞过分增多会增加血液的黏滞性，有可能阻碍血液流动。

2. 促红细胞生成素

研究发现，高原缺氧有促使体内促红细胞生成素增加的作用。当人处于3000米高度3小时后，促红细胞生成素浓度升高约50%。也有研究表明，在高原促红细胞生成素的通常反应是初期增高，一周后下降。而红细胞、血红蛋白和网织红细胞（RC）数量却增加。因此认为高水平促红细胞生成素的维持，并不是在高原期间红细胞和血红蛋白持续增加所必需的。

促红细胞生成素的释放可能也受海拔高度的影响。由促红细胞生成素升高使红细胞数量增加可能存在“阈”高度，这个适宜的“阈”高度为海拔1600~2500米。高度较低时，促红细胞生成素增加不明显。同时，研究发现高原训练运动员似乎比单纯久居高原的人更能促进红细胞的生成。

3. 血液流变学指标

对久居高原人群的研究发现，随海拔高度的不断增加，血液具有“浓”（红细胞压积增高）、“黏”（全血黏度增高）和“聚”（红细胞电泳时间延长）的典型特点。高原训练中高原缺氧和运动训练的双重刺激对血液流变特征产生复杂和深刻的影响。经过长期训练的运动员，安静时红细胞渗透脆性、血液黏度、红细胞电泳时间和血沉比一般人明显下降，红细胞滤过率和红细胞变形能力比一般人明显增加。

红细胞压积最适值是50%左右。当红细胞压积大于等于60%时，血液黏滞性则呈指数增加。红细胞压积加大是对高原环境的适应，但若过分增大反而对机体不利。适宜的高原训练控制红细胞压积在最适值范围内，使红细胞携氧能力达到较佳状态，且对血液黏度也无不利影响。

因此，高原训练期间机体血液流变性可能会得到改善，从而提高机体对低氧环境的耐受力。

4. 红细胞变形能力

红细胞的变形能力在很大程度上影响着组织的供氧能力。研究发现，高原训练一周后红细胞内的2，3-二磷酸甘油酸（2，3-DPG）开始提高，而血中2，3-二磷酸甘油酸能通过改善红细胞膜的机能状态使红细胞变形性增强，有利于氧的释放。

5. 血乳酸变化

高原训练初期，由于高原缺氧使组织中线粒体氧化酶的活性下降，肌肉利用氧的能力降低。因此，运动中有氧代谢不能满足机体的能量需要，较多地动用了无氧代谢，产生大量乳酸，同时由于大强度运动使乳酸消除的速率也减慢，因而乳酸浓度会升高。

研究发现，机体在对高原服习的过程中，运动后血乳酸和肌乳酸存在下降的趋势，这是机体对缺氧环境的适应，也是机体代谢能力提高的反映。这种高原服习后大肌肉群训练时最大血乳酸浓度减少的现象称为“乳酸矛盾现象”（lactate paradox）。因为高原低氧环境应该促进血乳酸的积累。另外，长期在高海拔高原低氧训练时，血乳酸水平降低并没有提高适应后的最大摄氧量水平或提高氧运输能力。换句话说，血乳酸水平减少并没有伴随有氧代谢能力的提高。乳酸下降原因，是由于高原训练时动员葡萄糖的儿茶酚胺含量减少，活动肌乳酸释放减少，同时提高了肌肉清除乳酸的能力，这是机体对低氧环境的适应。高原训练乳酸积累减少与高原适应后的缓冲能力下降无关。

总之，在海拔2000米的高度，当运动强度与平原相同时，缺氧的程度明显加大，血乳酸变化有以下特点：①以相同强度做大强度运动时，高原的血乳酸值明显高于平原；②高原训练适应以后，以相同强度运动时，与初到高原相比血乳酸浓度下降；③高原训练能明显提高乳酸阈强度；④极限运动时，由于强度偏低，最大血乳酸值比平原低。

（三）心血管系统

在高原做定量负荷运动时，最初反应是心率和心输出量比平原增加，而每搏输出量没有变化。极限强度运动时，最大每搏输出量和心输出量多下降。但数天或数周后，随着血液携带氧气的能力提高，做同样的定量负荷运动时，心率和心输出量均有所下降，逐渐接近平原水平。研究发现，高原训练可提高心脏泵血功能，即左心室收缩力增强，每搏输出量、射血分数增大，心输出量增加。

在高原居住的居民的血压略高于平原居民，而且是肺循环的血压较高。居住在4330米高度的秘鲁居民的肺动脉血压，比平原居民要高一倍。这种肺动脉高血压有助于改善肺组织的血液灌流和扩大肺泡的有效气体交换面积。同时由于肺血管阻力较大，导致右心室发生适应性变化，发生肥大。

（四）骨骼肌

高原训练对骨骼肌有较深刻的影响，主要表现在以下几个方面：

1. 骨骼肌的毛细血管和酶活性

对在2300米高度训练的运动员进行测定，发现骨骼肌毛细血管密度增高，糖酵解酶活性降低，氧化酶活性升高。

2. 肌红蛋白浓度

肌红蛋白是肌细胞内含铁的蛋白质，对氧的亲和力比血红蛋白大，其主要功能是贮存氧气。高原适应和训练的综合因素能引起人体骨骼肌中的肌红蛋白的浓度增加，这种增加在相当程度上与高原训练时强度以及缺氧程度有关，即训练强度较高、缺氧严重时肌红蛋白增加明显。

3. 肌肉缓冲能力

高原训练后，肌肉缓冲能力有所改善。研究显示，越野滑雪运动员高原训练后腓肠肌和肱三头肌的缓冲容量均增加6%，并且腓肠肌缓冲容量的相应变化与短跑成绩（时间）呈负相关（r=-0.83）。因此认为低氧对于缓冲容量的提高可能是一个关键的因素，而耐力训练不能增加肌肉缓冲容量。

4. 体重和体成分

长期经受高原应激，瘦体重和脂肪明显下降，下降的大小与海拔高度密切相关。研究表明，在4300米高原8天后，体重下降3%，而在5300~8000米停留三个月后，体重则下降15%。在高原上体重的丢失，首先是脱水，其次是脂肪的丢失和骨骼肌质量的下降。但也有人发现登山者体重的下降，其中的1/3是体脂，2/3是肌肉组织丢失。还发现在骨骼肌质量下降同时存在肌纤维变小的现象，这是对高原环境的有利适应，它可缩短氧气从毛细血管扩散到线粒体的距离。

此外，高原应激使能量摄入下降，小肠吸收率下降，基础代谢率明显升高，因而体重下降。

（五）免疫系统

高原训练对长跑运动员免疫功能会产生影响。经过 4 周海拔 2700 米高原训练后，长跑运动员血中白细胞介素-2（IL-2）水平下降，但经过 4 周海拔 1300 米高原训练后，细胞免疫水平则提高。提示高原训练的高度也是影响耐力运动员细胞免疫功能的因素之一。

（六）内分泌系统

1. 儿茶酚胺

儿茶酚胺是肾上腺髓质释放的一类激素，具有在应激状态下增强机体适应能力的作用。

缺氧结合运动训练，可使运动员尿内儿茶酚胺排出量明显增高。在较高海拔高度进行同等负荷运动后，运动员尿中去甲肾上腺素的排出量明显增加，肾上腺素的排出量明显减少。因此认为对运动员尿中去甲肾上腺素排出量的测定，可了解运动员对高原训练的适应情况。

2. 血清睾酮和皮质醇

研究发现，高原训练会使运动员血清睾酮降低，可能是长时间大运动强度训练使睾丸中产生的睾酮的量下降所致。

高原训练后皮质醇大多呈上升变化，但也有下降的报道。这可能是由于实验的时间、强度及环境不同所致。

（七）代谢能力

关于高原训练对无氧代谢影响的报道，结果不一。高原训练是否确能提高无氧代谢能力，尚需作进一步研究。

高原训练可提高机体的有氧代谢能力。高原训练可改善心脏功能，提高红细胞和血红蛋白水平，从而增强氧的运输能力；骨骼肌毛细血管密度增加，增加了肌肉的氧供应；肌纤维线粒体中氧化酶活动升高，这些因素可提高机体运输氧和利用氧的能力，提高机体有氧代谢的能力。最大摄氧量是反映运动员有氧耐力的重要生理指标。研究发现，在高原训练初期最大摄氧量下降，中后期回升，返回平原后多能超过高原

训练前水平。

四、高原训练的要素

（一）适宜海拔高度

高原训练的高度从理论上讲在1000~3000米都有效。一般认为，世居平原的运动员高原训练的最佳高度应为2000~2500米。低于2000米，低氧缺氧刺激较少，不利于充分挖掘机体的潜力；高于2500米，则机体难以承受较大的训练负荷，并且不利于训练后的恢复。在2000~2500米高度训练，红细胞压积、血红蛋白及最大摄氧量均有显著增高。我国运动员高原训练的高度多在1890米（昆明，中长跑、游泳、足球等）及2360米（西宁多巴，中长跑、竞走、自行车等）。埃塞俄比亚的高原世居运动员将赛前高原训练提高到2700~3000米。对世居高原的运动员高原训练的最佳高度因长期居住的海拔而定。总之，适宜的高度应具备两个条件，即此高度能对机体产生深刻的缺氧刺激；同时又能承受比较大的训练量和强度。

（二）适宜训练强度

这是决定高原训练成败的关键。强度过低，刺激小，难以收到成效；强度过大，刺激深，对适应和恢复不利。一般应遵循下面几个原则：①根据运动员训练水平的高低来定，水平高的强度可大些，反之强度则适当减少；②根据比赛的强度而定，应安排部分接近比赛强度的训练；③将高原训练的强度和下高原后的强度衔接起来，下高原前的阶段训练强度应提高；④需根据机体对高原环境的适应阶段来安排训练强度。

（三）训练持续时间

根据大量的高原训练实践经验得出，适宜的持续时间应为3~8周。因为从平原到高原会有一个适应过程，高原训练时间过短，不利于机体产生适应性变化；高原训练时间过长，则不利于机体回到平原后的适应性调整，所以安排高原训练的时间不宜很长。而且，在确定高原训练时间时，需要考虑运动项目的差异。耐力性项目应持续时间长些，而速度及速度耐力性项目应稍短些。

（四）出现最佳训练效果的时间

下高原后，何时出现最佳训练效果，对此没有统一的看法。这与个体的适应能力及高原训练的负荷有密切关系。目前普遍认为，长跑和马拉松项目的最佳比赛时间为下高原后4~5天；中长距离项目为10~14天；短距离项目为20~26天。我国游泳项目则多采取回到平原5~6周时参加比赛，以保证下高原后能有较多的时间加强速度和力量训练。

高原训练的效果在下高原后可保持3~5周的时间。而有的资料认为可保持45~50天。

（五）训练方法与手段

高原训练方法主要有高住高练法、高住低练法、低住高练法、间歇性低氧训练和模拟高原训练法等。

1. 高住高练法

高住高练法（Living high-training high，Hi-Hi）指在高原居住，在高原训练。不同海拔高度的高住高练所产生的训练效果有所差异，因此，在高住高练法具体应用时往往采用改变海拔高度的方法，以谋求最佳效果。例如，运动员先在海拔1500~1900米高度训练一段时间后，再到海拔2000~2500米高度训练，然后再回到海拔1500~1800米高度训练，最后返回平原。高住高练法能充分利用高原低氧环境，取得低氧训练的效果，但是训练强度不大。

2. 高住低练法

高住低练法（Living high-training low，Hi-Lo）是由勒文（Levine，1991）最先提出的，就是让运动员在较高的高度（2500米）居住，而在较低的高度（1300米）训练。这样，既可以充分调动机体适应高原缺氧环境，挖掘本身的机能潜力，又可达到相当大的训练量和强度。此种训练法已得到国际上的认可，并已应用于高原训练实践中。

3. 低住高练法

和高住低练法相反，低住高练法（Living low-training high，Lo-Hi）是让运动员居住在较低的高度（1300米或平原），在海拔较高的高度（2500米）进行训练。既能保证运动员进行低氧训练，也能促进运动员的恢复。

4. 低住低练法

低住低练法则是让运动员居住和训练都在1000米左右的较低高度。这种方法也称为亚高原训练法。它对于准备亚高原比赛所进行的适应性训练比较有效。此外，它也可作为高住高练法之前的过渡性训练。

5. 间歇性低氧训练法

间歇性低氧训练法是20多年来在俄罗斯、英国和美国等国家逐渐发展起来的一种新的仿高原训练法。是采用呼吸气体发生器吸入低于正常氧分压的气体，造成体内适度缺氧，从而导致一系列有利于提高有氧代谢能力的抗缺氧生理适应，以达到高原训练的目的。

6. 模拟高原训练法

芬兰学者拉斯考（Rusko，1995）提出“Hi-Lo”方案的“高原屋”，即让运动员生活在模拟海拔 2500 米高原状态的“高原屋”中，然后在 1300 米高度训练。目前这一高原训练计划已在芬兰、挪威、瑞典和中国等国家实施。日本生产使用的是可移动的帐篷，帐篷内是仿高原环境。美国发明生产了一种可调氧分压式睡仓，它可提供 1 名运动员在仓内休息。这些仿高原训练法，既不需要高原训练基地，又免去往返迁移，同时使运动员机能潜力得到最大的发展，以期达到高住低练的效果。

第二节 热环境与运动

一、热应激与适应

（一）热应激的生理反应

人体在运动时由于代谢产热和环境热两种因素的共同作用，使机体处于热应激状态。热应激（heat stress）会引起机体发生一系列反应与适应。

1. 心血管反应

在炎热环境中运动时，体热的增加使体表血管扩张，皮肤血流量大大增加，约有15%~25%的心输出量将流过体表，较多的热量从身体内部传到体表，增强了辐射、传导和对流等散热能力，使皮肤散热能力增强。

高热运动时，心率显著增加，最大心输出量和最大摄氧量均下降。心输出量减少的主要原因是由于每搏输出量大大降低。而每搏输出量的减少可能与下列因素有关：①运动时血流量重新分配，体表血流量增加使心脏的循环血量减少；②排汗增多，血液浓缩，血黏滞性增加，回心血量减少；③心率显著增加，心室充盈时间缩短；④心脏温度升高，使心收缩力减弱，心率的代偿性增加不足以弥补每搏输出量的减少，因而在炎热环境运动时最大心输出量下降。

2. 排汗增加

在高温环境中运动时，排汗成为体热平衡的主要途径。运动开始后几秒钟就会排汗，排汗量增加可以加快体热的散发，30 分钟左右达到体热平衡。由于大量排汗而丢失一定量的 Na^+、K^+、Ca^{2+}、Fe^{2+}、Mg^{2+}、Zn^{2+}和其他微量元素，使运动能力下降。

运动时排汗率主要根据运动强度大小而变化，排汗率与运动强度呈正相关，也受运动持续时间、气温、湿度及适应程度等多种因素的影响。在炎热天气剧烈运动时，失汗量可高达 3L / h 或 12L / d。马拉松赛中，运动员排汗率约为 30~35ml / min，失水量超过 5 升，约占体重的 7%。

3. 尿量变化

运动中肾血流量和肾小球的滤过率降低，剧烈运动时大量排汗和呼吸道水分丢失使得尿量减少或无尿。

4. 内分泌变化

在热环境中，垂体释放抗利尿素以增加肾小管对水的重吸收，因而尿液浓缩，尿量减少，另外，肾上腺皮质释放醛固酮增多，也可以促进肾小管和汗腺对 Na^+ 重吸收，降低汗液中 Na^+ 浓度，从而有利于保持水和电解质平衡。

5. 代谢变化

在热环境进行次极限强度运动时，机体更多依赖无氧代谢，导致了乳酸过早堆积和糖原的储备量减少。乳酸堆积的可能原因：①热环境运动时，由于肝脏血流量减少，使乳酸转化率下降；②用于体表散热的血流量增加，减少了肌肉的血液循环，造成了在热环境中运动时乳酸相对增多，疲劳过早出现。但也有人认为，在高热环境中运动时，高热环境对疲劳的影响比代谢变化的影响更重要。

6. 耐力下降

在热环境中高体温是影响耐力的主要限制因素。不管是有训练经历者或无训练经历者，在高温环境中运动时都会使耐力下降。但有氧能力水平高的人在高热环境中运动的耐力较无训练者好。研究显示，有训练经历者在体温 39℃出现疲劳，而无训练经历者是 38℃出现疲劳。

人体生活或工作的最适宜温度相当于室温 18~24℃。而在剧烈运动中，环境温度会给比赛成绩带来很大的影响。一般认为，短跑、跳跃及投掷等要求短时间内发挥爆发力的项目，其适宜温度为 27~28℃。马拉松等耐力运动的适宜温度则低些，马拉松最好成绩是在气温为 15℃以下时出现的。在高温下进行耐力运动时，体温调节机制是限制竞技能力的重要因素。

（二）热服习

在高温与热辐射的长期反复作用下，人体在一定范围内逐渐产生对这种特殊环境的适应，称为热服习（heat acclimatization），也称为热适应。热服习主要表现在体温调节、水盐代谢和心血管机能等方面的改善。热服习的生理反应主要表现在以下几个方面：

（1）排汗阈值下降、排汗率增加、排汗能力增强。热适应时最大排汗率由1.5L / h增加至 2.5~3L / h，从而使散热增加。福克斯（Fox，1981）指出，无运动训练经历和对热环境不适应者的排汗阈值高，在身体内部温度达到 37.7℃时，排汗反应开始。既有训练经历又对热环境适应者，其排汗阈值显著下降，体内温度达到 37.2℃即有排汗反应。有运动训练经历但对热环境尚不适应者的排汗阈值居中，在体内温度达到 37.5℃时排汗反应开始。运动训练可提高排汗反应的敏感性和排汗能力。

(2) 肾脏和汗腺对 Na^+ 重吸收增加。热适应时肾脏和汗腺对 Na^+ 重吸收增加，汗液中 Na^+ 浓度下降。Na^+ 在体内保留，使血浆和细胞外液的容量增加，内环境相对稳定。

(3) 心功能改善，每搏输出量增加。热适应后心功能得到改善，心率减慢，每搏输出量增加，而心输出量及动脉血压基本保持不变。同时，血流量重新分配，使皮肤血流量减少，肌肉血流量增多，提高了肌肉的工作能力。

在炎热环境中进行运动训练可加速热适应效果。热适应训练所需的时间与训练的气候条件和运动强度有关。如果运动员每天暴露在热环境中 2~4 个小时，5~7 天就可基本适应，10 天可以完全适应。在炎热环境训练期间，最初几次训练的负荷宜小，持续时间约 15~20 分钟，然后训练强度和时间可逐渐增加。

二、热病及其预防

在高温环境中进行剧烈运动时，可因热对机体造成危害而发生热病，如果对热病产生的因素有针对性地进行预防是可以避免的。热病包括脱水、热痉挛、热衰竭和中暑等。

(一) 脱水

在炎热环境中剧烈运动几小时，由于大量排汗后血容量显著减少而导致脱水。脱水可引起排汗率、血浆量、心输出量、最大摄氧量、工作能力、肌肉力量和肝糖原含量等下降。

随着脱水增加和血浆容量的降低，体温及心率会明显升高，心输出量下降。排汗每丢失 1 升水，运动时心率提高 8 次，而心输出量降低 1L / min。脱水对运动能力的影响与运动员的“适应”程度有关。一般训练水平的运动员当失水量为体重的 2%~3%时，即可影响循环机能和体温调节能力，运动能力和最大摄氧量受到明显的影响；而已有适应能力的高水平运动员，失水量达到体重的 5%，仍可无显著的影响。

(二) 热病

1. 热痉挛

热痉挛常出现在剧烈运动中或运动后，主要是因为脱水和无机盐的丢失以及体液水平和电解质浓度不平衡所致。表现为肌肉痉挛、排汗多和疲劳，但体温尚正常。在运动中和运动后饮用足够的水及从食物中摄入足够的盐，就会有效地预防热痉挛。

2. 热衰竭

热衰竭常出现在对热尚未适应的人开始进行剧烈运动时，主要是由循环系统的调节机能障碍和大量排汗导致细胞外液，尤其是血浆量减少造成的。血液滞留在扩张的体表血管中，使循环血量及心输出量显著下降。表现为虚弱、脉搏加快、直立时血压低、头痛和头晕等，排汗可能稍减少，体温会有升高（通常低于39.5℃）。出现热衰竭时应停止运动，并到阴凉地方休息，补充水分，必要时输液。

3. 中暑

中暑是最严重和复杂的热应激疾病，是由体温过高致下丘脑体温调节机能障碍而造成的。通常排汗停止，皮肤干燥而发烫，体温升高至41.5℃以上，虚脱、意识丧失，甚至导致死亡。出现中暑先兆时，应立即送医院治疗，并同时设法降低体温，包括喝冷水、去除外衣、冰敷及冷水浴等。

（三）热病的预防

预防热环境训练时热病的发生，合理补液和预防过度脱水最为重要。在运动前后通过监测体重，大致了解失水量后进行补液，每减少1公斤体重表示脱水450毫升，或在运动前20分钟喝400~600毫升的冷水；在运动中少量多次的补液，每隔15~30分钟补液100~300毫升，每小时的总补液量以不大于800毫升为宜；在运动后的补液也应遵循少量多次的原则，并适当补盐。在热环境运动时补液的指导方案如下：

（1）小于1小时的运动，在运动前的0~15分钟补充含6%~10%糖饮料，运动中补充的液体约相当于1/2排汗量的水分（水温在5℃~15.5℃）。

（2）1~3小时运动，建议运动前饮水300~500毫升，运动中补充800~1600毫升，含6%~8%糖和12~20mEq（毫克当量）钠盐的饮料。

（3）大于3小时运动，运动前饮水300~500毫升，运动中每小时补充含6%~8%糖和20~30mEq钠盐的饮料500~1000毫升。

（4）恢复期中，应摄取含糖5%~10%和钠盐30~40mEq的饮料以获得复合水。为使糖原得到快速的恢复，在运动的最初2小时内，每小时的摄糖量应不少于50克。

第三节　冷环境与运动

一、冷应激与运动

在低温情况下，机体散热与风速和湿度有关。风速和湿度越大，机体散热越多，冷应激（cold stress）对机体的影响就越明显。在冷环境中，通过两种调节机制以防止体温下降：一是通过寒颤以增加代谢产热；另一个是外周血管收缩，减少热量散失。如果这两种调节机制不能保持机体产热和散热的平衡，机体深部温度就会降低。

在低温环境中，体温下降会损害人体机能，也会影响运动能力。研究表明，温度每下降10℃，神经传导速度降低15m/s。局部温度为8℃~10℃时，神经传导即完全阻滞。

所以四肢受冷会使工作能力明显下降；严寒的冷水应激还会使最大摄氧量和心率显著降低；冷应激会使皮肤血管明显收缩，皮肤血流量明显减少。虽然对维持体内深部温度有利，但周围组织和皮肤热量减少，很容易使手指和脚趾冻伤；寒冷还会使骨骼肌的黏滞性增大，肌肉收缩速度减慢，动作灵活性和协调性差，既使工作效率下降，又容易发生运动损伤。

寒冷会导致免疫监视能力下降。如寒冷环境中运动员易患上呼吸道感染，而影响运动员的运动能力。但也有人体实验研究表明，急性冷环境暴露可使免疫球蛋白升高，增强免疫功能。在室温 5℃的房间内暴露 2 小时，会导致机体深部体温下降，使白细胞总数和粒细胞增多，自然杀伤细胞（NK 细胞）活性上升，以及循环血中白细胞介素-6（IL-6）水平升高。在冷空气暴露之前进行中等强度运动（有热储存），能进一步增强这些免疫指标的反应，并认为这种反应可能与血中去甲肾上腺素水平升高有关。

二、冷服习

研究表明，经常暴露在冷环境中，能引起机体对冷的适应。冷适应（cold adaptation）的基本特征是寒颤产热减弱和外周血管收缩反应减弱。例如，职业潜水者如果每天潜入 10℃的冷水中 15 分钟，就会产生冷适应。当口腔温度下降到约 34℃时，他们仍能保持在水中活动。一般人在水温下降到 28.2℃时，有半数以上的人出现寒颤。而潜水者才开始出现微弱的寒颤反应，说明冷适应的人寒颤阈值较高。长期生活在极端寒冷地区的人，基础代谢率比一般人高约 25%。重复对手或脚进行寒冷刺激，会使流经这些部位的血流增加而提高局部的冷适应，防止组织由于低温造成的损害。

评定人体对冷的服习有三种基本方法：

第一种方法，测定产生寒颤的皮肤温度阈值。研究指出，处于较冷气温中几个星期后，寒颤发生推迟。冷服习的人可以增加非寒颤的产热过程以保证产热，使寒颤减轻，增加去甲肾上腺素的分泌，引起氧化磷酸化脱耦联，即释放热而不生成 ATP。

第二种方法，测量手和足的温度。未经服习的人随着处于冷环境中时间延长，手和足部的温度逐渐下降。已经服习的人能够保持基本正常的温度。

第三种方法，观察在寒冷中睡眠的能力。未经服习的人会因打寒颤而不能入睡。研究表明，服习到一定程度时便可以在寒冷中入睡，在寒冷中入睡的能力取决于增加去甲肾上腺素的分泌，使非寒颤产热过程增强。

第四节　水环境与运动

一、水环境与运动

水的浮力、密度及导热性等特性，对人体生理功能及运动能力有较大的影响。这些影响主要表现在以下几个方面：

（一）能量代谢

在水中活动能量消耗较多，比同样速度跑步时能量消耗大5~10倍。其原因是：①水的导热性比空气大25倍，所以在水里人体热量散失得快。例如，在12℃的水中停留4分钟所散发的热量相当于在陆地1小时所散发的热量。②水的密度比空气大，水的阻力比空气阻力大820倍。人体在水中的速度每增加2倍，则水的阻力就增加4倍。因此，游泳速度越快，所受到的阻力就越大，因而消耗的能量也就越多。水环境中运动的能量消耗还与水温、停留时间、体脂、游泳姿势及在水中运动适应的程度有关。水温越低，停留时间越长，消耗能量就越多。例如，在18℃水中游泳时，比在26℃同样速度游泳时每分钟约多需500毫升氧气。体脂多，在水中不仅浮力好，且隔热效果好。所以女子游泳时机械效率高于男子，消耗的能量比男子低。

（二）呼吸机能

在水中运动对呼吸机能的影响较陆上深刻。肺活量大是游泳运动员的一大特点，通常比同龄同性别的普通人高10%~20%，最高可达7300毫升。这是由于水的密度比空气大，在齐胸深的水中，胸部承受12~15千克的压力，使呼吸较为困难。长期锻炼，使呼吸系统产生了良好的适应，从而提高肺活量。另外，游泳时呼吸的节律必须和动作相结合，不能随意加快呼吸。因此，要提高肺通气量就必须加大呼吸深度。另外，经常在水中锻炼可提高换气效率和摄取氧的效率。

（三）心血管机能

游泳时的体位及所处的特殊环境对循环功能也有影响。游泳时水平的体位使静脉血较易回到心脏，因而静脉回流量会增加。游泳时呼吸加深，加强了呼吸运动对静脉回流的抽吸作用；肌肉有节律的舒缩活动，对静脉有挤压作用（唧筒作用）；水对皮肤的压力，增加了外周静脉压。以上这些因素都有利于静脉回流。

游泳时，心率、心输出量和每搏输出量随着速度加快而增加。极限强度游泳时，心率明显地低于极限强度跑。运动员游泳时的最大心率比跑时平均低10~15次/分，男子跑时最大心率约200次/分，而游泳约为185次/分，女子则分别为200次/分和190次/分，游泳时动脉血压高于跑步，这可能是由于水对身体的压力增加及水温较低，使皮肤血管收缩，外周阻力增加所致。

二、对水环境的适应

经常在水环境中活动，会对水环境逐渐适应，使产热和散热过程得到改善，体温调节能力提高。游泳时水温较低，体温调节活动会发生一系列变化，大致可分四个阶段。

第一阶段，刚入水，冷刺激反射性地引起皮肤毛细血管收缩，皮肤发白，散热减少，产热加强（发白阶段）；第二阶段，皮肤血管反射性舒张，血液流向皮肤，皮肤发红，有温暖感觉（发红阶段）；第三阶段，如果持续在水中停留过久，身体散热过多，会出现寒颤，以加强产热过程（发抖阶段）；第四阶段，若继续停留太长，引起小动脉收缩，小静脉扩张，血液滞留在皮下静脉中使皮肤和嘴唇紫绀（发紫阶段）。寒颤是体热消耗过度的信号，所以在身体感觉寒冷时应上岸擦干身体，做些轻微活动以加强产热。如不采取保暖措施，勉强坚持锻炼，将会发生不良反应，容易导致感冒。在水环境中的急性反应过程随训练程度、体质强弱及对水环境冷刺激的适应能力而不同。进行长期游泳训练，运动员的体温调节机能提高，对低温冷水的适应能力增强。

第五节　微重力与运动

人体能够适应环境的巨大变化。然而暴露在微重力环境中的大多数生理变化，类似于运动员的停训反应或老年的退行性变化。

一、微重力环境中的机体适应

微重力环境是对正常人体功能的一种挑战。当人体失去重力作用，那么支撑体重的骨骼和抗重力肌肉就失去负荷，从而发生退化，功能减退。同样的变化也见于心血管系统。

（一）肌肉

研究表明，当肢体用石膏固定或后肢悬吊后，肌肉结构和功能迅速发生变化，表现为肌肉蛋白质合成减少，肌肉萎缩。大鼠实验也证实，不活动后最初数小时，蛋白质合成率下降约 35%，数天后下降约 50%，肌萎缩可持续很长时间。同样，对人的研究也发现，在卧床或下肢悬吊，肌肉失去负荷的情况下，肌肉质量和蛋白质缓慢损失。不活动与空间的微重力环境有很大的不同。不活动状态下，肌肉处于完全放松或很少的兴奋收缩状态。但在空间飞行过程中，虽然失去重力的作用，但是肌肉是被激活的、缩短的，只是在完成相同工作时，使的力非常小。研究发现，在 1996 年的一次历时 17 天的空间飞行中，4 名航天员小腿后群肌的肌纤维横断面积减小了 8%~11%，但肌力变化很小。空间微重力条件下，发生萎缩的肌肉主要是在重力条件下支持动物直立的慢肌。慢肌纤维在微重力条件下也可向快肌纤维转化，从而导致慢肌减少，快肌增加。研究发现，严格的运动训练可以有效地减小肌肉体积和功能的损失。

（二）骨骼

身体大多数长骨的维持依赖于每天的重力负荷。人们注意到 18 个月或以上的外空

探险将引起明显的骨骼退化和钙的丢失，这将增加返回地面时发生骨折的危险性。钙平衡研究表明，空间站中宇航员发生的钙负平衡，归因于尿和便中钙的排出增加。尿中羟脯氨酸的排出增加，说明微重力的环境下骨吸收增强。

一般认为，微重力引起承重骨的骨矿物质大约丢失4%，其丢失的幅度与处于微重力环境的时间长短有关，而且个体差异很大。

微重力环境下骨骼变化的机制，至今尚不十分清楚。可能是因为骨生成受阻，或骨破坏增加，或两者都存在。长期微重力环境对骨的影响情况也不清楚。例如，长期微重力环境下骨矿物质能否失而复得，反复处于微重力环境是否造成骨矿物质丢失效应累积，宇航员在以后的空间飞行中是否将进一步丢失骨矿物质等。然而有一点是清楚的，微重力或卧床休息引起的骨变化，是由骨失去了力学负荷所致。

（三）心血管系统

人体处于微重力或模拟微重力环境时发生的反应之一是血浆容量的减少。当身体处于微重力状态，由于静水压的下降，血液不再累积在下肢远端，所以引起回心血量增加，心输出量增加和动脉血压升高，肾动脉血压随之升高，引起尿量增加，血浆容量减少。由肾动脉血压升高引起尿量增加，这种对血压升高的反应被称为血压性利尿。抗利尿激素、醛固酮、血管紧张素和心房利钠素在血容量调节中也发挥作用，但是，血压性利尿对微重力状态下的血容量调节起主要的作用。

当宇航员停留在微重力环境中，血容量减少对他们是有利的。但是，当他们回到静水压起作用的正常环境时，血容量的减少就成了一个严重的问题。在宇航员回到正常环境的最初数个小时内，由于血容量不足，常发生体位性低血压和眩晕。

观察俄罗斯宇航员航天飞行前、飞行中的心血管功能发现，两种状态下的心率、每搏输出量、心输出量无明显差异，只是飞行中的收缩压略微升高。在对宇航员进行次极限强度的运动试验中，也未发现飞行前、飞行中心率和血压反应的差异。

如上所述，宇航员返回地面后的最初数小时内容易发生体位性低血压。然而，对4次飞行的7名宇航员返回地面后1小时所做的超声心动图显示，心率、平均动脉压、体循环阻力增加，而舒张末期容量减少。舒张末期容量的减少可一直持续到返回地面后的7~14天。这些变化至少部分可以用血容量减少来解释。

（四）内分泌系统

内分泌系统通过内分泌腺分泌的多种激素与神经系统一起调节人体的生理活动，对外界环境的变化作出有利于动物体的适应性反应。当动物进入空间环境时，外界环境发生了巨大的变化，内分泌腺体会受到影响，引起激素水平的改变。总体而言，在空间环境中，肾上腺功能增强，而性腺、甲状腺、甲状旁腺和胰岛功能减弱，这些变化可能是内分泌系统对空间环境的适应性反应，以使动物体在空间中保持较好的生理状态。当动物返回地面后，这些变化大多很快恢复至正常水平。

（五）免疫系统

在空间条件下，由于微重力和空间辐射的影响，以及睡眠紊乱，营养缺乏，宇航员免疫系统损害，功能抑制，易诱发感染及肿瘤。Guseva 等研究乘坐礼炮 5 号的宇航员发现，其免疫系统受到明显抑制，血清抗菌活性减弱，唾液内溶菌酶含量下降，免疫球蛋白含量降低。空间微重力条件下，循环免疫细胞总数增加或无明显变化，中性粒细胞数明显增加，辅助 T 淋巴细胞和自然杀伤（NK）细胞数减低。脾脏中粒细胞数减少，淋巴细胞数明显增加，辅助性 T 淋巴细胞数减低，导致 CD_4^+ / CD_8^+比率下降。微重力条件下，中性粒细胞产生过氧化氢（H_2O_2）能力降低，淋巴细胞的运动能力和细胞毒性都有所减弱，而且 T 淋巴细胞祖细胞数量减低，淋巴细胞的发育受到抑制。但据报道，尽管动物细胞免疫功能降低，但体液免疫的变化却不明显。空间环境中，免疫系统受到明显抑制，细胞免疫功能的降低尤其明显，这可能增加动物感染病毒和发生肿瘤的危险。

（六）体重和体成分

卧床休息和空间微重力环境可以引起体重和体成分的改变。空间飞行后宇航员的体重可减轻。1~3 天的空间飞行所致的体重减轻很大程度上是由体液丧失所致。12 天以上空间飞行的体重减轻，体液丧失起了一半的作用，另一半是由脂肪和蛋白质的丧失引起。脂肪的丧失可能是由能量摄入不足造成的。

人长期处于微重力环境将出现一些健康问题。正如前面所述的肌肉、骨骼和心血管功能的改变，可能影响宇航员的健康。肌肉和心血管的改变似乎是短期的，他们的功能可以在几天或几个星期内恢复到空间飞行前。空间飞行造成的骨质丢失是否可以完全恢复尚不清楚。

二、微重力环境中的运动

宇航员能较好地适应微重力环境，在微重力环境中可维持正常或接近正常的功能。但是，这种适应在返回地面后可带来一些问题。主要是肌肉、骨骼和血压调节。其中，肌肉力量下降、体位性低血压是两个最受关心的问题。一旦发生飞行意外或着火事件时，肌肉力量下降和体位性低血压将影响他们逃离航天器。

空间运动训练是可被选择的应对措施之一。资料显示，增加运动时间，提供多种运动器材，可以有效减轻肌肉力量下降，甚至增加最大摄氧量。另外，空间最大强度的运动可能对宇航员准备返回地面是重要的。研究提示，即使是一次最大运动，也能引起血浆容量的暂时增加，提高血管压力感受器的敏感性，以及最大摄氧量的维持。大负荷的抗阻力训练也能维持承重骨的钙含量。

运动可能是宇航员准备返航适应地面环境的最有效措施之一。关于采用何种运动项目和多少运动量才能维持正常肌肉力量和耐力，至今尚无统一意见。虽然俄罗斯宇航员空间训练计划是每天进行 2 小时耐力和力量训练，但是有证据表明，少于 2 小时的活动也可预防力量下降和维持有氧耐力。

第六节　水下环境与运动

采用水中呼吸器或通气管进行休闲潜水，是对人类生理极限的巨大挑战。除了水的温度作用外，机体还得承受高压环境，这种环境增加了副鼻窦、呼吸道、胃肠道和溶解在体液中的气体的压力。

一、水深与气压

体积与压力成反比，即压力增加，体积缩小。如表 16-3 所示，吸入相同量的空气，在水下 10 米时的体积将比海平面时的体积小一半。如果继续下潜，在水下 30 米处，其体积将是海平面时体积的 25%。

表 16-3　水下深度与肺中气体体积的关系

水下深度（米）	压力（大气压）	肺中等量气体体积（L）	肺中体积相对比值
0（海平面）	1	6	1
10	2	3	1/2
20	3	2	1/3
30	4	1.5	1/4
40	5	1.2	1/5
90	10	0.6	1/10

相反，在水下 10 米处吸入的空气，在返回海平面时其体积增加 1 倍。试想如果采用水下呼吸器（scuba）潜水，在水下 10 米处做一次深吸气，然后屏气回到海平面，这时危险性有多大！在上升过程中，肺中的气体将膨胀，肺过度扩张，肺泡破裂，肺出血，肺崩溃。如果情况进一步恶化，气泡进入循环系统，栓塞大血管，将引起广泛性组织损害，甚至死亡。

体内的气体可被压缩，而水和体液则不可压缩，它受水深或高压的影响不明显。水下压力升高，溶解在体液中的气体的压力亦相应升高。在水下 10 米处吸入气中的各种气体的分压是海平面的 2 倍，在水下 30 米处吸入气中的各种气体的分压是海平面的 4 倍，这就使得更多的气体分子溶入体液中。如果潜水时上升过快，气体的分压将超过水的压力，造成溶解于组织中的气体逸出，形成气泡。

二、潜水的心血管反应

潜水降低了心血管系统的负荷。在水中，当水面达颈部时，人的身体，尤其是下肢受水的压力的影响，使静脉回流变得容易。另外，血浆量增加，血红蛋白和红细胞压积降低。部分身体浸入水中可引起安静心率下降 5~8 次 / 分。当头部浸入水中，心率可进一步下降。

一些潜水动物，如海狸、海豹、鲸，潜水时心率可下降 90%，人在潜水时心率下降约 40%。例如，潜水前心率为 60 次 / 分，潜入水中后心率可降至 45 次 / 分。水温下降可进一步引起安静和运动时的心率下降。从临床的观点看，在水温很低时，心脏传导失常的发生率增加。即冷水中潜水增加心动过缓和心律失常的发生率。实验发现，在相同的运动强度下运动时，水下心率比陆上低 10~12 次 / 分。

憋气潜水是一种最古老的潜水方法，目前仍然在休闲和工作中使用。憋气时间的长短取决于引发呼吸的刺激增强至机体无法抵抗的那个关键点。动脉血二氧化碳分压升高是引起呼吸的最大刺激物。潜水前加深或加快呼吸可增加二氧化碳的排出，延长憋气时间。值得注意的是，过度通气虽然可增加憋气时间，但并不能增加血液中的氧气，不能增加氧储备。有些人潜水时在二氧化碳积累迫使他们回到水面呼吸之前，动脉血氧已经下降到非常低的水平，甚至出现意识障碍。

游泳通常不涉及体腔（肺、呼吸道、鼻窦、中耳等）内气体的压力变化，但憋气潜水时即使下潜仅 1~2 米，就可压迫这些体腔，引起耳、鼻窦感觉不舒服。

当潜水者憋气下潜，因周围水的压力升高，压迫胸壁，肺中空气的体积减小。最终，肺容积减小到余气量，但不会更小。余气量是最大呼气之末留在肺中的气体量。如果潜水者下潜至更深处，此时血压高于肺和呼吸道内的气压，可能引起肺和呼吸道的血管爆裂。因此，对憋气潜水来说，深度的限制是由潜水者的肺总容量（total lung volume，TLV）与余气量（residual volume，RV）的比值所决定的，这一比值称为肺总容量 / 余气量比（TLV / RV）。平均来说，成人的肺总容量 / 余气量为 4:1 至 5:1。在水下 20~30 米处，水的压力通常足以将胸腔和肺压迫至余气量的位置。由此可见，肺总容量大和余气量小的人能潜得更深。日本珍珠姑娘（采集珍珠的女潜水员）就是每天在接近由肺总容量 / 余气量决定的这一深度工作的。

水下压力增大时，除了体腔内的气体被压缩外，防水镜和面罩中的空气也被压缩。当这些空气被过度压缩时，面部和眼睛的血管将爆裂。因此，这些气体的压缩也能限制潜水的深度。珍珠姑娘常常潜到至少 5 米的深度，为了减小防水镜和面罩内空气压缩造成的影响，她们在戴上防水镜时，让里面仅含极少量的空气，或与鼻和口腔的气体压力相平衡。

水中呼吸器是一种最流行的潜水装置，通过调节吸入气的压力使吸入气压与周围水压力相等，从而便于潜水者水下呼吸。

三、潜水减压病

机体因所处环境气压的降低（即减压）速度过快和幅度过大以致减压前已溶于体内的气体超过了过饱和极限，从溶解状态逸出，形成气泡而引起的症状和体征，称为减压病。

减压病的症状包括皮肤瘙痒、灼热感、蚁走感、四肢关节肌肉疼痛、截瘫、感觉减退、过敏、皮肤和黏膜发绀、脉搏细速、心前区压窄感、四肢发凉、胸部压迫感、胸骨后疼痛、恶心、呕吐及上腹部急性绞痛及腹泻等。症状的严重程度取决于体内气泡的体积大小、数量多少、所在部位的主次、存在时间的长短等。由于气泡可形成于机体的任何部位，形成于脉管内的气泡又可移动，故症状是多种多样而且复杂多变的。轻者仅出现皮肤瘙痒、皮疹、皮纹、关节肌肉酸痛、胀疼等；重者可出现神经、呼吸、循环等器官、系统的症状和体征。

为了预防减压病，潜水者必须事先选择减压方案。根据不同深度制订减压时间表，在上升过程中严格按时间表逐步减压。例如，潜至 15 米深度停留 1 小时，不需要特殊减压。如果潜至 30 米停留 1 小时，那么上升时必须有减压过程。

【小结】

1. 随着海拔高度上升，大气氧分压逐渐下降，最终将导致血红蛋白氧含量下降。运动能力明显下降。高原的急性反应包括肺通气过度、心率加快及心输出量增加。长期适应包括体液酸碱平衡的重新建立、血红蛋白和红细胞增多等。高原适应的速度与高原的高度有关。

2. 运动时身体深部温度升高。过量排汗会导致脱水，血浆量下降，热量散发障碍，心血管机能下降，从而运动能力下降。运动时补液的目的是维持血浆量，维持体液平衡。反复热应激可以增强体温调节能力，提高运动能力。热病主要包括热痉挛、热衰竭和中暑。

3. 冷应激时机体通过寒颤和外周血管收缩来调节机体的产热和散热平衡。体温过低会使运动员的运动能力降低。冷服习的特征是寒颤产热作用及外周血管收缩反应减弱。

4. 由于水环境的物理特性影响，在水中运动的能量消耗较陆上项目多。游泳运动员肺活量大，极限强度游泳时最大心率低。在温度较低的水中游泳时，人将经历所谓的“发白阶段”“发红阶段”“发抖阶段”和“发紫阶段”的生理反应。

5. 在空间微重力环境中，宇航员肌肉萎缩，肌肉力量下降；承重骨的骨矿物质丢失；回心血量增加，心输出量增加，血容量减少等。空间微重力环境中进行运动训练可以有效减轻肌肉力量下降；大负荷的抗阻力训练也能维持承重骨的钙含量。

6. 水下环境的高压、寒冷等因素对潜水员的各系统机能活动产生很大的影响，潜水时心率减慢。憋气潜水的极限深度取决于潜水者肺总容量与残气量的比值。选择正确的减压方案可预防因所处环境气压的降低速度过快和幅度过大而发生的减压病。

【思考题】

1. 高原应激对人体生理功能及运动能力有哪些影响？
2. 热应激、热服习时会出现哪些反应？
3. 冷应激时机体是通过哪些机制防止体温下降的？冷服习时，这些调节反应又会发生哪些变化？
4. 在冷水环境中，体温调节功能会发生哪些变化？
5. 试述微重力环境对机体运动系统的影响。
6. 什么是减压病？如何预防潜水减压病？

第十七章

运动机能的生理学评定

【提要】

本章主要概述运动员身体机能评定的概念和意义，重点介绍运动员身体各系统机能评定指标及方法，在此基础上阐述运动员身体机能的综合评定以及评定工作的组织和实施。

第一节　概　述

运动时人体内的一系列生理变化是机体对所承受运动负荷的客观反映，反映机体对运动训练的应激能力。训练负荷太小，运动能力提高不明显；训练负荷过大，不仅不能提高运动能力，反而损害身体健康。因此，在运动训练中，合理运用基础理论、实验技术和测定方法评定运动员机能状态，对运动员选材、医务监督、控制训练负荷、判断运动性疲劳、防止过度疲劳和运动损伤的发生，以及有效地挖掘人体的运动潜力、提高竞技能力，均有十分重要的意义，并已经成为科学训练的重要内容。

一、运动员身体机能评定的概念

在运动训练实践过程中，采用运动人体科学理论、实验技术和方法，对运动员身体机能进行测量以评价运动员身体机能状态，分析其变化趋势，并及时向教练员反馈，这一过程称为运动员身体机能评定（functional assessment of athletes）。包括采用运动生理学、运动生物化学甚至运动心理学等的理论和方法进行运动员身体机能评定，其中利用运动生理学的理论和方法进行的运动员身体机能评定，为运动员运动机能的生理学评定。

二、运动员身体机能评定的功能

（一）运动员选材的科学依据

运动员的身体机能在很大程度上由遗传决定。表 17–1 为一些生理学指标的遗传度及其在运动员选材中的意义。机能评定工作应根据运动项目的特点，选择相应的指标进行运动员选材。教练员以此为依据，通过系统训练充分挖掘运动员的遗传潜力。

表 17–1　生理学指标在运动员选材中的应用

指标	遗传度	生理学作用	选材意义
血清睾酮	男 0.78 女 0.91	具有促合成代谢的作用，与力量素质有关	力量型运动员的选材指标
肌酸激酶	0.67~0.87	反映肌肉质量与发达程度，与速度、爆发力关系密切	与力量、速度素质关系密切
血乳酸最大浓度	0.60~0.81	反映糖酵解供能能力，与速度耐力有关	速度耐力型运动员的选材指标
血红蛋白	0.81~0.99	负责氧转运，维持红细胞内 pH 稳定，参与血液缓冲系统	关系到运动能力和技术水平的正常发挥
最大摄氧量	0.69~0.93	代表机体整体利用氧的最大能力	耐力运动员选材指标

（引自：冯连世，2002）

（二）客观评定运动员身体机能状态

在运动训练中，运动员的身体机能会发生相应的变化。通过安静时、运动时和运动恢复期，各脏器、系统及血液、尿液、汗液、唾液中某些化学成分的测定和比较，可对运动员身体机能状态进行客观评定。

（三）预测运动成绩

运动员的身体机能是竞技能力的基础，通过评定运动员身体机能状态，可以准确掌握运动员的竞技能力。运动成绩是运动员竞技能力的体现，除了与技术动作、战术要求等有关外，更与运动员身体机能水平关系密切。因此，运用某些生理指标预测运动成绩，已逐渐被应用于体育科学研究和训练中。

（四）监控运动员合理膳食和营养

合理营养能供给运动员运动训练所需的热能，提供能源物质的储备，加速代谢产物的清除，维持细胞内环境，有助于提高运动员的机能水平，增强抗疲劳能力，加速运动后的体力恢复。运动员的膳食和营养补充是否合理，可以通过一系列生理指标来评定。

第二节　运动员身体各系统机能评定指标及方法

一、运动系统测试指标

（一）肌力

肌力评定主要包括最大肌力、爆发力和肌肉耐力等，有等长力量、等张力量和等动力量三种形式。

等长力量又叫静止力量，常采用测力计完成，在测试过程中肌肉或肌群做等长收缩，无关节活动。此方式主要了解在某一固定关节角度时肌肉或肌群所能克服的最大阻力负荷（最大肌力）或克服最大阻力的70%的最长时间（肌肉耐力）。

等张力量又叫动态力量，常用测力计、杠铃、哑铃及力量练习器械来测定。其最大肌力的测定是以受试者能克服一次最大阻力值来表示（1RM），在克服所给予阻力后，休息2~3分钟后再克服新的阻力值，通常每次增重不超过2~4千克，直到最高阻力值。其等张耐力的测定通常以能持续克服最大等张力量70%负荷的次数作为评定指标，通常一般人可连续完成12~15次，而运动员则可完成20~25次。

等动力量的测试需要利用专门的等动测力计完成。与等长力量和等张力量的区别在于，等长力量只能测出某一关节角度的最大肌力，等张力量只能测出肌肉收缩过程中关节处于最不利收缩角度时的最大肌力，在其他收缩角度时所测出的肌力都小于最大肌力。而等动力量的测试过程中，由于运动阻力是随关节活动而不断变化并自动调节的，因而只要肌肉进行最大收缩，就可准确测出肌肉或肌群在整个运动范围的最大肌力。因此，利用等动练习器进行训练，可发展肌肉各收缩角度的最大肌力。

（二）肌电图

肌电图（EMG）是通过肌电仪将肌纤维兴奋时所产生的动作电位进行放大记录所得到的图形。通过计算机可对其进行振幅、频域和时域分析，从而对肌肉兴奋程度、机能状态进行评定，其详细内容可见第一章。

（三）关节的伸展度

通过测定受试者的相关关节的活动幅度，可以评价运动员的柔韧性。

二、心血管系统测试指标

心脏作为人体的动力器官，在维持正常的血液循环，确保各组织、器官的血液与营养物质的供应上发挥重要作用。而心脏的生理功能的实现主要在于其能自动地、有节律地发生兴奋和舒缩活动，这就构成了心脏泵血功能的基本条件。而心脏泵血功能的强弱主要由心肌收缩性能、心脏前后负荷及心率决定。对运动员而言，良好的心脏泵血功能尤为重要。因此，运动员心血管系统的结构与功能的诊断与监护作为运动医学监督的中心环节，在运动员身体机能评定与训练监控中发挥重要作用。目前，对心血管系统机能进行评定的常用生理指标有心率、血压和心电图等。

（一）心率监测及在运动实践中的应用

心率是心脏周期性机械活动的频率，及心脏每分钟搏动的次数，以次/分表示。心率可以用脉搏表示。常用的心率有基础心率、安静时心率、运动时心率和运动后心率。

1. 基础心率

是清晨起床前空腹卧位心率，基础心率一般较为稳定。基础心率随着训练年限的延长和训练水平的提高而减慢，基础心率突然加快往往提示有过度疲劳或疾病的存在。

2. 安静时心率

安静时心率变化有明显的个体差异。一般新生儿的心率较快，可达 130 次 / 分。正常健康成人的心率为 60 ~ 100 次 / 分，而运动员的安静心率一般较低，出现窦性心动徐

缓，可以低于 60 次 / 分。耐力项目运动员的安静时心率低于其他项目运动员，最低可达 36 次 / 分左右。评定运动员安静心率时，应采用自身前后比较，多用于运动时的对照。

3. 运动时心率

分为极限负荷心率（心率达 180 次 / 分以上）、次极限负荷心率（170 次 / 分左右）和一般负荷心率（140 次 / 分左右）。运动时心率增加到最大限度时叫最大心率，最大心率随年龄增长而逐渐减少，一般用 220 减年龄估算最大心率。最大心率与安静时心率之差称为心搏频率储备，表示人体运动时心率可能增加的潜在能力。一般情况下，运动时心率的快慢与运动强度有关。强度越大，则心率越快。

4. 运动后心率

在运动结束后测量心率，运动后心率下降速度的快慢，反映运动员身体机能的恢复情况。

（二）血压监测及在运动实践中的应用

人体或动物的动脉血压都有一定的相对稳定性，其相对稳定性具有一定的生理意义。如果血压过低，供血量减少，不能满足身体组织的代谢需要，各组织可能因缺血、缺氧而引起各种疾病。如果血压过高，心室射血时所遇到的阻力过大，使心肌的负荷加重。安静状态时，我国健康成人收缩压为 90 ~ 140mmHg，舒张压为 60 ~ 90mmHg。运动员的血压水平一般和健康青年血压值相当。晨起卧床血压较稳定，若安静血压比平时上升 20%左右且持续两天，可视为机能下降或过度疲劳的表现。训练中血压的变化与运动强度有关，大强度训练后收缩压上升和舒张压下降明显，且恢复较快，表明身体机能良好。训练后收缩压明显上升、舒张压亦上升，或血压反应与强度刺激不一致、恢复时间延长等，说明机能状况不佳。

（三）心电图监测及在运动实践中的应用

用引导电极置于肢体或躯体的一定部位记录出来的心脏电变化曲线称为心电图。综合国内外对运动员心电图的研究，主要可分为以下几种变化：

（1）电压增高。表现为 QRS 高电压，在运动员中较为常见，可以诊断为左室高电压。但要诊断左心室肥厚，除电压增高外，还应参考心电轴左偏、QRS 时间延长、ST-T 改变等心电图综合变化。

（2）激动起源异常。运动员中常见窦性心动过速或过缓。正常窦性心率在 60 ~ 100 次 / 分之间，但当窦房结发出的激动超过 100 次 / 分时，称为窦性心动过速。如运动、兴奋、身体受外界刺激等因素引起。当窦房结发出的激动在 60 次 / 分以下时，称为窦性心动过缓。普通人在闭气、呕吐、脑内疾病（如肿瘤）、刺激迷走神经或服用某些药物，均可引起心动过缓。长期体育运动使心脏功能得到改善，迷走神经功能增强，心率减慢。运动员中窦性心率不齐占30%～78%。

(3) 激动传导异常。运动员会出现不完全性或完全性右束支传导阻滞，另有Ⅰ度或Ⅱ度房室传导阻滞。运动员中常可见到非特异性T波，出现平坦、双向或倒置的T波，可能与过度紧张或过度训练有关。

三、呼吸系统测试指标

呼吸机能是保证机体在新陈代谢过程中实现气体交换的重要条件，呼吸机能的好坏严重影响人体的能量代谢系统，并影响人体的运动能力。呼吸系统测试指标主要肺活量、连续肺活量、时间肺活量和最大通气量。

（一）肺活量的测试

肺活量反映了一次通气的最大能力，也是测定肺通气功能简单易行的指标，运用较普遍，常用于评定运动员的训练水平和开展国民体质监测。正常成人肺活量的平均值，男性约为3500毫升，女性约为2500毫升，通过训练，呼吸肌的力量提高，吸气、呼气能力加强，肺活量将会增大，高水平的运动员肺活量可以达到7000毫升左右。肺活量主要反映呼吸肌肉力量的大小和胸廓的活动范围，有较大的个体差异，随着人体疲劳或者衰老加剧，肺活量会减小。

（二）连续肺活量的测试

连续测试5次肺活量，根据5次肺活量数值的变化趋势，判断呼吸肌的机能能力。若肺活量后一次比前一次数值大，则表示呼吸肌的机能能力强，可看作是身体机能状况的良好表现；如果肺活量测试数值逐渐下降，则认为呼吸肌处于疲劳状态，表示身体机能状况恢复不好。所以，用测定5次肺活量的结果，可以简单快速地判断呼吸肌的疲劳及身体的机能状况。

（三）时间肺活量的测试

在最大吸气之后，以最快速度进行最大呼气，记录在一定时间内所能呼出的气量，称时间肺活量。正常成人最大呼气时，第1秒、第2秒和第3秒所呼出的气量分别占总呼出气量的83%、96%和99%，其中第1秒呼出的气量占的百分比最有意义。时间肺活量是一个评价肺通气功能较好的动态指标，它不仅反映肺活量的大小，而且还能反映肺的弹性是否降低、气道是否狭窄、呼吸阻力是否增加等情况。

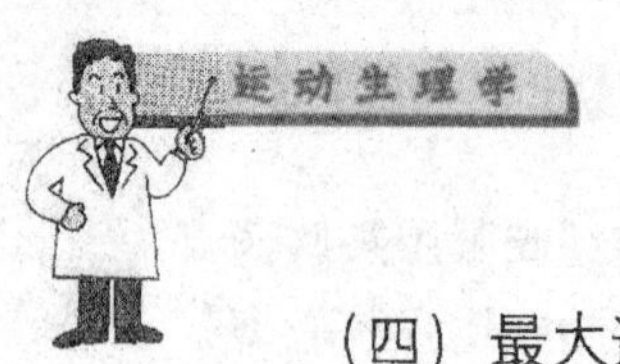

（四）最大通气量的测试

以适宜的呼吸频率和呼吸深度进行呼吸时所测得的每分通气量，称最大通气量。一般只做 15 秒钟通气量的测定，并将所测得的值乘以 4，即为每分最大通气量。它是衡量通气功能的重要指标，可用来评价受试者的通气储备能力。

四、能量代谢系统测试指标

运动能力是运动员竞技能力的重要组成部分，它是身体各种机能活动的综合体现。物质代谢和能量代谢是人体各种器官机能活动的基础。应用物质代谢和能量代谢的规律来掌握运动员的机能水平，指导训练，把握恢复规律，可以有效促进运动能力提高，是训练科学化的标志之一。有氧、无氧代谢是能量代谢的基本过程，可细分为三大供能系统，即磷酸原供能系统、糖酵解供能系统和有氧代谢供能系统。不同专项运动时的能量代谢类型和供能比例都不相同，因此对三个供能系统的准确评定，将为运动员选材和训练效果的客观评估提供重要的参考依据。

（一）有氧代谢能力的评定

1. 最大摄氧量（$\dot{V}O_2max$）的测定

最大摄氧量是在心肺功能和全身各器官、系统充分动员的条件下，在单位时间内机体吸收和利用的氧容量，它的意义在于反映人体最大有氧代谢能力，反映心肺功能氧的转运能力（包括心输出量、血红蛋白、毛细血管密度）和肌肉对氧的吸收、利用能力（包括线粒体多少、酶活性等）。测试方法包括最大摄氧量直接测定法、间接测定法和最大摄氧量平台的测定等。最大摄氧量可以作为评定运动能力变化的指标，因为运动员在不同训练阶段和训练状态时最大摄氧量有所不同，尤其对耐力运动项目更为明显；可以作为选材的生理指标；可以反映运动员在不同训练状态时心肺功能的变化，当运动员由于过度训练等原因引起心肺功能下降时，在运动负荷量未达到极量时，摄氧量已达到“极限”，此时摄氧量的增加主要依靠肺通气量的增加，能量消耗大，氧利用率低，完成负荷时，呼吸频率快而表浅。

2. PWC_{170} 实验

PWC_{170}（Physical Work Capacity at a pulse of 170 beats / min）是运动员机能评定中一种常用的次极限负荷实验。它测定机体在定量负荷运动时，当身体机能动员起来并处于相对稳定状态、心率为 170 次 / 分时，单位时间内所做功的数量。它反映了机体工作能力，尤其是耐力水平。在进行 PWC_{170} 测验时，要求受试者在逐渐增大的运动负荷中，进行稳定状态的练习直至到所要求的心率。在达到所要求的心率时，每分钟做功的数量（即功率）就是这一指定心率时的身体工作能力。

3. 乳酸阈的测定

乳酸阈（Lactic acid，LT）是指人体在递增工作强度时，由有氧代谢供能开始转换成无氧代谢供能的临界点（拐点）。当拐点出现时，血乳酸含量达到 4mmol / L，将此血乳酸浓度定义为乳酸阈。乳酸阈所对应的运动强度为乳酸阈强度。

在乳酸阈强度，心率、肺通气等与代谢有关的指标也会出现拐点现象。因此，在实践中除了可接测定血乳酸来评定乳酸阈外，也可通过测定通气量、心率等指标评定乳酸阈。不同方法测试的乳酸阈可能有一定的差异。

乳酸阈对耐力的评定、训练强度控制方面都有重要的实用价值。最大摄氧量虽然是评定耐力的可靠指标，但随着运动员耐力不断提高，运动成绩不断刷新，运动员的最大摄氧量的提高幅度很小。运动员耐力提高不但取决于心血管系统的改善，还和骨骼肌氧化代谢能力的提高有关，即在长时间持续运动中，血乳酸没有明显堆积之前能够达到较高的摄氧能力，说明运动员的有氧代谢水平较高。

目前乳酸阈可以用于评定运动员运动能力和评价训练效果，当乳酸阈负荷增大时，运动员运动能力强，反之则差。也可根据运动员的乳酸阈安排运动训练强度。

（二）磷酸原代谢能力的评定

测定磷酸原代谢能力，一般是通过 10~15 秒的最大能力持续运动实验来完成。基本评价标准是：无氧输出功率越高，血乳酸上升越少，磷酸原能力越强。包括磷酸原能商法、Margeria 台阶实验、Quebec10 秒无氧功实验和 10 秒最大负荷测试法等。主要反映速度爆发力项目的运动机能能力。

（三）糖酵解代谢能力测定

测定糖酵解代谢能力，一般是通过 30~90 秒的最大能力持续运动实验来完成。基本评价标准是做功的量越大，运动前后血乳酸的增值越大，是糖酵解代谢供能能力强的标志。包括 Wingate 无氧功率试验、Quebec90 秒实验、60 秒最大负荷测试和无氧功跑台测试等。主要反映速度耐力项目的运动机能能力。

五、神经系统及感觉机能测试指标

神经系统是人体功能的主要调节系统。在神经系统直接或间接的调节和控制下，人体各器官、系统的功能才能得以相互配合，相互制约，以维持人体整体水平的协调统一，并适应身体内外环境的变化，保证生命活动的正常进行。感觉是感受器和感受器官接受外界的刺激后通过神经冲动传到大脑皮质，并经过大脑皮质精确分析和综合后形成的。在体育运动实践中，各种运动技能的形成，以及每个动作的完成，都依赖于对内外环境变化的感受和各种感受器的相互作用。

研究表明，过度的运动训练会造成中枢神经系统抑制，出现运动疲劳，直接表现在大脑皮质持续有节律的变化（自发脑电活动）出现异常，通过大脑皮质完成的一些感觉机能下降等，因此，在运动训练实践中，常用脑电图和一些感觉机能指标从整体的角度来评定运动员中枢神经系统的疲劳与恢复情况。

（一）两点辨别阈

两点辨别阈是指辨别皮肤两点间最小距离的能力。机体疲劳时，两点辨别阈增大，若运动后，两点辨别阈较安静时大 1.5 ~ 2 倍，表明出现轻度疲劳；若大 2 倍以上，可视为深度疲劳。

（二）闪光融合频率

运动时闪光融合频率一般是随着运动开始，在一段时间里逐渐增大，随后就开始下降。运动量愈大，下降就愈快，并且下降的幅度也愈大。所以，根据闪光融合频率的变化，基本上可以推测中枢神经系统的功能状态，进而闪光融合频率实验可以作为测试由于运动训练引起的中枢神经系统急性和慢性疲劳状态的一项常用指标。

（三）主观体力感觉等级

主观体力感觉等级（RPE）是目前判断运动性疲劳的重要指标。广泛应用于运动心理学和运动生理学研究中。其表现形式是心理的，但反映的却是生理机能的变化。主观体力感觉等级值涉及了从最轻强度到最剧烈强度运动的全部疲劳感觉范围。

（四）脑电图检测

脑电图的变化反映了中枢神经系统机能状态。疲劳时由于神经细胞抑制过程加强，脑电图慢波成分增加。因此，脑电图可作为判断运动性疲劳的一项参考指标。

六、身体形态学指标的测定

（一）体重测试

体重是反映人体骨骼、肌肉的发育程度以及肥胖程度的指标，也是反映人体体形的一项指标。通过人体体重的变化可以反映人体的营养和肌肉发达的情况，对衡量人体的生长发育和健康状况具有重要的意义。

在应用体重进行运动员机能评定时，一般每周测试体重 1～2 次，也可在一次训练课前后或某一训练周期前后测试体重，了解训练对机体的影响以及机体对训练负荷的适应情况；在比赛前后测试体重并结合其他生理指标的变化，可以了解机体赛后的恢复情况。测试体重时应注意：每次测试体重要尽量做到条件相同，用同一个体重计，在同一时间测试，被试者着相同的服装。最好每次都在早晨空腹、大小便后测试，如不能在清晨，也应在饭后 2～3 小时，并且每次测试时间均须与第一次测试的时间相同，而且每次测试前体重计应进行校正等。

体重在一定程度上能够反映人体骨骼、肌肉、皮下脂肪及内脏器官增长的综合状况和身体发育的充实度。一般来讲，体重与横断面积的发育成正比，与肌肉量成正比。影响体重的因素主要有：遗传因素、生活环境和营养状况、体育锻炼等。如果运动员体重呈进行性下降，则有可能是出现了过度训练或者是患有某种疾病。一般地说，参加全年训练的运动员体重是相对稳定的或只有轻微的波动。在一次训练课中，由于出汗及体内能量物质的消耗，体重也可能减轻 0.5～1.5 公斤，但一般次日清晨就能恢复。

（二）身体成分测试

人体重量由脂肪重量和去脂体重组成，对人体脂肪重量及体脂百分比的测试可以反映人体的营养状况，身体成分测试对人体的生长发育和健康状况具有重要的意义。目前，由于实验技术的飞速发展，体成分测定的研究手段较为丰富，目前常用的有水下称重法、皮褶厚度测量法、生物电阻抗法、体重指数法、超声测定法、核磁共振测定法、双光子 X 射线扫描法、血氧稀释法及呼吸商测定法等。

1. 水下称重法

水下称重法是通过对身体密度和比重进行测量，从而推算身体的脂肪体重和去脂体重，而且结果比较合理、精确，并且已经成为比较和评定各种其他方法的标准。这种测量是基于对尸体的瘦体重和脂肪组织的比率进行测量，通过分析其相对关系而得出的。人体是由各种组织构成的，各组织所占百分比不同，人体的密度就不同，因此通过密度既可间接测得人体的脂肪含量，当人体全部或部分沉浸于液体（水）中，它的浮力就等于这些肢体所排开液体（水）的重量。只要测得浮力的大小就可算出人体的体积，并通过体重得出人体密度，最后由密度推算出体脂百分含量。

2. 皮褶厚度测量法

皮褶厚度测量法是用皮褶卡钳通过测量人体不同部位的皮褶厚度，如胸部、上臂部、腹部、髂部和大腿部等，取得三点的皮褶厚度后，可以查表得出体脂百分比对应的身体脂肪含量。

3. 生物电阻抗法

生物电阻抗法，就是测量电流通过身体的脂肪和非脂肪组织时的差别来计算身体成分。非脂肪组织比脂肪组织有更高的电荷容量，因此更易于导电。通过测得腕部和踝部电流计算电阻而推算身体脂肪含量。

4. 体重指数法

体重指数法，是通过测量体重和身高来计算身体成分，体重质量指数（BMI）=体重/身高^2（千克/米^2），一般 BMI>25 即为超重或肥胖。此方法虽然简单易行，但有一定局限性，不适于因肌肉和骨骼增长导致体重增加的人群。

另外还有超声测定法、核磁共振测定法、双光子 X 射线扫描法、血氧稀释法及呼吸商测定法等可以测试身体成分，这些测试方法虽然精确，但大多测试仪器昂贵，测试过程比较繁琐，一般用于比较精确的实验研究中。

（三）其他形态指标测试

身高、坐高、胸围、腰围、臀围和各部位肌肉围度等其他形态指标的测量，可以反映身体形态和生长发育状况，对运动员和普通大众身体机能评定具有重要意义。

七、其他机能评定指标

在机能评定中还常通过专门仪器测试运动医学和运动生物化学方面的指标，如血乳酸、尿蛋白、血红蛋白、血尿素、睾酮等相关激素水平及与代谢有关的酶类活性。此外，尚有心理方面的指标，如注意分配实验等，与生理学指标共同对被试者做出较全面的机能评定。

第三节　运动员身体机能的综合评定

一、运动训练对身体机能的影响

长期系统的运动训练对人体各器官、系统的形态、结构和机能水平都会产生影响，从而形成独特的运动员形态和机能特征。如果用临床医学的诊断标准来评价运动所引起的身体形态和机能变化，会得出许多不利于运动员的诊断结论，如将由于运动所引起的心脏结构和机能变化称之为运动员心脏综合症。而运动员形态和机能的变化是机体对运动负荷的主动适应的结果，是身体机能水平提高的表现，并提出运动员心脏、运动员血液、肌肉功能性肥大、运动性心动徐缓等针对运动员生物学特征的专业术语。由于长期系统运动所形成的运动员生物学特征可表现在安静状态、运动过程中和运动后的恢复期，并因其运动项目特点而表现出不同的特征。

（一）安静状态下运动员的生物学特征

1. 骨骼特征

骨由骨矿物质和骨基质两大部分组成。通过测定血和尿中的钙、磷等矿物质含量，可间接了解骨代谢状况。运动训练对骨骼的影响主要表现在骨密度(BMD）的变化。运动训练中的骨密度变化正为人们所重视。不同的运动项目由于对骨的刺激作用不同，骨密度亦表现不同的变化特点。力量性运动项目，如举重运动员的骨密度最高，其身体各部位的骨密度绝对值都高于其他项目运动员和普通人；而耐力性运动项目的骨密度最低，有研究表明甚至低于正常人。究其原因，可能为过量运动使女子运动员血中雌激素水平和男运动员血中雄激素水平降低，使骨代谢过程中骨的吸收大于骨的形成，从而使骨密度降低。此外，运动员不同身体部位的骨密度亦有所不同，网球运动员持拍手的骨密度高于非持拍手，足球运动员股骨近端骨密度远高于身体其他部位。研究提示，运动可能对受刺激部位的骨骼产生局部影响。

2. 骨骼肌特征

运动对骨骼肌的影响主要表现在肌肉的功能性肥大和肌力增加。肌肉功能性肥大的主要机制在于，运动导致肌肉组织的卫星细胞、生长因子和RNA等细胞和物质的增加。卫星细胞分布在骨骼肌细胞的肌膜与基膜之间，主要作用是促进肌肉中新细胞核生成，从而修复损伤肌肉或促进肌肉肥大。生长因子的作用主要是刺激卫星细胞分裂与激活。RNA的主要作用是加强肌肉收缩蛋白的合成，促进肌肉肥大。实际上，运动对肌肉的影响是通过肌肉的物质消耗、结构损伤、修复和再生等过程，使肌肉在结构和收缩力量等方面出现适应，从而肌肉出现功能性肥大和肌肉力量增加。

3. 血液循环特征

运动员的血液指标与一般人相比并无明显差异，仅在某些项目如耐力性项目运动员出现红细胞和血红蛋白值有所增加，个别酶活性高于常人的现象，而在心血管形态和机能方面则表现出明显的不同于常人的特点。运动员的心脏表现为功能性肥大，主要是心肌肥厚和心腔扩大。研究表明，力量性运动主要导致心肌的肥厚，心腔扩大较小，甚至有研究提出力量训练导致心脏出现向心性肥大；而耐力性运动主要表现为心腔的扩大，心肌也出现一定程度的肥厚，但肥厚程度远小于力量项目；速度类项目运动员的心脏没有力量和耐力项目运动员变化大。运动性心脏肥大与临床上的冠心病、肺心病、风湿性心脏病等病理性心脏肥大有本质的不同，主要区别在于运动性心脏肥大同时，心肌收缩性和心脏泵血功能得以提高，每搏输出量明显高于普通人，心力贮备也大大提高，停止运动负荷刺激后其结构和机能具有可恢复性。

在心肌收缩性和心脏泵血功能方面，安静时运动员心脏出现明显的心动徐缓现象，一般都低于正常值下限，但同时，其每搏输出量则明显高于普通人。安静时运动员的每分钟心输出量与一般人无明显差异，但普通人是以较高的心率和较低的每搏量来保证机体供血，而运动员则是以较低的心率和较高的每搏量来保证供血，一方面降低了能量消耗，同时为提高心力贮备提供了可能。

4. 呼吸机能特征

安静状态运动员的肺活量明显高于普通人，呼吸频率减少，呼吸深度增加，但肺通气量一般并无差异。一般人安静时的呼吸频率为 12 ~ 18 次 / 分，呼吸深度约 500 毫升，而运动员可降至 8 ~ 12 次 / 分甚至更少，呼吸深度可达 1000 ~ 1500 毫升。因此，虽然同样的肺通气量，由于运动员的肺泡通气量更大，其通气效率更高。

从以上介绍可见，运动员在安静状态下机能系统表现出自身特征，在总体上体现出经济实用的能量节省化现象。

（二）运动时和恢复期运动员的生物学特征

运动员在开始运动时的机能动员较无训练者快，表现在各系统的机能进入工作状态阶段短，极点症状反应较小，能较快地进入稳定状态；参与运动的肌群协调性和节奏感好。呼吸运动的节律和呼吸深度能很快适应运动形式。

在完成定量运动负荷时，运动员更表现出与普通人较大的机能差异。首先，完成同样的负荷，运动员肌肉活动的程度较小，主动肌、协同肌和对抗肌能较好地协同工作，因而，肌电放电节律清晰，肌电振幅和积分值较小。而普通人由于动作协调性和熟练性较差，在完成运动时主动肌、协同肌和对抗肌的紧张性增加，表现出肌电节律紊乱，振幅和积分值较大。主动肌在运动时需要消耗更多的能量，做更大程度的收缩，才能克服主动肌、协同肌和对抗肌不协调所造成的干扰，保证动作的完成。另外，运动员在完成定量负荷时的心肺功能变化亦较小，表现在心率提高幅度和呼吸频率增加较小，但每搏输出量和呼吸深度则增加较多。这表明运动员较一般人有较高的通气和泵血效率。

在完成最大运动负荷时，机体需全力以赴去克服运动阻力，此时运动员表现出远高于普通人的机能水平。一方面肌肉的最大做功量和做功效率明显高于普通人，能克服更大的运动阻力。另一方面，作为衡量机能水平重要指标的最大摄氧量，普通人只有 2 ~ 3L / min，而优秀的耐力运动员可以高达 5L / min 以上，这可保证运动员在高强度运动状态下，能获得较多的氧气供机体代谢所用。在运动时，运动员的心力贮备充分动员，主要表现在心率增快和心输出量增加，心率最高时可达 200 次 / 分以上。优秀运动员最大每搏输出量出现在心率为 140 ~ 160 次 / 分时，且能维持此水平到最高心率，因此心输出量可高达 35 ~ 45L / min 以上。而普通人最大每搏输出量出现在心率为 120 ~ 130 次 / 分时，且当心率超过 150 次 / 分时，每搏输出量出现明显减少，因而最大心输出量仅能达 20L / min 左右。

运动结束后，运动员的机能恢复比一般人快。研究表明，完成同样的运动负荷，运动员肌肉的收缩能力和心肺功能指标，如心率、心输出量、肺通气量等恢复的绝对值和相对速率都快于一般人，血乳酸消除速率也较一般人更快。

由上述可见，长期系统的运动训练使运动员机体形态和机能对运动产生适应性变化，与一般人相比，表现在安静状态机能水平较低，开始运动时机能动员较快，定量运动负荷时机能变化幅度较小，最大运动负荷时机能水平较高以及运动后机能恢复较快等。

二、运动员身体机能综合评定的一般步骤

（一）明确机能评定目的及范围

机能评定的范围很广，测试指标内容繁多，在一次评定中要全部测完十分困难。此外，运动员、普通健康人、伤病康复者等不同受试者所测内容各异，测试目的亦不同。运动员机能测试通常为了解最大机能水平，所用运动负荷强度很大，常处于极限或亚极限运动状态；普通健康人机能评定常完成同年龄群体机能测试内容，以了解自身的生理年龄和机能状况；伤病康复者通常了解受伤部位机能恢复情况或病愈后相关机能水平。因此，应根据被测者实际情况予以分别处理。在确定测试范围时，首先要了解被测者的年龄、性别、职业、身体基本状况及测试目的，才能确定其具体的测试项目。

（二）常规健康检查

常规健康检查主要了解被测者基本身体状况、有无运动禁忌症等。健康检查的内容和项目较多，应因人因条件等不同而异。一般应包括下列项目：一般史(既往病史和生活史)、运动史、体表和肌肉骨骼检查、人体测量、各系统和器官检查、心肺机能试验、心电图等。其检查重点是肌肉骨骼系统、心血管系统、神经系统和心理状态。

（三）机能测试过程

机能测试与评定通常遵循以下步骤完成，其具体测试内容因人而异。

首先，被测者填写基本情况表，主测者询问相关情况。然后，测试受试者安静状态指标，如身高、体重、形态学指标、运动系统指标和其他系统的指标；运动状态指标测试，如一般运动机能水平、最大运动机能水平、康复运动机能水平；恢复过程机能测试，如机能恢复速率、绝对恢复值、相对恢复值等。

（四）评定报告及运动处方和膳食处方

根据所测结果对被测对象身体形态和机能状态作出全面客观地评价，并结合其实际情况提出与身体状况相适应的运动方案和饮食建议，供受试者了解和应用。

三、运动员身体机能评定工作的组织和实施

运动员机能评定是辅助教练员开展科学化训练的重要方法，日益受到广大教练员和运动员的重视。运动员机能评定工作的组织和实施应该紧密联系运动训练实践，为运动训练实践服务。因此从事运动员机能评定工作的科技工作者必须掌握运动训练学理论和方法，研究所服务运动项目的运动训练学特征和生物学基础，了解运动员遗传特点、生长发育特点和训练特点，把握教练员的训练指导思想、训练规划和具体训练方法。

随着体育科技的发展，一系列行之有效的运动员机能评定指标和方法被开发和应用，使机能评定的范围不断扩大，测试结果更加准确，评价水平不断提高。但是，迄今为止，我国优秀运动员身体机能评定工作标准化程度不高，缺乏系统性，严重制约了机能评定指标和方法在运动实践中应用和推广，也影响许多科研成果的交流和应用，造成人力、物力及财力的浪费。在运动员机能评定工作的组织和实施中，必须重视标准化，加强系统性。

（一）结合教练员训练周期的安排制订机能评定计划

科研人员在了解项目基本特征、教练员训练思路和优秀运动员机能特点的基础上，对机能评定工作进行统一规划，统筹安排。在集训前或训练阶段开始前，根据教练员的训练周期和比赛安排制订系统的机能评定计划，使教练员和运动员在集训前就知道什么时间、什么地点能够测试什么指标及获得什么信息。这样方便了教练员和运动员，有利于提高工作效率。同时，科研人员通过了解训练周期安排，制订机能评定计划，使得原来零散的机能测试工作系统化，为今后对测试数据的分析与处理奠定基础，有利于总结运动员在不同训练时期、不同训练手段下的机能变化特点。研究运动训练中运动员机能变化规律，摸索适合专项特点和优秀运动员个性特点的机能评定指标和评价标准。

（二）结合项目和运动员特点进行有层次的机能评定工作

首先是进行一些基本机能测试，如晨脉、血压、体重等无损伤且简易的指标。目的是让教练员、运动员自己检测和评价，可让他们掌握自己身体情况，培养他们的科研意识，这对素质的提高有帮助，还可以为收集运动员日常生理方面的情况打下基础。

第二层次是进行系统生理指标测试，如血红蛋白、白细胞、血尿素、血清肌酸激酶（CK）及睾酮等。让各队队医和科研人员参与其中，为运动员建立系统的生理指标数据库，并帮助教练员分析问题；结合运动员的数据库来评判运动员生理机能；掌握运动员健康状况，采取预防措施，预防疾病等。

第三层次是有针对性地开展系统研究，目的是解决训练实践中常遇到的问题。例如，高原训练和月经周期对不同女运动员的影响、训练方法的研究与讨论、赛前调整训练的监控等。

第四层次是进行深入的基础应用研究，目的是提高机能评定的精确性。如肌酸激酶同工酶的研究、贫血各项指标的研究等。

（三）机能评定工作标准化

为提高运动员机能评定工作的准确性和可比性，结合测试各指标，建立标准测试流程。包括统一规范测试时间、运动员测试前的注意事项、测试方法及具体过程、测试人员、测试仪器、获得数据的方式及建立数据库和提出分析报告格式等都要标准化。

（四）建立重点运动员机能评定档案

运动员流动性很大，为提高运动员机能评定工作的系统性，建立重点运动员机能评定档案，此档案必须随运动员流动，为教练员和科研人员进行机能评定提供全面的参考。

（五）建立运动员机能测试、比赛测试及训练计划数据库

在运动员不同训练、比赛阶段建立不同的数据库，为运动员的训练、比赛提供参考依据。

第四节　适宜运动量的生理学评定

运动效果的生理学评定，主要应着眼于远期效果的评定，但远期效果是日常运动训练效应的积累所产生的质的飞跃。因此，没有经常的和定期的检查评定和对计划与方案实行反馈调整或再调整，就不能保证获得远期效果。

运动量的安排是否得当是能否取得运动效果的前提。运动量怎样才算适宜，目前尚无衡量的标准模式。运动员的身体状况千差万别，个体间或个体在不同机能状态下，对运动量的负担能力皆不尽相同。评定运动量是否适宜最好通过多途径、多指标、多学科，进行同步测试，再做综合分析，至少应包括以下几方面的材料。

一、生理指标的检查

运动训练对人体机能引起的深刻变化，即使是大运动量也必须在 2～3 天之内恢复。要及时掌握恢复情况，为此，一般在早晨起床前后的基础状态下进行各种简易指标的测试（如脉搏、呼吸、血压等），至少每周周末安排一次检查。为了得到较多指标，还可以进行多次检查和一些特殊指标的测试。平常，为了简便易行也可仅查记每天的晨脉。如果运动量适宜，晨脉变化每分钟不超出正常的 3～4 次；血压变化范围上下在

10mmHg 以内；体重减少不多于 0.5 千克。数日内如有脉搏、血压明显的持续上升，或肺活量、体重等明显的持续下降，则说明运动量偏大，有疲劳积累的征兆。

了解高级神经活动的变化是评定适宜运动量的又一个方面，可用反应速度和建立分化抑制的准确程度来评定皮质机能的恢复情况。如反应速度不变或加快，分化能力不变或提高，视觉基强度不变或下降，说明皮质机能恢复良好。反之，则说明由于运动量偏大，运动员没有得到良好的恢复，疲劳尚未消除。再如感官的阈限和平衡觉等机能变化，也都能反映疲劳消除的程度。

在有些运动项目中，身体局部负担很大，但整体反应并不明显。其结果往往导致局部疲劳积累，进而可造成局部肌肉出现慢性劳损。为此，可用肌电图研究肌肉活动的潜伏期。即当看到刺激信号时肌肉做快速收缩；而当收缩期间看到刺激信号时做快速放松。研究发现，未消除疲劳的肌肉，收缩和放松的潜伏期均延长，尤以后者最为突出。

运动心电图试验是近年来广泛用于判断疲劳程度的重要指标。研究表明，过度疲劳时心电图发生变化的阳性率达 50%。过度疲劳时做运动试验，心肌代谢率发生异常变化，中枢神经系统机能失常，并有兴奋性增高或降低两种趋势的变化。

此外，诸如肺的最大通气量、尿的成分、气体代谢、体温等指标的变化，也都可以作为观察疲劳消除的依据。

根据上述指标的变化，一般说来，小运动量导致的疲劳，24 小时之内即应消除，而大运动量后的恢复一般不宜超过 3 天。

出于评定身体素质和评定长期身体训练状况的需要，还可采取不同强度的负荷进行多级测试。如第一次负荷（可按照受试者最大摄氧能力的 40%），工作 6 分钟之后，测出此时的摄氧量、心率和心输出量等指标；接着进行第二次负荷（按受试者最大摄氧能力的 70%），工作也是 6 分钟；然后休息 10 分钟；第三次负荷，采取重复第一次负荷的工作量，此时将测得的摄氧量、心率和心输出量等数据与第一次负荷的数据进行对比。研究发现，不同恢复速度的受试者，各指标的反应各不相同。训练好、恢复快的受试者，一次和三次负荷的变化幅度几乎完全相同；机能状态不好的受试者心率显著提高，每分钟增多可达 20 次以上，每搏输出量也相应减少。受试者的机能状态越好，心率增加越少。

二、运动员的自我感觉及教育学观察

疲劳程度不深时，运动员主观感觉的变化不大，食欲和睡眠也都正常，微感困倦思睡，缺乏完成训练任务后所出现的安慰感。如在此基础上继续追求大运动量，可能造成疲劳积累，久之，运动员即可产生许多异常感受，如食欲不振、不易入睡、多梦、乏力、易汗、心悸、自信心动摇，以及对体育场地、器材、练习信号产生厌恶感等。这就是不合理的大运动量训练所致的过度疲劳，此种现象易于在自觉性高、意志力强的运动员身上发生。在检查运动员的训练日记时，应予重视，以便做出防患于未然的调整。

在疲劳继续发展的过程中，教师和教练还可应用教育学指标对运动员进行观察。即运动员在训练过程中是否出现烦躁不安、脸色苍白、眼光无神、表情淡漠、反应迟滞、协调性差、注意力不集中以及运动成绩明显下降等。哪怕只有部分现象出现，也都意味着疲劳积累已经达到必须调整运动量的程度了。

【小结】

1. 在运动训练实践过程中，采用运动人体科学理论、实验技术和方法，对运动员身体机能进行测量以评价运动员身体机能状态，分析其变化趋势，并及时向教练员反馈，这一过程称为运动员身体机能评定。

2. 运动员身体机能评定可以进行运动员选材、客观评定运动员身体机能状态、预测运动成绩以及监控运动员合理膳食和营养。

3. 对运动员进行身体机能评定主要体现在运动系统、心血管系统、呼吸系统、能量代谢系统、神经系统及感觉机能以及身体形态学指标和其他运动生物化学和心理学指标等。

4. 运动训练对身体机能的影响，主要表现在长期系统的运动训练使运动员机体形态和机能对运动产生适应性变化，与一般人相比，表现在安静状态机能水平较低，开始运动时机能动员较快，定量运动负荷时机能变化幅度较小，最大运动负荷时机能水平较高以及运动后机能恢复较快等。

5. 对运动员进行综合机能评定要有一定步骤，要结合教练员训练周期的安排、结合项目和运动员特点，制订机能评定工作标准化、建立相关档案和数据库等。

6. 对适宜运动量的生理学评定除了一定的生理指标的检查外，还要结合运动员的自我感觉及教育学观察等，防止出现过度疲劳。

【思考题】

1. 运动员身体机能评定的功能有哪些？
2. 运动员身体机能的生理学评定包括哪些测试指标？
3. 长期运动训练对运动员身体机能有何影响？
4. 如何对运动员进行综合机能评定？
5. 如何对适宜运动量进行生理学评定？

第十八章

儿童少年生长发育与体育运动

【提要】

本章主要介绍儿童少年生长发育的一般规律、影响儿童少年生长发育的主要因素、儿童少年生理特点、儿童少年身体素质发展特点，以及如何根据儿童少年生长发育规律和解剖生理特点正确指导体育教学、运动训练和运动员选材。

儿童少年身体素质和运动能力的提高，是以形态、机能的发育作为生物学基础，并受生长发育的规律所支配，了解和掌握它的基本规律，对于研究青少年儿童的体质，研究如何运用科学的锻炼方法、手段不断改善和增强他们的体质，是十分必要的。

第一节　儿童少年生长发育

一、生长发育及成熟的概念

一个人从出生到各组织器官完全发育成熟，成长为成人的过程叫人体的成长过程。生长（growth）是指人体随着年龄的增长，机体内细胞繁殖、增大及细胞间质的增加，表现为组织、器官及身体形态和重量的变化，以及身体化学组成成分改变的过程。关于对生长的认识，是随着生物科学的发展而变化的，早期的认识主要局限于机体整体或局部的变化；进入细胞生物学时期，则包含了细胞大小和数量的改变；在分子生物学有着巨大发展的今天，生长还包含了身体组成的化学成分的变化，即化学的生长。

发育（development）是指各器官、组织、细胞形态的改变与功能逐渐完善的过程，包括心理、智力持续发展和运动技能不断获得和提高的过程。因此，生长是量的增加，而发育是质的变化。生长和发育有着不同的概念和内涵，然而在人体生长发育过程中两者是相互依存的，通常所用的“发育”一词，实际上包括了生长和发育两个方面。

成熟（mature）是指生长发育过程达到一个比较完备的阶段，标志着个体发育在形态、生理、心理方面全面达到成人阶段。例如，身高、体重达到一定水平，骨骼和牙齿的钙化基本完成，性发育也已成熟，性器官具备有繁殖后代的能力等。

在生长发育的过程中，不断需要养料来组成新的细胞，叫做同化作用，而老的细胞分解叫异化作用。儿童时期同化作用占优势，所以不断地生长和发育。成年时期同化和异化作用处于平衡状态。老年时期逐渐转变为异化作用占优势的状态，以致机体形态和功能逐渐衰退。

二、儿童少年生长发育的一般规律

儿童少年的生长发育过程受多方面因素的影响，并存在个体差异，不过其基本规律是共同的。

（一）生长发育是由量变到质变的复杂过程

人体的生长发育是从婴儿、幼儿、少年、青年、成年到老年的完整过程。在生长过程中，不仅是身高、体重的增加，而且器官也在逐渐分化，功能也逐渐成熟。例如，消化器官由婴儿到达成人时，不但长高、长重而且结构和功能也更加复杂化了。因此在新生儿时期消化器官只能接受少量流质食物，而在发育过程中，逐渐达到能消化更复杂的

固体食物。又如大脑在逐渐增大和变重过程中，大脑的思维记忆和分析综合机能也在不断发展和完善。儿童少年的骨骼由软骨变成硬骨，睾丸或卵巢由不成熟到成熟，都是因由缓慢的、不显著的量变到突然的根本的质变。

儿童不仅身体比成人小，而且是一个没有成熟的机体。儿童的生长发育由形态上的量变，构成整个身体的质变；在质变的过程中又发生量变，如肌肉体积的增大，使动作更加灵活，也增加了工作的速度与效率。但儿童不是成人的缩影，故在进行教育时，必须根据儿童少年生长发育的特点来考虑具体措施，不能脱离儿童的实际，以成人的标准来衡量与要求他们。

（二）生长发育的连续性和阶段性

生长发育过程是连续的，而不是跳跃的。例如，儿童少年心脏的重量和容积随年龄的增长而加大，心跳频率却随年龄的增长而减少。在生长发育过程中，看不出朝夕的变化，但却表现出阶段性质的特点。13～15岁时，心脏的容积和重量是7～8岁时的2倍，但心率却显著减少。在运动器官和神经系统的生长发育过程中，身高体重不断增长，动作技能逐渐完善，同样显示出不同年龄阶段发育的特征。新生儿的肌肉几乎是强直的，动作很不协调。1岁以后婴儿学会走路，这时也能进行一些其他的随意活动。6岁儿童能随心所欲地控制他自己的肌肉，但是精细的肌肉动作只有到10岁以后才能具备。所以生长发育在不同年龄阶段有不同特点，但各阶段间又是互相衔接、逐渐过渡的。

（三）生长发育的不平衡性

儿童少年的生长发育，在不同时期发育的速度不一样，有时快、有时慢，呈波浪式发展。以身高和体重为例，从胎儿到成熟有两个突增阶段：第一次突增是胎儿时期，为第一个生长发育高峰期；出生后生长的速度逐渐变慢，一直到10～12岁，又出现一个突增期，即第二个生长发育高峰期。

例如，身高的增长，如果初生婴儿平均身高为50厘米，出生后第一年身高增加了50%，达到了75厘米左右。以后的增加逐渐减慢，到学龄开始时（约7岁）仅比1岁时增加约50%，达到115厘米左右。从青春期开始，身高增长进入加速期。通常到20岁以后，身高才停止增长。

我国初生男婴平均体重为3.27千克，到1岁末时达到了3倍，即10千克左右。以后体重增长逐渐减慢，到学龄开始时约为1岁时的2倍，即20千克左右。从青春期开始，体重又迅速增加，每年增加5～7千克，体重约为学龄期开始的2倍，即达到40千克左右。以后的增加速度又逐渐缓慢，到成年时体重约为出生时的20倍，即60千克左右。

体重和身高的增长有性别差异。10岁前男女儿童身高体重的差异并不明显，这是由于女孩的性成熟期较男孩开始得早，因此在11～15岁之间，女孩的体重和身高曾经超过男孩。但15岁以后，又远远被男孩所超过，因此在生长发育一些指标的曲线上就出现两次交叉。了解男女儿童生长发育上的高峰及交叉的一般规律，不仅对保健工作有重要意义，而且也给体育教学及业余训练提供了生理依据。

在发育时期中，身体各部的生长并不是均等的，但又是互相联系与影响的。在早期头是身体最大的部分，初生婴儿约占1/4，以后头部的相对大小逐渐减少，6岁时约占1/6，成年人的头部约占全身的1/8；躯干的比例比较恒定，占全身的45%～50%；上肢在初生时约占全身的10%，成年时大体仍维持这个比例；但下肢在初生时占全身15%，到成年时约占30%。7岁前上下肢长度差不多，但进入青春期下肢长得更快。在整个发育过程中，头大约增长1倍，躯干大约增长2倍，上肢大约增长3倍，下肢大约增长4倍。

（四）身体各器官系统发育的不平衡

人体各器官系统的发育彼此也不平衡，有的早，有的晚。例如，神经系统的发育最早，而生殖系统发育较晚。在脑的生长过程中，婴儿脑重为380克，只有成年时期的25%（成人脑重1450克），到6岁时，脑的重量已达到成年时的90%。随着脑的发育，神经系统的功能也迅速发展，如语言发展和肌肉活动的调节等。人体是一个有机的统一整体，儿童少年各部分的发育既互相影响，又与它们担负的功能相适应。神经系统是调节人体各种生理活动的，因此它的发育较早。生殖系统是繁殖后代的，10岁以前几乎没有什么发育，青春发育期才迅速发育，因为它要在其他器官发育成熟的基础上才发育，所以发育较晚。

在出生后的10年中，淋巴系统的发育特别迅速。12岁左右淋巴系统已达到成年时的200%，从而使机体对疾病抵抗力增强。10～20岁期间，随着机体各系统的成熟和抵抗力的增强，淋巴系统逐渐退缩。

由于遗传因素和环境条件不同，随着年龄逐渐加大，必然会呈现高矮、胖瘦、强弱等差异。因此，了解儿童少年身体发育的一些规律，对保健、安排体育教学和运动训练很重要。

三、影响儿童少年生长发育的因素

儿童少年的生长发育是机体与外界、遗传性与适应性的对立统一过程。遗传因素决定机体发育的可能性，环境条件影响着发育的进程。现将影响生长发育的几个主要因素叙述如下。

（一）营养

营养是生长发育的物质基础，儿童少年在迅速成长发育的阶段，必须由外界吸收足够的各种营养素，尤其是足够的热量和优质蛋白、足够的铁和钙、各种维生素，以及适宜的微量元素作为生长发育的物质基础。生长发育阶段要保证同化作用超过异化作用，必须有充分的营养物质供应。少年运动员处于生长发育阶段，体育锻炼、运动训练又要消耗较多的能量，因此，要特别注意营养物质的补充。研究表明，营养对儿童生长发育无论在形态、功能、心理、免疫力和智力等方面都会产生一时性和永久性的影响。营养丰富又平衡的膳食能促进生长发育；反之，营养素缺乏的膳食不仅会影响发育，而且会导致疾病，影响学习和劳动能力。例如锌缺乏时，可造成机体和骨骼生长发育不良，腺功能衰退，还能导致胚胎畸形；缺钙会影响骨骼和牙齿的发育，使身材矮小，并容易引起抽筋和过敏性疾病；而铁、碘、锌、维生素 A 等缺乏，导致孩子从幼儿至学龄时期的智力发育及学习能力的不足。供给含钙食物和补充维生素 D，可预防佝偻病（软骨病）。加添牛奶或豆浆等对生长发育可起到良好的作用。

2005 年调查结果显示，我国城乡学生中低体重及营养不良检出率进一步下降，营养状况继续得到改善，中度营养不良基本消灭。但营养不良在我国所有中小学生群体中依然存在，而且乡村高于城市，女生高于男生的倾向非常明显。钙、铁、锌和维生素 A 等微量营养素缺乏，是我国城乡学龄儿童少年普遍存在的问题。6～12 岁学龄儿童维生素 A 缺乏率较高，为 44.1%，特别是农村学龄儿童少年，比城市高出 19.4 个百分点。营养不良造成儿童少年生长发育达不到正常标准，我国 5 岁以下的儿童身高达不到国际标准的高达 32.8%，其中城市儿童为 20.3%，农村儿童为 35.8%；儿童体重达不到国际标准的占 18.0%。总体上我国青少年平均身高和体重明显低于日本人。

人们通常只注意营养缺乏，其实营养过剩同样会影响身体的发育。我国从 1985 年开始进行了 4 次全国青少年体质健康调查。2005 年调查显示，中国城乡学龄儿童少年超重率分别为 8.1%和 3.1%，肥胖率分别为 3.4%和 1.3%。学生超重率增加 19.4%，肥胖率增加了 5.9%；眼睛近视的比例初中生接近 60%，高中生为 76%，大学生高达 83%。而学生的肺活量、速度、力量等体能素质持续下降。

（二）疾病

急性疾病影响儿童少年生长发育最为明显。如急性肠胃疾病对消化吸收起到很大破坏作用，致使儿童体重减轻。有的传染性疾病（如病毒性脑炎）由于严重的病理变化，使大脑皮质的功能失常，以致出现动作迟缓和语言发育推迟等严重的后遗症。严重的慢性病、流行病和地方病，对儿童少年生长发育的影响更大。目前，近视眼、沙眼、龋齿、结核及蛔虫等疾病，在儿童少年中的患病率相当高；缺铁性贫血、维生素 A 缺乏症普遍存在；甲状腺素缺少会导致呆小症；生长激素分泌不足，会产生垂体矮小症；风湿病、肝炎、肾炎、慢性扁桃腺炎和地方性甲状腺肿，也是影响儿童少年健康成长的常见病。

（三）气候和季节

气温高低等自然环境条件，对儿童少年的身体发育有一定的影响。一般说来，生活在气温较高的热带和温带地区的儿童少年，性成熟期较早出现，身体发育水平略低一点；而生活在气温较低的寒冷地区的儿童少年，则性成熟期较晚一点，身体发育水平也略高一点。例如，在我国北方和南方地区的儿童少年，在身体发育方面存在着地区差别。

依据1979年、1985年全国学生体质调研数据绘制的身高和体重分布状况图，清晰地揭示了生活在北方地区城市的儿童少年身高较高，体重较大，而南方则相对较矮，其中17岁年龄组学生中，北京身材最高，男为173.13厘米，女为161.08厘米；上海是中等水平（男171.25厘米，女159.87厘米）；广东较矮（男168.56厘米；女157.50厘米）。日本学者调查发现，出生在日本而在美国加利福尼亚成长的日本女孩，月经的初潮年龄早于出生在加州而在日本成长的日本女孩约1年半。同样，在加州成长的日本儿童，无论身高和体重都较在日本成长的更高更重。但他们下肢与躯干的比例以及体重与身高的比例关系基本一致。1991年全国学生体质检测，根据身高的不同可将我国分为3个地区：即高身高地区，大致分布在东北、华北；低身高地区，大致分布在西南、华南地区；其他为中等地区。

在同一地区春、夏、秋、冬各个季节对发育也是有影响的。一般来说，春季身高增长最快，秋季体重增长最快。有研究发现，在身高增长较快的月份，新的骨化中心的出现要多于身高增长较慢的月份，因而认为，寒冷刺激与甲状腺功能增强有关。

（四）社会因素

社会因素对儿童生长发育的影响是综合性的。其中，主要的决定因素是经济发展的情况，以及与之有关的营养、居住、医疗和体育等条件。在同样经济条件下，家庭中子女的多少对生长发育的影响很大。多子女的家庭，儿童的生长发育都会受到明显的影响。

环境污染也是影响儿童少年生长发育重要的社会因素，主要是噪音、中毒、感染和创伤等，尤以噪音危害严重，它使柯蒂氏器内听毛细胞受破坏，长期可致永久性损害。家庭吸烟环境也严重影响儿童健康与发育，研究表明，家中吸烟成人越多、吸烟数量越大、儿童健康越差。吸烟与急性呼吸道感染，尤其是喘息性支气管炎密切相关，风湿热患病率也与父母吸烟有关，吸烟者子女的风湿热发病率显著高于对照组。食物污染及有害物质也会影响儿童少年的生长发育。近年一项调查表明，上海约有3万名性早熟儿童，性早熟拖垮了孩子的身高，主要原因是受食物中催长剂等的影响。含高糖、高脂和高热量的快餐也不利于儿童少年身体健康。如今看电视、上网成为多数小孩放学回家后的主要活动，这也是儿童体质下降的原因之一，这种普遍的社会现象是随着工业迅速发达引起的社会文明病。

（五）遗传因素

遗传对儿童少年生长发育的影响是肯定的。遗传不仅能预示子女的身高或体重，甚至在一定程度上决定着子女的体型等特性。当然，子女从父母那里得到的遗传素质各有不同，在生长发育上有很大的可塑性，无论在形态、功能、素质和心理方面也有所不同，这也说明后天因素促进生长发育的重要性。

（六）体育锻炼

儿童少年生长发育是受先天遗传和后天环境双重作用的复杂生物现象。在诸多环境因素中，营养是生长发育的物质基础，体力活动是生长发育的源泉。“生命在于运动”，体育运动和体力劳动是促进身体发育和增强体质的最有利因素。

体育运动可通过调节机体的新陈代谢及神经内分泌系统的作用机制，对儿童形态发育产生不同程度的影响。但是，这需要一个长期积累的过程，企图通过参加短期的体育锻炼而使身体发育水平明显提高是不切实际的。

1. 运动对体格发育的影响

体育锻炼能增强体质，促进生长发育。数百名从事体操、游泳等业余运动2~5年的青少年的身高、体重和胸围年增长值，比不从事运动的同龄对照组高1倍以上。杨泽林等在1985—1990年的研究中，男、女各25名学生分别分为实验组和对照组，实验组每天一节体育课和一次课外体育活动；对照组每周两次体育课和一次课外体育活动。结果到1990年时，无论男女两组各项指标的增长值都是实验组明显高于对照组。双生子的调查表明，爱好运动者比少参加体力活动者身高平均高4厘米，体重重3千克。

2. 运动对骨骼、肌肉系统发育的影响

体育锻炼可加快全身血液循环，改善肌肉和骨骼的营养，增加对骨端骺板的刺激，加速骨细胞的增殖，进而促进骨骼的生长。

体育锻炼可明显改善骨的血液供应，使其得到充分的营养物质，能促进骨的生长，使管状骨变长，横径增粗，骨重量增加，有利于平衡全身及骨骼的钙磷代谢，加速矿物质在骨内沉积，使骨皮质变厚、骨密度增大、加速钙化过程，使骨质坚实。X线摄片可看到，青少年运动员股骨的皮质比一般青少年厚0.5~3毫米；骨松质的骨小梁排列也比一般人整齐，使骨能承受更大的压力。

运动时血液循环加速，使肌肉获得更多的营养物质，使肌纤维变粗，体积增大，弹性增强，整个肌肉变得更发达。据测定，一般人肌肉重量占体重的40%左右，而经系统训练的运动员肌肉重量可达体重的50%。体育锻炼也是调节体重的重要因素，可使脂肪消耗增加，增加瘦体重，从而改变体成分，使青春期少年体格得以协调匀称地发育。

3. 运动对呼吸系统的影响

体育锻炼可提高呼吸系统的功能。据瑞典学者安德森等研究，在青春期进行游泳训练的女孩较一般女孩肺总容量可大12%，肺活量大13.4%，最大摄氧量大10.2%。Comobbeb（1983）的研究证实，每周参加4~5次游泳训练、坚持2~5年的少年比每周只参加2次体育课的对照组少年肺活量年增长均值高200~300毫升。

4. 运动对肌力的影响

体育锻炼有助于肌力增强，有测试证明，15 ~ 16 岁的运动员右手平均握力为 42 千克，而同年龄段普通少年右手平均握力仅 34 千克。对比观察，坚持 2 年以上业余体校训练的 2 ~ 4 年级女学生右手握力平均每年增长约 5.6 千克，而同年级对照组女生此值仅为 1.1 千克；坚持 5 年以上业余体校训练的 8~10 年级男生右手握力年增均值 5.7 千克，同年级对照组男生此值仅为 1.79 千克。

5. 运动对神经、内分泌和免疫机制的影响

运动使神经系统、细胞代谢、内分泌和免疫功能之间建立良好的网络作用，提高了抵抗外界不良环境的适应能力。

经常参加体育运动能使大脑和神经系统得到锻炼，提高神经系统工作过程的强度、均衡性、灵活性和神经细胞工作的耐久力，使神经细胞获得更充足的能量物质和氧气的供应，从而使大脑及整个神经系统在紧张的工作过程中获得充分的营养。据研究，当脑细胞工作时，它所需的血液量比肌肉细胞多 15 ~ 20 倍，大脑耗氧量占全身耗氧量的 20% ~ 25%。体育锻炼能使大脑的兴奋与抑制过程合理交替，避免神经系统过度紧张，并有助于形成良好的情绪、增进心理健康，可以消除脑力疲劳，这对于学习负担很重的儿童青少年无疑是极其有利的。

体育锻炼可以刺激脑垂体分泌生长激素、甲状腺素、性激素等。研究表明，持续 90 分钟中等强度的运动，生长激素的分泌量要比安静时增加 2 倍，并且白天从事适当的体育锻炼时，到夜晚生长激素的分泌量更多。据调查，坚持 1 年体育锻炼的男孩其身高的增长要比同龄不锻炼者多长 1 ~ 2 厘米；女孩要多长 2 ~ 3 厘米。在运动时，血清雄激素含量也提高，可能是由于儿茶酚胺、前列腺素的刺激及睾丸血液循环加强所致。

体育运动可使非特异性免疫功能增强，如少年运动员的淋巴细胞转化率比一般学生高，白细胞数暂时增多，中性粒细胞吞噬能力增加。经常从事体育锻炼的儿童，上呼吸道感染等疾病的发病率明显降低。从预防医学角度出发，可把体育锻炼看做是一种增强人体非特异性免疫的手段。

综上所述，体育锻炼对人的形态、功能、素质和适应能力起到明显的促进作用，从而增强了人的体质。而缺少锻炼则会使体质下降，据我国 2005 年国民体质监测的结果来看，7 ~ 18 岁儿童少年的肥胖率比 2000 年有较大幅度增加，而身体机能和身体素质(特别是肌力耐力和柔软性）下降幅度较大，值得引起关注。2005 年北京市学生体质健康调查表明，北京学生身高、体重、胸围等形态发育指标持续增长，但是肺活量持续下降，中学生血压偏高的比例超过一半，高中生超过了 60%；学生肥胖率、视力低下率为 52%。

据专家们分析，体力劳动减少、好吃快餐等现代生活方式造成我国青少年体质下降。专家认为，儿童少年的生活方式“由动到静”，尤其是头脑运动取代了身体运动，对孩子的体质造成影响是必然的。有人把现在的青少年体质概括为“硬、软、笨”。硬即关节硬；软即肌肉软；笨即长期不活动造成的动作不协调。

四、生长发育年龄阶段的划分与青春发育期

（一）年龄阶段的划分

根据生长发育的规律以及形态、生理和心理的特点，将儿童少年的年龄划分为以下几个时期：

婴儿期：从出生后 28 天 ~ 1 岁

幼儿期：2 ~ 3 岁

学龄前儿童：4 ~ 6 岁

学龄儿童：7 ~ 12 岁

少年期：13 ~ 17 岁

青年期：18 ~ 25 岁

各年龄阶段之间并无明显界限，前一年龄段的发育为后一年龄段的发育奠定必要的基础。学龄儿童即通常所说的“儿童”，相当于小学时期。少年期相当于中学时期。从 7 岁到 17 岁总称为儿童少年时期（the child and young period），这是人体成长过程中的一个重要时期。在这段时间里，他们开始接受学校教育、接触社会实践，同时身体的生长发育变化也十分显著。进行正确的教育和科学安排体育锻炼，能有效地促进他们身体的生长发育，增强健康和提高知识水平。

（二）青春发育期

青春发育期（adolescence），即青春期，是由儿童少年时期过渡到成人的一个迅速发育的阶段，以生长突增为青春发育期开始的标志，以性成熟为结束。青春发育期可分为三个阶段，如表 18–1 所示。

表 18–1　人体青春发育期的三个阶段及发育特点

	前期	中期	后期
女孩	10~12 岁	13~16 岁	17~23 岁
男孩	12~14 岁	15~17 岁	18~24 岁
特点	以身体形态发育突增现象为主，是人体成熟前的一个迅速生长阶段，也称为生长加速期	以第二性征发育为主，又称为性成熟期，此阶段形态的发育速度减慢	身体发育到完全成熟阶段

注：乡村比城市晚一年

在这个时期内，人的身体逐渐发育成熟。身体各个部分都有很大变化，特别是身体的形态功能、生殖器官和性的特征等方面的突变更为显著，所以青春期是人体发育的重要阶段。应当注意青春期的正常发育，为青年一代打好健康的基础。

1. 内分泌的变化

青春发育期的特征表现为一系列的形态、功能、内分泌及心理、智力和行为的突变，这一系列的变化是受人体内分泌腺活动的影响。

在婴儿和儿童期，性腺缓慢地随着身体成长而成比例地增大，无论是男孩或女孩都分泌少量的性激素，这些少量的性激素通过负反馈作用抑制了下丘脑促性腺释放素的分泌量。目前认为青春期的开始是由于丘脑下部对性激素的敏感性降低，使血液中性激素对下丘脑的负反馈作用减弱，从而下丘脑的促性腺释放素分泌增加，促使腺垂体分泌促性腺激素增加，促性腺激素作用于人体的性腺，既可使女性的卵巢发育成熟，开始排卵、出现月经；又可使男性的睾丸发育成熟，产生精子。男女性腺发育成熟过程中，都能分泌性激素，卵巢主要分泌三种性激素：即雌激素、孕激素和少量雄激素；睾丸分泌雄激素（主要为睾酮）及少量雌激素。在青春期由于下丘脑的作用，腺垂体除分泌促性腺激素外，还分泌促甲状腺素、生长素和促肾上腺皮质激素。这些激素与人体生长发育密切相关，生长素可加速骨的生长，特别对上下肢中的长骨作用更显著，由于长骨加长，身高也就增长了；促甲状腺素有促进甲状腺分泌甲状腺素的功能；促肾上腺皮质激素能促进肾上腺皮质激素的分泌；甲状腺素和肾上腺皮质激素都有促进人体新陈代谢的作用。

这样，身体各部的组织细胞就将充分利用营养物质进行“建造身体”，使人体生长发育的速度加快。因此，在以上多种激素的协同作用下，引起青春期一系列生长发育特征的出现。这些激素对下丘脑及垂体又起反馈作用，使身体发育(如身高、体重等）的增长缓慢下来，直到最后发育停止（图18-1）。

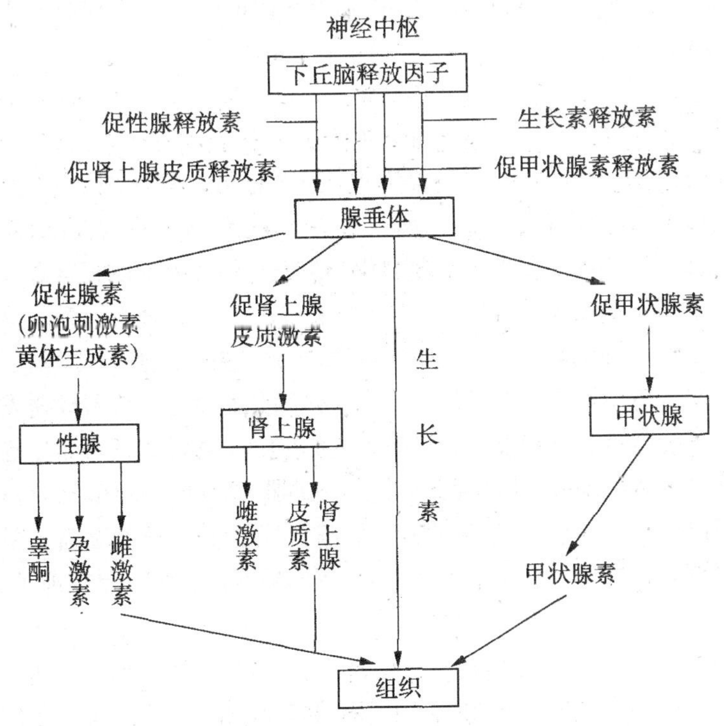

图18-1 青春发育期女性内分泌调节示意图

（引自：唐锡麟，1979）

2. 形态、功能发育

形态指标包括身高、坐高、手长、上肢长、足长、小腿长、肩宽、盆宽、胸围、上臂围、大腿围、小腿围、体重。功能指标包括肺活量、拉力、握力、呼吸、脉搏、血压、红细胞、白细胞。

形态、功能发育特点如下：

(1) 年龄：各项形态、功能指标（除心率外）都是随着年龄的增加而增加，增加的速度不一，出现快速增长期、缓慢增长期和趋于稳定期。

(2) 性别：大多数形态指标都有两次交叉，第一次交叉在 9～11 岁，此后女孩各项形态指标都超过了同龄的男孩，说明女孩的发育实增阶段早于男孩。第二次交叉在 13～15 岁，交叉后男孩的形态指标超过同龄的女孩，说明男孩青春期发育的实增阶段开始时，女孩已进入缓慢发育期。由于形态功能方面的性别差异，使男女在体力上有所不同，从青春期开始在参加体育活动或训练时，应注意男女的特点，区别对待。

(3) 发育速度：无论男、女都有早熟、平均及晚熟三种正常类型。个别儿童可能在 9、10 岁时进入成熟期，称为早熟。也有的需要 15、16 岁甚至更迟才进入成熟期，称为晚熟。这种差异可能与遗传、营养、情绪及环境、社会经济因素等影响有关。早熟或晚熟虽然不一定是病态，但对人体长高及个头的大小有一定的影响。一般说来，早熟的儿童少年个子长得矮小，而晚熟的儿童少年又会成为颀长无力的体型。我国营养学家经过 20 年的研究发现，由于人们的饮食结构发生了变化，从以植物性食物为主的结构中增加了大量的动物性食物，20 年间，女性月经来潮的时间大概提前了 4 岁，这意味着女性体内雌激素水平的提高。

3. 性器官和性功能的发育

由于性的染色体不同，决定性腺不同，因而有男女的性别，称为第一性征（the first sex advertises）。在青春发育期以前，男女性腺都比较小。青春期开始后，性腺迅速增大，性腺增大是青春期发生的先期变化，它先于任何其他的正常青春期变化。女性的性腺卵巢在 8 岁以前很小，8～10 岁开始发育较快，以后直线上升。月经初潮时卵巢只达成熟重量的 30%。因此，月经初潮并不等于卵巢发育成熟。男性腺睾丸在 10 岁以前发育很慢，进入青春期发育开始加速。一旦性腺开始发育，青春期诱发的各种继发性变化也就出现了。在性激素影响下，生殖器开始成熟，并分泌性激素。在性激素的作用下，出现男女性征上的继发性特征，称为第二性征或副性征（the second sex advertises）。第二性征标志着已进入青春发育期，性腺逐渐成熟，功能逐渐完善，男女之间的性别差异格外明显。据调查显示，近 20 年来我国男女性成熟期已提前了 1～4 年，这与经济水平和营养状态有关。

男性的特征是：喉结增大突出，音调变低变粗，皮下脂肪减少，肌肉强健有力，毛多，长胡须，生殖器官增大，颜色加深，睾丸发育成熟，产生精子，开始遗精。女性的特征是：音调变得细而高，乳房逐渐隆起，乳头突出，骨盆变宽，脂肪有选择性地沉积

(在胸部、乳腺和臀部)，皮下脂肪丰富，生殖器官发育增大，外生殖器官颜色加深，出现月经。

从以上身体各部的迅速变化，尤其是性器官、性功能的发育，对儿童少年心理、情绪、行为各方面都起着重要影响。因此，必须把这方面的科学知识及时交给青少年，以预防青少年对这次突变产生不正常的心理，如害怕、好奇和害羞等。

第二节　儿童少年的生理特点和体育教学与训练

一、骨骼与关节

（一）骨骼

儿童少年软骨成分较多，水分和有机物质（骨胶原）多，无机盐（磷酸钙、碳酸钙）少，骨密质较差，骨富于弹性而坚固不足，不易完全骨折而易于发生弯曲和变形。随着年龄增长，骨的无机盐增多、水分减少、坚固性增强而韧性减低，直到 20 ~ 25 岁骨化完成后，骨不再生长，身高也不再增长，但骨的内部构造仍在变化。下肢骨在 16 ~ 17 岁以后骨化迅速，而脊柱椎体到 20 ~ 22 岁才完成骨化。常用骨龄作为选材的指标，通常以腕骨的骨龄来预测身高，作为运动员选材根据之一（注：骨龄是骨骼发育的年龄，以骨化中心出现和干骺愈合时间作为骨龄评价标准）。

（二）关节

儿童关节面软骨相对较厚，关节囊及韧带的伸展性大，关节周围的肌肉细长，关节活动范围大于成人，牢固性相对较差，在外力作用下较易脱位。这些特点在体育教学与训练中应加以注意。

根据儿童少年骨骼和关节的特点，在体育教学或训练中，应注意下列问题：

1. 养成正确的身体姿势和全面的身体锻炼

儿童少年骨骼承受压力和肌肉拉力功能比成人差，如果长期处于不良身体姿势状态下，其骨易弯曲变形，其中常见的是脊柱的变形。据调查，小学生中脊柱变形者占受检人数的 20.9%，而脊柱侧凸的又占脊柱变形者的 80.8%。因此，体育教师必须教育儿童少年，养成坐、立、走等正确的身体姿势，注意各种姿势的轮换。对一些单侧活动较多的肢体，要注意加强对侧肢体的锻炼，防止脊柱弯曲变形或肢体发育不均衡。

2. 力量训练时应注意负荷的重量

儿童少年骨化过程完成较晚，骺软骨承受压力的功能比成人差。如果负重过大、静力性动作过多或剧烈的震动，容易造成脊柱弯曲、骨盆和腿型畸形，也会使骨化过程过早完成或骺软骨的损伤，影响骨的生长发育。15 岁以后，再进行较大重量的力量练习，并应以动力性练习为主。进行必要的静力性练习时，也要控制时间，做到动静结合，同时不宜在过硬的场地上经常用力踏跳等。

3. 应预防关节损伤的发生

儿童少年可充分发展关节柔韧性，但也要重视发展关节的牢固性，以防关节损伤。在运动中，如发现儿童少年有腰、膝及肘部疼痛，应引起重视，并及早进行诊断，作出适当的处理。

二、肌　肉

儿童少年的肌肉中水分多，蛋白质、脂肪和无机盐类少，收缩功能较弱，耐力差，易疲劳。随着年龄增长，肌肉中的有机物增多、水分减少，肌肉重量不断增加，肌力也相应增强。

儿童少年肌肉的生长发育不均衡，躯干肌先于四肢肌，屈肌先于伸肌，上肢肌先于下肢肌，大块肌肉先于小肌肉。肌力的逐年增长也是不均匀的，在生长加速期，肌肉主要向纵向发展，长度增加较快，但仍落后于骨骼增长，所以，肌肉收缩力量和耐力都较差。生长加速期结束后，身高的增长缓慢，肌肉横向发展较快，这时肌纤维明显增粗，肌力显著增加。女孩在 15～17 岁、男孩在 18～19 岁肌力增长最为明显。全身整体肌肉力量男子在 25 岁、女子在20 岁左右达到峰值。肌力可保持到 30～35 岁才开始减退。

根据儿童少年肌肉发育的特点，在体育教学和运动训练中应注意：

1. 根据年龄特点安排运动负荷

在 10 岁以前肌肉生长和肌肉力量的增长速度较慢，不宜进行负重练习，可采用抗体重练习，如徒手跑、跳等。在 12～13 岁肌肉体积和力量增长速度加快，可增加一些抗阻力（如拉橡皮筋）或哑铃等的力量练习。15～18 岁，肌肉体积和力量增长的速度最快，在练习中，可以增加阻力或负重，以有效地发展肌肉力量。

力量练习时，应以动力性力量练习为主，辅以适宜的静力性练习。负荷不宜过大，组数不宜过多，练习结束后，注意做好放松活动。

2. 根据肌力发展规律安排训练

由于儿童少年肌肉的生长发育不均衡，在运动训练中，应注意全面身体训练，在注意发展大肌群（如腹背肌肉等）的同时，也要注意发展小肌肉群的力量和耐力。在身高增长加速时，肌肉的长度增加较快，肌肉收缩力量和耐力都较差，宜采用伸长肢体练习，弹跳和支撑自身重量的力量练习，重负荷力量练习宜少采用。生长加速期结束后，身高的增长缓慢、肌纤维增粗速度加快，肌力显著增加，可以适当增加力量性练习。

三、血液循环

儿童少年的血液总量比成人少，但按体重的百分比来看，相对值则略高于成人。成人的血量约占体重的7%～8%，新生儿血量约占体重的15%，1周岁时约为11%，以后随年龄的增长血液总量占体重的百分比逐渐下降，15岁左右达到成人水平。新生儿的红细胞为每立方毫米550万个，血红蛋白含量为每100毫升血15～23克，以后逐渐减少；儿童时期红细胞和血红蛋白一直保持较低水平，到了青春期逐渐上升而接近成年人水平。

新生儿白细胞是成人的2倍，数天后很快减少。随着年龄的增长，白细胞总数逐渐减少，各类细胞的比例也有改变，至15岁时接近常人水平。9～10岁以前中性粒细胞比例较低，且发育不成熟，所以，这个年龄阶段易患传染病。

儿童少年心肌纤维较细，心脏的容积和重量均小于成人，心肌收缩力弱、每搏输出量和每分输出量比成人少，但相对值（即按体重的比值）却大于成人，这说明儿童少年的心脏在胜任短时间的紧张的肌肉活动方面具有一定的潜力。心脏的重量随年龄逐渐增大，到青春期时心脏已达到成人水平。

儿童心脏发育及神经调节还不够完善，而新陈代谢又比较旺盛，交感神经兴奋占优势，因而心率较快，出现心脏功能性收缩期杂音较多见，约占少年的40%～60%。随着年龄的增长心率逐渐减慢，20岁左右趋于稳定。

儿童少年心脏收缩力弱，血管壁弹性好，血管口径相对较成人大，外周阻力较小，因此儿童的血压较低。青春发育期后，心脏发育速度增快，血管发育处于落后状态，同时由于性腺、甲状腺等分泌旺盛，血压明显升高，一些人甚至出现暂时偏高的现象，称为“青春期高血压”（puberty hypertension）。一般多见于身体发育良好，身高增长迅速的青少年，表现为收缩压较高，但一般不超过150mmHg，并有起伏，而舒张压在正常范围。据统计，青春期高血压始发年龄为11～12岁，随年龄增长而增多。高峰年龄为15～16岁，以后逐渐减少。

年龄不同，运动时心血管功能反应不同；心血管功能的发育不一样，对运动的反应也不相同。儿童少年时期交感神经调节占优势，心肌发育不十分完善，运动时主要靠加快心率来增加心输出量以适应需要（表18–2）。

表18–2　不同年龄组以100m/min的速度步行时心率比较

年龄（岁）	心率（次/分）
8	170
10	164
14	160
18	150
成人	134~146

根据儿童少年血液循环系统的特点，体育教学和锻炼时应注意：

1. 合理安排运动负荷

儿童少年的心血管能承受一定量的运动，但负荷量不宜过大，一般儿童少年对强度较大且持续时间较短的运动，如 60 米、100 米和 200 米跑，各种活动性游戏，徒手操及哑铃等力量性练习，以及短距离游泳和跳水活动等有一定程度的适应。而对一些长时间紧张性运动、重量过大的力量练习及对身体消耗过大的耐力性练习等，则不宜过多采用。

同时也要注意循序渐进和区别对待。同年龄的儿童少年，个子高大的，心脏的负担量相对较大；性成熟发育迟缓的，其心脏的发育也较迟缓，在运动负荷方面应注意区别对待。

在体育锻炼中尽量减少“憋气”、紧张性和静力性练习，以免造成心肌过度疲劳。如举重“憋气”时，胸腔和腹腔内压力加大，回心血量减少，心脏输出血量减少，对心脏本身的血液供应也会减少。“憋气”后，反射性地使呼气加深，这时胸内压和腹内压突然降低，回心血量增多，使心脏负担加大。此外，倒立和背桥等动作由于头部朝下，头部血液回流困难，使心脏处在正常位置时的阻力加大，增加了心脏的负担。因此，对儿童少年来说，过多及过长时间从事这类练习是不适宜的，但可以进行一些匀速的低强度的耐力练习，对发展心肺功能是必要的。

2. 正确对待“青春期高血压”

对出现青春期高血压的学生，如经常参加运动，且运动后又无不适反应者，可以照常参加体育活动，但活动量不可过大。需定期检查，并加强医务监督。

四、呼吸系统

儿童少年胸廓狭小、呼吸肌力较弱且呼吸表浅，新陈代谢旺盛，因而呼吸频率快，肺活量、肺通气量较成人小。随年龄增大呼吸深度增大，呼吸频率逐渐减少而肺活量逐渐增大。儿童少年肺通气量绝对值小，但每公斤体重相对值较大。由于呼吸肌较弱、调节功能不完善，在运动时主要靠加快呼吸频率来增加肺通气量，而呼吸深度增加很少。

由于儿童少年氧运输系统的功能不如成人，在进行剧烈运动时，他们的最大通气量和最大摄氧量较低，有氧氧化能力和无氧分解能力都比成人低。因此他们对强度较大而持续时间较长的运动适应能力较低，容易疲劳。

根据儿童少年呼吸系统的特点，在体育运动中应该注意：

1. 呼吸道卫生

儿童少年的呼吸道比成人狭小，呼吸道的上皮较薄而血管丰富，容易感染引起呼吸道发炎。因此，应教育儿童少年，在平时要用鼻呼吸。在运动时，仅用鼻呼吸不能满足身体的需要，可用口鼻同时呼吸。

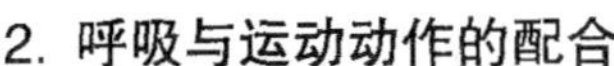

2. 呼吸与运动动作的配合

一般来说，肢体伸展的动作便于吸气，而肢体屈曲的动作便于呼气；在胸廓肩带需要固定的动作便于腹式呼吸，而腹肌用力和收缩的动作便于胸式呼吸；爆发用力和上下肢体大幅度活动的动作有时必须在呼气中进行或暂时屏息甚至憋气；周期性运动项目，如跑、游泳和划船等，呼吸必须有一定节奏，例如，长跑采取两步一呼、两步一吸，或三步一呼、三步一吸等。人体呼吸运动受大脑皮质调节，教会儿童少年在运动中掌握适宜的呼吸方式，使他们在运动中学会呼吸与运动动作配合，学会有意识地加深呼吸。

3. 多采用发展有氧代谢为主的练习

在体育锻炼中，要采取积极手段提高其呼吸功能。据研究，游泳、划船、长跑和篮球等项目能有效地增大肺活量，提高呼吸功能。随着年龄的增长及青春发育期呼吸肌的发展，儿童少年有氧代谢能力逐渐提高，也可适当安排一些稍短的长跑练习。

五、神经系统

（一）神经系统的兴奋和抑制过程特点

儿童少年的神经系统的兴奋和抑制过程发展不均衡，神经活动过程不稳定，6~12岁左右兴奋过程明显占优势，兴奋容易扩散，表现为活泼好动，注意力不易集中，做动作时不协调、不准确，易出现多余动作。年龄越小，皮质抑制过程越弱，而且不完善，分化能力也就差。8岁以前精确分化能力很差，错误动作多；8岁以后皮质细胞的分化能力逐渐完善，并接近成人；13 ~ 14岁时皮质抑制调节机制达到一定强度，分析综合能力明显提高，能较快地建立各种条件反射，但由于分化能力尚不完善，又受到小肌肉群发育较晚的影响，所以掌握复杂精细的动作困难；14 ~ 16岁时，反应潜伏期缩短，分化能力显著提高。女孩的分化抑制发展较早，能够掌握复杂的高难动作，在体操、花样滑冰和技巧项目中表现较为突出。

儿童时期神经细胞工作耐力差，容易疲劳，但由于神经过程有较大的可塑性，疲劳消除较快，重新恢复也快。

（二）两个信号系统的特点

在儿童时期，神经活动中第一信号系统占主导地位，对形象具体的信号容易建立条件反射，而第二信号系统相对较弱，抽象的语言、思维能力差，分析综合能力发展还不完善；9 ~ 16岁时第二信号系统功能进一步发展，联想、推理、抽象概括的思维活动逐渐提高；16 ~ 18岁时第二信号系统功能已发展到相当的水平，两个信号系统的相互关系更加完善，分析综合能力显著提高。

根据儿童中枢神经系统的特点，在体育教学与训练时应注意：

(1) 体育课内容要生动、有趣，可穿插游戏和竞赛，尽量避免单调及静力性活动；要注意安排短暂休息，使学生情绪饱满，精力旺盛，不易疲劳。

(2) 在教学中既要注意采用直观形象的教法（如示范动作、图表、模型等），又要注意培养和发展他们的思维能力。

第三节　儿童少年身体素质的发展

身体素质是机体各器官和系统功能的综合表现。儿童少年随生长发育而身体素质得到发展，又由于从事体育锻炼和训练而得到提高。在体育教学和训练中，应根据儿童少年身体素质发展的年龄特点，采取科学的训练方法，促进身体素质的发展和运动技术水平的提高。

身体素质测试方法多采用：以 50 米跑的成绩代表速度素质；以斜身引体向上代表 7~12 岁男生臂肌力量；以引体向上代表 13~22 岁男生臂肌力量；以仰卧起坐次数代表 7~22 岁女生腰腹肌力量；以立定跳远的距离代表下肢爆发力；以立位体前屈的能力代表腰部的柔韧性。

一、身体素质的自然生长

儿童少年各项素质随年龄增加而增长的现象，称为身体素质的自然增长(natural growth of physical fitness)。在不同年龄段，各项身体素质的增长速度不同，即使在同一年龄阶段，不同的身体素质的发展变化也不一样。在青春发育期(男 15 岁、女 12 岁左右）身体素质自然增长的速度快且幅度大。在性成熟期结束时，身体素质增长的速度开始减慢，直到 25 岁左右身体素质的自然增长即已结束。若不进行训练，身体素质一般不再进一步提高。

二、身体素质发展的阶段性

身体素质的发育有一定的阶段性。各种身体素质的自然增长包括增长阶段和稳定阶段。身体素质发育的增长阶段是身体素质随年龄增长而递增的年龄阶段，它包括快速增长阶段和缓慢增长阶段。在增长阶段后身体素质趋于稳定，称为身体素质发育的稳定阶段。稳定阶段表现为随着年龄的增长，身体素质增长的速度明显减慢或停滞，甚至有所下降。女生在身体素质发育过程中，其在快速增长阶段和缓慢增长阶段之间可能出现数年停滞的现象，称为身体素质发育的停滞阶段。儿童少年的各种身体素质的发展趋势是由增长阶段过渡到稳定阶段，但其年龄界限不完全一致，男女之间也有差别（表 18-3)。男女身体素质发育的稳定阶段基本能保持到 25 岁左右。

表 18-3 青少年身体素质增长阶段和稳定阶段的年龄

身体素质	增长阶段（岁）		稳定阶段（岁）	
	男	女	男	女
50 米跑	7~15	7~13	15 岁以后	13 岁以后
立定跳远	7~16	7~13	16 岁以后	13 岁以后
立位体前屈	12~18	11~20	7~12，18 岁以后	7~11，20 岁以后
仰卧起坐	—	7~12	—	12 岁以后
引体向上	13~19	—	19 岁以后	—

（引自：邓树勋，1999）

身体素质由增长阶段过渡到稳定阶段有先后之别，在不受训练等因素影响的自然增长情况下，按先后顺序排列如下，男子的速度、速度耐力、腰腹肌力量的增长最先；其次是下肢的爆发力；臂肌静力力量、耐力较晚。女子各项素质的增长随年龄变化表现出不同的特点，7～12 岁期间，与男子的增长是一致的；而在13～17 岁期间，速度、速度耐力、下肢爆发力领先；其次是腰腹肌力量；臂肌静力性力量、耐力最晚，且出现不同程度的停滞和下降趋势。

三、各项身体素质发展的敏感期

在不同的年龄阶段，各项素质增长的速度不同。把身体素质增长速度快的年龄阶段叫做身体素质增长敏感期。以年增长率的均值加一个标准差作为确定敏感期范围的标准。年增长率等于或大于标准值的年龄阶段为敏感期，小于标准值的为非敏感期（表 18-4）。

表 18-4 身体素质敏感期

身体素质	敏感期年龄（岁）	
	男	女
50 米跑	7~9，12~14	7~11
立定跳远	7~9，12~13	7~11
立位体前屈	12~13，14~16	11~13，14~16
1 分钟仰卧起坐	—	7~10
引体向上	14~15	—

（引自：邓树勋，1999）

四、儿童少年主要身体素质发展特点

（一）力量素质

力量素质（strength）包括速度力量、力量耐力、绝对力量、相对力量。总的来说，儿童少年力量素质发展的敏感期是：女性从11～15岁，男性12～16岁。在青春发育期前期，由于肌肉主要是纵向发展，肌肉长度增加，此期如想使肌肉变粗，效果不是很明显；而在中后期肌肉开始横向发育，此时肌纤维逐渐增粗，肌力逐渐增加及时进行力量训练，效果会比较明显。

儿童少年的速度力量（如立定跳远）自然增长最快时期，男子在7～16岁，女子在7～13岁；男子16岁以后，女子13岁以后趋于稳定。

绝对肌力（如背力、握力）的自然增长，男子和女子都是15～17岁增长速度最快。

相对力量（如握力、背力指数）自然增长最快时期，男子和女子都在10～14岁，16～17岁趋向稳定。

力量耐力的自然增长，男孩从7～17岁，女孩7～13岁前是持续上升的，但女子在15岁后则开始产生停滞，甚至下降。

总的来说，儿童少年力量素质在自然增长过程中，速度力量增长的百分率最少，说明速度力量更受先天遗传的影响；而绝对力量的变化，除随年龄的增长肌肉体积增加而增大外，更受环境与训练的影响，即后天训练能有更大的提高；相对力量受遗传的影响较大，后天变化较少。

（二）速度素质

速度素质（speed）包括反应速度、动作速度和位移速度。目前认为，速度素质发展的敏感期是7～12岁，是提高短跑成绩的黄金时期，抓住这一有利阶段对儿童进行科学的教学和训练，对挖掘未来速度的潜力有较大的影响，如果在7～11岁时不予以训练，再提高步频几乎是不可能的（苏联汉斯托姆）。

反应速度（如反应时）作为速度素质的一种，其发展时期也较早，儿童少年8～12岁反应速度大幅度提高。国外的神经生理学研究结果认为，人的反应速度是天生的，是一个纯生理过程，这个生理过程主要是由先天遗传决定的，在以后的训练中很难提高，训练只能把获得的遗传因素巩固下来。但是，注意力的集中和对信号反应的动作熟练程度也会影响反应速度，所以，后天训练仍是必要的，特别是对注意力的培养及对动作熟练程度的训练，对提高反应速度很关键。反应速度在9～12岁时提高最为显著，应抓紧这个时期的反应速度训练。

动作速度和位移速度主要是依靠后天训练来提高的。速度的发展与动作频率有着密切的联系。儿童从7岁起步频有较快的自然增长，13岁后下降，故7～13岁是训练动作频率的敏感期，在此阶段可对儿童少年进行提高步频的训练。

（三）耐力素质

耐力素质（endurance）包括有氧耐力和无氧耐力。目前认为，有氧耐力发展的敏感期，男孩10~17岁，女孩9~14岁及16~17岁。如果是以提高心肺功能和整体健康为目的的有氧练习，其强度较小，可以较早进行，特别在青春期给予着重发展。因为只有增强内脏器官的功能，才能提高身体健康水平。如果是以提高耐力专项为目的的大强度训练必须相对较晚（16~17岁）。

儿童少年的无氧耐力发展的敏感期，男子10~20岁，女子9~18岁。由于儿童少年的糖无氧酵解能力和无氧代谢能量储备不及成人，限制了儿童少年速度耐力练习的适应能力。一般说来，儿童少年应在青春发育期以后进行无氧耐力训练更为合理。

综上所述，一般认为儿童少年从8岁起可以进行有氧耐力的练习，多利用慢跑的方法进行心肺功能的适应性练习；11~12岁主要以有氧耐力训练为主，改进氧气输送系统和肌肉代谢的功能；15~16岁无氧训练可逐步增多；16~17岁能进行大强度的有氧及无氧耐力训练。

【小结】

1. 生长是指人体随着年龄的增长，机体内细胞繁殖、增大及细胞间质的增加，表现为组织、器官及身体形态和重量的变化，以及身体化学组成成分改变的过程。发育是指各器官组织细胞形态的改变与功能逐渐完善的过程，包括心理、智力持续发展和运动技能不断获得和提高的过程。成熟是指生长发育过程达到一个比较完备的阶段，标志着个体发育在形态、生理、心理方面全面达到成人阶段。

2. 儿童少年生长发育的一般规律：生长发育是由量变到质变规律，生长发育的连续性和阶段性规律，生长发育的不平衡性规律，身体各器官系统发育的不平衡规律。

3. 影响儿童少年生长发育的因素有：营养、疾病、气候和季节、社会因素、遗传因素和体育锻炼。

4. 根据生长发育的规律以及形态、生理和心理的特点，将儿童少年的年龄划分为以下几个时期：婴儿期、幼儿期、学龄前儿童、学龄儿童、少年期和青年期。

5. 青春发育期是由儿童少年时期过渡到成人的一个迅速发育的阶段，以生长突增为青春发育期开始的标志，以性成熟为结束。青春期高血压是指青春发育期后，心脏发育速度增快，血管发育处于落后状态，同时由于性腺、甲状腺等分泌旺盛，血压明显升高，一些人甚至出现暂时偏高的现象。

6. 在体育教学与训练中，应根据儿童少年骨骼、关节、肌肉、血液循环、呼吸系统和神经系统解剖生理特点来安排教学和训练计划。

7. 儿童少年身体素质的发展特点有：身体素质的自然增长、身体素质发展的阶段性、各项身体素质发展的敏感期及各项身体素质达到最高水平的年龄。

【思考题】

1. 正确解释生长、发育、成熟、青春发育期和青春性高血压的概念。
2. 如何划分儿童少年的年龄阶段？
3. 儿童少年生长发育的一般规律是什么？
4. 体育锻炼对儿童少年有什么影响？
5. 如何根据儿童少年生理特点指导体育教学和训练？
6. 如何根据儿童少年身体素质发展规律安排体育教学和训练？

第十九章

女性的生理特点与体育运动

【提要】

本章着重介绍与运动关系密切的女性各器官系统的生理特点、运动能力特点、月经周期及调节、运动训练及健身运动对月经周期的影响等内容。

第一节　女性生理特点

女性是一个特殊的群体，其体质潜能及运动能力虽然已经通过许多过去只有男性才能参加的运动项目（如马拉松跑等）得以充分证明。但由于女性机体的结构、功能及心理诸方面具有明显区别于男性的特点，使得女性在进行某些运动时，必须付出额外的能力。

一、女性生理阶段划分

女性一生中根据其性腺卵巢（ovarium）分泌机能的变化，划分为五个生理阶段。

（一）幼年期

幼年期指卵巢机能尚处幼稚状态的年龄阶段，一般为 10～12 岁之前。

（二）青春期

青春期指卵巢机能由幼稚向成熟状态过渡的年龄阶段。此阶段从 10～12 岁开始到 17～18 岁结束，以月经来潮为标志。该阶段的显著特点是卵巢及生殖器官明显发育。

（三）性成熟期

性成熟期指卵巢功能成熟的年龄阶段。约从 18 岁开始，持续近 30 年。该阶段性腺及性器官发育完全成熟，卵巢有周期性排卵，并分泌雌性激素；子宫内膜出现周期性脱落，产生月经周期。该期为女性生殖机能最旺盛的时期，又称为生育期。

（四）更年期

更年期又称为绝经期，是女性从性成熟期进入老年期的过渡时期。更年期指卵巢功能由旺盛向衰退过渡直至萎缩的年龄阶段，约为 44～54 岁。该时期的显著特点是，月经由不规律到完全停止（闭经），生殖能力丧失。更年期结束，即意味着老年期的开始。

(五) 老年期

老年期指卵巢功能完全终止的年龄阶段。年龄约为 60 岁以上。在此阶段，人体各器官的机能能力均明显降低。

二、生理特点

(一) 身体发育特点

女性青春期的生长加速期比男性约提前 2 年出现，女孩从 10~12 岁开始，男孩从 12~14 岁开始。就我国儿童和青少年生长发育的调查结果来看，存在明显的性别差异。10 岁之前，女孩的发育速度比男孩快；10 岁以后，男孩的发育速度加快，并后来居上，身高显著超过女孩。

(二) 氧运输系统特点

女性心脏较男性心脏重量轻 10%~15%，体积小约 18%，容量小 150~200 毫升；安静状态女性心率较快，快于男性 10 次 / 分左右，每搏量少于男性 10~15 毫升，收缩压平均低于男性 10.5mmHg，舒张压约低 5.1mmHg。所以，女性的心血管机能弱于男性，运动中必须依靠加快心率来保证足够的心输出量，运动后的恢复过程中，女性心率恢复速度较慢。

女性的胸廓较小，呼吸肌力量较弱，安静时呼吸频率较男性快 4~6 次 / 分，且呼吸深度浅；女性的肺活量约为男性的 70%，最大摄氧量比男性少 0.5~1 升，因此，女性的呼吸机能亦较男性为低，从而制约了女性运动中机体氧的供应。

女性血量约占体重的 7%，男性则达 8%；女性的红细胞数量为每立方毫米 380~460 万，血红蛋白为 110~150g / L，均低于男性，每千克体重的血红蛋白女性约为 8.3 克，男性则可达 11.6 克，全血中血红蛋白的总量女性仅为男性的 56%。因此，女性机体运输氧的能力较男性差。

总之，由于女性的呼吸、循环机能水平低，血液的携氧能力差，限制了氧的利用能力，因而导致女性的有氧能力较男性低，约为男性的 70%。

(三) 运动系统特点

1. 肌肉

在青春发育期，女孩的肌肉发育慢于男孩，肌肉体积及重量均低于男孩，这主要是由于雄性激素的同化作用所致。因而，女性肌肉占体重的21%～35%，仅占男性肌肉重量的80%～89%。女性的肌肉力量弱于男性。有资料报道，女性上肢伸肌的肌肉力量仅为男性的2/3，腰部肌肉力量亦为男性的2/3，下肢爆发力为男性的3/4。训练程度相同的男女径赛运动员相比，女运动员肌肉中琥珀酸脱氢酶及肉毒碱软脂酰转移酶的活性较男运动员低。因此，脂肪的氧化能力亦较男性弱。

2. 骨骼

女性骨骼重量占体重的15%，较男性轻10%左右，抗弯能力较差，但韧性较佳。脊柱椎骨间软骨较厚，弹性和韧性优于男性，因此，柔韧性优于男性。女性脊椎骨较长，四肢骨细而短，形成上身长、下身短的特点。而且，女性的股骨、肱骨两侧上髁的直径、臂长、胸围及肩宽等指标均低于男性，髋部却大于男性，进而形成上体长而窄、下肢短而粗、肩窄盆宽的特殊体型。这种体型使身体重心低且稳定性高，有利于完成平衡动作，但奔跑速度及负重能力均受到一定限制。

随着机体的生长发育，女性的骨骼在青春期快速生长，并在青春期后期达到其个体的最高水平，称为峰值骨量（peak bone mass，PBM）。峰值骨量是个体在生命中所获得的最大骨量，即生长发育最成熟时期达到的骨组织总量（图19-1）。人体的骨量取决于：①峰值骨量；②随年龄发生的成年期骨丢失。峰值骨量受到诸多因素的影响（图19-2）。可见，在达到峰值骨量前的一段时期内，设法增加骨量的蓄积，对减缓更年期及老年期女性的骨量丢失，预防骨质疏松的发生具有重要意义。

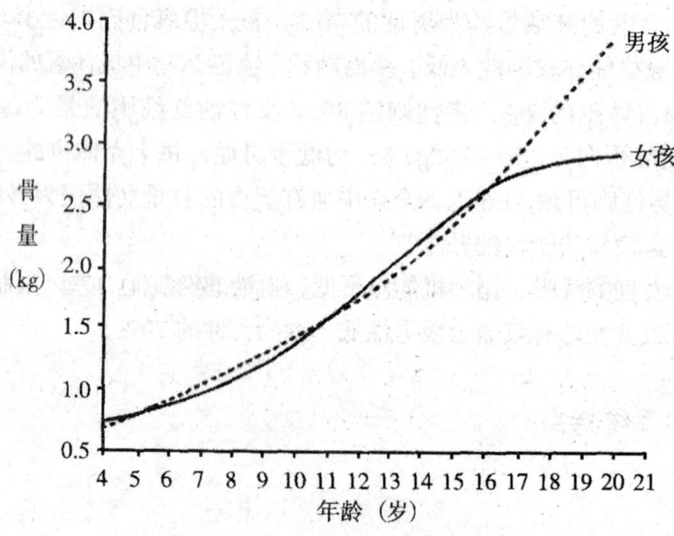

图19-1　峰值骨量获得示意图

（引自：郭世跋，2001）

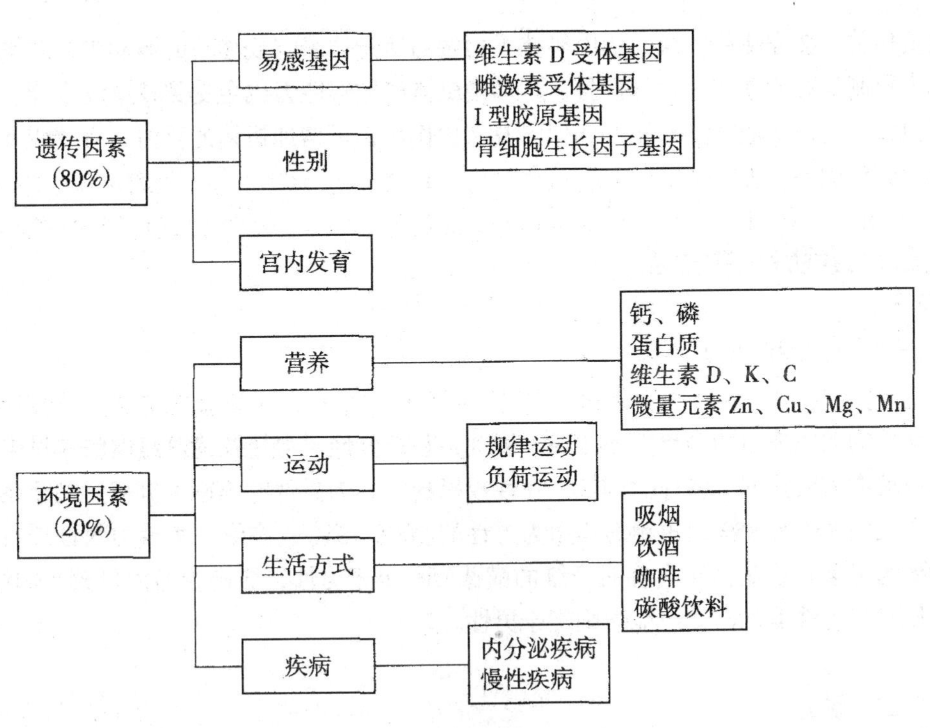

图 19-2 影响峰值骨量的因素

（引自：郭世跋，2001）

女性在 30 岁以后，随着年龄的增长，骨量逐渐丢失。可能的原因是，随着年龄的增长，肾脏活性维生素 D 的产生量减少，影响食物中钙的摄取与吸收，致甲状旁腺素（PTH）分泌增加，骨吸收增加。女性骨质的显著衰退由更年期开始。在更年期前，骨量流失率只有约 25%。在更年期，骨量的流失率显著增加。研究发现，骨量在 50 岁以后的最初 5 年流失最多，前 2 年每年流失 3.4%，第 4 年流失 1.7%，第 9 年流失 0.8%。骨量丢失的主要原因是由于女性雌激素水平的降低所致。绝经后女性骨量减少更加明显，极易产生绝经后骨质疏松症（postmenopausal osteoporosis，PMO），这是一种由于绝经、卵巢合成激素的减少，引起全身性骨量减少、骨微结构改变，进而导致骨脆性增加，易发生骨折的一种代谢性疾病。特点是其骨松质变化更显著，骨代谢呈高转换型，即骨吸收及骨形成均加速。骨质疏松导致骨密度及抗张强度下降，增加了骨折的危险性。许多研究已经证实，运动能有效地降低骨钙的减少程度。更年期女性应多进行一些有氧运动，并与低强度力量训练相结合，一方面具有预防和治疗骨质疏松的作用，另一方面亦具有维持体内雌激素水平、延缓衰老的作用。

（四）身体成分

女性适宜的体脂含量应占体重的 20%左右，主要分布在胸、腹、臀和大腿等部位的皮下。皮下脂肪含量约为男性的 2 倍。有研究证实，体脂与运动员的有氧和无氧运动成绩呈负相关。在完成跑、跳、爬山等抗重力做功使身体腾空或移动的运动中，较厚的体脂成为限制运动能力的因素。而且，运动中机体的散热能力也会受到较厚皮下脂肪的影响。但较厚的皮下脂肪具有很好的保温及保护作用，可增加机体的浮力，有利于参加冰雪及游泳类运动。

三、运动能力特点

（一）力量和速度

女性的肌肉力量约为男性的2/3，因此，在需要绝对力量及绝对速度的项目中，女性的运动能力明显弱于男性。例如，女性投掷的能力为男性的50%~70%；跳跃运动能力为男性的75%~85%；短跑的能力为男性的50%~85%；在爆发力及力量性项目上的差异更为显著。这是由于女性肌纤维的横截面积小于男性，肌肉收缩力量较小的缘故。而女性对静力性运动的适应能力则优于男性。

（二）耐力

如前所述，女性的有氧能力弱于男性，这与女性最大摄氧量水平较低、运氧能力及耐酸能力较差等综合因素有关，限制了运动中氧的利用，使其耐力水平较低。

（三）柔韧和平衡

由于女性的肌肉和韧带弹性好，关节活动范围大，因而动作幅度大而稳定，具有较好的柔韧性。另外，由于女性特有的肩窄盆宽体型，决定了女性具有身体重心较低的特点，因此平衡能力强于男性。

第二节　月经周期、妊娠与运动能力

月经周期和妊娠是女性特有的生理特征。在不同的月经周期和妊娠阶段，女性的运动能力将产生明显的变化。

一、月经周期及其调节

月经周期是女性特有的生理现象，表现为卵泡的生长发育、排卵与黄体形成，周而复始。同时，在卵巢雌性激素的影响下，子宫内膜发生周期性剥落，产生流血现象，称为月经（menstruation）。故女性生殖周期称为月经周期（menstrual cycle）。

(一) 月经周期的时相划分

卵巢及子宫的周期性变化受制于女性性腺轴—下丘脑—垂体—卵巢轴的调控。卵巢的周期性变化是月经周期形成的基础，可以分为卵泡期、排卵期、黄体期（luteal phase）、经前期（premenstrual phase）和月经期（menstrual phase）。

1. 卵泡期

卵泡期（follicular phase）是卵泡由原始状态经初级、次级卵泡发育为成熟卵泡的过程。从初级卵泡阶段开始，卵泡接受垂体促性腺激素的调控，促使其发育成熟。同时，子宫内膜亦产生相应变化，主要表现为内膜增厚、腺体增多变长，称为增生期。

2. 排卵期

排卵期是成熟卵泡在垂体黄体生成素（LH）作用下发生破裂并排出卵细胞的过程。人的每个月经周期初有 15 ~ 20 个原始卵泡同时开始发育，但通常只有一个卵泡发育成熟并排卵（ovulation）。

3. 黄体期

排卵后，残余的卵泡壁内陷、大量新血管长入，形成一个黄色的内分泌腺细胞团，称黄体（corpus luteum）。黄体细胞在垂体黄体生成素作用下，大量分泌孕激素和雌激素。同时，子宫内膜细胞体积增大，糖原含量增加，称为分泌期。分泌期的子宫内膜为妊娠做好准备。

4. 经前期

排出的卵子若不受孕，黄体则发生退化。许多女性此期内可出现一系列症状，如烦躁、易怒、失眠、头痛和浮肿等，称为经前期紧张症候群。

5. 月经期

黄体退化，血中雌、孕激素浓度明显下降，子宫内膜血管发生痉挛性收缩，继而出现子宫内膜脱落与流血，形成月经。

(二) 月经周期的反馈调节

在卵泡开始发育时，血中雌激素及孕激素浓度处于较低水平，对垂体卵泡刺激素（FSH）和黄体生成素分泌的反馈抑制作用较弱，血中卵泡刺激素表现为逐渐增高的趋势，随后黄体生成素亦有所增加。随着卵泡渐趋成熟，雌激素的分泌逐渐增加，排卵前一周左右，卵泡分泌的雌激素明显增多，血中浓度迅速升高。与此同时，血中卵泡刺激素水平由于雌激素及卵泡抑制素的抑制作用，水平有所下降。于排卵前一天，血中雌激素浓度达到最大，形成第一个高峰。在其作用下，下丘脑增强促性腺激素（GnRH）分泌，进而刺激腺垂体 LH 与卵泡刺激素的分泌，特别是黄体生成素的分泌，形成黄体生成素高峰，雌激素这种促进黄体生成素大量分泌的作用称为雌激素的正反馈效应。黄体生成素峰值出现后导致排卵的发生。

在黄体期，大约在排卵后 7～8 天黄体成熟时，血中雌激素形成第二个高峰，但较第一个高峰的峰均值为低。同时，孕激素分泌量达到最高峰。孕激素及雌激素浓度的增加，将使下丘脑与腺垂体受到抑制，促性腺激素释放减少，卵泡刺激素与黄体生成素在血中浓度相应下降。至黄体退化时，雌激素及孕激素分泌减少，使腺垂体卵泡刺激素与黄体生成素的分泌又开始增加，重复另一个周期(图 19–3)。

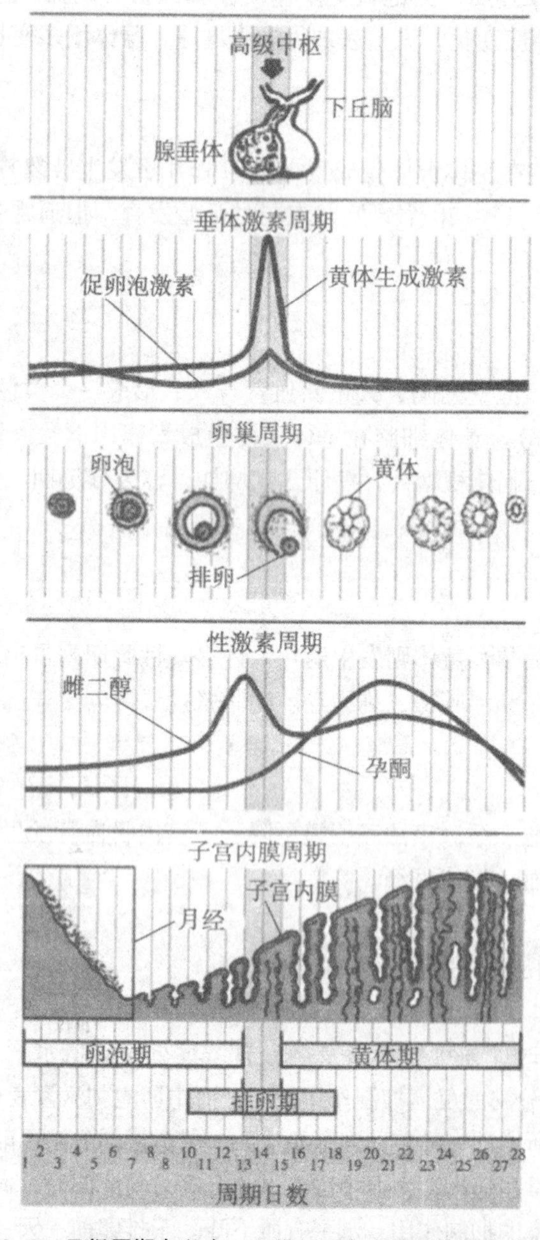

图 19–3　月经周期中激素、卵巢及子宫内膜周期性变化示意图

二、月经周期中运动能力的变化

（一）不同时相中运动能力的变化

月经周期中由于雌性激素水平的规律性波动，导致机体的运动能力发生相应变化。在月经周期不同时相中，人体运动能力的变化具有明显的个体差异。但有研究证实，人体有氧工作能力及整体体能以黄体期为最强，卵泡期及排卵期其次，经前期及月经期最弱。因此，在女性运动员的训练和竞赛安排中，应充分注意其体能与月经周期的关系，根据各时相体能的变化规律合理安排训练负荷量，大负荷训练应与体能的高峰时期相吻合，以使负荷作用达到最佳状态，从而提高训练效果和比赛成绩。

（二）运动性月经失调

大多数运动项目对女性的月经周期没有太大的影响，但持续大强度、长时间、大负荷的剧烈运动则易引起运动性月经失调（athletic menstrual irregularity，AMI），表现为周期延长或缩短、月经过多或过少，甚至闭经。据报道，女运动员运动性月经失调的发病率以长跑运动员为最高，可以达到36%，大学生运动员的运动性月经失调发病率也高达31%，而普通女性月经失调的发生率仅为2%～5%。长跑运动员约有20%发生长期闭经或月经过少。我国女运动员中闭经的发生率为17%。

运动性月经失调的发生与运动负荷、体脂含量、运动项目、饮食营养、应激等因素有关。而长期运动训练中，下丘脑—腺垂体—卵巢轴的功能状态对月经周期的影响具有重要作用。这条轴的任何一个环节出现障碍，均可能引起月经失调。

研究证实，剧烈运动及长期运动训练应激刺激作用下，机体应激激素及抗生殖激素（内源性阿片肽、PRL等）水平升高，通过直接或间接抑制作用，使性腺轴的下丘脑—垂体环节GnRH—促性腺激素分泌受抑，因而卵巢雌激素、孕激素分泌减少，发生运动性月经失调。

目前大多数研究认为，运动性月经失调可以作为女运动员过度训练的标志。运动性月经失调是可以逆转的，当运动员停止训练后，月经周期将逐渐恢复正常。

（三）女运动员“三联征”

女运动员“三联征”（Female Athlete Triad）是指，在运动训练影响下，以连锁形式出现的一组综合症候群，表现为膳食紊乱、闭经和骨质疏松。由于最初发现于运动员人群因而得名。国际运动医学界认为，“三联征”的核心和起始是饮食紊乱，随之发生的是由于代谢紊乱和低雌激素水平诱导的闭经，而在饮食紊乱和长期低雌激素的影响作用下，骨钙沉积不良、骨密度低下，逐渐产生骨量降低和骨质疏松。“三联征”的突出表现为各种形式的月经失调（AMI，包括闭经）及多发或复发性应力性骨折。“三联征”的发生与运动项目高度相关。国外调查显示，越野跑、体操、游泳是“三联征”发病率最高的项目。另外，一些普通女性为减体重而采取的多种对健康有害的过度膳食行为（饮食控制，并发贪食—厌食综合症等长期的饮食混乱行为），也可产生“三联征”。由于“三联征”对女性身体健康具有潜在的远期负面效应，已经引起相关研究者的高度关注。

（四）月经期与健身运动

对于参加健身运动的女性来说，即使月经期亦可参加适当的体育活动。这是因为，适度的体育活动能改善人体机能状态，促进血液循环，改善盆腔生殖器官的血液供应，并可通过运动时腹肌、盆底肌收缩与舒张交替进行，对子宫起到一定的按摩作用，促进经血排出。

一般认为，经期运动负荷量应该适度，强度不宜过大。一些跳跃、速度和腹压增大的练习应该避免，以免造成经血量过多或子宫内膜移位。

三、妊娠期运动能力

研究表明，妊娠期女性进行适当的、时间不长的中等强度有氧运动，可以增强机体各器官系统的适应能力，减缓体重的增长速度，并有助于减轻下肢浮肿，减轻机体由于负担加重而产生疲劳，保持良好的肌肉力量，既有利于胎儿的生长发育，亦有利于分娩过程。

美国的一项调查表明，195 名孕妇中，90%的人在孕期的前 7 个月内仍参加强度不大的健身运动，均未产生不良反应。对平时无运动习惯的孕妇，应鼓励参加舒缓轻柔的运动，如行走、柔软体操、健身跑和骑自行车等，以提高机体和心理的适应能力。但是，随着妊娠月份的增加，身体重心下降，运动能力受到影响。在整个妊娠期进行同样强度的运动，孕妇的摄氧量、肺通气量、肺通气当量和呼吸交换率逐渐增加。而且，有氧能力的下降幅度与孕妇体重的增加及适应能力的下降程度呈正比，与子宫体积增大的速度亦呈正比。

动物实验表明，长期运动可使动物幼仔出生体重减轻。随着运动强度和运动时间的增加，豚鼠的出生体重下降（特别是运动时间超过 30 分钟影响严重）。但对人类的研究大多报道胎儿出生体重不受母亲孕期运动的影响。因此，对于普通女性或女性运动员，在妊娠期内运动对孕妇及胎儿均无显著不良反应，均可适度进行运动，但接触性的、对抗性的运动应该避免。

【小结】

1. 女性的生长发育比男性约提前两年，呼吸、循环机能水平低，血液的携氧能力差，限制了氧的利用能力，因而，有氧能力较男性为低。由于雄性激素水平的差异，女性的肌肉力量弱于男性。女性体型特征，决定了其奔跑速度及负重能力均会受到一定影响，而柔韧性及平衡能力强于男性。

2. 月经周期是女性特有的生理现象，月经周期的不同时相中，在下丘脑—垂体—卵巢内分泌轴的调控下，出现卵巢及子宫的周期性变化。

3. 女性的运动能力随月经周期时相的不同，产生较规律性的变化。有氧工作能力及整体体能以黄体期最强，卵泡期及排卵期其次，经前期及月经期最弱。

4. 大强度、长时间的剧烈运动较易引起运动员的月经失调，但运动性月经失调大多是可逆的。运动训练影响下，以连锁形式出现的膳食紊乱、闭经和骨质疏松一组综合症候群，即女运动员“三联征”，其发生与运动项目高度相关，亦可发生于普通女性。

【思考题】

1. 结合女性生理特点分析健身运动及运动训练中应注意的问题。
2. 从运动能力与月经周期的关系考虑，应如何安排运动负荷。
3. 结合相关生理学知识，分析“三联征”给女性可能造成的远期危害有哪些?

第二十章

衰老与运动

【提要】

本章将介绍衰老的概念、衰老的机理、衰老过程中人体形态和机能的变化、体育锻炼对老年人的健身作用及老年人体育锻炼所应遵循的生理原则。

随着时代发展和科学技术的进步，人类的物质文化生活水平不断提高，使人类的平均寿命明显延长。在许多国家，老年人口的比例逐渐增加，并出现了明显的老龄化趋势。研究老年人的健康，重视加强老年保健措施，早期预防、延缓衰老过程已经成为重要的研究课题。

第一节　衰老的概念与机理

一、衰老的概念及老年人划分标准

衰老（ageing，senescence）又称老化，通常是指在正常状况下生物发育成熟后，随年龄增加，自身机能减退，内环境稳定能力与应激能力下降，结构、组分逐步退行性变化，趋向死亡，不可逆转的现象。

人类的衰老变化是循序渐进的，它受到先天遗传因素和后天环境因素等多方面的影响。因此每个老年人的个体差异很大，机体不同的器官其衰老的速度也不同。一个人的年龄或衰老程度主要受实际年龄、生理年龄、心理年龄等多方面的影响。实际年龄是一种不以人类意志为转移的客观现象，年复一年的增加；生理年龄、心理年龄会受到人体组织结构、生理功能、心理状态等因素的影响。因此，不能划定一个年龄作为所有器官衰老的起点。一般来说，现划定60岁以上为老年人。世界卫生组织对老年人的划分标准，如表20–1所示。

表20–1　世界卫生组织提出老年人划分标准

年龄（岁）	称呼
<44	青年人
45~59	中年人
60~74	年轻的老年人
75以上	老年人
90以上	长寿老人

二、衰老的机理

目前关于衰老机理，有较多学说，如遗传控制学说、自由基损伤学说、代谢产物交联学说、体细胞突变学说、差错积累学说、免疫紊乱学说等。这些学说从不同学科角度出发，对衰老机制进行了较为深入的探索。

（一）代谢产物交联学说

代谢产物交联学说（cross linkage theory）认为异常或过多的生物大分子交联是衰老的原因。过量的大分子交联，如DNA交联和胶原交联均可损害其功能，引起衰老。胶原与弹力蛋白等交联、脱水，使结缔组织与心肌僵硬，皮肤、肌腱、血管失去弹性。在临床方面胶原交联和动脉硬化、微血管病变有密切关系。蛋白质和DNA等生物大分子可与葡萄糖缓慢非酶促结合而糖基化，这些糖基可逐渐氧化，使蛋白质、脂类与核酸易于聚集，并广泛交联，成为脂褐质老年斑的重要成因。

（二）自由基学说

20世纪60年代中期由英国学者Harman首先提出自由基衰老学说（free radical theory），其后得到许多学者的共识。自由基在机体内有很强的氧化反应能力，且易产生连锁反应，对蛋白质、核酸、脂质等产生伤害作用，从而导致机体的衰老。环境中氧自由基也可损伤蛋白质、DNA、生物膜、线粒体等加快人体的衰老进程。

正常细胞内存在清除自由基的防御系统，包括酶系统，如超氧化物歧化酶（SOD）、过氧化氢酶（CAT）、谷胱甘肽过氧化物酶（GSH-PX）；非酶系统，如维生素E、醌类物质等电子受体。大量实验证明，超氧化物歧化酶与抗氧化酶的活性升高能延缓机体的衰老。如Sohal等人（1994、1995）将超氧化物歧化酶与过氧化氢酶基因导入果蝇，使转基因株比野生型这两种酶基因多一个拷贝，结果转基因株中酶活性显著升高，平均年龄和最高寿限均有所延长。

（三）线粒体DNA损伤

线粒体DNA（Mitochondrial DNA，mtDNA）是指一些位于线粒体内的DNA。实验证明，线粒体内的部分蛋白质成分是在线粒体本身的DNA支配下所合成的。如用于构成线粒体内膜的电子传递系及氧化磷酸化系机构有关的蛋白质，ATP酶的部分亚基、细胞色素氧化酶的亚基以及细胞色素的亚基等。

线粒体是细胞进行氧化磷酸化产生能量的主要场所，是细胞的“动力工厂”，产生生命活动的直接能源三磷酸腺苷（ATP）。线粒体DNA损伤时，将影响细胞的能量供给，导致细胞、组织、器官功能的衰退；同时也使线粒体产生更多氧自由基。因此线粒体的变性、渗漏和破裂都是细胞衰老的重要原因。线粒体DNA损伤是近年来国际上研究衰老机制的热点，被认为是细胞衰老与死亡的分子基础。

线粒体DNA的突变几率比核DNA大10~20倍，并且这些突变通过不同的方式影响线粒体的功能。突变引起电子传递和氧化磷酸化不足，将导致ATP水平下降和NAD/NADH比率失调。线粒体DNA突变造成的电子传递水平下降，可能增加自由基的存在，进而反馈调节mtDNA，从而产生更多的mtDNA突变型。

（四）细胞有丝分裂学说

Hayflick（1961）报道，人的纤维细胞在体外培养时增殖次数是有限的。后来许多实验证明，正常的动物细胞无论是在体内生长还是在体外培养，其分裂次数总存在一个“极限值”。此值被称为“Hayflick 极限”，亦称最大分裂次数。人体二倍体细胞染色体一般可复制次数低于 50~60 次。

现在一般认为细胞增殖次数与染色体端粒（telomere）长度有关。端粒是染色体末端的特殊结构，具有维持染色体稳定的作用。人染色体端区由 DNA 重复序列 TTAGGG 组成，可由自带引物的逆转录酶——端粒酶（telomerase）或称端聚酶催化合成。在精原细胞和肿瘤细胞中有较高的端粒酶活性，而正常体细胞中端粒酶的活性很低，呈抑制状态。

Harley 等（1991）发现体细胞染色体的端粒 DNA 会随细胞分裂次数增加而不断缩短。染色体 DNA 每复制一次，端粒就缩短一截。人胚成纤维细胞每增龄一代，端区长度缩短约 50bp（碱基对）。中国人每增一岁，外周血淋巴细胞端区长度约缩短 35bp。当端粒缩短到一定程度至 Hayflick 点时，细胞停止复制。因此染色体端区长度就成为人类体细胞的计时器，可作为人类体细胞的生物学年龄标志。

（五）遗传控制学说

遗传控制学说（genetic control theory）强调遗传物质在人体衰老中的作用。统计学资料表明，子女的寿命与双亲的寿命有关，各种动物都有相当恒定的平均寿命和最高寿命。各物种的寿命主要取决于遗传物质，DNA 链上可能存在一些“长寿基因（longevity gene）”或“衰老基因（gerontogene）”来决定个体的寿限。

20 世纪 90 年代，人类病理性衰老相关基因的研究取得了重大突破。Werner 早老综合征是一种隐性遗传病，病人的 DNA 损伤修复、转录等都有异常表现。现知该综合征是位于 8 号染色体短臂的一种 DNA 解旋酶（helicase）基因突变所致。

衰老并非单一基因决定，衰老相关基因很可能是一个基因群。已知危害老年人身心健康的阿尔茨海默病（Alzheimer’s dementia，AD）至少与 5 种基因及其产物相关。其中淀粉样蛋白前体基因（APP）的突变，导致基因产物 β 淀粉蛋白易于在脑组织中沉积，引起基因突变。

某些老年病相关基因，亦可看做是衰老基因。例如，载脂蛋白 E4（Apolipoprotein E4，ApoE4）水平升高时，发生冠状动脉粥样硬化性心脏病与老年性痴呆（AD）的可能性增高，由此影响寿命。

经过遗传生命科学家几十年的辛勤探索，现已确定的与衰老和长寿有关的基因达十多种，这些基因或与抗氧化酶类的表达有关，或与抗紧张、抗紫外线伤害有关，有的与增加某种受体的表达有联系，也有的与哺乳动物精子产生相关。

第二节　老年人生理特点与健身作用

一、神经系统

随着年龄的增加，老年人神经系统生理机能也发生许多变化。这些变化包括感受器退化、中枢处理信息的能力降低、平衡能力和神经系统的工作能力下降。表现在视力、听力下降，记忆力减退，对刺激反应迟钝，容易疲劳，恢复速度减慢等。

中枢处理信息能力下降的主要原因是大量神经细胞萎缩和死亡。老年人脊髓运动神经元数目减少37%，神经冲动的传导速度减慢10%，因而使神经肌肉活动能力受影响，表现为单纯反应时和复杂反应时变慢，运动时延长。65岁的老年人反应时比20岁年轻人延长了50%。老年人由于脑干和小脑中细胞数量减少，中枢肾上腺素能系统发生退行性变化，神经系统内的去甲肾上腺素水平逐渐降低，小脑皮质β-肾上腺素能受体密度降低，加上外周本体感受器机能下降，限制了精确地控制身体运动的能力，导致平衡能力和运动协调性减退，容易跌倒。由于脑动脉硬化和椎动脉血流受阻，老年人中有15%~24%的人会出现体位性低血压。

研究表明，老年人经常进行体育锻炼，其反应时较不锻炼的老年人短。连续20年体育运动的老年男子的动作反应时与20岁无运动的青年男子相似或更快。因此，有规律地进行体育活动，在某程度上能延缓神经肌肉功能的生物学衰老。

二、运动系统

（一）骨骼肌

在衰老过程中，骨骼肌发生显著的退行性变化。其特征是肌纤维的体积和数量减少，尤其是下肢肌的快肌衰退更明显。伴随着肌肉体积的减小，肌肉力量也下降。因而老人的动作灵活性、协调性及动作速度下降。研究表明，老年人最大力量的下降为18%~20%，并认为肌肉力量下降的速度与肌肉活动情况有关。经常进行抗阻训练，能促进蛋白质的合成，保持肌肉体积及力量，降低其衰老的速度。例如，以80%最大肌力进行抗阻练习，屈膝力量和伸膝力量都增加，随着力量的显著增长，肌纤维也产生适应性肥大。老年人运动训练引起的力量变化和年轻人是相似的。老人进行步行或慢跑训练，可选择性地使Ⅰ类和Ⅱa类肌纤维横断面增大，毛细血管和肌纤维比值、毛细血管的数目、密度增加，线粒体增大、增多，琥珀酸脱氢酶活性增加。

（二）关节

随着年龄增长，关节的稳定性和活动性逐渐变差。衰老常伴有胶原纤维降解，关节软骨厚度减小及钙化、弹性丧失，滑膜面纤维化、关节面退化。骨关节的变性会使关节僵硬，活动范围受限制。但老人的骨关节炎是衰老的结果还是反复损伤（引起病理性变化）的结果尚未清楚。体育锻炼可增加肌肉力量，防止肌肉萎缩的退行性变化，保持关节韧带的韧性和关节的灵活性，使老年人的动作保持一定的幅度和协调性。据研究表明，经常参加太极拳练习的老年人脊柱外形多保持正常，脊柱活动功能较一般人好，脊椎椎体唇样增生的发生率大大低于一般的老年人。

（三）骨骼

骨质疏松是老年人中较普遍发生的现象，尤其是绝经后的妇女更普遍。患有骨质疏松症的人极易发生骨折。据第 14 届国际老年学术会议（1989）报道，绝经后的妇女至少有 1/4 人发生骨质疏松，70 岁以后其中 40%发生过骨折。骨质疏松症发生是一个渐进的过程。女子约从 30 岁开始骨中矿物质逐渐丢失，而男子约从 50 岁才开始。麦卡阿特尔报道，60 岁以上的老年人由于骨矿物质的丢失及多孔疏松，会导致骨质量减少 30%～50%。随着年龄增长，骨质疏松引起骨密度和抗张强度下降，使骨折发病率也随之升高。脊柱、髋部、腕部是骨折的易发部位，而髋部骨折在老年人尤为多见。

老年人骨质疏松的原因尚未完全清楚，可能与性别、性激素分泌水平降低、消化功能低下导致钙吸收障碍、运动减少、吸烟、酒精、咖啡因及遗传等综合因素有关。这些因素可能引起负钙平衡，使骨中的矿物质含量减少。

运动能有效地防止和治疗骨质疏松症。坚持经常负重运动不仅能阻止骨质的丢失，而且还能增加骨矿含量，增加骨矿密度，预防骨质疏松症的发生。此外，还可以达到矫正变形、改善关节功能、增加柔韧性、增强肌力和耐力、保证肌肉和运动器官的协调性、防止摔跤，从而减少骨质疏松和发生骨折的危险。但是，单纯运动还不能完全代替雌激素治疗绝经期妇女骨质疏松症。Kohrt（1998）报道，激素替代疗法加运动对于增加总体骨矿密度比替代疗法更有效，尤其是增加腰椎部、髋部大转子的骨矿密度，且能减少脂肪积累。研究也表明，在运动的基础上，适量增加 Ca^{2+}的摄入，再加上激素的调节，三者联合应用，可产生互补作用。健骨运动配合钙剂补充可抑制骨矿的丢失，对绝经期女性骨量的维持起主要作用。绝经前期的妇女每天应需补钙 1000 毫克，绝经后妇女每天应需补 1500 毫克。

运动时骨密度的增加受负荷方式、骨骼局部应力及运动量等因素影响。负重运动能增加负重骨的骨质量，使骨骼变得粗壮；没有负荷应激时则骨质减少。即使是 80 岁老人，坚持每日步行 1 英里（1 英里=1.609 公里）也能有效地减少骨质丢失，预防骨质疏松的发生。而在失重状态下工作的宇航员，骨矿含量明显低于正常人群。但是，非负重运动（如游泳、自行车运动）与负重项目（如跑步、举重）相比，对负重骨的影响则较少。骨骼局部应力负荷与骨质量关系最为密切。骨骼承担的压力负荷越大，能够增强成骨细胞活性，使骨生成增强。例如，专业网球运动员运动侧前臂的桡骨骨矿含量较对侧高 30%以上。另外，机械压力负荷重复作用于某一骨骼的运动，也能增加该骨的骨密度。如长跑者跑步时下肢所承受的重复压力负荷很大，所以下肢骨和肌肉均较一般人粗壮有力。

三、心血管系统

衰老使氧运输和氧摄取的能力都下降。最大摄氧量约在20多岁开始，以每年0.4～0.5ml/(kg·min)速率递减，到65岁时下降近30%～40%。有氧能力的下降受氧运输系统的中枢机制和外周机制功能下降的影响（表20-2）。研究发现，如果坚持体育活动，体成分又保持不变的话，最大摄氧量递减率为每年0.25ml/(kg·min)。无训练者的最大摄氧量递减率是有训练者的两倍。所以过于肥胖或活动少的人将会加快最大摄氧量的下降速率。

表20-2 男子年龄增长时机能能力和身体成分的变化

指标	年龄	
	20	60
最大摄氧量（ml/kg·min）	39	29
最大心率（b/min）	194	162
安静时心率（b/min）	63	62
最大每搏输出量（ml）	115	100
最大动静脉氧差（ml/min）	150	140
最大心输出量（L/min）	22	16
安静时收缩压（mmHg）	121	131
安静时舒张压（mmHg）	80	81
肺总容量（L）	6.7	6.5
潮气量（L）	5.1	4.4
肺余气量（L）	1.5	2.0
脂肪百分比（%）	20.1	22.3

（引自：Brooks，1988）

（一）心率

随着年龄增长，静息时心率的变化很小，而最大心率却下降。25岁的青年最大心率（最大心率=220－年龄）为195次/分，而65岁老人则下降到155～160次/分。老年人最大心率下降的原因可能是由于交感神经活动减弱，传至窦房结的神经冲动减少所致。

（二）心输出量

一般来说，老年人的心脏容积仍保持不变，但静息时的每搏输出量减少，在力竭性工作时，老年人的每搏输出量比青年人少 10%～20%。这反映了伴随衰老过程，老年人心肌细胞萎缩、冠状动脉出现粥样硬化、左室舒缩功能减弱、心肌灌血不足及收缩力下降。由于最大心率的降低和每搏输出量的减少，所以心输出量也随年龄的增长而降低。65 岁老人的最大心输出量为 17～20L / min，比 25 岁的青年人低 30%～40%。

大血管和心脏弹性随年龄增长而减低。血管硬化增加了血流的外周阻力，增大了心脏的后负荷，使心肌的摄氧量增加。冠状动脉粥样硬化会引起心肌缺氧。外周阻力较高也使安静时和最大运动时的收缩压升高，但舒张压变化甚小。由于老年人心血管系统的生理功能明显减退，所以在剧烈运动时，老年人的心率和血压会急剧增加，成为心血管意外的重要诱因之一。

（三）动静脉氧差

最大动静脉氧差随年龄增长而趋向减少，65 岁老人的动静脉氧差仍可达 140～150ml / L。其减少的原因可能与体能水平下降、动脉氧饱和度下降、肌红蛋白的含量减少、外周血流分配不足、组织中氧化酶系统的活性减弱等因素有关。随着年龄增长，组织毛细血管数量下降及肌纤维萎缩，使毛细血管数量与肌纤维比值减小以及酶活性下降，所以氧利用率下降。

研究证实，缺乏体育活动与衰老本身都能导致老年人心血管机能下降。适宜的有氧运动能改善心血管机能。耐力训练可使老人的心脏机能和肌肉的有氧代谢能力提高。进行耐力训练后，老年男女的最大摄氧量分别增加了 19%和 22%，增加程度与年轻人相似。

总而言之，运动对老年人来说受益最大的器官是心肺功能系统。老年人经常练太极拳、长期散步锻炼能使静息心率减慢、动脉血压降低，每搏输出量、心输出量增加，心电图 S–T 段异常发生率降低。

四、呼吸系统

衰老伴随着呼吸系统的结构和机能产生不良的变化。这些变化表现为肺泡壁变薄、肺泡增大、肺毛细血管数目减少、肺组织的弹性下降、呼吸肌无力等，从而导致肺泡扩散的有效面积减小，肺残气量增加和肺活量的下降。因此，在剧烈运动时，只能通过增加呼吸频率来提高肺通气量，而不是依靠呼吸深度的增加。

静态和动态的肺功能指标随着年龄的增长而衰退。肺活量、最大通气量、时间肺活量等机能指标呈现进行性下降。有资料表明，老年男女的一秒钟用力呼气量分别以每年大约 32 毫升和 25 毫升的速度下降。老年男性第一秒时间肺活量从正常的 82%下降到 75%左右，女子则从 86%下降至略少于 80%。虽然随衰老的产生使呼吸系统机能下降，但 65 岁的健康老人仍具有相当程度的肺通气贮备。

有氧训练可使老年人的肺功能能力提高，使最大通气量增加，其增长速度与心输出量的增长相适应。坚持体育锻炼能抑制与衰老相关的肺功能下降。

五、血液系统

随着年龄的增长，老年人血液出现浓、黏、聚、凝的状态，临床上称之为高黏滞血症（HVS）。高黏滞血症可使微循环的血管形态、血液流变发生异常，直接影响到组织、器官的生理功能。

血液的黏稠度主要取决于红细胞的压积、血浆黏度与红细胞的变形能力。随年龄增长，老年人的纤维蛋白原增加，而纤溶能力下降，使血浆黏度增加。另外，机体造血机能下降会使血液中年轻的红细胞数量减少，衰老的红细胞数量增加，过氧化脂质在体内不断积聚以及血管的硬化等因素都引起血液黏度升高。红细胞变形能力是影响血黏度和血流阻力的重要因素。随着衰老过程的发展，红细胞膜弹性下降、血沉增加，导致变形能力下降。血液黏度的升高和红细胞的变形能力下降，使血液的流变性降低，循环阻力增加，心脏负担加重。因此，心输出量、有氧能力及清除代谢产物等机能都将减弱，成为诱发心血管疾病的主要因素。

研究表明，长期运动锻炼使纤溶能力增强，对于增强血液的流动性，降低血黏度有重要作用。老年人长期进行冬泳、门球、太极拳、长跑、散步和舞蹈等锻炼均可对老年人血液流变学指标产生良性影响。这对改善老人高黏血症及预防心血管疾病有一定的意义。

六、免疫系统

随着年龄的增长，免疫系统的功能显著降低。表现在免疫细胞数量的减少和活性的下降、T 细胞增殖反应、白细胞介素-2（IL-2）水平、受体表达、信号传送及细胞毒作用等下降。尤其是 T 细胞功能受到的影响更明显，功能性 T 细胞数量下降及 T 细胞亚群比值发生了改变。60 岁以上的老年人外周血中 T 淋巴细胞的数量可降至青年时期的 70%左右。这是由于胸腺随着年龄的增长发生退化所引起的。白细胞介素-2 对辅助性 T 细胞（CD^{4+}）和抑制性 T 细胞（CD^{8+}）的增殖、分化有重要作用。衰老过程使白细胞介素-2 受体的数量、亲和力、表达等下降。白细胞介素-2 的减少对机体免疫反应有负面影响，使 T 细胞信号传送减少，钙调节障碍。由于免疫系统功能衰退，直接影响老年人的身体健康。

适当的运动可使机体免疫系统的功能增强。运动引起免疫系统机能变化趋势因运动强度、方式、个体健康和训练水平而有所差异。实验证明，一次剧烈运动可抑制免疫机能，辅助性 T 细胞与抑制性 T 细胞比值（CD^{4+}/CD^{8+}）下降，自然杀伤（NK）细胞的百分比及活性升高。进行适当的耐力运动后，机体的免疫系统机能加强。坚持冬泳、慢跑、太极拳、网球锻炼会对老年人自然杀细胞活性及数量产生良好影响。坚持海水冬泳的老人 CD^{4+}升高幅度要大于 CD^{8+}，故 CD^{4+}/CD^{8+}细胞比值增高，提示免疫功能增强。在实际生活中，常参加锻炼的人患感冒少，因而由感冒引起的一系列疾病，如扁桃体炎、气管炎、肺炎等呼吸道疾病就不容易发生。

七、抗氧化系统

衰老机理的“自由基学说”认为自由基在人机体衰老过程中起重要作用。通常认为，过氧化脂质（LPO）含量表示自由基损伤的程度，而超氧化物歧化酶(SOD）活性反映身体内自由基清除系统的功能状况。人体各组织中的过氧化脂质随年龄增长而升高，而细胞内的超氧化物歧化酶随年龄增长而逐渐下降。

研究证明，长期健身运动均能不同程度地提高老年人抗氧化系统的功能。可阻止血清过氧化脂质的升高及减慢中老年人体内超氧化物歧化酶的下降速率，使机体自由基清除系统中的酶活性维持在较高的功能状态，减少对正常细胞组织的攻击作用。

八、体成分和体重

随年龄增长，身体成分和身高有显著的变化。40岁左右身高开始下降，60岁时身高下降了6厘米。60～80岁身高的下降速度加快，每10年降低2厘米。有人认为，多年从事负重工作的人身高下降速度较快。身高随年龄而降低是因为脊柱后凸（驼背）、椎间盘压缩、椎骨退化造成的。人的体重通常在25～50岁之间处于上升阶段，其后开始逐步下降。体重增加伴有体脂增加和去脂体重下降。男女老年人的体脂平均值一般分别约为26%（男青年为15%）和38%（女青年为25%）。

老年人的瘦体重较年轻人小，老年男性的瘦体重为47～53公斤（青年男子为56～59公斤），女性为31～41公斤（青年女子为38～42公斤）。身体活动能力随着年龄增长而逐渐下降，因而使瘦体重减少和体脂增加，这种体成分的改变将增加老年人发病率及生理机能减退。

有氧运动可有效地氧化体内脂肪而使体脂下降，而对去脂体重的影响较小。抗阻运动对减少体脂和增加瘦体重均有良好效果。老年人抗阻运动后，会引起骨骼肌产生适应性肥大、质量增加，而骨骼肌中约73%是水，所以表现为瘦体重增加。

九、血脂代谢

血液中脂质水平增高称为高脂血症，它是动脉粥样硬化（CHD）的启动因素。动脉粥样硬化是常见的老年性疾病。体内的胆固醇（TC）、甘油三酯（TG）及载脂蛋白等的代谢与动脉粥样硬化密切相关。高密度脂蛋白质—胆固醇(HDL–C）具有促进外周组织胆固醇消除的作用，其增高有助于减少患动脉粥样硬化的风险。低密度脂蛋白质—胆固醇（LDL–C）和血清总胆固醇（VLD–C）的作用是将全身脂肪转向细胞，包括血管内皮细胞。当低密度脂蛋白—胆固醇被氧化时，容易形成动脉血块及脂肪斑块而导致动脉粥样硬化。所以低密度脂蛋白—胆固醇和极低密度脂蛋白质—胆固醇（VLDL–C）水平增高可增加动脉粥样硬化的发病率。

中等强度有氧运动能有效地改善脂蛋白和载脂蛋白的代谢。长期坚持健身跑、太极拳、太极剑、步行、健身舞锻炼可有效提高高密度脂蛋白质—胆固醇水平，降低血清甘油三酯、低密度脂蛋白—胆固醇、极低密度脂蛋白质—胆固醇及载脂蛋白水平。而抗阻练习对血中胆固醇、甘油三酯以及脂蛋白的水平影响不大。

摄入低胆固醇的食物（如大豆蛋白）能改善血胆固醇状况。维生素 C、维生素 E 及 β-胡萝卜素能够阻止低密度脂蛋白—胆固醇的氧化。有人还认为，葡萄酒中某些成分可以抑制低密度脂蛋白—胆固醇的氧化，从而抑制脂斑的形成，降低正常人患动脉粥样硬化的风险。

第三节　老年人健身运动原则

进行健身运动要想达到健身祛病、防病抗衰、延年益寿的目的，就必须讲究科学的锻炼方法。老年人进行健身运动时，必须遵守以下原则：

一、适宜运动项目原则

老年人进行健身运动时，适宜从事耐力性项目，而不宜进行速度性项目。在耐力健身运动项目中常采用的有步行、健身跑、游泳、自行车、登山、跳健身舞等。有条件时还可打网球、门球、高尔夫球等。在我国传统体育项目中，可选择气功、太极拳、太极剑等。还有自然锻炼法（如日光浴、空气浴和冷水浴等）和医疗体育锻炼都可增进老年人的身心健康。在进行耐力性健身运动同时，还要适当进行一定程度的力量性锻炼，以减轻老年人肌力的减退。

二、循序渐进原则

在进行健身运动的初期运动负荷和运动量要小，经过锻炼对运动负荷和运动量适应后再逐步增加和达到适宜的运动负荷和运动量。经过一段时间锻炼后，如运动时感到发热、微微出汗，运动后感到轻松、舒畅、食欲、睡眠均好，说明运动负荷和运动量恰当。锻炼的动作应由易到难，由简到繁，由慢到快，时间要逐渐增加。老年人运动时，可用运动后即刻脉搏变化和恢复时间来控制运动量。老年人的适宜运动量可用“170-年龄”这个公式来掌握，例如60 岁的人运动后即刻脉搏达到 110 次 / 分，5 ~ 10 分钟内脉搏恢复到安静时水平较为适宜。

三、经常性原则

健身运动一定要持之以恒。每周锻炼不应少于 2 ~ 3 次，每次锻炼不低于 30 分钟。同时要合理安排锻炼时间，养成按时锻炼的良好习惯。只有这样的锻炼才可使身体结构和机能发生良好的变化，增强身心健康。

四、个别对待原则

老年人在锻炼前应做一次全面的身体检查。通过检查可了解自己的健康状况和各脏器的功能水平。要根据老年人的年龄、性别、体力特点、健康状况、运动基础及运动习惯来选择最适宜运动项目，并制定合理的锻炼计划，要因人而异。

五、自我监督原则

老年人参加体育锻炼要加强医务监督。要学会观察、记录自己的脉搏、血压及健康状况，以便进行自我监督，防止过度疲劳，避免发生运动损伤，提高锻炼效果和健康水平。运动时要注意适当安排短暂休息，运动前后要认真做好准备活动和整理活动。老年人锻炼时气氛应轻松愉快和活跃，应尽量避免做憋气的动作和参加精神过于紧张的比赛活动。如在运动中出现脉搏过快或过慢，或变得不规则时应停止锻炼，去医院检查。遇有感冒或其他疾病、身体过度疲劳时，应暂停锻炼，并及时进行治疗或休息。

【小结】

1. 目前关于衰老机理有较多学说，如遗传控制学说、自由基损伤学说、代谢产物交联学说等，各学说从不同角度对衰老机制进行了较为深入的探讨。

2. 衰老对细胞功能和系统调节两方面都有影响。30 岁以后大多数生理功能以每年 0.75%~1%的速率下降。身体能力下降的特征有：最大摄氧量、最大心输出量、肌肉力量、神经功能、抗氧化能力、免疫能力、血液流变性等降低，并伴有骨质疏松及体脂增多等。

3. 健身运动可减慢衰老过程中人体退行性的机能变化，提高神经系统、运动系统、心血管系统、呼吸系统、血液系统、免疫系统的机能，增强抗氧化能力，对身体成分和脂代谢产生良好的影响。

4. 老年人只有进行科学的健身运动，才能起到健身祛病和延年益寿的作用。在进行健身运动时，要遵循适宜运动项目原则、循序渐进原则、经常性原则、个别对待原则和自我监督原则。

【思考题】

1. 如何认识人体衰老产生的机制？
2. 衰老过程中人体机能能力下降的主要表现是什么？
3. 健身运动对延缓衰老过程有哪些影响？
4. 老年人最适宜的运动项目有哪些？体育锻炼时应注意哪些生理原则？

第二十一章

运动健身与运动处方

【提要】

本章对运动处方的概念和内涵、运动处方的基本要素，以及如何制定与实施运动处方等方面进行了系统阐述。在此基础上，以减肥运动处方等为例，具体讨论了运动处方的应用。

1879年，美国哈佛大学的Dudley Sargent博士指导应用了个体化的运动处方，促进人体的结构和功能改善，进而达到健康的身体状况。作为一个专有名词，运动处方（the exercise prescription）是指针对个人的身体状况而制定的一种科学的、定量化的、周期性的锻炼方案。具体地讲是根据锻炼者身体检查的资料，按其健康状况、体力情况及运动的目的，用处方的形式制定适当的运动种类、运动强度、运动时间及运动频度，进行有计划的周期性锻炼的指导性方案。

运动处方可根据锻炼者运动的目的、性质不同，分为健身运动处方、康复运动处方、减肥运动处方、竞技运动处方、健美运动处方等不同的种类。

第一节　运动处方的基本要素

尽管运动处方有不同的种类，但都必需具备构成运动处方的基本要素，即一个完整、科学的运动处方必须有明确的运动目的，根据运动目的和身体机能状态选择适当的运动类型（种类）、运动强度、运动时间，以及在一天中何时运动，即运动的时间带、运动的频度等。

一、运动的目的

根据个体不同的身体状况和个人意愿而确定的运动目标即运动的目的。运动的目的是建立在需要的基础上的。根据需要的不同类型，运动处方中运动目的主要有以下方面：

（1）促进生长发育。

（2）增强体质，防止疾病，促进健康。

（3）保持健康，延缓衰老。

（4）运动康复，治疗疾病。

（5）缓解压力，提高工作效率。

（4）丰富文化生活，调节心理状态，提高生活质量。

（5）增强专项体能，提高竞技水平。

（6）锻炼身体不同部位肌肉，塑造形体美。

二、运动的类型

运动类型（运动种类）是运动中采用哪种形式的运动，或选择运动项目等。运动种类是确定运动处方性质的重要因素，必须根据运动目的来选择运动的种类。运动的种类可按项目分类，如田径、体操、球类等；可按身体运动机能能力分类，如力量性、速度性、耐力性、柔韧性等；可按动作特点分类，如有氧代谢为主、无氧代谢为主、乳酸能代谢为主等。所以，分类方法不同，运动种类的确定就不同。在此有必要将运动练习的

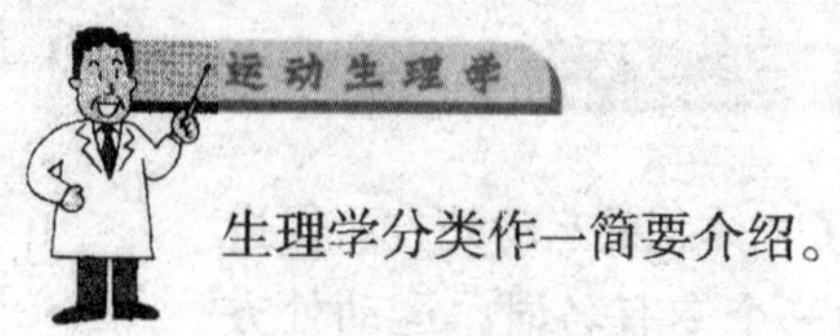

生理学分类作一简要介绍。

（一）身体练习的生理学分类

体育运动是由各式各样的动作组成。从生理学角度看，把人体在体育运动时所完成的各种不间断的、彼此联系的动作的总和称身体练习或运动练习。生理学分类是把具有相似功能特征的身体练习归并为一类，以利在运动中采用同一类练习来提高同一生理器官、系统的机能能力，从而也提高同一运动能力。另外，有利于同类运动技能的掌握和提高。运动生理学中较常应用的运动练习分类有以下几种：

1. 按肌肉活动特征分类

按肌肉活动特征分类，将运动可分为动力性运动与静力性运动。进行动力性运动时，身体多个环节均有位移，如走、跑、跳等。进行静力性运动时，身体多数环节在一定时间内维持相对固定姿势，静止不动，如支撑倒立、蹲马步和十字悬垂等。

2. 按动作结构特征分类

以技术动作结构特点，将运动分为周期性运动、非周期性运动和混合性运动三大类。

周期性运动是按一定程序周而复始地重复相同动作的运动，如走、跑、骑自行车、滑雪、划船和游泳等。这类运动的动作结构简单，强度易于控制。周期性运动是运动处方中采用较多的运动类型。

非周期性运动是按一定顺序进行的，各个动作要素没有周期性重复的运动，如体操、武术、摔跤、跳水、羽毛球和乒乓球等。这类运动对动作的技术要求较高，不容易掌握，但能较好地提高参与者的运动兴趣和保持运动的兴奋状态。

混合性运动是既有周期性运动成分又有非周期性运动成分的运动，如跳高、跳远、篮球、足球、手球和花样滑冰等运动项目。运动中的跑动是周期性的，而跳跃、投篮、射门和传球等动作属于非周期性运动。

3. 按肌肉工作的相对强度分类

根据完成各种距离跑的速度与时间之间的关系，把肌肉工作的强度划分为极限强度、次极限强度、大强度和中等强度的运动。

极限强度（最大强度）运动是指人体持续以最大速度或最大力量（肌肉快速紧张工作）工作的运动，持续时间为10～30秒，如100米跑、200米跑、50米游泳、短道速滑等周期性运动，以及跳高、跳远、投掷、举重和跳马等非周期性运动。

次极限强度（次最大强度）运动是指人体快速紧张工作能持续30秒到3分钟的运动，如400～1500米跑、100～200米游泳等周期性运动，以及自由体操、武术、散打、摔跤和拳击等非周期性运动。

大强度运动一般指人体紧张工作能持续5～30分钟的运动，如10000米跑等运动。

中等强度运动则指人体能持续 30 分钟以上的周期性运动，如马拉松跑、公路自行车、长距离游泳和越野滑雪等。

4. 按运动供能特点分类

根据肌肉收缩时的代谢特点，可将运动分为无氧供能（或无氧供能为主）运动和有氧供能（或有氧供能为主）运动两大类。

无氧供能为主的运动包括最大强度及次最大强度的运动。有氧供能为主的运动包括无氧阈强度运动、中等强度运动和低强度运动等。中等强度的有氧运动，是运动处方中经常采用的运动负荷。其运动中心肺功能指标达本人最大值的 70%～80%，供能物质是以糖和脂肪的有氧氧化为主，如竞走、超长跑、长距离游泳和滑雪等，以及群众性体育活动中的健美操、有氧舞蹈和球类运动等。低强度有氧运动主要以脂肪的有氧氧化提供能量，心肺功能指标变化不超过本人最大值的 50%～60%，如步行、慢跑、保健操、太极拳和养生气功等。

（二）运动类型的选择

1. 运动处方中运动类型的选择

为达到全面身体锻炼的效果，应包括以下三种主要运动类型：①有氧耐力性运动；②抗阻力性力量运动；③伸展柔韧性运动。

根据运动目的和身体具体情况，选择三种类型的比例应有不同侧重。有氧耐力性运动主要是改善和提高人体的心肺工作能力和有氧工作能力。这类运动有步行（散步、快走、定量步行及竞走）、慢跑（或健身跑）、走跑交替、自行车、跑步机上跑步、有氧舞蹈、健美操和不剧烈的球类运动等。抗阻力性力量运动是以增强力量、健美形体为主的运动，如利用哑铃、杠铃、弹簧和橡皮筋等负重法或阻抗法进行的力量练习。伸展柔韧性运动是以调整呼吸节律及肌肉的伸展性为主的运动，如慢节奏健美操和医疗体操、各种养生气功等。

2. 运动类型选择的原则

(1) 以有氧供能为主的有氧耐力性运动，兼顾个人运动习惯和爱好。

(2) 参与运动的主要大肌群的动力性运动与静力性运动结合，全身运动与局部运动结合，以全身动力性运动为主，局部静力性运动为辅。

(3) 对于不常运动的人，动作结构上选择以周期性运动为主，动作简单，强度易于控制。

三、运动强度

人体运动中，运动强度（负荷强度）是指单位时间移动的距离或速度，或肌肉单位

时间所做的功。运动强度是运动处方中决定运动量最主要的因素。运动强度分为绝对强度和相对强度两大类。过去的运动处方多使用绝对负荷强度，现在相对负荷强度的使用越来越广泛。

用主观体力感觉等级（RPE）可以对人体的机能状态和所承受的运动负荷强度进行主观描述（详见第十四章）。因此，近年来得到广泛的应用。对于健身者来说，运动时的主观体力感觉等级在12~15之间，说明负荷强度是合理的，而中老年人则达到11~13级为宜。

确定合理负荷强度的最好方法，是将靶心率和主观运动强度两种方法进行结合。即先按适宜的心率范围进行运动，然后在运动中结合主观运动强度评价表来掌握负荷强度。这样，在运动中不用停下来测心率便可知道自己的负荷强度是否合理。

健身运动处方中负荷强度的设定，以控制在人体有氧代谢工作的范围内为原则。即按肌肉工作相对强度分类中的大强度、中等强度以下的负荷强度；或按运动供能特点分类中有氧代谢供能为主的运动，青壮年可以进行个体乳酸阈强度以下的有氧运动，中老年则只适宜中等以下强度的有氧运动；若以心率为指标则达到有氧工作心率范围，一般人相当于本人最大心率的60%~85%，中老年人在本人最大心率的60%~75%较为适宜，即每分钟120~160次左右。

四、运动时间

运动时间指每次运动持续的时间，是组成运动量的重要因素。在持续的周期性运动中，运动时间乘以负荷强度就是运动量。因此，运动时间依负荷强度而发生变化。在制定运动处方时，有时采取较低的负荷强度和较长的运动时间，而有时则采用短时间高强度的重复运动。负荷强度确定后，持续该强度的运动时间就成为影响锻炼效果的重要因素。运动时间过短，对机体不能产生作用，达不到应有的效果；运动时间过长，又可能超过机体的负担能力，造成疲劳积累而损害身体。因此，确定运动时间应根据运动目的及负荷强度来设定能引起机体产生最佳效果的运动时间，即必要的运动时间。

锻炼心血管功能的健身运动处方，必要的运动时间至少应在15分钟以上才有作用。原因有三：其一，在进行运动时，人体各器官系统的工作效率是在运动开始后一段时间内逐步提高的，人体开始运动20~60秒后心率即可达到必要的水平，而心输出量、摄氧量和氧脉搏在开始运动后2~3分钟才急剧增加，其后逐渐增加到较高水平需4~7分钟。其次，人体通过一段时间的运动，从相对安静状态到进入适宜强度的运动状态，并非达到了运动目的，只是完成了克服生理惰性，激发和动员心脏储备力的工作。研究表明，健康人心率达到150次/分以上时，所持续运动的最少时间必须在5分钟以上才开始产生效果。第三，在完成正式的运动以后，应逐渐降低负荷强度继续运动5分钟以上，使人体由较紧张的肌肉活动状态逐步过渡到相对放松状态，以利于身体的恢复，即进行整理活动。据研究，每次运动持续20~60分钟对于提高心血管系统机能和有氧工作能力较适宜。

五、运动的时间带

运动的时间带是指一天中进行运动的时机（即在何时进行运动）。应根据人的生物节律周期及日节律来合理安排运动的时间带。例如，高血压患者运动的时间带，白天比清晨要好，其理由是人体血液流变学各项指标从20点至凌晨6点呈不同程度的上升趋势。其中血黏度、红细胞压积和红细胞聚集指标呈线性上升，尤其零点至6点升高明显。这与临床资料显示的脑溢血发生在凌晨数小时内明显增多极为相关。特别是冬天，由于低气温，血压也容易升高，所以对中老年人及康复病人，选择运动的时间带非常重要。

根据人体血液流变学的生理节奏变化和运动中的变化特点对它的影响，心血管病患者或中老年人运动的时间带应避免在清晨8点以前。当然清晨在空气清新的环境中做一些轻松的活动，如散步、练气功、打太极拳、做柔韧体操等，对于增进健康亦是非常有益的。

空腹时进行运动会产生不良影响，特别是胰岛素依赖型糖尿病（IDDM）患者，有可能导致低血糖的危险，所以对于清晨空腹时运动（清晨跑步等）必须加以注意。由于影响消化和吸收，所以饭后不宜立即进行运动。

六、运动频度

运动频度通常指每周运动的次数。健身运动的效果，是在每次运动对人体产生的良性作用的逐渐积累中显示出来的，是一个量变到质变的过程，所以要求经常锻炼，或根据不同的运动目的，实施一定周期的运动（运动处方）。而不能凭一时的兴趣，三天打鱼、两天晒网，也不能急于求成，运动频度过高。如果一次运动后，运动对机体的良性作用完全消退后再进行第二次运动，则前一次运动的效果不能被蓄积；如果一次运动后，运动对机体的良性作用还未出现（也就是前一次运动的疲劳尚未消除）就紧接着进行第二次运动，则会造成疲劳被蓄积。以上两种运动间隔形式都不能取得满意的效果。后一种形式如长期下去还将对机体造成过度疲劳。可见，运动频度在制定运动处方中的作用是非常重要的。正确地设定运动频度，要根据运动目的和身体情况的不同而区别对待。

如果以健身或康复为目的，一般人的运动频度应以每周三次以上为适宜，同时还应结合每次运动的强度、持续的时间、个人的身体恢复情况，以及对运动的适应能力等因素综合考虑。如果每次锻炼的运动量不大（但要达到锻炼效果的最低限度），也可增加运动频度，只要没有疲劳的积累，对身心健康是有益的。每天运动一次，甚至两次，使体育锻炼成为生活方式中的组成部分，作为每天生活中习惯性活动。

七、注意事项

以治疗、康复为目的的运动处方中，应指出禁忌参加的运动项目、健身运动中自我

观察指征和停止运动的指征，重视做好准备活动和整理活动等。同时要让参加健身运动的人掌握和了解一些必要的体育卫生知识，如运动后不要立即坐下或躺下，以免引起“重力性休克”或其他不适感觉，不能立即吃生冷食物，不能马上游泳或冷水浴等。

第二节 运动处方的制定

制定运动处方时，首先，应按照一定的程序进行较系统的身体检查，对健康状况进行预检和评价。在此基础上选择运动试验方法进行运动试验，对身体机能进行评定。对于健身和康复运动处方尤其要对心血管机能进行评定，以发现潜在的心血管疾病，确定是否可进行运动锻炼。然后，再进行体力测试，以评定身体素质和体力等级，确定其进行运动的负荷范围。通过以上程序，获得为制定运动处方所必须的较全面的资料和信息，为运动处方的科学性提供依据。最后，在此基础上制定运动处方，并在实施过程中定期进行反馈和调整。

一、制定运动处方的步骤

（一）预检和健康评价

通过询问、观察和本人填写调查表等方法，全面了解受试者的病史、运动爱好、饮食情况、生活方式、运动目的和居住环境等情况，并进行一般体检、人体测量及身体成分测定，其目的是对受试者的健康状况作出初步评价，即健康评价（Pre-participation health screening）。健康评价不能仅限于躯体的健康，而应包括精神、心理状态、道德行为及社会适应能力等多方面，需要进行多指标的综合评判。所以，此处的健康调查与评价限于条件，只能是初步的定性评价。

（二）心血管运动试验

根据健康调查的初步评价进行运动试验，其目的在于评定受试者的心血管机能，发现潜在的心血管疾病，条件允许时可测定最大摄氧量和最大心率等指标，为制定运动处方提供定量依据。心血管运动试验可根据受试者的体力情况，年龄和运动经历等选择适当的试验方法。目前较普通采用的方法是“多级负荷试验”。对于运动能力较高的运动员及青年运动爱好者等，可采用多级负荷试验中的极量试验。对于一般无运动经历的健康者，可采用亚极量试验和症状限止试验。此外，对于身体某些指标异常（例如总胆固醇异常、血脂值偏高等）但血压和其他方面尚属正常而且无合并症，不能属于完全健康而又没有明显疾病的情况，即所谓亚健康受试者，运动试验也可采用亚极量试验和症状限止试验，但要求有较完善的监护设施。

对于已确诊有心血管疾病者，通过彻底的医学检查，排除运动试验的禁忌症，方可进行运动试验。采用低负荷试验或症状限止试验，要求有密切的监护及必要的应急设施。为了保证安全，对心血管病患者不宜进行最大摄氧量和最大心率的测定，可根据定量负荷时的心率或吸氧量间接推算最大摄氧量，用220减去年龄之差推算最大心率。

（三）体质测试及生理年龄评定

1. 体力测试

体力是指身体运动的基本功能，或者说为进行运动或劳动身体所具备的基本素质，它是通过人体在运动或劳动中表现出的力量、速度、耐力和灵敏等机能能力来体现的。可以通过测定握力、背力、立位体前屈、闭眼单足立、反复横跨、俯卧撑、5分钟跑、12分钟跑和纵跳等指标来反映。

2. 生理年龄简便评定方法

每个人都有自己的日历年龄，但和实际生理机能水平差异很大，只有“生理年龄”才能反映一个人实际的生理机能状况（表21–1）。

表21–1 生理年龄评定表

项目	等级	男40岁	男50岁	男60岁	女40岁	女50岁	女60岁
反复横跨	A	35	32	27	30	27	22
(次/分)	B	30	27	21	25	22	17
垂直跳	A	41	36	30	24	20	16
(cm)	B	34	29	23	18	14	10
握力	A	29	37	33	25	24	22
(kg)	B	32	30	28	21	19	17
俯卧仰体	A	44	40	34	37	31	25
(cm)	B	38	35	29	32	26	20
5分钟跑	A	975	925	857	775	725	675
(m)	B	900	850	800	700	650	600

注：A级为健康合格下限数，B级水平以下为警戒信号，应引起注意。

3. 库珀有氧耐力测定法

库珀（Cooper）提出的“12分钟测验”，既是一种身体有氧耐力的锻炼方法，也是一种测定有氧运动能力的指标，得到普遍采用。

（1）最大摄氧能力

最大摄氧能力是评定身体机能状况的主要指标。这项指标主要反映人的心脏血管状况。库珀经研究，将男、女4个年龄组定出了5个有氧耐力的级别。例如，40岁的男子1

分钟的最大摄氧量低于 25ml/(kg·min)，其健康状况评为劣。这表明，他的心血管系统不能保证各器官和组织获得正常生命活动所必需的氧（表 21-2）。

表 21-2 男子最大摄氧量与体力级别　　单位：ml/(kg·min)

有氧能力	年龄			
	30 岁以下	30~39 岁	40~49 岁	50 岁以上
很差	低于 25.0	低于 25.0	低于 25.0	–
差	25.0~33.7	25.0~30.1	25.0~26.4	低于 25.0
及格	33.8~42.5	30.2~39.1	26.5~35.4	25.0~33.7
好	42.6~51.5	39.2~48.0	35.5~45.0	33.8~43.0
很好	51.6 以上	48.1 以上	45.1 以上	43.1 以上

（2）12 分钟跑或游泳测试

库珀经过研究发现，用 12 分钟运动足可以测出每个健康者的耐力水平。受试者通过（跑、走或游泳等运动方式）在 12 分钟之内尽可能完成更长距离的运动。例如，一个 40 岁的男子在 12 分钟内跑不到 1300 米，就说明他每分钟 1 千克体重的最大摄氧量不到 25 毫升。他的有氧机能水平评为劣等（表 21-3）。12 分钟尽力游泳的距离也可反映受试者的耐力水平（表 21-4）。

表 21-3 男子 12 分钟跑测验评定标准　　单位：km

耐力水平	30 岁以下	30~39 岁	40~49 岁	50 岁以上
很差	少于 1.6	少于 1.5	少于 1.3	少于 1.2
差	1.6~1.9	1.5~1.84	1.3~1.6	1.2~1.5
及格	2.0~2.4	1.85~2.24	1.7~2.1	1.6~1.9
好	2.5~2.7	2.25~2.64	2.2~2.4	2.0~2.4
很好	2.8 以上	2.65 以上	2.5 以上	2.5 以上

表 21-4 12 分钟游泳测验评定标准（不限姿势）　　单位：m

等级		30~39 岁	40~49 岁	50~59 岁	60 岁以上
很差	男	<320	<275	<230	<230
	女	<230	<185	<140	140
差	男	321~410	276~365	231~320	231~275
	女	231~320	186~275	141~230	141~185
及格	男	411~505	366~460	321~410	276~365
	女	321~410	276~365	231~320	186~275
好	男	506~595	461~550	411~505	366~460
	女	411~505	366~460	321~410	276~365
很好	男	>730	>550	>505	460
	女	>640	>460	410	>365

(3) 2400 米跑测试法

除了用测定 12 分钟跑（或其他运动）评定受试者的耐力水平外，定距离的耐力跑也常被采用，如 1600 米、2400 米跑。库珀认为 2400 米跑可以反映受试者的有氧代谢能力。可通过测试 2400 米跑成绩对照相应的评定级别和评分表进行耐力水平评定（表 21-5）。

表 21-5　2400 米跑测验评定标准　　单位：min

等级		30~39 岁	40~49 岁	50~59 岁	60 岁以上
很差	男	>16:31	>17:31	>19:01	>20:01
	女	>19:31	>20:01	>20:31	>21:01
差	男	>14:44	>15:36	>17:01	>19:01
	女	>19:01	>19:31	>20:01	>21:00
及格	男	>12:31	>13:01	>14:31	>16:16
	女	>16:31	>17:31	>19:01	>19:31
好	男	>11:01	>11:31	>12:31	>14:00
	女	>14:31	>15:56	>16:31	>17:31
很好	男	>10:00	>10:30	>11:00	>11:15
	女	>13:00	>13:45	>14:30	>16:30
非常好	男	<10:00	<10:30	<11:00	<11:15
	女	<13:00	<13:45	<14:30	<16:30

在进行上述测试时，健康情况欠佳的人，以及很久没有从事体育活动的人一定要谨慎，不能强度过大。因为没有运动经历的人，测验时往往对自己的体力不能正确评估，也不会有效地控制强度，会造成一定的危害。对于没有运动经历的人，至少要用 6 周时间进行系统的训练。先练走步，后练跑步，身体经过一段时间准备和适应，才能经受各种耐力水平测验的考验。

二、运动处方的制定

通过以上几个步骤的工作，可以对受试者健康状况、体力水平和运动能力等有较全面的了解。根据以上检查结果便可制定运动处方。制定运动处方时要按照处方的内容逐项决定运动目的、运动类型、负荷强度、运动时间及时间带、运动频度和注意事项等。其中负荷强度应设定出安全界限和有效界限，运动时间应设定出必要的运动时间（表 21-6、表 21-7）。

表 21-6　运动处方调查表

姓名：　　　　性别：　　　　年龄：　　　　职业：

联系地址：　　　　　　　　　　　　处方号：

临床检查

现有病诊断：　　　　　　　　　　就诊日期：　　年　　月　　日

1. 心电图检查：__________；静息时心率：__________次/分；血压：__________。

2. X 射线检查：肺脏__________；CT 或 B 超：__________。

3. 化验检查：尿常规______；胆固醇______mg/L；脂蛋白______；甘油三酯______mg/L。

4. 运动试验：　　　　　　　　；最大负荷时心率：　　　次/分。

5. 12 分钟跑测验：跑距______米，跑速 100 米/______秒；2400 米跑体质测试______分钟，体力等级______。

6. 体质强壮指数：强壮、优良、中等、体弱；体型：一般、消瘦、肥胖；身高体重指数：__________。

7. 运动爱好：__________________________。

表 21-7　运动处方卡

姓名：　　　　性别：　　　　年龄：　　　　预计每日得分：　　　　每周得分：

最大有氧能力：

1. 运动目的：__________________________。

2. 运动类型及时间分配：__________________________。

3. 负荷强度：心率控制在______次/分；相当于最大摄氧量的______%；靶心率：______次/分；主观体力感觉等级（RPE）______分。

4. 锻炼次数及每次持续时间：每周（天）__________，每次__________分钟；力量锻炼方法：__________次/周。

5. 准备活动项目：__________（5~10 分钟）；心率__________。

6. 整理活动项目：__________（5~10 分钟）；心率恢复时间__________分。

7. 注意事项：__________________________。

第三节　运动处方的实施

按照运动处方规定的运动内容，如强度、时间和频度等进行体育锻炼即是运动处方的实施。这种体育锻炼不同于学生的体育课，它更强调以个人的身体机能状况为依据，实行有针对性的、周期性的身体锻炼。这种健身运动处方也不同于运动员的竞技运动处方，它是以促进身体健康为目标，更注重身心健康，而不强调运动竞技水平的提高。执行运动处方时要在医生的指导下进行。

一、实施过程的阶段性

任何一次有目的的锻炼，都应该由三个阶段组成，即准备阶段、正式锻炼阶段或训练阶段和整理阶段。

（一）准备阶段

通过做准备活动使身体机能由相对安静状态过渡到适宜强度的运动状态。该阶段的任务是：通过准备活动提高神经中枢和肌肉的兴奋性；动员和加强心脏活动和呼吸机能，增加肌肉的血流量和供氧量；使体温适当升高，提高酶系统的活性，加快生化反应过程，使肌肉黏滞性下降，弹性增强，防止受伤；加强体内物质代谢过程，为机体进行正式锻炼作好准备。

准备阶段的时间一般在10分钟以上，根据年龄、季节和运动水平等情况可适当增减。儿童少年神经系统灵活性高，准备活动时间可少些；寒冷季节准备活动时间可多些。运动水平低且体弱者，准备活动的运动强度和运动量不能过大，时间不可过长。高水平的耐力性项目运动员准备活动时间可多些，有的要达30~50分钟。

准备活动的量与强度应低于正式活动，活动的形式通常可先做一些伸展性的柔软体操，依次活动身体各部位关节，再做一些轻松的节律性运动，逐渐增大运动幅度和速度，使心血管、呼吸系统的机能逐渐动员，直至接近正式活动的强度。适宜准备活动的标志是身体发热，微微出汗，呼吸明显增加。

准备活动后应有一短时间的休息间歇，然后开始正式运动，间歇的时间不宜长，约3分钟为好。

（二）训练阶段

训练阶段是指通过实施运动处方中确定的运动项目，使身体维持在相对较高机能状态下持续运动锻炼的过程。健身运动处方中该阶段的主要任务是达到和保持适宜的负荷强度，使机体在真稳定状态下持续运动，取得促使心血管、呼吸系统和有氧代谢系统等持续高效率工作的效果，从而提高机能适应性。

适宜的负荷强度，即运动处方中设定的负荷强度，要在实际运用中通过一定时间的自我反复调试和校正，才能达到较准确的程度。持续运动所需要的时间，即运动处方中设定的时间，一般至少应在10分钟以上。若是采用间歇训练法，整个运动的时间可长些。

(三) 整理阶段

整理阶段是指通过做整理活动，使身体机能由激烈的运动状态逐渐恢复到相对安静状态的过程。整理活动是在正式运动后，逐渐降低负荷强度，做一些较轻松的身体运动。其目的是使人体激烈的肌肉活动逐渐得到松弛，心血管和呼吸系统紧张的机能活动逐渐缓解，加强消除疲劳，促进体力恢复。

整理活动的内容和准备活动的内容相似，但安排的顺序要颠倒，动作应较缓和，尽量使肌肉放松。最后还可以做一些拉长肌肉的运动，有利于疲劳的消除。整理活动的时间一般应在5分钟以上。

二、实施过程中的自我监控

在运动处方的实施过程中，除了按照运动处方中设定的运动类型、负荷强度、时间、间歇和重复次数等进行运动锻炼外，还应根据运动过程中和运动后身体的反应情况掌握运动量的自我监测和调节。

(一) 心率自我监测

首先要学会计算自己的目标心率（靶心率），并能熟练地测定自己的脉搏。常在手腕桡动脉处或耳前方颞浅动脉处用手指触扪动脉搏动次数，亦可把手放在左胸部，直接测数心跳次数。但不可在颈总动脉处测定，因为触摸颈动脉的压力有时会引起心率明显减慢，并有可能出现心脏活动异常。通常用运动停止后即刻测得的10秒钟脉搏数乘以6近似地作为运动时的每分钟心率。

(二) 主观强度感觉

主观强度感觉判定法是已被广泛应用的一种简易而有效的评价运动量的方法，通常以主观体力感觉等级（RPE）表示，也是介于心理和生理之间的一种指标。可以说RPE的表现形式是心理的，但反映的却是生理机能的变化。

心率结合RPE值测试是最常用而简易的方法。将客观生理机能的变化与主观心理对运动的体验结合起来，可以避免单纯追求某一靶心率的盲目性。例如，某人的靶心率为150次/分时，RPE值为13，而当患有轻度感染或工作劳累后，再以150次/分心率强度运动时会感到非常困难和费力，RPE值会增加，与以前的主观感觉相比较，这可能是一种前期病理症状，在这样的情况下勉强保持靶心率运动将是十分危险的。而通过RPE值的运用就正好避免了这种潜在危险的发生。由于体能承受运动负荷的能力具有可变性，所以在运动中通过主观感觉和客观生理指标相结合进行监控较适宜。

（三）自我感觉与基础指标检查

观察每次运动后疲劳的消除情况，运动量适宜的标志是：睡眠良好，次日晨起疲劳感完全消除，感觉轻松愉快，体力充沛，有运动兴趣和欲望。

运动后次日基础状态测定基础心率，每分钟波动不超过 3~4 次；呼吸频率每分钟不超过 2~3 次；血压变化范围上下在 10mmHg；体重减少在 0.5 公斤以内。如果数日内有脉搏、血压明显的持续上升，或肺活量、体重等明显的持续下降，则说明运动量偏大，有疲劳积累的征兆，应及时减少运动量。

第四节　运动处方的应用

一般人认为，运动就是健身，只要运动就能增强体质。其实，只有运用运动生理学等知识，科学地进行运动锻炼才能达到健身的目的。学会了运动只是解决了健身手段，是用运动去健身的开始，而运动处方是解决学会运动之后如何科学健身的方法问题。

一、减肥运动处方

（一）运动目的

1. 改善心肺功能，提高有氧耐力，增强体质。
2. 改善消化系统功能。
3. 促进脂肪代谢，控制体重，减肥健美。
4. 防治高血脂、高血压和动脉硬化等心血管疾病。

（二）运动种类与方法

运动种类可根据肥胖者的体质和个人爱好进行选择，以有节律的动力性有氧运动为主，例如长距离步行、慢跑、自行车、游泳、健身操以及其他的水中运动（如水中行走、水中跑、水中跳跃、踢水等）。有研究表明，水中运动被称为最有效的减肥运动。力量性的运动主要是进行躯干和四肢大群肌的运动，主要活动方式有仰卧起坐、下蹲起立、俯卧撑等。也可以利用哑铃或拉力器进行力量练习。力量练习虽然不能有效地改善反映心肺机能的最大摄氧量，但却可以明显增加体内瘦体重的含量。瘦体重的增加可以提高人体安静状态下的代谢率，即瘦体重多的人消耗的能量要多。因此，有氧运动结合力量练习是较单独有氧运动减肥更有效的减肥方法。

（三）运动的强度、时间、时间带、频度

1. 运动的强度：以减肥为目的运动，宜采用中小强度有氧运动。高强度有氧运动虽对改善心、肺功能有良好的作用，但不利于改善脂质代谢。运动强度一般用心率反映，减肥运动中要求达到个人的“最适运动心率”，具体计算公式如下：最适运动心率 =（220 – 年龄数 – 安静心率）× 60% ~ 80% + 安静心率。

2. 运动的时间：初始锻炼者运动时间控制在 30 分钟左右，经常锻炼者运动时间在 40 ~ 60 分钟以上。

3. 运动负荷的时间带：晚餐前 2 小时锻炼比其他时间进行运动锻炼更能有效地减少脂肪。

4. 运动的频度：运动持续时间与运动强度有关，每周的运动频率可根据强度大小适当调节频率，通常运动频率为 3 ~ 6 次 / 周。

（四）注意事项

1. 运动处方的制定要考虑个人的锻炼目的、身体状况、兴趣爱好，并在处方实施过程中根据具体情况进行调整。

2. 要遵循循序渐进的原则，少数肥胖者因不经常运动，肌肉关节比较僵硬，心肺负荷较大，初始运动量要小，以后逐步增加。

3. 要持之以恒，运动减肥不是短时间就达到目的的，而是一项长期工程。为了避免单调，可以变换运动种类。

4. 运动结合饮食控制和生活方式的改变是减体重的最佳方法。

二、高血压病运动处方

（一）运动目的

1. 调整大脑皮质的兴奋与抑制过程及改善机体主要系统的神经调节功能。

2. 降低毛细血管、微动脉及小动脉的张力，调节血液循环，降低血压。

3. 降低血黏度，提高血液流变性，改善微循环，增强物质代谢的氧化还原和组织内的营养过程。

4. 发展机体和血液循环的代偿机能，改善和恢复患者的一般全身状况。

5. 减轻应激反应，稳定情绪，抑制心身紧张，消除焦虑状态。

（二）运动种类与方法

高血压病康复体育的运动类型选择要以有氧代谢运动为原则。要避免在运动中做推、拉、举之类的静力性力量练习或憋气练习。应选择那些全身性的、有节奏的、容易放松、便于全面监视的项目。较适合高血压病康复体育的运动种类和方法有：气功、太极拳、医疗体操、步行、健身跑、有氧舞蹈、垂钓等。

1. 气功：以放松功较好，也可酌用站桩功、强壮功和动功等。

2. 太极拳：由于太极拳动作柔和，肌肉放松且多为大幅度活动，思绪宁静从而有助于降低血压。

3. 步行：必须坚持循序渐进，每次活动不应出现不适反应。如感体力有余，可用延长距离、加快步速等方法来增加运动量，也可用走、跑交替方式。

4. 健身跑：高血压患者的健身跑不要求一定的速度，而以跑步后不产生头晕、头痛、心慌、气短和疲劳等症状为宜。

（三）运动的强度、时间、时间带、频度

1. 运动的强度：对原发性高血压的患者，运动中强度一般控制在 50%$\dot{V}O_2max$ 范围，或以心率为指标控制在每分钟心率 110 ~ 140 次之间。总之，运动强度以中等强度及低强度为宜，要避免运动强度过大使血压突然升高，或大量排汗使血液浓度、黏性增加而使血压升高。

2. 运动的时间：如果是持续性周期运动，每次应达到 30 分钟以上（不包括准备活动）。如果是非周期性或间歇性运动，如太极拳、气功、垂钓等，则每次运动应达到 40 ~ 60 分钟。

3. 运动负荷的时间带：高血压病人选择一天中从事运动锻炼的时间要避免清晨和晚间。

4. 运动的频度：可根据个人对运动的反应和适应程度，采用每周三次或隔日一次，或每周五次等不同的间隔周期。

（四）注意事项

1.药物治疗和合理的锻炼相结合。康复体育不能代替药物治疗，但与药物治疗结合进行常能取得更佳疗效，以后逐步将药物剂量减少至能维持血压平稳的最低量。

2. 合理安排生活。指生活有规律，保证有足够的睡眠时间，劳逸结合，戒除烟酒。

3. 控制体重和改变饮食习惯。因为肥胖常是高血压和动脉硬化的危险因素，所以宜控制体重。不恰当的饮食习惯，例如高盐、高脂、高糖可促使体重增加，血压升高，须予改变。

4. 除初期高血压者外，康复体育应在专业人员指导下进行。

5. 在运动中注意防止发生运动外伤。在实施运动处方过程中要定期检查，根据身体状况适当调整运动处方。

三、糖尿病运动处方

(一) 运动目的

1. 增强末梢组织对胰岛素的敏感性，降低血糖。
2. 改善脂代谢并能控制体重。
3. 改善机体循环系统能力，降低血压、调节呼吸系统功能。
4. 预防并发症的发生，改善生活质量。

(二) 运动种类与方法

糖尿病运动处方一般以有氧运动为主。1992年世界卫生组织提出最好的运动是步行的建议。2003年国际糖尿病联盟提出将运动穿插于日常生活中，如步行上楼梯、做家务、踏自行车，或步行上班、花更多的时间种花、生活中能手工做的工作尽量不用工具等。具体方式如下：老年、妊娠糖尿病者可进行散步、下楼梯、平地自行车、太极拳、体操、轻微家务劳动等；肥胖型糖尿病者可进行平地快走、慢跑、上楼梯、自行车、登山、各类球类训练、擦地板；轻度糖尿病无并发症者可选择举重、拳击、游泳、体育比赛、重体力劳动。运动方式的选择应该遵循个体化原则，可依据社会习俗、性别、文化、当前病情、年龄等因素制定。

(三) 运动的强度、时间、时间带、频度

1. 运动的强度：活动时病人的心率应达到个体40%～60%HRmax。每次活动时间20～30分钟，1次/天，肥胖病人可适当增加次数。依据个体化原则调整活动强度，如脉搏过快，应降低运动量。可根据个体运动后的感觉判断运动量是否适宜。运动量适宜：运动后有发汗，稍感肌肉酸痛，休息后肌肉酸痛消失，饮食睡眠良好，身心舒畅，有运动欲望。运动量过大：运动时不能自然交谈，运动后大汗、胸闷、气促，明显疲倦，饮食、睡眠差，次日身体乏力，无运动欲望。运动量不足：运动后身体无发热感，无汗，脉搏无变化或2分钟内恢复。

2. 运动的时间：餐后0.5～1小时运动为宜。有研究报道认为，餐后90分钟进行运动，其降糖效果最好。用胰岛素和口服降糖药者每天应定时活动，避免在胰岛素和降糖药发挥最大效应时活动。如应用胰岛素1.5小时以后，口服优降糖1小时后。也有学者认为I型糖尿病患者运动时间宜选择早晨，在胰岛素使用前进行，以减少低血糖反应。

3. 运动负荷的时间带：运动应该持之以恒。研究发现，如果运动间歇超过3～4天，已经获得的胰岛素敏感性会降低，运动效果及积累作用就减少。

4. 运动的频度：可根据个人对运动的反应和适应程度，采用每周三次或隔日一次，或每周五次等不同的间隔周期。

（四）注意事项

运动前应了解糖尿病运动疗法的适应症和禁忌症，运动疗法对治疗II型糖尿病的肥胖效果较好。糖尿病患者运动时的禁忌症，主要包括：

1. 空腹时易发生低血糖者。

2. 应用胰岛素和降糖药常发生低血糖者。

3. 严重的I型糖尿病或血糖>16.8mmol / L者（注:血糖>14mmol / L者应减少活动，增加休息，避免运动诱发酮症酸中毒）。

4. 并发糖尿病足、眼底病变，高热，严重呕吐，腹泻，急性感染者。

5. 并发高血压（收缩压常超过26.7kPa，舒张压常超过13.3kPa者（运动时血压上升，增加玻璃体和视网膜出血的可能性）。

6. 并发心脑血管疾病者（运动时心脑负担加重，血浆容量减少，血管收缩，有诱发心绞痛、心肌梗死和心律失常的危险）。

7. 糖尿病肾病者（肌苷>176mmol / L，运动使肾血流量减少使病情加重）。

老年糖尿病伴有下列情况者为相对禁忌症：①代偿性瓣膜病；②运动后未加重的心律不齐；③装有心脏起搏器；④有严重的静脉曲张，过去曾发生血栓性静脉炎者；⑤神经肌肉疾病或关节畸形而有加重趋势者；⑥最近有暂时性脑缺血者；⑦极度肥胖者；⑧服用某些药物，如洋地黄制剂及β–阻滞剂者。

四、原发性骨质疏松症运动处方

原发性骨质疏松症是由于年龄增加或妇女绝经后骨组织发生的一种生理性退行性改变，患者多为中老年人。随着我国老年型社会的逐渐形成，作为老年病之一的原发性骨质疏松症及骨质疏松性骨折已成为严重威胁人类的一种高发性骨代谢疾病。

（一）运动目的

1. 中老年人能通过科学合理的运动，减缓骨量的丢失，延缓原发性骨质疏松症的发生，达到强身健体的作用。

2. 避免原发性骨质疏松症导致骨折等系列并发症的发生，改善生活质量。

（二）运动种类与方法

在遵循运动的一般原则的前提下，根据耐力性的全身运动与特定部位的专门性力量运动相结合的原则进行健骨运动，但运动处方的不同实施阶段，不同类型运动的比重和内容也应不同。在运动初期以有氧全身运动为主，轻微力量练习为辅，其目的是提高运动者的循环系统的机能以适应运动对机体各部位的刺激，并使全身骨骼初步感受较小负荷的刺激但不至于引起骨折。当运动者逐渐适应了初期的耐力运动和力量训练的强度，可逐步增加力量练习的比重，一直增加到局部力量练习强度到自我感觉较吃力，有氧练习的运动量则变化不大，即全身有氧运动和局部力量练习比重相同。

一般认为，健骨运动处方中的有氧运动选择对骨主要产生一定纵向压应力的站姿运动方式，如快走、慢跑、登山、上下楼梯、跳健身操或体育健身舞蹈等。但近些年有学者认为长期参加某些有氧运动如慢跑、有氧舞、跳绳等，可能会伤害到髋关节、膝关节和踝关节，许多健身专家都提倡低冲撞力的有氧运动，如水中有氧运动、太极或垫上有氧舞蹈等，专家认为只要保持低冲撞力有氧运动时的靶心率和高冲撞力有氧运动时的一样，运动效果会更好。中老年人应以维持骨量为目标选择不同运动方式，进行低冲撞力的有氧运动并加强骨折好发部位周围的肌肉的力量训练，推荐以推举实心球、哑铃、皮筋等力量训练为主。

（三）运动的强度、时间、时间带、频度

1. 运动的强度：由于骨组织的代谢与全身和局部的功能活动量成正比，因此骨质疏松运动处方的强度应是一定生理承受范围内偏大的值。力量训练的强度可以从60%最大力量开始逐渐增加到80%最大力量，有氧运动时可以通过心率确定运动强度。一般将运动时心率控制在有氧心率范围内，即65%～80%最大心率以内。初次运动时，应选择低强度，随着体能的提高和对运动的适应，强度逐渐加大，直至上限。一般来说，中老年人的运动时间以每天进行1小时左右的中等强度运动为宜。

2. 运动的时间：运动时间的长短可依据所选择的运动项目、运动难度及本人的主观感觉来决定。在已经确定的运动强度范围内，以轻微疲劳而休息后得以解除为前提。

3. 时间带：最好选择在下午实施比较安全有效。因为时间生物学认为人体运动工作能力的近似昼夜节律的峰相位，绝大多数是在下午15:00点到18:00之间，选择下午的运动高峰期进行健骨运动，还可以尽量避免早晨时中老年人血浓度和血黏度较高，容易引发心脑血管疾病的危险。

4. 频度：研究表明同样强度下，每周6次的健骨运动效果要好于每周3次的运动，即高频率的运动效果较好。因此，推荐每周运动频率在3～6次之间，根据自身状况调节运动次数，但必须保证有休息恢复的时间。

（四）注意事项

1. 执行运动处方前，对身体进行全面的检查，了解是否有运动处方的禁忌症和心肺承受能力。

2. 中老年人在参加健骨运动时不宜选择需突然屏气，大爆发力的用力动作。

3. 健骨运动应尽量安排在户外进行，以增加日照的机会，促进维生素D生成和吸收从而促使钙的沉淀。

4. 运动的同时要注意均衡膳食，合理补充营养。

5. 持之以恒进行运动锻炼，加强医务监督，定期检查身体状况。

6. 成年人想通过运动增加骨量，应以爆发力锻炼为主。但老年人特别是老年女性，不要过量运动，以免发生脊椎压缩性骨折，进行性动脉硬化，不宜做呼吸加快的运动，以免使组织中氧浓度下降而引起骨量下降。

【小结】

1. 保持良好的健康生活方式和健身运动，在促进健康和预防慢性疾病，特别是心血管疾病方面具有重要的意义。身体活动最少的群体寿命最短，而身体活动最多的群体并不是寿命最长的。所以，适量的身体活动能增进健康，增加寿命，但过量的身体活动反而并不益于健康或增加寿命。

2. 运动处方是根据锻炼者的健康状况、体力情况及运动目的，用处方的形式制定适当的运动类型、强度、时间及频度，使锻炼者进行有计划的周期性运动健身的指导性方案。

3. 运动处方的基本要素包括：运动目的、运动类型、运动强度、运动时间、运动的时间带、运动频度和注意事项等。

4. 制定运动处方时，首先应按照一定的程序对锻炼者健康状况进行评定，然后进行心血管负荷实验，以排除潜在的心血管疾病，对体力进行评定。制定运动处方时要按照处方的内容逐项决定运动目的、运动类型、负荷强度、运动时间及时间带、运动频度和注意事项等。

5. 运动处方的实施过程可分为准备阶段、正式锻炼阶段（或训练阶段）和整理阶段。在运动处方的实施过程中，锻炼者还应根据运动过程中和运动后身体的反应情况进行自我监测和调节。自我监测包括：心率自我监测、主观强度感觉和自我感觉与基础指标检测等。

【思考题】

1. 试述健身运动对健康的影响及生理学作用。
2. 试述不同种类运动处方的作用及针对的人群。
3. 试述运动处方的基本要素，以及各要素在运动处方中的作用。
4. 试述制定运动处方的基本程序。
5. 试述心血管运动负荷实验的基本过程，运动负荷实验在制定运动处方中的意义和作用。

第二十二章

运动项目的生理学特点

【提要】

本章对一些主要运动项目的生理学特点进行了论述。主要介绍各运动项目运动员身体形态与机能的特征、专项的能量代谢特点、肌肉工作的形式、常用训练法的生理学分析等方面内容。

第一节 田 径

田径是世界上最为普及的体育运动之一，具有悠久的历史。它包括了径赛、田赛和全能比赛，由男女竞走、跑、跳跃、投掷等40多个单项和这些项目的部分单项组合成的全能项目构成。一般来讲，以时间计算成绩的竞走和跑的项目为“径赛”项目，以高度和距离长度计算成绩的跳跃、投掷项目称为“田赛”项目。

田径运动是各项运动的基础，它综合了人体速度与耐力，力量与技巧，能全面、有效地发展人的各项身体素质和运动技能，并对其他运动项目的技术和成绩提高有很好的促进作用。因此，各项体育运动也都把田径运动作为发展身体素质的基本训练手段之一。

一、短 跑

奥运会田径径赛项目中，短跑是以最快速度跑完规定距离的一种比赛项目，包括了100米跑、200米跑、400米跑、4×100米接力跑、4×400米接力跑等。

短跑可分为起跑和起跑后的加速跑、途中跑、终点的冲刺跑几部分，因此，全程跑的成绩取决于反应速度、加速跑和保持最高速度的能力及技术质量。

短跑的特点是速度最快、强度最大、运动持续时间最短，属于动力性工作和周期性练习。短跑训练可以发展人体的速度素质。

（一）短跑运动员的身体形态机能特征

1. 形态

短跑运动员总体来说，具有中等或以上身高，肌肉发达且成束形，皮下脂肪较少；下肢较长，大腿比小腿稍短；踝围细，跟腱长且扁平、清晰；脚趾齐且较短，趾关节较坚固。骨盆宽度适中。

虽然短跑运动员的身高越高，步幅越大，但矮小的运动员往往具有肌肉粗壮有力，反应灵敏、爆发力强的特点，因而对于100米跑来说，运动员的身高并不是最重要的。对于200米、400米跑，身材较高的运动员可用较大的步幅和较低的步频来获得和保持速度，从而降低肌肉工作的强度，节约能量的消耗。

世界优秀男子短跑运动员的身体形态与年龄特点见表22-1。运动员的身高随跑距的加长有增高的趋势，而体重/身高指数有所下降，创造最好成绩的年龄较年轻，竞技年限也相对较短。

表 22-1 世界优秀男子短跑运动员身体形态与年龄特点

	平均身高 (cm)	平均体重/身高指数	创最好成绩平均年龄 (岁)	创最好成绩平均所用年限 (年)
100 米	180.3	418.9	26.0	9.4
200 米	181.7	416.6	25.4	8.5
400 米	185.1	414.6	24.8	6.9

(引自：王倩、任占兵，2005)

2. 肌纤维组成

短跑运动员具有较高的快肌百分比。Mero 等（1981）检查了三组运动成绩分别为 10.7 秒、11.1 秒和 11.5 秒的不同水平 100 米运动员的肌纤维组成，其中，最快组运动员股外肌中具有 66.2%的快缩肌纤维（FT 或 II 型），中等成绩组运动员具有 62.0%的 II 型肌，而最慢组为 50.4%，明显高于 Komi 和 Karlsson（1978）报道普通人具有 50% Ⅱ 型肌纤维。

3.机能特点

国家集训队短跑运动员血红蛋白平均值男子为 164g / L，女子为 141g / L，处于相对较高水平。平均晨脉为男子 53 次 / 分，女子 57 次 / 分（关吉臣，2006）。

短跑运动员有氧训练较少，心功能不如耐力项目运动员，因此运动量过大或发生疲劳和过度训练时心电图反应较灵敏。表现为安静心电图 ST 段下降 0.05mV 以上及 T 波倒置，P-R 间期延长（超过 0.20 秒），明显窦性心律不齐（P-P 之差超过 0.40 秒以上）和期前收缩等改变。

（二）短跑运动员的能量代谢特征

由于短跑运动的特点，运动中能量主要依靠无氧代谢中的非乳酸供能（400 米有较大比例的无氧糖酵解供能），因此非乳酸形式供能是发展速度素质的生理基础。

持续时间为 10 ~ 25 秒的短跑项目，处在非乳酸的磷酸原供能系统为主的供能状态。Duffield 等（2004，2005）利用氧亏积累法（AOD）测得的 100 米跑有氧、无氧供能比例男子为 21%、79%，女子为 25%、75%；200 米跑有氧、无氧供能比例男子为 28%、72%，女子为 33%、67%。400 米跑的有氧、无氧供能比例为 41%、59%，女子为和 45%、55%。其中 400 米跑成绩与无氧供能能力的相关系数为-0.87。Hill（1999）利用乳酸 — 磷酸肌酸法测得 400 米跑的有氧、无氧供能比例男子为 37%、63%，女子为 38%、62%。

（三）短跑运动时的肌肉工作特点

现代短跑运动技术实践证明，在高速跑动中，着地缓冲的制动力量成分较少，而以髋关节为轴的大幅度摆动的快速力量是跑动的主要动力来源。

在短跑专项力量练习中，除了提高下肢各关节伸肌肌群的爆发力和快速力量的练习外，还包括在落地缓冲、保持身体重心平稳和有效支撑过程中起重要作用的离心肌力水平。在短跑训练中是通过各种跳跃练习来提高下肢伸肌肌群离心肌力和向心肌力水平的。

高水平短跑运动员的力量训练应重视加强下肢屈肌力量训练，尤其是髋关节髂腰肌力量和大腿后部腘绳肌的力量水平。否则，屈伸肌力发展不平衡，易造成力量较弱的屈肌肌群拉伤，同时也阻碍运动成绩的进一步提高。

现代短跑训练还重视上肢力量的练习，以肩为轴的上肢摆动力量是短跑动力系统中十分重要的运动环节。摆臂的方向、速度直接影响下肢的摆动运动效果和整体运动效果。短跑运动员的力量训练也包括大量的上肢力量练习。

（四）短跑运动重复训练法

发展磷酸原供能能力，逐步加快动作频率的速度及力量练习，所采用的方法主要是无氧低乳酸训练法，即重复训练法。练习的时间不超过 10 秒的最大速度跑，组间歇时间至少为 4～5 分钟，即能源物质磷酸肌酸基本完全恢复时再进行下一次练习。

同时也需要逐步增加肌肉快速收缩舒张转换和神经系统快速冲动交替的练习，重点体现在发展步频的练习。一般认为训练中发展步频的最佳时期在 11～13 岁。提高步频应侧重于提高肌肉的快速收缩速度，加强对神经系统的兴奋与抑制过程的灵活训练，提高肌肉快速收缩力量与肌肉的放松能力。可以用下坡跑练习、顺风跑练习来提高步频。

二、中长跑

中长跑是中距离跑和长距离跑的合称。男子 800 米、1500 米、3000 米和女子 800 米、1500 米属于中距离跑；男子 5000 米、10000 米和女子 3000 米、5000 米、10000 米属于长距离跑。

中长跑是发展耐力素质的项目，长时间的、连续的肌肉活动是这个项目的特点。它一方面要求尽量减少能量的消耗，维持一定的跑速；另一方面要求在全程跑中能根据比赛的情况具有加速跑的能力。所以，运动员在跑的全程中，正确地掌握技术和合理地分配体力是非常重要的，要求跑得轻松协调，重心移动平稳，直线性强，有良好的节奏；要尽量提高肌肉用力和放松交替的能力，既讲究动作效果，又注重节省体力。跑的距离愈长，这些要求愈显得重要。

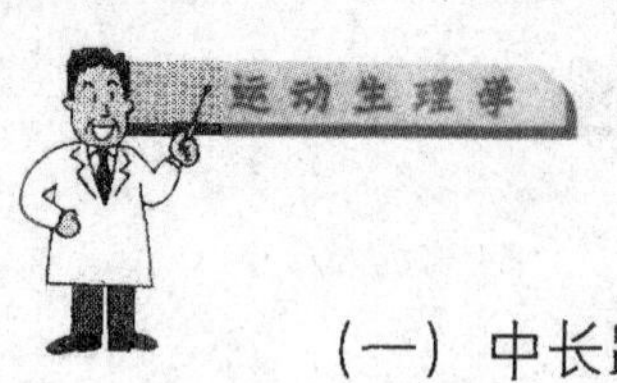

（一）中长跑运动员的身体形态机能特征

1. 形态特征

国内外大量的研究资料表明，女子中长跑运动员的身高一般要求在165厘米以上，体重较轻，体脂肪含量低，体态均匀下肢较长，大腿短于小腿，跟腱较长。

优秀中跑运动员的肌纤维中慢收缩肌纤维（Ⅰ型）百分比占45%~52%，优秀长跑运动员Ⅰ型肌占79%~88%。

2. 心血管机能

国外学者曾对20名长跑运动员做动态心电图检查发现，清醒和睡眠状态时，最慢心率的范围分别为34~53次/分和30~43次/分，睡眠期间有1.6~2.8秒的长间歇。另有报道，静息时心率可慢至25次/分而无任何临床症状，1/3运动员睡眠时有2秒以上的长间歇。

心脏对耐力性运动的急性反应表现为心输出量和动静脉氧差增加，即收缩压升高，舒张压和平均动脉压升高不明显，尤其是大肌肉或腿部训练时，肺动脉压升高更明显。

耐力性运动训练者心输出量的增加主要是心搏量的净增。其总血红蛋白和血容量均增加，从而进一步提高对组织的供氧能力。

运动训练可导致心脏重量增加，但优秀运动员的心脏重量一般不超过500克。从事耐力项目的运动员心脏以心腔扩大为主，心室壁厚度与左室内径之比不变，称心脏扩大。长期有规律的耐力训练可使右室发生与左室一样的重塑。另外，Hoogsteen等（2003）发现运动员左房增大，可能与其训练强度、时间、运动时回心血量增多和左室顺应性下降有关。女运动员发生心脏扩大的比率较男运动员低。

（二）中长跑运动员的有氧、无氧工作能力

在中跑项目中，虽然从有氧、无氧代谢的供能比例上有氧代谢提供能量占优势，但运动员的无氧工作能力，即糖酵解供能能力是决定专项成绩的重要因素。Duffield等（2005）利用氧亏积累法（AOD）测得的800米跑的有氧、无氧供能比例男子为60%、40%，女子为70%、30%。800米跑成绩与无氧供能能力的相关系数为-0.77。Hill（1999）测得女运动员800米、1500米跑的无氧供能比例分别为33%、17%，男运动员800米、1500米的无氧供能比例分别为39%、20%。

对于长跑项目，一般认为5000米和10000米跑，有氧代谢供能达到80%以上。

中长跑运动员具有较高最大摄氧量水平。国外研究者认为，要成为世界优秀中跑选手，最大摄氧量相对值应达到70~75ml/(kg·min)；要成为世界优秀长跑选手，应达到80ml/(kg·min)；马拉松选手应在70~80ml/(kg·min)。虽然也有些取得优异成绩的运动员其最大摄氧量相对值并不算太高，但他们机体使用氧的效率，即能量节省化程度优于别人。

中长跑运动员跑步技术特征分为两种类型，一种是后蹬用力较大，大腿前摆较高，步幅较大，但频率相对较慢；另一种是频率较快，步幅相对较小，这样后蹬力较小，腾起时间缩短，跑起来比较平稳，轻松省力，能最节省化更优。现代中长跑采用第二种技术的运动员较多。

（三）中长跑运动员常用训练方法

1. 一般耐力训练

发展一般耐力是增强运动员呼吸系统和心血管系统的功能，进而提高有氧代谢的主要途径，主要采用强度不大和跑速稳定的长时间持续跑，心率控制在150次/分左右。各项目耐力训练跑的距离为800米项目跑5~8公里，1500米、3000米项目跑8~15公里，5000米和10000米项目跑10~25公里。多采用越野跑、场地跑、复杂地形的法特莱克跑，不仅可以发展一般耐力，还有助于提高支撑力量。

在发展一般耐力的重要训练手段中还有无氧阈跑速训练法，即是严格控制在无氧阈值速度的条件下长时间跑，逐步增加训练负荷的数量，训练效果较为显著，应在训练中占有较大比例，并随无氧阈值速度的逐步提高而提高训练强度。

2. 速度耐力训练

速度耐力是运动员依靠机体内糖酵解供能保持运动的能力。由于项目的不同，比赛距离的不同，在比赛中需要糖酵解供能比例也不同，因此逐步延长糖酵解供能训练，提高跑步的经济性，可以为最后的冲刺提供速度贮备。

在训练中一般采用耐乳酸能力的间歇训练法来提高该能力。通过控制训练跑速和间歇时间，使运动后血乳酸水平保持在12mmol / L或以上。

平均速度进行等距练习，如400米或600米×5组，间歇时间5分钟，培养接近专项段落的速度感和耐乳酸感觉。平均速度进行各种距离的训练，如由短到长分段练习，从而准确地控制每一段落的速度，培养每一段落的速度感，建立阶段性的速度动力定型。如不等距离等间歇时间的练习方法，200米+400米+800米+1000米，间歇时间3分钟，恢复方法采用放松式小步跑。

3. 专项速度训练

发展乳酸能系统是中长跑项目的特殊需要，也就是在运动员机体处在一定量乳酸堆积的条件下，仍能保持糖酵解持续供能的能力。采用的方法是最大乳酸训练法，即用较高的跑步强度，较短的间歇时间使机体的乳酸水平逐渐积累达到最高。例如，选用200~400米距离进行多组练习，间歇时间为4~5分钟，使血乳酸水平达到近30mmol / L。

4. 力量素质训练

中长跑项目运动员需要的是力量耐力，即克服体重的速度力量耐力。发展力量耐力的主要目的是通过增加肌肉中毛细血管的数量和肌红蛋白的含量，改进输氧功能，同时还要提高糖酵解的能力和增大运动员承受最大氧亏积累的能力。

发展中长跑运动员力量耐力的方法包括：丘陵山地跑，连续跳跃练习如连续单腿交换向上跳、连续跨步跳、连续蛙跳等。

三、跳跃项目

跳跃项目包括：跳远、三级跳远、跳高、撑竿跳高。

跳跃是混合性练习，既有周期性练习如助跑阶段，也有非周期性练习如踏跳、腾空、落地等动作，要求运动员具有良好的爆发力、绝对速度和柔韧性。

（一）跳跃项目运动员的身体形态特征

跳远运动员的身材均匀，上肢下肢比例协调，骨盆较窄，臀部肌肉向上紧缩，膝、踝关节围度较小，脚掌厚而宽，脚趾粗壮且齐，跟腱清晰。经统计，国内外优秀跳远运动员身高，男子在 1.78 ~ 1.88 米，女子在 1.66 ~ 1.76 米之间。

跳高运动员多为身高高、躯干短、下肢长的体形。当今世界优秀男子跳高运动员的身高为 1.95 ~ 2.00 米，女子为 1.80 米以上。身高与体重对跳高成绩也有重要影响。克托莱指数（体重 / 身高 × 1000）表示每厘米身高的体重，反映人体发育匀称度。世界优秀跳高选手的克托莱指数相对较小，可以克服人体重力，跳得更高。

（二）跳跃运动员的素质特征

跳远运动员的速度水平是决定其跳远成绩的重要因素。苏联专家的研究证明：助跑速度对跳远成绩的影响最大，其相关系数为 0.948。在跳远踏跳过程中，苏联学者丘帕认为踏跳腿总的用力值为 335 千克，其中摆动腿提供的摆动力量为123 千克，占总用力值的 36.7%，双臂的摆动力量为 123.95 千克，占总用力值的 37%，说明上肢摆动力量在起跳过程中的重要性。

跳高运动员需要较大的起跳垂直速度，这可以通过加快助跑起跳的速度和加大起跳的力量来完成。韩慧等（1999）认为女子跳高运动员身体素质应重点发展短程快速跑能力、弹跳能力和相对力量。范秦海等（2002）认为髋关节的屈伸肌力量、膝关节的伸肌力量、踝关节的跖屈肌力量是跳高运动员重要的下肢专项力量。男子跳高运动员专项素质中立定跳远、后抛铅球和助跑摸高是重要的基本素质。

（三）跳跃项目训练方法特点

跳跃项目成绩是运动员的速度水平与弹跳力水平的有机结合。纵观跳跃项目的发展过程，不论是跳远还是跳高，大体都经历了“力量型”和“速度型”两个不同类型的发展阶段。不管是以力量为核心，还是以速度为核心的训练方法，都促进了跳跃成绩质的飞跃。其中以速度为核心的训练方法是高水平运动员重点发展方向，任何高水平的跳跃运动员都是以高水平的速度为后盾的。

跳跃项目运动员的力量练习以发展速度性力量为主，常用的练习方法有快速抓举、后抛铅球、壶铃蹲跳、杠铃蹲跳、杠铃弓步跳、双脚跳栏架、跳深、助跑多级跨步跳、助跑多级单足跳、50～60米计时跨步跳、50～60米计时单足跳等。身体素质测试指标可以包括站立式起跑30米、立定跳远、立定三级跳、助跑摸高、原地摸高、后抛铅球等。

跳跃项目起跳时的关键技术是在快速助跑中完成快速起跳。起跳阶段，起跳腿下肢髋、膝、踝三个关节的伸肌肌群首先进行的是退让性离心收缩，身体重心通过支撑点后，这三个关节的伸肌肌群再进行主动向心收缩。为了提高下肢的离心肌力水平，跳深练习成为跳跃项目常用的训练方法。练习时在一定高度跳下，落地缓冲后再迅速跳起，使身体腾空。因为牵张反射的参与，肌肉在离心收缩以后紧接着做向心收缩，表现出来的力量远远超过单纯向心收缩的力量，它不仅能够发展跳跃力量，还可以通过减少缓冲幅度而加速起跳阶段的动作速度。

四、投掷项目

投掷项目包括男女铅球、铁饼、标枪、链球等，其中女运动员所用的器械重量或尺寸要比男运动员小些。

（一）投掷运动员的身体形态机能特征

1. 形态特征

投掷项目是运动技术较复杂、身体素质要求较高、较全面的爆发力或速度力量性项目。运动员的主要特征是身体高大、健壮，上肢长，具有较快的速度，较强的爆发力，高度的灵活性、协调性。现代优秀男子标枪运动员身高约在1.85～1.95米，女子约在1.70～1.80米，指距超过身高5～15厘米。现代优秀男子铅球和铁饼运动员身高约在1.90～1.96米，女子铅球和铁饼运动员身高约在1.76～1.80米，指距超过身高5～10厘米。

投掷运动员的体成分因专项特点不同而有所差异。吕新颖（2005）利用皮褶厚度法测得107名省级专业投掷运动员体脂百分数为：女铅球37.56%±2.49%，女铁饼25.99%±1.66%，女标枪19.56%±1.78%；男铅球30.24%±6.26%，男铁饼28.06%±3.82%，男标枪14.30%±3.19%。

2. 心血管机能

投掷项目训练过程中，运动员摄氧量和心输出量的增加较耐力性运动少，心输出量的增加主要是因心率增快，收缩压显著升高，动静脉氧差不变。投掷运动心输出量的增加较耐力性运动低。

投掷过程中，尤其是最后发力，运动员常伴有憋气，造成肺内压升高，回心血量减少；同时胸内压升高造成外周阻力增加，使心脏收缩的后负荷增加。据研究，心脏后负荷的刺激对心肌细胞合成代谢比前负荷明显。因此，从事投掷项目的运动员心脏以心室壁增厚为主，其与左室内径之比值增大，心容积和心腔内径无明显变化，称心脏肥大。

3. 感觉机能

投掷运动的特点是动作结构复杂，有旋转、滑步、投掷器械等内容。在完成动作过程中，除需要本体感觉传入冲动外，还必须有视觉、前庭分析器等共同作用。如投掷标枪时，需要视觉来感知助跑的第一、二标志红的距离和标枪的飞行；铅球、铁饼和链球投掷时，要视觉准确判断投掷圈的范围和身体与圈沿的距离等。投掷过程中，快速旋转动作和投掷后的身体平衡，都会刺激前庭器官，久而久之，前庭器官对刺激产生良好的适应性，从而提高前庭机能稳定性。卢鼎厚研究报道，优秀铁饼运动员的前庭分析器具有很高的稳定性。

（二）投掷运动员的专项素质特点

标枪运动员常采用的身体素质练习方法有：发展上肢专项爆发力、提高鞭打速度的投小垒球；反映标枪运动员专项投掷能力、特别是躯干鞭打能力的双手掷实心球；反映加速助跑能力和下肢力量的 30 米跑；反映下肢爆发力水平的立定跳远；反映综合力量素质，尤其是爆发力的抓举等。

其中，标枪最后发力的鞭打动作，是身体控制各运动环节的肌群由下向上、依次进行的离心收缩过程，因此发展上肢肌肉离心收缩力和爆发力也尤为重要。克劳德尔等（1992）采用俯卧撑推起击掌作为手段，训练 9 周后实验组大学生的上肢爆发力显著提高。证明这种超等长式的练习能有效地提高爆发力，减少造成肌肉损伤的危险性。

铅球、铁饼运动员要求发展全身力量素质。大腿和躯干的肌肉收缩推动人体重心的移动，腿部爆发力直接影响着投掷动作的速度和专项运动成绩，因此优秀的铁饼运动员均有很好的腿部爆发力，这也使得立定跳远成绩出色，如世界著名的女子铁饼选手、苏联运动员麦尔尼克立定跳远最好成绩为 3.10 米。在投掷铅球或铁饼的最后用力阶段，都是以躯干的扭转发力为起始形成的，提高躯干扭转力量是掷铁饼的重要基础力量，其力量大小直接影响器械出手速度。投掷最后用力是以上肢及手的快速爆发用力结束的，因此上肢的力量水平也是取得优秀成绩的关键。世界优秀男子铅球运动员卧推力量可达 220～240 千克，女子卧推可达 140～160 千克。

快速力量也是铁饼运动员必须具有的专项力量素质。孙有平（2005）对我国13 名健将级女子铁饼运动员的运动素质情况进行了研究，结果表明：专项投掷速度对女子铁饼运动员专项成绩的影响最大，它对专项成绩的贡献率占56.58%；并提出对女子铁饼运动员专项投掷速度影响最大的是以立定跳远为代表的下肢爆发力，其次是以高翻为代表的躯干力量，以深蹲为代表的下肢最大力量的影响相对较小。

第二节 竞技体操

体操（gymnastics）的种类较多，奥运会有三类体操比赛：竞技体操、艺术体操和蹦床。竞技体操是一个典型的非周期性运动项目，许多的技术动作难度都相当大，长期的体操训练对人体会产生显著的影响。

一、运动项目的特点

竞技体操是通过徒手或在器械上完成不同类型、不同难度动作，以动作质量为前提，追求难美的技能类体育竞赛项目。男子项目有自由体操、鞍马、吊环、跳马、双杠和单杠六项；女子项目有跳马、高低杠、平衡木和自由体操四项。

体操中的大量练习属于非周期性运动，练习中骨骼肌既有动力性工作，也有静力性工作（如吊环的十字支撑）。动作的特点是技术复杂而多样，前后连贯并有机地组成成套练习，动作难度大而惊险，优美而准确，柔韧而有力，协调。体操运动能培养运动员灵敏、柔韧、力量、平衡、协调等身体素质和勇敢、果断、准确的心理品质。下面以竞技体操为例来说明体操运动的生理学特点。

二、体操运动技能形成的特点

1. 运动技能形成较难。体操练习的动作多样、复杂、难度高、危险性大，不仅动作不易掌握和巩固，而且还易消退，因此，体操运动要经常反复进行练习，训练不能中断。

2. 在创新动作训练中，偶然会出现“正法儿”，即运动员在不知不觉的情况下，连续几次完成新动作，但作为运动主体的运动员自已感觉仍较模糊，停留在运动动力定型的初级阶段。

3. 训练中也会出现“跑法儿”，即过去已经掌握了完成的动作技能，在大脑皮质中消失得无影无踪，好似未曾练习过的那样陌生。体操训练中要不断强化，巩固训练效果。

4. 要求形成单个动作和整套动作的动力定型。体操动作属于非周期性运动技能，动作连贯融合，前后有机联系，前一个动作的结束成为后一动作开始的刺激，所以，要求运动员掌握单个和联合动作，形成单个动作和成套动作的动力定型，形成复杂的、连锁的和本体感受性的运动条件反射。

三、神经系统的机能变化特点

体操动作具有多变性和惊险性，这不仅要求运动员精神高度集中，神经肌肉系统的兴奋与抑制转换过程迅速、准确和协调，同时还要求运动员有较高的大脑皮质兴奋性、本体感觉及前庭功能。体操项目的神经系统能耗高，由于神经紧张导致的疲劳较其他项目更易发生。体操运动员参赛前的安静血乳酸值最高可达3.78mmol / L，集训期间可达2.70mmol / L，均高于运动员安静值 1.0mmol / L，说明该项目比赛中的运动员紧张、焦虑及蓄积疲劳易导致强烈应激反应，糖酵解增强，安静状态下血乳酸增多。

1. 体操练习的肌肉收缩性质复杂，要求建立有动力性成分和静力性成分的动力定型，建立起各对抗肌所对应神经中枢之间兴奋与抑制交替活动的动力定型；还要建立对抗肌群之间处于同一神经过程的动力定型。

2. 体操练习动作惊险，协调性高，因此，要求大脑皮质与皮质下有关中枢核团要形成新的协调关系，根据训练要求，有时需加强或保持低级神经中枢的交互抑制，有时又需要改造它们。

3. 体操练习节奏性强，富有特殊的节奏感，要求神经过程的强弱或交替均需按既定的节奏进行，在大脑皮质神经过程之间，要借助本体感觉的反馈冲动，建立起准确和严密的时间条件反射，形成连锁的、本体感受性的运动条件反射。

4. 体操动作有严格的准确性，要求各肌群对应的神经中枢之间，各感觉（视、听、前庭、皮肤触压和内脏感受）中枢与肌肉本体感觉中枢之间，建立起空间和时间上的精确协调关系，并形成人与器械、时间、空间融合为一体的“综合感觉”。

5. 体操动作多样化，有旋转、翻正、倒立、悬垂、回环、平衡、跳跃等动作，身体在空间位置随时间发生变化，要求植物性神经机能发生相应调节变化。因此，躯体神经和植物神经之间建立起良好的协调关系非常重要。

6. 体操运动员的前庭机能稳定性较好。对我国优秀女子体操运动员前庭动眼反射特点研究的结果表明，优秀女子体操运动员前庭系统的中枢整合水平和控制能力较高，说明体操训练能提高前庭功能稳定性。

四、肌肉活动的特点

通过肌电图观察到体操运动员在运动过程中，肌肉放松与收缩的相互转换均较分明，并与动作节奏相适应。

体操运动能提高肌肉力量和静力耐力，能使肌肉对中枢传来的不断变化的神经冲动迅速产生动作，从一种动作敏捷地转变为另一种动作。并且，大脑皮质各运动中枢对肌群的控制能力提高，肌群间的协调关系得到改善。

五、能量代谢特点

在体操练习中，多数体操成套动作的练习时间短、强度大，主要靠无氧代谢供能。在器械上运动的绝对时间从数秒（例如跳马、单双杠）到1分多钟（例如自由体操、平衡木），因此，这种大强度运动需要精神高度集中，中枢神经能量消耗较多。体操练习动作虽然多样复杂，但动作之间常有短暂间歇，完成单个或成套练习能量消耗并不多。通过测试某些男子体操项目成套动作前后血乳酸浓度变化，证明其确属无氧供能。血乳酸浓度安静值在0.9mmol / L左右，但完成三套双杠后达到3.7mmol / L，完成两套自由体操后血乳酸达到4.4mmol / L、两套鞍马后血乳酸达到5.4mmol / L。

六、心血管机能变化的特点

体操运动员的基础心率较耐力项目运动员稍快，男子体操运动员62 ± 5次 / 分、女子72 ± 9次 / 分。体操运动员血压的正常范围与普通人一致，收缩压范围80 ~ 139mmHg、舒张压范围60 ~ 89mmHg。体操运动员在运动强度大时，心率可达195次 / 分，收缩压可达160mmHg。高难动作的瞬间如十字支撑，运动员需憋气或屏气，导致血压升高、下降、再上升然后恢复的过程，局部血液经历减少、增多，然后恢复的再分配过程。例如大回环时，离心力使更多血液流向下肢，头部缺血；倒立时重力作用使得血液更多流向头部。另外一种症状是憋气引起的，如做鞍马或平衡木等动作时，要求静止并呼吸暂停，胸廓与腹壁同时固定，影响回心血量和气体交换。

（一）心血管机能的变化

进行体操运动时，心血管机能变化与动作难度和性质有关。例如，优秀女子体操运动员做完一套自由体操后，脉搏上升到174 ~ 192次 / 分，血压为145 ~ 160 / 50 ~ 51mmHg；做一套静力性动作较多的高低杠练习，脉搏可达162 ~ 170次 / 分，收缩压升至139 ~ 145mmHg，舒张压下降少许，心输出量可达11.3 ~ 17.3L / min。

长期体操练习对人体植物性机能有一定影响。彭长虹（1995）检测国家队体操运动员心电图发现，12个男运动员中75%出现窦性心动过缓、11个男运动员中68.8%出现窦性心律不齐，10个女运动员中55.6%出现窦性心律不齐。同期测试的运动员心脏射血分数男子为80.9%、女子为82.1%。

（二）血液重新分配

离心力作用：做单杠大回环时，由于离心力对血流的影响，血液向下肢聚集。训练程度不够的运动员在连续做几次大回环后，可出现脑部血液暂时供应不足，产生眼花、头晕现象。

重力作用：做静式倒立等动作时，血液因重力作用向头部聚集，头部充血。缺乏训练者会出现面红耳赤、颈静脉怒张、鼻和口腔充血、眩晕、恶心等。

加减速度作用：体操练习中有些动作如“旋子”、翻腾、迅速升高或下降落地等，会产生角加减速度和直线加减速度，都会引起血液重新分配。

长期进行体操训练，可提高心血管的调节机能，建立起心血管机能调节迅速反应的条件反射，克服离心力、重力等作用的影响，使之更适应于运动的要求。这是通过加压和减压反射的机理来改变血管紧张度和心缩力量，从而及时调节血压与血流量。

体操运动能有效地发展腹壁肌的张力，帮助克服加减速度对血液重新分配的影响。

（三）瓦尔沙瓦现象

体操练习中肌肉静力性工作时需要配合憋气，血压随动作的进行和恢复出现特殊变化的规律。其特征表现为：血压先升高，后降低，再上升，而后恢复到运动前水平，回心血液量也呈现先减少、后增多，再恢复常量，称这种变化为“瓦尔沙瓦（Valsalva）现象”。

随体操运动员训练程度的提高，心血管调节机能和血液分配能力的完善，“瓦尔沙瓦现象”可以得到缓解，反之，若训练程度下降，“瓦尔沙瓦现象”可再度出现。

七、呼吸机能变化的特点

在体操运动过程中，配合不同的技术动作需要，运动员调整呼吸形式如胸式呼吸、腹式呼吸或者憋气，保证动作的高质量完成。总体来讲，体操运动对呼吸系统的影响没有径赛项目明显。但是由于在体操练习中有很多支撑、悬垂、折体、回环等动作，常常要求胸廓与腹壁等部位同时或交替固定，因而使呼吸肌的活动受到限制，造成呼吸困难。丹麦生理学家林加尔德发现，在进行静止用力动作时，呼吸和循环机能变化没有运动后明显，这种生理反应称为“林加尔德（Lindgaard）现象”。

“林加尔德现象”产生的机理主要由于静止用力时，大脑皮质运动中枢产生强烈的持续性兴奋，该兴奋引起负诱导效应，其他神经中枢核团，包括与心血管活动中枢、呼吸中枢相关的神经细胞兴奋性下降，因而使呼吸和循环机能受到抑制。其次，静止用力时，肌肉的持续收缩挤压肌肉中的小动脉和毛细血管，使肌肉中血流受阻，氧气供应不

表 22-2　静止用力时和恢复期的摄氧量

静止用力方式	持续时间（min）	摄氧量（ml/min）	
		静止时用力	静止后用力
单杠屈臂悬垂	0.80	557	853
俯卧撑	2.01	562	595
屈膝举蹬站立	1.28	742	807

（引自：林加尔德）

足，运动后血流通畅，肌组织加强代谢，这也是造成运动后机能变化超过运动时的原因之一。

随训练水平的提高，呼吸和循环机能的加强，“林加尔德现象”可以逐渐减轻。技术水平高的体操运动员在做体操练习时，甚至可不产生“林加尔德现象”。在做体操练习时，动作与呼吸形式配合协调，可加强呼吸深度，加大肺通气量，减少缺血与缺氧现象，瓦尔沙瓦和林加尔德现象都可减轻或被克服。

八、体操运动员身体成分及其他部分生理指标

我国奥运会体操运动员无论男子、女子的体脂百分比都低于其他项目运动员。参加第 26 届奥运会的男女各 12 名体操运动员的平均体脂百分比分别为9.1%和 8.0%，与之前的国家队运动员相比呈现降低趋势，这些结果说明随训练水平的提高，身体脂肪成分所占比例下降，意味着体操运动员身体肌肉所占比例增加。

周琴璐等（2000）对我国优秀体操运动员的情况进行了分析，我国男子体操运动员当前属于世界一流水平，呈现年龄小（平均 21 岁）、体重轻（平均 57 公斤）和身高低（平均 163.8 厘米）的趋势；我国女子优秀体操运动员近十几年来年龄变化不大，但身高（144.8 ± 7.2 厘米）和体重（36.8 ± 6.2 公斤）都呈现明显的下降趋势，这可能与体操动作的难度增加有关。

该研究还报道中国竞技体操运动员的相关机能指标数据为：男体操运动员74 人，均为一级运动员或运动健将，平均年龄 17.7 岁，肺活量 3334 毫升，血红蛋白 148.9g / L，血清睾酮 635.18ng / dL；女体操运动员 48 人，平均年龄 14.8 岁，肺活量 2021 毫升，血红蛋白 136.5g / L，血清睾酮 31.23ng / dL。王正珍等2006 年测试中国艺术体操运动员（一级运动员 16 人、二级运动员 48 人，平均年龄 14.5 岁）血红蛋白 129.3 ± 9.2g / L、血清睾酮 31.5 ± 12.6ng / dL。

第三节　球类运动

球类运动的项目众多，如足球、篮球、排球（统称“三大球”），乒乓球、网球、羽毛球、手球、棒球、垒球、橄榄球、曲棍球等。

球类运动都是队与队、人与人之间相互对抗的竞赛性活动。属于混合性运动，既含有各种强度的周期性活动，又含有不断变化的非周期性活动。球类运动的不同项目，其比赛规则、场地设备、控制球的技术方法等各不相同。因此，各种球类运动对人体的影响不尽相同。

一、球类运动的技术特点

专项运动员必须掌握本项球类的基本技术和多种的专门技能。运动员的动作技能需

根据对手或同伴的行为，或临场情况发展而随机应变。因此，在球类运动的训练中，一方面要掌握较多的、较巩固的动作技能，并注意在复杂的攻防场合下实施训练，以期获得机动灵活、随机应变地组合各种联合动作的能力；另一方面还应经常安排比赛性战术训练，提高分化能力，预判对手的意图，领会队友默契，以期培养在瞬息变化的赛场上，能得心应手地运用动作技能和战术意识的能力。由此可见，球类运动技能的特征在于，运动员必须根据各种情况的转化，及时地做出适当的连锁性反应。实践证明，掌握的基本技术越多、越巩固，比赛经验越丰富，反应就会越准确，越迅速，才有可能更加积极主动，在比赛时才可能“随机”地组成某些“创造性”的动作。有人认为“创造性”动作技能的完成，取决于高度的技术和战术训练，从而加强大脑皮质中两个信号系统的相互作用，提高分析综合能力与神经过程的灵活性。这就是球类比赛中实践能力的生理基础。

二、球类运动员的身体形态机能特点

（一）体成分和体形

足球运动员随着比赛的激烈、对抗的凶猛，身体条件的要求越来越高，攻防中运动员的立体控制越来越大，形态特征趋于高大健硕，特别是中路三条线及守门员位置，对高度的要求更高，无论男子和女子运动员，其形态特征发展趋势均一样。排球运动员应该具有身材高大、指间距长、体重较小、臀围骨盆相对狭窄、体脂少等形态特点。篮球运动员大都身材高大、匀称、四肢修长、手大足大。优秀男子排球和篮球运动员与其他项目运动员相比肌肉精瘦健壮。

高水平的乒乓球运动员具有体形指数较大、上臂或前臂围度差较小，即上肢比较均匀、体脂含量较高（尤其是女运动员）、克托莱指数较高等特点。优秀羽毛球运动员的身体形态一般为身体匀称、四肢（主要是上肢）较长。优秀网球运动员需要较大的瘦体重，另前臂长和手长均比普通网球运动员要长。

（二）肌纤维特征及肌肉功能

男子优秀排球运动员股外肌快缩酵解型肌纤维占 56.6%，职业足球运动员为 59.8%，而短跑和跳高运动员股外肌快缩酵解型肌纤维占 62%。

下肢力量对足球运动员来说尤为重要。股四头肌、腘绳肌、小腿三头肌在跳、踢、扭、转和变换脚步方面要比普通运动员力量大。保持强大的收缩能力，对保持平衡和控制力非常重要。对守门员来说，则对肌肉力量素质的要求比较全面。

排球和篮球运动员都具有较高的纵跳能力，其中排球运动员的纵跳能力要更好些，表明他们都有较高的肌肉功率输出。女子排球运动员的平均纵跳高度大约为 50 厘米，高于普通男性，与同水平男子排球运动员相比约低 15 厘米。楼梯试验和 Wingate 试验均表明排球和篮球运动员有较高的功率输出能力。

三、球类运动的能量代谢特点

（一）无氧代谢能力

由于在比赛过程中，球类运动员所承受和所达到的强度在比赛中不断变化，其供能特点较难进行定量分析。一般认为，球类比赛中关键技术动作是靠以无氧代谢供能支持的运动来完成的。例如，排球运动员多次在短时间内做出的弹跳、击球、拦网、扑救等动作，足球运动员的反复短距离冲刺跑和多次大力量的踢球、起跳、射门等动作，篮球运动员在激烈攻防转换中的传球、运球、突破、跳投、冲抢篮板球、变方向跑、突然起动抢占空间有利位置等，或者乒乓球、羽毛球、网球的发球、接发球，攻球、劈杀等动作，棒、垒球的投球、打棒、滑垒、夹杀和传接球动作等，均要求运动员具有很强的磷酸原供能能力和糖酵解供能能力。

无氧代谢能力可以通过最大无氧功率和血乳酸来进行评定。我国女子手球运动员最大无氧功达 639.1 ± 72.3 瓦，最大无氧功均值达 472.1 ± 64.5 瓦（苏全生，1997）。血乳酸反映运动员最大限度动员糖酵解的能力，完成的功率越大，乳酸峰值越大，说明运动员无氧酵解代谢能力强，耐乳酸能力强。我国男子排球运动员安静时血乳酸在 1.2 ~ 1.8mmol / L，运动后 2 分钟可达 5.1 ~ 12.6mmol / L（宋卫平，2001）。我国优秀羽毛球运动员安静时血乳酸男子为 1.27 ± 0.66mmol / L，女子0.98 ± 0.40mmol / L，单打比赛后男子达 5.44 ± 1.70mmol / L，女子为 5.83 ± 1.34 mmol / L（林建棣，1995）。

（二）有氧代谢能力

对于一名优秀球类运动员，不仅要有良好的无氧能力，还必须具备良好的有氧能力。“有氧代谢是基础”，良好的有氧代谢能力对于加速无氧代谢后的恢复速率、延缓疲劳的出现、使机体在承受高强度负荷等方面起到保障作用。

足球比赛时间长、高强度冲刺跑占整场比赛时间的比例较低的特点，决定了足球比赛大部分时间主要依靠有氧代谢方式供能。篮球运动员在紧张激烈的比赛中，要在篮球场上往返奔跑 180 ~ 200 次，约 5400 ~ 6000 米，要求运动员不停地来回奔跑、变换位置等，对运动员的耐力水平也有较高的要求。排球运动是一种由多次、短促、完整的有球技术（传、垫、发、扣、拦）和较长时间中低强度的无球技术（暂停、换人、局间休息、死球等）所组成的间歇式的运动，是以有氧供能为基础，有氧和无氧相结合的运动。乒乓球运动员在一次高水平的比赛中，需要挥臂约 5400 次，因此运动员需要有很好的有氧耐力作为基础。

最大摄氧量和无氧阈是评价球类运动员有氧能力的主要指标。球类运动员的最大摄氧量越大，其有氧耐力就越好。例如，我国男子国家队排球运动员最大摄氧量为 3.45 ± 0.34L / min；国家队女篮运动员最大摄氧量的相对值从 1996 年的47.39 ± 3.66ml /（kg·min）提高到 2000 年的 53.73 ± 4.55ml /（kg·min）；乒乓球运动员男子 53.47 ± 6.53ml /

(kg·min)，女子 45.72 ± 3.30ml /(kg·min)。羽毛球运动员男子约为 52.81ml /(kg·min)，女子约为 42.75ml /(kg·min)。优秀足球运动员最大摄氧量约为 62ml /(kg·min)，我国男足运动员最大摄氧量水平明显低于国外优秀运动员。我国女子手球运动员最大摄氧量为 3.55L / min，接近世界冠军队韩国队(3.66L / min)；无氧阈时摄氧量占最大摄氧量的百分比（80.46%）较韩国高(66.5%)，提示我国女子手球运动员有氧供能能力已具备同世界强队抗衡的能力（苏全生，1997)。

四、球类运动的心血管机能特点

球类项目多种多样，活动的形式、强度和持续时间各不相同。即使同一个项目，运动员的位置不同，其生理负荷量也不一样，对心血管系统的影响也不完全一样。而且和对手的强弱、采取的战术情况、比赛时赛场局势的变化以及情绪变化等有关。对球类运动员来说，心肺功能应具有较大潜力，并应能根据运动的需要，迅速动员起来。

如足球比赛前后脉搏、血压变化的情况与队员的位置有关，其生理负荷量也因队员的位置不同而有差异。前卫的变化幅度最大，前锋次之，守门员较小。不同位置的队员在比赛后恢复的快慢不一样，守门员恢复最快，前锋恢复最慢，前卫和后卫居中。我国足球运动员安静时心率男子为 47 ~ 72 次 / 分，女子为 61.13 ± 6.29 次 / 分，男子最大心率可达 202 次 / 分。

对足球、篮球和排球运动员的调查表明，在一般的训练或比赛后，脉搏升高到 140 ~ 180 次 / 分，收缩压提高 30 ~ 50mmHg。我国男排运动员安静时心率为 46 ~ 73 次 / 分，最大心率可达 206 次 / 分，安静时收缩压为 112.9 ± 10.7mmHg，舒张压为 70.9 ± 5.1mmHg (宋卫平，2001)。打满全场的篮球主力队员，比赛后即刻心率多在 180 次 / 分以上，最高达 215 次 / 分。训练水平越高，心率恢复越快。

高水平乒乓球运动员比赛前后心血管机能的变化也较明显。我国乒乓球运动员安静心率为男子 56.1 ± 1.45 次 / 分，女子 61.2 ± 4.98 次 / 分，单打比赛后男子运动员心率达 186.8 ± 13.2 次 / 分，女子运动员达 183.5 ± 12.3 次 / 分。另外，优秀乒乓球运动员赛前肢体血流量增加，持拍手指温度升高，而训练水平较低的运动员血流量升高幅度较小，甚至下降。

五、球类运动的神经和感觉机能特点

球类运动比赛需要运动员对变幻莫测的赛场情况做出准确的判断，迅速采取措施，改变自己的动作方向或节奏，甚至改换技能的组合。因此，在比赛条件下，运动员的注意力非常集中，精神高度紧张。这对中枢神经系统调节运动性机能的能力，起着良好的训练作用；同时，可以让大脑皮质神经过程的强度、均衡性和灵活性得到提高。例如，用简单运动条件反射的研究方法进行测试时发现，篮球、足球、手球运动员经过训练后，对光和声的反应潜伏期缩短。实测发现，我国优秀乒乓球运动员，对光刺激的运动反应潜伏期平均为 102 毫秒，最短的仅为 70~90 毫秒。而对篮球运动员运动时的肌电图记录观察到，有训练者和无训练者相比，当同队队员做假动作时，前者的肌肉不产生肌电变化，后者则有明显的肌电变化。这些事实提示，有训练者具有精确的分化能力。

球类运动对感觉机能有良好的训练作用。例如，比赛场上的局面千变万化，但都必须通过人体的各种感觉器官将相应的刺激信息，转换成神经冲动传递到大脑皮质。大脑皮质要不失时机地分析处理来自主体、客体及时间、空间方面的感觉信息，并产生恰如其分的综合反应，然后分别由不同的运动传出通路，下达给参与实现某种运动行为的肌肉，做出准确的动作技能。简言之，球类运动员需要有精细感觉、准确判断、敏捷行动的能力。可见感觉器官的机能对从事各项球类运动都有很重要的作用。经常起主要作用的有视觉感觉器、本体感受器、位觉感受器。

据研究，球类运动员的视觉机能有较明显的改善。对视觉基强度的测定，发现球类运动员的视觉感觉器官兴奋性较高，安静时的视觉基强度约为 4～4.5V（伏特），其他项目的运动员约为 7～8V。克列斯托甫尼柯夫等发现，球类运动员在想象活动时，视觉基强度即可发生变化。

视野的大小对球类运动员也很重要。据研究，球类运动员在相对安静状态下的视野比训练前稍有扩大，特别是绿色视野扩大得更明显。此外，有人研究，在情绪因素的影响下大脑皮质的机能状态发生变化也可以影响视野的范围。情绪激昂或消沉均能导致眼球运动的灵活性下降，视敏感阈增加，视野范围缩小，反应迟钝，产生较大的视差，严重地影响实战能力。

中央视觉在球类运动中同样具有重要作用。视野大有助于扩大观察范围，而中央视觉则保证运动员准确地完成投篮、射门以及各种击球动作。球类运动员的空间视觉，即判断物体在空间运动状态的能力精于其他专项运动员。其中又以网球、乒乓球、羽毛球和棒垒球等项目运动员的空间视觉机能最为精细。

球类运动员的眼球运动装置在训练的影响下能逐渐改善，并获得眼球运动的高度协调能力。可以看出，运动健将正视者的百分比高于运动新手；而一度斜视者，在足、篮、排三个项目中新手的百分比均高于健将组。唯三度斜视者有所不同，其机理尚需进一步研究。

球类运动训练能提高本体感觉器的机能，有助于运动员产生清晰的肌肉感觉。运动员的训练水平与本体感觉阈有关。马树勋对我国不同训练水平的篮球运动员的腕关节的敏感阈进行过测定，发现其敏感阈值和训练水平有关。研究证明，球类运动员借助于本体感觉机能，可以高度精确地完成许多复杂的动作技能。例如，出色的篮球运动员能在取消视觉监看的情况下，通过来自指、掌、腕、肘、肩等环节的皮肤、肌肉、关节的触觉、压觉以及本体感觉，就可以控制运球的方位、高低、起止动作。乒乓球运动员的握拍臂，具有高度的敏感性，通过手感觉球拍，通过球拍感觉球。优秀乒乓球运动员能将“手感”“拍感”“球感”和来自视觉的“来球飞行感”四者合一，形成对乒乓球的“综合感觉”。

位觉机能在球类运动中也有重要作用。研究证明，通过球类运动的训练对位觉机能有良好影响，从而可以获得良好的球类运动能力。卢鼎厚对我国球类运动员前庭感觉器

官的稳定性的研究发现，优秀的篮球和排球运动员具有较高的稳定性，保持平衡的能力也比一般运动员高。

六、球类运动员机能监测常用生理指标

运动训练实践中，实时、有效评定运动员的机能状态，对控制训练负荷、判断运动疲劳及防止过度疲劳和运动损伤的发生，具有重要意义。

虽然不同的球类运动在训练和比赛中，身体机能的监测指标不完全相同，但普遍应用的指标有心率、血压、血红蛋白、血清睾酮、血清皮质醇、血尿素、血清肌酸激酶、血乳酸和最大摄氧量等。有些球类项目中还会用到尿肌酐、血压、白细胞计数、淋巴细胞亚群、反应时、中央视力、周围视力、肌力、指温、脑电图和本体感觉等。

第四节　游　泳

游泳运动是一项深受群众喜爱的运动项目，集身体锻炼和娱乐性于一身。和其他运动项目不同，游泳是在水中进行的，因此会对机体生理机能产生特殊的影响。

一、运动项目的特点

（一）游泳运动项目的组成

奥运会竞技游泳主要采用四种姿势比赛，即自由泳（也叫爬泳）、仰泳、蛙泳和蝶泳。

自由泳采用“爬泳”姿势，是竞技游泳中速度最快的泳姿，行进时两臂轮流由前向后滑行，动作像爬行。仰泳游进时两腿交替上下打水，由大腿发力带动小腿，上踢下压，以提高身体位置，并起推进作用。蛙泳模仿青蛙游水动作而取名，游进时人体俯卧水面，一次划臂配合一次蹬腿和呼吸，构成一个完整动作。蝶泳身体俯卧于水面，两腿对称做屈伸的蹬水（或上下打水）动作，两臂同时由前向后下方划水，再提出水面顺身体两侧向前挥摆入水同时吸气。

竞技游泳项目中包括50米、100米的短距离项目，200米、400米的中距离项目和800米、1500米的长距离项目；近年来还有新增的男、女10公里马拉松游泳。

（二）游泳环境的特点

由于水和空气的物理特性不同，对人体产生的影响也各异。其特点如下：

1. 水的浮力作用

入水后人体漂浮，没有支撑感觉，除部分躯干肌保持紧张外，很少有静力紧张动作。

2. 水的阻力作用

水的密度比空气大，阻力比空气大 800 多倍。游泳时受到的阻力主要有四种：摩擦阻力，是由水的黏滞性造成的，水的黏滞性为空气的64 倍，所以，水的摩擦阻力大；形状阻力，物体在水中运动时，在物体前面的挡水面同物体后面的漩涡压产生的压力差引起的阻力；波浪阻力，由于水的波浪破坏了水的平衡而形成的阻力；惯性阻力，物体有维持固有运动或静止状态的特性称为惯性，惯性有阻碍物体向前运动的作用，称惯性力阻力。由于水的阻力，人体在水中游进比较困难。

3. 水的压力作用

人在水中游泳时，水对人体有一定的压力。每下潜 1 米时，就增加 0.1 个大气压，所以水给胸廓很大的压力，给呼吸造成一定的困难。

4. 水中的身体姿态

游泳时，人体在水里呈水平位置，有利于血液循环。

二、游泳运动的生理特点

（一）能量消耗的影响因素

游泳时能量消耗较多，其原因如下：

1. 水的温度

游泳时水温在 20～26℃之间，由于低于体温，所以机体向外散热。水传热能力比空气快 25 倍，这样人体散热较多，能量消耗也较多。例如，在 12℃的水中停留 4 分钟所放散的热量，相当于人在陆地上 1 小时内所放散的热量。

2. 游泳的速度

游泳的速度越快，所受的阻力越大，消耗的能量就越多。距离越长，能量消耗的总量越多。例如，100 米游泳耗热量为 100 千卡；200 米游泳耗热量计为140 千卡；400 米游泳耗热量为 200 千卡。

3. 游泳的姿势

四种泳姿中，自由泳是最经济的技术，相同速度游时能量消耗只有蛙泳的 71%。仰泳的经济性与自由泳接近，而蝶泳在相同速度游时的能耗最高（图22-1）。

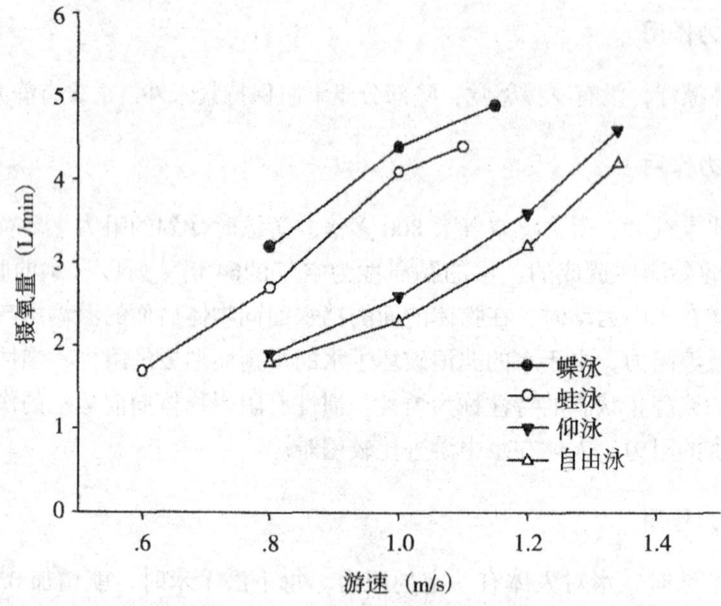

图 22-1　四种比赛泳姿不同速度游进时所对应的摄氧量

（引自：Holmer，1979）

4. 训练程度

游泳运动员训练程度越高，能量消耗相对减少。这是因为运动员的机能能力提高，机体出现机能节省化现象；其次，由于技术掌握熟练，动作协调、准确，所以省力；再者运动员的机能调节能力提高，适应水环境能力强。总之，这些能力都是训练程度高的表现。

5. 其他因素

水面浪大或逆流游泳，使波浪阻力增大，能量消耗增多；水流速度越快，体热流失越多，前进阻力越大，能量消耗也就越多；身体浸入水中的程度越多，能量消耗也越多。

游泳后体重减轻现象不及田径运动，因为游泳时出汗较少，体重减少不多。体重减轻的程度与水温有关，水温越低，体重减轻的量也越多。

（二）呼吸机能

游泳时吸气和呼气都较困难，必须用力。吸气时要克服水的压力，才能使胸腔扩大；呼气时由于水的密度大，呼气肌也必须用力，将气呼向水中。这样，经常从事游泳训练，呼吸肌能得到锻炼，所以，游泳运动员的肺活量较大，一般为4700～5000毫升，最大可达5000～7300毫升。胸围呼吸差也大，通常为8～9厘米；最大肺通气量高于一般运动员。由此可知，游泳是发展呼吸机能有效的运动项目之一。

（三）心血管机能

有证据表明，漂浮状态的游泳可以使心血管发生适应性改变。水的压力可以反射性地引起心率减慢，但漂浮或是仰卧体位能通过增加舒张期的充盈而使心脏每搏输出量提高。极限下游泳运动的心率低于相同摄氧量水平的陆地上的跑步或自行车运动的心率。

血压在游泳比赛后可达 180 ~ 200mmHg，每分输出量可达 40 升。心血管机能与游泳的距离和姿势有关。

我国优秀游泳运动员，随训练水平的不断提高，安静时的脉搏男子由 60 次 / 分下降到 50 次 / 分，最低可达 34 次 / 分；女子由 61.4 次 / 分下降到 53.4 次 / 分，最低可达 46 次 / 分。男女游泳运动员安静时都出现心动徐缓现象。国外也有报道优秀游泳运动员心率偏低的现象，如民主德国的古尔德，安静时脉搏为38 次 / 分。

长期从事游泳训练的人，心脏体积有明显的运动性增大现象。翁庆章等人研究了我国 18 名国家游泳队员，通过 4 个月游泳训练，观察游泳运动员训练前后超声心动图几项主要指标的变化，发现室间隔和左室后壁厚度增加，心肌收缩幅度增大，每搏量、射血分数增大，说明心脏贮备力增大。有人研究证明，优秀游泳运动员右心室增大者常见，而且比左心室增大表现更为明显。这是因为水的密度和阻力大、呼气困难，肺循环的压力增加，致使右心室发生形态的改变。

游泳运动员有较高的心血管机能调节能力，对寒冷刺激能迅速产生反应，反射性地引起血管活动的改变，体现大脑皮质对非条件反射调节能力的提高。

（四）体温调节能力

长期游泳训练，可以提高运动员的体温调节机能，增强对低温水的适应能力。对游泳时体温变化进行的研究证明，运动员在 100 米和 400 米游泳后，直肠温度都有升高，而 400 米游泳后的变化更为明显。此外，运动员在入水前，口腔温度由 36.9℃上升到 37.16℃；入水后 3 分钟，口腔温度先下降到 36.94℃，而后又重新升高到 37.14℃和 37.3℃。运动员入水前体温升高，是一种条件反射性反应；入水后体温先下降后升高，说明在冷刺激下体内产热过程加强。训练程度差的游泳运动员，入水后体温一直趋于下降的阶段。

一定量的体脂对于保持体温具有重要意义。Dulac 等（1987）报道，22 名长距离游泳者在 18.5℃水中进行游泳比赛，赛后测量直肠温度和体脂，发现男女两组直肠温度和体脂百分数呈正相关关系。

（五）训练后尿成分变化

游泳因在水中进行运动，汗腺分泌机能减弱，大部分代谢产物从肾脏排出，因此，增加了肾脏机能的负担。研究证明，游泳后尿中排出的乳酸比相同强度的跑步后多。

剧烈游泳后，尿中常出现蛋白质，尿蛋白的阳性率较其他项目高而且量也较多。有人认为，这是由于游泳时受低温刺激，排汗减少，血中酸性物质累积较多，刺激肾脏，引起肾脏缺血和缺氧，肾小球滤过加大，尿中出现蛋白质。游泳后，尿蛋白的含量与运动量的大小成正比。运动量越大，尿蛋白的含量越多。尿蛋白的含量也与训练水平有一定的关系，训练水平高的运动员，尿蛋白出现率少，且量也少。

（六）游泳运动员的有氧能力

1. 最大摄氧量

一般认为，最大摄氧量和游泳运动成绩密切相关，相关系数在 0.70 ~ 0.91 之间。早在 20 世纪 60 年代，Miyashite 就已经报道游泳运动员的最大摄氧量值男子是 4.36 ± 0.41L / min，女子是 2.92 ± 0.18L / min。Neumann 等（1988）报道，男、女游泳运动员的最大摄氧量的相对值分别是 60 ~ 70ml /(kg·min) 和 55 ~ 60ml /(kg·min)。李开刚等（2003）报道，利用跑台递增负荷运动测定我国优秀游泳运动员最大摄氧量，男子为 3.81 ± 0.31L / min，女子为 2.79 ± 0.39L / min。可以发现我国男子游泳运动员的最大摄氧量的平均值低于国外运动员，而女子运动员的平均值与国外报道比较接近。

2. 乳酸阈

乳酸阈是人体肌肉代谢过程中，随肌肉运动强度逐渐加大，快肌糖酵解做功增加，使血乳酸的生成率明显超过清除率，开始快速积累，在血乳酸动力曲线图上形成的随运动强度加大而出现的急剧上升的一个偏离拐点。

Davis（1979）的研究指出，经过系统训练后的受试者，最大摄氧量只能提高 25%，而乳酸阈却能提高 44%。其原因是遗传因素限制了最大摄氧量的提高幅度，而乳酸阈值主要与外周的代谢因素关系密切，例如，肌肉的血流量、肌纤维类型的百分组成及酶的活性等。训练可以改善肌肉的有氧代谢能力，使乳酸阈值有较大幅度的提高。

多年来人们习惯以 4mmol / L 血乳酸浓度所对应的摄氧量、强度或功率作为有氧训练与无氧训练的界定值。实际上乳酸阈存在明显的个体差异，不同年龄阶段也有不同的阈值表现。

Reybrouk 报道 5 岁幼儿无氧阈强度时血乳酸水平为 2mmol / L。

吴真列等（2004）对 78 名 9 ~ 12 岁少年男、女游泳运动员乳酸阈的测试结果显示，无氧阈的乳酸水平总体平均值为 2.45 ± 0.35mmol / L，其范围在 1.8 ~ 3.2 mmol / L，均未达到 4mmol / L。朱荣等（2006）对 60 名 9 ~ 12 岁游泳运动员进行个体乳酸阈（ILAT）测定，结果显示，9 ~ 12 岁游泳运动员的个体乳酸阈在2.00 ~ 3.10mmol / L 之间，平均值 2.46 ± 0.36mmol / L，比 3 ~ 5 岁儿童个体乳酸阈值(2.35 ± 0.32mmol / L）稍高，但较成年运动员值低。因为青少年机体代谢有自己的特点，其血红蛋白含量、肌红蛋白浓度、线粒体体积和数目及有氧代谢酶含量及活性与成人有明显差异。

林华等测试了25名13～16岁男女青少年游泳运动员的乳酸阈，结果表明血乳酸平均值为2.77±0.70mmol/L，其范围在1.99～3.99mmol/L。男女游泳运动员乳酸阈之间无显著差异。其中乳酸阈所对应的游速，13～14岁为1.28±0.05m/s，15～16岁为1.32±0.03m/s。

Kindermann和Stegmann研究的成年男子和女子游泳运动员的乳酸阈分别为3.9±0.8mmol/L和3.3±0.6mmol/L。

（七）游泳运动员的无氧能力

专项比赛或测验（特别是100米和200米）之后的血乳酸水平可以很好地反映运动员的无氧能力。血乳酸水平越高，则专项成绩越好，无氧能力越高。在50～400米自由泳项目中，尤其是100米和200米自由泳项目，训练水平高者耐乳酸能力强。随着训练水平提高，游速加快，血乳酸也相应提高。如我国男子200米自由泳平均成绩自1979—1986年提高了2秒多，而血乳酸水平也随之增加，提高幅度接近4mmol/L。

在多种距离的自由泳比赛中，100米和200米项目的乳酸最高。100米和200米自由泳均以糖酵解供能为主，而有氧代谢供能比例200米高于100米。50米游泳以磷酸原系统供能为主，赛后血乳酸水平低；而400米距离较长，有氧代谢供能所占的比例较大，赛后血乳酸水平也较100米与200米赛后的乳酸低。

50～200米的自由泳项目，通常在运动后3～5分钟血乳酸值达到最高，距离加长，乳酸峰值出现较早。

李红燕等研究了省级游泳队29名运动员（18.87±3.89岁，专业训练年限11±3.76年）不同距离自由泳比赛后的血乳酸水平，见表22-3。

表22-3 不同距离自由泳成绩与赛后血乳酸水平

		50米	100米	200米	400米
女	血乳酸（mmol/L）	9.85±0.92	14.44±2.0	14.21±2.48	11.45±1.59
	成绩（s）	26.62±0.46	57.76±0.67	127.65±2.85	270.14±2.62
男	血乳酸（mmol/L）	12.31±1.86	13.57±2.18	13.25±2.13	10.94±0.53
	成绩（s）	23.95±0.51	52.28±1.31	116.38±1.57	248.95±1.57

（引自：李红燕等，2006）

朱荣等（2006）对60名9～12岁游泳运动员进行100米自由泳后血乳酸峰值出现在7.1～12.6mmol/L范围内，均较成年运动员值（14.8mmol/L）偏低，这是由于青少年肌糖原含量、磷酸果糖激酶活性水平低，糖酵解能力差，机体代谢水平、乳酸生成能力及承担强度负荷能力有别于成人。提示在实践中应根据少年运动员生理特点合理安排运动训练与教学。

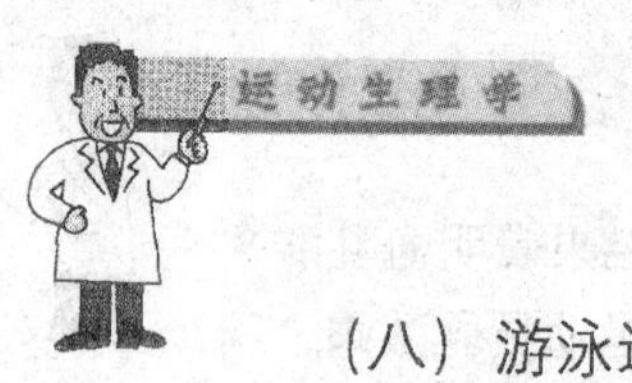

（八）游泳运动员的训练

1. 有氧训练

陈云鹏将有氧训练分为有氧低强度、有氧中强度、无氧阈、超无氧阈和最大摄氧量5个级别。对于专攻50米和100米的自由泳选手来说，有氧低强度和中强度是一般耐力基础；每次课无氧阈训练总量为2000米，时间为25～30分钟，采用的最长段落是400米，血乳酸值是4mmol / L；超无氧阈的总量是1500米，20～25分钟，最大段落为200米，血乳酸达到4～5mmol / L；最大摄氧量训练的总距离为500～800米，由于强度大，间歇时间长，需要15～45分钟，强调25米、50米和75米距离的段落，产生5～8mmol / L的血乳酸。对于200米距离的选手，每个环节的运动量和时间有所增加，尤其是最大摄氧量的训练总量最好为2000米。

个体乳酸阈训练对中长距离游泳运动员十分重要，中长距离运动员大部分训练内容的目的是不断提高个体乳酸阈速度，这也是多数优秀中长距离运动员的成功经验。如铁人三项运动员贝内特，她以3×1500米，18分30秒包干；或16×200米，2分40秒包干；或16×100米，1分15秒包干；16×50米，50秒包干等多种手段进行个体乳酸阈训练。索普的个体乳酸阈训练常常与划手和打腿等技术训练手段结合进行。

2. 无氧训练

游泳磷酸原系统供能能力训练又称为速度 / 爆发力训练，其主要特征为110%～120%的200米比赛速度、心率160次 / 分、运动间歇比1∶2、血乳酸值2～3mmol / L。磷酸原系统供能能力训练主要运用于提高磷酸肌酸的再合成能力、改善肌肉利用和贮存能量的能力。25米顺牵也是一种训练游泳运动员磷酸原供能能力的常用方法，为许多教练员所应用和采纳。运动后血乳酸值在4mmol / L左右，说明安排合适。

游泳无氧酵解能力训练包括耐乳酸训练与乳酸峰值训练。在游泳无氧酵解能力训练过程中，国内、外普遍使用血乳酸、摄氧量与心率来监控运动训练负荷程度与训练效果。通常应用运动后血乳酸的最高值来监控运动员无氧酵解能力训练。

游泳无氧酵解能力训练的主要目的是提高乳酸最大生成能力和肌肉耐受乳酸能力。肌肉乳酸能力得到提高后，在全力短冲过程中，机体可堆积更多的肌乳酸和血乳酸，运动员在乳酸和氢离子水平急剧升高导致肌肉收缩能力受限之前，保持在较长的时间内持续释放能量的能力。

对于大多数短距离项目（2分钟以内的项目）来说，运动员应重点发展无氧耐力，以及适合短距离项目的高效技术。训练中应该强调进行短距离、快速的重复练习。研究发现，过去10年来，训练计划的内容确实发生了一些变化，100米运动员的训练中无氧训练越来越多，间歇也越来越频繁。

Maglischo（1993）认为在50米快冲时只有2%的能量来自有氧供能系统、在100米比赛中10%的能量来自有氧系统。50米比赛中48%的能量、100米中65%的能量来自糖原无氧酵解供能。要发展这种能力，要用 95%～100%的用力游30～60 秒，还可以使用 3×（100 米快冲＋50 米仰泳＋150 米主项），6 分钟或 8 分钟包干。100 米快冲的心率要达到 160～180 次 / 分，每周最多进行 3～4 次乳酸训练。

乳酸耐受能力训练可以提高运动员在比赛后程的冲刺能力，这种能力对100 米和 200 米运动员尤为重要。运动员应多采用比赛姿势进行训练，采用的速度应能使血乳酸达到 12mmol / L 以上。心率应达到或接近最高心率，自我感觉强度也应达到或接近极限。

3. 运动员的血液生化监测指标

赵杰修等（2006）以备战第 28 届雅典奥运会的国家游泳队集训运动员为研究对象，建立了对优秀游泳运动员血液生化指标评价的参考范围，见表 22–4 和表 22–5。

表 22–4　国家队男游泳运动员血液生化指标的评价参考范围

	优	良好	中等	较差	差
Hb（g/L）	>168	168~162	162~147	147~139	<139
RBC（$\times10^{12}$/L）	>5.9	5.9~5.6	5.6~4.9	4.9~4.7	<4.7
HCT（%）	>49.9	49.9~47.4	47.4~39.3	39.3~36.2	<36.2
BUN（mmol/L）	<5.1	5.1~5.9	5.9~7.7	7.7~8.5	>8.5
CK（IU/L）	<105.0	105.0~130.0	130.0~243.0	243.0~357.0	>357.0
T（ng/dl）	>746.5	746.5~630.8	630.8~416.2	416.2~344.8	<344.8
C（μg/dl）	<10.8	10.8~13.9	13.9~19.9	19.9~22.6	>22.6
T/C	>69.1	69.1~51.7	51.7~28.6	28.6~22.8	<22.8

（引自：赵杰修等，2006）

表 22–5　国家队女游泳运动员血液生化指标的评价参考范围

	优	良好	中等	较差	差
Hb（g/L）	>149	149~144	144~131	131~126	<126
RBC（$\times10^{12}$/L）	>5.2	5.2~4.9	4.9~4.4	4.4~4.1	<4.1
HCT（%）	>44.6	44.6~42.4	42.4~36.3	36.3~33.7	<33.7
BUN（mmol/L）	<4.3	4.3~4.9	4.9~6.5	6.5~7.5	>7.5
CK（IU/L）	<75.4	75.4~95.0	95.0~155.0	155.0~219.0	>219.0
T（ng/dl）	>88.9	88.9~74.6	74.6~37.1	37.1~21.3	<21.3
C（μg/dl）	<12.5	12.5~16.4	16.4~23.0	23.0~25.8	>25.8
T/C	>6.2	6.2~5.2	5.2~2.5	2.5~1.0	<1.0

（引自：赵杰修等，2006）

游泳训练生理生化监控是通过心率、血乳酸、体重、血相指标（血红蛋白、红细胞数量、红细胞比容）、尿蛋白、血尿素、血清肌酸激酶、血清睾酮与皮质醇等指标的测试结果，及游泳运动员训练计划（包括训练手段、训练方法等）的完成情况，对运动员的机能状态、训练反应进行评价，进而调整运动训练的具体手段、方法，使运动训练更适合于每一名运动员的个体特点。

第五节　重竞技运动

重竞技运动项目，即举重、摔跤、柔道、跆拳道、拳击、散打等运动项目的统称。它是力量与技巧完美结合的运动项目，属于对力量素质要求很高的一类运动，运动员不但要有良好的爆发力，还要具备持久的有氧耐力。重竞技项目运动员均按体重级别参加比赛，因此相对力量是决定比赛是否成功的关键因素。这些项目在我国竞技体育领域中占有越来越重要的地位，并在国际、国内比赛中屡创佳绩；此外，在全民健身领域中也越来越受到人们的重视，主动参加重竞技项目运动健身的人数也逐渐增多。重竞技运动项目可以促进体格健壮，发展体能，增进健康，锻炼意志，从而提高机体对外界环境的适应能力和对疾病的抵抗能力，提高工作能力以及生活质量。因此，了解这些重竞技运动项目的生理学特点，指导人们进行科学训练和健身，是非常必要的。

一、举重运动的生理特点

举重是一项以发展力量为主的动力性练习，其最大特点是在极短的时间内，肌肉以最大力量和最快的收缩速度，即所谓爆发力来完成最大的功。其他许多运动项目在训练过程中常采用举重来发展力量素质。在长期举重训练的影响下，人体结构和机能方面都发生明显的变化。

（一）中枢神经系统和运动器官的机能变化

神经系统对运动器官的调节机能强弱，对肌肉力量的发展有很大意义。电生理学的研究证明，神经系统能够调节许多运动单位实现同步活动。此外，大脑皮质神经过程的兴奋强度、抑制深度以及兴奋与抑制过程之间在时间和空间上的集中等，对举重运动员力量的发挥都有重要的作用，而且以上机能的改善与举重运动员运动技能的熟练和协调程度有关。神经系统的机能状态主要通过协调各肌群活动、提高中枢兴奋程度、增加肌肉同步兴奋收缩的运动单位数量来提高肌肉最大肌力。中枢在完成某一收缩过程时，除了主动肌兴奋外，还需要协同肌的配合与拮抗肌的放松。中枢之间良好的协调配合将减少因肌群间工作不协调所致的能量消耗，有助于主动肌更充分地发挥收缩效益。中枢神经系统的兴奋程度对提高最大肌力具有重要的作用，中枢兴奋性通过参与兴奋的神经元数量和兴奋神经元发出神经冲动的频率来体现。因此举重运动员在训练过程中，力量素质有极明显的增长，大多是因为中枢神经系统同步兴奋能力增强或神经冲动频率增加所致。此外，在力量增长的同时，技术也不断提高，这是植物性与躯体性机能之间协调关系不断改善的结果。

运动器官机能的改善，包括形态、机能与生物化学反应等方面。研究证明，举重运动员肌肉中的化学成分发生了相应的变化，如收缩蛋白含量增加，同时肌纤维增粗，肌膜增厚，结缔组织增生，致使肌肉的体积增大（肌腹增大尤为明显），其兴奋性也得以提高。

举重运动员在训练过程中，力量的增加还要受其他多种因素的影响。由于它是以体重划分比赛级别的，在训练过程中，既要使运动员肌肉的体积不明显增加，又要使肌肉力量得到不断的提高，这就必须依靠改进神经系统对运动器官的调节作用来实现，在训练过程中应注意改进动作的协调性，动员人体的最大工作能力。

（二）心脏血管和呼吸系统的机能变化

1. 心脏血管系统的机能变化

举重运动员安静时脉搏频率并无显著减低，安静时的血压比其他项目运动员略高一些。举重时心脏血管系统的机能变化特点是舒张压上升明显，这是静力性工作时植物神经调节的特点，不是运动员训练程度差的反映。据研究，每个举重运动员训练后的植物性机能变化都有其正常的生理变化范围，并可以从中找出每个人对其运动量安排的生理规律。

据国家体科所运动医学研究室对 104 名举重运动员的研究，约有 16.3%的人心脏面积轻度或中等度的增大，另有 6.7%的人心脏面积轻度减小。心脏面积的增大与身高、体重有明显的关系，与年龄的关系不大，此外，还发现轻级别举重运动员心脏面积增大的百分比要比重级别举重运动员心脏面积增大的百分比高28%。

2. 呼吸系统的机能变化

举重时呼吸运动的最大特点，是有憋气现象。由于憋气时呼气肌和腹压肌收缩，使胸廓固定，这使上举杠铃形成了牢固的辅助支撑。同时，肺内压升高，可以反射地加强骨骼肌力量，这就为肌肉工作时发出最大力量创造了有利条件。但是，憋气对人体也有不利的影响：一是由于声门紧闭，肺组织已充满空气，胸廓又向回压缩，因此胸腔和腹腔内部压力突然升高，肺毛细血管受压，造成肺循环的困难；另一方面由于挤压了腔静脉，使回心血量减少，心搏出量也随之减少，出现暂时的脑部血液供应不足的现象。所以训练水平低的运动员在用力憋气后可能出现头晕、眼冒金花等反应。训练有素的运动员由于产生了适应，在憋气之后可不出现上述反应。憋气结束后，出现反射性的深呼吸，造成胸内压骤减，原先滞留于静脉的血液迅速回心，冲击心肌并使心肌过度伸展，心输出量增大，血压也骤升，这对心力储备能力差者十分不利。所以越来越多的人主张，运动时应尽量不憋气，或缩短憋气的时间。为此，有人提出举重时憋气前吸气深度不要太大。特别是心脏血管系统调节机能尚未发育完善的儿童和少年，不宜多做憋气动作和较重的力量性练习。在结束憋气时，为避免胸内压的骤减，使胸内压有一个缓冲、逐渐变小的过程，呼出气应逐步地、有节制地从声门中挤出，即采用微启声门、喉咙发

出“嗨”声的呼气。最后，憋气应用于决胜的关键时刻，不必每一个动作、每一个过程都要憋气，如杠铃举起的一刹那可运用憋气。

一次举重时的肺通气量和摄氧量都不大，如挺举115公斤后，肺通气量每分钟27升，摄氧量为每分钟1400毫升。举重时肺通气量和摄氧量的大小，同杠铃的重量、运动员等级和训练水平有关。在憋气后由于呼吸频率急剧增加，肺通气量可比正常增加3～5倍。这是由于憋气时血液内二氧化碳含量增多刺激了呼吸中枢的缘故。上述材料表明，举重运动员在举重过程中，呼吸系统机能的变化是有其特点的。

二、其他重竞技项目的生理特点

其他重竞技项目包括摔跤、柔道、跆拳道、拳击和散打等。这几种运动项目是在一定规则和条件限制下进行的对抗竞技性运动项目，这种竞技项目是在两个人之间进行的，是对竞技者体力、体能、技术、技能、心理和战术等多项素质的综合考验。这几种竞技项目除了在世界竞技赛场上崭露头角外，在我国全民健身领域也受到越来越多的关注，是一项实用的健身运动。这些运动项目可以增强人体的力量，它们都需要靠人体的爆发力来完成攻防动作，只有在最短的时间内将最大的力量发挥出来，才能达到攻防目的，有效地完成攻防动作，因此这些项目运动员爆发力要比其他项目运动员高出许多。另外这些项目的运动还可以提高人体的灵敏性和反应能力，高度的灵敏性和快速反应能力是这些运动项目最基本、最重要的素质之一。在训练和比赛中，运动员要熟练地掌握、运用各种技术方法，灵活地变化运用各种战术，并且要随机应变地根据场上情况及时调整自己的技战术，同时要完成各种技术组合等，这些都需要运动员具有高度的灵敏性，具有快速反应能力，否则就会受制于人，处处被动。另外，这些运动项目还需要极强的肌肉耐力。这些比赛大多分几场，每场几局，每局都要维持几分钟，连续在几天之内完成比赛，甚至有的在一天之内打好几场比赛，这些都需要运动员具有极好的肌肉耐力。在连续的高强度比赛后，需要有氧耐力才能迅速恢复体能，为下一次比赛做好准备。

（一）对人体神经系统和运动器官的影响

这些项目的训练和比赛，是在不断闪躲、进攻移动和防守中进行的。尤其是在比赛中，谁能更准确、果断、有力地击中对方身体的规定得分部位，谁就能取胜。双方为了保护自己、打击对方，都在不断地调整距离，变换体位和姿势，这对神经系统的兴奋和抑制过程的强度、均衡性和转换的灵活性，都提出了很高的要求。一个优秀的运动员，必须具有快速的反应能力，敏捷的闪躲能力，以及准确的判断能力，这些都属于神经系统的功能。兴奋性过强或者过弱都不利于运动员取得最好成绩。

这些项目的运动员都具有较好的肌肉爆发力和耐力，只有在最短时间发出最大肌肉力量才能迅速致对手于死地，取得比赛的最后胜利。因此，这些项目运动员肌肉、骨骼比较粗壮，相应关节非常灵敏，具有很好的中枢协调全身各肌群收缩和放松的能力。

（二）对心血管和呼吸系统的影响

这些项目运动员安静时心率和血压与普通人相比并没有明显区别，在训练和比赛时能迅速达到自己的最大心率，血压也会上升，训练和比赛结束后可以迅速恢复到正常水平。另外还因为经常有静力性练习和憋气动作，出现心肌肥厚，心脏收缩有力，每搏输出量增加。呼吸肌力量增强，肺通气量增加，神经系统对心血管和呼吸系统的调节能力也增强。

三、重竞技运动项目的专项素质及训练特点

重竞技项目属于对力量素质要求很高的一类运动，运动员不但要有良好的爆发力还要具备持久的有氧耐力。举重属于不断增加杠铃重量的快速完成的爆发力项目，是典型的无氧运动，每一次试举都在几秒之内完成，属于磷酸原系统供能。但是比赛中经常会出现连续试举，两项比赛需要持续 2 小时左右，有时甚至更长，因此还需要有良好的有氧耐力做基础。一次举重对运动员的协调、灵敏、力量、速度要求很高，对肌肉韧带、关节、骨骼，特别是脊椎（椎间软骨和椎间盘）等要求也很高。完成举重动作需要中枢神经系统较高的兴奋强度和神经系统动员更多的运动单位同步活动。力量素质的训练，尤其是最大力量训练在举重练习中占比例较大。此外，举重训练还包括对速度和弹跳力以及柔韧性的训练。

摔跤和柔道比赛是两人较量的激烈对抗型非周期运动，时间比较短，无氧供能比例较大。要求运动员有良好的爆发力和速度耐力。运动员具备力量大、速度快、垫上反应灵敏，应变能力强等特点。摔跤又包括自由式摔跤和古典式摔跤。自由式摔跤训练主要是大量的各种形式配合的、半对抗的或对抗的技术练习，各种形式的循环训练和各种距离的跑等。古典式摔跤训练主要包括柔韧性、协调性训练以及力量练习（最大力量、速度力量、力量耐力）等。柔道训练主要包括：力量训练，个人徒手、器械练习，二人或多人练习，速度素质训练，耐力素质训练，变速跑，15～30 秒的快速徒手技术练习，15 秒～1 分钟的快速实战以及技术训练等。

跆拳道、拳击和散打要求运动员专项素质是多方面的，要有举重运动员的力量，短跑运动员的速度，中跑运动员的耐力和技巧运动员的灵敏。因此发展的素质主要有速度力量、耐力速度、弹性柔韧和应变能力。另外，保持低体脂含量，可以加快身体的空间位移速度。拳击、散打属于对力量素质要求很高的一类运动，运动员不但要有良好的爆发力还要具备持久的有氧耐力，才能保证比赛中充沛的体力。主要训练内容包括力量训练、跑步、沙袋、手靶、实战训练以及条件实战训练等，以锻炼爆发力为主。

四、重竞技运动员的体重控制和营养补充

重竞技项目需要按体重级别参加比赛，因此相对力量是决定比赛是否成功的重要因

素。比赛一般持续几天，运动员为了参加有利于自己获得优异成绩的组别，并且保持良好的体能，往往在比赛前较长时间就开始降体重。因此，长期控体重或赛前的快速减重常常是此项目面临的问题。

（一）体重控制

力量训练可以显著地增加人的体重。举重运动员体重的增加，绝大部分是由于肌肉体积增大造成的。据统计，经常从事大运动量训练的举重运动员，经多年训练后体重可增加 15 ~ 30 公斤，肌肉体积的增大，是力量增长的重要因素。由于是分级别比赛，运动员赛前要控制饮食进行减体重。当没有比赛的时候让运动员将体重全年保持在高于自己比赛级别 10%的体重上，而在赛季要提前 8 周开始降体重，执行严格的减控体重程序。如果在赛前称重 24 小时之前，运动员不能达到自己的体重级别，那就要采取发汗脱水的措施来减少最后的几公斤体重。如果脱水太多，就会影响运动员的健康以及比赛成绩。在减重过程中，会引起机体产生许多机能反应，如果掌握得不好，不但运动成绩会降低，还会影响人体的健康。所以应了解减重过程的生理变化，以便必要时科学地进行减重。如果使人体失去适量的自由水分来减轻体重，一般不会产生明显的机能反应。但若迅速减轻体重，使细胞内的结合水也有所丧失时，机体就会出现不良的反应，这时，由于体内水和盐丧失过多，中枢神经系统的机能降低，神经过程的均衡性失调，运动员表现出精神不振，或者容易受刺激而兴奋、失眠和工作能力降低等。此外，由于血液中水分丧失过多，血液的黏滞性增加，因而使心脏负担加重；还由于体内氯化钠丢失过多，影响血液离子的恒定，可引起肌肉痉挛。因此，许多研究工作都企图探讨一种合理的降重法，使体重降低而不致过分降低身体机能。

目前运动员采用的减体重的具体措施很多，如采用限制饮食、限制饮水、增加运动、发汗失水、高温或运动发汗失水等。不安全的减体重措施，如使用利尿剂、泻药脱水、自我催吐，以及服用食欲抑制剂、完全禁食等有时也被一些运动员使用。赛前减体重训练期分为慢速减体重期和快速减体重期。两个时期训练的侧重点不同：慢速减体重期的主要训练目的是通过赛前训练前期高强度、大运动量的对抗练习和模拟实战训练来提高专项能力，尤其是比赛的能力；同时，适当增加有氧运动的比例，以提高脂肪代谢水平，尽可能地降低身体脂肪储量。快速减体重期的主要训练目的则是在赛前训练的后期，即临近比赛时高强度、小运动量训练期间，主要通过控制饮食和饮水、发汗失水等措施将体重快速降低到参赛标准。快速减体重时主要丢失的是体液和瘦体重，所以采用体重指数（BMI）监督快速减体重的安全性比较科学。理想的体重指数值为 19 ~ 25，不宜低于 19，否则会对健康产生不利影响。此外，可用血红蛋白（Hb）指标监测脱水情况，当血红蛋白在短时间内出现明显升高时表示脱水程度加重，应引起高度注意。

这两种减体重方法可以合理组合，既保证赛前提高专项能力尤其是比赛能力的训练目标，又降低临赛前快速减体重的难度，尽可能多地减掉多余体脂而保持去脂体重，从而有助于保持运动员的最佳身体机能状态。但是快速减体重有一个限度，Fogelholm 报道，在按体重级别参赛的项目中如果称重和比赛间隔时间短于 5 小时，快速减体重不得超过体重的 4%；如果间隔时间较长，快速减体重小于或等于 8%可以接受。有研究报道，许多优秀运动员在成绩特别好时的体重大于最低体重（体脂为 5%时）。而 Wroble 等报道，在摔跤低体重级别中许多运动员的体重低于最低体重，然而，体重低于最低体重却和比赛胜利呈更高的正相关。提示，摔跤运动员最低体重的概念在很大程度上是基于运动员的健康而非比赛成绩而言的。因此，成人运动员可以通过实验来确定比赛所需的理想体重，不一定就是最低体重。Fogelholm 报道，在减体重低于或等于体重 5%时，快速减体重和慢速减体重对有经验运动员的运动能力影响不大。杨世勇等对举重运动员的研究表明，青少年运动员减体重不宜超过体重的 6%，成年运动员不宜超过8%。减体重少，则成绩下降幅度小；减体重多，则成绩下降幅度大，对健康和运动寿命的不良影响也会增大，且减体重次数不宜过频。减体重的适宜幅度应因人而异，要取得运动员的适宜体重，发挥最佳竞技能力，需靠教练员和运动员双方的共同努力。科学地评价运动员的理想体重，不仅要计算"理想"体脂百分数，还要测定运动员肌肉力量的大小，观察训练状态和评定运动成绩。

（二）营养补充

尽管每天训练消耗的能量很高，但是重竞技运动员经常不得不限制饮食，以降低参加比赛时的体重。因此必须科学的选择饮食和饮料补充，既能满足日常消耗又能充分恢复肌肉，而且保持相对较低的能量摄入。总的来说，正餐和加餐都应选择营养丰富、低脂的食物，含丰富的碳水化合物、蛋白质、铁、维生素等。不推荐高能量、无营养的食物，如高脂肪的零食（巧克力、馅饼、炸薯条等）以及零营养素的食物和液体。训练中也要补充液体，重竞技运动员在训练过程中应该养成良好的饮水习惯，在训练前、中、后及时补充水分，最好是补充运动饮料。运动饮料不仅能促进液体的补充，还能补充碳水化合物（葡萄糖、蔗糖、低聚糖），维持比赛中的运动能力。运动员不应补充含咖啡因和酒精的饮料(如咖啡和可乐)，因为这些饮料会增加排尿量、加重脱水症状。

比赛中也要补充营养，如赛前饮食补充，由于称重完毕与开始比赛至少间隔 2 个小时，因此应尽可能在有限的时间加速细胞水合和能量补充，以恢复体能。称重完毕要补充富含碳水化合物、电解质的饮料和流食。经过赛前强化训练和降体重后，体内的水分和电解质、糖储备等均已消耗很多，这时，机体就需要适时摄入大量水分、电解质、能量等，并把它们有机的储藏起来，以使机体达到最佳竞技状态。赛中饮食补充，应当利用比赛间歇适当补充运动饮料，它可补充碳水化合物和汗液中流失的电解质，有利于稳定免疫力，节约蛋白质，延缓疲劳的发生。运动员还可根据自己饥饿感觉情况，适量食用一些容易消化吸收的半流质食物。赛后饮食补充，比赛后，运动员应进行高糖饮食，完成肌糖原和体液的储备，以后的膳食仍以高碳水化合物、低脂肪、适量优质蛋白为主，避免体重迅速上升给决赛和长期的控体重计划带来不利影响。

第六节　冰雪运动

冰雪运动是人类在寒冷的环境中，依托于冰雪所从事的体育运动，是北方居民冬季群众体育运动、竞技体育运动和冬季文化的重要组成部分。它具有休闲、娱乐、健身、旅游的功能，并被称为勇敢者的运动。

冰雪运动常常在户外低温、空气新鲜、风景优美的大自然环境中进行，可使人高度紧张的神经得以放松，陶冶情操，提高运动文化的品位，使人保持良好的心态。自1924年冬季奥运会开始举行之后，随着冰雪运动越来越广泛的普及，人们对其的关注度不断提高。

一、冰雪运动项目的生理学特点

冰雪运动包括冰上项目和雪上项目。冰雪运动对身体机能要求较高，不同的专项具有其不同的生理学特点。

（一）冰上运动

冰上运动项目主要包括速度滑冰（长距离、中距离、短距离、全能）、短道速度滑冰、花样滑冰、冰球、冰壶等。

1. 速度滑冰

速度滑冰（speed skating）是以体能和技能为主导的竞技项目。大跑道速滑比赛项目有短距离（男、女500米和1000米）、中距离（男、女1500米）、长距离（男5000米、10000米，女3000米、5000米）的单项比赛和全能比赛（即男、女各跑两个500米、两个1000米，计全能成绩），是一项周期性、耐力性项目，要求运动员必须具备较高的无氧代谢能力与一定基础的有氧代谢能力。

单项比赛不同距离的供能百分比及血乳酸含量可见表22-6。长距离单项比赛无氧代谢能力及其作用也不容忽视。这充分说明高水平速滑运动员在各项血乳酸值较高的情况下出现好成绩，是因为随着滑跑速度的提高，速度耐力和肌肉代谢能力也随之提

表22-6　不同距离的供能百分比和乳酸含量

能量供应	500米	1500米	5000米	10000米
有氧供能%	10~30	40~50	80~85	90~95
无氧供能%	70~90	50~60	15~20	5~10
乳酸（mmol/L）	13.3	17.3	15.1	13.6

（引自：杜国玺，纪慧君，1984年）

高，最终使运动员耐乳酸能力提高，从而滑出高水平运动成绩。

针对速度滑冰项目供能特点，在发展速度基础上，相应地提高耐力水平，是提高全程滑跑成绩的主要训练途径。在选择训练手段时要充分考虑 ATP-CP 系统和糖酵解系统的供能特点。例如，500 米、1000 米短距离项目，重复进行 6 ~ 10 秒或 10 ~ 15 秒的极限强度训练，并合理地确定间歇时间，可改善肌球蛋白 ATP 酶的活性和 CP 的贮量，同时亦可发展 ATP-CP 的分解过程。1500 米中距离项目，是发展速度耐力（糖酵解供能系统能力）的主要途径，可选用 4 × 400 米或4 × 600 米段落的冰上滑跑，强度视运动员水平而定，间歇时间 3 分钟为宜。这样的滑跑段落并以相应负荷强度滑跑，糖酵解系统所占供能百分比率最高，血乳酸值也处于较高水平；选择 3 分钟间歇时间，是因为这时的血乳酸值能达到最高峰，间歇时间过长或过短都会影响训练效果。3000 米、5000 米、10000 米属长距离项目，应以适宜的有氧强度进行训练，提高有氧供能系统，并有意识地、科学地安排一定比例的无氧代谢训练。在进行有氧代谢的长距离训练时，科学地确定负荷强度（滑跑速度），即有氧强度和个体无氧阈强度，并随着训练水平的提高，作定期监控，以便不断地提高无氧阈水平。与此同时，适当安排一定比例的最大乳酸训练和乳酸耐受能力训练，以刺激有氧能力，不断提高训练水平。

一般认为，能代表速滑运动员机能好坏的主要指标是：晨脉、收缩压、血红蛋白、腿力、负荷后心率的恢复时间等。短距离选手要有良好的耐缺氧能力，测试闭气试验这一指标很重要。长距离选手有良好的有氧代谢能力，最大摄氧量可作为主要的评定指标。有文献报道，国外最优秀速滑男选手最大摄氧量在 80 ~ 88ml /(kg·min）之间，世界优秀女子速滑运动员最大摄氧量在 68 ~ 75ml /(kg·min）之间。我国速滑运动员男选手最大摄氧量在 55 ~ 69ml /(kg·min）之间，女子速滑运动员最大摄氧量在 47 ~ 59ml /(kg·min）之间，与世界水平运动员有很大差距。由此可见，我国运动员在训练中应注重有氧代谢能力的提高。

2. 短跑道速滑

短道速滑（short track speed skating）是从速度滑冰派生出来的新项目，短道速滑项目设有男、女各 500 米、1000 米、1500 米、3000 米，以及男子 5000 米接力、女子 3000 米接力。

短道速滑也具有周期性、耐力性项目特点，但与其他周期性项目比较，不仅需要速度，还要比战术、比智力、比应变能力与自我超脱能力。项目比赛轮次多，抗争性强，竞争在同一跑道上，比赛分预复赛、半决赛、决赛，同时优秀运动员不但要跑完单项还要跑接力，运动员所进行的比赛项目要求运动员必须具备较强的无氧代谢能力，尤其是抗乳酸能力，一个项目的比赛轮次一个接一个，有时乳酸尚未完全消除又要进行下一轮比赛，运动员没有高强的耐乳酸能力是无法取胜的。

我国学者对速滑和短道速滑运动员训练强度区域划分及对应的血乳酸值和心率水平初步研究结果见表 22-7，可供运动实践中结合实际情况参考。

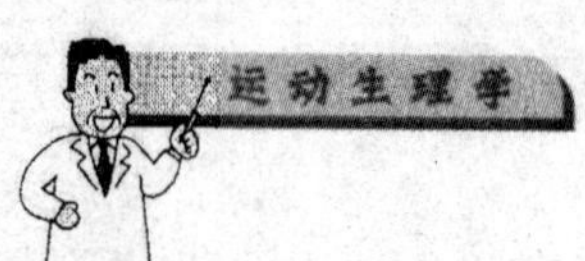

表 22-7 速滑与短道速滑运动员强度区域表

分类	乳酸值（mmol/L）	心率（每 10 秒心跳次数）	强度区域（%）
速度	5~7	28~30	105~110
无氧代谢供能	11~15	31 以上	105~110
混氧代谢供能	7~10	29~30	90~100
无氧阈强度	3~6	26~28	80~85
有氧代谢供能	1~3	23~25	75 以下

（引自：冯连世等，2003）

3. 花样滑冰

花样滑冰（figure skating）主要有国际滑联批准的男、女单人滑，双人滑和冰上舞蹈四个正式比赛项目。花样滑冰是一项冰上运动技术与综合艺术表演相结合的竞技体育项目，穿着特制的带有冰刀的冰鞋，在光滑的冰面上随着音乐伴奏的旋律做滑行、跳跃、旋转和各种舞姿表演等。其主要素质是有良好的弹跳力、柔韧性和平衡能力。体脂的大小也直接影响花样滑冰运动员的形态及弹跳力。这些指标都是花样滑冰运动员必须监测的指标。张春林（1989）等曾对我国优秀花样滑冰运动员主要机能进行评价研究，其评价结果见表 22-8、表 22-9。

表 22-8 我国优秀男子花样滑冰运动员主要机能评价表

分级	晨脉 (b/min)	肺活量 (ml)	血红蛋白 (g/L)	最大摄氧量		体脂 (%)	纵跳 (cm)
				绝对值（L/min）	相对值 ml/（kg·min）		
优	46.8	5468	14.5	4.3	65.7	6.1	59
良	49.2	5258	14.2	4.1	63.5	7.3	56
中	54.0	4838	14.0	3.7	51.1	9.7	48
下	58.8	4418	13.7	3.3	54.7	12.1	41
差	61.2	4208	13.5	3.1	52.5	13.3	37

表 22-9 我国优秀女子花样滑冰运动员主要机能评价表

分级	晨脉 (b/min)	肺活量 (ml)	血红蛋白 (g/L)	最大摄氧量		体脂 (%)	纵跳 (cm)
				绝对值（L/min）	相对值 ml/（kg·min）		
优	51.5	4040	13.3	3.7	58.2	5.8	44
良	53.4	3800	12.8	3.5	55.4	8.2	41
中	57.2	3320	12.1	3.1	45.8	13.0	36
下	61.0	2840	11.3	2.7	44.2	17.8	32
差	62.9	2600	10.9	2.5	41.4	20.2	29

经验证明，5～6 岁是开始学习花样滑冰的最佳年龄。与其他项目相比，花样滑冰有其独特的锻炼价值，除能增强人体的耐寒能力和提高一般身体素质外，对提高身体的平衡能力、弹跳能力、灵活性和协调性，以及对培养人的正确身体姿态也有特殊和明显的作用。

4. 其他冰上项目

冰球（ice hockey）运动是以冰刀、冰球杆和冰球为工具，在冰上进行的一种相互对抗的集体性竞赛活动；冰壶（ice curling）项目是在冰上进行的以队为单位的投掷性竞技项目。

冰球的特点是对抗性强、强度大。运动员在场上比赛约 1 分钟就要换下场休息，休息 1 分钟后继续上场比赛。冰球比赛只有频繁的换人，才能保持高速度、高强度、高密度的竞赛能力。因此，爆发力、速度、无氧代谢能力是冰球运动员的主要专项素质。在机能评定中，也要对力量素质进行测定。

（二）雪上运动

雪上运动是借助滑雪板或其他器具在雪地上进行的各种运动。主要包括越野滑雪、跳台滑雪、自由式滑雪、高山滑雪、单板滑雪、现代冬季两项滑雪、北欧两项滑雪、雪车、雪（冰）橇等。

1. 越野滑雪

越野滑雪（cross-country skiing）是脚穿滑雪板、手持滑雪杖，在丘陵起伏的山地沿着规定的路线进行滑行的一项运动。比赛时要求运动员以最快的速度滑完规定的距离，并以用时多少判定胜负，男子最长距离为 50 千米，女子为30 千米。这个项目是各种竞技运动中能量消耗最大的项目之一，以滑行 50 千米为例，它所消耗的能量约为 4000 千卡之多。滑雪时的能量消耗，同滑雪的山地地形、气温条件、雪的情况、滑雪的速度、运动员的训练程度以及滑雪的方法等因素有关。

运动员在雪上滑行时的心率为 160～190 次 / 分，在上坡和加速滑行时心率可达 200 次 / 分或更高，优秀运动员的最大摄氧量为 4～6L / min。而最大摄氧量与滑雪速度有着密切的关系，大强度的比赛需要充足的供氧，以减少血乳酸的堆积和氧债的形成。这种能量保障的特点表明：越野滑雪运动员不仅需要有氧工作耐力，而且还需要有较强的无氧工作能力。因此，需要有良好的心肺功能、有氧代谢能力和耐力。它的专项特点和速度滑冰相似。

由于滑雪时人体的生理负荷量较大，因此可导致体重显著减轻。体重减轻同滑行的距离有关。体重减轻还与滑行速度及训练程度有关，滑行速度快，滑行距离较长，训练水平较高者，体重减轻的数量较大。滑雪运动的体重减轻主要是人体失水造成的。滑雪时所丧失的水分大都是由汗腺排出的，由肺从呼吸道排出的约占 1 / 3，其余部分由肾排出。滑雪后，尿中出现蛋白质者也较常见。

2. 跳台滑雪

跳台滑雪（ski jumping）的完整技术可分为助滑、起跳、空中飞行和着陆四个部分。主要要求：空间感觉、速度感、临场发挥能力，准确地判断出着陆的时机并及时准确地做准备着陆动作，需要有良好的平衡和支撑能力。

3. 自由式滑雪

自由式滑雪（freestyle skiing）包括空中技巧、单人雪上技巧和双人雪上技巧三个小项组成。

空中技巧是在规定的场地上，运动员通过助滑坡加速，在跳台上起跳飞起到空中，在空中完成空翻、转体动作后，在着陆坡着陆并滑下至停止区停止。空中技巧技术水平主要看踏跳和空中技巧动作的难度、质量和着陆水平，以其独特的挑战性、创造性和刺激性为特征。

雪上技巧是在极陡的、满是雪包的场地上利用纯熟的转弯技巧，争取用最快的速度滑完全程，而且在滑行中还要跃起到空中进行空中造型表演，要求运动员要有进攻意识、冷静果断的判断力、顽强意志品质和心理能力。可以有节奏感强烈的音乐伴随着运动员的滑行和跳跃。雪上技巧分单人和双人两种。

自由式滑雪运动对运动员耐力的要求相对不高，而对协调性、灵敏性及控制能力要求较高。随着体育运动的发展，自由式滑雪中的空中技巧已出现了夏季比赛的苗头，即利用水池进行着陆，利用人工跳台进行助滑和起跳，从而使这一项目表现出更大的魅力。

4. 高山滑雪

高山滑雪（alpine skiing）可分为娱乐滑雪、竞技滑雪、实用滑雪和探险滑雪四类。冬奥会高山滑雪竞技项目包括：回转、大回转、超级大回转、滑降和全能。

高山滑雪需要有良好的平衡和支撑能力。对人体机能的要求包括灵活、协调、平衡、判断能力、有氧代谢能力、腿部肌肉力量（耐力和爆发力）、腹部和背部肌肉力量。

5. 冬季两项

冬季两项（biathlon）是以滑雪板、滑雪杖和步枪为工具，在专门的线路上滑行一定距离的同时，在指定区域进行射击的一种综合性竞赛项目。冬季两项技术包括越野滑雪技术和射击技术。主要要求神经系统的转换速度和稳定性，同时运动员还必须完成立、卧两种射击方法，掌握在不同气候条件下运用这两种射击技术的技巧。

北欧两项（nordic combined）是由跳台滑雪和越野滑雪组成的一种综合性雪上竞赛项目。由于两个项目分别进行比赛（先比跳台滑雪，后比越野滑雪），因此北欧两项具有两个项目的生理学特点。

6. 单板滑雪

单板滑雪（snowboard）是20世纪60年代中期发源于美国的一类滑雪运动，我国单板滑雪运动开始于2001年。单板滑雪包括单板滑降、回转、技巧等项目。单板运动员需要具有高超的技巧和平衡能力。

二、人体对冰雪运动的反应与适应

冰雪运动对人体生理机能影响的程度，与项目、距离、强度、气候条件和训练程度等有关。

1. 冰雪运动能促进心肺机能发展，加强代谢作用

例如，在滑雪过程中，心脏血管系统的机能变化很明显，如越野滑雪运动员的心脏功能性肥大和运动性窦性心动徐缓是心脏肌肉发达的表现。肺通气量和摄氧量也可达到很大数值，训练水平很高的滑雪运动员，其肺通气量每分钟可达153升，最大摄氧量男子平均6L / min，女子平均3.1L / min，而一般男子只有3 L / min左右。滑雪运动员最大氧亏高达15～20升，一般人只有10升。

在冷环境中进行冰雪运动，会引起内分泌的适应性改变，加强代谢作用。下丘脑促甲状腺素增多，从而使体内甲状腺素水平提高，总代谢率增加，使产热量增多。交感神经系统兴奋释放肾上腺素和去甲肾上腺素，启动非氧化磷酸化作用，并从储备脂肪中释放自由脂肪酸，以增加热的生成。

2. 冰雪运动能促进运动系统的发展

经常参加冰雪运动，可以增强臂、腿、腰等部位肌肉的力量和各关节的灵活性，并使上下肢都得到锻炼，使人身体素质得到均衡的发展。冰雪运动员上体、肩、大腿、小腿伸肌的肌肉力量大于屈肌的肌肉力量，上臂、足屈肌力量大于伸肌力量。冰雪运动员的力量耐力与成绩水平有关。该专项的特点是要求全部肌肉群都有很高的相对力量，了解这些特点有助于教练员更合理地进行选材，以及在教学训练过程中有目的地选择练习。

3. 冰雪运动可以提高神经系统调节机能

经常参加滑雪运动，可以提高神经系统调节机能，对提高平衡能力和感觉机能有特殊作用。滑雪运动不仅是速度的变化，而且方向、位置等也在不断变化，这些都会使前庭分析器、运动分析器与其他分析器（触觉、视觉、内脏感觉分析器）进入活动状态，在反复练习中，对机能活动形成综合分析。这样，便形成了运动者特殊的“冰（雪）感”“速度感”和“腾空感觉”等，对冰雪的性质有很强的辨别能力。在本体感觉和空中方位感觉的基础上，大脑皮质随着环境的变化，借助于各种反射调节肌肉紧张程度，保证实现各种高度复杂、协调精细的技术动作。

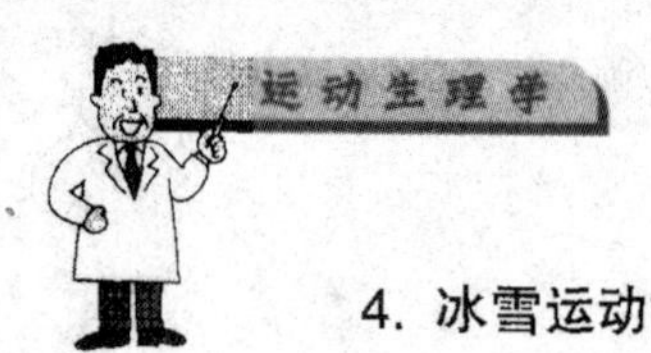

4. 冰雪运动能提高体温调节机能

冰雪运动不仅能提高体温调节机能，提高抗寒、耐寒的能力，还能提高人体对冷环境的服习作用。在冷环境中，人体对寒冷的刺激能及时产生生理性调节，这种对寒冷的生理反应与年龄、性别、体表面积和训练水平因素有关。女性的耐寒能力高于男性，青年人的体温调节能力比老年人好，身体的体积越大，在寒冷环境中维持体温的能力越强。相对体表面积（体表面积与体重之比值）较大的人，维持体温的能力较强。

三、冰雪运动注意事项

1. 遵循训练的生理学原则

每个选手都有各自的特点。训练要根据选手的能力、性别、年龄、身体素质水平的差异，确定适当的负荷，区别对待，注意全面发展、循序渐进、用心反复刻苦训练。

一般达到优秀运动员的水平需要有10年以上系统的训练，因此，优秀冰雪运动员的培养应尽早开始。儿童少年冰雪运动员的全面身体素质训练，应严格地掌握各项运动素质发展的“敏感期”，同时，应严格掌握运动负荷量和强度，做到既要坚持大运动量的科学训练，又要符合少年儿童的生长发育特点。在全面身体素质训练过程中，各项素质安排的顺序应该是：柔韧性和灵活性素质、技术、速度、力量、耐久力等。有时也可根据训练任务的要求把两个素质结合在一起安排。同时，也要注意和心理训练、恢复训练及智力开发训练相结合。

2. 预防运动伤害和冻伤

如果技术不熟练、准备活动不充分、超速滑行、睡眠不足、身体欠佳、对场地不了解、没有掌握安全摔倒方法等，容易造成运动伤害。以骨折、脱位及膝关节的损伤最多。因此，要采取有力措施预防损伤。同时注意保暖，穿足够的、多层的、可以吸汗并能蒸发的衣服，要戴好帽子和手套，以防冻伤。在雪地上长时间活动，有条件的应配戴有色眼镜。阳光耀眼或遇双眼有疼痛感觉时，要将双眼闭上，过几分钟后再睁开眼睛，这种现象就可以消退，注意不要用手去揉眼睛。

3. 注意饮食均衡

冰雪运动员饮食中应适当补充含蛋白质和脂肪较多的食物，注意饮食均衡。建议膳食糖应占总能量的60%，运动后2小时补糖100克，以及赛后进食含高糖的膳食，有利于糖原恢复和预防慢性糖原耗损。蛋白质的热量为总能量的12%～15%（1.5～2.0g/kg），以保持机体蛋白含量和肌肉力量。脂肪的热量小于等于总能量的30%。同时也应注意在运动前、中、后及时补充水分以预防脱水，训练和比赛场地应预备随手可及的运动饮料。运动训练或比赛前和运动中要补水，但不要饮用咖啡和酒。

第七节　武术运动

武术是我国民族文化遗产的一部分，也是传统的体育项目，有着悠久的历史，深受广大人民喜爱。武术内容丰富，套路繁多，动作结构各式各样，运动量也不相同。武术运动能增强体质，祛病延年，陶冶性格和培养意志品质。近来，武术的基本功已成为运动员发展身体素质的手段之一。

一、武术运动项目的特点

武术是以技击动作为素材，以套路和搏斗的运动形式，注重内外兼修的中国传统体育项目。它将技击寓于套路运动和搏斗运动之中，讲究内外合一、形神兼备，具有广泛的适应性。通过长期系统的武术习练，可以增强体质、健体防身、锻炼意志、培养品德。

中国武术按其运动形式，分为套路运动和搏斗运动两大类。

（一）武术的特点

既有搏斗运动，也有套路运动；具有攻防技击性；具有内外合一、形神兼备的练习方法；具有广泛的适用性和群众性。

（二）武术套路运动的形式

1. 拳术：主要拳种有长拳、太极拳、南拳、形意拳、八卦掌、八极拳、翻子拳、劈挂拳、戳脚、少林、地躺拳、象形拳等。

2. 器械：主要有四类，包括短器械如刀、剑等；长器械如枪、棍、大刀等；双器械如双刀、双剑、双钩、双枪等；软器械如九节鞭、三节棍、绳镖、流星锤等。

3. 对练：包括徒手对练、器械对练和徒手与器械对练三种形式。

4. 集体演练：6人以上的徒手或器械的集体表演。

（三）武术搏斗运动的形式

1. 散手：两人按照一定的规则，使用踢、打、摔等方法制胜对方的竞技形式。

2. 太极推手：两人按照一定的规则，使用掤、捋、挤、按、采、挒、肘、靠等手法，双方粘连黏随，通过肌肉的感觉来判断对方用劲，然后借力发劲将对方推出，以此决定胜负的竞技形式。

3. 短兵：两人手持短器械，按照一定的规则，使用劈、砍、刺、崩、点、斩等方法进行决定胜负的竞技形式。

二、武术运动生理特点

（一）中枢神经系统的机能变化

1. 改善各中枢之间协调性

武术动作复杂、多样、不对称，动作要求严格、完整而和谐。在练习过程中，对 8 个部位要“内外合一”。所谓内，指的是心、神、意、气等内在的心志活动和气血运行；所谓外，指的是手、眼、身、步等外在的形体活动。此外，形意拳还要求做到内三合与外三合。“内三合”即心与意合，意与气合，气与力合。“外三合”即手与足合，肘与膝合，肩与胯合。武术的动作，动静分明，因此要求协同肌、对抗肌各肌群的大脑皮质与相应的运动中枢之间具有高度的精确性和协调性，而且还要求运动中枢与植物性中枢之间也具有高度的准确性和共济协调性。由于在练习武术的过程中各中枢之间的精确和协调性关系受到严格训练，所以，长期从事武术练习，可以改善大脑皮质各中枢之间以及皮质下中枢之间的协调关系。

2. 提高神经过程的强度、均衡性和灵活性

由于武术具有搏斗攻防技击性，内外合一，内练心神意气胆，外练手眼身腰马等特点，所以在做武术练习时动作要快而有力，久而久之，会提高神经过程的强度、均衡性和灵活性。在太极拳的练习中，动中有静，静中有动，保持均速。这样，不仅可以加强抑制过程，又可促进神经调节的均衡发展，武术的对练可以促进神经调节灵活性的发展，故而武术运动员的反应时要比普通大学生快(表22-10)。

表 22-10　武术专业生与普通大学生某些指标的对比

对象	性别	人数	反应时(毫秒)	位觉感受器旋转性评分	背肌力 山羊挺身(秒)	腹肌力 仰卧起坐(次)	腿力 纵跳(厘米)	柔韧性 体前屈
武术专业生	男	11	186.55	4.55	153.18	55.00	61.80	–26.05
大学生	男	13	206.69	2.45	134.31	18.77	47.46	–11.31
武术专业生	女	13	162.69	3.83	170.66	50.83	43.25	–31.29
大学生	女	13	210.15	3.31	93.46	4.62	31.46	–6.31

(引自：全国体院通用教材《运动生理学》，1990)

（二）肌力和柔韧性得到发展

传统武术的特点是全身一动，无有不动。练习时全身肌肉、关节、骨骼、韧带、筋膜

都要充分调动，和谐一致完成工作，可以增强肌肉的弹性、伸展性，发展肌肉力量，使关节活动的幅度加大，韧带、筋膜拉长，脊柱的活动幅度加大，增加柔韧性和灵活性。这对保持机体工作能力，防止肌肉萎缩、骨质疏松，以及预防颈、肩、腰、腿痛和关节淤血等疾病很有帮助。充分体现了“生命在于运动”的本质。

（三）视觉、平衡觉和前庭觉机能的变化

武术比赛或表演，由静转为动，动作要迅速敏捷，眼到手到，手眼相随，内外一致，上下一致，神形兼备，这就是武术运动套路比赛中的意识感，否则整个套路就会给人以枯燥乏味的感觉。从提高武术运动的攻防能力来说，也必须先通过视觉分析器判断，再做出准确快速的反应。因此，高速的视觉—运动反应是非常重要的。同时随着武术运动的发展，要求运动员有更高的稳定性和良好的方位判断能力。如武术比赛或表演由动转为静，要求突然稳定，纹丝不动，稳如泰山。各种套路规定的平衡动作还须达到规定的时间，这要求运动员在静力姿势中有较高的平衡能力，否则就体现不出动静相间、节奏分明的武术运动特点，甚至造成很多失误，严重影响运动成绩。张永明等（2000）的研究显示武术运动员的视觉和平衡觉明显强于其他项目的运动员。

武术运动中，人体的位置不断变化，前庭分析器可以感受人体在空间的体位变化，直线和翻腾旋转加速的变化，保持人体的平衡。所以，前庭分析器的敏感性对武术运动员来说非常重要。武术运动中有跌扑滚翻练习，有许多起伏、翻腾和旋转动作，如抢背、鲤鱼打挺、乌龙绞柱、旋子、空翻（前、后和侧空翻）等。由于旋转时角加减速度的作用，提高了前庭机能的稳定性。武术运动员前庭机能稳定性比篮球、排球、田径运动员高，与体操运动员相差不多。

（四）心血管机能变化

长期从事武术训练可使心脏血管系统机能得到改善，安静时出现心动徐缓和血压降低现象，此现象早在50年代就已被苏联学者论述过。关红卫等（1993）对参加太极拳训练和比赛的武术运动员进行心率监测观察，他们指出太极拳是一种中等强度的运动，心率在98～173次/分范围内变化，比赛时的心率高于练习时的心率。长期参加训练的高水平武术运动员，静态时左心舒张末期内径、室壁厚度、每搏输出量和心指数比耐力性项目运动员小，心指数接近速度项目运动员。进行卧式功率自行车递增力竭性运动时，男女武术运动员的心脏泵血功能和心脏收缩功能等指标与其他项目的优秀运动员相比属高限。不同项目武术运动员之间比较，太极拳>长拳>南拳，说明武术运动员与其他项目高水平运动员一样，经过长期训练后迷走神经紧张性升高，静态时出现心动徐缓等良好的心血管反应，运动负荷时心肺功能得到了改善。

武术训练的年限与心血管机能的提高有密切关系，训练年限越长对心脏血管系统的机能影响也越深刻，脉搏随训练年限的增长而逐渐下降，血压有所上升(表22-11)。

表 22-11　全国武术比赛一、二等奖获得者安静时的脉搏和血压

性别	年龄组（岁）	人数	运动年限	脉搏频率（b/min）	血压（mmHg）
男	12~17	8	1~6 年平均 3.2 年	65.2	99/66
	18~25	15	4~13 年平均 8.3 年	65.0	106/68
	26~35	13	8~22 年平均 12 年	56.7	106/70
	36~44	16	10~30 年平均 17.4 年	54.3	117/79
女	12~17	11	1~10 年	64	109/80
	28~46	5	10~33 年	64	111/70

（引自：全国体院通用教材《运动生理学》，1990）

武术运动能提高心血管调节机能。张林（1994）的研究发现，练习太极拳的老人运动后恢复速度快，在安静、运动后即刻及恢复期各状态的心肌耗氧都低于普通老人，表明参加太极拳锻炼的老人心血管机能得到改善，对运动负荷有良好的适应性。通过练习太极拳，练习者心率、每分输出量、心脏指数、左心室有效泵血指数均明显增加，收缩压、血管弹性扩张系数、微循环半更新率增加，微循环半更新时间和微循环平均滞留时间缩短。这些结果说明，练习太极拳的人练拳时心脏工作效率提高，以较小的能量消耗即可满足全身代谢的血液供应，心脏、血管、微循环的机能处于有利于适应机能代谢需要的状态，从而提高了心血管机能水平，减轻心脏的生理负荷。

武术运动种类和套路繁多，动作复杂，对人体的影响不相同，因而对心血管机能的要求也有所区别。如器械比赛后，脉搏比安静时可增加 65% ~ 77%，收缩压可达 175 ~ 210mmHg，而长拳比赛之后脉搏增加 56% ~ 66%，血压可达 174 ~ 200mmHg。

曾有以心率为指标测定各种武术练习强度的研究，结果表明器械练习心率最高，其次为长拳，太极拳较低，这说明器械练习活动的强度较长拳和太极拳大。此外，还发现在器械练习中，长器械练习强度大于短器械练习。由此可见，武术各种套路练习的生理负担量是有差异的。

（五）呼吸系统的机能变化

由于武术运动强调“心与意合、意与气合、气与力合”，气要下沉，以气催力，所以武术运动对呼吸机能有特殊的影响。

一般成人呼吸频率为 10 ~ 18 次 / 分，高水平武术运动员练习时呼吸频率可由练习前 16 次 / 分减少至 1 ~ 2 次 / 分，甚至 2 分钟 1 次。X 线下观察到练习者的膈肌上下活动幅度比常态下增加 2 ~ 4 倍，可见习武使肺容量加大。

刘洪广（1993）利用现场遥测发现，练太极拳时呼吸的节律和强度呈现低频、高深度、持续稳定的形式，并且有吸短呼长、吸轻呼重的特点，特别是随着负荷强度的逐渐增大，呼吸频率反而下降，这是太极拳不同于其他锻炼项目的一个显著特征，说明太极拳运动提高了呼吸系统的工作效率。在运动负荷增加的同时，是依靠增强呼吸深度、减少呼吸频率、提高摄氧量来保证机体需氧量的。太极拳细匀柔缓深长的呼吸方式与胸廓

的开、合、提、降等动作结合，加大胸廓活动的幅度，发展了呼吸肌，增强肺组织的弹性，改善肺通气和换气的功能，因而提高了气体交换的效率。

张国海等（2004）的研究表明，从事武术套路训练1年的体育教育专业女大学生在肺通气机能指标均显著提高（表22-12）。表明武术套路运动对提高女大学生的肺通气功能具有良好的促进作用。

表22-12 武术套路训练前后体育教育专业女大学生肺通气功能的变化

组别	肺活量（L）	时间肺活量（L）	第一秒时间肺活量（L/s）	最大通气量（L/min）
入学时	2.61±0.59	2.52±0.47	2.14±0.554	102.07±27.01
训练1年后	3.28±0.53**	3.12±0.36**	2.82±0.36**	117.58±23.83**

注：** 与入学时相比 P<0.01

（引自：张国海，2004）

呼吸运动要密切配合武术动作，这是武术运动的重要特点之一。如在做踢腿、伸拳、下蹲等动作时，大都同时进行呼气；而做屈体、回收等动作时，则大都同时吸气，而且要求做到呼吸深长、匀静。

武术练习中，动静分明，动中有静，静中有动，要求呼吸形式随动作的转换而迅速变化，所以，呼吸形式在练习中不断的转换。

（六）能量代谢

武术运动的种类与套路较多，门派拳式不同，能量的消耗也有差异。

1. 长拳、南拳类套路运动

武术套路从运动时间、动作变化节奏、动作特点等角度来分析，每个完整套路的平均时间为1分30秒，动作节奏快，运动员需全力完成动作，从能量代谢理论来看，武术自选套路运动中三种能量代谢都参加了供能工作，并以无氧代谢为主。许多学者对此进行了大量的实验研究。温力（1987）通过测试，认为套路运动的能量代谢主要是依靠无氧代谢的乳酸能供能，平均强度相当于400米和800米跑水平，且随着运动员训练水平的提高，糖酵解能力也随之提高，并在上述研究的基础上，确认长拳运动的能量代谢是以无氧代谢的乳酸能为主，同时认为非乳酸能也很重要，要提高长拳运动员的训练水平，既要提高运动员的乳酸能能力，又要提高非乳酸能能力，并据此提出“1分30秒间歇训练”是发展长拳运动专项能力的有效手段。

2. 散手运动

赵萍等（1998）从散手运动的时间、运动强度及动作特点等角度进行了理论分析，认为该运动的能量供应主要依靠糖原的无氧酵解，并因此提出散手运动员应着重发展乳酸系统供能能力，加强无氧耐力的训练。赵光圣等（1996）对运动员运动后即刻心率及

血乳酸的测试结果进行分析，认为散手运动员专项耐力的特点是以无氧耐力为主，且提出间歇训练法是提高散手运动员专项耐力水平较理想的方法。

3. 太极拳类套路运动

太极拳较之上述两类运动有所不同，其运动时间稍长，动作舒缓均匀，全身要求放松，且注重呼吸与动作的配合。赵萍等分析了上述特点，认为该运动能使毛细血管微循环功能提高，血液供应充分，加之注重呼吸运动，机体摄氧量较为充足，因而其能量供应几乎全靠糖和脂肪的有氧氧化，建议训练更应注重发展整体有氧耐力，同时兼顾发展腿部承受静力性负荷的能力。陈文鹤（1983）测定了太极拳练习时能量的消耗，发现陈式太极拳练习对人体的负荷较大，杨式和简化太极拳练习对人体的负荷较少，说明不同拳式的太极拳能量消耗不同。他还发现同一拳式的不同架势，能量的消耗也不一样，低架势的能量消耗比高架势多。

【小结】

1. 短跑运动员具有较高的快肌百分比，运动中能量主要依靠无氧代谢中的非乳酸供能（400米以无氧糖酵解供能为主），因此非乳酸形式供能是发展速度素质的生理基础。中长跑运动员具有较高的最大摄氧量水平。要成为世界优秀中跑选手，最大摄氧量相对值应达到70～75ml/(kg·min)；要成为世界优秀长跑选手，应达到80ml/(kg·min)。跳跃项目起跳时的关键技术是在快速助跑中完成快速起跳。起跳阶段，起跳腿下肢髋、膝、踝三个关节的伸肌肌群首先进行退让性离心收缩，身体重心通过支撑点后，这三个关节的伸肌肌群再进行主动向心收缩。投掷项目是运动技术较复杂、身体素质要求较高、较全面的爆发力或速度力量性项目。运动员的主要特征是身体高大、健壮，上肢长，具有较快的速度，较强的爆发力，高度的灵活性、协调性。

2. 体操练习的动作多样、复杂、难度高、危险性大，不仅动作不易掌握和巩固，而且还易消退，因此，体操运动要经常反复进行练习，训练不能中断。体操动作具有多变性和惊险性，这不仅要求运动员精神高度集中，神经肌肉系统的兴奋与抑制转换过程迅速、准确和协调，同时还要求运动员有较高的大脑皮质兴奋性、本体感觉及前庭功能。体操项目的神经系统能耗高，由于神经紧张导致的疲劳较其他项目更易发生。

3. 一般认为，球类比赛中关键技术动作主要靠无氧代谢供能。对于一名优秀球类运动员，不仅要有良好的无氧能力，还必须具备良好的有氧能力。球类运动对感觉机能有良好的训练作用。

4. 四种泳姿中，爬泳是最经济的技术，仰泳的经济性与爬泳接近，而蝶泳在相同速度游时的能耗最高。游泳是发展呼吸机能有效的运动项目之一。漂浮或是仰卧体位能通过增加舒张期的充盈而使心脏每搏输出量提高。

5. 举重运动员在训练过程中，力量素质有极明显的增长，大多是因为中枢神经系统同步兴奋能力增强或神经冲动频率增加所致。摔跤、柔道、跆拳道、拳击和散打等项目运动员爆发力要比其他项目运动员高出许多；高度的灵敏性和快速反应能力是这些运动项目最基本、最重要的素质；同时这些运动项目还需要极强的肌肉耐力。

6. 冰雪运动可促进心肺机能、运动系统、神经系统发展，提高体温调节机能和抗寒、耐寒的能力，并且能提高人体对冷环境的服习作用。

7. 武术运动可以改善各中枢之间协调性，提高神经过程的强度、均衡性和灵活性，发展肌力和柔韧性，改善视觉、平衡觉和前庭觉机能。套路和散手运动的能量代谢主要是依靠无氧代谢的乳酸能供能。太极拳动作舒缓均匀，要求全身放松，且注重呼吸与动作的配合。

【思考题】

1. 如何提高短跑、跳跃运动员的专项运动成绩？
2. 体操运动员在专项练习时心血管和呼吸机能有何特殊反应？
3. 不同球类运动的能量供能有什么特点？
4. 影响游泳运动员能量消耗的主要因素有哪些？
5. 人体对冰雪运动有何反应与适应？
6. 重竞技项目所需要的力量素质有何特点？应如何训练？
7. 太极拳练习对人体机能有何重要影响？

第二十三章

体　能

【提要】

本章系统阐述了体能的基本概念、内涵以及三大构成要素（即体力、脑力和心力）；从应用理论和训练实践的角度，将体能分为基础体能、专项体能和综合体能三大类，并对基础、专项和综合体能的构成要素、主要影响因素，以及体能训练的生理学基础进行了深入地分析讨论；最后就体能考核与测评的运动生理学原则和要点进行了阐述。

人类生存演化和社会活动的实践证明，体能是构成人的身心健康和社会活动（如工作学习、生活休闲、体育艺术）能力的一个重要组成部分。尤其是在现代社会工作强度压力不断增大，生活往来节奏逐渐加快的情况下，强健的体能在保持身心健康，完成工作学业，承载生活内容等社会活动中发挥了不可取代的生物学保障作用。从这个意义上讲，体能是反映人的身心健康状况和社会活动能力的重要生物学标志之一。

从概念上讲，体能（physical working capacity，PWC）是指人在身心活动（如工作、学习、生活、运动）过程中表现出来的，融躯体工作能力（体力，body working abilities）、大脑工作能力（脑力，brain working abilities）和心理调控能力（心力，psychological modulating & controlling abilities）于一体的综合生物学素质或能力（简称BBP能力）。在体能的三个构成要素（体力、脑力、心力）的内涵中，体力包含了力量、耐力、速度、柔韧、灵敏协调、平衡等身体外在的、以躯体活动为主要特征的身体素质或工作能力。脑力包含了大脑中枢神经系统的神经过程（强度、灵活性、均衡性）、神经机能（如信息综合、分析判断、逻辑推理、科学决策、学习与记忆、快速运算、语言表达）及其以认知能力为主要特征的工作能力或素质。心力则包含了与人体躯体活动和大脑工作紧密结合并高度融合，以精神意志品质、心理承受能力、自我调控和适应能力为主要特征的部分生理心理素质。在体能三大构成要素中，体力是基础，脑力是核心，心力是保障。一个体能素质很高的人应当具备强壮的体力、强大的脑力和强健的心力；既要敢于拼搏，又要善于调整，沉着冷静和适应变化，高效率地完成各种工作任务。体能是评价个体身心健康和工作活力以及团队整体战斗力水平的重要指标之一。

体能有动态性、融合性和漂移性三个显著特性。动态性是指体能素质只有在人体活动或完成各种作业任务的动态过程中才能展现出来，且持续时间越长，强度负荷越大，展现得就越充分。融合性是指体能往往是以一种体力、脑力、心力相互交织，渗透融合，没有明晰区分界面的形式表现出来，而不是某种单一能力或素质。漂移性是指体力、脑力或心力在不同性质、不同阶段的身心活动变化过程中分别发挥着主导作用；但它们发挥作用的时机不平衡、地位不固定。随着活动的持续进行，原来处于主导地位的要素作用可能会逐渐减弱，而处于次要地位的要素，反而会非常突出地表现出来并发挥着主导作用。例如，长跑运动以体力为主导，但在运动的最后阶段心力成为关键；围棋比赛以脑力为主导，但随着赛程安排和比赛时间的延长，体力也将影响着比赛结果；射击项目以动作稳定性为主导，但心力是影响比赛结果的关键因素之一。体能的内涵和特性决定了实施体能训练，不仅要注意发展体力素质，而且还要全面增强脑力和心力素质，使体能的三个构成要素都得到整体提升。根据构成要素和生物学作用，体能分为基础体能、专项（业）体能和综合体能三个方面。

第一节　基础体能

基础体能是为保障身心健康生存，完成工作学业任务所必须具备的一种基础性生物

学素质或能力。基础体能包括一般性体力、脑力和心力以及身高标准体重（简称体型），其最大特征是它的普遍性。影响基础体能素质的主要因素，一是遗传基因；二是体能训练或体育锻炼；三是整体健康状况和生活方式；四是外部环境条件和工作性质。基础体能是专项体能和综合体能的基础。

一、基础体能的构成要素和影响因素

（一）基础体能的构成要素

基础体能的构成要素主要包括体力、脑力和心力素质中的那些最基本、最带有普遍意义的一般性成分，以及直观反映人体基本健康状况和身体活动能力的体型。

1. 一般性体力

一般性体力主要是指体力要素中不具有明显专项（专业）性质或作用的力量、耐力、速度、柔韧、灵敏、协调等躯体工作能力或素质。其中，力量素质多以四肢和躯干腰腹肌群力量为代表，如俯卧撑、仰卧起坐、引体向上、立定跳远等；耐力素质多以中长跑能力为代表，如800米跑、1500米跑、3000米跑；速度素质则以体现整体位移速度为主，如60米跑、100米跑等；柔韧素质较为集中的以下肢后群肌肉、韧带的延展性为代表，如坐位或立位体前屈；灵敏和协调素质也多以反映全身灵敏协调能力为代表，如10米×5往返跑、20米×5往返跑等。

一般性体力是一个最能直观反映人体基础身体素质、整体健康状况和身体活动能力的运动学和生理学指标，是国家宏观监测和评估国民体质体能、健康状况和变化趋势，推进全民健身运动和健康生活方式，提升民族身体素质过程中，优先选择和最常采用的指标体系之一。如国民体质标准、体育锻炼标准、学生体能素质评价标准等国家指导性促进健康标准，基本上都概括了一般性体力的力量、耐力、速度、柔韧、灵敏协调等基础身体素质指标（表23-1）。

表23-1 中国广东省中小学生体能素质评价标准指标体系一览表

编号	素质类型	考核测试项目	备注
1	力量类	爬杆/爬绳、掷沙包、跳绳、俯卧撑、引体向上♂、仰卧起坐♀、跳远、立定跳远、投掷实心球、推铅球、三级蛙跳、立定摸高	♀仅女生 ♂仅男生
2	速度类	50米跑、100米、200米	
3	耐力类	50米×8往返跑、800米跑♀、1000米跑	
4	柔韧类	立位体前屈、纵劈叉、踢毽子	
5	灵敏协调类	燕式平衡、20米绕竿跑、25米往返跑、10米×4往返跑	

（引自：广东省中小学生体能素质等级评价标准，2008）

国家强力机构（如军队、公安）为增强任职人员的体能素质，强化体能战斗力训练，颁布了一系列法规性体能训练与考核标准，如《军人体能标准》《公安干警体能标准》等。在这类标准的指标体系中，基础体能部分也主要是采用反映人体基础身体素质的指标。

2.一般性脑力

一般性脑力主要是指脑力要素中不带有明显专项（专业）工作性质或作用的一般性神经反应、工作精力、学习记忆、逻辑运算、语言表达、认知能力等大脑中枢神经系统工作能力或素质。一般性脑力能较直观地反映人脑的工作状态，如思维清晰、反应敏捷、精力充沛等，是宏观监测和评估脑活动能力和工作效率的常用生理指标。目前，在大众性体能或体质检查测试中，最常采用的测试指标有神经反应时间、神经类型、短时记忆能力、心算能力等；在某些特殊职业或作业岗位的人员选拔中，还会增加部分诸如视觉闪烁融合频率、逻辑判断、抗睡眠时间等较为复杂的一般性脑力测试项目。

3. 一般性心力

一般性心力主要是指心力要素中不带有明显专项（专业）工作性质或作用，并与人体躯体和大脑活动紧密结合的一般性精神意志品质、心理承受能力、自我调控与适应能力等。心力素质相对于体力、脑力素质来讲，是一种较为抽象、更难把握的素质或能力，例如意志品质（吃苦耐劳、敢于拼搏、百折不挠、团队精神等）、心理承受能力（任劳任怨、忍辱负重、承受挫折和失败等）、自我调控和适应能力（控制情绪和行为、随遇而安、适应恶劣环境、调整时差等能力）。目前常见的一些大众性体能拓展训练（锻炼）活动，如穿越特殊（高空、水下）障碍、定向越野、24小时昼夜极限拉练、5公里武装越野等，实质上主要是增强受训者的一般性心力素质。用客观、定量或半定量的测试指标来反映该素质，仍然是运动生理学科领域中的一个难点。

在基础体能三大构成要素中，体力是基础，脑力是关键，心力是保障。尤其是在现代信息化条件下的社会实践活动中，人们面临着许多比过去更为复杂、更为严峻的挑战，需要更为强壮的体力作支撑去克服各种障碍，更为强大的脑力去应对各种变化和挑战，更为强健的心力来保证战斗意志和心理健康。发展体力能非常有效地增强脑力，磨练心力，而强大的脑力和心力又可使体力得以延伸。

4. 体型

体型（body shape，BS）是指身体外部的形态类型，是身体纵轴与横轴比例关系的直观体现，常用身高与体重的比例关系来表示。如身高标准体重（height standard weight，HSW）、布罗克指数［体重-（身高-100）］、身体质量指数或称体重指数［body mass index，BMI，体重（kg）÷身高^2（m²）］、克托莱指数（体重÷身高×1000）。由于不同个体的体型差异，主要取决于身体内部构成成分中脂肪与非脂肪组织（如骨骼、肌肉）的比例关系不同，在测量和评定体型时，也常采用身体成分比例关系或身体密度的指标，如体脂百分比（Fat %）、去脂体重（fat free mass，FFM）或瘦体重

(lean body mass，LBM)。体型是直观反映人体基本健康状况、身体活动能力和精神风貌的一项重要生理学和形态学指标。建立体型标准和推行体型达标活动，是引导人们关注自身身体健康，自觉参加体能训练或体育锻炼的重要途径。许多国家的卫生部门或军队都制定有符合自身民族（人种）身体特征的体型标准，如《中国成年人体型标准》。

（二）影响基础体能的主要因素

1. 遗传基因

现代医学研究表明，人体的许多生物学特征是由遗传基因决定的。决定人体基础体能整体水平最重要的一个因素也是遗传因素。不同个体的许多生物学（如解剖、生理、心理）优势与先天遗传基因密切相关，尤其是一些后天可塑性较小的素质或能力，如种族、性别差异，以及这些差异所带来的在体型、身体素质、思维方式、心理特征等方面的不同；不同个体在骨骼肌纤维类型、最大摄氧量、神经类型、体型等方面的差异也与遗传基因有关。从整体上讲，由于遗传因素在体力方面的作用，欧美人种的体型较大，绝对肌肉力量优于亚洲人；而亚洲人种的体型更灵巧，其柔韧、灵敏、协调素质更优于欧美人。中国北方人的力量素质普遍比南方人好。男性的力量、速度、灵敏素质比女性好30%～40%，而女性身体成分中的脂肪百分比为28%，比男性的（15%）多13%左右，身体的柔韧性、生存忍耐力比男性更好。在脑力方面，一些人擅长于形象思维，语言（或行为）表达能力强，神经过程灵活性较高（如女性、艺术家）；而另一些人则更擅长于逻辑思维，记忆和运算能力强，神经反应快，工作效率高，精力旺盛（如男性、科学家、指挥员）。在心力调控方面，男性较能控制自己的情绪，更理性一些；而女性更基于直观感觉做判断，更情绪化一些，但她们对环境变化、身心痛苦的承受能力和逆境生存适应能力比男性更强。

2. 体能训练或体育运动

积极参加各种形式的科学化体能训练或体育健身（锻炼）运动，是增强和保持体能素质最重要的后天因素，是其他途径不可替代的。持之以恒的体能训练或体育锻炼，不仅能够显著地增强力量、速度、耐力、柔韧、灵敏、协调等基础身体素质，塑造和保持体型；而且还能够非常有效地改善和增强大脑神经过程、机能状态以及意志品质等脑力和心力素质，有“强筋骨，练意志，健大脑”的功效。经常参加体育锻炼的人，往往思维比较活跃，性格开朗，敢于拼搏，很少患神经衰弱、抑郁症等心理或精神疾病。近年来，在美国、英国、俄罗斯、澳大利亚等西方经济发达国家，由于高热量饮食习惯，以车代步，缺乏户外健身体育活动等原因，人口的肥胖发生率逐年增高。据有关资料统计，美国、俄罗斯、澳大利亚军队中现役人员的体重超标率已达到25%～30%。

3. 整体健康状况和生活方式

身体心血管、呼吸、内分泌等各系统机能状态良好，无重大疾病，营养和睡眠休息较为充足，主导心境平和，生活方式健康，如生活作息规律性强，饮食结构合理，社交休闲活动适当等，是创造和维持良好体能状态的基本生物学保障。热爱和崇尚体育锻炼活动，也是一种非常健康的生活方式。另外，内分泌激素作用是影响体型的重要因素之一，尤其是某些疾病导致内分泌紊乱或长期服用激素类药物（如糖皮质激素），可导致身体脂肪组织增多和异常分布。正常生理性激素分泌较多出现的体型偏肥胖，一般多见于女性和 40 岁以上的人群，这种情况可以通过调整膳食结构和热量平衡，增加户外健身体育活动的方法在一定程度上得以控制。

4. 环境条件和工作性质

恶劣的自然环境条件（如雪域高原、戈壁沙漠、高寒地带）不仅极大地制约当地经济发展，也明显地影响着人们的生活方式和质量，以及参加户外休闲体育活动的程度和范围。尤其是在海拔 3000 米以上的高原地区（如西藏、青海），由于低氧、低温和强紫外线辐射，一方面人体在运动时所需要的氧气得不到充分供应；另一方面机体的额外体能（能量）消耗大幅度增多，从而降低了体能水平和工作效率。

研究显示，在中国西藏、西南、华北、华东、华南 5 个不同地区，进行相同运动强度的大学体育课，学生的身体却产生了不同程度的生理负荷强度反应；随着不同地区海拔高度的增加，体育课的生理负荷反应程度逐渐增强；海拔越高，生理负荷反应就越大。在制定法规性体能（考核）标准，安排体育(或体能训练）课的运动负荷强度时，必须充分考虑到自然环境因素的制约作用。短周期昼夜轮换值班、机关工作、信息通信枢纽等特殊工作性质或岗位，因时间、场地、器材等得不到保障（尤其是在人口稠密、节奏快的特大城市），也在一定程度上制约着人们的体能训练或体育健身活动，影响了基础体能素质的发展和保持。

二、基础体能训练的生理学基础

（一）动态生物学适应

1. 生物学适应原理

基础体能训练主要是对体力、脑力和心力素质中最基本、最带有普遍意义的一般性成分的训练，以及为保持健康体型所进行的控体重训练。基础体能训练是专项体能和综合体能训练的基础，是创造高水平体能素质的基本保障。从本质上讲，体能训练的生物学原理就是借助于训练中运动（或练习）负荷量（强度、密度、时间）对机体的刺激作用，使受训者的身体形态结构、生理机能状态以及心理调控能力等产生一系列的适应性变化，从对内外环境条件变化的不适应到适应，再由新的不平衡和不适应逐渐过渡到新的适应，螺旋上升，最后形成一个体魄健壮、精力充沛、意志坚强的优秀个体。体能的训练过程就是机体产生生物学适应的动态变化过程，这种动态变化与平衡的过程称为体能训练的动态生物学适应。适应的生物学效应集中表现在：当人体在系统训练的开始阶段或承受一个新的运动负荷量刺激时，机体往往会产生一系列生物学反应和不适应症状。经过一段时间训练后，机体的不适反应和症状逐渐消失，各器官、系统的机能水平显著提高，人体能以最少的能量消耗和对内环境自稳态的最小破坏为代价，使原先需要付出极大努力才能完成的任务，变为较轻松地顺利完成。这时体内的能量消耗出现节省化，人体可承受更大的运动负荷量刺激，并继续表现出强大的整体工作能力。

2. 适应的生物学特性

(1) 适应的普遍性。机体经过训练，在形态结构、生理机能、心理调控等方面都将产生一系列的适应性改变。如骨密度、关节稳定性增加，骨骼肌纤维增粗，肌肉体积变大，韧带弹性和韧性增强；心肺机能储备增加，安静心率和呼吸频率变慢，大脑工作精力和灵活性改善；意志品质、自信心以及心理调控能力明显增强等。

(2) 适应的特殊性。主要表现：一是不同性质的运动负荷训练将产生不同性质的适应性变化。如力量性训练可产生选择性肌肉肥大和中枢神经过程强度提高；而耐力性训练使心肺机能、有氧耐力以及长时间工作能力得到发展。二是在不同性质的生物学适应之间具有“潜移”或“钳制”作用（参见本节“运动性神经营养作用”）。如改善肌肉韧带的柔韧性，可能对该肌群的力量素质发展有一定的“钳制”作用。

(3) 适应的整体性。适应的整体性集中表现在体力、脑力、心力各构成要素的整体提高。一是体能训练的生物学适应往往表现为一种综合性或整体性的适应状态或形式，其中任何一个构成要素的明显低下或“短板”，都会在一定范围内、一定程度上影响到适应的整体程度和生理效能。二是体能各构成要素内部之间，本身也存在着一定的相互促进或制约效应，需要从整体合理匹配的角度，达到平衡协调发展。如灵敏、柔韧和协调素质太差，身体突然爆发用力，变换体位或加速运动时，就极易造成肌肉韧带的拉伤和小关节紊乱，从而既影响了整体体能的发挥，也制约了力量、速度素质向更高水平的发展和发挥。因此，基础体能训练必须注重整体水平的全面提高。

(4) 适应的动态连续性。适应的形成、发展和保持是一个连续、动态变化的过程，是体能训练生物学适应现象的重要特征之一。一方面，体能适应的形成和发展需要一步一步地实施，有一个渐进积累的过程；另一方面，要保持已经获得的高水平体能素质，还需要长期坚持一定负荷刺激量的训练，使机体对负荷刺激的反应阈值始终处于较高水平。这就意味着，体能训练必须持之以恒，否则已经获得的适应性就迅速下降甚至自然消退。

（二）运动性神经营养作用

1. 体能素质的“用进废退”

自然消退是体能素质的显著生理特性之一。增强和保持高水平体能状态最有效的方法，就是要不断地强化和经常性使用已经获得的能力，尤其是体力和脑力。通过一定时间（次/周）频度和刺激强度的反复强化或运用，不仅可以使已经获得的体能素质始终保持在一个较好的机能状态上；而且在一定程度上，还可使现有的体能水平得以提高，这就是体能素质的“用进废退”现象。如每周保持1～2次俯卧撑、仰卧起坐或双腿深蹲起立等肌肉力量练习，就可以使已经获得的上下肢、腹部相关肌肉力量不发生明显的消退。

体能素质“用进废退”的生理学机制与“运动性神经营养作用”密切相关。当运动神经中枢在向下一级传递神经冲动信息时，也通过神经纤维（轴突）输送神经性营养因子，使受到刺激的后继神经元和效应器得到更多的营养，产生更好的机能效应。在一定的生理范围内，运动刺激的活动越频繁，输送的神经性营养因子就越多，产生的运动性营养作用就越明显，机能（素质）就越发达。我们将这种营养作用称为运动性神经营养作用。目前，临床上常采用体育疗法来预防和治疗老年性痴呆症，就是基于“用进废退”的生理学原理，通过增加老年人的大脑思维活动和远端肢体的精细随意运动（如棋牌、门球、垂钓等活动），增加运动神经中枢对其他脑功能中枢的运动性神经营养作用，减慢老人脑力素质或脑功能衰退速度，达到预防和治疗的效果。

2. 体能素质的“潜移”与“钳制”

体能素质的“潜移”是指当某一种身体素质达到较高水平后，在一定程度上，能对在机能上与之具有协同作用的另一素质的发展和发挥，产生“潜移默化”的促进或转化作用的一种生理现象。例如，肌肉的力量素质增强后，有利于加快肢体运动时的速度变化（$F=M\times a$，其中F为力，M为质量，a为加速度），提高动作的加速度，促进速度、灵敏素质的发展。

体能素质的“钳制”是指当某一种身体素质处于一种过度强大或过于弱势的状态时，在一定程度上，能对在机能上与之具有拮抗作用的另一种素质的发展和发挥，产生制约或抑制作用的一种生理现象。如在脑力素质中，有实验研究数据显示，大脑神经过程的稳定性过度增强后，往往会在一定程度上抑制神经过程灵活性的发展和发挥，导致中枢神经系统中的兴奋抑制转换过程变慢，人的反应速度和敏锐机能降低。故有学者提出，对于大脑神经灵活性机能要求很高的特殊岗位人员（如飞行员、短跑运动员），要适当减少他们的大强度耐力素质训练，降低神经稳定性对灵活性的“钳制”作用。

体能“潜移”和“钳制”现象的生理学机制，可能与运动神经系统中的“扩散性神经营养作用”有关，即运动刺激作用不仅对直接相关的中枢神经元和外周效应器（如骨骼肌）有显著的运动性神经营养作用，而且对在机能上有协同作用的神经元和效应器也产生扩散性刺激营养作用；相反，对在机能上有拮抗作用的中枢神经元则产生扩散性抑制营养作用，使外周效应器处于神经营养不良性生理效能（素质）低下状态。但此理论有待通过实验性研究来加以证实。在基础体能的强化训练过程中，要充分利用身体素质之间的“潜移”作用，尽量降低或消除它们之间的“钳制”作用。

（三）关键素质与“瓶颈”项目

1. 关键素质

关键（Key）素质是指在某一完整素质体系中占主导地位或发挥关键作用的某一个或数个素质，简称为第一素质或K素质。如在体力的基础身体素质（力量、耐力、速度、柔韧、灵敏、协调）体系中，力量素质就是一个关键素质或K素质；在心力素质中，精神意志品质是一个关键素质。基础体能的身体素质训练，重点是发展关键素质，巩固优势素质，带动一般素质。通过有针对性的“纲举目张”强化训练，增强关键素质，使之能够在圆满完成各种任务的过程中很好地发挥出主导作用，在促进其他素质发展中更好地起到“潜移”效果。

2. “瓶颈”项目

“瓶颈”项目是指在一个既定系列的运动项目组合体中（如学生体能标准考核项目、军人体能标准考核项目、田径十项全能项目），总有一个或数个单项因动作技术复杂或对身体素质、毅力品质要求较高，在一定程度上超出了练习者现有的能力范围，成为圆满完成全部项目并取得理想成绩的“软肋”和最大障碍。我们将这些“卡脖子”的单项称为“瓶颈”项目或弱项。从运动生理学的角度分析，“瓶颈”弱项实质上是身体素质薄弱环节在运动项目上的具体体现，如力量素质较差的人，他的弱项往往就是力量类项目。“瓶颈”弱项是相对于“优势”强项而言，不同的个体（或群体），因遗传基因、身体条件、工作性质、训练程度、体能素质的差异性，即使是在同一项目组合体中，“瓶颈”弱项也有所不同。从群体上看，多数女性和机关干部的俯卧撑等上肢力量类项目，中小学生的800～3000米跑等耐力或毅力类项目是“瓶颈”弱项；而女性的仰卧起坐腹肌力量项目、中小学生的体前屈柔韧性项目又是他们的“优势”强项。从个体上看，体型强壮或较肥胖的人，力量类项目一般都是强项，而长跑等耐力类项目则多为弱项。基础体能考核或比赛前的强化训练，重点是提升“瓶颈”项目，巩固优势项目，兼顾一般项目。通过有针对性的短期“扶弱固强”训练，克服“瓶颈”弱项的制约作用，为推动整体体能水平和考核成绩再上一个新台阶创造条件。

（四）运动负荷量的合理分配

在基础体能训练实施过程中，合理分配运动负荷量（运动强度、练习密度、持续时间），对于预防训练伤病，提高训练效率，保持身体健康和良好机能状态具有十分重要的临床意义。在具体选择和安排体能训练或体育课的练习项目时，合理分配运动负荷量主要体现在5个搭配原则上。

1. 上下搭配

将发展上肢与下肢素质的训练或锻炼项目搭配起来，既保证了身体上、下部得到均衡发展，也使训练中的负荷强度分布更趋合理，防止训练损伤，提高训练效率。如在较少参加体育锻炼活动或训练程度较低的青少年人群中，最常见的胫腓骨疲劳性骨膜炎或应力性骨折（图 23-1）的发病机制与下肢负荷量分配不合理，局部负荷过大或过于集中密切相关。

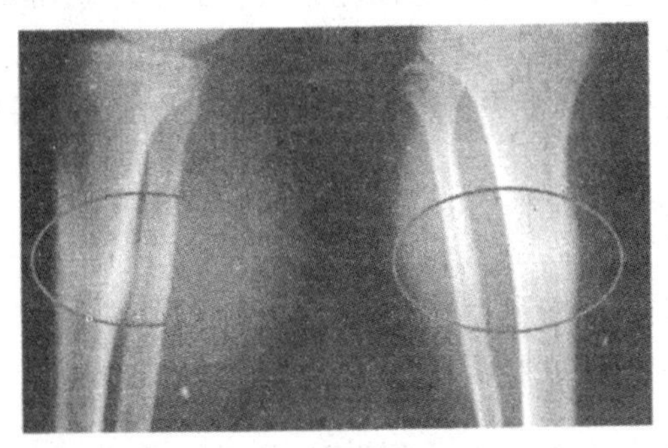

图 23-1 胫腓骨疲劳性骨膜炎 X 片

双下肢胫腓骨骨膜炎性反应，局部骨质增厚，小腿三头肌肿胀

2. 伸屈搭配

将发展伸肌群与屈肌群、身体躯干前部与躯干后部素质的项目搭配起来，使身体伸、屈肌群的力量、耐力、柔韧等素质得到均衡发展。从解剖生理学角度分析，上肢伸屈肌群素质不均衡往往在一定程度上制约人的操作能力；下肢伸屈肌群素质不均衡则容易导致训练损伤。检验上肢伸、屈肌群力量是否均衡发展的简易方法是：以俯卧撑与引体向上为例，完成两个项目的能力比例一般为 2∶1，即具备 2 钟内完成 40 个俯卧撑的能力与完成 20 次引体向上的能力相匹配。

3. 内外搭配

将发展心血管、呼吸系统等内脏机能（如有氧代谢供能能力）与身体外部形体和运动能力的训练结合起来，使身体的植物性机能与躯体性机能能力得到均衡发展。有些人在中长跑过程中经常出现严重生理“极点”症状的原因：一是内脏植物性机能的生理惰性大，储能较弱，不能满足外周剧烈运动的需要；二是机体本身的有氧代谢供能能力较弱。

4. 大小搭配

大小搭配一是指将大、小肌群和韧带（尤其是跨关节小肌群和小韧带）的训练结合起来，使它们得到均衡发展，对于预防训练损伤具有特别重要的意义。据统计，在闭合性软组织损伤病案中，有70%左右的训练损伤是发生在跨大关节中的小肌群和小韧带。当大幅度、大强度的爆发用力时，肌肉和韧带更容易受到损伤并导致关节稳固功能不全。二是指将大、小强度的负荷刺激搭配起来，使身体既受到高强度生理负荷刺激取得训练效果，又有中小强度的负荷调节，避免过度疲劳和训练伤病的发生。

5. 动静搭配

将动力性练习与静力性练习搭配起来，提高肌肉的工作效能和质量。静力性练习既可显著增强肌肉力量，并使肌肉在各运动环节（角度）上发挥最大效能；又可在中枢神经系统内产生很强的生理刺激作用，增强大脑神经过程的工作强度，增强大脑抗疲劳、抗神经衰弱的能力；在整理活动中进行一些静力性牵拉练习，有利于放松发僵肌肉，解除肌肉痉挛。

第二节　专项体能

由于人们不同的社会工作性质（如体育、军队、公安、生产、卫生）、职业岗位、遂行任务或竞技项目、作业条件等的需要，为满足这些特定专业活动对体力、脑力和心力的特殊需要，就要选择定向发展的一种职业性的专业体能。在竞技体育领域，运动员和教练员从事的训练比赛活动主要是围绕运动项目来展开，通常将专业体能素质称为专项体能素质。例如，对于田径短跑项目运动员来讲，下肢肌群爆发力和收缩速度、主动肌与拮抗肌之间的协调、髂腰肌和腹肌收缩力量等素质，直接与短跑运动密切相关，是短跑项目的专项体能素质；原地或跨步摸高测试下肢爆发（弹跳）力，又是需要空间高度的项目（如跳高、排球、篮球）运动员必须具备的专项素质。专项体能是职业工作的需要和特化，其最大特征是专一性和特殊性。专项体能素质既是运动员专项素质和运动能力的一个重要组成部分，同时也是评价运动员专项身体素质和运动能力的重要指标之一。

一、专项体能的构成要素和影响因素

（一）专项体能的构成要素

专项（业）体能素质是运动员创造优异比赛成绩的生物学基础。与基础体能的构成要素相对应，专项体能由专项性体力、专项性脑力和专项性心力三个要素构成。

1. 专项性体力

专项（业）性体力是指与特定职业岗位或运动项目紧密结合，具有显著的项目（或专业）性质和作用的力量、耐力、速度、柔韧、灵敏协调、平衡等躯体工作能力或素质。例如，当心血管、呼吸和运动系统的耐力素质与竞技体育中的长跑项目（如10000

米跑、马拉松）、柔韧素质与武术运动、腿部股四头肌力量与举重项目联系起来后，这些耐力、柔韧和力量素质就分别成为该项目运动员创造优异比赛成绩的关键性专项身体素质之一。又如，当人体四肢和腰腹肌力量、灵敏协调素质与军事行动中的攀、爬、跨、越技术动作结合起来后，这些素质就转化为军人克服山区地形地貌障碍，圆满完成作业任务所需的专项力量、灵敏协调素质，从而也派生出了一系列军事体能专业性体力训练项目（如通过高寒山地500米障碍、400米障碍）。

2. 专项性脑力

专项（业）性脑力是指与职业岗位或运动项目紧密结合，具有显著项目(或专业)性质和作用的神经反应、工作精力、学习记忆、逻辑运算、语言表达以及认知能力等大脑中枢神经系统工作能力或素质。例如，棋类运动员的缜密思维和精确计算能力，球类运动员的观察和战术运用能力，通讯接线或密码员对电话号码或密码的记忆能力，飞机和车辆驾驶员的敏锐观察、快速反应和准确操作能力，指挥员的分析判断和决策指挥能力，数学家的逻辑思维和运算能力等。

3. 专项性心力

专项（业）性心力是指与职业岗位或运动项目紧密结合，具有显著专业（项目）性质和作用的精神意志品质、心理承受能力、自我调控与适应能力等心力素质。例如，心理调控能力和保持注意力高度集中是射击项目运动员取得预期比赛成绩最关键的专项心力素质；抗赛场因素干扰（如喧闹、噪音、误判、震动），尤其是在客场比赛的情况下，是许多项目运动员必须具备的专项心力素质之一；另外，运动员出国跨时区（time-zone）参加重大国际比赛，由于时差综合症(jet-lag）可能会在一定程度上影响技战术水平的正常发挥，需要增强“抗时差”（或快速适应新时间制）的专项心力素质。

（二）影响专项体能的主要因素

1. 遗传基因

遗传基因是决定专项体能素质发展潜力和最高水平的关键因素之一，在一定程度上，也决定了运动员的体能素质潜质和最适宜项目类型，以及最后能否达到世界顶级水平的几率。如在遗传度较高的骨骼肌红白纤维百分比例中，白肌纤维百分比比例较高的人更适宜从事短跑、跳远等速度和力量类运动项目；而红肌纤维百分比比例较高的人更适宜从事长跑等耐力性运动项目。在一些特殊职业工作岗位上，先天遗传禀赋直接影响着岗位人员履行职责的能力。一些人对乘坐车船非常敏感，极易出现严重的晕车、晕船症状，而另有些人则生来就不敏感，从未经历过运动病的体验。据研究，中国汉族人的血管紧张素转换酶（ACE）基因的I / D多态性与跨海航渡作业抗航海运动病（俗称晕船）能力的遗传性、可塑性密切相关（$P<0.001$）；II基因型的先天抗航海运动病能力最

强，而DD基因型的人敏感度最高，不仅出现严重的晕船症状，且抗晕船适应性训练的可塑性只有大约21%（图23-2）。

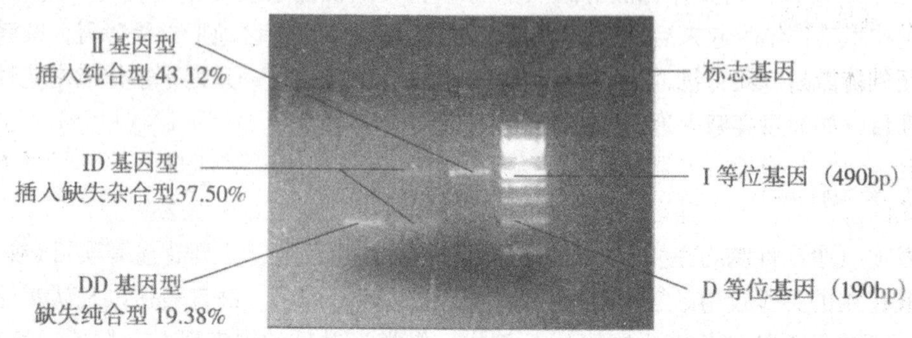

图23-2 中国汉族人ACE基因I/D多态性电泳图

在陆地海拔高度3000米以上地区，低氧、寒冷和辐射等恶劣环境条件对人类的生存和活动（如工作、学习）构成了很大的挑战。如果要在这雪域高原执行负荷强度很大的特殊作业任务（如修建青藏铁路、边防站岗值班、抢险救灾），对作业者身体的抗缺氧能力就会有更高的要求。现代高原医学研究成果揭示，人类在高原地区的生存能力和高山病易感性，与种族和个体的遗传基因密切相关；在全球各民族中，亚洲尼泊尔夏尔巴人和中国藏族人以及南美的盖尼亚人，是最具有遗传性抗高山缺氧能力的民族。中国最优秀的登山运动员和西藏登山运动学校的学生绝大多数都是来自藏族。

神经类型和性格特征以及心理调控能力，对某些项目运动员的发展潜质和比赛成绩有很大影响，如许多优秀射击项目运动员的神经类型属于安静型，他们的性情普遍比较温和，心态平稳，自我控制和调节能力较强。这种专项心力素质非常有利于从事射击运动。据研究，不同个体的神经类型和性格特征与遗传基因也密切相关（$P<0.001$）。遗传基因对运动员专项体能优势、发展潜质以及训练可塑性的巨大影响，是运动员基因选材的生物学依据和应用基础。

2. 专项化训练程度

专项（业）化训练程度是指根据对应专业运动项目或专业岗位的特点及对体能的特殊需求，通过设计和实施具有高度针对性、操作规范化的训练内容和方法，使受训者的运动水平或作业能力能够达到专项竞技比赛或专业实际操作要求的程度。其关键环节之一，就是要使训练的内容、方法和要求与实战的要求和状态紧密结合起来，在技术动作结构、节奏、发力特点等环节上，保持高度的一致性和针对性。专项化训练程度越高，专项体能素质达到实战要求的程度就越高，创造优异成绩的素质基础就越扎实。我国体育界传承的“三从一大”（从严、从难、从实战出发，大运动量）训练原则，就是对如何提高运动员专项化训练程度的最好总结。专项体能训练是获得和保持高水平专项体能素质的唯一途径和关键环节，最高目标就是使人与场地环境、人与器材装备、人与作业样式达到最佳结合，将体能充分转化为工作效益和劳动成果。科学的专项体能训练能显著提高训练效率，降低训练伤病，最大限度地挖掘和增强人体的专项体能素质。

3. 其他因素

基础体能素质是专项体能素质的根基，是决定专项体能素质发展水平的重要因素之一。任何一种专项体能要素都是在基础体能要素的基础上，通过与运动项目或职业岗位的结合，使之具有显著专业（项目）性质和作用，逐步特化成为有高度针对性的专项体能素质的。另外，身心健康和整体机能状况也是影响专项体能素质发展和正常发挥的内在因素。而作业（或比赛）环境、装备、形式等条件变化或干扰则是影响专项体能素质正常或超水平发挥的外在因素。

二、专项体能训练的生理学基础

专项体能训练的最高目标就是使人与特殊作业环境、特定作业装备以及特种作业样式（形式）的结合达到最佳状态，为将体能最大限度地转换成作业（战斗力）效能创造生物学条件。因此，从这个意义上讲，专项体能训练是将人体体能转换成运动竞技或实际工作能力的一个“桥梁”工程或过程。根据训练内容和性质的不同，专项体能训练可分为平时常规性训练和临战（赛前）预适应强化训练，前者是使体能素质受到选择性刺激而向特定专项需要方向发展，是最大限度地挖掘体能潜能，挑战体能生理极限的过程；后者是为适应特定比赛或作业的环境、形式条件变化以及实战的特殊需求而进行的短期应激性预适应强化训练，是向实战挑战的过程。因此，专项体能训练的生理学基础，一是选择性刺激与定向发展，二是应激性强化与临战预适应。

（一）选择性刺激与定向发展

运动生理学的选择性刺激是指根据专项（业）作业对体能素质的特殊需要，有目的、有针对性地对密切相关的体能构成要素（如体力中的肌肉力量、脑力中的神经反应速度、心力中的注意力高度集中和心理调控能力）进行专门的大强度、大运动量训练刺激，使这些要素具备显著的专项（业）或岗位性质和作用并达到较高水平状态的过程。定向发展是指专项化体能素质受选择性刺激训练后，向既定的特殊项目方向或专项化作业发展，形成适应特种专项（业）作业需要能力的过程。选择性刺激与定向发展的生理学本质和效应，就是经过长期的专项训练，逐步形成和不断增强三种专项化生物学能力，即对特殊作业环境的适应能力、对特定作业装备的操控能力以及对特种作业样式的运用能力。

1. 特殊作业环境适应能力

特殊作业环境适应能力是指人们熟悉新的常态工作环境，耐受和抵抗非常态自然或人工环境条件变化（如高原低氧、深海高压、太空失重、赤道酷热、高纬严寒、坑道隔

离、赛场干扰），达到人与环境的最佳结合，圆满完成既定作业任务的一种工作能力或素质。对于特殊或恶劣作业环境条件变化而言，环境适应能力有两个不同内涵的表现层面和过程，一是被动耐受，二是主动抗御。

（1）被动耐受。对特殊作业环境条件变化的被迫接受和自然适应的过程。被动耐受的首要目标是能够在各种复杂、恶劣的环境条件下坚持或生存下来，保持身心健康，为圆满完成任务创造条件。如快速进入3000米以上高海拔地区后，适应低氧环境，不发生重度高山病；进入太空后，适应失重环境，不发生重度航天运动病；进入比赛场地（馆）后，适应喧闹等各种状况，不出现比赛过度紧张综合征。被动耐受是人们进入现实作业环境后自然产生和逐步建立的一种被动性适应过程，在适应发生的时间进程上，属于后适应（post-adaptation）过程的一种类型。

（2）主动抗御。在进入特殊作业环境前或后，根据所面临的特殊条件变化，有目的、有针对性地采取一系列适应性训练和对策措施，减轻反应程度，增强耐受能力、加快后适应进程，提高体能保存率的主动适应过程。在进入新的或特殊作业环境前实施的主动抗御过程，称为预适应（pre-adaptation）或前适应。被动耐受与主动抗御的适应内涵不完全相同，前者采用的是消极“忍耐”或耐受的态度和方法，首要是为了在恶劣环境里坚持或生存下来（如耐低氧、耐高温、耐噪音）；而后者是采用积极“抗御”或抵抗的态度和方法，不仅仅要坚持或生存下来，还要圆满地完成既定作业任务，必然要付出更大的努力，克服不利环境因素，抗衡进行作业活动本身所要额外增加的体力、脑力和心力消耗或生存困难（客场比赛、如高原作战、太空作业、深海潜水），必需要具备更为强大的抗御能力。因此，主动抗御的适应过程，更为突显的是一个“抗”字，如抗缺氧、抗晕船、抗疲劳、抗失重、抗干扰等。

2. 特定作业装备操控能力

特定作业装备操控能力是指人们熟练掌握本职岗位作业装备（如机械、机器、工具、武器、器械或器材）的性能和作用，精通使用条件和操作技术（如战士使用手中武器、工人开动作业机器、运动员投掷飞行器械），达到人与装备的最佳结合，最大限度地发挥装备的工作或战斗力效能，高效率地完成既定作业任务的一种工作能力或素质。例如，航模运动员精心制作和精细操控航空模型的专业能力，既涉及专业性体力，也涉及到脑力和心力，如注意力高度集中，大脑迅速反应，双手灵活精确地操控遥控器保持航模的飞行姿态、速度，以及空中翻滚等动作优美、准确。又如，在某些田赛项目中，运动员对标枪、铁饼的操控能力，直接决定了器械在空中的飞行姿态和距离，进而直接影响着比赛成绩。

3. 特种作业样式运用能力

特种作业样式（形式）运用能力是指人们在特种作业或体育比赛过程中，熟练掌握、灵活运用以及有效应对各种特种作业样式或形式，使人与作业样式达到最佳结合，圆满完成既定作业任务的一种工作能力或素质。在体育运动领域，由于竞技体育比赛（尤其是大型综合性国际性体育比赛）向更高要求、更高层次、更多领域的辐射作用，无论是运动员、教练员还是体育组织机构都高度重视，各种形式的备战训练和比赛谋略，出现了向多样化、整体性发展的趋势。

(1) “以赛代训”、“以赛促训”或“以考促训”。这是一种通过备战和参加特定的一些重要比赛（或考核）活动，达到提高负荷强度，增强专项素质，调整机能状态，积累临场经验的强化训练目的的特殊训练形式。我国优秀田径110米栏运动员刘翔也将“以赛代训”列为自己专项素质训练的重要内容和形式之一。运用“以赛代训”的关键，是要能够非常有效地增强专项素质，为在重大或关键比赛中创造最佳比赛成绩奠定基础。在世界许多军事强国军队中，为了增强单兵的体能素质和部队整体体能战斗力水平，制定了各种《军人体能标准》，并采用“以考促训”的方式，每年对官兵进行严格的体能达标考核，以推动和促进体能训练工作。

(2) “精确比赛”（exact competition，EC）或“精确作业”。是指在比赛或作业过程中，为确保顺利完成既定目标，需要根据战术运用（或工作）的流程安排，对体能的消耗进行精确计算和严格的配额使用，使运动员（或作业者）现有的体能储备产生最大工作效能的一种运筹样式和过程。例如，某运动员参加标准田径场5000米项目比赛，为取得好成绩，需要根据自己的速度耐力素质、战术运用等特点，精确计算和谋划安排体力分配模式（如匀速跑、变速跑），确定跑每一圈的目标时间。又如为确保宇航员顺利完成太空作业任务，需要根据作业的内容和流程，精确计算宇航员出舱活动的体力消耗和地面训练应达到的体能储备量。

(3) “脑力对抗”（competition of brain working abilities，CBWA）。主要指运动员通过大脑思维活动，准确捕获有关运动信息，及时调整自身状态，果断采取一系列应对措施的一种竞争样式和过程（如直接脑力较量的棋牌类项目比赛、间接脑力较量的球类项目比赛）。运动信息主要包括运动员的技术特点和弱点、战术打法和意图、常用配合模式、竞技体能和心理状态等内容。“脑力对抗”包括两方面的内涵：一是在竞技项目比赛过程中，迅速、准确发现对方的技术特点和弱点以及战术意图，及时调整自己的战术打法，采取一系列行之有效的对应措施（如运用扬长避短的战术打法）。在重大国际比赛中，世界顶尖级运动员之间的较量往往不是体力和技术动作的对抗，而是脑力和战术运用的对抗。这是运动员“用脑子打球”的核心内涵和生理学依据。二是在平时的训练过程中，要善于琢磨和改进自己的技术特点和弱点，梳理和总结行之有效的战术打法，创新适合自身特点的新技术和战术。如我国乒乓球运动员创造的球拍直握横打的技术和战术。同时还要有意识地收集掌握对手的运动信息资料，提高训练的针对性。

(4) “心力干扰”（interruption on psychological M & C abilities）。是指通过使用削弱精神意志品质和心理承受能力，转移注意力，扰乱心理状态，降低心理调控和适应能力等手段，影响运动主体（运动员）心力素质的一种干预样式和过程。熟练运用和有效掌控“心力干扰”的能力实际上包含有三个方面的内涵：一是主动使用“心力干扰”手段去攻击对方的“用干扰”能力；二是被动耐受和积极排除来自对手或外界“心力干扰”因素的“抗干扰”能力；三是积极化解来自自身的“心力干扰”和消极情绪波动（如女性月经周期变化带来的情绪波动），克服自身心理障碍的（“化干扰”）能力。在竞技体育比赛中运用“心力干扰”的事例非常普遍，如田径100米起跑中有意抢跑犯规，网球发球时高抛球后不挥拍击球，有意散布主力球员受伤麻痹对方，甚至刻意使用冲撞、假摔或犯规动作惹恼或激怒对方（如美国NBA著名防守型球员罗德曼），以造成对方球员情绪失控。采用这些手段都是为了在一定程度上扰乱对方的心理状态和注意力。因此，运动员之间的对抗既是体力素质的较量，更是心力素质的较量。熟练掌控和灵活运用“心理干扰”是运动员运用特殊作业样式能力和专项素养的标志之一。又如时差综合症（jet-lag）是影响运动员出国跨时区（time-zone）参加重大国际比赛时技战术水平正常发挥和比赛成绩的重要因素之一。据研究，“心力干扰”在人体时间生物结构（俗称“生物钟”）适应新时间制的过程中，发挥了最为重要的作用。一是在思想上要克制自己，不要总是“留念”或“思念”旧的时间制，或有意地进行新旧时间对比；二是在态度上要主动地去适应当地的作息时间和活动安排，强迫自己“放弃”旧的时间概念；三是在行动上要积极采取“诱导”措施，如将手表上的出发地时间（如北京时间）调整到当地时间，全身心投入适应性训练和适当参加当地的社交活动，从而加速时差适应进程。

（二）应激性强化与临战预适应

临战预适应训练是指在临近执行特殊作业任务（如参加奥运会、全运会、世界锦标赛、应急军事行动）前夕，为适应比赛或作业的特殊环境条件变化（如自然或人工环境、气候条件、场馆布局、器材设施、安全保障）和作业样式变化（如比赛日程安排、竞争对手特点、对抗和干扰模式）而进行的一种短周期（7～30天）、高度针对性的备战强化训练。由于紧迫任务和临战氛围的刺激作用，人体的整体生理机能往往处于一种高度应激反应状态。应激性强化就是指在这种生理应激反应条件下的强化训练状态和过程，是临战预适应训练的生理学特征之一。

1. 应激性强化训练的生理学效应

从医学生理学角度讲，生理应激是机体对外界环境不良因素的变化，所产生的身心紧张状态及其适应性反应。其生理机制主要与脑垂体、交感神经、肾上腺神经内分泌调控系统有关。主要表现：一是交感神经—肾上腺髓质（去甲肾上腺素）系统主导的兴奋、紧张、焦虑、失眠等应激和情绪行为反应；二是脑垂体—肾上腺皮质（糖皮质激素）系统主导的物质能量代谢、心血管机能、体能和抗疲劳、损伤修复等生理机能反应。应激性强化的生理学效应主要体现在以下四个方面。

（1）运动负荷承受能力提高。与常规训练条件不同，应激性强化训练的最大特点是人体身心处于应激状态条件下进行的、短期体能强化训练。由于即将执行特殊任务和生理应激，运动员或受训者的身心高度紧张，整个机能状态处于一个很高水平。尤其是血液中能显著增强人体体能的内源性糖皮质激素和儿茶酚胺类激素浓度显著增高，大大增强了机体承受训练负荷量的能力，故训练中可适当增加运动负荷量。

(2) 训练动力和效率提高。在临战准备的氛围下，由于任务的艰巨性，且训练时间有限，训练组织和受训人员都高度重视，训练动机和目标明确，训练计划和训练质量能够得到落实和保障，训练效率将显著提高。

(3) 训练伤病发生率增大。应激负荷压力过大，容易出现焦虑过度、注意力分散和肌肉协调性下降的情况，尤其是在应激反应过程的调整和适应阶段，加之在训练的负荷强度和密度较大，训练伤病的发生率将会明显增大。因此，训练中要特别注意做好预防训练伤病的工作，避免或尽量减少非战斗性减员。

(4) 过度疲劳发生率增大。在备战训练阶段，一是训练本身的运动量大；二是紧张、焦虑甚至恐惧等心理负担、身体新陈代谢水平高，及其他临战准备工作等都会额外增加应激体力和精力消耗；三是由于精神紧张导致睡眠不足、食欲下降、营养补充不够等使身体恢复不够充分。三种因素的叠加造成疲劳积累的发生率增大，故在此阶段要特别注意身心放松休息和消除疲劳，同时加强营养物质的补充。

2. 临赛体能“三层次预适应”理论

临赛体能预适应重点是针对比赛或作业环境和作业样式的变化而展开的。由于竞技体育比赛成绩的多方位特殊辐射效应，决定了比赛过程的激烈程度和存在许多不可预测因素，而运动员必须适应这些复杂条件的变化才能取得优异比赛成绩。根据生理学原理，针对各种恶劣比赛或作业环境条件变化的体能适应性训练，主要是从降低反应程度、增强耐受能力、提高体能保存率三个层面上实现预适应目标，即“三层次预适应”（the 3-level pre-adaptation）理论。预适应训练的生理学本质，不是改变人体对外界刺激的反应规律，而是提高人体对外界恶劣环境条件变化的生物学“预见性”和“体验性”，增强生理和心理的耐受能力或抵抗能力，降低非战斗性减员，为顺利完成任务提供坚实的体能基础。

(1) 降低反应程度

当人们从习惯环境突然进入一个非常态、甚至是恶劣环境（如从北方到南方、从平原到高原、从主场到客场）时，都会产生不同程度或不同形式的生理和心理反应（如精神紧张、代谢率增加、乏力、出冷汗），个别人还会出现严重的临床症状而影响到作业或比赛。预适应训练虽不能改变身心反应规律，但它可以通过预先模拟恶劣环境条件下的训练，使机体器官、系统对即将面临的恶劣刺激事先有一个初步体验，并留下训练刺激的“痕迹”，提高生理和心理刺激阈值。当恶劣环境条件刺激来临时，身体的反应程度就会降低，身心不适感也会减轻。降低反应程度是预适应训练的第一层面效应和目标。

(2) 增强耐受能力

增强耐受能力是预适应训练的关键环节和第二层面效应和目标。当外界恶劣环境条件的刺激强度过大，超出人体的生理极限时，身体的反应程度和临床症状将会非常强烈。如巨浪使航渡人员出现恶心呕吐、全身乏力等晕船症状；在海拔 4500 米高原人体会出现头痛、肺水肿等高山病反应；主场观众过于喧闹，使客队运动员出现注意力不集中、郁闷或情绪失控、技战术发挥异常等客场比赛综合症。在这种情况下，耐受能力就

成为战胜困难的关键因素。耐受能力越强，身心继发性反应就能被控制在一定范围内，临床症状也就越轻，发生意外情况的几率也就越低。适应性训练最主要、最突出的作用就是，能够非常有效地增强人体对恶劣环境条件刺激的生理和心理耐受能力和体能储备。这是药物等其他方法和途径所不能达到和不可替代的。

(3) 提高体能保存率

提高体能战斗力的保存率是预适应训练的最高目标，是评价和检验预适应训练效果的关键指标之一。提高体能保存率主要是通过三个途径实现的：一是通过第一层面效应降低生理、心理反应程度，减少额外体能消耗；二是通过第二层面效应增强人体自身的耐受力或抵抗能力以及身心机能调控能力；三是通过强化专项性体能训练和关键性体能素质（如力量素质）的训练，挖掘生理、心理机能潜力，增加体能储备，从体能总量上确保满足完成任务的需要。

（三）数字化体能训练

1. 基本概念和主要特点

数字化体能训练（digitalized physical training，DPT）是指借助于微电子等数字化高新科技装备，实时检测、自动获取和分析处理体能训练的第一手测试数据，可靠传输和反馈负荷强度变化等信息，确保受训者身心所承受的运动负荷量(强度、密度、时间)始终被控制在生理、心理极限范围内并达到既定“负荷量目标”（workload target）的一种科学化体能训练状态和过程。

数字化体能训练的主要特点：一是运用数字化技术手段采集原始数据较客观、可靠和准确，不受人为主观因素干扰；二是测试数据传输和存储实时性强，尤其是无线遥测传输技术为及时反馈和共享训练信息提供了技术保障；三是对训练状态的分析判断智能化，为及时调整和控制运动负荷强度提供了可能性；四是自动智能化的训练检测减轻了教练员的工作负荷，提高了工作效率和训练的科学化程度；五是客观、准确、可靠的第一手原始数据，为进一步挖掘和分析体能训练数据信息奠定了数据源基础。

2. 应用范围

数字化体能训练手段广泛应用于专项体能素质的强化训练和体能素质考核，尤其是为适应特殊比赛（作业）环境、特定比赛（作业）装备和特殊比赛形式而进行的高度针对性模拟训练。例如，应用“肌肉等动训练器”对股四头肌的力量训练和膝关节恢复性训练；利用“划船模拟器”对划船运动员操桨专项能力进行量化训练；运用“多速可调式牵引机”对短跑运动员的速度素质和速度感进行牵引跑训练；使用“多功能体能数字化智能测试系统”进行体型（身高标准体重）、俯卧撑、仰卧起坐、10 米×5 往返跑和 3000 米跑 5 个项目的体能达标考核；在航天科技领域，借助人用离心机对航天员进行超重耐力适应性训练。

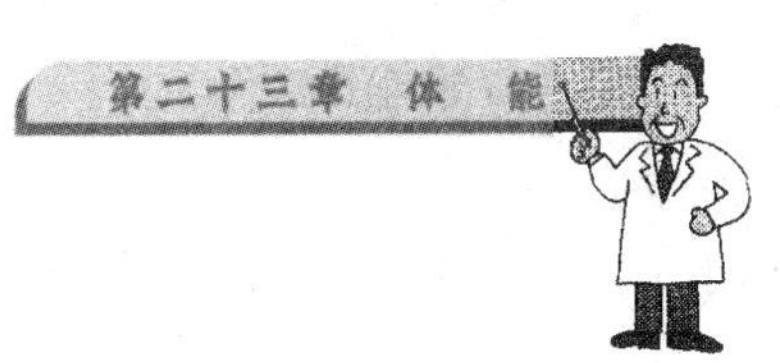

第三节 综合体能

在社会活动或体育运动过程中，人的体能通常是以一种复合形式表现出来，它的各构成要素往往融合于实际操作或运动能力之中，形成一个有机的整体。综合体能就是将基础体能和专项体能与相关专项（业）岗位其他工作能力有机地结合起来，并在专项（业）活动实战过程中加以综合运用的一种复合性生物学素质或能力。如在体育比赛或健身活动中，体力、脑力和心力，体能与技能、智能的有机融合与实战运用能力。综合体能的核心是人的脑力和智慧，最大特征是它的复合性，主要标志是综合实战运用能力。

一、综合体能的构成要素和影响因素

（一）综合体能的构成要素

综合体能的构成要素主要有两方面：一是体力、脑力、心力的整合与综合运用；二是体能与技能、智能的融合与实战运用。

1. 体力、脑力和心力的整合与综合运用

体力、脑力和心力的整合与综合运用主要是指将体能的三大核心构成要素整体联系起来，形成一种整体化的身心机能“待发”状态，并在实际体育比赛或社会活动中加以灵活运用的素质或能力。在体能的“三力”整体作用中，体力是基础，脑力是核心，心力是保障（图 23-3）。尤其是在激烈对抗性竞技体育比赛中，这种整合和运用能力既是运动员斗力、斗智、斗勇，最终战胜对手的生理和心理学基础；同时也是评定运动员综合素质的重要指标之一。例如，许多优秀教练员在强化体力训练的同时，特别注重向运动员灌输“用脑子比赛”的理念，实际上就是这种综合运用能力的训练。

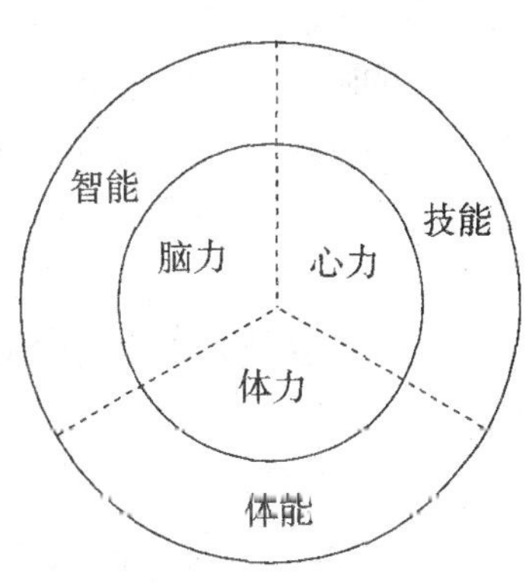

图 23-3 综合体能结构示意图

2. 体能与技能、智能的融合与实战运用

在对抗性竞技项目的实战比赛或特殊作业过程中，体能往往不是以单一性质的能力表现出来，而是与运动技能（如动作技术）和谋略智能（如战术打法）高度融合在一起，形成一种综合运动能力或实战（实操）对抗能力发挥作用。体能既是形成运动技能

和运用战术打法的生物学基础，同时也是比赛中实现战术思想，取得胜利的“一体化”要素。例如，篮球、足球比赛中使用的“逼、抢、围”或包夹“围抢”战术打法，涉及到实施“围抢”的三要素：即围抢意识、围抢技术和围抢体能。这三要素的生理学基础就是体能、技能、智能的融合与实战运用能力。综合体能与运动技能的主要不同点：前者侧重于通过合理运用基础体能和专项体能来支撑和保障顺利完成技术动作，实现战术打法，取得比赛的胜利；后者则侧重于掌握和有效完成动作技术（参见第十一章运动技能）。

（二）影响综合体能的主要因素

影响综合体能的主要因素，一是基础体能和专项体能素质水平。这是综合体能的基础，是影响综合体能素质水平的关键因素之一。基础体能扎实且专项体能巩固，能有效地潜移默化到综合体能中去，为实战过程中灵活运用体能创造条件，提供生物学保障。综合体能是基础体能和专项体能在实战中的具体运用，其生理学本质是基础和专项体能的“潜移”作用。二是综合训练与实战运用程度。综合训练和实战比赛是促进基础体能和专项体能“潜移”到综合体能，最终转化为实战运动能力的重要过程。运动实践中“以赛代练”增强“临场经验”和“综合素质”训练模式的生理学基础之一，就是通过实战或模拟比赛，建立和巩固各种类型的体能—技能—智能条件反射动力定型单元（或元件），并根据比赛的情况变化，快速、灵活“组装”和合理使用各类单元组成的复合体，形成一种以大脑高级神经活动为主导的快速反应综合运动能力。三是脑力和智慧水平。这是决定和影响综合体能素质的核心要素。综合体能的主要作用和标志，就是要将体力、脑力和心力，体能与技能、智能整合起来，形成一种综合实战运用能力。在这个能力的形成和运用过程中，人的脑力和智慧处于主导地位，发挥着核心作用。人们常说的优秀运动员“脑子好使”，实际上就包涵这方面的综合运用能力。

二、综合体能训练的生理学基础

综合体能训练的主要形式是实战和模拟比赛或特殊作业行动。训练目标：一是使体力、脑力和心力达到最佳整合；二是在整合的基础上，再与技能、智能有机地融合起来，并在实战过程中加以灵活、合理地运用；三是增强大脑神经系统在实战中的整合和综合运用能力，并不断积累经验和建立更多的条件反射动力定型单元和复合体。综合体能训练的最大生理学特点就是在大脑皮质主导下的整合和综合运用。

（一）大脑皮质主导下的机能整合

在实战或模拟比赛条件下，实现体力、脑力和心力的整合与综合运用，体能与技能、智能的融合与实战运用，是人类特有的高级意识性活动。这种整合和运用活动的发起与调控是以大脑的思维活动为核心，以心理活动为辅助，以躯体的定向、连锁肌肉活动为效应，整个程序化过程（包括相关神经中枢之间暂时性神经联系的建立和神经网络上生物信息的流动）都是在大脑皮质的主导和调控下进行的。竞技体育领域中常说的运动员“用大脑比赛”就是指的这个道理。人体运动机能的整合，从生理学上讲，一是人体内部机能运转与外部环境条件变化的协调和一致性；二是人体内部多个高级神经中枢之间功能效应的机能协调和整体化。这两种整合既是必须在大脑皮质主导下才能完成，同时也是大脑皮质主导人体运动的主要功能之一。单一技术动作或技能在熟练掌握后可以转移到皮质下的神经结构来控制，完成动作有时可以在无意识的情况下自动进行。但当躯体运动的发动和调控与特定的具体目的联系起来成为随意运动时，只有通过在大脑皮质思维与运动中枢层面进行机能整合后，才能再输出到下级中枢和外周效应器官来实现。

（二）实战刺激建立暂时性神经联系

建立暂时性神经联系可以通过许多途径和方式来实现，但通过实战刺激来建立暂时性神经联系，既是提高综合体能训练效率的一个重要途径，也是综合体能训练的生理学基础之一。在实战过程中，尤其是在重大比赛和模拟比赛（如选拔赛）中，由于思想高度重视、对抗程度激烈，情况变化迅速以及战术运用多变，受训者面临的刺激强度和挑战以及目标要求都要比平时训练高得多，促进了许多新的暂时性神经联系的建立和运用模式的创新，强化了体力、脑力和心力的整合程度，提升了体能与技能、智能的融合和实战运用能力。实战刺激建立暂时性神经联系的最大特点是生理效能的高效性。主要表现：一是运用模式多样，针对性和综合性强；二是建立过程的时间（程）短，效率高；三是暂时性联系更为巩固，刺激留下的“痕迹”更深，有些甚至是终身难忘。

第四节　体能测评的生理学基础

体能的考核测评主要是采取制定体能标准，组织现场考核测试，依据体能标准判定考核成绩是否达到相应合格标准的方式进行。体能测评的生理学基础重点讨论应用运动生理学原理，指导体能考核评定过程中涉及到的标准制定、测试方法、成绩评定等环节。

一、体能测评的生理学原则

在构建体能考核体系，设置考核项目，制定标准参数以及组织实施体能达标考核时，应注意以下生理学基本原则。

（一）“面广、简易、实效”原则

“面广”是指根据国民的基础身体素质条件和国际通用做法，在设置考核评定的测

试项目时，要注意全面覆盖人体的基础身体素质（如力量、速度、耐力、柔韧、灵敏、协调），强化身体素质的全面发展。“简易”指考核项目要体现简单易学，无特殊保障条件，便于大范围人群的推广实施和组织考核，具有很强的可操作性。“实效”原则主要体现在三个方面：一是设置的项目和发展的身体素质应具有实用性（如仰卧起坐、俯卧撑）；二是考核评定的项目数量要少而精，尽量设计一些综合性比较强的项目，如基础体能素质考核评定中的10米×5往返跑，就能较好地反映受测者的速度、灵敏、协调素质；三是设置专项体能评定的考核内容，要体现运动员或受测者专项运动的能量代谢和动作的结构、节奏和发力特点以及提高竞技能力的需要，反映关键专项体能素质和技术动作特征，例如排球运动员的原地（或跨步）起跳摸高测试。

（二）“年龄、性别”原则

从本质上讲，人的体能素质属于一种生物学属性，主要取决于受测者的先天遗传和后天获得程度，与解剖结构、生理机能和心理状态等密切相关，并在一定程度上受到生存环境（如海拔高度）等外部条件的制约。“年龄、性别”原则是指以年龄和性别为参照，划分和确定受测者的考核内容和标准参数。根据人的发育、成熟和衰老规律和进程，一般每隔5～10年时间，其生理机能（如心血管、内分泌）、心理状态和体能水平都会发生较为明显的变化。按照5～10岁的日历年龄跨度作为划分体能评定中的一个年龄段更符合生理医学原理，尤其是受身体内分泌机能影响的体型（即身高标准体重）指标，设置的年龄跨度不宜太大。从总体上讲，女性的体能素质水平（柔韧素质除外）只有男性的60%～70%。但落实到具体的单项素质和测试项目上，往往还会低于60%水平，如女性的上肢力量还不及男性的50%。故在确定女性体能标准参数时，不宜在男性标准参数的基础上简单地乘以60%或70%。

（三）“环境、时间”原则

考场的海拔高度是影响体能发挥的最主要环境因素之一。当人体处于海拔3000米以上高度时，由于高原低氧、低温、低气压、辐射等恶劣环境条件的制约作用，体能水平会显著地减低，尤其是耗氧量高和生理负荷强度大的速度、耐力、力量、灵敏类测试项目。因此，在制定体能标准参数时，要根据海拔高度确定相应的高原考核标准参数。考核时间本身包涵了一定程度的生理负荷强度，特别能反映受测者的体能储备和整体状况。在制定体能标准，实施考核测试时，应设定一定的考核时间，确保考核测试过程具有一定的生理负荷强度和考核测试的规范性。

二、体能测评的生理学要点

体能测评的生理学要点主要是从方法学的角度，阐述与建立体能标准、确定标准参数、合理分配体力等环节有关的运动生理学问题，为建立适合中国不同年龄层面人群和不同运动项目需要的体能评定标准，组织体能达标考核测试和进一步提高运动员体能训练科学化程度提供理论支撑。

（一）建立体能标准

在建立体能标准过程中，最重要的技术环节：一是合理设置考核测试项目；二是科学确定各项目、各年龄段体能标准的评定等级和参数值。

1. 设置考核项目

设置体能标准的考核测试项目，既要注意覆盖面，又要体现少而精的原则。

（1）基础体能测试项目：一般控制在4～6项比较适宜。一是能覆盖力量、速度和耐力这三项主要基础身体素质；二是能适当简化组织考核测试的过程，提高推行体能标准的可操作性。例如，适用于20～60岁人群的基础体能考核测试项目参考模式（表23-2）：体型（取身高标准体重）、俯卧撑（男性）或仰卧起坐（女性）、立位体前屈、10米×5往返跑、3000米跑。

表23-2　基础体能考核测试项目参考模式

测试项目 参数值 / 年龄段	体型	*俯卧撑 仰卧起坐	立位体前屈	10米×5 往返跑	3000米跑
20~24岁					
25~29岁					
……					

注：*俯卧撑适用于男性人群，仰卧起坐适用于女性人群。

表23-2显示，体型采用身高和体重指标，既能简化测试条件，又可促进人们关注整体健康状况和外部身体形象，积极参加体育健身活动和自觉采纳健康生活方式。俯卧撑或仰卧起坐项目是根据男女差别设置的力量素质；立位体前屈反映下肢的柔韧素质；10米×5往返跑能综合反映人体的速度、灵敏、协调素质；3000米跑能反映耐力素质和心力（意志品质）素质。年龄段以每5周岁作为一个跨度。目前国家颁布实施的国民体质、体能标准，主要目的就是增强国民的基础身体素质。

（2）专项体能测试项目：一般控制在2～3个比较适宜。一是选择最有代表性的专项体能素质指标（如举重运动员的最大负重深蹲起立，排球、篮球和跳高项目运动员的摸高，球类项目运动员的反应时，短跑项目运动员的步频）；二是体现少而精的原则，提高测试过程的可操作性。

2. 确定标准参数

确定体能标准参数主要涉及两个方面，一是评定体制，如二级制、四级制、百分或积分制；二是项目参数，即达到标准的各项目具体参数值，如男性20～24岁年龄段，在2分钟内按规范要求做俯卧撑50个，即达到该项目合格标准。确定体能标准参数值时，除考虑年龄和性别因素外，还要统计计算各人群实际可支配的健身锻炼时间，身体承受的运动生理负荷量，以及在此前提条件下可能达到或目标拟达到的合格率。以学生为例，假如每学年的体育课为100学时，课外体育锻炼时间为100小时，那么适用于该学生群体的体能标准参数值，就应以经过200小时体育锻炼能够达到的体能程度为基准，并在此基础上再考虑80%～90%的达标概率。

（二）调整机能状态

调整生理机能状态，使体力、脑力、心力的整体机能状态处于最佳状态，是体能达标考核测评前准备工作的关键环节之一。整体机能状态的考前调整主要涉及两个方面，一是教练员对训练运动量的调整；二是参考人员自身对日常活动量的调整。

1. 训练运动量的调整

训练运动量调整的生理学原则和方法，一是把握适应性训练周期，明显减少训练的负荷强度和总运动负荷量，使体力、脑力、心力得到充分的恢复；二是把握适应性强化训练后超量恢复的最佳时机，并使之与考核测试时间安排相吻合。一般而言，年龄较小（如30岁以下）的人，在适度强化训练刺激后的第2、3天即可进入超量恢复阶段；但对于年龄较大，且平时较少参加体育活动的人来讲，适应性强化训练后的恢复时间相对较长，一般要在训练后的第3、4天才逐渐进入超量恢复阶段。

2. 日常活动量的调整

调整日常活动量重点是调整生活方式，包括调整作息习惯，增加休息时间；改进饮食习惯，补充营养膳食；控制社交活动（尤其是夜间活动），减少体能消耗；重视身体保暖，预防传染疾病。控制日常活动量是改善身体健康状态，实现整体机能状态调整目标的重要配套措施之一。

（三）合理分配体力

在体能达标考核（尤其是基础体能达标考核）过程中，由于测试项目较多，受考人员的体力分配是否合理直接影响着体能的正常发挥和最终考核成绩，同时对于避免运动损伤也有积极意义。合理分配体力主要从两个环节入手：一是科学编排组合考核测试项目；二是合理调控运动强度和体力消耗。

1. 考核项目的编排组合

在组织体能达标考核时，依据运动生理学原理和运动负荷强度特点，对测试项目进行间插搭配组合：一是适当分散身体各部位承受的运动负荷刺激；二是在测试项目中间适当间插一个负荷强度较小的项目；三是将体力消耗最多的项目安排在最后进行。现以基础体能测试项目模式为例说明编排组合和测试程序（图23-4），首先集体进行身高和体重测试，再进入小循环依次进行：俯卧撑（男性）或仰卧起坐（女性）、10 米 × 5 往返跑和立位体前屈测试，最后集体进行 3000 米跑测试。

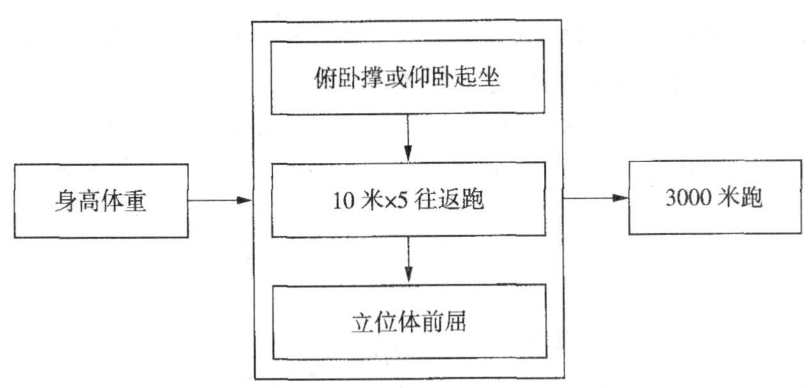

图 23-4　基础体能测试项目编排组合示意图

2. 体力消耗的强度调控

在耐力性项目（如 3000 米跑）的考核中，调整运动强度，控制体力消耗，是合理分配体力的关键环节之一。在标准田径场考核中，普遍采用以考核标准的时间为参照，将该标准的时间合理地分配到每一圈中。例如，假设 20 ~ 24 岁年龄段男性 3000 米跑的标准参数值是 13 分 40 秒，将总时间平均分配到每圈之中，并预留 30 秒作为机动（表23-3）。这样，受测者测试时只需要按照体力时间分配模式，控制好跑步速度（如跑完第五圈后的累计时间控制在 7 分 30 秒），就能达到合理分配体力，顺利通过考核测试的目标。

表 23-3　标准田径场模拟 3000 米跑体力时间分配模式表

圈 年龄段	前半圈	第二圈	第三圈	第四圈	第五圈	第六圈	第七圈	第八圈
20~24*	50 秒	2 分 30 秒	4 分 10 秒	5 分 50 秒	7 分 30 秒	9 分 20 秒	11 分 10 秒	13 分 10 秒

注：* 年龄单位为周岁；合格标准 13 分 40 秒，预留 30 秒作为机动时间。

（四）重视考核安全性

在体能的考核测试过程中，有时也会出现一些意外情况（如运动创伤、休克、甚至运动性猝死）。为了有效预防和及时处置意外情况，从生理医学的角度，除要求参考人员充分做好准备活动之外，还必须在考核测试前，做好以下四个方面的工作：一是组织身体健康检查。原则上对40岁以上的参考人员都要进行较为全面的身体健康检查，尤其是曾经患有心血管、呼吸系统疾病的人员；二是组建医疗救助小组。成员由具有国家正规资质的临床医生和护士组成；三是制订应急抢救预案。现场医疗救助小组要针对体能考核测试过程中可能出现的各种运动损伤和疾病，尤其是可能发生的严重疾病（如低血糖晕厥、重力性休克、心肌梗塞、运动性猝死），制订详细的应急抢救预案，包括重大疾病的预测和现场处置措施，使用的急救器械和药品，救护车行进路线以及第一时间转诊送达的医院等；四是准备医疗器械药品。现场医疗抢救必需的器械和药品，包括救护车、输氧装置以及循环呼吸系统的抢救药品等，要在正式考核测试前全部准备到位。

【小结】

1. 体能（PWC）是指人在身心活动过程中所表现出来的、融躯体工作能力（体力）、大脑工作能力（脑力）和心理调控能力（心力）于一体的综合生物学素质或能力。其中，体力包含了力量、耐力、速度、柔韧、灵敏、协调、平衡等身体外在的、以躯体活动为主要特征的身体素质或工作能力；脑力包含了大脑中枢神经系统的神经过程、神经机能及其以认知能力为主要特征的工作能力或素质；心力则包含了与人体躯体活动和大脑工作紧密结合，以精神意志品质、心理承受能力、自我调控和适应能力为主要特征的部分生理心理素质。在体能“三要素”中，体力是基础，脑力是核心，心力是保障。

2. 体能分为基础体能、专项（业）体能和综合体能三大类。基础体能是为保障身心健康生存，完成工作学业任务所必须具备的一种基础性生物学素质或能力，由一般性体力、脑力、心力和体型组成，最大特征是它的普遍性。影响基础体能的主要因素有：遗传基因、体能训练或体育锻炼、整体健康状况和生活方式、外部环境条件等。“运动性神经营养作用”是体能素质“用进废退”的重要生理学基础。

3. 专项体能是为满足人的特定社会活动对体力、脑力和心力的特殊需要而选择定向发展起来的一种职业性生物学素质或能力，由专项性体力、脑力和心力组成，最大特征是专一性和特殊性。专项体能素质是评价运动员专项身体素质和运动能力的重要指标之一。选择性刺激与定向发展，应激性强化与临战预适应是专项体能训练的两个重要生理学基础。“数字化体能训练”（DPT）是专项体能训练的发展方向和重要手段之一。临战（赛）体能“三层次预适应”训练理论，是指从降低反应程度、增强耐受能力、提高体能保存率三个层面上实现预适应目标，其生理学本质不是改变人体对外界刺激的反应规律，而是提高对外界恶劣环境条件变化的生物学“预见性”和“体验性”，增强生理和心理的耐受能力或抵抗能力。

4. 综合体能是将基础体能和专项体能与相关专项（业）岗位其他工作能力有机地结合起来，并在实战过程中加以综合运用的一种复合性生物学素质或能力；其构成一是体力、脑力、心力的整合与综合运用；二是体能、技能、智能的融合与实战运用。综合体能的核心是人的脑力和智慧，最大特征是它的复合性，主要标志是综合实战运用能力。

5. 在建立体能标准时，要充分考虑到性别、年龄、环境、项目等因素对人体体能的影响；在组织体能达标考核测试时，要高度重视体能达标考核测试过程中的安全性，制订应急抢救预案。

【思考题】

1. 简述体能的概念、内涵和分类及其体能“三要素”的相互关系。
2. 运用“运动性神经营养作用”理论，阐明体能素质“用进废退”的生理学原理。
3. 以自己熟悉的运动项目为例，论述该项运动员应具备的专项体能素质及其专项体能训练的生理学基础和特点。
4. 简述“数字化体能训练”的基本概念和主要特点及其应用范围。
5. 结合重要比赛活动，阐述临赛体能“三层次预适应”训练理论和关键点。
6. 以在校大学生为对象，尝试模拟构建《中国大学生体能标准》。

主要参考文献

[1] American College of Sports Medicine. ACSM' s Guidelines for Graded Exercise Testing and Prescription [M]. 7th ed. Philadelphia: Lippincott Williams & Wilkins, 2006.

[2] Åstrand PO, Rodahl K and Rahl HA, et al. Textbook of Work Physiology [M]. Champaign: Human Kinetics, 2003.

[3] Berger RA. Applied Exercise Physiology [M]. Philadelphia: Lea & Febiger, 1982.

[4] Chaffin DB. Muscle strength assessment from EMG analysis [J]. Med. & Sci. in Sports and Exercise, 1980; 12 (3): 205-6.

[5] Curtin NA, Svensson SM, and Davies RE. Force development and the braking mechanism in stretching activated muscle is not limited by the energy from ATP splitting [J]. Fed. Proc, 1970; 29: 714.

[6] Fox EL. Sports Physiology [M]. W. B. Saunders Company, 1979.

[7] Gastin PB. Energy system interaction and relative contribution during maximal exercise [J]. Sports Med, 2001; 31 (10): 725-41.

[8] Haugen HA, Melanson EL, Tran ZV, et al. Variability of measured resting metabolic rate [J]. Am. J. of Clin. Nutr., 2003; 78 (6): 1141-4.

[9] Infante OA, Klaupiks D, and Davies RE. Adenosine triphosphate: changes in muscles doing negative work [J]. Science, 1964; 144 (26): 1577.

[10] Knuttgen HG, Klausen K. Oxygen debt in short term exercise with concentric and eccentric muscle contractions [J]. J. Appl. Physiol, 1971; 30 (5) 632.

[11] Knuttgen HG. Human Performance in High-Intensity Exercise with Concentric and eccentric contractions [J]. Int. J. Sports Med, 1986; 7 (1): 6-9.

[12] Mero A, and Komi PV. Force-, EMG-, and elasticity-velocity relationships at submaximal, maximal and supramaximal running speeds in sprinters [J]. Enr. J. Appl. Physiol, 1986; 55 (5): 553-8.

[13] Naghii MR. The significance of water in sport and weight control [J]. Nutr. Health, 2000; 14 (2): 127-32.

[14] Penman KA. Ultrastructural changes in human striated muscle using three methods of training [J]. Res. Quart, 1969; 40 (12): 764-72.

[15] Rehrer NJ. Fluid and electrolyte balance in ultra-endurance sport [J]. Sports Med, 2001; 31 (10): 701-15.

[16] Rodgers KL, Berger RA. Motor-unit involvement and tension during maxiumum voluntary concentric, eccentric, and isometric contractions of the elbow

flexors [J]. Med. Sci. Sports, 1974; 6 (4): 253.

[17] Sharkey BJ. Physiology of Fitness [M]. Champaign: Human Kinetics, 1984.

[18] Spencer MR, Paul B. Energy system contribution during 200 to 1500m running in highly trained athletes [J]. Med. Sci. Sports Exerc, 2001; 33 (1): 157-5.

[19] William D, Victor L: Exercise Physiology [M]. Philadelphia, 1981.

[20] Wilmore JH, Costill DL. Physiology of sport and exercise [M]. 3rd Ed. Champaign: Human Kinetics, 2004.

[21] 冰雪运动编写组. 体育院校通用教材——冰雪运动 [M]. 北京: 人民体育出版社, 2001.

[22] 陈家琦. 运动生理学 [M]. 北京: 人民体育出版社, 1990.

[23] 陈瑗, 周玫. 自由基与衰老 [M]. 北京: 人民卫生出版社, 2007.

[24] 池上晴夫. 运动处方——理论と实际 [M]. 东京: 东京株式会社朝仓书店, 1990.

[25] 邓树勋, 王健. 高级运动生理学——理论与应用 [M]. 北京: 高等教育出版社, 2003.

[26] 邓树勋. 运动生理学导论 [M]. 北京: 北京体育大学出版社, 2007.

[27] 邓树勋. 运动生理学 [M]. 北京: 高等教育出版社, 2005.

[28] 冯连世, 冯美云, 冯炜权. 优秀运动员身体机能评定方法 [M]. 北京: 人民体育出版社, 2003.

[29] 冯连世, 李开刚. 运动员机能评定常用生理生化指标测试方法及应用 [M]. 北京: 人民体育出版社, 2002.

[30] 冯炜权. 运动生物化学原理 [M]. 北京: 北京体育大学出版社, 1995.

[31] 郭世跋. 骨质疏松基础与临床 [M]. 天津: 天津科学技术出版社, 2001.

[32] 卢宁艳, 王健. 呼吸肌耐力训练研究进展 [J]. 中国运动医学杂志, 2004; 23 (6): 660-2.

[33] 陆耀飞. 运动生理学 [M]. 北京: 北京体育大学出版社, 2006.

[34] 曲绵域. 实用运动医学 [M]. 北京: 北京科学技术出版社, 1996.

[35] 任建生. 心血管运动生理与运动处方. 北京: 北京体育大学出版社, 1996.

[36] 施雪筠. 生理学 [M]. 上海: 上海科学技术出版社, 1994.

[37] 石河利宽. スホ-ツ医学 [M]. 东京: 杏林书院株式会社, 1978.

[38] 宋成忠. 从运动生化到运动处方 [M]. 北京: 北京体育学院出版社, 1989.

[39] 孙学川. 体能训练手册 [M]. 第2版. 北京: 解放军出版社, 2009.

[40] 陶恒沂. 潜水医学 [M]. 北京: 高等教育出版社, 2005.

[41] 田野. 运动生理学高级教程 [M]. 北京: 高等教育出版社, 2003.

[42] 佟启良, 杨锡让. 运动生理学 [M]. 北京: 北京体育学院出版社, 1991.

[43] 王步标, 华明. 运动生理学 [M]. 北京: 高等教育出版社, 2006.

[44] 王清, 冯连世, 翁庆章. 高原训练 [M]. 北京: 人民体育出版社, 2007.

[45] 王瑞元. 运动生理学 [M]. 北京：人民体育出版社，2002.
[46] 许豪文. 运动生物化学进展 [M]. 上海：华东师范大学出版社，1989.
[47] 杨静宜，徐峻华. 运动处方 [M]. 北京：高等教育出版社，2005.
[48] 杨锡让，傅浩坚. 运动生理学进展：质疑与思考 [M]. 北京：北京体育大学出版社，2000.
[49] 杨锡让. 实用运动技能学 [M]. 北京：高等教育出版社，2004.
[50] 杨锡让. 实用运动生理学 [M]. 北京：北京体育大学出版社，1998.
[51] 杨锡让. 运动生理学 [M]. 北京：北京体育学院出版社，1988.
[52] 杨锡让. 运动生理学 [M]. 北京：人民体育出版社，1982.
[53] 姚泰. 生理学 [M]. 北京：人民卫生出版社，2005.
[54] 张镜如. 生理学 [M]. 北京：人民卫生出版社，1995.
[55] 张英波. 动作学习与控制 [M]. 北京：北京体育大学出版社，2003.
[56] 理查德·A·玛吉尔. 运动学习技能学习与控制 [M]. 第 7 版. 张忠秋 ，等译. 北京：中国轻工业出版社，2006.
[57] 中国学生体质与健康编写组. 2005 年中国学生体质与健康调研报告 [M]. 北京：高等教育出版社，2008.
[58] 朱大年. 生理学 [M]. 北京：人民卫生出版社，2008.

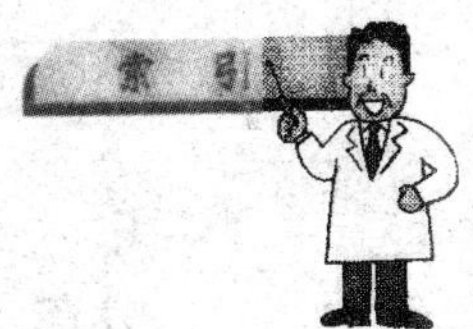

索 引

A
安静代谢率（resting metabolic rate，RMR），171
暗适应（dark adaptation），238

B
白细胞（leukocyte，white blood cell，WBC），76
抱负水平（level of aspiration，LOA），299
本体感觉（proprioception），244
补呼气量（expiratory reserve volume，ERV），125
补吸气量（inspiratory reserve volume，IRV），125

C
长寿基因（longevity gene），475
超等长收缩（plyometric contraction），40
超量恢复（over-recovery），391
潮气量（tidal volume，TV），125
成熟（mature），441

D
代谢产物交联学说（cross linkage theory），474
等长收缩（isometric contraction），40
等动收缩（isotonic contraction），39
第二次呼吸（second wind），386
第二信使学说（second messengers hypothesis），210
动脉脉搏（arterial pulse），107
动脉血压（arterial blood pressure），104
动态平衡（dynamic balance），346
动作电位（action potential），28
动作速度（movement speed），343
窦房结细胞（sinoatrial node cell），92
端粒（telomere），475
端粒酶（telomerase），475
对称性平衡（reciprocal balance），346

F
发育（development），441
反应速度（reaction speed），342
肺活量（vital capacity，VC），125
肺泡通气量（alveolar ventilation，VA），126
肺通气量（pulmonary ventilatioin volume，VE），126
肺总容量（total lung capacity，TLC），126，419

G
感觉（sensation），231
感觉器官（sense organ），231
感受器（sensory receptor），231
高原服习（altitude acclimatization），402
高原适应（altitude adaptation），402
高原训练（altitude training），402
个体乳酸阈（individual lactic acid threshold，ILAT），321
功能余气量（functional residual capacity，FRC），126

H
耗氧量（oxygen consumption），311
红细胞比容（hematocrit value），66
红细胞溶解（haemolysis），69
红细胞压积 （hematocrit，Hct），66
恢复过程（recovery），390

J
肌电图（electromyogram，EMG），59
肌小节（sarcomere），23
基础代谢（basal metabolism），171
基础代谢率（basal metabolic rate，BMR），171
基因表达学说（gene-expression hypothesis），211
激素（hormone），205
极点（extreme），386
急性高山病（acute altitude sickness，AMS），401
健康评价（pre-participation health screening），490
酵解能系统（glycolytic system），176
拮抗作用（antagonistic action），209
解剖无效腔（anatomical dead space），126

解旋酶（helicase），475
进入工作状态（gradually entering the best working state），384
静态平衡（static balance），346
静息电位（resting potential），27

L

离心收缩（eccentric contraction），40
力量素质（strength），458
立体视觉（stereoscopic vision），238
两点辨别阈（point discrimination threshold），247
临界融合频率（critical fusion frequency，CFF），239
磷酸原系统（phosphagen system），176
灵敏（agility），350

M

脉搏压（pulse pressure），105
每搏输出量（stroke volume，SV），99
明适应（light adaptation），238

N

内呼吸（internal respiration），121
内环境（internal environment），7
耐力素质（endurance），459
脑电图（electroencephalogram，EEG），287
能量代谢（energy metabolism），170
凝血（blood coagulation），80
凝血因子（blood coagulation factor），80
女运动员“三联征”（female athlete triad），469

P

PNF（proprioceptive neuromuscular facilitation），355
PWC_{170}（physical work capacity at a pulse of 170 beats/min），428
排泄（excretion），189
平衡（balance），346
平均动脉压（mean arterial pressure），105
浦肯野细胞（purkinje cell），92

Q

气体运输（gas transport），121
迁移（transfer），307
青春期高血压（puberty hypertension），453
去补偿现象（decompensation），224

R

热服习（heat acclimatization），410
人体生理学（human physiology），3
柔韧（flexibility），354
乳酸矛盾现象（lactate paradox），404
乳酸阈（lactate threshold，LT），321，429

S

赛前状态（pre-competitions state），380
闪光融合频率（flicker fusion frequency，FFF），239，373
射血分数（ejection fraction，EF），99
摄氧量（oxygen uptake），311
深吸气量（inspiratory capacity，IC），125
神经递质（neurotransmitter），256
神经调节（neuroregulation），8
神经调质（neuromodulator），257
神经纤维（nervous fiber），253
神经元（neuron），252
肾单位（nephron），189
肾糖阈（renal glucose threshold），194
生长（growth），441
生理无效腔（physiological dead space），127
生理学（physiology），3
生物节律（biorhythm），10
时间肺活量（timed vital capacity），128
食物的特殊动力作用（specific dynamic action of food），174
视敏度（visual acuity），237
视野（visual field），237
适应性（adaptability），7
收缩压（systolic pressure），105
受体（receptor），257
舒张压（diastolic pressure），105

索 引

衰老（ ageing， senescence），473
双眼视觉（binocular vision），238
速度素质（speed），458
随意运动（voluntary movement），294

T

通气阈（ventilotory threshold，VT），323
体能（physical working capacity，PWC），551
体温（body temperature），181
体型（body shape，BS），553
体液调节（humoral regulation），9
突触（synapse），255

W

外呼吸（external respiration），121
外周阻力（peripheral resistance），104
微循环（microcirculation，MC），109
位移速度（displacement speed），343
稳定状态（stable state），386
无氧酵解（glycolysis），160
无氧耐力（anaerobic endurance），346
无氧能力（anaerobic capacity），346
物质代谢（material metabolism），6，153

X

吸收（absorption），154
习服（acclimatization），186
线粒体DNA（mitochondrial DNA，mtDNA），474
向心收缩（concentric contraction），39
消化（digestion），154
协调性（coordination），358
协同作用（synergistic action），209
心电图（electrocardiogram，ECG），102
心动周期（cardiac cycle），97
心力贮备（cardiac reserve），101
心率（heart rate），97
心输出量（cardiac output，CO），100
心音（heart sound），101

心指数（cardiac index，CI），100
新陈代谢（metabolism），6
兴奋（excitation），6
兴奋性（excitability），6
需氧量（oxygen requirement），311
血红蛋白（hemoglobin，Hb），72
血小板（platelets， thrombocyte），78
血型（blood group），86
血压（blood pressure，BP），104

Y

氧化能系统（aerobic system），176
氧亏（oxygen deficit），311
氧债（oxygen debt），314
氧热价（thermal equivalent of oxygen），172
遗传控制学说（genetic control theory），475
抑制（inhibition），6
易化（facilitation），259
应激（stress），217
应激反应（stress response），218
应激性（irritability），7
有氧耐力（aerobic endurance），345
有氧能力（aerobic capacity），345
有氧氧化（aerobic oxidation），160
余气量（residual volume，RV），126，419
月经（menstruation），466
月经周期（menstrual cycle），466
运动处方（the exercise prescription），485
运动后过量氧耗（excess post-exercise oxygen consumption，EPOC），313
运动技能（motor learning），293
运动技巧（motor skill），293
运动技术（motor technique），293
运动生理学（exercise physiology），3
运动性疲劳（exercise-induced fatigue），363
运动性月经失调（athletic menstrual irregularity，AMI），469
运动员身体机能评定（functional assessment of athletes），423
运动员心脏（athlete' s heart），116

Z

载脂蛋白 E4（Apolipoprotein E4， ApoE4），475
主观体力感觉等级（rating of perceived exertion，RPE），375
准备活动（warm-up），382
自身调节（autoregulation），9
自由基衰老学说（free radical theory），474
最大摄氧量（maximal oxygen uptake，$\dot{V}O_2max$），314
最大氧亏积累（maximal accumulated oxygen deficit，MAOD），327
最大摄氧量平台持续时间（$\dot{V}O_2max$ plateau duration，$\dot{V}O_2maxPD$），389
最大随意通气量（maximal voluntary ventilation， MVV），128
最大心率（又称极限心率，HRmax），98
最大重复次数（RM），339
最后公路（final common path），276